Collection Revue générale du droit

www.revuegeneraledudroit.eu

Série Manuels

Collection dirigée par Philippe Cossalter

Agrégé des facultés de droit

Chaire de droit public français de l'Université de la Sarre

http://lfoer.cjfa.eu

Pascal Caille

Contentieux administratif

Troisième édition

Editions juridiques franco-allemandes

Imprint
Any brand names and product names mentioned in this book are subject to trademark, brand or patent protection and are trademarks or registered trademarks of their respective holders. The use of brand names, product names, common names, trade names, product descriptions etc. even without a particular marking in this work is in no way to be construed to mean that such names may be regarded as unrestricted in respect of trademark and brand protection legislation and could thus be used by anyone.

Cover image: www.ingimage.com

Publisher:
Editions juridiques franco-allemandes
is a trademark of
International Book Market Service Ltd., member of OmniScriptum Publishing Group
17 Meldrum Street, Beau Bassin 71504, Mauritius

Printed at: see last page
ISBN: 978-620-2-48439-8

Parus chez le même éditeur
Im gleichen Verlag erschienen

Dans la collection / in der Schriftenreihe *Revue générale du droit*

Série « Colloques » / Serie „Kolloquien“

- COSSALTER Ph. (dir.), *Die grenzüberschreitende Zusammenarbeit in der Großregion / La coopération transfrontalière dans la Grande Région*, 2016.
- N'DIAYE F. (dir.), *Le crowdfunding ou financement participatif : état des lieux en Europe*, 2016.

Série « Manuels » / Serie „Handbücher“

- CAILLE P., *Contentieux administratif*, 2ème édition, 2017 (1ère édition, 2016).
- HLAWON M. et JAILLET L., *Staatsrecht I – Droit constitutionnel allemand I*, 2de édition, 2017.
- de NANTOIS Ch., *Approche empirique de la science politique*, 2016.
- TIFINE P., *Droit administratif français*, 4ème édition, 2018 (1ère édition, 2014 ; 2ème édition, 2015 ; 3ème édition, 2016).

Dans la collection / in der Schriftenreihe BIJUS

Série « Manuels » / Serie „Handbücher“

- HLAWON M., *Droit international privé allemand et européen du patrimoine - Guide pour la pratique notariale franco-allemande*, 2018.

L'ensemble des œuvres publiées dans les collections « Revue générale du droit » et « BIJUS » est également consultable gratuitement sur www.revuegeneraledudroit.eu_et www.bijus.eu

Alle Veröffentlichungen der Schriftenreihen „Revue générale du droit“ und „BIJUS“ sind auf www.revuegeneraledudroit.com bzw. www.bijus.eu kostenlos abrufbar

Dans la collection / in der Schriftenreihe *Études et Documents du CJFA* (EDCJFA)

- EDCJFA n°1 : AUTEXIER Ch., FLAUSS J.-F., FROMONT M., GREWE C., KOENIG P., RIEG A., *Le Glossaire de la Loi fondamentale allemande*, 1987.
- EDCJFA n°2 : AUTEXIER Ch., *La Loi relative à la Cour constitutionnelle fédérale*, 1987.
- EDCJFA n°3 : AUTEXIER Ch., *La Loi fondamentale*, 1996.
- EDCJFA n°4 : AUTEXIER Ch., *Constitution du 4 octobre 1958*, 7ème éd., 2009.
- EDCJFA n°5 : AUTEXIER Ch., *Traité d'Union*, 1991.
- EDCJFA n°6 : AUTEXIER Ch., *Gemeinsame lothringisch-saarländische administrative Einrichtungen und Verfahrensweisen – Rechtsgutachten*, 1993.
- EDCJFA n°7 : AUTEXIER Ch., CATHALY A., *Loi sur la juridiction administrative*, 1995.
- EDCJFA n°8 : FRIED K., QUECKENSCHEID D., HOSER A., KUDER A., WOLF M., *Etudes comparatives : droit d'asile, le statut constitutionnel du juge en France, la condition juridique de la femme mariée, l'acquisition de la nationalité en France et en Allemagne*, 1995.
- EDCJFA n°9 : AUTEXIER Ch., *La Constitution du* Land *de Sarre*, 1995.
- EDCJFA n°10 : AUTEXIER Ch., CATHALY-STELKENS A., *Loi sur la procedure administrative non contentieuse*, 1996.
- EDCJFA n°11 : LANGE C., *Le Statut constitutionnel de l'enseignement privé en France, éléments de comparaison avec le droit allemand*, 1997.
- EDCJFA n°12 : AUTEXIER Ch., GLAAB K., *Einführung in das französische Verfassungsrecht*, 1998.
- EDCJFA n°13 : GROSSHANS R., WERNET M., *Le droit au travail – son développement et sa portée actuelle en France et en Allemagne*, 2000.
- EDCJA n°14 : HLAWON M., JAILLET L., *Deutsches Staatsrecht / Droit constitutionnel allemand I*, 2nde éd., 2017 (1ère édition, 2015).

L'ensemble des EDCJFA est consultable gratuitement sur www.bijus.eu.

Alle Veröffentlichungen der EDCJFA sind auf www.bijus.eu kostenlos abrufbar.

Dans la collection / in der Schriftenreihe *Cahiers juridiques franco-allemands*

- WITZ Cl., *La coopération commerciale dans la convention ACP – CEE du 31 octobre 1979 de Lomé I à Lomé II,* 1979.
- HUET-WEILLER D., *Bilan de 10 ans d'application de la réforme de la filiation, conférence du 15 mai 1983 dans le cadre du "Dialogue franco-allemand"*, 1983.
- PRADEL J., *Le médecin devant la loi pénale, conférence du 18 novembre 1983 dans le cadre du "Dialogue franco-allemand"*, 1984.
- AUTEXIER Ch., *L'action extérieure des régions*, 1984.
- ROUDAUT R., *Les relations commerciales et industrielles franco-allemandes, conférence du 25 avril 1984 au Centre d'Études Juridiques Françaises de l'Université de la Sarre dans le cadre du "Dialogue franco-allemand"*, 1984.
- JUNG H., *Le système des sanctions dans le droit pénal des mineurs en R.F.A., conference du 30 septembre 1983 à la* Richterakademie *de Trèves à l'occasion d'un session de formation continue sur le système des sanctions*, traduction : HAUPTMANN J.-M., 1985.
- BRIGOULEIX B., *L'opinion publique française et l'Allemagne dans la perspective européenne*, résumé de la conférence prononcée le 22 novembre 1984 à l'Université de la Sarre, 1985.
- FERRETTI R., *La nouvelle décentralisation et les finances locales*, 1985.
- VITU A., *Les traits caractéristiques de la procédure pénale française, conférence du 10 mai 1985 à l'Université de la Sarre dans le cadre du "Dialogue franco-allemand"*, 1985.
- MENUDIER H., *L'Allemagne à la télévision française*, 1985.
- VARII AUCTORES, *Le trentenaire du Centre d'Études Juridiques Françaises (15–25 novembre 1985)*, 1985.
- FLAUSS J.-F., *Le règlement amiable devant la CEDH*, 1986.
- BRUNET A., *Le sort des créanciers dans le nouveau droit français de la faillite*, 1987.
- PRADEL J., *Trente ans de politique pénitentiaire française*, 1987.
- AVRIL P., *L'influence des institutions sur les partis politiques - Der Einfluß der*
- *Verfassungsordnung auf die politischen Parteien*, 1988.
- ROBERT J., *Terrorisme et libertés publiques - Terrorismus und Freiheitsrechte*, 1988.
- TUNC A., *La loi Badinter après cinq ans d'application*, 1991.
- FROMONT M., *Asylrecht in Frankreich*, 1993.
- LUCHAIRE F., *L'Europe et la souveraineté des États*, 1994.

Les Cahiers juridiques franco-allemands sont consultables gratuitement sur www.bijus.eu.

Die Cahiers juridiques franco-allemand sind auf www.bijus.eu kostenlos abrufbar

TABLE DES ABREVIATIONS

AJDA	Actualité juridique – Droit administratif
Ass.	Assemblée du contentieux
BJCL	Bulletin Juridique des Collectivités Locales
BJCP	Bulletin de Jurisprudence des Contrats Publics
BJDU	Bulletin de Jurisprudence de Droit de l'Urbanisme
Bull.	Bulletin des arrêts de la Cour de cassation
CASF	Code de l'action sociale et des familles
Cass.	Cour de cassation
CCH	Code de la construction et de l'habitation
CE	Conseil d'Etat
CEDH	Cour européenne des droits de l'Homme
CESEDA	Code de l'entrée et du séjour des étrangers et du droit d'asile
CGCT	Code général des collectivités territoriales
CNTSS	Cour nationale de la tarification sanitaire et sociale
CPCE	Code des postes et des communications électroniques
C. civ.	Code civil
C. déf.	Code de la défense
C. éduc.	Code de l'éducation
C. élect.	Code électoral
C. expr.	Code de l'expropriation pour cause d'utilité publique
C. forest.	Code forestier
C. propr. intell.	Code de la propriété intellectuelle
C. serv. nat.	Code du service national
C. trav.	Code du travail
C. urb.	Code de l'urbanisme
CJA	Code de justice administrative
CJEG	Cahiers juridiques de l'électricité et du gaz
CJF	Code des juridictions financières
CJUE	Cour de justice de l'Union européenne
chron.	chronique

concl.	conclusions
Cons. const.	Conseil constitutionnel
CRPA	Code des relations entre le public et l'administration
CSP	Code de la santé publique
CSS	Code de la sécurité sociale
D.	Recueil Dalloz
Dr. adm.	Droit administratif
GACE	Les grands avis du Conseil d'Etat
JCP	La Semaine juridique – édition générale
JCP adm.	La Semaine juridique – Administration générale
JCP ent.	La Semaine juridique – Entreprise et Affaires
JORF	Journal Officiel de la République Française
LPA	Les Petites Affiches
RDI	Revue de droit immobilier
RDP	Revue du droit public et de la science politique en France et à l'étranger
Rec.	Recueil Lebon
Rec. Const. const.	Recueil des décisions du Conseil constitutionnel
RFDA	Revue française de droit administratif
RFDC	Revue française de droit constitutionnel
RGD	Revue générale du droit
RJEP	Revue juridique de l'économie publique
Rev. jur. pol.	Revue juridique et politique
RDSS	Revue de droit sanitaire et social
RTDE	Revue trimestrielle de droit européen
Sect.	Section du contentieux
S.	Sirey
T.	Tables
TC	Tribunal des conflits

CHAPITRE INTRODUCTIF

1. Puisque les mots ont un sens. Le présent ouvrage fera droit au classicisme, en annonçant un manuel de « contentieux administratif » là où la rigueur commanderait pourtant de parler de « procédure administrative juridictionnelle ». En effet, il ne faut pas – il ne faut plus – occulter ce fait très simple : les deux expressions ne se recoupent qu'imparfaitement, dès lors qu'il existe un contentieux non juridictionnel comme, du reste, il existe une procédure administrative non juridictionnelle prise en charge par la juridiction administrative. Cette confusion terminologique ne surprend cependant pas, qui renvoie aux origines de la juridiction administrative, dont l'histoire explique en grande part ce comment a pu se construire la procédure administrative juridictionnelle (Section 1), procédure dont on ne pourra pas comprendre l'organisation ni les particularités sans prendre en considération les sources (Section 2) et la structure (Section 3).

Section 1 - La construction du contentieux administratif

2. Du changement dans la continuité. L'exemple des Etats de *common law* en atteste clairement : il existe un contentieux administratif en dehors de toute juridiction administrative spécifique et il ne saurait exister de juridiction qui exclurait tout contentieux spécifiquement administratif. La situation juridique de la puissance publique est irréductible à celle des particuliers et on ne peut évincer l'idée d'un droit adapté aux finalités de l'action administrative et aux contraintes pesant sur elle. Il en a résulté l'énoncé, à certains égards restrictif mais déterminant pour l'essor du droit administratif français, aux termes duquel « la responsabilité, qui peut incomber à l'Etat pour les dommages causés aux particuliers par le fait de personnes qu'il emploie dans le service public, ne peut être régie par les principes qui sont établis dans le Code civil, pour les rapports de particulier à particulier » (TC, 8 févr. 1873, Blanco, Rec. 1er suppl., p. 61, concl. David). La compétence a alors suivi le fond, suivant un discours non moins réducteur, et donc conceptuellement faux, dès lors que la juridiction judiciaire peut être conduite, dans le champ de sa compétence, à faire application des règles du droit public (Cass. civ., 23 nov. 1956, Trésor public c. Giry, Bull. civ. II, n° 407 ; AJDA 1957, II, p. 91, chron. J. Fournier et G. Braibant ; RDP 1958, p. 298, note M. Waline).

Par-delà, l'existence d'un droit administratif, dérogatoire au droit commun, n'implique nullement un système dualiste et n'emporte donc pas nécessairement une procédure administrative juridictionnelle autonome. Si cette idée est pourtant à ce point ancrée dans les esprits, c'est qu'elle trouve ses origines dans un dogme aussi ancien que déterminant dans la construction de l'Etat français (§ 1) qui n'a cessé de s'affirmer (§ 2). Rien n'étant gravé dans le marbre, et c'est heureux à bien des égards, le contentieux administratif connaît aujourd'hui certaines mutations (§ 3) qui ne remettent cependant pas en cause son essence.

§ 1 - La procédure administrative juridictionnelle, tradition de l'histoire

3. Le poids du souvenir. Il est à peine besoin d'évoquer, tant elles sont connues, les circonstances qui ont présidé à la naissance de la juridiction administrative. On rappellera malgré tout l'interférence des juridictions de l'Ancien régime (Parlements et Cours des aides en tête) dans l'action administrative, à laquelle les Edits de Saint-Germain du 21 février 1941 et de Fontainebleau du 8 juillet 1661 ont entendu mettre fin, dans des termes dépourvus d'équivoque, sans d'ailleurs parvenir au résultat escompté. Sur ce point comme sur tant d'autres, les révolutionnaires se placeront dans la continuité, et non en rupture, de ce qui les a précédés (F.-P. Bénoit, « Les fondements de la justice administrative » in Mélanges Marcel Waline, Paris, LGDJ, 1974, pp. 283-295). On ne se surprendra donc pas de l'article 13 du titre II de la loi d'organisation judiciaire des 16 et 24 août 1790, aux termes duquel « les fonctions judiciaires sont distinctes et demeureront toujours séparées des fonctions administratives. Les juges ne pourront, à peine de forfaiture, troubler de quelque manière que ce soit les opérations des corps administratifs, ni citer devant eux les administrateurs à raison de leurs fonctions », ce que l'article unique du décret du 16 fructidor an III a rappelé avec force, énonçant que « défenses itératives sont faites aux tribunaux de connaître des actes d'administration de quelque espèce qu'ils soient ».

4. De la justice retenue… Face à une telle prohibition, reposant sur une lecture particulièrement et excessivement rigide de la séparation des pouvoirs, les litiges opposant l'administration aux administrés devaient être jugés, non par les tribunaux mais par l'administration active, à rebours de la volonté initiale de régler la simple question de savoir si devaient être connus du juge judiciaire tous les litiges ou seuls ceux qui ne relevaient pas d'une juridiction d'exception. Si l'on peut dire, la pensée initiale des révolutionnaires a vite été corrompue et c'est en ce sens qu'ont pu être adoptées, notamment, les lois du 14 décembre 1789 sur l'administration municipale (art. 61 relatif à la dénonciation des délits d'administration), des 7 et 11 septembre 1790 sur les plaintes en matière de contributions directes, ou encore des 27 avril et 25 mai 1791 confiant, en principe, le contentieux administratif au conseil des ministres. L'amorce était ainsi faite de la théorie du ministre-juge dont l'idée sera entérinée par l'article 15 de la constitution du 5 fructidor an III et réellement concrétisée sous le consulat avec l'abandon de l'administrateur-juge. La justice n'en était pas moins retenue en ce qu'elle était finalement rendue par le Chef de l'Etat, après avis du Conseil d'Etat.

5. … à la justice déléguée. La confusion de l'administration active et de la juridiction administrative devait se maintenir une bonne partie du XIXe siècle, jusqu'à l'adoption déterminante de la loi du 24 mai 1872 par laquelle le Conseil d'Etat s'est vu confier la compétence pour connaître lui-même des décisions administratives (si l'on excepte une brève période, de 1849 à 1852). Sans renoncer au principe de séparation des autorités administratives et judiciaires, la loi de 1872 repose également sur le principe de séparation des pouvoirs : à l'administration d'administrer, à la juridiction administrative de juger.

On présente volontiers l'arrêt Cadot comme l'aboutissement de l'évolution, par l'abandon de la théorie du ministre-juge qu'il prononce, le Conseil d'Etat s'étant proclamé juge de premier et dernier ressort de droit commun de l'action administrative (CE, 13 déc. 1889, Cadot, requête numéro 66145, Rec., p. 1148, concl. H. Jagerschmidt). Rien ne s'oppose, il est vrai, à ce que l'autorité administrative doive être saisie avant le juge administratif. Il n'y a là rien d'inadmissible et les recours administratifs préalables obligatoires organisés en droit positif témoignent même de leur utilité. L'apport de cet arrêt n'en est pas moins déterminant en ce qu'il a dessaisi l'autorité administrative de toute fonction juridictionnelle de premier ressort.

§ 2 - L'affermissement progressif du contentieux administratif

6. Une procédure essentiellement construite par la juridiction administrative. Les conséquences de l'émancipation de la juridiction administrative ont été quantitativement et qualitativement importantes, non seulement pour la construction du droit administratif mais également pour la détermination des règles qui président à la procédure administrative juridictionnelle. Que l'on songe en effet, et par exemple, à la détermination des contours de l'intérêt pour agir (CE, 29 mars 1901, Casanova Canazzi, requête numéro 94580, Rec., p. 333 ; S. 1901, 3, p. 73, note M. Hauriou ; CE, 18 avr. 1902, Commune de Néris-les-Bains, requête numéro 04749, Rec., p. 275, S. 1902, 3, p. 81, note M. Hauriou ; CE, 21 déc. 1906, Syndicat des propriétaires et contribuables du quartier Croix-de-Seguey-Tivoli, requête numéro 19167, Rec., p. 962, concl. J. Romieu ; S. 1907, 3, p. 33, note M. Hauriou ; CE, 28 déc. 1906, Syndicat des patrons-coiffeurs de Limoges, requête numéro 25521, Rec., p. 977, concl. J. Romieu ; S. 1907, 3, p. 23, concl. J. Romieu ; RDP 1907, p. 25, note G. Jèze), à la compétence de la juridiction administrative (CE, 10 juin 1921, Commune de Monségur, requête numéro 45681, Rec., p. 573 ; RDP 1921, p. 361, concl. L. Corneille et note G. Jèze ; CE, Ass., 31 juill. 1942, Monpeurt, requête numéro 71398, Rec., p. 239 ; RDP 1943, p. 57, concl. A. Ségalat et note R. Bonnard ; CE, Ass., 2 avr. 1943, Bouguen, requête numéro 72210, Rec., p. 86 ; D. 1944, p. 52, concl. M. Lagrange, note J. Donnedieu de Vabres), à l'accroissement des moyens recevables à l'appui du recours pour excès de pouvoir (pour la qualification juridique des faits : CE, 4 avr. 1914, Gomel, requête numéro 55125, Rec., p. 488 ; pour le contrôle de l'exactitude matérielle des faits : CE, 14 janv. 1916, Camino, requêtes numéros 59619 et 59679, Rec., p. 15 ; RDP 1917, p. 463, concl. L. Corneille et note G. Jèze), mais également, des voies de recours ouvertes, dans le silence de la loi, contre les décisions administratives (CE, Ass., 17 févr. 1950, Ministre de l'Agriculture c. Dame Lamotte, requête numéro 86949, Rec., p. 110 ; RDP 1951, p. 478, concl. J. Delvolvé et note M. Waline) ou juridictionnelles (CE, Ass., 7 févr. 1947, D'Aillières, requête numéro 79128, Rec., p. 50 ; RDP 1947, p. 68, concl. R. Odent et note M. Waline). Il n'y a dès lors rien de surprenant à lire et entendre, aujourd'hui encore, cette considération à présent datée et devenue partiellement erronée suivant laquelle le droit administratif est un droit jurisprudentiel.

7. Une constitutionnalisation devenue indispensable de la juridiction administrative. Indéniable, fondamental, salutaire, le rôle du Conseil d'Etat n'en a pas moins été supplétif et ne pouvait suffire, de toute éternité, à préserver la situation de la juridiction administrative. Que l'on se souvienne ici de certains mots prononcés forts et clairs : « la magistrature administrative n'existe pas : il y a seulement des fonctionnaires administratifs qui occupent des fonctions de juge » (M. Debré, Travaux préparatoires de la Constitution – Avis et débats du Comité consultatif constitutionnel, séance du 5 août 1958, Paris, La documentation française, 1960, p. 70). Que l'on se souvienne encore de la réaction du Général de Gaulle au lendemain de l'arrêt Canal par lequel la juridiction administrative avait annulé l'instauration, par voie d'ordonnance, d'une juridiction d'exception, en tant notamment qu'elle a pu prononcer des condamnations à mort insusceptibles de pourvoi en cassation (CE, Ass., 19 oct. 1962, Canal, Robin et Godot, requête numéro 58502, Rec., p. 552 ; AJDA 1962, p. 612 chron. A. de Laubadère), et de la réforme du Conseil d'Etat qui en a résulté (décret n° 63-766 du 30 juillet 1963 portant règlement d'administration publique pour l'application de l'ordonnance n° 45-1708 du 31 juillet 1945 et relatif à l'organisation et au fonctionnement du Conseil d'Etat)... Que l'on remarque encore que le Parlement est intervenu pour maintenir dans l'ordre juridique l'ordonnance annulée et donc la cour de justice militaire irrégulièrement instituée, au mépris de l'autorité absolue attachée aux décisions d'annulation rendues par la juridiction administrative. Que l'on se satisfasse donc grandement de ce que le Conseil constitutionnel ait fini par reconnaître la valeur constitutionnelle de l'indépendance (Cons. const., décision numéro 80-119 DC du 22 juill. 1980, Validation d'actes administratifs, Rec. Cons. const., p. 46 ; AJDA 1980, p. 602, note G. Carcassonne ; RDP 1980, p. 1658, note L. Favoreu) puis de la compétence de la juridiction administrative (Cons. const., décision numéro 86-224 DC du 23 janv. 1987, Loi transférant à la juridiction judiciaire le contentieux des décisions du Conseil de la concurrence, Rec. Cons. const., p. 8 ; AJDA 1987, p. 345, note J. Chevallier ; D. 1988, p. 117, note F. Luchaire ; RDP 1987, p. 1341, note Y. Gaudemet ; RFDA 1987, p. 287, note B. Genevois).

§ 3 - Les mutations contemporaines du contentieux administratif

8. Le mouvement continue. Il eût été concevable de soutenir que la construction de la procédure administrative juridictionnelle s'était achevée avec la constitutionnalisation de l'indépendance et de la compétence de la juridiction administrative. Il n'en a rien été. Loin de se complaire dans un doux et confortable immobilisme, le contentieux administratif a considérablement évolué depuis lors. Pour dire les choses autrement, la question du statut de la juridiction administrative ayant été réglée, de nouveaux chantiers ont pu être entamés, dont certains sont aujourd'hui en voie d'être réceptionnés, dont d'autres sont toujours en cours.

9. La quête de célérité de la juridiction administrative. La juridiction administrative a longtemps souffert d'une forme insurmontable d'étranglement. Se montrant incapable de juguler le flux des requêtes qui lui étaient adressées, la juridiction administrative rendait ses décisions dans des délais dont on ne pouvait sérieusement soutenir qu'ils étaient satisfaisants ou, pour reprendre la terminologie aujourd'hui consacrée, raisonnables. L'applicabilité de l'article 6 §1 de la Convention européenne de sauvegarde des droits de l'Homme et des libertés fondamentales aura constitué à cet égard une pression supplémentaire, autant que l'article 13, la Cour européenne des droits de l'Homme ayant considéré que la garantie des droits fondamentaux induit l'organisation d'une procédure juridictionnelle autorisant des garanties minimales de célérité (CEDH, 20 janv. 2011, Payet c. France, affaire numéro 19606/08). Des solutions ont été imaginées pour régler la difficulté, certaines d'ordre structurel, certaines d'ordre procédural, ayant toutes en commun d'influer sur la procédure administrative juridictionnelle.

Au titre des réformes structurelles, l'on a d'abord substitué les tribunaux administratifs aux conseils de préfectures, en leur confiant la compétence de premier ressort de droit commun pour connaître des litiges portés devant la juridiction administrative (décret-loi n° 53-934 du 30 septembre 1953 portant réforme du contentieux). On a ensuite institué les cours administratives d'appel, compétentes en principe pour connaître du contentieux de l'appel (loi n° 87-1127 du 31 décembre 1987 portant réforme du contentieux administratif). Parallèlement, la création, d'aucuns parleront de prolifération, de juridictions administratives spécialisées s'est voulue être une réponse supplémentaire. L'accroissement global du nombre des personnels a été, par ailleurs, le bienvenu.

Au titre des réformes procédurales, les recours administratifs préalables obligatoires se développent. Les modes alternatifs de règlement des litiges sont promus. Les hypothèses de juge unique se banalisent, sans qu'il faille douter de leur constitutionnalité (Cons. const., décision numéro 2010-54 QPC du 14 oct. 2010, Union syndicale des magistrats administratifs, Rec. Cons. const., p. 289 ; RFDC 2011, p. 565, note L. Domingo) ni de leur conventionnalité (CE, 4 juill. 2012, Union syndicale des magistrats administratifs, requête numéro 338829). La faculté de rejeter au tri les requêtes vouées à l'échec s'est renforcée. Les dispenses de conclusions du rapporteur public sont parfois possibles. L'instauration de droits de timbre, aujourd'hui révolus, a été pensée comme le moyen de tempérer l'impulsivité teintée de légèreté de certains requérants.

Il serait périlleux de déceler l'efficacité réelle de chacune de ces mesures. Reste que, pour l'essentiel, et par une probable conjonction de raisons, l'objectif est aujourd'hui atteint et le volume des affaires pendantes devant les juridictions administratives est substantiellement résorbé (J.-M. Sauvé, Allocution à l'occasion de la réunion annuelle des présidents des juridictions administratives, 31 mars 2015).

10. La qualité de la justice administrative. La bataille pour l'efficacité de la justice administrative étant en passe d'être remportée, la réflexion se fait aujourd'hui très nette autour de l'amélioration de la qualité de la justice administrative. L'ouverture de la juridiction administrative à la cité est indéniable. Le Conseil d'Etat diffuse ses décisions, communique sur celles-ci, les explicite... Il organise manifestations et colloques, en même temps que ses membres participent aux travaux universitaires. Les autres juridictions administratives empruntent les mêmes réflexes à l'échelon déconcentré. L'ouverture est aussi celle vers le justiciable. La réflexion menée par le Conseil d'Etat sur la question de l'amélioration de la qualité rédactionnelle des décisions rendues par la juridiction administrative (D. act. 25 mai 2012) en est une traduction concrète, qui a conduit à la rétention d'une nouvelle structure des décisions avec laquelle les professionnels du droit se familiarisent progressivement. Ces quelques exemples attestent la conscience de la juridiction administrative de ce qu'une bonne justice administrative ne se résume pas à la qualité des procédures.

Une bonne justice administrative est aussi celle qui se montre soucieuse du justiciable. Il y a là une préoccupation qui, de l'aveu même d'un membre autorisé du Conseil d'Etat (P. Frydman, « La renaissance du Conseil d'Etat vue par un de ses nouveaux membres » in Mélanges en l'honneur de Marceau Long, Paris, Dalloz, 2016, spéc. p. 198), n'a pas toujours été première au cœur du Palais-Royal. Les progrès, ici, sont incontestables et procèdent au premier chef d'une réflexion au sein de la juridiction elle-même, qui ne trouve qu'un relais dans la loi. C'est ainsi que la loi n° 2016-483 du 20 avril 2016 relative à la déontologie et aux droits et obligations des fonctionnaires a chargé le vice-président du Conseil d'Etat d'établir une charte de déontologie énonçant les principes déontologiques et les bonnes pratiques propres à l'exercice des fonctions des membres de la juridiction administrative (CJA, art. L. 131-4) et a instauré un collège de déontologie (CJA, art. L. 131-5), chargé notamment de rendre des avis sur toute question déontologique concernant personnellement un membre de la juridiction administrative, de formuler des recommandations de nature à éclairer les membres de la juridiction administrative sur l'application des principes déontologiques et de la charte de déontologie, de rendre des avis sur les déclarations d'intérêts qui lui sont transmises dans les conditions prévues aux articles L. 131-7 et L. 231-4-1 du code de justice administrative (CJA, art. L. 131-6). Du souci de qualité de la justice administrative découle celui de la transparence, lequel devient à ce point prégnant qu'il conduit aujourd'hui les membres de la juridiction administrative à faire état de leurs intérêts (*infra* n°s 86 et 118).

11. Le retour sur certaines convictions tenaces. En dépit de l'émancipation de la juridiction administrative, le contentieux administratif est longtemps resté empreint de considérations d'un autre temps qui, si elles ont pu constituer le bloc de mythes fondateurs dont toute création a besoin, n'en ont pas moins été des freins à certaines évolutions nécessaires. Au nombre de celles-ci, la prohibition pour le juge administratif d'adresser des injonctions à l'administration. La reconnaissance de pouvoirs d'injonction au juge administratif (loi n° 95-125 du 8 février 1995 relative à l'organisation des juridictions et à la procédure, pénale et administrative) a considérablement refaçonné son office, en même temps qu'elle a organisé les conditions propres à faire émerger de nouvelles procédures, au premier rang desquelles le référé liberté (loi n° 2000-597 du 30 juin 2000 relative au référé devant les juridictions administratives).

12. L'irradiation – funeste – du contentieux administratif par le principe de sécurité juridique. L'idée n'était sans doute pas neuve, comme en témoigne notamment le principe de non-rétroactivité des actes administratifs, reconnu de longue date par le Conseil d'Etat (CE, Ass., 25 juin 1948, Sté du journal l'Aurore, requête numéro 94511, Rec., p. 289 ; S. 1948, 3, p. 69, concl. M. Letourneur ; D. 1948, p. 437, note M. Waline). Ce n'est pourtant qu'en 2006 que le Conseil a formellement consacré le principe de sécurité juridique (CE, 24 mars 2006, Sté KPMG, requête numéro 288460, Rec., p. 154 ; AJDA 2006, p. 1028, chron. C. Landais et F. Lenica ; RFDA 2006, p. 463, concl. Y. Aguila ; BJCP 2006, p. 173, concl. Y. Aguila). Comme souvent, un tel avènement a joué comme un catalyseur et le principe de sécurité juridique n'a cessé, depuis lors, d'innerver le contentieux administratif. A certains égards, l'effet est heureux, la Cour européenne des droits de l'Homme considérant notamment que c'est à la lumière de ce principe que le droit au procès équitable doit être interprété (CEDH, 20 oct. 2011, Nedjet Sahin et Perihan Sahin c. Turquie, affaire numéro 13279/05). Reste que les nouveaux outils ne sont jamais à l'abri d'une forme d'instrumentalisation, pour ne pas dire de corruption. Certes, on ne pouvait que souscrire à cette affirmation expresse et de portée générale suivant laquelle le principe de l'effet immédiat de la réglementation nouvelle doit être concilié avec le principe de sécurité juridique, lequel impose au pouvoir réglementaire d'instaurer un dispositif transitoire accompagnant un changement brutal de législation (CE, 24 mars 2006, Sté KPMG, requête numéro 288460, préc.). Certes encore, on ne pouvait tout autant qu'approuver le Conseil d'Etat de s'être reconnu le droit – à certains égards l'obligation – de moduler dans le temps les effets de ses revirements de jurisprudence (CE, Ass., 16 juill. 2007, Société Tropic travaux signalisation, requête numéro 291545, Rec., p. 360 ; RFDA 2007, p. 696, concl. D. Casas ; AJDA 2007, p. 1577, chron. F. Lenica et J. Boucher ; JCP gén. 2007, II, 10156, note M. Ubaud-Bergeron et 10160, note B. Seiller ; JCP adm. 2007, 2212, note F. Linditch et 2221, note M.-C. Rouault ; CE, Sect., 6 juin 2008, Conseil départemental de l'ordre des chirurgiens-dentistes de Paris c. Banon, requête numéro 283141, Rec., p. 204 ; RFDA 2008, p. 689, concl. J.-P. Thiellay ; RFDA 2008, p. 964, note B. Pacteau ; Dr. adm.

août 2008, comm. 118, note F. Melleray ; CE, 2 sept. 2009, Assistance publique de Marseille, requête numéro 297013, Rec., T., pp. 917 et 949). Mais voilà... Initialement perçu comme un vecteur de protection de l'administré et du justiciable, le principe de sécurité juridique acquiert progressivement – et très sûrement – le statut de remarquable instrument de protection des intérêts de l'administration (les candides parleront de protection de l'intérêt général). Le contentieux de l'urbanisme est à cet égard topique de cette inclination à réduire l'accès au juge au nom de la sécurité juridique. A bien y regarder, toutefois, le général supplante aujourd'hui le particulier. Dans des proportions et des effets qui restent, pour l'essentiel, tolérables, des techniques sont découvertes ou perfectionnées pour sauvegarder les actes qui le peuvent juridiquement (neutralisation, substitution des motifs de droit ou de fait...) ou limiter les effets des décisions juridictionnelles (modulation des effets des annulations dans le temps). Mais de manière bien moins supportable, et toujours sur le même fondement, l'accès au juge est de plus en plus compromis par certaines décisions du Conseil d'Etat. C'est ainsi que, au mépris de la lettre de l'article R. 421-5 du code de justice administrative, le droit de saisir la juridiction administrative est limitée, en principe, à une année en l'absence de la notification des voies et délais de recours (CE, Ass., 13 juill. 2016, M. Czabaj c. Ministre de l'Economie et des Finances, requête numéro 387763, Rec. ; AJDA 2016, p. 1629, chron. L. Dutheillet de Lamothe et G. Odinet ; RGD 2016, notes Ph. Cossalter et P. Caille). C'est ainsi encore qu'il n'est désormais plus permis d'invoquer, par voie d'exception, les vices de forme et de procédure entachant un acte réglementaire (CE, Ass., 18 mai 2018, Fédération des finances et des affaires économiques de la CFDT, requête numéro 414583, Rec. ; AJDA 2018, p. 1206, chron. S. Roussel et C. Nicolas). Sans doute le principe de sécurité juridique est-il irréductible à la seule condition du justiciable. Il ne saurait cependant y être totalement indifférent et, à défaut, la noblesse de la jurisprudence administrative s'effrite sans que l'efficacité de la juridiction administrative n'y gagne réellement...

13. La question de la loyauté du procès administratif. La question de la loyauté du procès administratif se pose aujourd'hui avec une certaine acuité. Une partie de la production doctrinale contemporaine y voit un principe émergent (par ex., M. Deguergue, « Les principes directeurs du procès administratif » in P. Gonod, F. Melleray et P. Yolka (dir.), Traité de droit administratif, tome 2, Paris, Dalloz, 2011, pp. 556 et s.), à raison comme en atteste notamment la consécration du principe de loyauté dans le contentieux des relations contractuelles (CE, Ass., 28 déc. 2009, Commune de Béziers, requête numéro 304802, Rec., p. 509, concl. E. Glaser ; AJDA 2010, p. 142, chron. S.-J. Lieber et D. Botteghi ; RFDA 2010, p. 506, concl. E. Glaser et p. 519, note D. Pouyaud ; RDI 2010, p. 265, obs. R. Noguellou). La distance à parcourir reste toutefois encore longue avant qu'il soit permis de parler d'un réel principe de loyauté en contentieux administratif, à deux égards au moins.

En premier lieu, à rebours des jurisprudences constitutionnelle (Cons. const., décision numéro 2013-679 DC du 4 déc. 2013, Loi relative à la lutte contre la fraude fiscale et la grande délinquance économique et financière, Rec. Cons. const.,

p. 1060 ; RFDC 2014, p. 467, note M. Pelletier) et judiciaire (Cass. plein., 7 janv. 2011, numéro 09-14.136, Bull. n°1), l'administration ne se voit toujours pas opposer le principe de loyauté de la preuve en dehors du contentieux disciplinaire des agents publics (CE, Sect., 16 juill. 2014, Ganem, requête numéro 355201, Rec., p. 224, concl. V. Daumas ; RFDA 2014, p. 924, concl. V. Daumas), même si le Conseil d'Etat (CE, 26 mai 2010, Beckam, requête numéro 296808 ; CE, 15 avr. 2015, Sté Car Diffusion 78, requête numéro 373269, Rec., p. 144 ; CE, 23 nov. 2016, M. C., requête numéro 387485, Rec., T.) comme certaines juridictions du fond (CAA Lyon, 5 juill. 1994, Sté O'Palermo, requêtes numéros 92LY00392 et 92LY00619, Rec., p. 653 ; AJDA 1995, p. 192, note J. Courtial ; CAA Versailles, 8 mars 2012, Préfet de la Vienne, requête numéro 10VE03910) tendent à écarter certaines productions obtenues de manière frauduleuse.

En second lieu, le Conseil d'Etat a pu exclure, en contentieux fiscal (CE, avis, 1er avr. 2010, SAS Marsadis, requête numéro 334465) avant d'étendre la solution à l'ensemble du contentieux de la légalité (CE, 2 juill. 2014, Sté Pace Europe, requête numéro 368590, Rec., p. 206 ; AJDA 2014, p. 1897, concl. G. Dumortier), le principe de l'estoppel.

14. L'avènement des nouvelles technologies. On ne saurait évidemment plus évoquer, aujourd'hui, les mutations du contentieux administratif sans parler du rapport que la juridiction administrative entretient aux nouvelles technologies. Il faut bien admettre qu'elle a su tirer avantage des évolutions des outils informatiques. L'application Sagace a fait ses preuves, en autorisant chaque partie à l'instance de prendre connaissance, tout au long de l'instance, de l'état de la procédure. Le recours à l'application « Télérecours », qui autorise la dématérialisation de la procédure, est imposé à une frange à présent substantielle des demandeurs et défendeurs. Ce succès en appelle d'ailleurs un autre puisque l'application « Télérecours citoyens » a été créée et est expérimentée au sein de la section du contentieux du Conseil d'Etat, du tribunal administratif de Cergy-Pontoise, et du tribunal administratif de Melun (décret n° 2018-251 du 6 avril 2018 relatif à l'utilisation d'un téléservice devant le Conseil d'Etat, les cours administratives d'appel et les tribunaux administratifs et portant autres dispositions, JORF 8 avril 2018, n° 0082). Comme son nom l'indique, elle profite aux justiciables qui saisissent, lorsqu'ils le peuvent encore, la juridiction administrative sans avocat.

Et, nouvelles technologies toujours, voici que l'on parle de justice prédictive. Les algorithmes prédictifs sont aujourd'hui perçus comme un moyen d'améliorer la prévisibilité des jugements, par la meilleure maîtrise du corpus de décisions déjà rendues qu'ils pourraient autoriser, et d'accélérer le règlement des litiges, par la réduction du temps consacré à la recherche de cas similaires. Parce qu'elles seraient donc au service de la sécurité juridique et de l'efficacité juridictionnelle, ce que les nouvelles technologies ont à offrir a de quoi séduire. Mais, sauf à se complaire dans une confortable désinvolture à l'égard des principes essentiels d'une bonne justice, il faut bien admettre que les virtualités dont ces nouvelles technologies sont porteuses ont également de quoi effrayer. Les logiciels prédictifs présentent, d'une part, le risque d'écarter le juge du processus décisionnel, d'autre part, de scléroser la jurisprudence. Au vrai, ces craintes ne doivent pas constituer un obstacle rédhibitoire sur la voie du progrès. Elles ne constituent qu'une mise en garde, assurément reçue et, espérons-le, prise en compte par les décideurs. Il n'existe pas, d'algorithme bon ou mauvais intrinsèquement. Il n'existe que des algorithmes adaptés ou non aux besoins préalablement identifiés. C'est donc, ici comme ailleurs, à une réflexion sereine et sérieuse à laquelle chacun est invité afin que le système à inventer ne soit pas de nature à trahir l'héritage reçu.

15. Bibliographie indicative.

J. Arrighi de Casanova, « Le renouveau du contentieux administratif » in Mélanges en l'honneur de Marceau Long, Paris, Dalloz, 2016, pp. 13 et s.

A. Beduschi-Ortiz, « La notion de loyauté en droit administratif », AJDA 2011, pp. 944 et s.

B. Belda, « Faut-il généraliser le recours administratif préalable obligatoire ? », RDP 2008, pp. 1483 et s.

F.-P. Bénoit, « Les fondements de la justice administrative » in Mélanges Marcel Waline, LGDJ, Paris, 1974, pp. 283 et s.

J.-C. Bonichot, « Le recours administratif préalable obligatoire : dinosaure juridique ou panacée administrative ? » in Mélanges en l'honneur de Daniel Labetoulle, Paris, Dalloz, 2007, pp. 81 et s.

J. Caillosse, « Le juge administratif et la question de l'« efficacité », RDP 2013, pp. 27 et s.

C. Castaing, « Les procédures civiles et administratives confrontées aux mêmes exigences du management de la justice », AJDA 2009, pp. 913 et s.

R. Chapus, « Georges Vedel et l'actualité d'une « notion fonctionnelle » : l'intérêt d'une bonne administration de la justice », RDP 2003, pp. 3 et s.

A. Ciaudo et **A. Frank**, « Pour l'utilisation de l'estoppel dans le procès administratif », AJDA 2010, pp. 479 et s.

X. Domino et **A. Bretonneau**, « De la loyauté dans le procès administratif » AJDA 2013, pp. 1276 et s.

B. du Marais, et **A. Gras**, « La *cyberjustice*, enjeu majeur pour la qualité de la justice administrative », RFAP 2016, pp. 799 et s.

J.-B. Duclercq, « Les algorithmes en procès », RFDA 2018, pp. 131 et s.

J.-M. Favret, « La « bonne administration de la justice » administrative », RFDA 2004, pp. 943 et s.

P. Frydman, « La renaissance du Conseil d'Etat vue par un de ses nouveaux membres » in Mélanges en l'honneur de Marceau Long, Paris, Dalloz, 2016, pp. 197 et s.

O. Gabarda, « L'intérêt d'une bonne administration de la justice », RDP 2006, pp. 153 et s.

J. Lessi et **L. Dutheillet de Lamothe**, « L'estoppel incompatible avec le contentieux de légalité », AJDA 2014, pp. 1935 et s.

Y. Meneceur, « Quel avenir pour la « justice prédictive » ? Enjeux et limites des algorithmes d'anticipation des décisions de justice », JCP 2018, 190.

D. Moreau, « Cinq ans d'application du principe de loyauté des relations contractuelles devant le juge administratif », RJEP octobre 2014, étude 7.

J. Saison-Demars, « L'office du juge administratif face au temps. A la recherche du temps perdu… le temps retrouvé », Dr. adm. févr. 2012, étude 4.

J.-M. Sauvé, « Administrer la juridiction administrative. Ou comment faire preuve d'« imagination créative » in Mélanges en l'honneur de Marceau Long, Paris, Dalloz, 2016, pp. 411 et s.

B. Seiller, « L'intérêt général et l'exercice des pouvoirs juridictionnels » in Mélanges en l'honneur de Didier Truchet, Paris, Dalloz, 2015, pp. 595 et s.

B. Stirn, « Droit au recours et sécurité juridique » in Mélanges en l'honneur de Didier Truchet, Paris, Dalloz, 2015, pp. 607 et s.

F. Tesson, « Remarques sur l'évolution récente du contentieux administratif. Vers de nouveaux équilibres depuis 2014 ? », Dr. adm. déc. 2017, étude 17.

C. Vigouroux, « Déontologie du juge administratif », RFDA 2017, pp. 8 et s.

Section 2 - Les sources du contentieux administratif

16. La Convention européenne de sauvegarde des droits de l'Homme et des libertés fondamentales. On la citera en premier, comme pour signifier l'importance que revêt effectivement la Convention européenne de sauvegarde des droits de l'Homme et des libertés fondamentales à l'égard du droit processuel, importance d'autant plus accrue depuis que les justiciables disposent du droit de recours individuel. Deux articles de la Convention affectent essentiellement la procédure administrative juridictionnelle. Il s'agit, d'une part, de l'article 13, garantissant le droit à un recours effectif. Il s'agit, d'autre part, de l'article 6 §1, aux termes duquel « toute personne a droit à ce que sa cause soit entendue équitablement, publiquement et dans un délai raisonnable, par un tribunal indépendant et impartial, établi par la loi, qui décidera, soit des contestations sur ses droits et obligations de caractère civil, soit du bien-fondé de toute accusation en matière pénale dirigée contre elle ». Même si le champ d'application de cette stipulation n'est pas général, il n'en recouvre pas moins une partie considérable du contentieux administratif et ce à plus forte raison lorsque l'on sait que la Cour européenne des droits de l'Homme n'est pas liée par les qualifications nationales (CEDH, 16 juill. 1971, Ringeisen c. Autriche, affaire numéro 2614/65 ; CEDH, 8 juin 1976, Engel c. Pays-Bas, affaire numéro 5100/71). Il en découle que les résistances des juridictions nationales – et l'on connaît la propension du Conseil d'Etat à résister, parfois longtemps – ne peuvent être éternelles… Si elles n'étaient pas ignorées du contentieux administratif français, les contraintes issues de l'article 6 §1 n'en ont pas moins profondément influé sur les règles non seulement structurelles mais également procédurales. On retiendra ici trois exemples. Il en va ainsi, d'abord, de la question de l'impartialité de la juridiction administrative, la dualité fonctionnelle du Conseil d'Etat pouvant achopper sur le principe (CEDH, 28 sept. 1995, Association Procola c. Luxembourg, affaire numéro 14570/89 ; AJDA 1996, p. 383, obs. J.-F. Flauss ; RFDA 1996, p. 777, note J.-L. Autin et F. Sudre ; CEDH, 9 nov. 2006, Sacilor-Lormines c. France, affaire numéro 65411-01 ; JCP adm. 2007, p. 2002, note F. Szymczak). Il en va ainsi, ensuite, de la question du commissaire du gouvernement, institution française s'il en est, passée sous les fourches caudines de la Cour européenne des droits de l'Homme (CEDH, 7 juin 2001, Mme Kress c. France, affaire numéro 39594/98 ; AJDA 2001, p. 675, note F. Rolin ; D. 2001, p. 2619, note R. Drago ; CEDH, 12 avr. 2006, Martinie c. France, affaire numéro 58675/00 ; AJDA 2006, p. 986, note F. Rolin). Il en va ainsi, enfin, de la question de la publicité des audiences, laquelle s'est imposée aux juridictions administratives spécialisées, à tout le moins lorsque le litige entre dans le champ d'application de l'article 6 §1 de la Convention (CE, Ass., 3 déc. 1999, Didier, requête numéro 207439, Rec., p. 399 ; AJDA 2000, p. 26, chron. M. Guyomar et P. Collin ; RFDA 2000, p. 584, concl. A. Seban et p. 1061, note L. Sermet). Les adaptations se sont imposées sans remise en cause fondamentale du système.

17. La Constitution. L'article 34 de la Constitution prévoit deux chefs de compétence au profit du législateur en rapport avec la procédure administrative juridictionnelle. D'une part, le législateur est compétent pour fixer « les règles concernant la création de nouveaux ordres de juridiction ». C'est ainsi qu'il appartenait au législateur d'instituer les sections des assurances sociales instituées au sein des ordres des médecins, chirurgiens-dentistes et pharmaciens (CE, Ass., 13 juill. 1962, Conseil national de l'Ordre des médecins, requêtes numéros 51265 et 51266, Rec., p. 479 ; RDP 1962, p. 739, concl. G. Braibant). D'autre part, la loi fixe « les règles concernant les garanties fondamentales accordées aux citoyens pour l'exercice des libertés publiques ».

Doit-on encore préciser que le Conseil constitutionnel a, notamment, consacré la valeur constitutionnelle du principe d'égalité devant la justice (Cons. const., décision numéro 75-76 DC du 23 juin 1975, Juge unique, Rec. Cons. const., p. 22), du droit à un recours effectif (Cons. const., décision numéro 2013-314 QPC du 14 juin 2013, M. Jeremy F., Rec. Cons. const., p. 824 ; RDP 2013, p. 1229, note B. Bonnet ; RFDA 2013, p. 691, note R. Mehdi et H. Labayle), ou encore du principe des droits de la défense (Cons. const., décision numéro 72-75 L du 21 déc. 1972, Procédure fiscale, Rec. Cons. const., p. 36).

18. Les normes législatives et réglementaires. Adopté le 4 mai 2000 (ordonnance n° 2000-387 relative à la Partie Législative du code de justice administrative ; décrets n° 2000-388 et n° 2000-389 relatifs à la Partie Réglementaire du code de justice administrative) et entré en vigueur le 1er janvier 2001, le code de justice administrative est la première entreprise de codification appréhendant l'ensemble des juridictions administratives générales. Bien qu'il faille en souligner les mérites – et s'inquiéter sans doute pour sa lisibilité des rajouts successifs qui sont intervenus depuis son adoption – le code de justice administrative n'est pas la première, ni la seule, compilation de dispositions législatives et réglementaires intéressant la procédure administrative juridictionnelle. Il n'est pas plus, aujourd'hui, le recueil de l'ensemble des dispositions textuelles applicables, et ce à deux égards : d'une part, certaines des dispositions qu'il contient sont dites de « code suiveur » (par ex., CJA, art. L. 311-4 ; art. L. 552-1 et L. 552-2 ; art. R. 411-7), qui renvoient à d'autres codes, sans portée normative en elles-mêmes à ce titre ; d'autre part, rien ne s'oppose à ce que certaines dispositions ne figurent pas du tout dans le code de justice administrative, et cela se vérifie dans les faits, ne serait-ce qu'en ce qui concerne les juridictions administratives spécialisées.

19. La jurisprudence administrative. Il en va du Conseil d'Etat comme du Conseil constitutionnel, et certainement plus encore : le Conseil d'Etat ne manque pas, dans sa jurisprudence, d'enrichir le corpus normatif intéressant le contentieux administratif. A certains égards, l'affirmation est aujourd'hui permise suivant laquelle le Conseil d'Etat reconnait son pouvoir normatif (B. Seiller, « Le juge administratif officialise enfin son propre pouvoir normatif », note sous CE, Ass., 16 juill. 2007, Société Tropic travaux signalisation, JCP 2007, n° 39, II, 10160).

Il existe, en premier lieu, les principes généraux du droit applicables à la procédure administrative juridictionnelle. Il s'agit, par exemple, de l'impartialité de la juridiction (CE, Ass., 6 avr. 2001, SA Entreprise Razel frères et M. Le Leuch, requêtes numéros 206764 et 206767, Rec., p. 176 ; RFDA 2001, p. 1299, concl. A. Seban ; AJDA 2001, p. 453, chron. M. Guyomar et P. Collin), du principe du contradictoire (CE, 16 janv. 1976, Gate, requête numéro 94150, Rec., p. 39), du secret du délibéré (CE, 17 nov. 1922, Légillon, requête numéro 75618, Rec., p. 849), du caractère non suspensif des recours juridictionnels (CE, Ass., 2 juill. 1982, Huglo et autres, requêtes numéros 25288 et 25323, Rec., p. 257 ; AJDA 1982, p. 257, concl. J. Biancarelli et note B. Lukaszewicz ; D. 1983, p. 327, note O. Dugrip), de la faculté de former tierce opposition au jugement rendu (CE, Sect., 20 nov. 1931, Franc, requête numéro 7558, Rec., p. 1017)… Ces principes sont applicables à toute procédure mise en œuvre devant une juridiction administrative générale ou spécialisée, en l'absence de disposition législative contraire.

Il existe, en second lieu, les règles générales de procédure (J. Sirinelli, « Les règles générales de procédure », RFDA 2015, pp. 358 et s.), apparues les plus tôt parmi les sources jurisprudentielles du contentieux administratif (CE, 10 août 1918, Villes, requête numéro 63407, Rec., p. 848) qui se distinguent des principes généraux en ce qu'elles sont applicables en l'absence de dispositions législatives ou réglementaires contraires. Tel est le cas, par exemple, du caractère suspensif du recours administratif auquel un texte législatif ou réglementaire peut déroger (CE, Sect., 10 juill. 1964, Centre médico-pédagogique de Beaulieu, requête numéro 60408, Rec., p. 399 ; S. 1964, Jur. 300, concl. Rigaud) ou encore de l'obligation de mentionner le nom des parties dans la minute de la décision juridictionnelle (CE, 18 mars 2015, Mme Haapanen-Fouquet, requête numéro 374644, Rec., T., pp. 819, 837 et 855).

20. Bibliographie indicative.

A. Blanc, « Les règles générales de procédure applicables en l'absence de texte devant les juridictions administratives », Dr. adm. avril 2016, étude 6.

Y. Gaudemet, « Remarques sur l'évolution des sources du droit du contentieux administratif » in Mélanges offerts à Pierre Drai, Paris, Dalloz, pp. 329 et s.

O. Gohin, « Les principes directeurs du procès administratif en droit français », RDP 2005, pp. 171 et s.

F. Lombard, « L'utilité contentieuse du titre préliminaire du code de justice administrative », AJDA 2009, pp. 1755 et s.

B. Odent, « Propos décousus sur le code de justice administrative et l'intérêt général » in Mélanges en l'honneur de Didier Truchet, Paris, Dalloz, 2015, pp. 447 et s.

J. Sirinelli, « Les règles générales de procédure », RFDA 2015, pp. 358 et s.

Section 3 - La structure du contentieux administratif

21. La vanité des tentatives de classification. La question de la structure du contentieux administratif donne lieu bien trop fréquemment à un exercice consistant dans une tentative de classification des recours juridictionnels. Le président Laferrière fut le premier à formuler une proposition en distinguant, suivant les pouvoirs du juge, le contentieux de la pleine juridiction, le contentieux de l'annulation, le contentieux de l'interprétation et le contentieux de la répression (E. Laferrière, Traité de la juridiction administrative et des recours contentieux, Paris, Berger-Levrault., tome 1, 1887, pp. 15 et s.). Pour les raisons qu'on devine, Duguit appréhendera la structure du contentieux à l'aune de la nature de la demande adressée au juge et distinguera, en conséquence, le contentieux objectif et le contentieux subjectif (L. Duguit, Traité de droit constitutionnel, tome 2, Paris, Boccard, 1928, pp. 458 et s.) : au contentieux objectif, l'ensemble des demandes tendant à ce qu'il soit statué sur la légalité de l'acte, au contentieux subjectif l'ensemble des demandes tendant à la reconnaissance et la satisfaction d'un droit subjectif. A l'approche trop utilitaire du juge s'est donc opposée l'approche trop théorique de l'universitaire. Parce qu'il fallait admettre qu'aucune des deux propositions ne rendait parfaitement compte de la structure effective du contentieux administratif, la suite de la production doctrinale s'emploiera, pour l'essentiel, à les combiner (notamment, J.-M. Auby et R. Drago, Traité de contentieux administratif, tome 2, Paris, LGDJ, 1975, pp. 86 et s. ; R. Odent, Contentieux administratif, tome 2, Paris, Dalloz, 2007 (rééd.), pp. 5 et s. ; R. Chapus, Droit du contentieux administratif, 12ème éd., Paris, Montchrestien, 2008, pp. 203 et s.). L'on doit bien se résigner à admettre que l'absence de consensus trahit la vanité des tentatives de classification, lesquelles semblent irrémédiablement vouées à l'échec.

22. L'inutilité des tentatives de classification. Pire encore, ces tentatives de classification ne sont pas loin de passer pour inutiles, à un double titre. D'une part, la compréhension du contentieux administratif ne suppose pas la rétention préalable d'une classification qui permettrait de systématiser un ensemble de recours aussi différents que ceux qu'il autorise. Sans doute la correcte appréhension des règles procédurales dépend-elle de l'identification de ces différents recours, mais distinction et classification des contentieux ne procèdent pas de la même démarche. D'autre part, en conférant au juge administratif les pouvoirs d'injonction qui lui manquaient jusqu'alors, la loi du 8 février 1995 a considérablement influé sur l'office du juge qui ne cesse de se transformer depuis lors, conduisant à obscurcir davantage le discours de la classification et réduire la controverse à une querelle sans grande portée. C'est assurément encourir, aujourd'hui encore, un procès en hérésie que de militer en faveur de l'absorption du recours pour excès de pouvoir par le recours de pleine juridiction. Mais la remise en cause de la doctrine officielle commence à se répandre (R. Chapus, Droit du contentieux administratif, préc., pp. 239 et s. ; F. Melleray, « La distinction des contentieux est-elle un archaïsme ? », JCP adm. 25 juill. 2005, 1296 ; H. Lepetit-Collin et A. Perrin, « La distinction des recours contentieux en matière administrative. Nouvelles perspectives », RFDA 2011, pp. 813 et s. ; D. Truchet, « Office du juge et distinction des contentieux : renoncer « aux branches », RFDA 2015, pp. 657 et s.), sans qu'elle puisse encore cependant s'imposer. En attendant que le Rubicon soit franchi et qu'il soit mis fin à cette distinction anachronique, il n'est pas d'autre choix que de rappeler les contentieux classiquement répertoriés. S'il ne faut pas occulter l'existence d'un contentieux de la répression (§ 3) et des contentieux de l'interprétation et de l'appréciation de légalité (§ 4), on insistera ici sur la distinction qui oppose le(s) contentieux de pleine juridiction (§ 1) et le contentieux de l'excès de pouvoir (§ 2), pour mieux souligner à cette occasion l'inanité du débat autour de celle-ci.

§ 1 - Le(s) contentieux de pleine juridiction.

23. Définition. Le recours de pleine juridiction – ou, suivant une expression plus répandue mais moins satisfaisante, de plein contentieux – est le recours de droit commun. Il est traditionnellement présenté comme un recours subjectif en ce qu'il permet d'obtenir du juge qu'il statue sur l'existence, le contenu et les effets des droits subjectifs du requérant. Le juge détient ici des pouvoirs entiers qui lui permettent d'épuiser la question qui lui est soumise. Il lui est donc possible d'annuler la décision, mais encore de la réformer. L'attrait pour le contentieux de l'excès de pouvoir est tel que l'enseignement universitaire du contentieux administratif et, dans une certaine mesure, de la production doctrinale, lui font la part belle, au point d'en faire même parfois oublier l'existence de la pleine juridiction. Le contentieux de pleine juridiction embrasse pourtant un champ d'hypothèses tout aussi vaste qu'hétérogène (et, à tout bien considérer, n'est-ce pas là la cause de la désaffection de la doctrine à son égard ?). L'inclusion de certains litiges dans ce champ est parfois le fait du pouvoir législatif ou du pouvoir réglementaire, plus souvent le fait du juge. Un mouvement s'est amorcé, depuis quelques temps déjà, tendant à dissocier nettement deux pans du contentieux de pleine juridiction.

24. La pleine juridiction intégrale. Il existe, en premier lieu, la pleine juridiction subjective, expression à laquelle on préfèrera, parce que plus explicite et à certains égards plus juste, celle de pleine juridiction « intégrale » (D. Botteghi et A. Lallet, « Le plein contentieux et ses faux-semblants », AJDA 2011, p. 157). Classique et donc classiquement appréhendée par le juge, la pleine juridiction intégrale permet de régler les litiges pour lesquels la légalité de l'acte administratif importe moins que la résolution d'un différend né d'une situation.

Il s'agit, pour l'essentiel :

- du contentieux contractuel (CE, 28 juill. 1952, Compagnie d'assurances Rhin et Moselle c. Sté Manurhin, requête numéro 157, Rec., p. 424) auquel il convient d'ajouter aujourd'hui celui de la validité du contrat (CE, Ass., 4 avr. 2014, Département de Tarn-et-Garonne, requête numéro 358994, Rec., p. 70, concl. B. Dacosta ; AJDA 2014, p. 1035, chron. A. Bretonneau et J. Lessi ; RFDA 2014, p. 425, concl. B. Dacosta et note P. Delvolvé ; RJEP 2014, n° 721, p. 14, note J.-F. Lafaix) ;

- du contentieux quasi-contractuel, que l'on songe aux demandes fondées sur l'enrichissement sans cause (CE, 18 juin 1920, Epoux Rigault, requête numéro 52332, Rec., p. 596), la gestion d'affaires (CE, 6 nov. 1953, Ville de Saint-Valery-sur-Somme, requête numéro 12922, Rec., p. 470) ou encore sur la répétition de l'indu (CE, 3 août 1904, Durnerin, requête numéro 11707, Rec., p. 649) ;

- du contentieux de la responsabilité extracontractuelle.

25. La jurisprudence Lafage. Il arrive au Conseil d'Etat de déroger à sa jurisprudence en acceptant l'introduction d'un recours pour excès de pouvoir en lieu et place d'un recours de pleine juridiction. C'est le cas de la jurisprudence Lafage, relative aux contentieux formés contre des décisions à caractère pécuniaire (CE, 8 mars 1912, Lafage, requête numéro 42612, Rec., p. 348, concl. G. Pichat ; D. 1914, 3, p. 49, concl. G. Pichat ; S. 1913, 3, p. 1, concl. G. Pichat et note M. Hauriou ; RDP 1912, p. 266, note G. Jèze). Le but de cet aménagement était de ne pas imposer, comme cela aurait dû être le cas, un ministère d'avocat qui aurait coûté plus cher au requérant que la somme réclamée à l'administration. Pour l'essentiel, aujourd'hui, la « perturbation » générée par cette jurisprudence est révolue, le Conseil d'Etat ayant fermé la voie de l'excès de pouvoir au bénéfice du contentieux, objectif, de pleine juridiction s'agissant des états exécutoires (CE, Sect., 27 avr. 1988, Mbakam, requête numéro 74319, Rec., p. 172) et des ordres de versement et de reversement (CE, Sect., 23 déc. 1988, Cadilhac, requête numéro 70113, Rec., p. 465 ; AJDA 1989, p. 254, concl. M. Fornacciari). Cependant, la jurisprudence autorise parfois des soubresauts, voire un renouveau, de la jurisprudence Lafage, comme en témoigne la décision par laquelle le Conseil d'Etat a admis la recevabilité du recours pour excès de pouvoir contre le refus de versement de la prime de recherche et d'enseignement supérieur (CE, Sect., 9 déc. 2011, Marcou, requête numéro 337255, Rec., p. 616, concl. R. Keller ; AJDA 2012, p. 897, note A. Legrand).

26. La pleine juridiction de légalité. Il existe, en second lieu, le contentieux objectif ou, pour renoncer définitivement à la classification matérielle, de la pleine juridiction « de légalité » (D. Botteghi et A. Lallet, « Le plein contentieux et ses faux-semblants », préc.), qui continue, pour l'heure et pour l'essentiel à recevoir un traitement identique au contentieux subjectif, tout en empruntant également certains caractères spécifiques au contentieux de l'excès de pouvoir.

Entrent dans cette pleine juridiction de légalité, et sans prétendre ici à l'exhaustivité :

- le contentieux électoral (CE, Sect., 16 déc. 1955, Fédération nationale des syndicats de police de France et d'outre-mer, requête numéro 15621, Rec., p. 596 ; RPDA 1956, p. 41, concl. P. Laurent) ;

- le contentieux fiscal, qu'il s'agisse du contentieux de l'assiette (CE, Sect., 29 juin 1962, Sté des aciéries de Pompey, requête numéro 53090, Rec., p. 438 ; JCP 1963, II., 13026, concl. M. Poussière et note M. Tourdias ; CE, Ass., 2 juill. 1965, Ministre des Finances et secrétaire d'État au budget c. Protection mutuelle des agents des chemins de fer de France, requêtes numéros 38804 et 49394, Rec., p. 399), du contentieux du recouvrement et du recours ou de l'action en restitution tant que ne sont en cause ni les opérations d'établissement ni celles de recouvrement d'un impôt (CE, Sect., 1er févr. 1974, Dame Huber, requête numéro 82229, Rec., p. 77), ou encore du contentieux des taxes parafiscales (CE, 11 avr. 1986, SA des traverses de l'Est et a., requête numéro 43421) ;

- le contentieux des sanctions infligées aux administrés (CE, Ass., 16 févr. 2009, Sté Atom, requête numéro 274000, Rec., p. 25, concl. C. Legras ; RFDA 2009, p. 250, concl. C. Legras ; AJDA 2009, p. 583, chron. S.-J. Liéber et D. Botteghi ; JCP 2009, n° 26, chron. B. Plessix ; JCP adm. 2009, 2089, note D. Bailleul), ce qui évince de ce champ – et il faudrait malgré tout pouvoir l'expliquer – les sanctions infligées aux professionnels (CE, Sect., 22 juin 2007, Arfi, requête numéro 272650, Rec., p. 263, concl. M. Guyomar) et celles aux agents (CE, 1er févr. 2006, Touzard c. Secrétariat général du gouvernement, requête numéro 271676) ;

- le contentieux des édifices menaçant ruine (CE, 2 déc. 1910, Gaillot, requête numéro 31811, Rec., p. 861) et des immeubles insalubres (CE, Sect., 13 mai 1966, Vandaele, requête numéro 63379, Rec., p. 321) même si une partie du contentieux reste de l'excès de pouvoir (par ex., pour les demandes dirigées contre les arrêtés d'insalubrité : CE, 16 avr. 1975, Boisson, requête numéro 95072, Rec., p. 233) ;

- le contentieux des installations classées pour la protection de l'environnement (CE, 26 avr. 1901, Rousier, requête numéro 1716, Rec., p. 388) ;

- le contentieux de la qualité de réfugié (CE, Sect., 8 janv. 1982, Aldana Barreña, requête numéro 24948, Rec., p. 9, concl. B. Genevois) ;

- le contentieux des autorisations de plaider (par ex., CE, 24 sept. 2010, M. Asselin, requête numéro 336117, Rec., T., pp. 659 et 890).

27. L'éclatement du contentieux de pleine juridiction. La recension des domaines relevant de la pleine juridiction, leur répartition entre la pleine juridiction intégrale et la pleine juridiction de légalité, sont d'une simplicité trompeuse. Les nuances s'imposent de toute part, au point qu'il devient pour le moins aventureux de rechercher une cohérence. Déjà doit-on souligner que les causes juridiques sont, pour certains contentieux, difficilement saisissables. Encore doit-on remarquer que, dans la pleine juridiction de légalité, certains contentieux écartent les moyens de légalité externe comme étant inopérants (s'agissant par exemple du contentieux relatif à la reconnaissance de la qualité de travailleur handicapé : CE, avis, 12 avr. 2013, Mme Fiot, requête numéro 364239, Rec., p. 93) là où d'autres les retiennent (par ex., dans le contentieux des sanctions : CE, 18 avr. 2011, Genet, requête numéro 316854, Rec., T., p. 789), y compris d'ailleurs devant certaines juridictions administratives spécialisées (CNTSS, 9 juill. 2015, Préfet de la région Languedoc-Roussillon, requête numéro A. 2013-01 ; AJDA 2016, p. 666, concl. J.-L. Matt). Enfin doit-on relever que le juge de pleine juridiction n'épuise pas nécessairement l'ensemble des pouvoirs dont il est réputé disposer : s'il substitue parfois sa décision à celle de l'administration (par ex., dans le domaine des sanctions : CE, Ass., 16 févr. 2009, Sté ATOM, requête numéro 274000, préc. ; dans le domaine de l'aide sociale : CE, 9 mars 2016, Mme H., requête numéro 381272, Rec.), il lui arrive de se cantonner à sa seule annulation (par ex., CE, Sect., 15 déc. 1989, Sté Spéchinor, requête numéro 70316, Rec., p. 254). L'hétérogénéité des contentieux de pleine juridiction ne serait-elle pas le signe de l'inclination du Conseil d'Etat pour une complexité gourmande qui confine parfois au byzantinisme ?

§ 2 - Le contentieux de l'excès de pouvoir.

28. Recours pour excès de pouvoir et recours en déclaration d'inexistence. Bien qu'il faille y ajouter le contentieux de l'appréciation de la légalité, le contentieux de l'excès de pouvoir englobe essentiellement deux recours qui se veulent distincts : le recours en déclaration d'inexistence (I) et le recours pour excès de pouvoir (II).

I. Le recours en déclaration d'inexistence

29. Les catégories d'actes juridiquement inexistants. Les décisions juridictionnelles constatant l'inexistence juridique de l'acte litigieux sont rares. C'est heureux lorsque l'on sait les hypothèses pouvant conduire à une telle qualification.

Il s'agit, en premier lieu, des cas où la qualité de l'auteur de l'acte a été usurpée, cas de figure qu'il convient évidemment de ne pas confondre avec celui de l'incompétence. L'usurpation suppose que l'auteur de l'acte ne puisse être vu comme un agent de l'administration (réserves faites des hypothèses du fonctionnaire de fait et des circonstances exceptionnelles), soit qu'il s'est fait passer pour une personne qu'il n'est pas, soit qu'il est dépourvu de toute existence légale (CE, Sect. 28 févr. 1947, Megevand, requête numéro 78690, Rec., p. 85 ; S. 1948, 3, p. 41, note J.-M. Auby).

Il s'agit, en deuxième lieu, d'actes entachés d'une illégalité à ce point grave qu'ils doivent être disqualifiés. A cet égard, la définition qui en est donnée ne manque pas de rappeler l'hypothèse de la voie de fait dans la définition qu'on en donnait alors (TC, 27 juin 1966, Guigon c. Armées, requete numéro 1889, Rec., p. 830 ; AJDA 1966, p. 547, note A. de Laubadère ; D. 1968, p.7, note J.-C. Douence ; JCP 1967, II, 15135, concl. P. Landon ; CE, 11 mars 1998, Ministre de l'intérieur, requête numéro 169794, Rec., T., p. 676).

Il s'agit, en troisième lieu, des actes portant atteinte à certaines règles fondamentales du droit public et que le juge entend sanctionner avec plus de solennité : nominations pour ordre (CE, Sect., 30 juin 1950, Massonaud, requête numéro 1326, Rec., p. 400, concl. J. Delvolvé), actes pris à l'égard d'un fonctionnaire en contradiction avec la règle de la limite d'âge dans la fonction publique (CE, Sect., 3 févr. 1956, de Fontbonne, requête numéro 8035, Rec., p. 45 ; AJDA 1956, II, p. 93, chron. F. Gazier ; RDP 1956, p. 859, note M. Waline).

Il s'agit, en quatrième lieu, des actes qui attentent à la séparation des pouvoirs, qu'il s'agisse, par exemple, de la substitution illicite de l'autorité administrative à la juridiction administrative (CE, Ass., 31 mai 1957, Rosan Girard, requêtes numéros 26188 et 26325, Rec., p. 355, concl. F. Gazier ; AJDA 1957, II, p. 273, chron. J. Fournier et G. Braibant), ou de la méconnaissance de l'autorité de la chose jugée (CE, 20 mai 1998, Mme Nardin, requête numéro 59657, Rec., p. 198).

30. La relation étroite avec le recours pour excès de pouvoir. Il est tentant de construire une théorie autour de la notion d'inexistence juridique. La théorie s'émanciperait alors de la conception que se fait le juge administratif de l'inexistence juridique. En effet, là où la doctrine incline à penser que l'acte est réputé n'avoir jamais existé indépendamment de l'intervention du juge, celui-ci l'appréhende comme méritant seulement une sanction plus solennelle comme le signifie la sanction du juge qui n'annule alors pas la décision mais la déclare « nulle et non avenue ». La différence, pour le juge, s'arrêterait là. En témoigne, d'abord, la jurisprudence qui appréhende le recours en déclaration d'inexistence comme une requête en annulation au sens de l'article L. 521-1 du code de justice administrative, acceptant dès lors de suspendre les effets de l'acte litigieux jusqu'à ce qu'il ait été statué au principal (CE, 26 janv. 2007, Commune de Neuville-sur-Escaut, requête numéro 297969, Rec., T., p. 1009 ; JCP adm. 2007, 2058, note P. Caille), contrairement d'ailleurs aux actes entachés d'une inexistence matérielle, lesquels ne peuvent faire l'objet d'un référé suspension (CE, 31 janv. 2001, Association Promouvoir, requête numéro 229484, Rec., T., p. 525). En témoigne, ensuite, l'équivalence admise par le juge entre les recours pour excès de pouvoir et le recours en déclaration d'inexistence, la requalification de l'un en l'autre pouvant être régulièrement opérée par le juge. En témoigne, enfin, l'équivalence de traitement réservé à l'intérêt pour agir entre ces deux recours (CE, 3 févr. 2003, Wirbel, requête numéro 240630, Rec., T., p. 901).

31. Les spécificités toute relatives du contentieux de l'inexistence juridique. Les liens qu'entretient le recours en déclaration d'inexistence avec le recours pour excès de pouvoir ne lui retirent pas ses spécificités. La plus importante d'entre elles est certainement l'inopposabilité des délais de recours (CE, Sect., 3 févr. 1956, de Fontbonne, requête numéro 8035, préc.) dont il ne faut cependant pas s'exagérer la portée. En effet, ce n'est pas parce que le recours peut être exercé sans délai que l'acte juridiquement inexistant peut être retiré à tout moment (CE, Sect., 3 févr. 1956, de Fontbonne, requête numéro 8035, préc.) mais c'est parce qu'il peut être retiré à tout moment qu'il peut être attaqué sans délai. Il en résulte néanmoins l'inapplicabilité de la théorie de la connaissance acquise, ce qui rend, par voie de conséquence, inopposable la jurisprudence suivant laquelle les moyens soulevés à l'appui d'un recours pour excès de pouvoir doivent relever d'une cause juridique ouverte dans le délai de recours, sauf moyen d'ordre public (CE, Ass., 15 juill. 1954, Sté des aciéries et forges de Saint-François, requête numéro 4190, Rec., p. 482 ; DA 1954, p. 205, concl. P. Laurent). Cette inopposabilité de la jurisprudence relative aux causes juridiques est d'autant plus logique que les cas d'inexistence juridique doivent être relevés d'office par le juge (CE, 5 mai 1971, Préfet de Paris et Ministre de l'Intérieur c. Syndicat chrétien de la préfecture de la Seine, de l'Assistance Publique et du Crédit municipal et a., requête numéro 75655, Rec., p. 329). La question, non tranchée, se pose encore de savoir si le juge s'autoriserait à moduler les effets de la déclaration d'inexistence. A tout bien considérer, rien ne s'y opposerait, même si l'hypothèse reste d'école, l'acte inexistant ne créant aucun droit (CE, Sect., 12 avr. 1958, Kempf, requête numéro 37306, Rec., p. 212) et les actes pris sur le fondement d'un acte inexistant étant eux-mêmes déclarés inexistants par le juge (CE, 10 nov. 1999, Préfet de la Drôme, requête numéro 126382, Rec., T., p. 940).

II. Le recours pour excès de pouvoir

32. Une institution. Principal recours relevant du contentieux de l'excès de pouvoir, le recours pour excès de pouvoir a été créé de toute pièce par le Conseil d'Etat qui n'a pas même ressenti la nécessité de s'adosser à un texte à cette fin. Le rôle de protection de la légalité qu'on lui assigne (A) et les caractéristiques qu'on lui prête (B), qui lui ont valu d'être qualifié, en toute simplicité, de « plus merveilleuse création des juristes » (G. Jèze, « Rapport sur les libertés publiques », Annale de l'Institut international de droit public 1929, p. 180) maintiennent, pour un temps encore, son autonomie par rapport au contentieux de pleine juridiction.

A. Le rôle de protection de la légalité du recours pour excès de pouvoir

33. Une maturité de longue date acquise. Aux origines, le recours pour excès de pouvoir était doublement limité. Il était limité quant aux moyens pouvant être soulevés par le requérant, puisque cantonné à l'incompétence, avant de s'étendre progressivement aux autres vices de légalité que l'on connait (1). Il était limité quant à l'intensité du contrôle opéré par le juge, pour devenir celui admis aujourd'hui (2), le pouvoir discrétionnaire s'étiolant au point qu'il est à présent permis de s'interroger sur l'intérêt de son maintien (C. Vautrot-Schwartz, « Avons-nous encore besoin de la théorie du pouvoir discrétionnaire ? » in Mélanges en l'honneur de Didier Truchet, Paris, Dalloz, 2015, pp. 639 et s.).

1. Les cas d'ouverture du recours pour excès de pouvoir

34. Deux causes juridiques distinctes. Le recours pour excès de pouvoir connaît deux causes juridiques distinctes qui, chacune, embrasse un certain nombre de cas d'ouverture : la légalité externe (a) et la légalité interne (b).

a. au titre de la légalité externe

35. L'incompétence. L'attachement du droit public aux règles de compétence et à leur respect explique que le vice d'incompétence a été le premier historiquement retenu comme cas d'excès de pouvoir et qu'il s'agit là d'un moyen d'ordre public.

L'incompétence peut être de trois ordres : matériel, temporel, territorial.

L'incompétence est matérielle lorsque l'autorité administrative à l'origine de l'acte n'avait pas qualité, en application des textes (CE, 21 févr. 1973, Cottes, requête numéro 81893, Rec., p. 163), pour prendre une décision dans la matière dans laquelle il est intervenu. L'autorité administrative peut être incompétente en empiétant sur les attributions du pouvoir législatif, comme en témoigne l'exemple plus que classique de l'intervention du pouvoir réglementaire dans les matières énumérées à l'article 34 de la Constitution, sur celles de l'autorité judiciaire (CE, 6 sept. 1993, Mme Laverlochère, requête numéro 135377 ; LPA 5 janv. 1994, p. 22, note J. Morand-Devillers), mais également et, statistiquement, surtout, sur celles d'une autorité administrative de rang équivalent, de rang supérieur (un préfet est ainsi incompétent pour agir en lieu et place d'un ministre : CE, Ass., 7 mars 1930, Cie aérienne française et Chambre syndicale de l'industrie aéronautique, requêtes numéros 6454 et 6882, Rec., p. 257, concl. Dayras) ou de rang inférieur (CE, 15 févr. 1961, Alfred-Joseph, requête numéro 45572, Rec., p. 114), même si, dans un nombre non négligeable de cas, la décision pourra légalement intervenir au titre des prérogatives dont l'autorité hiérarchique est investie, ce qui suppose néanmoins que l'autorité subordonnée ait préalablement agi (CE, 18 juill. 1947, Sesseau, Rec., T., p. 538) . Contrairement à la délégation de signature, qui ne modifie pas la répartition des compétences puisque l'autorité délégante reste alors juridiquement l'auteur de la décision signée par l'autorité délégataire (CE, 25 avr. 1947, Ampoulange, requêtes numéros 79403 et 79424, Rec., p. 164), la délégation de compétence modifie la répartition des compétences et l'autorité délégante ne saurait, à peine d'incompétence, agir en lieu et place de l'autorité délégataire (CE, Sect., 5 mai 1950, Buisson, requête numéro 91488, Rec., p. 258).

L'incompétence est temporelle, d'une part, lorsque l'autorité administrative n'avait pas encore (CE, Ass., 27 avr. 1973, Dlle Serre, requête numéro 79903, Rec., p. 302 ; AJDA 1973, p. 487, note H. Maisl) ou n'avait plus (CE, Sect., 22 nov. 1963, Dalmas de Polignac et a., requêtes numéros 57501 et 57505, Rec., p. 565 ; AJDA 1964, p. 23, chron. J. Fourré et M. Puybasset ; RDP 1964, p. 692, concl. J.-F. Henry) qualité pour prendre l'acte. Comme on le sait, les nécessités peuvent justifier des tempéraments à ce principe suivant lequel l'autorité doit être en fonction à peine de prendre des décisions entachées d'incompétence. Ainsi, l'autorité dont les fonctions ont pris fin peut expédier les affaires courantes jusqu'à l'entrée en fonction de son successeur (par ex., CE, Ass., 4 mars 1955, Dame André, requête numéro 5911, Rec., p. 126, concl. P. Landron). L'incompétence peut encore être temporelle, d'autre part, lorsque le délai imparti à l'administration pour prendre une décision est expiré. Il faut toutefois prendre garde à ne pas commettre de confusion, car toute décision intervenant après l'expiration de ce délai n'est pas nécessairement entachée d'incompétence. En effet, n'entre pas dans le champ de l'incompétence temporelle la décision expresse prise postérieurement à la naissance d'une décision implicite. Suivant les cas de figure, la décision expresse sera confirmative ou constituera un retrait de la décision implicite. Sans doute cette décision de retrait sera-t-elle illégale dans un certain nombre de cas, notamment en ce que son adoption n'aura pas été précédée d'une procédure contradictoire comme doivent l'être les décisions retirant un droit acquis (par ex., CE, 30 déc. 2015, Sté Polycom, requête numéro 383264, Rec., T. ; RDI 2016, p. 161, obs. P. Soler-Couteaux), mais cela n'est plus là une question de compétence. N'entre pas davantage dans le champ de l'incompétence temporelle la décision tardive d'exercer un des droits de préemption organisés par le code de l'urbanisme. On rappellera ici que le silence du titulaire du droit de préemption pendant deux mois (sauf à ce que le délai ait été interrompu ou suspendu) à compter de la réception de la déclaration d'intention d'aliéner vaut renonciation à l'exercice du droit de préemption (C. urb., art. L. 213-2 al. 4). Le Conseil d'Etat a pu préciser que, si elle ne peut être vue comme inexistante, la préemption tardive n'en est pas moins illégale (CE, 13 mai 1996, Commune de Franconville-la-Garenne, requête numéro 152472, Rec., p. 178). Ainsi traitée, la question n'est pas épuisée. En effet, il importe encore de préciser que cette illégalité procède de l'impossibilité de retirer une décision de renonciation à préempter (CE, 12 nov. 2009, Sté Comilux et Sté Chavest, requête numéro

327451, Rec., T., p. 985 ; RDI 2010, p. 120, obs. P. Soler-Couteaux ; BJDU 2010, p. 22, concl. A. Courrèges et note E. Geffray) et non de l'incompétence temporelle découlant de l'expiration du délai d'instruction. C'est la position retenue par les juridictions du fond qui ont eu à connaître de cette question (CAA Versailles, 18 nov. 2010, D'Ovidio, requête numéro 09VE01553 ; AJDA 2011, p. 916, concl. M. Kermorgant) et elle mériterait d'être confirmée par le Conseil d'Etat. D'un point de vue contentieux, la question est effectivement importante : en refusant de voir un vice d'incompétence dans l'exercice tardif du droit de préemption, le juge administratif s'oppose à ce que le moyen soit d'ordre public.

L'incompétence est territoriale lorsque l'autorité administrative met en œuvre les pouvoirs qu'elle tire de sa compétence sur un territoire autre que celui relevant de sa circonscription. On admettra que ce cas de figure ne se rencontre pas fréquemment mais la jurisprudence montre cependant qu'il est possible. Tel peut être le cas, par exemple, en matière d'aménagement foncier agricole et forestier, la commission pouvant, au cours des opérations de délimitation, excéder par erreur son champ de compétence territoriale et empiéter sur le territoire d'une commune limitrophe (CE, 31 janv. 1955, Thomas, requête numéro 8961, Rec., p. 56). Tel est encore le cas lorsqu'un arrêté municipal est pris pour réglementer la circulation sur un axe routier délimitant des territoires de deux communes, la jurisprudence exigeant l'adoption d'un arrêté intermunicipal (CE, Sect., 9 mai 1980, Commune de Champagne-de-Blanzac, requête numéro 15533, Rec., p. 221 ; AJDA 1981, p. 103, note M. Bellanger).

36. La question de l'incompétence négative. On soulignera encore que, à la différence du contentieux constitutionnel notamment (voir, par ex., A. Vidal-Naquet, « Les cas d'ouverture dans le contrôle de constitutionnalité des lois », RFDA 2008, pp. 899 et s.), le contentieux administratif ne fait pas de l'incompétence négative un cas d'incompétence mais l'assimile à une erreur de droit (par ex., CE, Sect., 20 juin 2003, Stilinovic, requête numéro 248242, Rec., p. 258, concl. F. Lamy ; AJDA 2003, p. 1334, chron. F. Donnat et D. Casas).

37. Le vice de procédure. C'est un reproche que l'on adresse trop souvent à l'administration que de sécréter un formalisme excessif et, à bien des égards, inutile. L'on doit néanmoins admettre que certaines procédures sont utiles, voire nécessaires, en tant que les unes concourent à la qualité des décisions administratives, en tant que les autres sont autant de garanties au bénéfice de l'administré. Les textes peuvent en prescrire le respect, l'administration peut s'y soumettre spontanément. Dans un cas comme dans l'autre, la procédure doit être respectée, à peine d'illégalité de la décision, hors le cas où le manquement est resté sans incidence sur la décision. C'était en cela que la jurisprudence distinguait classiquement les procédures substantielles des procédures non substantielles (CE, 9 avr. 1948, Leroux, requête numéro 81960, Rec., p. 153). A tout bien considérer, la jurisprudence administrative n'aura pas été transfigurée avec la décision du Conseil d'Etat suivant laquelle le vice de procédure n'entache la décision d'illégalité, et n'entraine son annulation, que si le manquement a été « susceptible d'exercer, en l'espèce, une influence sur le sens de la décision retenue ou qu'il a privé les intéressés d'une garantie » (CE, Ass., 23 déc. 2011, Danthony et a., requête numéro 335033, Rec., p. 649 ; RFDA 2012, p. 284, concl. Dumortier, p. 296, note P. Cassia, p. 423, étude R. Hostiou ; AJDA 2012, p. 195, chron. X. Domino et A. Bretonneau). La consultation du service des domaines avant toute décision de préemption est ainsi considérée comme une procédure dont l'omission entache la décision d'illégalité (CE, 23 déc. 2014, Communauté urbaine de Brest métropole océane, requêtes numéros 364785 et 364786, Rec., T., p. 900 ; RDI 2015, p. 147, obs. P. Soler-Couteaux), mais elle ne le sera pas avec la même évidence s'agissant de la procédure préalable à la conclusion d'un bail emphytéotique administratif (CE, Sect., 23 oct. 2015, Association de sauvegarde des terres, du patrimoine et des paysages (STEPPES), requête numéro 369113, Rec., p. 357 ; AJDA 2015, p. 2382, concl. B. Bohnert). Est encore de nature à justifier l'annulation de la décision le manquement aux articles R. 141-4 à R. 141-10 du code de la voirie routière prescrivant une enquête préalable au déclassement d'une voie communale (CE, 12 mars 2012, Gramond, requête numéro 342697, Rec., T., pp. 543 et 741). En toute hypothèse, dès lors qu'il constitue un vice de forme et non un vice de procédure, le défaut de motivation n'est pas couvert par le champ de la jurisprudence « Danthony » (CE, 7 déc. 2016, Caisse d'assurance retraite et de santé au travail d'Aquitaine, requête numéro 386304, Rec., T.).

38. Le vice de forme. En tant qu'elle concerne l'*instrumentum* et non le *negotium*, la forme se distingue de la procédure. Le juge administratif ne soumet pas l'administration active à un formalisme excessif. Ce sont, pour l'essentiel, les règles tenant à la régularité de la signature de l'acte et de sa motivation qui importent ici. Dans des cas infiniment rares encore, il est possible d'obtenir du juge qu'il annule une décision administrative en raison de son inintelligibilité (CE, 29 oct. 2013, Association Les amis de la rade et des calanques et a., requêtes numéros 360085, 360152 et 360353, Rec., T., p. 413). Les irrégularités affectant, notamment, les visas de l'acte (CE, 27 déc. 1912, Lollivier, requête numéro 42140, Rec., p. 1254) ou sa date (CE, 30 juin 1952, Balenciaga, requêtes numéros 94393 et 98457, Rec., p. 340) ne conduisent pas à son annulation. Il ne s'agit là que du principe, qui peut bien supporter des exceptions. C'est ainsi que les préfets doivent viser, à peine d'irrégularité, les textes sur lesquels ils se fondent lorsqu'ils soulèvent un déclinatoire de compétence (CE, 30 juin 1949, Brun c. Faverial, requête numéro 1133, Rec., p. 601). Il est vrai que cette obligation procède en partie du caractère quasi-juridictionnel de la procédure. Mais encore doit-on préciser ici que l'obligation est devenue purement formelle, le Tribunal des conflits ayant fini par se contenter d'un rappel des dispositions de la loi des 16 et 24 août 1790 et du 16 fructidor an III (confirmant une jurisprudence nettement établie : TC, 16 janv. 1995, Cie nationale du Rhône c. EDF, requête numéro 2946, Rec., p. 489 ; CJEG 1995, p. 259, concl. P. Martin).

b. au titre de la légalité interne

39. La violation de la loi. Il existe des hypothèses, simples pourrait-on dire, où l'acte administratif viole directement la loi. Un décret d'application doit ainsi rester, sinon conforme, à tout le moins compatible avec la loi, à peine de la violer. Le principe vaut également s'agissant du rapport qu'entretient l'acte à la Constitution et aux traités internationaux comme au droit de l'Union européenne, mais encore aux principes généraux du droit.

40. Le défaut de base légale. Une décision est illégale, d'une part, lorsqu'elle repose sur une base légale qui n'a jamais existé (par ex., CE, 22 févr. 1991, Commune de Bagnères de Luchon c. Loquet, requête numéro 90381, Rec., p. 63), qui n'est pas encore entrée en vigueur (CE, 27 juin 1990, Commune de Saint-Germain-sur-Morin, requête numéro 64990, Rec., p. 170) ou qui n'est plus en vigueur en raison de son annulation (CE, 26 févr. 1947, Constantini, requête numéro 81430, Rec., p. 80 ; CE, Ass., 23 déc. 2013, Sté Métropole Télévision (M6), requête numéro 363978, Rec., p. 328), de son abrogation (CE, 1er mars 1968, Syndicat unifié des techniciens de l'office de radiodiffusion-Télévision française et a., requêtes numéros 64975 et 64976, Rec., p. 150) ou de sa caducité (CE, Ass., 20 juin 1950, Commune de Tignes, requêtes numéros 85145 et 95879, Rec., p. 46). La décision est encore illégale lorsqu'elle est prise sur une base elle-même illégale (CE, 10 juill. 1995, Commune de la Tremblade, requête numéro 148139, Rec., T., p. 994).

41. L'erreur de droit. L'erreur de droit renvoie à la question de l'application de la base légale, que celle-ci soit incorrectement ou insuffisamment appliquée.

La décision est ainsi entachée d'une erreur de droit lorsqu'elle est prise sur le fondement d'une base juridique inappropriée (CE, 8 mars 1957, Roze et a., requêtes numéros 33931 et 33932, Rec., p. 147, concl. C. Mosset) ou mal interprétée (CE, 9 déc. 2003, Mme Aguillon, requête numéro 262186, Rec., p. 497 ; AJDA 2004, p. 1138, note O. Le Bot ; RFDA 2004, p. 306, concl. J.-H. Stahl ; JCP adm. 2004, 1054, note J. Moreau).

La décision est encore entachée d'une erreur de droit lorsque son auteur n'a pas épuisé sa compétence. L'incompétence négative dont il s'agit ici se heurte au principe de l'indisponibilité des compétences. Tel est le cas lorsque l'autorité administrative renonce à son pouvoir discrétionnaire en faisant application systématique d'une règle là où elle doit procéder à un examen particulier de chaque espèce (CE, Ass., 21 janv. 1977, Ministre de l'Intérieur c. Dridi, requête numéro 01333, Rec., p. 38). Tel est le cas encore lorsque l'autorité administrative méconnaît l'étendue de sa compétence, en restreignant l'étendue de ses pouvoirs qu'il s'agisse pour elle de ne pas statuer sur une demande en arguant à tort de son incompétence (CE, Sect., 30 juin 1950, Queralt, requête numéro 99882, Rec., p. 413 ; D.S. 1951, p. 246, concl. Delvolvé ; S. 1951, 3, 85, notes J.-M. Auby et P. de Font-Réaulx), de se croire obligée d'opposer un refus (CE, Sect., 29 nov. 1974, Barras, requête numéro 90324, Rec., p. 598 ; RDP 1975, p. 1121, note M. Waline) ou encore de s'estimer liée par un avis seulement consultatif (CE, Sect., 20 juin 2003, Stilinovic, requête numéro 248242, préc.).

42. L'erreur sur le champ d'application de la loi. Il serait tentant d'assimiler l'erreur sur le champ d'application de la loi à l'erreur de droit. Ce cas d'ouverture est toutefois autonome, en ce qu'il constitue un moyen d'ordre public (par ex., CE, 5 nov. 1990, Ministre d'Etat, Ministre de l'Education nationale, de la Jeunesse et des Sports, requête numéro 104725) à l'exception notable des cas de contrariété d'une norme à une norme supérieure (CE, 11 janv. 1991, SA Morgane, requête numéro 90995, Rec., p. 9 ; AJDA 1991, p. 111, chron. E. Honorat et R. Schwartz ; RFDA 1991, p. 652, concl. M.-D. Hagelsteen). Pour qu'il y ait erreur sur le champ d'application de la loi, il faut que le texte dont il a été fait application soit inapplicable (matériellement, territorialement ou dans le temps) au litige, et que le juge ne puisse résoudre ce litige sans recourir lui-même à l'application de cette loi, en méconnaissance alors de son champ d'application (CE, 21 mars 1958, Delteil, requête numéro 34180, Rec., p. 189, concl. A. Bernard). Ainsi, et par exemple, est d'ordre public le moyen tiré de ce que l'expulsion d'une personne du territoire national est illégale dès lors que l'intéressé avait acquis la nationalité française à la date de l'intervention de l'arrêté d'expulsion (CE, 29 oct. 1980, Sassi, requête numéro 19974, Rec., T., p. 845). Est également d'ordre public le moyen tiré de ce que des documents ont fait l'objet d'une diffusion publique et qu'ils ne relèvent dès lors plus du champ d'application de l'obligation de communiquer telle qu'elle résulte de l'article 2 de la loi du 17 juillet 1978 (CE, 11 juill. 2016, Premier ministre c. Association Ethique et Liberté, requête numéro 392586, Rec., p. 334).

43. L'erreur de fait. Toute décision administrative doit reposer sur des faits matériellement exacts (CE, 14 janv. 1916, Camino, requêtes numéros 59619 et 59679, préc.). Il n'y a rien là, au fond, que de très logique. On ne peut par exemple que comprendre, et approuver, l'annulation d'une décision administrative prise à la demande de l'intéressé alors que celui-ci n'avait adressé à l'administration aucune demande en ce sens (CE, 20 janv. 1922, Trépont, requête numéro 68212, Rec., p. 65 ; RDP 1922, p. 81, concl. C. Rivet et note G. Jèze). Etait également illégale la décision par laquelle le ministre a refusé à un agent de l'admettre à participer aux épreuves d'un concours interne au motif qu'il ne justifiait pas de cinq années de services effectifs au 31 décembre de l'année du concours alors que cet agent justifiait effectivement des années de services exigées par la réglementation (CE, 2 déc. 1991, Perrier, requête numéro 87692, Rec., T., p. 682). Etait encore illégal un certificat par lequel le préfet a constaté l'exécution des travaux imposés par les prescriptions contenues dans une autorisation de lotir dès lors que les travaux n'avaient pas été réalisés (CE, 27 févr. 1995, Ministre de l'Equipement, du Logement, des Transports et de la Mer, requête numéro 124719, Rec., p. 105). Le contrôle du juge n'excèdera pas, ici, ce contrôle de l'exactitude matérielle des faits.

44. L'erreur sur la qualification juridique des faits. Non seulement l'acte doit-il reposer sur des faits matériellement exacts, mais encore doit-il, en principe, être justifié par ces faits, soit qu'un texte, soit que la jurisprudence subordonne l'exercice d'un pouvoir à la survenance de faits devant recevoir une certaine qualification (CE, 4 avr. 1914, Gomel, requête numéro 55125, préc.). C'est ainsi que le juge pourra vérifier si les caractéristiques d'un site justifient son classement en application de l'article L. 341-1 du code de l'environnement (CE, Ass., 16 déc. 2005, Groupement forestier des ventes de Nonant, requête numéro 261646, Rec., p. 583 ; AJDA 2006, p. 320, concl. Y. Aguila), ou encore si les caractéristiques de la commune fondent son classement en commune littorale (CE, 14 nov. 2012, Sté Neo Plouvien, requête numéro 347778 ; AJDA 2013, p. 308, note G. Eveillard ; RFDA 2013, p. 257, concl. X. de Lesquen). C'est encore au titre du contrôle de la qualification juridique des faits que le juge vérifie que les faits justifiaient les mesures édictées par l'autorité de police (CE, 19 mai 1933, Benjamin, requêtes numéros 17413 et 17520, Rec., p. 541 ; S. 1934, 3, p. 1, concl. Michel et note A. Mestre), qu'il s'assure de la régularité d'une procédure d'expropriation (CE, Ass. 28 mai 1971, Ministre de l'Equipement et du Logement c. Fédération de défense des personnes concernées par le projet actuellement dénommé « Ville Nouvelle Est », requête numéro 78825, Rec., p. 409, concl. G. Braibant ; AJDA 1971, p. 404, chron. D. Labetoulle et P. Cabanes et p. 463, concl. G. Braibant ; RDP 1972, p. 454, note M. Waline), qu'il se prononce sur la légalité d'une sanction (CE, Ass., 26 oct. 1945, Aramu, requête numéro 77726, Rec., p. 213 ; S. 1946, 3, p. 1, concl. R. Odent).

45. Le détournement de pouvoir. Il faut bien que la moralité administrative soit préservée en toute hypothèse et cette considération n'est pas neuve (CE, 24 févr. 1864, Lesbats, Rec., p. 209, concl. L'Hôpital). C'est une chose de vérifier que les décisions administratives reposent sur des motifs de fait et de droit conformes à la légalité. C'en est une autre de s'assurer que le but poursuivi se rattache à l'intérêt général. Le contrôle du détournement de pouvoir participe de ces considérations, et même si les censures sur ce fondement ne sont heureusement pas légion, ce cas d'ouverture existe quelle que soit l'intensité du contrôle exercé.

Le détournement de pouvoir peut être caractérisé lorsque l'acte a été pris pour satisfaire un intérêt exclusivement privé indépendamment de toute considération d'intérêt général. La volonté de nommer *intuitu personae* une personne à un poste ne peut justifier que l'on modifie la réglementation afin de lui permettre de satisfaire les conditions posées à son recrutement (CE, 13 janv. 1995, Syndicat autonome des inspecteurs généraux de l'administration, requêtes numéros 145384 et 146855, Rec., p. 23 ; RDP 1995, p. 1091, note X. Prétot) ou d'évincer un concurrent à ce poste (CE, Ass., 13 juill. 1962, Bréart de Boisanger, requêtes numéros 57498 et 57499, Rec., p. 484 ; AJDA 1962, p. 549, chron. J.-M. Galabert et M. Gentot ; D. 1962, p. 664, concl. J.-F. Henry). L'animosité d'un agent à l'égard de son subordonné (CE, 8 juill. 1991, Amato, requête numéro 80145, Rec., T., p. 689) ne peut justifier qu'il utilise ses pouvoirs à son encontre. La volonté d'un maire de séduire son électorat ne peut justifier l'exercice du droit de préemption afin d'empêcher l'acquisition d'un bien sur le territoire de la commune par une personne extérieure à celle-ci (CE, 1er févr. 1993, Epoux Guillec, requête numéro 107714, Rec., p. 22 ; JCP 1993, II, 22088, concl. C. Vigouroux). Le détournement de pouvoir peut également résulter de ce qu'un intérêt public a été visé, autre que celui pour lequel les pouvoirs ont été conférés à l'auteur de l'acte. L'intérêt exclusivement financier (CE, 26 nov. 1875, Pariset et Laumonnier-Carriol (2 espèces), Rec., pp. 934 et 936) ne saurait ainsi justifier l'adoption de l'acte.

Il convient d'apporter ici trois précisions. En premier lieu, la foi dans l'action publique, qui repose sur une présomption de probité des agents de l'administration en même temps qu'elle concoure à son efficacité, justifie que le moyen tiré du détournement de pouvoir ne soit pas trop facilement reçu par le juge administratif et ce d'autant que les allégations des requérants, même de bonne foi, peuvent être souvent gratuites. Il en résulte un régime de la preuve contraignant, des « présomptions sérieuses » (par ex., CE, 8 juill. 1991, Amato, requête numéro 80145, Rec., p. 686) devant exister avant que l'administration n'ait à se justifier et que, le cas échéant, l'acte ne soit annulé. En deuxième lieu, l'intérêt général n'aurait rien à gagner à ce que le principe de légalité soit garanti, par priorité, à la faveur de ce type de censures, dont la fréquence laisserait penser à tort que l'administration est trop souvent mue par des finalités étrangères à celles qui devraient être les siennes.

L'on comprend dès lors, d'une part, que les annulations pour détournement de pouvoir n'interviennent, le cas échéant, qu'à défaut d'une annulation reposant sur d'autres moyens (c'est l'expression de l'économie de moyens dont il s'agit ici), d'autre part, que le juge administratif préfère, lorsque c'est possible, retenir la violation de la loi plutôt que le détournement de pouvoir, une telle sentence passant pour être moins infamante à l'égard de l'administration. En troisième lieu, rien ne s'oppose à ce que l'acte litigieux satisfasse un intérêt public, y compris financier (CE, 11 janv. 1957, Louvard, requête numéro 35166, Rec., p. 27 ; AJDA 1957, II, p. 89, chron. J. Fournier et G. Braibant) ou privé (CE, 20 juill. 1971, Ville de Sochaux, requête numéro 80804, Rec., p. 561), distinct de l'intérêt général. Deux conditions, cumulatives, doivent cependant être satisfaites :

- d'une part, l'intérêt public pour lequel les pouvoirs avaient été conférés à l'administration doit être satisfait (CE, 3 févr. 1975, Rabot, requête numéro 87355, Rec., p. 82 ; AJDA 1975, p. 467, note Sabiani) ;

- d'autre part, l'acte doit avoir été pris pour satisfaire, par priorité, l'intérêt public pour lequel l'administration disposait des pouvoirs mis en œuvre (CE, 20 juill. 1971, Ville de Sochaux, requête numéro 80804, préc.).

46. Le détournement de procédure. Le détournement de pouvoir connaît une variante avec le détournement de procédure. Ici, l'administration ne se méprend pas sur la procédure à suivre. Elle recourt délibérément à une autre procédure que celle qui aurait dû présider normalement à l'adoption de l'acte, privant ainsi les intéressés de garanties légales. Tel est le cas, par exemple, en matière de sanctions déguisées (CE, 21 mars 1986, Commune de Bray-Dunes, requête numéro 59110). Tel est encore le cas lorsque l'autorité administrative a recours à la loi du 29 décembre 1892 sur les servitudes de travaux publics pour éviter les contraintes du code de l'expropriation pour cause d'utilité publique (CE, 4 avr. 1973, Cie Rollino et Cie, requête numéro 76857, Rec., p. 277). Il y a dans le détournement de procédure plus qu'un vice de procédure. Ici encore, la moralité publique est en cause et ceci explique par ailleurs que le juge se refuse, dans pareille hypothèse, à procéder à une substitution de motifs (CE, 24 juin 1960, Sté Frampar, requête numéro 42289, Rec., p. 412 ; RDP 1960, concl. C. Heumann).

2. L'intensité du contrôle

47. La part invariable du contrôle. L'intensité du contrôle opéré par le juge est fonction de la part de pouvoir discrétionnaire reconnue à l'administration. Cependant, quelle que peut être cette intensité, certains cas d'ouverture sont invariablement retenus par le juge. Il s'agit, outre ceux relevant de la légalité externe, des motifs de droit qui président à la décision (violation de la loi, défaut de base légale, détournements de pouvoir et de procédure) et de l'exactitude matérielle des faits.

48. La part variable du contrôle. C'est donc au regard de la qualification juridique des faits que le contrôle du juge est variable.

Le contrôle est minimal lorsqu'il ne fait appel qu'aux seuls invariants. L'autorité administrative est ainsi souveraine, d'abord, quant aux décisions qu'elle prend en raison de la technicité du domaine d'intervention. C'est le cas du contrôle des appréciations portées par les correcteurs (CE, 20 mars 1987, Gambus, requête numéro 70993, Rec., p. 100) et les jurys d'examen (CE, 22 juin 1994, Lugan, requête numéro 140029, Rec., p. 326) et de concours (CE, 26 mars 2003, M. Pergent, requête numéro 232663, Rec., T., p. 952). Le contrôle minimal laisse l'autorité administrative souveraine, ensuite, quant aux décisions prises dans des domaines de pure administration. C'est le cas, par exemple, de la création d'un nouveau corps de fonctionnaires (CE, 2 mars 1988, Association nationale des assistants, requête numéro 61520, Rec., p. 105). Le contrôle minimal laisse l'autorité administrative souveraine, enfin, quant aux décisions prises dans des domaines éminemment politiques. Ainsi, le juge administratif ne se livre à aucun examen de l'adéquation de la décision aux faits lorsqu'elle consiste à recourir à un référendum local (CE, 4 déc. 2003, M. Feler, requête numéro 262009, Rec., p. 491), à dissoudre une assemblée territoriale (CE, 4 févr. 2005, Temaru, requête numéro 273727, Rec., p. 26 ; RFDA 2005, p. 138, concl. M.-H. Mitjaville), à la rétention d'un postulant à la Légion d'honneur (CE, 10 déc. 1986, Loredon, requête numéro 78376, Rec., T., pp. 517 et 675 ; AJDA 1987, p. 91, chron. M. Azibert et M. Boisdeffre).

Le contrôle est restreint lorsqu'il évince également celui de la qualification juridique des faits, sauf à ce que l'administration ait commis une « erreur manifeste d'appréciation » qui, finalement, n'est rien d'autre qu'une erreur manifeste de qualification. Il s'agit ici de s'assurer que, bien qu'il faille reconnaître qu'il est important, le pouvoir discrétionnaire ne permette pas de prendre des décisions administratives manifestement sans rapport avec les faits de l'espèce. La liste des hypothèses dans lesquelles le contrôle est restreint est toute aussi pléthorique qu'hétérogène, et elle évolue au fil du temps car certaines décisions soumises à un contrôle minimal finissent par être soumises à un contrôle restreint et certaines décisions soumises à un contrôle restreint finissent par être soumises à un contrôle normal. A l'observation, il ressort que le champ des hypothèses se réduit au fil du temps, au bénéfice du contrôle normal.

Le contrôle est normal lorsque le juge se livre à la qualification juridique des faits. Un tel contrôle le conduit à déterminer si la décision prise par l'administration est en adéquation avec les faits de l'espèce. A tout prendre, c'est un contrôle entier dont il s'agit ici. Ce contrôle est de plus en plus fréquent, et la jurisprudence européenne n'y est pas étrangère, qui influe sur l'office du juge administratif (R. Tinière, « La notion de « pleine juridiction » au sens de la Convention européenne des droits de l'homme et l'office du juge administratif », RFDA 2009, pp. 729 et s.). Ainsi le contrôle est-il devenu normal en matière de changement de nom (CE, 31 janv. 2014, Retterer, requête numéro 362444, Rec., p. 11 ; AJDA 2014, p. 444, chron. A. Bretonneau et J. Lessi ; RFDA 2014, p. 387, concl. X. Domino), ou en matière d'expulsion du territoire national pour menace grave à l'ordre public (CE, 12 févr. 2014, Ministre de l'Intérieur, requête numéro 365644, Rec., p. 30).

Le contrôle est enfin maximal dans un certain nombre d'hypothèses, nombre limité sans être négligeable. Il s'agit là d'un contrôle renforcé du contrôle normal, où la qualification juridique des faits ne porte plus seulement sur les motifs de fait présidant à la décision mais s'étend également à son dispositif. Qu'il s'agisse par exemple du contrôle des mesures de police (CE, 19 mai 1933, Benjamin, requêtes numéros 17413 et 17520, préc.), des déclarations d'utilité publique (CE, Ass. 28 mai 1971, Ministre de l'Equipement et du Logement c. Fédération de défense des personnes concernées par le projet actuellement dénommé « Ville Nouvelle Est », requête numéro 78825, préc. ; CE, Ass., 20 oct. 1972, Sté civile Sainte-Marie de l'Assomption, requête numéro 02557, Rec., p. 657, concl. J. Morisot ; RDP 1973, p. 843, concl. J. Morisot ; AJDA 1972, p. 576, chron. P. Cabanes et F. Léger ; CE, 10 juill. 2006, Association interdépartementale et intercommunale pour la protection du lac de Sainte Croix, de son environnement, des lacs et sites du Verdon et a., requêtes numéros 288108, 289396, 289777, 289968, Rec., T., p. 909 ; CJEG 2006, p. 456, concl. C. Vérot et note Pilat ; RFDA 2006, p. 990, note M.-F. Delhoste ; JCP adm. 2006, 1256, note P. Billet), des sanctions disciplinaires infligées aux agents (CE, Ass., 13 nov. 2013, M. Dahan, requête numéro 347704, Rec., p. 279 ; CE, 25 janv. 2016, Parent, requête numéro 391178, Rec., T. ; CE, 14 mars 2016, M. M., requête numéro 389361, Rec., T.), le contrôle maximal autorise le juge à contrôler la proportionnalité de la décision aux faits sur lesquels elle repose. C'est encore, et sous la contrainte exercée par l'article 8 de la Convention européenne de sauvegarde des droits de l'Homme et des libertés fondamentales, à un contrôle entier que doit se livrer le juge de l'excès de pouvoir sur la décision prise par les autorités aux demandes d'effacement de données du fichier des antécédents judiciaires dans le cas où les poursuites sont restées sans suite (CE, 30 mars 2016, M. B., requête numéro 395119, Rec., p. 110).

B. Les caractéristiques du recours pour excès de pouvoir

49. Un procès. Bien qu'ils – surtout parce qu'ils – présentent une filiation commune, il importe de distinguer le recours pour excès de pouvoir et les recours administratifs. Historiquement qualifiés d'« interchangeables » (CE, 4 févr. 1869, Boulangers de Montluçon, Rec., p. 94) parce que dirigés contre les mêmes actes et devant la même autorité, c'est-à-dire le ministre, les recours pour excès de pouvoir et hiérarchiques ne se distinguaient pas, ou très peu. Le premier, il est vrai, a été soumis à la règle du délai (CE 20, mars 1862, Ville de Châlons, Rec., p. 235, concl. L'Hôpital) quand le second y échappait encore, et ce jusqu'à ce que le mimétisme reprenne ses droits (CE, 13 avr. 1881, Bansais, Rec., p. 431, concl. G. Le Vavasseur de Précourt). Le passage à la justice déléguée et, surtout, l'arrêt Cadot vont permettre une distinction nette et définitive des deux recours, sans préjudice de leur combinaison possible.

Ainsi, le recours administratif restera la chose de l'administration et il ne faut pas se surprendre de l'équivalence de traitement qui sera donnée par la suite aux recours hiérarchique et gracieux (CE, 12 janv. 1917, Marchelli, requête numéro 51008, Rec., p. 42) dont la promotion va s'accroître avec le développement de la déconcentration administrative jusqu'alors confinée. Le recours pour excès de pouvoir deviendra véritablement un recours juridictionnel. Et là où l'autorité administrative saisie d'une réclamation pourra revenir sur l'acte pour des raisons de fait ou de droit, la juridiction administrative ne pourra que statuer sur la légalité de celui-ci.

C'est en cela que réside l'autonomie du recours pour excès de pouvoir, qui n'autorise pas le juge, en principe, à substituer son appréciation à celle de l'autorité administrative comme cela est permis en pleine juridiction. Si l'affirmation n'est pas compromise par la rétention de l'erreur de fait comme cas d'ouverture du recours pour excès de pouvoir (CE, 14 janv. 1916, Camino, requêtes numéros 59619 et 59679, préc.), elle est en revanche moins épargnée par le contrôle de la qualification juridique des faits que peut opérer son juge (CE, 4 avr. 1914, Gomel, requête numéro 55125, préc.). Le développement continu et ininterrompu du contrôle normal au détriment du contrôle restreint – sans parler du contrôle minimum – a sans aucun doute eu pour effet d'éloigner le recours pour excès de pouvoir de sa conception originelle. De là à prétendre qu'il s'est mû en contrôle de l'opportunité, il y a un pas qu'on ne saurait franchir, au moins eu égard à la considération suivant laquelle « il n'y a pas de légalité en soi, ni d'opportunité en soi, c'est en posant une règle nouvelle que le juge fait passer une appréciation de la sphère des appréciations subjectives d'opportunité à celle des jugements objectifs de légalité » (D. Labetoulle, concl. sur CE 20 nov. 1974, Époux Thony et Epoux Hartmann-Six).

50. Un procès d'utilité publique. Pour le recours pour excès de pouvoir, c'est tout autant une cause qu'une conséquence de son utilité que d'être ouvert contre toute décision administrative, sauf les cas où il serait exclu par la loi (CE, Ass., 17 févr. 1950, Dame Lamotte, requête numéro 86949, Rec., p. 110 ; RDP 1951, p. 478, concl. J. Delvolvé et note M. Waline).

Même d'utilité publique, le recours pour excès de pouvoir ne peut être exercé que s'il n'achoppe pas sur l'exception de recours parallèle. Cette exception sera opposée au requérant si l'acte litigieux peut être contesté dans le cadre d'un autre contentieux de même nature et de même efficacité, en permettant l'annulation de l'acte ou, à tout le moins, la paralysie de ses effets (CE, 26 nov. 1952, Garnett, requête numéro 9597, Rec., p. 533). Ainsi, les décisions relatives à l'inscription sur les listes électorales (CE, Sect., 13 juill. 1967, Bouillier, requêtes numéros 65165 à 65167, Rec., p. 312), à l'enregistrement des candidatures (CE, Sect., 4 juin 1954, Eigner, Rec., p. 349) ou à celles de la commission des comptes de campagne (CE, Sect., 7 janv. 1994, Elections cantonales de Sainte-Geneviève-des Bois, requête numéro 142475, Rec., p. 5) doivent être portées devant le juge compétent en la matière et non devant le juge de l'excès de pouvoir.

Parce qu'il est réputé objectif, parce qu'il se veut d'utilité publique, il n'est pas possible de renoncer à l'avance à l'exercice du recours pour excès de pouvoir (CE, 13 févr. 1948, Louarn, requête numéro 85152 ; Rec., p. 79 ; CE, 17 mai 1999, Commune de Montreuil-sous-Bois, requête numéro 191292), pas plus d'ailleurs qu'il n'est possible de renoncer à l'autorité de la chose jugée par le juge de l'excès de pouvoir (CE, Sect., 13 juill. 1967, Ecole privée de filles de Pradelles, requête numéro 70777, Rec., p. 339 ; RDP 1968, p. 187, concl. Bernard).

51. Un procès fait à un acte. Le recours pour excès de pouvoir est traditionnellement présenté, par la doctrine (E. Laferrière, Traité de la juridiction administrative et des recours contentieux, tome 2, Paris, Berger-Levrault, 1887, p. 560) et par le juge (CE, Ass., 21 avr. 1944, Sté Dockès Frères, requête numéro 72642, Rec., p. 120) comme un procès fait à un acte, définition que la jurisprudence peine à respecter. On commencera par rappeler ici que l'article R. 421-1 du code de justice administrative dispose expressément que la juridiction ne peut en principe être saisie que par voie de recours formé contre une décision, en sorte que le recours pour excès de pouvoir ne se distingue pas fondamentalement ici du recours de pleine juridiction. Faut-il alors s'attarder sur les conséquences contentieuses propres au recours pour excès de pouvoir, qui sont autant – sinon plus – des conséquences que des causes de sa définition assénée de manière toute dogmatique. En tant qu'il s'agit d'un procès fait à un acte, il n'existerait pas, en premier lieu, de parties à l'instance, ce qui justifierait l'exclusion de toute conclusion incidente en cours d'instance, notamment la demande tendant à la réparation du préjudice subi pour citation abusive (CE, Sect., 24 nov. 1967, Noble, requête numéro 66271, Rec.,

p. 443). On mentionnera toutefois l'existence d'une particularité en ce que le bénéficiaire d'un permis de construire, de démolir ou d'aménager est, sans préjudice de la compétence de droit commun du juge judiciaire sur le fondement de l'article 1240 du code civil (Cass. civ. 1ère, 16 nov. 2016, pourvoi numéro 16-14.152), recevable à demander au juge l'allocation de dommages-intérêts en cas de recours pour excès de pouvoir excédant la défense des intérêts légitimes du requérant causant un préjudice excessif au bénéficiaire du permis (C. urb., art. L. 600-7).

Sans doute la requête est-elle introduite par un requérant, mais celui-ci agirait comme un « ministère public » (M. Hauriou, note sous CE, 8 déc. 1899, Ville d'Avignon, S. 1900, 3, p. 73). Mais alors, comment comprendre, d'abord, la condition de l'intérêt pour agir qui, bien qu'appréhendée de manière libérale par le juge, est imposée par lui parce que, suivant l'adage, « nul ne plaide par procureur » ? Comment comprendre, ensuite, que le Conseil d'Etat ait pu, si vite de surcroît, ouvrir la voie de la tierce opposition contre les décisions rendues en excès de pouvoir (CE, 29 nov. 1912, Boussuge, requête numéro 45893, Rec., p. 1128, concl. L. Blum) ? Comment comprendre, enfin, que les principes directeurs du procès administratif s'appliquent indistinctement au contentieux de pleine juridiction et de l'excès de pouvoir avec l'obligation, notamment, de respecter le principe du contradictoire ? En tant qu'il s'agit d'un procès fait à un acte, l'issue du recours pour excès de pouvoir reposerait sur une logique binaire : rejet ou annulation. Pour dire les choses autrement, le juge ne disposerait pas d'un quelconque pouvoir de réformation de l'acte. On soulignera que cette limitation des pouvoirs du juge n'est pas l'apanage du recours pour excès de pouvoir puisqu'elle se retrouve également dans certains contentieux objectifs de pleine juridiction. Mais en outre, comment comprendre cet office renouvelé du juge, qui lui permet de moduler les effets de son annulation dans le temps (CE, Ass., 11 mai 2004, Association AC ! et a., requêtes numéros 255886 à 255892, Rec., p. 197, concl. C. Devys ; AJDA 2004, p. 1183, chron. C. Landais et F. Lenica), d'enjoindre à l'administration de tirer les conséquences de son annulation, y compris en dehors des dispositions du code de justice administrative (CE, Ass., 29 juin 2001, Vassilikiotis, requête numéro 213229, Rec., p. 303, concl. F. Lamy), de procéder à des substitutions de bases légales (par ex., CE, Sect., 3 déc. 2003, Préfet de la Seine-Maritime c. El Bahi, requête numéro 240267, Rec., 479, concl. J.-H. Stahl) ou de motifs (CE, Sect., 6 févr. 2004, Hallal, requête numéro 240560, Rec., p. 48, concl. I. de Silva), de poser des réserves d'interprétation ? Sans doute sont-ce des pouvoirs différents de ceux dont disposent le juge de pleine juridiction mais la frontière qui sépare la différence de nature et la différence de degrés s'avère de plus en plus ténue.

52. Un procès fait à un acte unilatéral. La conception traditionnelle du recours pour excès de pouvoir emporte pour autre conséquence que seuls les actes unilatéraux sont susceptibles d'être déférés au contrôle de la juridiction, les contrats restant à ce titre exclus. Ici encore, deux remarques s'imposent. En premier lieu, aucune justification n'a réellement été convaincante, qui aurait pu justifier cette exclusion, sans préjudice de certaines avancées au nombre desquelles la possibilité d'exercer un recours pour excès de pouvoir contre les contrats de recrutement des agents publics (CE Sect., 30 oct. 1998, Ville de Lisieux, requête numéro 149663, Rec., p. 375 ; AJDA 1998, p. 969 chron. F. Raynaud et P. Fombeur ; RFDA 1999, p. 128, concl. J.-H. Stahl et note D. Pouyaud). En second lieu, l'on peut bien déplorer les contorsions contentieuses qui ont permis la remise en cause des contrats, à l'initiative des tiers (CE, 4 août 1905, Martin, requête numéro 14220, Rec., p. 749, concl. J. Romieu ; RDP 1906, p. 249, note G. Jèze ; S. 1906, 3, p. 49, note M. Hauriou), remise en cause dont les pouvoirs d'injonction conférés au juge ont retiré, si tardivement somme toute, le caractère platonique (CE, Sect., 7 oct. 1994, Epoux Lopez, requête numéro 124244, Rec., p. 430, concl. R. Schwartz ; RFDA 1994, p. 1098, note D. Pouyaud). L'on doit bien corrélativement se réjouir de l'avènement du recours de pleine juridiction en contestation de validité du contrat ouvert d'abord au concurrent évincé (CE, Ass., 16 juill. 2007, Société Tropic travaux signalisation, requête numéro 291545, préc.) avant d'être étendu aux tiers (CE, Ass., 4 avr. 2014, Département de Tarn-et-Garonne, requête numéro 358994, préc.).

§ 3 - Le contentieux de la répression

53. Le contentieux des contraventions de grande voirie. Le contentieux des contraventions de grande voirie est le contentieux répressif pris en charge par la juridiction administrative générale. Il tend à réprimer, lorsqu'un texte le prévoit, les faits matériels portant atteinte à la conservation ou à la destination des dépendances du domaine public. La procédure organisée est spécifique (CJA, art. L. 774-1 et s.).

54. Le contentieux disciplinaire. Le contentieux disciplinaire est un contentieux administratif à part entière et les principes directeurs de la procédure administrative juridictionnelle lui sont pleinement applicables. La circonstance qu'il soit confié, en première instance et, lorsqu'un texte le prévoit, en appel, à un nombre important de juridictions spécialisées peut laisser croire à un morcellement, voire un émiettement du contentieux disciplinaire. Il n'y a là rien cependant de périlleux pour le contentieux administratif, à un double titre. D'une part, le contentieux disciplinaire conserve son unité, par le contrôle exercé par le Conseil d'Etat sur l'ensemble des décisions rendues par ces juridictions. Le Conseil d'Etat n'hésite pas, à cet égard, à annuler les décisions prononçant des sanctions trop faibles (CE, 6 avr. 2016, Université Lumière Lyon 2, requête numéro 389821) aussi bien que les sanctions trop lourdes (CE, Ass., 30 déc. 2014, Bonnemaison, requête numéro 381245, Rec., p. 443 ; AJDA 2015, p. 769, chron. J. Lessi et L. Dutheillet de Lamothe ; RFDA 2015, p. 67, concl. R. Keller ; Dr. adm. 2015, p. 29, note G. Eveillard).

D'autre part, l'unité de contentieux disciplinaire est assurée, dans une certaine mesure au moins, par la présidence d'une partie de ces juridictions par des magistrats administratifs.

§ 4 - Les contentieux de l'interprétation et en appréciation de légalité

55. Des recours en déclaration. Les contentieux de l'interprétation et en appréciation de légalité ont ceci de commun qu'ils ne conduisent à aucune sanction, à tout le moins immédiate : aucune annulation, aucune réformation, aucune condamnation ne sauraient résulter d'une décision rendue par la juridiction administrative dans ce cadre. La finalité de ces contentieux est de créer les conditions d'une juste application du droit. Une juridiction peut ne pas être en mesure de déterminer par elle-même l'interprétation à donner à un acte ou de se prononcer sur sa légalité et le recours sur renvoi à une juridiction administrative s'impose alors, qui lui permettra d'obtenir la réponse dont dépend l'issue du litige (I). Un administré peut être confronté à un acte administratif dont l'obscurité ou l'ambigüité justifie qu'il soit fait appel aux lumières de la juridiction administrative, à la faveur d'un recours direct en interprétation (II).

I. Les recours sur renvoi

56. Le renvoi par une juridiction judiciaire. Compte tenu des règles qui président à la répartition des compétences entre les deux ordres de juridiction, la juridiction judiciaire n'a parfois pas d'autre possibilité que de saisir la juridiction administrative d'une demande tendant à ce qu'elle se prononce sur l'interprétation ou sur la légalité d'un acte administratif dont il doit être fait application. L'activité juridictionnelle emprunte ici des traits particuliers, mais seulement en ce qu'il existe un découplage de l'activité de juger, le résultat restant, finalement, le même. On soulignera que l'évolution de la jurisprudence du Tribunal des conflits aura eu pour effet de réduire le champ des hypothèses dans lesquelles de tels renvois s'imposent (*infra* n°s 230 et s.). Le nombre de celles-ci reste cependant important.

57. Le renvoi par une juridiction administrative. Différente est l'hypothèse du renvoi d'une juridiction administrative à une autre juridiction administrative. En effet, le principe est celui de la prohibition des questions préjudicielles au sein de l'ordre administratif, et la juridiction saisie d'un litige est tenue d'épuiser sa compétence, l'accessoire suivant le principal. La seule hypothèse dans laquelle il est possible à une juridiction administrative d'en interroger une autre est celle des questions de droit nouvelles. L'article L. 113-1 du code de justice administrative dispose en effet que, « avant de statuer sur une requête soulevant une question de droit nouvelle, présentant une difficulté sérieuse et se posant dans de nombreux litiges, le tribunal administratif ou la cour administrative d'appel peut (...) transmettre le dossier au Conseil d'Etat, qui examine dans un délai de trois mois la question soulevée » (sur cette question, *infra* n° 642).

II. Le recours direct en interprétation

58. Une anomalie. Il y a quelque chose de singulier, et à certains égards d'anormal, à organiser un recours dont l'objet n'est pas de mettre fin, à titre principal ou par voie incidente, à une réclamation. Au moins trois objections se sont agrégées pour constituer, dans les premières décennies du contentieux administratif, un obstacle à la consécration du recours direct en interprétation. En premier lieu, *ejus est interpretari legem cujus est condere*... Suivant cet adage, c'était à l'auteur de l'acte de livrer le sens qu'il a entendu donner à l'acte litigieux. En deuxième lieu, la juridiction administrative devait rester une juridiction et ne pas emprunter les traits d'un organe consultatif. En troisième lieu, l'admission d'un tel recours devait conduire le juge administratif à rendre de véritables arrêts de règlement, au mépris de la prohibition contenue à l'article 5 du code civil. Sérieuses, ces objections ne versaient pas moins dans une forme d'orthodoxie s'accommodant imparfaitement de la réalité. La survenance d'une difficulté d'application d'un acte administratif est une source d'insécurité juridique, voire de paralysie, à laquelle il doit être mis fin au plus vite.

59. Le compromis. C'est bien à un compromis auquel la jurisprudence du Conseil d'Etat est parvenue, en créant le recours direct en interprétation (CE, 21 mai 1875, Lambertye, Rec., p. 504). Déjà faut-il que l'interprétation s'avère nécessaire et seuls les actes, unilatéraux ou contractuels (CE, Sect., 3 juill. 1959, Ministre des Travaux publics et SNCF c. Sté des produits alimentaires et diététiques et Association nationale des propriétaires et usagers d'embranchements particuliers, requêtes numéros 16358 et 31455, Rec., p. 422) obscurs ou ambigus (*mutatis mutandis*, CE, 28 nov. 1934, Ville de Bagnères-de-Luchon, requête numéro 34724, Rec., p. 1122 ; CE, Ass., 7 juill. 1950, Secrétaire d'Etat à la présidence du Conseil, requête numéro 3171, Rec., p. 427 ; CE, 13 mars 2013, Département de Tarn-et-Garonne, requête numéro 339943, Rec., T., pp. 759, 788 et 805) dont la juridiction administrative n'a jamais eu l'occasion de faire application ni de préciser la portée (CE, 14 févr. 2018, Association Anti-G, requête numéro 416294, Rec., T.) sont concernés. En outre, à l'exception notable des recours exercés par les ministres (CE, 22 févr. 1895, Ministre de l'Intérieur et Ville de Saint-Quentin, Rec., p. 173, concl. J. Romieu), un litige né et actuel (CE, 5 août 1927, Vittori et Nguyen Ngoc Chon, requête numéro 89564, Rec., p. 961) doit exister sur le sens de l'acte, la jurisprudence administrative étendant cette condition aux litiges en puissance (par ex., CE, 28 nov. 1979, Challende, requête numéro 04312, Rec., p. 432). Si le juge de cassation laisse à l'appréciation souveraine des juges du fond le caractère obscur ou ambigu de stipulations contractuelles, il exerce cependant un contrôle de la qualification juridique des faits sur le caractère recevable du recours (CE, 8 nov. 2017, Sté Lyonnaise des eaux France, requête numéro 396589, Rec., T.).

60. Bibliographie indicative.

M. Bernard, « Le recours pour excès de pouvoir est-il frappé à mort ? », AJDA 1995, pp. 190 et s.

D. Botteghi et **A. Lallet**, « Le plein contentieux et ses faux-semblants », AJDA 2011, pp. 156 et s.

G. Braibant, « Le contrôle de proportionnalité » in Mélanges Waline, tome 2, Paris, LGDJ, 1974, pp. 297 et s.

A. Bretonneau et **J. Lessi**, « De l'opportunité et de la légalité en matière disciplinaire », AJDA 2014, pp. 1478 et s.

J.-F. Brisson, « L'influence de la Convention européenne de sauvegarde des droits de l'homme et des libertés fondamentales sur le recours pour excès de pouvoir », JCP adm. 2012, n° 2312.

D. Chabanol, « Contrôle de légalité et liberté de l'administration », AJDA 1974, pp. 14 et s.

E. Carpentier, « Que reste-t-il du recours pour excès de pouvoir en matière d'autorisations d'urbanisme ? », RDP 2015, pp. 605 et s.

X. Domino et **A. Bretonneau**, « Les terres mêlées du plein contentieux », AJDA 2012, pp. 1845 et s.

C. Goyard, « Les idées de C. Eisenmann sur la théorie du contrôle des motifs » in Mélanges Eisenmann, Paris, Cujas, 1975, pp. 339 et s.

M. Guyomar, « Quel est l'office du juge de l'excès de pouvoir, cent ans après l'arrêt Boussuge ? », JCP adm. 2012, 2310.

G. Jèze, « Contrôle de la légalité et contrôle de l'opportunité », RDP 1944, pp. 63 et s.

D. Labetoulle, « Bande à part ou éclaireur ? », AJDA 2013, pp. 1897 et s.

D. Labetoulle, « Le moyen d'ordre public relatif au champ d'application de la loi : justice pour la jurisprudence Morgane » in Mélanges en l'honneur de Pierre Bon, Paris, Dalloz, 2014, pp. 907 et s.

A. de Laubadère, « Le contrôle juridictionnel du pouvoir discrétionnaire de l'administration dans la jurisprudence récente du Conseil d'Etat » in Mélanges Waline, tome 2, Paris, LGDJ, 1974, pp. 531 et s.

A. Le Pillouer, « L'incompétence négative des autorités administratives : retour sur une notion ambivalente », RFDA 2009, pp. 1203 et s.

H. Lepetit-Collin et **A. Perrin**, « La distinction des recours contentieux en matière administrative. Nouvelles perspectives », RFDA 2011, pp. 813 et s.

M. Letourneur, « L'étendue du contrôle du juge de l'excès de pouvoir », EDCE 1962, pp. 51 et s.

F. Melleray, Essai sur la structure du contentieux administratif français, Paris, LGDJ, 2001.

F. Melleray, « La distinction des contentieux est-elle un archaïsme ? », JCP 2005, 1296.

C. Pasbecq, « De la frontière entre la légalité et l'opportunité dans la jurisprudence du juge de l'excès de pouvoir », RDP 1980, pp. 803 et s.

A. Perrin, « Les conséquences indemnitaires de la distinction des contentieux », AJDA 2015, pp. 122 et s.

J. Robe, « De l'intérêt (relatif) de la distinction entre légalité externe et légalité interne », RFDA 2018, pp. 85 et s.

R. Tinière, « La notion de « pleine juridiction » au sens de la Convention européenne des droits de l'homme et l'office du juge administratif », RFDA 2009, pp. 729 et s.

D. Truchet, « Office du juge et distinction des contentieux : renoncer « aux branches », RFDA 2015, pp. 657 et s.

C. Vautrot-Schwartz, « Avons-nous encore besoin de la théorie du pouvoir discrétionnaire ? » in Mélanges en l'honneur de Didier Truchet, Paris, Dalloz, 2015, pp. 639 et s.

J. Waline, « Plein contentieux et excès de pouvoir », RDP 2015, pp. 1551 et s.

61. Plan de l'ouvrage. On l'admettra, les considérations qui précèdent participent de ces querelles doctrinales qui, au fond, apportent peu – ou trop peu – à l'étude du procès administratif, querelles dont, pour l'essentiel, les acteurs du procès administratif (PREMIERE PARTIE) n'ont cure. Sans doute les règles présidant au déroulement (DEUXIEME PARTIE) autant que celles régissant l'issue du procès administratif (TROISIEME PARTIE) sont en partie conditionnées par les spécificités qui opposent les différents types de recours. Il n'y a là pourtant rien de décisif.

PREMIERE PARTIE : LES ACTEURS DE LA PROCEDURE ADMINISTRATIVE JURIDICTIONNELLE

62. Une pluralité d'acteurs, nécessairement. Le contentieux administratif embrasse un champ de contestations plus large que celles intéressant la seule procédure administrative juridictionnelle. La réclamation peut effectivement être également portée devant une autorité administrative. Dans pareille hypothèse, la procédure pourra – devra parfois – bien être juridictionnalisée, notamment aux fins de se conformer aux exigences de la Convention européenne de sauvegarde des droits de l'Homme et des libertés fondamentales. Telle est la raison de la soumission des autorités administratives indépendantes, pour certains types de litiges, à l'article 6 §1 de la Convention. On ne saurait cependant parler ici de procédure juridictionnelle, laquelle postule nécessairement l'intervention d'une juridiction, chargée de trancher le litige opposant les participants au procès administratif (TITRE II). Conformément au principe de séparation des autorités administratives et judiciaires, il s'agira de la juridiction administrative (TITRE I).

TITRE I - LA JURIDICTION ADMINISTRATIVE

63. L'unité dans la diversité. Rendue au nom de l'Etat, la justice administrative est indivisible (CE, Sect., 27 févr. 2004, Popin, requête numéro 217257, Rec., p. 127, concl. R. Schwartz ; AJDA 2004, p. 672, concl. R. Schwartz ; AJDA 2004, p. 653, chron. F. Donnat et D. Casas). Reste à déterminer par quelle juridiction cette justice est rendue. A cet égard l'expression de « juridiction administrative » prête doublement à confusion. D'une part, elle pourrait laisser penser qu'une seule juridiction administrative est chargée de régler l'ensemble des différends, ce qui n'est évidemment pas le cas. D'autre part, l'expression peut laisser envisager la seule existence de ce qu'il est convenu d'appeler la juridiction administrative générale, ce qui ne se vérifie pas davantage. L'organisation de la juridiction administrative (CHAPITRE I) est bien plus complexe, qui suppose résolument que l'on s'attarde sur les questions de compétence (CHAPITRE II).

CHAPITRE I - L'ORGANISATION DE LA JURIDICTION ADMINISTRATIVE

64. Sans oublier, malgré tout, l'arbitrage. Le contentieux administratif s'accommode mal du recours à l'arbitrage. Il ne l'ignore pas pour autant. Pour peu qu'il soit autorisé par un texte, l'arbitrage peut conduire à ce qu'une décision soit rendue par une juridiction distincte de celles que l'on connaît classiquement. En cela, la juridiction administrative comprend ces arbitres. Par la force des choses cependant, la quête de leur recension et leur description serait vaine, celle-ci n'étant permise que pour les seules (et de très loin les plus fréquentes) juridictions administratives générales (Section 1) et spécialisées (Section 2).

Section 1 - Les juridictions administratives générales

65. Du Conseil d'Etat et des autres juridictions. La liste des juridictions administratives générales est aujourd'hui bien connue de tous. L'organisation et les attributions de chacune le sont assurément moins. Compte tenu de son histoire et de sa situation dans le fonctionnement institutionnel, le Conseil d'Etat doit être examiné séparément (Sous-section 1). Il en va différemment des tribunaux administratifs et des cours administratives d'appel qui, pour l'essentiel, empruntent au même schéma (Sous-section 2).

Sous-section 1 - Le Conseil d'Etat

66. Une institution consubstantielle au contentieux administratif. Le Conseil d'Etat incarne résolument la juridiction administrative. Ses décisions irradient l'activité contentieuse de l'ensemble des juridictions, à certains égards même à l'excès. Par révérence à l'institution, mais également par légèreté aussi, certains praticiens ne parviennent que difficilement à distinguer les décisions de principe et les décisions d'espèce, inclinant à penser que toutes les décisions du Conseil d'Etat font, également, autorité, indépendamment de la formation de jugement dans laquelle elles ont été rendues et, surtout, de leur fichage. Il n'en demeure pas moins vrai que le Conseil d'Etat est dépositaire de la double mission de déterminer la politique juridictionnelle et la politique jurisprudentielle devant prévaloir au sein de l'ordre administratif. Il est dès lors utile à la compréhension du contentieux administratif de connaître les fonctions (§ 1) et l'organisation du Conseil d'Etat (§ 2).

§ 1 - Les fonctions du Conseil d'Etat

67. La dualité fonctionnelle historique. La dualité fonctionnelle du Conseil d'Etat est une des traditions de son histoire, qui fait de lui à la fois le conseil du gouvernement et la juridiction administrative suprême. On ne saurait que trop souligner à quel point cette dualité fonctionnelle procède, pour le Conseil d'Etat, de son identité en même temps qu'elle la nourrit. Au demeurant, si cette jurisprudence est à présent révolue (CE, 11 juill. 2007, Union syndicale des magistrats administratifs, Ligue des droits de l'Homme et a., requêtes numéros 302040 et 302137 ; AJDA 2007, p. 2218, note T. Gründler), le Conseil d'Etat n'a pas hésité, pendant longtemps, à s'ériger en coauteur de certains actes administratifs, notamment de ceux pour lesquels son avis conforme, en formation administrative, était requis préalablement à leur adoption (CE, 16 nov. 1979, Syndicat national de l'éducation physique de l'enseignement public, requête numéro 08787, Rec., p. 416 ; AJDA 1980, p.138, concl. B. Genevois), même s'il est vrai qu'il s'agissait aussi pour lui de se donner les moyens, au contentieux, de soulever d'office le moyen tiré du défaut de sa consultation préalable.

68. Une dualité fonctionnelle juridiquement admissible. Cette dualité fonctionnelle n'est, dans son principe, contraire ni à la Constitution (CE, 16 avr. 2010, Association Alcaly, requête numéro 320667, Rec., T., p. 947 ; AJDA 2010, p. 1355, chron. S.-J. Lieber et D. Botteghi ; RDI 2010, p. 370, obs. R. Hostiou ; RFDA 2010, p. 1257, chron. A. Roblot-Troizier et T. Rambaud) ni à la Convention européenne de sauvegarde des droits de l'Homme et des libertés fondamentales (CEDH, 15 juill. 2009, Union fédérale Que choisir ? de la Côte-d'Or c. France, affaire 39699/03, RFDA 2009, p. 885, note B. Pacteau).

Elle peut cependant le devenir dans ses effets, des risques en termes d'impartialité pouvant se poser (CEDH, 28 sept. 1995, Association Procola c. Luxembourg, affaire numéro 14570/89 ; AJDA 1996, p. 383, obs. J.-F. Flauss ; RFDA 1996, p. 777, note J.-L. Autin et F. Sudre). Le Conseil d'Etat luxembourgeois n'y survivra d'ailleurs pas en l'état, la Constitution luxembourgeoise ayant été révisée en 1996 pour répondre à la condamnation de la Cour européenne des droits de l'Homme, créant une juridiction administrative nouvelle. La simple mise à disposition des avis rendus en formation administrative aux membres de la section du contentieux, en cas de recours juridictionnel, était discutable. Le Conseil d'Etat semblait ne rien y voir à redire, ni au regard du principe d'impartialité ni à celui de la contradiction (D. Piveteau, concl. sur CE, 31 juill. 1996, Association nationale des avocats honoraires des barreaux français, AJDA 1996, p. 1037). La position de la Cour européenne des droits de l'Homme était plus nuancée, de tels documents ne devant alors pas être essentiels au bon déroulement de la procédure (CEDH, 19 juill. 1995, Kerojärvi c. Finlande, affaire numéro 17506/90). Doit être ici approuvée la prohibition à présent faite aux membres de la section du contentieux de prendre directement connaissance de l'avis qui n'aurait pas été rendu public (CJA, art. R. 122-21-3).

On admettra que tout a été fait pour mettre le droit français en conformité avec la jurisprudence européenne sur ce point. Le temps étant la mesure de toute chose, on constatera encore que cela ne s'est pas fait sans réticence ou, à tout le moins, sans difficulté d'acclimatation du Palais-Royal aux nouvelles contraintes s'imposant à lui. Mais l'essentiel a été atteint, la mise en conformité au droit européen étant intervenue sans remise en cause fondamentale de cette dualité fonctionnelle. Les liens entre les deux activités du Conseil d'Etat sont tels qu'il semble difficile d'appréhender l'existence de l'une en faisant abstraction de l'autre. Au demeurant, et bien que la justice administrative soit, dans ses fondements, totalement indifférente à son activité consultative, le code de justice administrative traite lui-même, dans son Livre Premier, des fonctions juridictionnelles (I) et des fonctions non-juridictionnelles (II) du Conseil d'Etat.

I. Les fonctions juridictionnelles

69. Le Conseil d'Etat, juridiction souveraine. « Juridiction administrative suprême », le Conseil d'Etat « statue souverainement sur les recours en cassation dirigées contre les décisions rendues en dernier ressort par les diverses juridictions administratives ainsi que sur ceux dont il est saisi en qualité de juge de premier ressort ou de juge d'appel » (CJA, art. L. 111-1). Qu'importe que ses membres n'aient pas la qualité de magistrats (CJA, art. L. 131-1), le Conseil d'Etat est une juridiction. Et c'est une juridiction, pour ainsi dire, doublement souveraine. C'est que, en premier lieu, ses décisions sont rendues en cassation ou en dernier ressort, en sorte qu'il a le dernier mot. C'est que, en second lieu, l'héritage napoléonien se manifeste ici, qui innerve tout autant – ce qui ne surprendra pas – la juridiction administrative que l'administration active. Ainsi, rares et donc très remarquées sont les décisions traduisant une provocation ou une résistance d'un tribunal administratif ou d'une cour administrative d'appel.

70. Le Conseil d'Etat, régulateur de la juridiction administrative. Si l'expression n'a fait qu'une apparence tardive dans ses décisions (CE, 10 nov. 1999, Sté coopérative agricole du Brienon, requête numéro 208119, Rec., p. 351), le Conseil d'Etat a toujours été – au moins depuis l'avènement des tribunaux administratifs et à plus forte raison avec celui des cours administratives d'appel – une véritable cour régulatrice endossant les rôles juridictionnel, jurisprudentiel et institutionnel (P. Delvolvé, « Le Conseil d'Etat, régulateur de l'ordre juridictionnel administratif » in Mélanges en l'honneur de Daniel Labetoulle, Paris, Dalloz, 2007, pp. 259 et s.). Trois exemples attestent ce rôle déterminant joué par le Conseil d'Etat en termes de régulation de la juridiction administrative.

Le premier exemple est celui du règlement de juges, connu également en procédure civile mais créé de manière toute prétorienne par le Conseil d'Etat pour l'ordre administratif (CE, Sect., 15 janv. 1932, Rambaud, requête numéro 12648, Rec., p. 61 ; S. 1932, 3, p. 83, concl. Rouchon-Mazerat) et qui permet de surmonter les conflits de compétences et les problèmes de fond conduisant à des dénis de justice (*infra* n° 1005).

Le deuxième exemple est celui de la substitution du Conseil d'Etat à une autre juridiction administrative afin de sauvegarder le principe d'impartialité qui préside à la procédure administrative juridictionnelle (CE, Sect., 17 oct. 2003, Dugouin, requêtes numéros 237290 à 237292, Rec., p. 409 ; AJDA 2003, p. 2031, chron. F. Donnat et D. Casas : en l'occurrence ici, la Cour des comptes).

Le troisième exemple est celui des avis contentieux, qui existent depuis la loi du 31 décembre 1987. L'article L. 113-1 du code de justice administrative confère au Conseil d'Etat le pouvoir de régler, dans un délai de trois mois à compter de sa saisine, les difficultés sérieuses apparaissant dans de nombreux litiges soumis aux juridictions du fond et procédant d'une règle de droit nouvelle. Disposition salutaire qui contrebalance utilement – parce que la difficulté est réglée en amont et non en cassation – la prohibition des questions préjudicielles à l'intérieur de la juridiction administrative. Disposition acceptable, étant admis ici que l'avis contentieux est moins une forme travestie de l'arrêt de règlement qu'une autre manière de penser la jurisprudence : même si l'avis contentieux n'est pas revêtu de l'autorité de la chose jugée (CE, 17 nov. 1997, Doukouré, requête numéro 188163, Rec., p. 426), les juridictions inférieures le suivront avec rigueur.

II. Les fonctions non juridictionnelles

71. Des fonctions essentielles. Les fonctions non juridictionnelles du Conseil d'Etat sont aussi anciennes, et même plus anciennes, que ses fonctions juridictionnelles. On admettra que de telles fonctions n'intéressent que très indirectement le contentieux administratif, mais s'ils sont aujourd'hui moins nets qu'ils pu l'être par le passé, les liens subsistent. Les attributions normatives du

Conseil d'Etat ont contribué à la confection du code de justice administrative. Ses attributions administratives l'autorisent, non seulement à soutenir l'action administrative, voire l'améliorer, mais encore lui permettent-elles de conserver la maîtrise du fonctionnement de l'ensemble de la juridiction administrative.

72. Les attributions normatives. Conformément à l'article 39 de la Constitution, le Conseil d'Etat est obligatoirement saisi par le Premier ministre des projets de lois et d'ordonnances et, s'il est saisi par le président de l'Assemblée nationale ou du Sénat, émet un avis sur les propositions de lois non encore examinées en commission. Le Conseil d'Etat donne encore son avis sur certains projets de décrets et sur tous autres projets de texte pour lesquels son intervention est prévue par les dispositions constitutionnelles, législatives ou réglementaires ou qui lui sont soumis par le Gouvernement (CJA, art. L. 112-1). Tout risque de confusion entre ces attributions normatives et les attributions juridictionnelles des membres du Conseil d'Etat est cependant aujourd'hui écarté, la participation au travail de la formation administrative chargée de rendre un avis sur un projet de décret étant exclusive de la participation à la formation de jugement sur la légalité du décret (CJA, art. R. 122-21-1) et défense étant faite aujourd'hui à la formation de jugement de prendre connaissance de l'avis, dès lors que celui-ci n'a pas été rendu public, ni du dossier de la formation consultative relatif à cet avis (CJA, art. R. 122-21-3).

73. Les attributions administratives. La dualité fonctionnelle du Conseil d'Etat explique qu'il dispose d'attributions de deux ordres : il exerce en effet un contrôle sur les juridictions inférieures et apporte son aide, lorsqu'elle est requise, à l'administration active.

Le Conseil d'Etat contrôle les juridictions inférieures et se pose ainsi comme le garant de la qualité de la justice administrative. Le Conseil d'Etat est chargé d'une mission permanente d'inspection à l'égard des juridictions administratives (CJA, art. L. 112-5). Celle-ci est exercée, sous l'autorité du vice-président du Conseil d'Etat, par un conseiller d'Etat assisté d'autres membres du Conseil d'Etat. Elle contrôle l'organisation et le fonctionnement des juridictions et peut mener des études sur un thème intéressant plusieurs juridictions. La mission veille à la diffusion de bonnes pratiques destinées à favoriser l'accomplissement de leurs missions par les juridictions, et peut formuler à cet effet toute recommandation utile (CJA, art. R. 112-1). Saisi par toute partie qui fait état de la durée excessive d'une procédure engagée devant un tribunal administratif ou une cour administrative d'appel, le chef de la mission permanente d'inspection des juridictions administratives a la faculté de faire des recommandations visant à remédier à cette situation (CJA, art. R. 112-2).

Le Conseil d'Etat soutient également l'administration active. A ce titre, il peut être consulté par un membre du gouvernement sur les difficultés qui s'élèvent en matière administrative (CJA, art. L. 112-2), appeler l'attention des pouvoirs publics sur les réformes d'ordre législatif, réglementaire ou administratif qui lui paraissent conformes à l'intérêt général (CJA, art. L. 112-3). Le vice-président du Conseil d'Etat peut encore, à la demande du Premier ministre ou d'un ministre, désigner un membre du Conseil d'Etat pour une mission d'inspection (CJA, art. L. 112-4 al. 1er) et, à la demande des ministres, désigner un membre du Conseil d'Etat pour assister leur administration dans l'élaboration d'un projet de texte déterminé (CJA, art. L. 112-4 al. 2).

§ 2 - L'organisation du Conseil d'Etat

74. L'organisation du propos. Seront successivement observées ici la composition (I) et la structure (II) du Conseil d'Etat.

I. La composition du Conseil d'Etat

75. Du nouveau dans la continuité. Si l'éthique n'a certainement jamais été ignorée au Palais-Royal, les membres du Conseil d'Etat (A) sont aujourd'hui soumis à un faisceau de règles déontologiques (B) sur lequel il convient de s'attarder.

A. Les membres du Conseil d'Etat

76. La hiérarchie posée par le code de justice administrative. Suivant l'article L. 121-2 du code de justice administrative, le Conseil d'Etat se compose : du vice-président (1), des présidents de section (2), des conseillers d'Etat en service ordinaire et en service extraordinaire, des maîtres des requêtes et des maîtres des requêtes en service extraordinaire, des auditeurs de 1ère classe et de 2nde classe (3).

1. Le vice-président

77. Une appellation trompeuse. On rappellera ce que cette dénomination de « vice-président » doit à l'histoire du Conseil d'Etat, la présidence de celui-ci ayant longtemps été attribuée au Premier ministre ou, par délégation, au garde des sceaux. En réalité, cette présidence était purement formelle, la présidence du Conseil d'Etat ayant été, dans les faits, réellement assurée par son vice-président. La loi du 30 juin 2000 est venue consacrer dans les textes cette situation de fait. Nommé par décret pris en conseil des ministres, sur la proposition du garde des sceaux, et choisi parmi les présidents de section ou les conseillers d'Etat en service ordinaire (CJA, art. L. 133-1), le vice-président, en dépit de sa dénomination, assure la présidence du Conseil d'Etat (CJA, art. L. 121-1 al. 1er). La seule rémanence de l'ancienne organisation trouve son expression dans ce que l'assemblée générale du Conseil d'Etat peut être présidée par le Premier ministre et, en son absence, par le garde des sceaux, ministre de la justice (CJA, art. L. 121-1 al. 2). Il n'y a là, au demeurant, rien de bien perturbant, et ce à un double titre : d'une part, l'assemblée générale du Conseil d'Etat reste, eu égard à son rôle, une assemblée fondamentalement consultative ou, pour dire les choses autrement, le conseil du Gouvernement ; d'autre part, pour possible que cette présidence du Premier ministre existe, elle n'en est pas moins rare en pratique.

78. Le chef de la juridiction administrative. Le vice-président du Conseil d'Etat est le plus haut fonctionnaire de l'Etat, placé au neuvième rang protocolaire (décret n° 89-655 du 13 septembre 1989 relatif aux cérémonies publiques, préséances, honneurs civils et militaires). Il est encore – et surtout ici – le personnage central et incontournable du Conseil d'Etat, dont la personnalité imprime sa dynamique et ses orientations à la juridiction administrative, au point que certains n'hésitent pas à l'ériger en ministre de la juridiction administrative (P. Gonod « Le vice-président du Conseil d'Etat, ministre de la juridiction administrative », Pouvoirs 2007, n° 123, pp. 117 et s.).

Chef de la juridiction administrative, le vice-président intervient largement dans le processus des nominations intéressant la composition du Conseil d'Etat. Sans doute formule-t-il des avis aussi souvent qu'il n'arrête lui-même. On ne sous-estimera cependant pas leur portée, le Premier ministre inclinant à suivre l'avis donné. Le vice-président préside en outre la Commission supérieure du Conseil d'Etat, qui s'est substituée à la commission consultative (ordonnance n° 2016-1365 du 13 octobre 2016).

On précisera ici que, conformément à l'article L. 132-1 du code de justice administrative, la Commission supérieure du Conseil d'Etat est composée des présidents de section, de huit membres élus pour trois ans renouvelable une fois représentant les membres du Conseil d'Etat (soit, suivant l'article R. 132-1 du code, quatre conseillers d'Etat, trois maîtres des requêtes, un auditeur), de trois personnalités qualifiées choisies pour une durée de trois ans non renouvelable respectivement par décret du Président de la République, par le Président de l'Assemblée nationale et le Président du Sénat, en raison de leurs compétences dans le domaine du droit en dehors des membres du Conseil d'Etat et des magistrats des tribunaux administratifs et des cours administratives d'appel, et qui n'exercent pas de mandat parlementaire. Cette commission débat chaque année des orientations générales en matière de recrutement, émet un avis sur les propositions de nomination au Conseil d'Etat de membres des tribunaux administratives et cours administratives d'appel, et sur toutes les propositions de nomination aux fonctions de président de cour administrative d'appel. Elle donne encore son avis sur toute question intéressant le statut des membres du Conseil d'Etat et doit donner son avis sur les mesures individuelles concernant notamment la discipline et l'avancement des membres du Conseil (CJA, art. L. 132-2).

Chef de la juridiction administrative, le vice-président assure encore la gestion du corps des tribunaux administratifs et des cours administratives d'appel (CJA, art. R. 231-3). Il assure la présidence du Conseil supérieur des tribunaux administratifs et des cours administratives d'appel (CJA, art. L. 232-2) et prononce les affectations et changements d'affectation par délégation du garde des sceaux (CJA, art. R. 233-3).

79. Le vice-président, administrateur du Conseil d'Etat. Le vice-président du Conseil d'Etat est ordonnateur principal du Conseil, comme pour l'ensemble des juridictions administratives d'ailleurs. Il fixe, par arrêté, toutes mesures d'ordre intérieur nécessaires (CJA, art. R. 121-7) et c'est sous son autorité que le secrétaire général dirige les services du Conseil d'Etat et prend les mesures nécessaires à la préparation de ses travaux et à leur organisation (CJA, art. R. 121-9).

2. Les présidents de section

80. Un grade et une fonction. L'article L. 121-2 du code de justice administrative fait des présidents de section un grade à part dans la hiérarchie au sein du Conseil d'Etat. On écartera ici le président de la section du contentieux qui fera l'objet de développements à l'étude de ladite section (*infra* n°s 94 et s.). Ce sont donc des présidents des sections administratives dont il s'agit ici. Ils sont nommés par décret pris en conseil des ministres, sur la proposition du garde des sceaux et sont choisis parmi les conseillers d'Etat en service ordinaire (CJA, art. L. 133-2). Comme si souvent, son président influe de manière importante sur le fonctionnement de la section. C'est notamment à lui qu'il revient de décider de réunir la formation plénière de la section ou de faire examiner l'affaire en formation ordinaire. Les présidents des sections administratives ont l'occasion de participer à l'activité juridictionnelle du Conseil d'Etat puisqu'ils siègent dans l'assemblée du contentieux. Rien ne s'oppose, en outre, à ce qu'un président de section préside le Tribunal des conflits.

3. Les autres membres

81. Les conseillers d'Etat en service ordinaire. Les conseillers d'Etat en service ordinaire sont nommés par décret pris en conseil des ministres, sur la proposition du garde des sceaux. Deux tiers au moins d'entre eux doivent être choisis parmi les maîtres des requêtes (CJA, art. L. 133-3) ayant servi 17 ans comme membres du Conseil d'Etat (CJA, art. R. 134-3). Les nominations au tour extérieur dans le grade de conseiller d'Etat ne peuvent être prononcées qu'après avis du vice-président du Conseil d'Etat. Cet avis tient compte des fonctions antérieurement exercées par l'intéressé, de son expérience et des besoins du corps, exprimés annuellement par le vice-président du Conseil d'Etat. Le sens de l'avis sur les nominations prononcées est publié au Journal officiel en même temps que l'acte de nomination (CJA, art. L. 133-7). Pour chaque période de deux ans, un membre du corps des tribunaux administratifs et des cours administratives d'appel, ayant le grade de président (CJA, art. R. 133-3) est également nommé au grade de conseiller d'Etat en service ordinaire sur proposition du vice-président du Conseil d'Etat, délibérant avec les présidents de section, après avis du Conseil supérieur des tribunaux administratifs et des cours administratives d'appel (CJA, art. L. 133-8).

82. Les conseillers d'Etat en service extraordinaire. Les conseillers d'Etat en service extraordinaire sont nommés, pour une durée de 5 ans non renouvelable avant l'expiration d'un délai de deux ans (CJA, art. L. 121-5) par décret pris en conseil des ministres, sur la proposition du garde des sceaux (CJA, art. L. 121-4-I). Depuis la loi n° 2016-483 du 20 avril 2016 relative à la déontologie et aux droits et obligations des fonctionnaires, il existe deux catégories de conseillers d'Etat en service extraordinaire (CJA, art. L. 121-4-I), exclusives l'une de l'autre (CJA, art. L. 121-4-III). Il y a, d'une part, ceux que l'on connaissait déjà, c'est-à-dire ceux nommés pour exercer des fonctions consultatives, et choisis parmi les personnalités qualifiées dans les différents domaines de l'activité nationale, sans pouvoir être affectés à la section du contentieux (CJA, art. L. 121-4-II). Depuis le décret n° 2016-1710 du 12 décembre 2016, le nombre de ces conseillers d'Etat est fixé à douze (CJA, art. R. 121-16 al. 1er). Il y a, d'autre part, ceux nommés pour exercer des fonctions juridictionnelles, choisis parmi les personnes que leur compétence et leur activité dans le domaine du droit qualifient particulièrement pour l'exercice de ces fonctions, sur proposition d'un comité présidé par le vice-président du Conseil d'Etat et composé, en outre, d'un nombre égal de personnalités qualifiées et de membres du Conseil d'Etat, désignés par le vice-président (CJA, art. L. 121-4-III). Depuis le décret du 12 décembre 2016 précité, le nombre de ces conseillers d'Etat est fixé à quatre (CJA, art. R. 121-16 al. 2).

83. Les maîtres des requêtes en service ordinaire. Les maîtres des requêtes sont nommés par décret, sur la proposition du garde des sceaux, trois quarts au moins d'entre eux devant être désignés parmi les auditeurs de 1ère classe (CJA, art. L. 133-4). Chaque année, un membre du corps des tribunaux administratifs et des cours administratives d'appel ayant le grade de premier conseiller (CJA, art. R. 133-4) est nommé, sur proposition du vice-président du Conseil d'Etat, délibérant avec les présidents de section, après avis du Conseil supérieur des tribunaux administratifs et des cours administratives d'appel, au grade de maître des requêtes (CJA, art. L. 133-8).

84. Les maîtres des requêtes en service extraordinaire. La catégorie des maîtres des requêtes en service extraordinaire a été créée par la loi n° 2012-347 du 12 mars 2012 relative à l'accès à l'emploi titulaire et à l'amélioration des conditions d'emploi des agents contractuels dans la fonction publique, à la lutte contre les discriminations et portant diverses dispositions relatives à la fonction publique. Le vice-président du Conseil d'Etat peut nommer à cette fonction, pour une durée maximale de quatre ans, des fonctionnaires appartenant à un corps recruté par la voie de l'Ecole nationale d'administration, des magistrats de l'ordre judiciaire, des professeurs et maîtres de conférences titulaires des universités, des administrateurs des assemblées parlementaires, des administrateurs des postes et télécommunications, des fonctionnaires civils ou militaires de l'Etat, de la fonction publique territoriale ou de la fonction publique hospitalière appartenant à des corps ou à des cadres d'emplois de niveau équivalent ainsi que des fonctionnaires de l'Union européenne de niveau équivalent (CJA, art. L. 133-9). Chaque année, un fonctionnaire ou un magistrat ayant exercé, pendant une durée de quatre ans, les fonctions de maître des requêtes en service extraordinaire, peut être nommé au grade de maître des requêtes. La nomination est prononcée sur proposition du vice-président du Conseil d'Etat délibérant avec les présidents de section (CJA, art. L. 133-12).

85. Les auditeurs. Les auditeurs de 1ère classe sont nommés par décret, sur la proposition du garde des sceaux. En principe, ils sont choisis parmi les auditeurs de 2nde classe (CJA, art. L. 133-5). Des exceptions peuvent toutefois exister. Ainsi, sous conditions de grade et d'ancienneté, un militaire peut dans un premier temps être détaché au rang d'auditeur de 1ère classe avant d'être, au bout d'un an, intégré dans le corps (C. déf., art. L. 4139-2). Les auditeurs de 2nde classe sont nommés parmi les anciens élèves de l'Ecole nationale d'administration selon les règles propres au classement des élèves de cette école (CJA, art. L. 133-6).

B. La déontologie des membres du Conseil d'Etat

86. Une déontologie sans cesse renforcée. Il n'y avait pas lieu d'en douter, mais la précision ne pouvait nuire aux membres du Conseil d'Etat. Ceux-ci doivent exercer leurs fonctions « en toute indépendance, dignité, impartialité, intégrité et probité et se comportent de façon à prévenir tout doute légitime à cet égard » (CJA, art. L. 131-2 al. 1er). Ils s'abstiennent de tout acte ou comportement à caractère public incompatible avec la réserve imposée par leurs fonctions (CJA, art. L. 131-2 al. 2).

Par ailleurs, dans les deux mois qui suivent leur affectation, les membres du Conseil d'Etat doivent remettre au président de la section à laquelle ils ont été affectés, une déclaration « exhaustive, exacte et sincère » – à peine de poursuites pénales (CJA, art. L. 131-8) – de leurs intérêts, laquelle est transmise au vice-président du Conseil d'Etat (CJA, art. L. 131-7-I al. 1er) et les présidents de section sont tenus de transmettre au vice-président la déclaration d'intérêts les concernant, dans les deux mois suivant leur prise de fonctions (CJA, art. L. 131-7-I al. 2). Le vice-président du Conseil d'Etat transmet la déclaration le concernant au collège de déontologie de la juridiction administrative (CJA, art. L. 131-7-II al. 1er). Dans les deux mois qui suivent une modification substantielle des liens et intérêts détenus, une déclaration complémentaire doit également être remise (CJA, art. L. 131-7-I al. 6). La liste des éléments devant figurer dans la déclaration figure à l'article R. 131-3 du code de justice administrative, issu du décret n° 2017-12 du 5 janvier 2017.

Un entretien déontologique doit être organisé avec l'autorité à laquelle la déclaration a été remise, dans le but de prévenir tout conflit d'intérêts et y mettre fin le cas échéant (CJA, art. L. 131-7-I al. 4). Avec l'accord du membre concerné, la conduite de l'entretien peut être confiée, par délégation, au président de chambre concerné (CJA, art. R. 131-5). Le collège de déontologie peut être sollicité en cas de doute sur l'existence d'un conflit d'intérêts (CJA, art. L. 131-7-I al. 5).

On notera enfin que dans les deux mois qui suivent leur prise de fonctions et dans les deux mois qui suivent la cessation de celles-ci, le vice-président du Conseil d'Etat et les présidents de section doivent adresser une déclaration de situation patrimoniale au président de la Haute Autorité pour la transparence de la vie publique (CJA, art. L. 131-10 al. 1er). Il en va de même dans les deux mois qui suivent une modification substantielle de la situation patrimoniale (CJA, art. L. 131-10 al. 3).

87. La charte de déontologie. Conformément à l'article L. 131-4 du code de justice administrative, une charte de déontologie a été établie, après avis du collège de déontologie, par le vice-président du Conseil d'Etat. Cette charte, adoptée le 14 mars 2017, énonce les principes déontologiques et les bonnes pratiques propres à l'exercice de membre de la juridiction administrative. Sans doute valait-il mieux évincer au plus vite tout doute quant à la conformité de cette disposition à la Constitution et le Conseil d'Etat a pris le parti, sans se prononcer sur son caractère sérieux, de transmettre au Conseil constitutionnel une question prioritaire de constitutionnalité afin de déterminer si l'article L. 131-4 du code de justice administrative méconnaît ou non, compte tenu des compétences du Conseil d'Etat en matière contentieuse, le principe d'impartialité des juridictions et le droit à un recours juridictionnel effectif tels que garantis par l'article 16 de la Déclaration des droits de l'Homme et du citoyen de 1789 (CE, 19 juill. 2017, M. L., requête numéro 411070).

88. La composition du collège de déontologie. En application de l'article L. 131-5 du code de justice administrative, le collège de déontologie est présidé par le vice-président du Conseil d'Etat et est composé d'un membre du Conseil d'Etat élu par l'assemblée générale ; d'un magistrat des tribunaux administratifs et des cours administratives d'appel élu par le Conseil supérieur des tribunaux administratifs et cours administratives d'appel ; d'une personnalité extérieure désignée alternativement par le premier président de la Cour de cassation parmi les magistrats en fonction à la Cour de cassation ou honoraires et par le premier président de la Cour des comptes parmi les magistrats en fonction à la Cour des comptes ou honoraires ; d'une personnalité qualifiée nommée par le Président de la République sur proposition du vice-président du Conseil d'Etat. Le mandat de chaque membre est de trois ans renouvelable une fois.

89. Les fonctions du collège de déontologie. Conformément à l'article L. 131-6 du code de justice administrative, le collège de déontologie est chargé de quatre fonctions. En premier lieu, comme cela a déjà été précisé, il rend un avis préalable à l'établissement de la charte de déontologie. En deuxième lieu, il rend des avis sur toute question déontologique concernant un membre de la juridiction administrative, à la demande de l'intéressé, du vice-président du Conseil d'Etat, d'un président de section du Conseil d'Etat, du secrétaire général du Conseil d'Etat, du président de la mission d'inspection des juridictions administratives, d'un président d'une cour administrative d'appel ou d'un tribunal administratif ou du Conseil supérieur des tribunaux administratifs et cours administratives d'appel. En troisième lieu, à son initiative ou à la demande du vice-président du Conseil d'Etat, d'un président de section, du secrétaire général du Conseil d'Etat, du président de la mission d'inspection des juridictions administratives, d'un président d'une cour administrative d'appel ou d'un tribunal administratif, du Conseil supérieur des tribunaux administratifs et cours administratives d'appel, ou d'une organisation syndicale ou association de membres de la juridiction administrative, il formule des recommandations propres à éclairer les membres de la juridiction administrative sur l'application des principes déontologiques auxquels ils sont soumis. En quatrième lieu, il rend des avis sur les déclarations d'intérêt des membres de la juridiction administrative.

90. Jusqu'où devra-t-on aller ? Le renforcement des mécanismes propres à garantir les membres du Conseil d'Etat – mais la même observation pourra être faite pour les autres magistrats administratifs – de tout agissement répréhensible surprend d'autant moins qu'il s'inscrit dans une dynamique commune à l'ensemble des pouvoirs constitués. Au demeurant, la magistrature judiciaire partage des contraintes sensiblement équivalentes que celles auxquelles est soumise la magistrature administrative. Le contenu de la loi organique n° 2106-1090 du 8 août 2016 relative aux garanties statutaires, aux obligations déontologiques et au recrutement des magistrats ainsi qu'au Conseil supérieur de la magistrature en témoigne. Ce renforcement a d'ailleurs pour lui de bons arguments. Il constitue une réponse supplémentaire aux problèmes d'impartialité objective et subjective qui peuvent se poser en pratique. Il est susceptible de renforcer le sentiment de qualité de la justice administrative que doit pouvoir nourrir le justiciable même si le risque est également de lui laisser penser que la survenance de conflits d'intérêts est plus fréquente qu'elle ne l'est en réalité.

Le législateur devrait cependant prendre garde du message qu'il diffuse à son corps défendant. Notamment, voilà quelque chose de singulier que d'exiger de certains membres du Conseil d'Etat qu'ils transmettent au président de la Haute Autorité pour la transparence de la vie publique une déclaration de situation patrimoniale comme si leurs fonctions sont susceptibles de favoriser un enrichissement. Cette prise de risque est d'autant moins utile que leur intégrité n'est discutée.

Si un soupçon peut éventuellement exister, c'est sur un autre terrain que celui de la déontologie. La culture de la haute administration partagée par une frange déterminante des membres du Conseil d'Etat le rend suspect d'être excessivement sensible aux intérêts de l'administration, au détriment des particuliers. Ce procès est sans doute infondé dans une certaine mesure. On rappellera que le dualisme juridictionnel, et l'existence du droit administratif, trouvent essentiellement leur explication dans cette idée que juger l'administration suppose de la comprendre. Ceci ne signifie pas que le Conseil d'Etat est inféodé à l'administration. Sa jurisprudence en a témoigné à maintes occasions. Reste que le justiciable trouve ici un motif de défiance qu'aucun faisceau de contraintes déontologiques ne saurait lever…

II. La structure du Conseil d'Etat

91. Une structure en lien avec la dualité fonctionnelle du Conseil d'Etat. Aux termes de l'article L. 121-3 du code de justice administrative, le Conseil d'Etat est composé d'une section du contentieux (B) et de sections administratives (A). Il n'y a rien là que de très logique et même de très historique, la dichotomie – qui se retrouve même jusqu'à la couleur des tapis du Palais-Royal (rouge pour l'« aile » des sections administratives, bleue pour l'« aile » de la section du contentieux) – des formations administratives et contentieuse est une nécessité renouvelée avec la prise en considération de la Convention européenne de sauvegarde des droits de l'Homme et des libertés fondamentales. C'est aussi une nécessité d'ordre pratique que de distinguer les sections suivant les spécialités qui leur sont affectées.

A. Les sections administratives

92. En quelques mots... Il y a assurément beaucoup à apprendre sur les sections administratives du Conseil d'Etat. Cependant, et aussi intéressantes que de telles études peuvent être, leur champ excède celui de cet ouvrage, ce qui explique que l'on sera lapidaire à leur sujet. L'on rappellera qu'il existe six sections administratives : la section de l'Intérieur ; la section des Finances ; la section des Travaux publics ; la section Sociale ; la section de l'Administration ; la section du rapport et des études (CJA, art. R. 123-2). Chaque section administrative est composée d'un président, de conseillers d'Etat en service ordinaire au nombre de six au minimum, de conseillers d'Etat en service extraordinaire, de maîtres des requêtes et d'auditeurs (CJA, art. R. 123-6), et ne peut valablement délibérer que si son président et trois membres ou, en formation restreinte, deux membres au moins sont présents (CJA, art. R. 123-8).

93. La section du rapport et des études. La section du rapport et des études a un rôle particulier qui la distingue des autres sections administratives. En application de l'article R. 123-5 du code de justice administrative :

- elle a pour mission d'élaborer les propositions que le Conseil d'Etat adresse spontanément aux pouvoirs publics sur les réformes d'ordre législatif, réglementaire ou administratif qui lui paraissent conformes à l'intérêt général, en application de l'article L. 112-3 du code de justice administrative ;

- elle procède à des études à la demande du Premier ministre ou à l'initiative du vice-président du Conseil d'Etat ;

- elle prépare le rapport d'activité que le Conseil d'Etat établit chaque année.

B. La section du contentieux

94. Présentation de la section du contentieux. La section du contentieux existe depuis la création, par le décret du 22 juillet 1806 contenant règlement sur les affaires contentieuses portées au Conseil d'Etat, de la commission du contentieux qui – on mesure le chemin parcouru depuis – était composée de six maîtres des requêtes et de six auditeurs. La section du contentieux est juge de toutes les affaires qui relèvent de la juridiction du Conseil d'Etat, sous réserve des affaires portées devant l'assemblée du contentieux (CJA, art. R. 122-1). La section du contentieux comprend : un président assisté de trois présidents adjoints (1) ; pour chacune des chambres (2), un conseiller d'Etat en service ordinaire chargé des fonctions de président et deux conseillers d'Etat en service ordinaire chargés des fonctions d'assesseur ; des conseillers d'Etat en service ordinaire, des maîtres des requêtes et des auditeurs chargés des fonctions de rapporteur ou de rapporteur public (CJA, art. R. 122-2). Avec le concours des services de la section du contentieux (4), elles instruisent les affaires, dont le jugement peut être confié à des formations dont la composition sera différente (3).

1. Le président de la section

95. L'incarnation de la section. Le président de la section du contentieux est nommé par décret en conseil des ministres sur proposition du garde des sceaux. Ses attributions sont aussi nombreuses qu'importantes. Il dirige la section (voir, notamment, P. Cassia, « Le président de la section du contentieux du Conseil d'Etat » in Mélanges en l'honneur de Daniel Labetoulle, Paris, Dalloz, 2007, pp. 125 et s.). A ce titre, il décide de l'affectation des membres du Conseil d'Etat dans les chambres (CJA, art. R. 122-9), propose la nomination aux fonctions de rapporteur public (CJA, art. R. 122-5), de président de chambre (CJA, art. R. 122-6) et d'assesseur (CJA, art. R. 122-7). Il délibère avec les autres présidents de section et le vice-président pour proposer la nomination d'un président adjoint (CJA, art. R. 122-4). Le président de la section dispose encore de nombreux pouvoirs dans la sphère contentieuse. Ainsi, il préside la section du contentieux en formation de jugement (CJA, art. R. 122-19) et les chambres réunies, rôle qu'il partage cependant avec ses adjoints (CJA, art. 122-15). Il lui est même loisible de présider une chambre jugeant seule (CJA, art. R. 122-14) même s'il ne le fait jamais en pratique. Il peut encore demander le renvoi d'une affaire en section ou en assemblée (CJA, art. R. 122-17). Il règle les difficultés de compétence (CJA, art. R. 351 et s.) et de connexité (CJA, art. R. 341-1 et s.) et statue sur les difficultés nées d'un problème d'impartialité affectant un tribunal administratif (CJA, art. R. 312-5) ou une cour administrative d'appel (CJA, art. R. 322-3). Il est, en outre, le juge des référés du Conseil d'Etat (CJA, art. R. 511-2) même s'il peut déléguer cette fonction à d'autres membres de la juridiction. Il intervient enfin en matière d'administration judiciaire. A ce titre, notamment, il désigne les experts et fixe leurs honoraires (CJA, art. R. 621-11), liquide les dépens (CJA, art. R. 761-4) et statue sur les recours formés contre les refus d'aide juridictionnelle (décret n° 91-1266 du 19 décembre 1991, art. 57). Plus largement, il exerce une véritable magistrature d'influence à l'extérieur et un vrai pouvoir d'impulsion à l'intérieur de la section, au point que certains parmi les auteurs les plus légitimes à formuler un tel constat ont pu dire du président de la section qu'il est l'artisan principal de l'évolution de la jurisprudence (D. Labetoulle, « Remarques sur l'élaboration des décisions du Conseil d'Etat statuant au contentieux » in Mélanges R. Chapus, Paris, LGDJ, 1992, p. 341).

96. Les présidents adjoints. Le président de la section du contentieux est assisté de trois présidents adjoints, désignés par décret pris sur la proposition du garde des sceaux, après présentation du vice-président du Conseil d'Etat délibérant avec les présidents de section (CJA, art. R. 122-4). Les présidents adjoints suppléent le président de la section dans un certain nombre d'activités. Ils président par exemple des chambres réunies et, éventuellement, des chambres jugeant seules. Ils siègent en tant que juges des référés.

97. La troïka. Informelle, la troïka n'en est pas moins une structure des plus déterminantes pour la cohérence de l'activité juridictionnelle du Conseil d'Etat (pour une explicitation, D. Labetoulle, « Une histoire de la troïka » in Mélanges en l'honneur de Louis Dubouis, Paris, Dalloz, 2002, pp. 83 et s.). Composée du président de la section du contentieux et de ses adjoints, la troïka se réunit tous les mardi après-midi. A cette occasion, il est fait état des affaires examinées en chambres réunies dans la semaine qui a précédé et des solutions qui ont été retenues. Ainsi, et avant la lecture des décisions, l'occasion est donnée de s'assurer qu'il n'y a pas de contradictions entre les positions des différentes formations de jugement. Dans le cas contraire, le renvoi de l'affaire devant une formation de jugement supérieure – section ou assemblée – peut être décidé. C'est encore à l'occasion de la troïka que se décide le fichage des décisions au Recueil Lebon.

2. Les chambres

98. La composition des chambres. On a très longtemps parlé de sous-section… Cela ne perturbait foncièrement personne. On parle dorénavant de chambre… Cela laissera certainement insensible le plus grand nombre. La loi n° 2016-483 du 20 avril 2016 a procédé à ce qui se veut être une modernisation de la terminologie de nature à rendre l'organisation du Conseil d'Etat plus intelligible aux justiciables. Prenons acte… La section du contentieux comprend dix chambres qui participent à l'instruction et au jugement des affaires (CJA, art. R. 122-1). A la tête de chaque chambre, se trouve un président, nommé pour quatre ans, par arrêté du Premier ministre, sur proposition du garde des sceaux. Les présidents de chambre sont renouvelés, à leur demande, pour une durée de trois ans, par arrêté du vice-président du Conseil d'Etat (CJA, art. R. 122-6). La chambre comprend en outre deux assesseurs, désignés pour une durée également de quatre ans par le vice-président du Conseil d'Etat parmi les conseillers d'Etat, sur avis du président de la section du contentieux et de ses adjoints. Ils peuvent être renouvelés dans leurs fonctions, à leur demande, pour une durée de trois années (CJA, art. R. 122-7). La répartition des autres membres du Conseil d'Etat, entre les chambres, est arrêtée par le président de la section du contentieux après avis des présidents adjoints et des présidents de chambre (CJA, art. R. 122-9). A chaque chambre, sont également affectés deux rapporteurs publics, désignés par le vice-président du Conseil d'Etat sur proposition du président de la section du contentieux, pour une durée maximale de sept années (CJA, art. R. 122-5).

99. La répartition des domaines de compétence. Chaque chambre se voit reconnaître des domaines de compétence, ce qui explique par exemple que les affaires ayant trait à l'urbanisme seront normalement confiées à la 1ère chambre quand celles relatives au contentieux des marchés publics relèveront de la 7ème chambre. Il ne s'agit pas d'une spécialisation à outrance de chaque chambre mais plutôt d'une rationalisation du travail, d'autant plus utile que, familiers de l'esprit autant que des textes qui animent une matière, les rapporteurs de la chambre trouveront des réflexes plus appropriés au traitement de chaque dossier. On précisera, d'une part, que cette répartition des matières est évolutive, d'autre part, qu'elle n'est pas toujours exclusive. Ainsi, si les questions de nationalité sont de la compétence de la seule 2ème chambre, le contentieux fiscal est réparti entre les 5ème, 9ème et 10ème chambres.

3. Les formations de jugement

100. L'expression d'une hiérarchie. Il existe cinq formations de jugement différentes : les décisions du Conseil d'Etat peuvent être rendues par l'assemblée du contentieux, par la section du contentieux, en chambres réunies, en chambre jugeant seule, par ordonnance (CJA, art. L. 122-1), l'ordre de solennité étant ici décroissant.

101. L'assemblée du contentieux. La présidence de l'assemblée du contentieux est assurée par le vice-président du Conseil d'Etat (CJA, art. R. 122-20 al. 2) ou, en cas d'empêchement, par le président de la section du contentieux (CJA, art. R. 122-21). L'assemblée du contentieux comprend, outre le vice-président du conseil d'Etat, les présidents de section, les présidents adjoints de la section du contentieux, le président de la chambre à laquelle l'affaire a été initialement confiée et les quatre présidents de chambre les plus anciens, le rapporteur (CJA, art. R. 122-20 al. 1er). Lorsqu'il s'agit de statuer sur la légalité d'un acte pris après avis du Conseil d'Etat, les contraintes en terme d'impartialité font défense au président de la section administrative ayant eu à délibérer sur l'avis de siéger (CJA, art. R. 122-21). Il en va de même des autres membres du Conseil d'Etat ayant eu à délibérer sur cet avis (CJA, art. R. 122-21-1).

102. La section du contentieux. La présidence de la section du contentieux en formation de jugement est assurée par le président de la section du contentieux ou, en cas d'empêchement, par le président adjoint pris dans l'ordre d'ancienneté ou, à défaut, par le président de chambre le plus ancien dans ses fonctions présent à la séance (CJA, art. R. 122-19). La section du contentieux en formation de jugement comprend le président, les trois présidents adjoints, les présidents de chambre, et le rapporteur (CJA, art. R. 122-18).

103. Les chambres réunies. Lorsque l'affaire est portée devant des chambres réunies (c'est le cas pour un tiers environ des affaires à juger), ce sont alors, en règle générale, deux chambres qui sont réunies, dont celle qui a été chargée de l'instruction. Les chambres réunies travaillent d'ailleurs en binôme. Les configurations se décèlent à la lecture des décisions rendues : 1/4 (ou 4/1), 2/7 (ou 7/2), 3/8 (ou 8/3), 4/6 (ou 6/4), 9/10 (ou 10/9), la première chambre citée étant celle qui a rapporté sur l'affaire. Toutefois, le pouvoir réglementaire (décret du 22 février 2010) a rétabli ce qui avait été un temps abandonné, et il est possible de réunir jusqu'à quatre chambres pour statuer sur une affaire (CJA, art. R. 122-11).

Les chambres réunies sont présidées par l'un des présidents adjoints, par le président de la section du contentieux ou par le vice-président (CJA, art. R. 122-15). Ce dernier cas de figure se rencontre très rarement. Mais il a pu arriver qu'une telle solution s'impose, avant même que les textes ne le prévoient (décret n° 2010-164 du 22 février 2010 relatif aux compétences et au fonctionnement des juridictions administratives). Tel a été le cas, par exemple, de l'examen par deux sous-sections réunies du recours en révision dirigé contre une décision rendue par la section du contentieux. Le président de la section du contentieux et les présidents adjoints ne pouvaient, à peine de porter atteinte aux règles d'impartialité, présider la formation de jugement (CE, 7 sept. 2009, M. Serge Dassault, requêtes numéros 330040 et 330041 ; RFDA 2010, p. 288, concl. B. Bourgeois-Machureau et note B. Pacteau). La formation de jugement comprend, outre son président et le rapporteur, les présidents des chambres concernées, les assesseurs des chambres ou, si quatre chambres sont réunies, l'assesseur le plus ancien dans ses fonctions de chaque chambre et, en cas de parité du nombre de chambres, un conseiller d'Etat appartenant à la section du contentieux et étranger aux chambres concernées, désigné par le président de la section, selon un tour de rôle établi deux fois par an (CJA, art. R. 122-15).

104. La chambre en formation de jugement. L'ensemble des chambres statuant en formation de jugement règle les deux tiers des affaires enregistrées par le Conseil d'Etat. La chambre jugeant seule est présidée par le président de la chambre ou un de ses assesseurs (CJA, art. R. 122-10). Il est encore possible de la faire présider soit par le vice-président du Conseil d'Etat, soit par le président de la section du contentieux ou un de ses présidents adjoints (CJA, art. R. 122-14). La chambre en formation de jugement est composée de trois membres au moins ayant voix délibérative (CJA, art. R. 122-14), ce qui signifie que, classiquement, la formation de jugement est composée du président, du rapporteur et d'un des assesseurs, une chambre ne pouvant délibérer que si son président et un de ses assesseurs ou, à défaut, si les deux assesseurs sont présents (CJA, art. R. 122-10).

105. En juge unique. La réflexion se fait de plus en plus pressante autour de la question du juge unique, qui a longtemps été l'objet de la plus nette détestation. On en mesure aujourd'hui les vertus en tant que cette formation de jugement concoure à la célérité de la justice administrative. On peut également continuer d'en déplorer les effets en tant que la collégialité passe pour être meilleure garante de la qualité des décisions rendues, et on s'inquiétera, à ce titre, de l'accroissement des hypothèses dans lesquelles le juge unique intervient.

Quatre types de décisions en juge unique peuvent être distingués.

Il y a, en premier lieu, les décisions au fond. Le président de la section du contentieux ou son délégué statue, en appel, en juge unique, en application des articles L. 512-2 à L. 512-5 et L. 513-3 du code de l'entrée et du séjour des étrangers et du droit d'asile.

Il y a, en deuxième lieu, les ordonnances en référé. En effet, il en va des référés devant le Conseil d'Etat comme devant les autres juridictions administrations : les décisions sont rendues, en référé, par ordonnance du juge des référés. Sans doute lui est-il toujours possible de réunir une formation de jugement collégiale (CJA, art. L. 522-1 et R. 522-11). Cela reste cependant, et de loin, l'exception.

Il y a, en troisième lieu, les décisions rendues sur le fondement des articles L. 911-4 et L. 911-7 du code de justice administrative, relatifs respectivement à l'exécution des décisions juridictionnelles et à la liquidation des astreintes (CE, avis, 29 déc. 2000, Clouzeau, requête numéro 257411, Rec., p. 669).

Il y a, en quatrième lieu, les ordonnances dites « de tri ». Le législateur en a prévu le principe (CJA, art. L. 122-1) et c'est un rôle dévolu au président et aux présidents adjoints de la section du contentieux ainsi qu'aux présidents des chambres que de statuer sur un certain nombre de situations, par ordonnances de tri, lesquelles évitent au Conseil d'Etat la charge inutile d'instruire une affaire alors que la solution s'impose d'ores et déjà. Les présidents de chambres peuvent ainsi :

- donner acte des désistements ;

- rejeter les requêtes ne relevant manifestement pas de la compétence de la juridiction administrative ;

- constater qu'il n'y a pas lieu de statuer sur la requête ;

- rejeter les requêtes manifestement irrecevables, lorsque la juridiction n'est pas tenue d'inviter à la régulariser ou que la régularisation n'est pas intervenue à l'expiration du délai imparti pour ce faire ;

- statuer sur les requêtes qui ne présentent plus à juger que la question des dépens ou des frais exposés et non compris dans les dépens ;

- statuer sur les requêtes relevant d'une série, qui, sans appeler de nouvelle appréciation ou qualification des faits, présentent à juger en droit des questions identiques à celles tranchées ensemble par une même décision du Conseil d'Etat au contentieux ou examinées ensemble par un même avis sur une question de droit rendu, sur le fondement de l'article L. 113-1 du code de justice administrative ;

- rejeter, après l'expiration du délai de recours ou après le dépôt du mémoire complémentaire, les requêtes ne comportant que des moyens de légalité externe manifestement infondés, irrecevables, inopérants ou encore qui ne sont assortis que de faits manifestement insusceptibles de venir à leur soutien ou qui ne sont manifestement pas assortis des précisions permettant d'en apprécier le bien-fondé ;

- rejeter des conclusions à fins de sursis à exécution d'une décision juridictionnelle (CJA, art. R. 122-12).

4. Les services de la section du contentieux

106. Le secrétariat. C'est l'évidence, la section du contentieux, pas plus qu'aucune autre juridiction, ne peut accomplir sa tâche sans avoir le soutien de services administratifs en charge, notamment, du greffe. C'est précisément la fonction du secrétariat du contentieux. Le secrétariat de la section du contentieux est assuré par le secrétaire du contentieux, nommé par arrêté du Premier ministre sur proposition du garde des sceaux, et sur présentation du vice-président et du président de la section du contentieux (CJA, art. R. 122-26). Il est assisté d'un secrétaire adjoint, désigné par le vice-président du Conseil d'Etat, sur la proposition du président de la section (CJA, art. R. 122-27).

Pour chaque chambre, en outre, le secrétaire du contentieux est assisté d'un greffier en chef désigné par le vice-président du Conseil d'Etat sur la proposition du président de la section du contentieux (CJA, art. R. 122-28). L'officialisation du rôle et de l'importance du greffe est – enfin – intervenue avec le décret n° 2016-1480 du 2 novembre 2016. L'article R. 122-28 du code de justice administrative a ainsi été complété, lequel précise désormais que « le greffier en chef de chambre assiste le président de chambre dans l'instruction des dossiers. A cette fin, il peut proposer toute mesure utile pour leur mise en état. Il est chargé de la mise en œuvre et du suivi des mesures retenues et peut signer à cette fin les courriers en informant les parties ».

Au nombre des services relevant du secrétariat de la section du contentieux, l'on doit encore évoquer le bureau des référés et des compétences du président, le bureau du greffe et de l'information du public, le bureau de gestion des services administratifs, le bureau de suivi de l'activité contentieuse, le secrétariat du bureau d'aide juridictionnelle et du Tribunal des conflits. Le secrétaire du contentieux, le secrétaire adjoint, les greffiers en chef de chambres ainsi que les agents de la section désignés à cet effet par le président de la section du contentieux assurent le secrétariat des séances (CJA, art. R. 122-28-1).

107. Le service d'aide à la décision. Il faut encore prendre en considération ce qu'il est convenu d'appeler le « service d'aide à la décision » qui constitue un moyen non négligeable d'alléger la charge de travail pesant sur les membres de la section. Déjà doit-on souligner ici que le Centre de recherches et de diffusion juridiques consacre une part déterminante de son activité aux recherches juridiques demandées par les membres des formations de jugement et, à ce titre, collabore au service d'aide à la décision (L. Dutheillet de Lamothe et N. Labrune, « Le « centre de doc » soixante ans après l'auditeur Marceau Long » in Mélanges en l'honneur de Marceau Long, Paris, Dalloz, 2016, pp. 295 et s.). Par ailleurs, issu de la loi n° 2002-1138 du 9 septembre 2002 d'orientation et de programmation pour la justice, l'article L. 122-2 du code de justice administrative dispose que le Conseil d'Etat peut comprendre en son sein, en qualité d'assistants de justice, des personnes titulaires d'un diplôme sanctionnant une formation juridique d'une durée minimale de quatre années après le baccalauréat et que leur compétence qualifie particulièrement pour exercer ces fonctions. A ces assistants de justice, l'on doit encore ajouter les stagiaires, provenant notamment des centres régionaux de formation à la profession d'avocat. Les assistants de justice et les stagiaires sont répartis entre les différentes chambres et le bureau des référés. Ils sont placés sous l'autorité des présidents de chambres et du président de la section du contentieux.

Ils effectuent des recherches et préparent des projets d'ordonnances, voire de décisions pour les affaires les moins complexes. Ils assistent aux séances d'instruction et aux délibérés, non seulement des chambres jugeant seules mais encore ceux des formations de jugement plus solennelles (CJA, art. R. 731-4).

Sous-section 2 - Les tribunaux administratifs et les cours administratives d'appel

108. Les tribunaux administratifs. La loi du 28 pluviôse an VIII avait institué les conseils de préfecture, présidés par les préfets. En dépit de ce mélange des genres peu propice à l'indépendance de ces conseils, mélange peu surprenant si l'on se souvient de l'époque à laquelle ils ont été créés, il s'agissait bien de juridictions. Sans doute cette fonction juridictionnelle n'était-elle pas exclusive de fonctions consultatives, schéma ici encore peu surprenant, consistant en une forme déconcentrée du Conseil d'Etat. Le mouvement d'oscillation a été net, où les conseils de préfecture ont d'abord été des juridictions avant d'être les conseils des préfets, puis l'inverse, puis de nouveau essentiellement des juridictions. Reste que leurs compétences n'en étaient pas moins d'attribution, le Conseil d'Etat étant devenu le juge de premier ressort de droit commun du contentieux administratif (CE, 13 déc. 1889, Cadot, requête numéro 66145, Rec., p. 1148, concl. H. Jagerschmidt). La réforme des 6 et 26 septembre 1926 se voulait importante, en substituant des conseils de préfecture interdépartementaux et en supprimant la présidence des préfets. Mais cette réforme resta insuffisante, eu égard aux attributions toujours trop limitées qui leur étaient confiées. La réforme opérée par le décret n° 53-934 du 30 septembre 1953, fut heureusement ambitieuse, qui institua les tribunaux administratifs. Juridictions de droit commun du contentieux administratif (CJA, art. L. 211-1), on en dénombrait 42 au 31 décembre 2015.

109. Les cours administratives d'appel. La création des cours administratives d'appel, par la loi n° 87-1127 du 31 décembre 1987 portant réforme du contentieux administratif, a été une réponse à l'étranglement auquel le Conseil d'Etat devait faire face. Voici donc que s'est intercalée, entre les tribunaux administratifs et le Conseil d'Etat, une nouvelle juridiction chargée de connaître – la chose s'est faite progressivement – des appels formés contre les jugements rendus en premier ressort par les tribunaux administratifs, avec le succès que l'on connait, bien qu'il faille souligner que celui-ci est la résultante d'une combinaison de réformes. On dénombre aujourd'hui huit cours : Paris, Lyon, Bordeaux, Nancy, Douai, Versailles, Marseille, Nantes.

110. Le classicisme du double degré de juridiction. Les tribunaux administratifs et les cours administratives d'appel empruntent à la même organisation (§ 1). Les fonctions dévolues à chacun (§ 2) traduisent un double degré de juridiction qui, loin d'être propre à la juridiction administrative, s'apparente à ce que l'on connaît classiquement.

§ 1 - L'organisation des tribunaux administratifs et des cours administratives d'appel

111. Classique et particulière à la fois. Bien qu'elle ne diffère pas fondamentalement, dans ses principes, de l'organisation judiciaire, l'organisation des tribunaux administratifs et des cours administratives d'appel mérite qu'on s'y attarde. Elle explique une part des spécificités du contentieux administratif autant qu'elle en procède. Il en va d'abord ainsi de la composition de ces juridictions (I). Mais encore, telle que déterminée par le code de justice administrative, la structure propre à chaque juridiction (II) a des incidences sur son fonctionnement et son degré d'efficacité, notamment par le degré de spécialisation qu'elle autorise.

I. La composition des tribunaux administratifs et des cours administratives d'appel

112. Une architecture favorable à l'efficacité de la juridiction administrative. Une juridiction ne saurait se résumer aux magistrats (A) qui la composent. Les efforts consentis par le législateur (notamment par la loi n° 2002-1138 du 9 septembre 2002 d'orientation et de programmation pour la justice) témoignent au demeurant de l'importance, pour le bon fonctionnement et pour l'efficacité de la juridiction, des autres personnels (B).

A. Les magistrats

113. L'article L. 221-1 du code de justice administrative. Aux termes de l'article L. 221-1 du code de justice administrative, « les tribunaux administratifs et les cours administratives d'appel se composent d'un président et de plusieurs magistrats des tribunaux administratifs et des cours administratives d'appel. Ils peuvent également comprendre d'autres membres détachés dans ce corps dans les conditions définies par les lois et règlements en vigueur ».

114. Le président de la juridiction. La terminologie est, à certains égards, trompeuse et il y a lieu ici d'insister sur le fait que tout président appartenant au corps des tribunaux administratifs et des cours administratives d'appel n'est pas nécessairement président de juridiction. Ainsi, si le président de chaque tribunal administratif est, en principe, un membre ayant le grade de président, chaque cour administrative d'appel est présidée par un conseiller d'Etat en service ordinaire (CJA, art. L. 222-3), nommé pour une durée maximale de sept années au même poste, par décret sur proposition du vice-président du Conseil d'Etat délibérant avec les présidents de section (CJA, art. L. 222-4). Aux termes de l'article R. 222-3 du code de justice administrative, « le président prend les dispositions nécessaires au fonctionnement de la juridiction qu'il préside. Il assure la direction des services de cette juridiction et le maintien de sa discipline intérieure ». En tant que chef du service, il dispose d'un pouvoir de gestion considérable, à quatre titres.

En premier lieu, le président joue un rôle notable dans la gestion des magistrats. Il arrête l'ordre du tableau (CJA, art. R. 222-7). Il décide de la spécialisation des chambres ainsi que l'affectation des magistrats dans chacune d'elles (CJA, art. R. 222-8). En tant que chef du service, le président de la juridiction intervient encore sur l'exercice de l'activité des magistrats. A ce titre, il autorise les cumuls d'activités des magistrats (CJA, art. R. 237-1) ainsi que les absences. Il a la charge de l'évaluation et de la notation des magistrats composant la juridiction qu'il préside (CJA, art. R. 234-7) et fait connaître son avis au Conseil supérieur des tribunaux administratifs et des cours administratives d'appel sur l'avancement des membres de la juridiction qu'il préside (CJA, art. R. 222-9).

En deuxième lieu, le président de la juridiction encadre le travail du greffe. Même si le personnel du greffe est placé sous la tutelle du ministre de l'Intérieur en ce qui concerne le recrutement, la mutation, l'avancement, la discipline, le président de la juridiction détient sur celui-ci un certain nombre de prérogatives. En effet, et heureusement si l'on se souvient du rôle du greffe pour le bon fonctionnement de la juridiction, celui-ci est placé sous l'autorité du président de la juridiction (CJA, art. R. 226-1). Le chef de la juridiction formule ses propositions sur la nomination du personnel des greffes affectés dans sa juridiction (CJA, art. R. 222-9). Il procède à la notation de l'ensemble des agents du greffe (CJA, art. R. 226-4), et propose l'avancement (CJA, art. R. 222-9). L'activité du greffe est encore organisée par le chef de la juridiction, qu'il s'agisse de délimiter les greffes de chambres, d'y affecter les personnels, ou encore de fixer les règles de fonctionnement.

En troisième lieu, si le vice-président du Conseil d'Etat est l'ordonnateur principal des dépenses d'investissement et de fonctionnement de l'ensemble des juridictions administratives (CJA, art. R. 222-11), le président de la juridiction est l'ordonnateur secondaire des dépenses de fonctionnement de sa juridiction (CJA, art. R. 222-12).

En quatrième lieu, le président d'un tribunal administratif ou d'une cour administrative d'appel se voit reconnaître par le code de justice administrative certaines compétences propres en matière de référés (CJA, art. L. 511-2), de contraventions de grande voirie (CJA, art. L. 774-1), d'arrêtés de reconduite à la frontière (CJA, art. R. 776-2). Il a encore la charge d'orienter les dossiers vers la juridiction compétente (CJA, art. R. 351-3) ou vers le président de la section du contentieux du Conseil d'Etat en cas de difficulté de détermination de la compétence matérielle ou territoriale (CJA, art. R. 351-1 et s.), ou de problème de connexité (CJA, art. 343-1). Il désigne les experts (CJA, art. R. 621-2), taxe et liquide les frais et honoraires de l'expert (CJA, art. R. 621-11). Il assure l'exécution des décisions juridictionnelles qui font l'objet d'une demande d'exécution (CJA, art. R. 921-6). Il procède, par voie d'ordonnance, à la rectification matérielle des jugements et arrêts que la raison commande (CJA, art. R. 741-11). C'est encore lui qui donne l'impulsion aux différents stades de la procédure juridictionnelle. A ce titre, il attribue les dossiers aux rapporteurs (CJA, art. R. 611-9 et R. 611-16). Il établit le rôle des audiences.

115. Les présidents. Au sein des tribunaux administratifs, les présidents occupent les fonctions de président, de vice-président ou de président de chambre, étant encore précisé que, au tribunal administratif de Paris, ils occupent en outre les fonctions de président ou de vice-président de section (CJA, art. L. 234-3). Les présidents occupent, au sein des cours administratives d'appel, les fonctions de vice-président, de président de chambre ou d'assesseur (CJA, art. L. 234-3).

Les présidents sont nommés au choix sur proposition du Conseil supérieur des tribunaux administratifs et cours administratives d'appel après inscription au tableau d'avancement parmi les membres du corps des tribunaux administratifs et cours administratives d'appel comptant huit ans de services effectifs et ayant soit satisfait à l'obligation de mobilité pour ceux qui ont été recrutés postérieurement au 12 mars 1971, soit exercé leurs fonctions juridictionnelles pendant trois ans dans une cour administrative d'appel (CJA, art. L. 234-2).

116. Les conseillers et premiers conseillers. Les membres du corps des tribunaux administratifs et des cours administratives d'appel sont nommés par décret du Président de la République (CJA, art. L. 233-1). Il existe plusieurs canaux de recrutement, le code de justice administrative posant les règles garantissant un équilibre des profils recrutés. Pour la nomination au grade de conseiller, il s'agira, pour deux tiers, d'anciens élèves de l'Ecole nationale d'administration (CJA, art. L. 233-2). Pour le tiers restant, un membre sera désigné au « tour extérieur ». Il s'agira, plus précisément, d'un fonctionnaire civil ou militaire de l'Etat ou d'un fonctionnaire de la fonction publique territoriale ou de la fonction publique hospitalière justifiant, au 31 décembre de l'année considérée, d'au moins dix ans de services publics effectifs dans un corps ou cadre d'emplois de catégorie A ou sur un emploi de catégorie A ou assimilé, ou d'un magistrat de l'ordre judiciaire (CJA, art. L. 233-3).

Pour la nomination au grade de premier conseiller, pour sept conseillers promus à ce grade, une nomination est prononcée au tour extérieur, et sous réserve qu'ils justifient d'au moins huit ans de services effectifs dans un ou plusieurs des corps ou cadres d'emplois concernés, au bénéfice :

- de fonctionnaires de l'un des corps recrutés par la voie de l'Ecole nationale d'administration ;

- de fonctionnaires appartenant à un autre corps de catégorie A ou cadre d'emplois de même niveau, titulaires de l'un des diplômes exigés pour se présenter au concours externe d'entrée à l'Ecole nationale d'administration ainsi que d'un grade et d'un échelon déterminés par décret en Conseil d'Etat ;

- de magistrats de l'ordre judiciaire ;

- de professeurs et maîtres de conférences titulaires des universités ;

- d'administrateurs territoriaux ;

- de personnels de direction des établissements de santé et autres établissements mentionnés aux 1°, 2° et 3° de l'article 2 de la loi n° 86-33 du 9 janvier 1986 portant dispositions statutaires relatives à la fonction publique hospitalière (CJA, art. L. 233-4).

Le nombre d'emplois à pourvoir au tour extérieur, ainsi que la date limite de dépôt des candidatures, sont fixés chaque année par le vice-président du Conseil d'Etat (CJA, art. R. 233-4).

Les fonctionnaires appartenant à un corps recruté par la voie de l'Ecole nationale d'administration, les magistrats de l'ordre judiciaire, les professeurs et maîtres de conférences titulaires des universités, les administrateurs des assemblées parlementaires, les administrateurs des postes et télécommunications et les fonctionnaires civils ou militaires de l'Etat, de la fonction publique territoriale ou de la fonction publique hospitalière appartenant à des corps ou à des cadres d'emplois de niveau équivalent à celui des tribunaux administratifs et des cours administratives d'appel peuvent être détachés dans ce dernier corps, aux grades de conseiller ou de premier conseiller. A l'issue de trois années de services effectifs en détachement dans ce corps, et si les conditions prévues aux articles L. 233-3 et L. 233-4 du code de justice administrative sont satisfaites, l'intégration est alors possible (CJA, art. L. 233-5).

La dernière manière d'intégrer la magistrature administrative est celle du concours. Le nombre de postes ouverts est contingenté : il ne saurait excéder trois fois le nombre de postes offerts chaque année dans les tribunaux administratifs et les cours administratives d'appel aux élèves sortant de l'Ecole nationale d'administration et aux candidats au tour extérieur. Il existe en réalité deux concours : le concours externe, ouvert aux titulaires de l'un des diplômes exigés pour se présenter au premier concours d'entrée à l'Ecole nationale d'administration ; le concours interne, ouvert aux fonctionnaires ainsi qu'aux magistrats de l'ordre judiciaire et autres agents publics civils ou militaires appartenant à un corps ou cadre d'emplois de la catégorie A ou assimilé et justifiant, au 31 décembre de l'année du concours, de quatre années de services publics effectifs (CJA, art. L. 233-6). Aucun des deux concours ne peut permettre le recrutement de plus de 60% du nombre total de places (CJA, art. R. 233-8).

117. Les incompatibilités. Le code de justice administrative organise une série d'incompatibilités qui ne saurait surprendre. Ne peut être nommée membre d'un tribunal administratif ou d'une cour administrative d'appel, une personne exerçant ou ayant exercé depuis moins de trois ans, dans le ressort de la juridiction, une fonction publique élective, une fonction de représentant de l'Etat dans une région ou dans un département, de délégué de celui-ci dans un arrondissement, ou de directeur régional ou départemental d'une administration publique de l'Etat, une fonction de direction dans l'administration d'une collectivité territoriale (CJA, art. L. 231-5). Ne peut davantage être nommée une personne ayant exercé, depuis moins de cinq ans, la profession d'avocat dans le ressort de la juridiction (CJA, art. L. 231-6). L'exercice des fonctions de membre du corps des tribunaux administratifs et des cours administratives d'appel est incompatible avec l'exercice des fonctions de président d'un conseil régional ou général, les fonctions de membre du gouvernement de la Nouvelle-Calédonie et celles de membre d'une assemblée de province, les fonctions de président et de membre du gouvernement de la Polynésie française et le mandat de représentant à l'assemblée de la Polynésie française, et encore le mandat de conseiller territorial de Saint-Barthélemy, de Saint-Martin ou de Saint-Pierre-et-Miquelon (CJA, art. L. 231-7). En cas d'élection intervenant après nomination au sein de la juridiction administrative, le magistrat concerné doit faire connaître son choix dans les quinze jours de l'élection ou, en cas de contestation, dans les quinze jours de la décision définitive, à peine de mise en disponibilité (CJA, art. L. 231-8).

118. La soumission des magistrats aux règles déontologiques. Déjà observé pour les membres du Conseil d'Etat (*supra* n° 86), le renforcement de la déontologie s'applique également aux magistrats des tribunaux administratifs et des cours administratives d'appel. Ils sont tenus aux mêmes exigences d'indépendance, de dignité, d'impartialité, d'intégrité et de probité, et doivent également s'abstenir de tout acte ou comportement à caractère public incompatible avec la réserve que leur imposent leurs fonctions (CJA, art. L. 231-1-1). Ils doivent veiller à prévenir ou mettre fin à toute situation de conflit d'intérêts (CJA, art. L. 231-4). Ils sont tenus, dans les mêmes conditions que celles prévues pour les membres du Conseil d'Etat, de produire une déclaration d'intérêts (CJA, art. L. 231-4-1). Les présidents des tribunaux administratifs et des cours administratives d'appel doivent adresser une déclaration de situation patrimoniale au président de la Haute Autorité pour la transparence de la vie publique (CJA, art. L. 231-4-4).

B. Les autres personnels

119. Le greffe. Appréhender la juridiction administrative au prisme des seuls magistrats qui la composent procèderait d'une vision toute aussi méprisante qu'erronée. Disons-le clairement, il ne saurait exister une juridiction administrative efficace sans un greffe compétent sur le fond et suffisant par le nombre. Le travail quantitativement considérable abattu par le greffe, qualitativement déterminant pour la régularité des procédures, conditionne la célérité et le désengorgement des juridictions.

Le greffe de chaque tribunal administratif se compose d'un greffier en chef et, le cas échéant, de plusieurs greffiers et d'autres agents de greffe (CJA, art. R. 226-1 al. 1er). Le greffe de chaque cour administrative d'appel comprend un greffier en chef, des greffiers et d'autres agents de greffe (CJA, art. R. 226-1 al. 2). Les greffiers en chef et les greffiers sont nommés par le ministre de l'Intérieur sur proposition du vice-président du Conseil d'Etat, après avis, selon le cas, du président du tribunal administratif ou du président de la cour administrative d'appel (CJA, art. R. 226-1 al. 5). Ils sont placés sous l'autorité exclusive du président pour ce qui concerne l'ensemble des attributions exercées par eux dans le greffe (CJA, art. R. 221-4).

Au sein du greffe, le greffier en chef joue un rôle prépondérant. Il encadre les services du greffe et veille au bon déroulement de la procédure juridictionnelle. Il assiste le chef de juridiction dans la gestion des agents du greffe ainsi que dans celle des locaux, des matériels et des crédits de la juridiction (CJA, art. R. 226-1 al. 3). Le greffier est chargé du bon déroulement de la procédure juridictionnelle pour les dossiers qui lui sont confiés. Il encadre les agents de greffe chargés de le seconder (CJA, art. R. 226-1 al. 4).

Comme en ce qui concerne les greffiers au sein du Conseil d'Etat, le pouvoir réglementaire a également consacré formellement et explicitement le rôle des greffiers dans la conduite de l'instruction. Dans sa rédaction issue du décret n° 2016-1480 du 2 novembre 2016, l'article R. 226-5 al. 4 du code de justice administrative énonce que le greffier « assiste le magistrat chargé de l'instruction dans la conduite de celle-ci. A cette fin, il peut proposer toute mesure utile pour la mise en état des dossiers. Il est chargé de la mise en œuvre et du suivi des mesures retenues par le magistrat et peut signer à cette fin les courriers en informant les parties ».

Le greffe des audiences et l'exécution des actes de procédure sont assurés par le greffier en chef et par les greffiers, ainsi que par les autres agents du greffe désignés à cet effet par le président (CJA, art. R. 226-5).

120. Le service d'aide à la décision. Comme au Conseil d'Etat, le service d'aide à la décision joue un rôle particulièrement important au sein des tribunaux administratifs et des cours administratives d'appel. Il est composé d'assistants du contentieux, d'assistants de justice et de stagiaires.

Les assistants du contentieux sont des agents du greffe auxquels le chef de la juridiction confie des fonctions d'aide à la décision en raison de leurs compétences pour l'analyse contentieuse.

Créés, en ce qui concerne les juridictions administratives, par la loi n° 2002-1138 du 9 septembre 2002 d'orientation et de programmation pour la justice, les assistants de justice « apportent leur concours aux travaux préparatoires réalisés par les membres du corps des tribunaux administratifs et des cours administratives d'appel pour l'exercice de leurs attributions » (CJA, art. R. 227-1). Leur rôle ne doit pas être négligé. Par l'examen des dossiers auquel ils procèdent, par les recherches de fond qu'ils accomplissent, par la rédaction des projets de décisions qu'ils établissent, les assistants de justice allègent substantiellement le travail des magistrats qui peuvent, dans une meilleure mesure, se concentrer sur le plus important. Juste retour des choses, on notera que les assistants de justice trouvent en cette qualité, et eu égard à l'immersion dans la juridiction administrative, une préparation parmi les meilleures – sinon la meilleure – en vue du concours complémentaire de conseiller de tribunal administratif et de cour administrative d'appel. Les assistants de justice sont nommés par le vice-président du Conseil d'Etat sur proposition du président de la juridiction auprès de laquelle la candidature a été adressée (CJA, art. R. 227-4). Peuvent être nommés assistants de justice, pour une durée de deux ans renouvelables deux fois, au sein des tribunaux administratifs et des cours administratives d'appels, les titulaires d'un diplôme sanctionnant une formation juridique d'une durée de quatre années au moins après le baccalauréat et dont les compétences les qualifient pour l'exercice de ces fonctions (CJA, art. L. 227-1). Les assistants de justice ne peuvent exercer dans le même temps une activité libérale juridique ou judiciaire, si le domicile professionnel se situe dans le ressort de la juridiction auprès de laquelle ils sont affectés (CJA, art. R. 227-3).

Le service d'aide à la décision peut être renforcée par des stagiaires, notamment – mais pas seulement – élèves des centres de formation à la profession d'avocat, qui trouvent à cette occasion une remarquable opportunité de découvrir la procédure juridictionnelle sous un œil différent de celui naturellement retenu par l'avocat. L'éclairage leur est indéniablement utile à la compréhension des attentes qui sont celles des juridictions administratives au regard de leur futur travail d'auxiliaires de justice. Ici encore, l'opération repose sur une logique de « gagnant-gagnant », le service d'aide à la décision trouvant, pour ce qui le concerne, un précieux renfort, puisque les stagiaires accomplissent des travaux similaires à ceux effectués par les assistants de justice.

II. La structure des tribunaux administratifs et des cours administratives d'appel

121. La division par chambres. Les tribunaux administratifs et les cours administratives d'appel comportent des chambres dont le nombre, variable suivant les juridictions, est fixé par arrêté du vice-président du Conseil d'Etat (CJA, art. R. 221-4 et R. 221-8). Il faut réserver ici le cas du tribunal administratif de Paris qui, aux termes de l'article R. 221-6 du code de justice administrative, comprend des chambres regroupées en sections dont les nombres respectifs sont également fixés par arrêté du vice-président du Conseil d'Etat. Le rôle dévolu au vice-président du Conseil d'Etat est la réponse trouvée par le pouvoir réglementaire à la difficulté antérieure tenant à la lourdeur de la procédure présidant à la modification du nombre de chambres, celui-ci ayant été, jusqu'au décret n° 2010-164 du 22 février 2010 précité, fixé par décret. La plupart des tribunaux administratifs comportent au moins deux chambres. Il en est en tous cas ainsi en métropole. En disposant que « chaque cour administrative d'appel comporte des chambres », l'article L. 221-3 du code de justice administrative semble exclure l'hypothèse d'une cour administrative d'appel à chambre unique. Chaque chambre est une entité composée d'un nombre de magistrats autorisant une formation collégiale de jugement. Ainsi, une chambre comporte au minimum quatre membres : un président, deux magistrats, et un magistrat exerçant les fonctions de rapporteur public.

§ 2 - Les fonctions des tribunaux administratifs et des cours administratives d'appel

122. La fonction juridictionnelle. Le principe qui préside aux fonctions juridictionnelles des tribunaux administratifs et des cours administratives est des plus simples à énoncer : « les tribunaux administratifs sont, en premier ressort et sous réserve des compétences attribuées aux autres juridictions administratives, juges de droit commun du contentieux administratif » (CJA, art. L. 211-1) et, en principe toujours, « les cours administratives d'appel connaissent des jugements rendus en premier ressort par les tribunaux administratifs » (CJA, art. L. 211-2).

123. Les missions de conseil. Le législateur confère une fonction consultative aux tribunaux administratifs et aux cours administratives d'appel (CJA, art. L. 212-1). Les tribunaux et les cours peuvent ainsi être appelés à donner leur avis sur des questions soumises, respectivement par les préfets et par les préfets de région (CJA, art. R. 212-1).

124. Les missions d'assistance. Le vice-président du Conseil d'Etat peut, à la demande d'un ministre et avec l'accord du chef de juridiction et de l'intéressé, désigner un magistrat d'un tribunal administratif ou d'une cour administrative d'appel pour qu'il apporte son concours à une administration de l'Etat (CJA, art. R. 212-2). Le président de la cour administrative d'appel ou du tribunal administratif peut, à la demande d'un préfet du ressort et avec l'accord de l'intéressé, désigner un membre de la juridiction pour qu'il apporte son concours à une administration de l'Etat (CJA, art. R. 212-3).

125. De la logique de conciliation à celle de médiation. La dynamique de promotion des modes alternatifs des litiges n'est pas neuve. L'article L. 211-4 du code de justice administrative reconnaissait déjà aux présidents des tribunaux administratifs et des cours administratives d'appel, avec l'accord des parties, d'organiser une mission de conciliation et de désigner à cet effet la ou les personnes qui avaient la charge de la mener. A proprement parler, la fonction exercée n'était pas juridictionnelle même si elle restait contentieuse. Le juge n'était jamais tenu de mettre en œuvre les pouvoirs qu'il tenait de l'article L. 211-4 du code de justice administrative (CAA Paris, 28 sept. 1995, Epoux Lestienne et Commune de Viroflay, requêtes numéros 94PA00865 et 94PA00906, Rec., T., p. 980), son refus d'exercer une telle mission n'étant pas susceptible de recours (CE, Ass., 23 juin 1989, Vériter, requête numéro 84799, Rec., p. 146, concl. M. Lévis ; CE, 1er août 2012, Sté nationale des chemins de fer français, requête numéro 358157, Rec., T., pp. 827 et 894), et il ne pouvait exercer cette mission que pour autant qu'elle portait sur un litige relevant de la compétence de la juridiction (CE, 22 mars 1995, Dadillon, requête numéro 155718, Rec., p. 138).

Conceptuellement intéressante, cette mission de conciliation était inadaptée à l'essentiel du contentieux administratif. Pour dire les choses autrement, il en va de la conciliation comme de la transaction et de l'arbitrage : ces outils sont, pour l'essentiel, « trop sophistiqués pour que l'on puisse en attendre des résultats dans les contentieux de masse » (P. Fombeur, « De quelques considérations de gestion en matière contentieuse » in Mélanges en l'honneur de Daniel Labetoulle, Paris, Dalloz, 2007, p. 353).

Ceci explique sans doute, en partie au moins, l'intervention du législateur, lequel a donné un nouveau souffle à la promotion des modes alternatifs de règlement des litiges. La loi n° 2016-1547 du 18 novembre 2016 de modernisation de la justice du XXIe siècle a ainsi consacré le principe de la médiation devant les juridictions administratives en même temps qu'elle a abrogé l'article L. 211-4 du code de justice administrative. La médiation n'était certes pas ignorée du code de justice administrative. Les articles L. 771-3 à L. 771-3-2 du code, également abrogés par la loi du 18 novembre 2016, organisaient les conditions de la médiation transfrontalière. Il y a donc seulement eu ici une systématisation de la médiation en contentieux administratif, laquelle est définie comme un « processus structuré, quelle qu'en soit la dénomination, par lequel deux ou plusieurs parties tentent de parvenir à un accord en vue de la résolution amiable de leurs différends, avec l'aide d'un tiers, le médiateur, choisi par elles ou désigné, avec leur accord, par la juridiction » (CJA, art. L. 213-1). A prendre cette définition, l'idée de la médiation a précédé le mot : la conciliation était déjà une forme de médiation, et la différence tient sans doute ici au degré accru de structuration du processus aménagé par le législateur.

126. Les autorisations de plaider. Conformément à l'article L. 212-2 du code de justice administrative, les tribunaux se prononcent sur les demandes d'autorisation formées par les contribuables en vue d'exercer des actions juridictionnelles en lieu et place, et pour le compte de certaines collectivités territoriales ou de leurs établissements publics. L'autorisation de plaider dont il s'agit ou le refus de l'autoriser restent des actes non juridictionnels (CE, Ass., 26 juin 1992, Pezet et San Marco, requêtes numéros 134980 à 134985, Rec., p. 247, concl. G. Le Chatelier ; AJDA 1992, p. 477, chron. C. Maugüé et R. Schwartz et p. 506, concl. G. Le Chatelier), les refus étant à ce titre susceptibles de recours en pleine juridiction devant le Conseil d'Etat (*infra* n° 354).

127. Bibliographie indicative.

H. Belrhali-Bernard, « Les avis conformes du Conseil d'Etat », AJDA 2008, pp. 1181 et s.

H. Belrhali-Bernard, « Les avis contentieux du Conseil d'Etat : remarques sur vingt années de pratique », AJDA 2010, pp. 364 et s.

P. Cassia, « Le président de la section du contentieux du Conseil d'Etat » in Mélanges en l'honneur de Daniel Labetoulle, Paris, Dalloz, 2007, pp. 125 et s.

D. Chabanol, « Le jour où l'histoire de la juridiction administrative a basculé » in Mélanges en l'honneur de Marceau Long, Paris, Dalloz, 2016, pp. 111 et s.

M. Combarnous, « La réforme du contentieux administratif : du décret du 30 septembre 1953 à la loi du 31 décembre 1987 », AJDA 1995, pp. 175 et s.

D. Costa, « Les deux figures du Conseil d'Etat » in Mélanges en l'honneur du professeur Franck Moderne, Paris, Dalloz, 2004, pp. 255 et s.

E. Costa, « La conciliation devant le juge administratif », AJDA 2012, pp. 1834 et s.

P. Delvolvé, « Le Conseil d'Etat, régulateur de l'ordre juridictionnel administratif » in Mélanges en l'honneur de Daniel Labetoulle, Paris, Dalloz, 2007, pp. 259 et s.

X. Domino, « Innovations : la médiation et l'action collective en droit administratif », RFDA 2017, pp. 19 et s.

O. Dutheillet de Lamothe, « La réforme de la gestion interne du Conseil d'Etat. L'autre grande réforme de Marceau Long » in Mélanges en l'honneur de Marceau Long, Paris, Dalloz, 2016, pp. 173 et s.

L. Dutheillet de Lamothe et **N. Labrune**, « Le « centre de doc » soixante ans après l'auditeur Marceau Long » in Mélanges en l'honneur de Marceau Long, Paris, Dalloz, 2016, pp. 295 et s.

P. Fombeur, « De quelques considérations de gestion en matière contentieuse » in Mélanges en l'honneur de Daniel Labetoulle, Paris, Dalloz, 2007, pp. 349 et s.

B. Foucher, « L'organisation et les moyens des tribunaux administratifs : état des lieux 50 ans plus tard », AJDA 2004, pp. 634 et s.

P. Gonod, « Le vice-président du Conseil d'Etat, ministre de la juridiction administrative », Pouvoirs 2007, n° 123, pp. 117 et s.

J. Gourdou, « L'avis du Conseil d'Etat sur une question de droit » in Mélanges en l'honneur du professeur Franck Moderne, Paris, Dalloz, 2004, pp. 189 et s.

O. Henry, « Le Vice-Président du Conseil d'Etat », RDP 1995, pp. 701 et s.

H. Hoeppfner, « Les avis du Conseil d'Etat », RFDA 2009, pp. 895 et s.

D. Labetoulle, « Remarques sur l'élaboration des décisions du Conseil d'Etat statuant au contentieux » in Mélanges R. Chapus, Paris, LGDJ, 1992, pp. 333 et s.

D. Labetoulle, « Une histoire de la troïka » in Mélanges en l'honneur de Louis Dubouis, Paris, Dalloz, 2002, pp. 83 et s.

J.-M. Le Gars, « La juridiction administrative saisie par la médiation ? », AJDA 2016, pp. 2272 et s.

J.-M. Sauvé, « Administrer la juridiction administrative. Ou comment faire preuve d'« imagination créative » in Mélanges en l'honneur de Marceau Long, Paris, Dalloz, 2016, pp. 411 et s.

J.-H. Stahl, « De la commission du contentieux aux chambres de la section du contentieux (1806-2016) », RFDA 2018, pp. 301 et s.

C. Vigouroux, « Déontologie du juge administratif », RFDA 2017, pp. 8 et s.

Section 2 - Les juridictions administratives spécialisées

128. Abondance de juridictions ne peut que nuire. Les juridictions administratives spécialisées ne sont pas seulement nombreuses. Elles sont encore excessivement nombreuses. On perçoit mal ce que l'intérêt général et le principe de bonne administration de la justice gagne à multiplier ainsi les organes juridictionnels. Sans doute l'intérêt existe-t-il dans un certain nombre de domaines dont la technicité requiert une forme d'expertise particulière. Sans doute la solution de la juridiction spécialisée peut-elle s'imposer dans le cadre des professions réglementées. Sans doute la juridiction spécialisée passe-t-elle pour être le moyen d'affronter utilement certains contentieux de masse. Mais faut-il à ce point décentraliser le contentieux administratif qu'il était pertinent d'instituer une commission du contentieux du stationnement, compétente pour examiner les recours des automobilistes contre les forfaits de post-stationnement et les titres exécutoires (ordonnance n° 2015-45 du 23 janvier 2015 relative à la commission du contentieux du stationnement payant) ? Déjà les causes d'agacement peuvent-elles grandes, mais elles s'aggravent encore lorsque l'on connaît l'indétermination fréquente de la nature de l'organe eu égard aux critères d'identification des juridictions administratives spécialisées (Sous-section 1) que ne compense que trop peu toute tentative d'inventaire (Sous-section 2).

Sous-section 1 - Les critères d'identification des juridictions administratives spécialisées

129. Qualifications législatives et critères jurisprudentiels. En principe, le législateur a seul compétence pour créer un nouvel ordre de juridiction (CE, Ass., 13 juill. 1962, Conseil national de l'Ordre des médecins, requêtes numéros 51265 et 51266, Rec., p. 479 ; RDP 1962, p. 739, concl. G. Braibant). Il arrive qu'il épuise sa compétence, en qualifiant l'organe de juridiction (§ 1). On regrettera son silence trop fréquent, qui implique le recours aux critères consacrés par la jurisprudence (§ 2) dont la mise en œuvre, sans confiner à l'arbitraire, accorde une place parfois excessive et donc critiquable à des considérations d'opportunité.

§ 1 - Les juridictions administratives spécialisées par détermination de la loi

130. Les juridictions administratives spécialisées par qualification directe de la loi. Le cas le plus simple – et assurément le plus confortable – est celui où le législateur lui-même a pris le soin de qualifier expressément un organe de juridiction. L'article L. 111-1 du code des juridictions financières dispose ainsi que « la Cour des comptes juge les comptes des comptables publics, sous réserve de la compétence que les dispositions du présent code attribuent, en premier ressort, aux chambres régionales et territoriales des comptes ». En tant qu'elle juge, la Cour des comptes est donc bien une juridiction financière (Cons. const., décision numéro 2001-448 DC du 25 juill. 2001, Loi organique relative aux lois de finances, Rec. Cons. const., p. 99 ; RFDC 2002, p. 152, note E. Oliva ; RDP 2002, p. 313, note R. Pellet ; RFDA 2001, p. 1205, note L. Tallineau). Ainsi encore, l'article L. 731-1 du code de l'entrée et du séjour des étrangers et du droit d'asile dispose que « la Cour nationale du droit d'asile est une juridiction administrative ». Il en va encore ainsi des tribunaux des pensions et les cours régionales des pensions (C. pensions militaires, art. L. 711-1).

131. Les juridictions administratives spécialisées par qualification indirecte de la loi. Sans qualifier expressément l'organe de juridiction, le législateur utilise parfois un vocabulaire permettant d'en déduire sans trop de difficultés le caractère juridictionnel. C'est ainsi que la qualification de juridiction s'est imposée à propos du conseil supérieur de l'instruction publique, la loi du 27 février 1880 l'ayant institué ayant qualifié de « jugements » les décisions rendues par cet organe (CE, 20 juin 1913, Téry, requête numéro 41854, Rec., p. 736, concl. L. Corneille). Par-delà, toutes les fois (et c'est l'hypothèse de loin la plus répandue aujourd'hui) où la loi prévoit expressément que les décisions rendues par un organe sont susceptibles de recours en cassation, cela atteste le caractère juridictionnel de celui-ci.

§ 2 - Les juridictions administratives spécialisées par application de la jurisprudence

132. La juridictionnalisation de l'action administrative. Le silence du législateur n'exclut pas pour autant la qualité de juridiction d'un organe. La jurisprudence européenne y concourt grandement, soucieuse de donner leur plein effet aux stipulations de l'article 6 §1 de la Convention européenne de sauvegarde des droits de l'Homme et des libertés fondamentales. On comprendra un tel réflexe, qui procède de la juridictionnalisation de l'action administrative en même temps d'ailleurs qu'il y contribue. On sera davantage surpris par la propension de certaines autorités à s'ériger en juridiction sauf à admettre, comme cela a été soutenu, que cette propension traduit surtout la volonté de ces organes de disposer de la possibilité de transmettre des questions prioritaires de constitutionnalité (ce qu'une autorité administrative ne peut faire). Tel a été le cas, en effet, de l'Autorité de contrôle prudentiel (ACP, Comm. Sanctions, procédure numéro 2010-06 bis du 13 mai 2011 ; JCP Ent. 2011, 1544, note A. Couret et B. Dondero), laquelle sera rapidement contredite sur ce point par le Conseil d'Etat qui a jugé qu'il ne s'agissait pas là d'une juridiction nationale (CE, avis, 30 janv. 2013, Caisse de crédit municipal de Toulon, requête numéro 347357, Rec., T., pp. 520 et 673). Assurément, l'indétermination textuelle est génératrice de difficultés, que la jurisprudence ne parvient qu'imparfaitement à lever, tant il est parfois difficile de déterminer les éléments pris en considération par le Conseil d'Etat pour retenir ou exclure la qualification de juridiction spécialisée, recourant à un critère matériel et un critère formel qui se modulent bien plus qu'ils ne s'opposent.

133. Le rôle essentiel du critère matériel. La juridiction est appréhendée à l'aune du critère matériel. Il en résulte que l'organe sera qualifié, dans le silence de la loi, de juridiction au regard de l'objet de ses décisions. C'est le sens de la décision De Bayo du 12 décembre 1953, dans laquelle le Conseil d'Etat a énoncé que les inscriptions au tableau professionnel « n'ont pas, eu égard à la nature de cette matière et quelles que soient les formes dans lesquelles elles interviennent, le caractère de décisions rendues par une juridiction » (CE, Ass., 12 déc. 1953, De Bayo, requête numéro 9405, Rec., p. 544). L'exercice d'une fonction de répression disciplinaire s'avère donc déterminant, avec cette conséquence que le même organe pourra, suivant les matières dans lesquelles il intervient, avoir la qualité d'autorité administrative juridictionnelle ou non juridictionnelle. C'est ainsi que le Conseil supérieur de la magistrature intervient comme juridiction lorsqu'il statue sur la discipline des magistrats du siège (CE, Ass., 12 juill. 1969, L'Etang, requête numéro 72480, Rec., p. 388 ; AJDA 1969, p. 559, chron. J.-L. Dewost et R. Denoix de Saint Marc ; RDP 1970, p. 387, note M. Waline), et comme organe administratif lorsque l'instruction concerne les magistrats du parquet (CE, 18 oct. 2000, M. Terrail, requête numéro 208168, Rec., p. 430 ; AJDA 2001, p. 288, note M.-C. Rouault).

134. Le rôle nécessaire du critère formel. Statistiquement déterminant, le critère matériel s'avère cependant impuissant, à lui seul, à régler toutes les difficultés de qualification des organes. Si un organe peut être qualifié de juridiction spécialisée, c'est encore parce que, eu égard à sa composition et son mode de fonctionnement, rien ne s'oppose à une telle qualification. Le défaut de collégialité interdit de voir dans une autorité administrative une juridiction spécialisée (CE, Sect., 20 nov. 1970, Bouez et UNEF, requêtes numéros 77133 et 77297, Rec, p. 690). Parfois, la procédure suivie par l'organe induit la qualification de juridiction (CE, 12 juill. 1929, Leroux, requête numéro 87229, Rec., p. 710), l'indépendance de l'organe, le caractère contradictoire de la procédure, la motivation obligatoire des décisions rendues pouvant être pris en considération (CE, 19 févr. 1943, Bugnet, requêtes numéros 71245 à 71248, Rec., p. 46).

135. La permanence de certaines difficultés d'identification. L'on verse ici dans l'aporie de l'œuf et de la poule, avec des conséquences importantes que le Conseil d'Etat a su parfois neutraliser. La question se pose en effet de savoir si c'est la procédure instituée qui conditionne le caractère juridictionnel de la décision ou si c'est le caractère juridictionnel de la décision qui impose une procédure appropriée. Le seul critère formel permettrait de répondre, en retenant la première branche de l'alternative. Mais l'interférence du critère matériel rend les choses plus complexes et plus périlleuses car la procédure doit se conformer à la nature de l'activité prise en charge par l'organe, le Conseil d'Etat admettant à présent que l'article 6 §1 de la Convention européenne de sauvegarde des droits de l'Homme et des libertés fondamentales s'applique aux juridictions administratives spécialisées (CE, Sect., 3 déc. 1999, Leriche, requête numéro 195512, Rec., p. 402 ; AJDA 2000, p. 126, chron. M. Guyomar et P. Collin ; RFDA 2000, p. 584, concl. A. Seban). En outre, le législateur étant seul compétent pour instituer une juridiction, fût-elle spécialisée, celles créées par le pouvoir réglementaire s'en trouvent être illégales. Pour pallier ces difficultés, et en toute opportunité – ce qui reste infiniment discutable –, le Conseil d'Etat écarte parfois la qualification de juridiction (par ex., CE, 16 nov. 1984, Woetglin, requête numéro 03450, Rec., p. 373 ; D. 1985, p. 58, concl. B. Stirn).

Sous-section 2 - Panorama des juridictions administratives spécialisées

136. L'inventaire : nécessaire mais périlleux. L'identification de ceux qui, parmi des organes administratifs, constituent des juridictions n'est pas un exercice purement académique. La réalité contentieuse n'est pas indifférente à cette juste qualification. Le seul renvoi au discours de la juridictionnalisation de l'action administrative, et la soumission de l'ensemble de ces organes aux injonctions de l'article 6 §1 de la Convention européenne des droits de l'Homme et des libertés fondamentales ne sauraient suffire. La procédure administrative juridictionnelle réserve en effet un traitement différencié aux juridictions au sens du droit interne. Notamment, les actes des juridictions administratives échappent au champ d'application du référé liberté (par ex., CE, 5 nov. 2002, Rousselle, requête numéro 251202). Les juridictions administratives sont les uniques titulaires du droit de transmettre des questions prioritaires de constitutionnalité (ordonnance du 7 novembre 1958 portant loi organique sur le Conseil constitutionnel, modifiée, art. 23-1). Leurs seules décisions sont revêtues de l'autorité de la chose jugée. Le contrôle opéré par le Conseil d'Etat, en cassation, n'est pas équivalent à celui exercé sur les décisions administratives.

Pour importante qu'elle peut donc être, il est toujours périlleux de tenter une recension parfaite de ces juridictions spécialisées, pour deux raisons. D'une part, comme cela été dit, les modalités d'identification de la juridiction administrative spécialisée sont telles qu'elles ne facilitent pas l'inventaire. D'autre part, les textes sont mouvants, qui créent et qui font disparaitre des juridictions spécialisées. Par exemple, le Conseil supérieur de l'éducation et les conseils académiques de l'éducation nationale ont été dessaisis de leurs compétences juridictionnelles depuis le 1er septembre 2015 (ordonnance n° 2014-691 du 26 juin 2014 prise en application de l'article 82 de la loi du 8 juillet 2013 d'orientation et de programmation pour la refondation de l'école). Par exemple également, l'ordonnance n° 2016-315 du 17 mars 2016 relative au commissariat aux comptes a eu pour effet de retirer aux commissions régionales de discipline et au Haut Conseil du commissariat aux comptes leur qualité de juridictions spécialisées, leurs décisions étant désormais susceptibles de recours de pleine juridiction devant le Conseil d'Etat (C. commerce, art. L. 824-14). Par exemple encore, dans le sens cette fois d'une création, la Commission du contentieux du stationnement payant commencera son activité le 1er janvier 2018 (ordonnance n° 2015-401 du 9 avril 2015).

On s'essaiera ici à en omettre le moins qu'il est permis, en distinguant les juridictions compétentes en matière de finances publiques (§ 1), les juridictions statuant sur les droits (§ 2) et les juridictions disciplinaires (§ 3), sans préjudice de l'existence d'autres juridictions qu'il convient de mentionner (§ 4).

§ 1 - Les juridictions spécialisées compétente en matière de finances publiques

137. Les chambres régionales et territoriales des comptes et la Cour des comptes. Les chambres régionales des comptes jugent l'ensemble des comptes des comptables publics des collectivités territoriales et de leurs établissements publics ainsi que les comptes des personnes qu'elles ont déclarées comptables de fait (CJF, art. L. 211-1). Elles comprennent chacune au moins un président et deux assesseurs (CJF, art. L. 212-2), leurs présidents étant des conseillers maîtres ou des conseillers référendaires de la Cour des comptes (CJF, art. L. 212-3). Elles sont également composées de conseillers recrutés parmi les anciens élèves de l'Ecole nationale d'administration (CJF, art. L. 221-3) et, pour le tiers restant, des fonctionnaires de catégorie A ou assimilé, des magistrats de l'ordre judiciaire, des membres de la fonction publique territoriale ou hospitalière, justifiant au 31 décembre de l'année considérée de dix années de services publics ou de services accomplis dans un organisme relevant du contrôle de la Cour des comptes ou des chambres régionales des comptes (CJF, art. L. 221-4). Elles sont encore composées de membres de la Cour des comptes détachés ou mis à disposition (CJF, art. L. 212-4). En outre, peuvent être détachés dans le corps des magistrats de chambre régionale des comptes, les magistrats de l'ordre judiciaire, les fonctionnaires appartenant à un corps recruté par la voie de l'Ecole nationale d'administration, les professeurs d'université, les maîtres de conférences, les administrateurs des postes et télécommunications, les fonctionnaires civils et militaires issus de corps et cadres d'emplois appartenant à la même catégorie et de niveau comparable (CJA, art. L. 212-5). Les magistrats de l'ordre judiciaire, les fonctionnaires appartenant à un corps recruté par la voie de l'Ecole nationale d'administration, les membres des trois fonctions publiques appartenant à des corps et cadres d'emplois de même niveau de recrutement, les fonctionnaires des assemblées parlementaires appartenant à des corps de même niveau peuvent être mis à disposition, sans pouvoir alors exercer de fonctions juridictionnelles (CJF, art. L. 212-5-1).

Aux termes de l'article L. 111-1 du code des juridictions financières, « la Cour des comptes « juge les comptes des comptables publics, sous réserve de la compétence que les dispositions du présent code attribuent, en premier ressort, aux chambres régionales et territoriales des comptes. Elle statue sur les appels formés contre les décisions juridictionnelles rendues par les chambres régionales et territoriales de comptes ». La Cour des comptes est la plus ancienne des juridictions administratives spécialisées. Elle est composée du premier président, de présidents de chambre, de conseillers maîtres, de conseillers référendaires et d'auditeurs (CJF, art. L. 112-1), ainsi que des magistrats de l'ordre judiciaire, des fonctionnaires appartenant à un corps recruté par la voie de l'Ecole nationale d'administration, des professeurs d'université, des administrateurs des postes et télécommunications et des fonctionnaires civils et militaires de même niveau de recrutement, par détachement (CJF, art. L. 112-7-1). Des fonctionnaires appartenant au corps de contrôle des ministères ou des personnes ayant exercé des fonctions d'encadrement supérieur au sein de l'Etat ou soumis au contrôle des juridictions financières peuvent être nommés conseillers maîtres en service extraordinaire sans pouvoir exercer aucune activité d'ordre juridictionnel (CJA, art. L. 112-5). Il en va également ainsi des rapporteurs extérieurs pouvant être recrutés parmi les magistrats de l'ordre judiciaire et les fonctionnaires appartenant à un corps recruté par la voie de l'Ecole nationale d'administration, des fonctionnaires appartenant à des corps de même niveau de recrutement des trois fonctions publiques, des agents de direction et des agents comptables des organismes de sécurité sociale, des militaires et des fonctionnaires des assemblées parlementaires appartenant à des corps de même niveau (CJF, art. L. 112-7).

138. La Cour de discipline budgétaire et financière. Instituée par la loi n° 48-1484 du 25 septembre 1948, la Cour de discipline budgétaire et financière a la charge de sanctionner les fautes de gestion que les agents publics peuvent commettre dans le cadre de leurs fonctions. Suivant la jurisprudence constitutionnelle, il s'agit même d'un ordre de juridiction (Cons. const., décision numéro 2005-198 L du 3 mars 2005, Nature juridique de dispositions du code des juridictions financières, Rec. Const. const., p. 47 ; AJDA 2005, p. 1672, note X. Vandendriessche et M. Lascombe), ce qui pourrait justifier que cette juridiction ne figure dans l'énumération des juridictions administratives spécialisées. En réalité, en tant que ses décisions sont susceptibles de recours en cassation devant le Conseil d'Etat (CJF, art. L. 315-2), il s'agit bien d'une juridiction administrative spécialisée. La Cour de discipline budgétaire et financière est présidée par le premier président de la Cour des comptes et composée en outre d'un nombre égal de conseillers d'Etat et de conseillers maîtres à la Cour des comptes (CJF, art. L. 311-2) nommés par décret pris en conseil des ministres pour cinq ans (CJF, art. L. 311-3). Le ministère public est assumé par le procureur général près la Cour des comptes.

§ 2 - Les juridictions spécialisées statuant sur les droits

139. La Cour nationale du droit d'asile. La plus importante – et la plus active – des juridictions administratives spécialisées est certainement la Cour nationale du droit d'asile qui a succédé à la Commission de recours des réfugiés (loi n° 2007-1631 du 20 novembre 2007). La Cour nationale du droit d'asile statue sur les demandes relatives à l'obtention du statut de réfugié politique. La jurisprudence excluait la compétence de cette juridiction pour connaître des refus du directeur général de l'Office français de protection des réfugiés et des apatrides d'enregistrer une demande d'asile (CE, 9 mars 2005, Moinuddin, requête numéro 274509, Rec.,

T., p. 805). Sous l'effet de la loi n° 2015-925 du 29 juillet 2015 relative à la réforme du droit d'asile, cette jurisprudence a été abandonnée. Le Conseil d'Etat admet à présent que la Cour nationale du droit d'asile est également compétente pour connaître de ces refus (CE, 23 déc. 2016, Elobid, requête numéro 403975, Rec., T., p. 647), comme elle est d'ailleurs aujourd'hui compétente pour connaître des refus d'enregistrer une demande tardive par un étranger en rétention (CE, 23 déc. 2016, Chergui, requête numéro 403971, Rec., T., p. 647) et des décisions mettant fin au statut de réfugié (CE, 23 déc. 2016, M. A., requête numéro 403976, Rec., T., p. 647).

La Cour nationale du droit d'asile est présidée par un membre du Conseil d'Etat désigné par le vice-président (CESEDA, art. L. 731-1). Elle est composée de formations de jugement comportant, chacune, un président nommé soit par le vice-président du Conseil d'État parmi les membres du Conseil d'État ou parmi les magistrats des tribunaux administratifs et des cours administratives d'appel, soit par le premier président de la Cour des comptes parmi les magistrats de la Cour des comptes et des chambres régionales des comptes, en activité ou honoraires, soit par le garde des sceaux parmi les magistrats du siège en activité et les magistrats honoraires de l'ordre judiciaire ; une personnalité qualifiée de nationalité française, nommée par le haut-commissaire des Nations unies pour les réfugiés sur avis conforme du vice-président du Conseil d'État, en raison de ses compétences dans les domaines juridique ou géopolitique ; une personnalité qualifiée de nationalité française, nommée par le vice-président du Conseil d'Etat, en raison de ses compétences dans les domaines juridique ou géopolitique (CESEDA, art. L. 732-1). Les formations de jugement sont regroupées en chambres elles-mêmes regroupées en sections (CESEDA, art. L. 732-1). La Cour nationale du droit d'asile comprend aujourd'hui onze chambres regroupées en trois sections (arrêté du vice-président du Conseil d'Etat du 15 septembre 2015).

140. Les commissions départementales d'aide sociale et la Commission centrale d'aide sociale (pour encore très peu de temps). Compétentes pour connaître respectivement des recours dirigés contre les décisions du conseil départemental et du représentant de l'Etat dans le département prévues à l'article L. 131-2 du code de l'action sociale, à l'exception de celles concernant l'attribution des prestations d'aide sociale à l'enfance et de celles concernant le revenu de solidarité active (CASF, art. L. 134-1), et des appels formés contre ces décisions, les commissions départementales d'aide sociale et la Commission centrale d'aide sociale vivent leurs dernières semaines d'existence. La censure, par le Conseil constitutionnel, de la composition de ces juridictions en tant qu'elle méconnaissait le principe d'impartialité de la formation de jugement et que les garanties propres à assurer l'indépendance des membres n'avaient pas été instituées (Cons. const., décision numéro 2010-110 QPC du 25 mars 2011, M. Jean-Pierre B., Rec. Cons. const., p. 160 ; RFDC 2011, p. 820, note A. Le Quinio ; AJDA 2011, p. 1214, note I. Crépin-Dehaene), n'y a pas été étrangère. Entre plusieurs solutions possibles, le législateur a opté pour la plus drastique. La loi n° 2016-1547 du 18 novembre 2016, en son article 12, a en effet fusionné, pour l'essentiel au bénéfice des tribunaux de grande instance, les contentieux traités par les tribunaux des affaires de sécurité sociale et les tribunaux de l'incapacité, ainsi que les contentieux relatifs à l'aide de l'acquisition d'une complémentaire santé et à la couverture maladie universelle pris en charge par les commissions d'aide sociale. Les ordonnances n°s 2018-358 et 2018-359 du 16 mai 2018 sont intervenues depuis pour préciser les modalités d'application de cette disposition. Les commissions départementales d'aide sociale et la Commission centre d'aide sociale disparaîtront ainsi le 1er janvier 2019.

141. Les tribunaux interrégionaux de la tarification sanitaire et sociale et la Cour nationale de la tarification sanitaire et sociale. Le tribunal interrégional de la tarification sanitaire et sociale est compétent pour connaître des recours dirigés contre les décisions prises par le représentant de l'État dans le département ou dans la région, le directeur général de l'agence régionale de santé et le président du conseil départemental, séparément ou conjointement, ainsi que par le président du conseil régional et, le cas échéant, par les ministres compétents, déterminant les dotations globales, les dotations annuelles, les forfaits annuels, les dotations de financement des missions d'intérêt général et d'aide à la contractualisation, les remboursements forfaitaires, les subventions obligatoires aux établissements de santé mentionnés à l'article L. 4383-5 du code de la santé publique, les prix de journée et autres tarifs des établissements et services sanitaires, sociaux et médico-sociaux de statut public ou privé et d'organismes concourant aux soins (CASF, art. L. 351-1). Présidée par un conseiller d'Etat ou un magistrat des tribunaux administratifs et des cours administratives d'appel ayant le grade de président nommé par le vice-président du Conseil d'Etat (CASF, art. L. 351-2 al. 1er), le tribunal interrégional de la tarification sanitaire et sociale est par ailleurs composé de deux membres choisis sur une liste établie par le préfet de région, deux membres choisis sur une liste proposée par les représentants à la conférence régionale de santé et de l'autonomie des organismes gestionnaires d'établissements et services de santé, sociaux et médico-sociaux et des usagers de ces établissements, par le président de la cour administrative d'appel du siège dans le ressort de laquelle siège le tribunal (CASF, art. L. 351-2).

Les décisions rendues par le tribunal sont susceptibles d'appel devant la Cour nationale de la tarification sanitaire et sociale (CASF, art. L. 351-4), présidée par le président de la section sociale du Conseil d'Etat et comprenant trois membres nommés par le vice-président au sein d'une liste proposée par les ministres chargés de la sécurité sociale, de la santé et de l'action sociale et trois membres nommés par le vice-président au sein d'une liste proposée par le collège formé des membres du comité national de l'organisation sanitaire et sociale (CASF, art. L. 351-5).

142. La Commission des droits et de l'autonomie des personnes handicapées. C'est à la Commission des droits et de l'autonomie des personnes handicapées qu'il appartient de reconnaître la qualité de travailleur handicapé (C. trav., art. L. 5213-2). Cette juridiction comprend des représentants du département, des services et des établissements publics de l'Etat, des organismes de protection sociale, des organisations syndicales, des associations de parents d'élèves. Par ailleurs, et pour un tiers au moins des membres, la commission comprend des représentants des personnes handicapées et de leurs familles désignées par les associations représentatives et un membre du conseil départemental consultatif des personnes handicapées. Des représentants des organismes gestionnaires d'établissements ou de services siègent à la commission avec voix consultative (CASF, art. L. 241-5). La commission des droits et de l'autonomie des personnes handicapées peut siéger en formation plénière et peut être organisée en sections locales ou spécialisées. Cependant, lorsque des sections sont constituées, elles comportent obligatoirement parmi leurs membres un tiers de représentants des personnes handicapées et de leurs familles (CASF, art. L. 241-5).

143. Les tribunaux des pensions et les cours régionales des pensions. Le tribunal des pensions connaît en premier ressort des contestations individuelles relatives aux pensions militaires d'invalidité et des victimes de guerre et droits annexes (C. pensions militaires, art. L. 711-1 al. 1er). Il est présidé par un juge désigné par le premier président de la cour d'appel parmi les juges du tribunal de grande instance dans le ressort duquel est situé le tribunal, et si nécessaire, il peut être fait appel à des magistrats honoraires de l'ordre administratif ou de l'ordre judiciaire désignés, au début de chaque année judiciaire, et chaque fois qu'il est nécessaire, par le premier président de la cour d'appel dans le ressort de laquelle se trouve le siège du tribunal (C. pensions militaires, art. L 721-2). Il comprend par ailleurs un médecin désigné par le premier président de la cour d'appel sur la liste des médecins experts près les tribunaux du ressort de la cour d'appel, un pensionné tiré au sort sur une liste de cinq membres présentée par les associations de pensionnés au titre du code des pensions militaires du ressort de la cour d'appel et agréée par le tribunal des pensions (C. pensions militaires, art. L. 721-3). Dans le cas où la contestation concerne un membre de la Résistance ou ses ayants cause, l'assesseur pensionné est remplacé par un membre de la Résistance pensionné ou, à défaut, non pensionné, titulaire de la carte du combattant volontaire de la Résistance, tiré au sort sur une liste de cinq noms présentée par les représentants de la catégorie intéressée aux services départementaux de l'Office national des anciens combattants et victimes de guerre du ressort de la cour d'appel et agréée par le tribunal des pensions (C. pensions militaires, art. L. 721-5).

La cour régionale des pensions est compétente en appel (C. pensions militaires, art. L. 711-1 al. 1er). Elle est présidée par un président de chambre à la cour d'appel et de deux conseillers à la cour d'appel (C. pensions militaires, art. L. 722-1) désignés par le premier président de la cour d'appel (C. pensions militaires, art. L. 722-2). Il peut, ici encore, être fait appel à des magistrats honoraires de l'ordre administratif ou de l'ordre judiciaire, désignés à cet effet au début de chaque année judiciaire, et chaque fois qu'il est nécessaire, par le premier président de la cour d'appel dans le ressort de laquelle se trouve le siège de la cour régionale (C. pensions militaires, art. L. 722-3).

§ 3 - Les juridictions disciplinaires

144. Une constellation de juridictions. Les juridictions disciplinaires sont nombreuses. Nombre d'entre elles statuent sur les manquements à l'exercice d'une profession réglementée (I). D'autres sont en lien avec un service public (II).

I. Les juridictions disciplinaires professionnelles

145. La juridiction disciplinaire des médecins. En principe, la chambre disciplinaire de première instance de l'ordre des médecins comprend huit membres élus, en nombre égal, parmi les membres du conseil régional dont elle dépend et parmi les membres et anciens membres des conseils de l'ordre (CSP, art. L. 4132-7). La chambre disciplinaire de première instance de l'ordre des médecins de la région d'Ile de France comporte trois sections étant chacune composée de huit membres (CSP, art. L. 4132-8). La chambre disciplinaire de première instance comprend en outre, avec voix consultative, un médecin désigné par le directeur général de l'agence régionale de santé, un professeur d'une unité de formation et de recherche de médecine de la région désigné par le ministre chargé de l'enseignement supérieur, un praticien-conseil d'un échelon local du service médical désigné par le médecin-conseil régional pour les affaires relevant de l'application des lois sur la sécurité sociale (CSP, art. L. 4132-9). La Chambre disciplinaire nationale, compétente en appel, comprend douze membres élus, en nombre égal, parmi les membres du conseil national et parmi les membres et anciens membres des conseils de l'ordre (CSP, art. L. 4232-5).

146. La juridiction disciplinaire des chirurgiens-dentistes. La chambre disciplinaire de première instance des chirurgiens-dentistes est composée de huit membres élus (douze dans la région d'Ile de France et deux pour la Réunion-Mayotte) en nombre égal parmi les membres du conseil régional dont elle dépend et parmi les membres et anciens membres des conseils de l'ordre (CSP, art. L. 4142-4) en présence d'un chirurgien-dentiste désigné par le directeur général de l'agence régionale de santé (CSP, art. L. 4142-5). Suivant la même logique, la chambre disciplinaire nationale, compétente en appel, comprend six membres élus en nombre égal parmi les membres du conseil national et parmi les membres et anciens membres des conseils de l'ordre (CSP, art. L. 4242-3).

147. La juridiction disciplinaire des infirmiers. La discipline des infirmiers est assurée, en premier ressort, par la chambre disciplinaire de première instance. Sa composition diffère suivant le nombre total d'infirmiers inscrits aux derniers tableaux. Lorsque le nombre est inférieur ou égal à 10 000, elle est composée, outre son président, de six membres, c'est à dire d'un membre représentant chacun des collèges, élu par les membres titulaires du conseil régional parmi ses membres, d'un membre représentant chacun des collèges, élu pour six ans par les membres du conseil régional parmi les membres et anciens membres des conseils de l'ordre à l'exclusion des conseillers régionaux en cours de mandat (CSP, art. R. 4311-89).

Lorsque le nombre d'infirmiers inscrits est supérieur à 10 000, la chambre disciplinaire de première instance est composée, outre son président, de douze membres, suivant les mêmes répartition et proportion que précédemment (CSP, art. R. 4311-89). Les appels sont formés devant la chambre disciplinaire nationale, constituée au sein du conseil national des infirmiers (CSP, art. L. 4132-7). Elle comprend, outre son président, deux membres représentant chacun des collèges élus parmi les membres du conseil national, deux membres représentant chacun des collèges élus pour six ans parmi les membres et anciens membres des conseils de l'ordre à l'exclusion des conseillers nationaux en cours de mandat (CSP, art. R. 4311-93).

148. La juridiction disciplinaire des sages-femmes. La chambre disciplinaire de première instance est composée d'un nombre de sages-femmes fixé par voie réglementaire en fonction des effectifs de sages-femmes inscrits aux derniers tableaux publiés dans l'interrégion, et elle comprend des membres élus, en nombre égal, parmi les membres du conseil interrégional dont elle dépend, et les membres et anciens membres des conseils de l'ordre (CSP, art. L. 4152-7 al. 2). La chambre siège en formation d'au moins trois membres (CSP, art. L. 4152-7 al. 3), en présence d'un sage-femme désigné par le directeur général de l'agence régionale de santé (CSP, art. L. 4152-8). Ses décisions sont susceptibles d'appel devant la chambre disciplinaire nationale, composée de quatre membres titulaires et quatre membres suppléants élus, en nombre égal, par le Conseil national de l'ordre des sages-femmes parmi, d'une part, les membres du Conseil national, et, d'autre part, parmi les membres et anciens membres du Conseil de l'ordre des sages-femmes (CSP, art. L. 4152-6 al. 1er). Elle siège en formation d'au moins trois membres (CSP, art. L. 4152-6 al. 2). Les fonctions exercées par les membres de la Chambre disciplinaire nationale sont incompatibles avec la fonction d'assesseur à la chambre disciplinaire de première instance (CSP, art. L. 4122-3) et aucun membre de la chambre disciplinaire nationale ne peut siéger lorsqu'il a eu connaissance des faits de la cause à raison de l'exercice d'autres fonctions ordinales. Dès lors, les principes d'impartialité et d'indépendance des juridictions tels que garantis par l'article 16 de la Déclaration des droits de l'Homme et du citoyen de 1789 ne sont pas méconnus (CE, 24 sept. 2010, Mme Perarnaud, requête numéro 341548).

149. La juridiction disciplinaire des pédicures-podologues. La chambre disciplinaire de première instance est composée d'un nombre de pédicures-podologues fixé par voie réglementaire, en fonction des effectifs des pédicures-podologues inscrits aux derniers tableaux publiés dans la région. Elle comprend des membres élus par le conseil régional ou interrégional auprès duquel siège la chambre, pour moitié, parmi les membres du conseil régional ou interrégional dont elle dépend et, pour moitié, parmi les membres et anciens membres des conseils de l'ordre. Lorsque les litiges concernent les relations entre professionnels et usagers, la chambre disciplinaire s'adjoint deux représentants des usagers désignés par le ministre chargé de la santé (CSP, art. L. 4322-10). Elle est présidée par un magistrat des tribunaux administratifs et des cours administratives d'appel désigné par le vice-président du Conseil d'État (CSP, art. L. 4322-10). La Chambre disciplinaire nationale connaît en appel des décisions rendues par les chambres disciplinaires de première instance (CSP, art. L. 4322-8 al. 4). Elle comprend des membres élus, pour moitié, au sein du conseil national de l'ordre des pédicures-podologues, pour moitié parmi les membres et anciens membres des conseils de l'ordre (CSP, art. L. 4322-8 al 3). Lorsque le litige concerne les relations entre professionnels et usagers, la chambre disciplinaire comprend en outre deux représentants des usagers désignés par le ministre chargé de la santé (CSP, art. L. 4322-8 al. 5).

150. La juridiction disciplinaire des masseurs-kinésithérapeutes. La chambre disciplinaire de première instance est composée d'un nombre de masseurs-kinésithérapeutes fixé par voie réglementaire, en fonction des effectifs des masseurs-kinésithérapeutes inscrits aux derniers tableaux publiés dans la région. Elle comprend des membres élus par le conseil régional auprès duquel siège la chambre, en nombre égal parmi les membres du conseil régional dont elle dépend, et les membres et anciens membres des conseils de l'ordre. Lorsque les litiges concernent les relations entre professionnels et usagers, la chambre disciplinaire s'adjoint deux représentants des usagers désignés par le ministre chargé de la santé (CSP, art. L. 4321-17). La Chambre disciplinaire nationale, compétente en appel, est présidée par un magistrat de la juridiction administrative et composée, en nombre égal, des membres, parmi ceux du Conseil national et parmi les membres et anciens membres des conseils de l'ordre (CSP, art. L. 4321-15). Lorsque les litiges concernent les relations entre professionnels et usagers, la Chambre disciplinaire s'adjoint deux représentants des usagers désignés par le ministre chargé de la santé (CSP, art. L. 4321-15).

151. La juridiction disciplinaire des pharmaciens. L'ordre des pharmaciens est divisé en sept sections dans lesquelles se répartissent les pharmaciens, suivant leur statut (CSP, art. L. 4232-1). En cas de faute professionnelle, un pharmacien ayant des activités pharmaceutiques différentes est jugé par la section compétente dont relève la faute commise (CSP, art. L. 4234-1). Lorsqu'il est constitué en chambre disciplinaire, le conseil régional de l'ordre (compétent pour la discipline de la section A), est présidé par un magistrat en fonction ou honoraire des tribunaux administratifs et des cours administratives d'appel désigné par le vice-président du Conseil d'État sur proposition du président du tribunal administratif ou de la cour administrative d'appel (CSP, art. L. 4234-1). Il en va de même de la Chambre disciplinaire du Conseil central (CSP, art. L. 4234-4), compétent pour connaître de la discipline des autres sections. Les sanctions prononcées par un conseil régional ou par le conseil central sont susceptibles d'appel devant le Conseil national de l'ordre des pharmaciens (CSP, art. L. 4234-7).

152. La juridiction disciplinaire des vétérinaires. Une chambre de discipline des vétérinaires est instituée dans chaque région ordinale, divisée en circonscriptions disciplinaires déterminées par arrêté. Présidée par un conseiller à la cour d'appel désigné par le premier président de la cour d'appel dans le ressort duquel siège l'ordre régional (C. rur., art. L. 242-5 al. 1er), la juridiction disciplinaire comprend quatre assesseurs, tirés au sort pour chaque litige parmi les conseillers ordinaux des régions ordinales composant la circonscription disciplinaire, à l'exception de la région où le vétérinaire poursuivi exerce (C. rur., art. L. 242-5 al. 2). Dans le cas où la personne poursuivie est une des personnes mentionnées au deuxième alinéa du I de l'article L. 242-3-1 du code rural et de la pêche maritime, deux des assesseurs sont tirés au sort parmi les conseillers ordinaux des régions ordinales composant la circonscription disciplinaire, les deux autres parmi les personnes exerçant la même profession inscrites sur les listes tenues par l'ordre (C. rur., art. L. 242-5, al. 3). Les décisions rendues par la chambre régionale de discipline sont susceptibles d'appel devant la Chambre nationale de discipline (C. rur., art. L. 242-8). Elle est présidée par un conseiller de la Cour de cassation désigné par son premier président (C. rur., art. L. 242-8-I). Lorsque la personne poursuivie est un vétérinaire, elle comprend en outre quatre assesseurs tirés au sort parmi les membres du Conseil national de l'ordre ; lorsque la personne poursuivie n'est pas un vétérinaire, les assesseurs sont tirés au sort pour moitié parmi les membres du conseil national de l'ordre, pour moitié par les personnes exerçant la même profession, inscrites sur les listes tenues par l'ordre (C. rur., art. L. 242-8-I).

153. La juridiction disciplinaire des géomètres experts. La discipline des géomètres experts est organisée par le décret n° 96-478 du 31 mai 1996 portant règlement de géomètre expert et code des devoirs professionnels, modifié. Le conseil régional de l'ordre des géomètres experts est compétent pour connaître, en formation disciplinaire, des plaintes qui lui sont adressées (art. 89). Il est composé des membres en exercice dudit conseil et du délégué du commissaire du Gouvernement, et présidé par le président du conseil régional (art. 93). Le Conseil supérieur siégeant en formation disciplinaire, compétent en appel, est présidé par le président du conseil supérieur. Il est composé, du commissaire du Gouvernement et de ses membres en exercice, à l'exception du président et de tout membre du conseil régional ayant statué en première instance et, le cas échéant, du géomètre expert mis en cause ou ayant personnellement intérêt à l'affaire (art. 105).

154. La juridiction disciplinaire des architectes. La discipline des architectes est organisée par la loi n° 77-2 du 3 janvier 1977 sur l'architecture, modifiée. Au sein de chaque conseil régional de l'ordre des architectes, il existe une chambre de discipline compétente en première instance (art. 27). Elle est présidée par un magistrat administratif désigné par le président de la cour administrative d'appel ou par le président du tribunal administratif dans le ressort duquel la chambre a son siège. Elle est en outre composée de trois architectes désignés par le conseil régional de l'ordre des architectes lors de chacun de ses renouvellements (art. 27). La Chambre nationale de discipline des architectes est compétente en appel (art. 52). Instituée au sein du conseil national de l'ordre des architectes, elle est présidée par un conseiller d'Etat désigné par le vice-président du Conseil d'Etat et composée de trois architectes désignés par le conseil national de l'ordre des architectes lors de chacun de ses renouvellements (art. 29).

155. La juridiction disciplinaire des experts-comptables. La discipline des experts-comptables est prise en charge, en première instance, par les chambres régionales de discipline de l'ordre des experts-comptables agréés (ordonnance n° 45-2138 du 19 septembre 1945 et loi n° 68-946 du 31 octobre 1968). Les décisions rendues par les chambres régionales de l'ordre des experts-comptables agréés sont susceptibles d'appel devant la Chambre nationale de discipline de l'ordre.

156. Les sections des assurances sociales des chambres disciplinaires des professions médicales et paramédicales. Les fautes, abus, fraudes et autres faits intéressant l'exercice de la profession, relevés à l'encontre des médecins, des chirurgiens-dentistes ou sages-femmes à l'occasion de soins dispensés aux assurés sociaux sont soumis, en premier ressort, à la section des assurances sociales de la chambre disciplinaire de première instance des médecins, des chirurgiens-dentistes, ou des sages-femmes (CSS, art. L. 145-1). Les décisions rendues par la section sont susceptibles d'appel devant la section des assurances sociales du Conseil national de l'ordre des médecins, des chirurgiens-dentistes, ou des sages-femmes (CSS, art. L. 145-1). Les mêmes principes sont transposables, en premier ressort comme en appel, s'agissant des masseurs-kinésithérapeutes et des infirmiers (CSS, art. L. 145-5-1). Les sections des assurances sociales de l'ordre des médecins ou de l'ordre des pharmaciens sont également compétentes pour statuer sur une plainte déposée à l'encontre d'une société exploitant un laboratoire de biologie médicale privé lorsque cette société est inscrite au tableau de l'ordre des médecins ou de l'ordre des pharmaciens (CSS, art. L. 145-5-6). Chaque chambre disciplinaire de première instance est présidée par un magistrat des tribunaux administratifs et des cours administratives d'appel nommé par le vice-président du Conseil d'Etat sur proposition du président de la cour administrative d'appel dans le ressort duquel se trouve le siège du conseil régional ou interrégional, et comprend un nombre égal d'assesseurs, membres de l'ordre concerné et d'assesseurs représentant des organismes de sécurité sociale dont au moins un praticien conseil (CSS, art. L. 145-6 et L. 145-7-1). La section des assurances sociales du Conseil national de l'Ordre des médecins est présidée par un conseiller d'Etat nommé par le garde des sceaux et comprend un nombre égal d'assesseurs membres de l'ordre et d'assesseurs représentant des organismes de sécurité sociale, nommés par l'autorité compétente de l'État sur proposition de la Caisse nationale de l'assurance maladie des travailleurs salariés (CSS, art. L. 145-7 al. 1er). Les sections des assurances sociales du Conseil national de l'ordre des chirurgiens-dentistes et du Conseil national de l'ordre des sages-femmes sont présidées par le conseiller d'État qui préside la formation disciplinaire de chacun de ces conseils. Elles comprennent un nombre égal d'assesseurs membres de l'ordre et d'assesseurs représentant des organismes de sécurité sociale, dont au moins un praticien conseil nommé par l'autorité compétente de l'État sur proposition de la Caisse nationale de l'assurance maladie des travailleurs salariés (CSS, art. L. 145-7 al. 2). La même composition est prévue pour la section des assurances sociales du Conseil national de l'ordre des masseurs-kinésithérapeutes et celle de l'ordre des infirmiers (CSS, art. L. 145-7-2).

157. La juridiction disciplinaire des conseils en propriété intellectuelle. Les manquements des conseils en propriété intellectuelle sont jugés par la chambre de discipline de la Compagnie nationale des conseils en propriété intellectuelle (C. propr. intell., art. L. 422-10). Il en va de même des autres personnes admises à exercer en France des activités relevant de la profession de conseil en propriété industrielle (C. propr. intell., art. R. 422-56). Elle est présidée par un magistrat de l'ordre judiciaire nommé sur proposition du premier président de la cour d'appel de Paris et composée d'un membre du Conseil d'Etat nommé sur proposition de son vice-président, du président de la Compagnie nationale des conseils en propriété intellectuelle, de deux conseils en propriété intellectuelle choisis sur une liste de huit candidats proposée, en dehors des membres de son bureau, par la Compagnie nationale des conseils en propriété industrielle, de deux personnes qualifiées (C. propr. intell., art. R. 422-56). Ces membres sont nommés pour trois ans par arrêté conjoint du garde des sceaux, ministre de la justice, et du ministre chargé de la propriété industrielle (C. propr. intell., art. R. 422-57).

158. Le comité disciplinaire du Conseil national de l'expertise foncière, agricole et forestière. La discipline des experts fonciers et agricoles et des experts forestiers est confiée au comité du Conseil national de l'expertise foncière, agricole et forestière. Présidé par un membre du Conseil d'Etat désigné par le vice-président, le comité est composé des membres en exercice, à l'exception de son président (C. rur., art. R. 171-21).

II. Les juridictions en lien avec un service public

159. Le Conseil supérieur de la magistrature. Comme cela a déjà été dit, le Conseil supérieur de la magistrature a la charge de la discipline des magistrats du siège de l'ordre judiciaire (ordonnance n° 58-1270 du 22 décembre 1958 portant loi organique relative au statut de la magistrature modifiée) et il agit alors en tant que juridiction (CE, Ass., 12 juill. 1969, L'Etang, requête numéro 72480, préc.). Le principe de séparation des pouvoirs et le principe d'indépendance des magistrats le commandent. Le principe de séparation des autorités administratives et judiciaires explique encore que seule la discipline des magistrats de l'ordre judiciaire est connue par le Conseil supérieur de la magistrature. Conformément à l'article 65 de la Constitution, la formation compétente à l'égard des magistrats du siège est présidée par le premier président de la Cour de cassation, et comprend cinq magistrats du siège et un magistrat du parquet, un conseiller d'État désigné par le Conseil d'État, un avocat, et six personnalités qualifiées n'appartenant ni au Parlement, ni à l'ordre judiciaire, ni à l'ordre administratif, nommées à égale proportion par le Président de la République, de l'Assemblée nationale et du Sénat.

160. Le Conseil supérieur des tribunaux administratifs et des cours administratives d'appels. La discipline des magistrats de l'ordre administratif reste autonome. Si, à l'exception des sanctions de l'avertissement et du blâme, qui peuvent être prononcés par le vice-président du Conseil d'Etat, la discipline des membres du Conseil d'Etat est de la compétence de l'autorité investie du pouvoir de nomination sur proposition de la Commission supérieure du Conseil d'Etat (CJA, art. L. 136-4), il en va différemment, depuis l'ordonnance n° 2016-1366 du 13 octobre 2016, de la discipline des magistrats des tribunaux administratifs et des cours administratives d'appel. En effet, celle-ci est prise en charge par le Conseil supérieur des tribunaux administratifs et cours administratives d'appel (CJA, art. L. 236-3), lequel est présidé par le vice-président du Conseil d'Etat et comprend le président de la mission d'inspection des juridictions administratives, le secrétaire général du Conseil d'Etat, le directeur chargé des services judiciaires au ministère de la justice, un chef de juridiction et un suppléant élus pour trois ans par leurs pairs, un magistrat administratif ayant le grade de président, deux magistrats ayant le grade de premier conseiller et deux magistrats ayant le grade de conseiller, et leurs suppléants, élus au scrutin proportionnel de liste pour trois ans, ainsi que trois personnalités choisies pour leurs compétences, pour trois années non renouvelables, respectivement par les Président de la République, de l'Assemblée nationale et du Sénat (CJA, art. L. 232-4). Les décisions du Conseil supérieur des tribunaux administratifs et des cours administratives d'appels sont susceptibles de recours en cassation devant le Conseil d'Etat (CJA, art. L. 236-6).

161. Le Conseil supérieur des chambres régionales des comptes. La discipline des magistrats des juridictions financières est organisée suivant un schéma équivalent à celui qui préside à la discipline des magistrats administratifs. Ainsi, les sanctions disciplinaires à l'encontre des magistrats de la Cour des comptes sont prononcées par l'autorité investie du pouvoir de nomination, sur proposition du Conseil supérieur de la Cour des comptes, l'avertissement et le blâme pouvant être prononcés par le premier président de la Cour des comptes (CJF, art. L. 123-3). Il n'y a donc pas ici de juridiction spécialisée. En revanche, les membres du corps des chambres régionales des comptes sont sanctionnés par le Conseil supérieur des chambres régionales des comptes (CJF, art. L. 223-1), lequel est présidé par le premier président de la Cour des comptes et comprend trois personnalités qualifiées désignées pour trois années non renouvelables, respectivement par les Président de la République, de l'Assemblée nationale et du Sénat, le procureur général près la Cour des comptes, le président de la mission permanente d'inspection des chambres régionales et territoriales des comptes, un conseiller maître à la Cour des comptes, deux magistrats exerçant les fonctions de président de chambre régionale des comptes ou de vice-président de chambre régionale des comptes, dont un conseiller maître et un conseiller référendaire, ainsi que six représentants des magistrats de chambre régionale des comptes. Le mandat des personnes élues ou désignées est de trois années, renouvelable une fois (CJF, art. L. 220-13). Les décisions du Conseil supérieur des chambres régionales des comptes sont susceptibles de recours en cassation devant le Conseil d'Etat (CJF, art. L. 223-5).

162. Les sections disciplinaires des conseils académiques des universités et le Conseil national de l'enseignement supérieur et de la recherche. Aucune sanction administrative ne peut être infligée à l'encontre des enseignants-chercheurs et des usagers du service public de l'enseignement supérieur en dehors de celles prononcées par les juridictions universitaires (CE, 31 août 2009, M. A., requête numéro 309928). Les sections disciplinaires des universités sont constituées au sein des conseils académiques de ces dernières (C. éduc., art. L. 712-4). Ce sont les juridictions compétentes pour connaître, en première instance, de la discipline des personnels enseignants et des usagers (C. éduc., art. L. 712-6-2 al. 1er). La section disciplinaire est présidée par un professeur des universités élu en son sein (C. éduc., art. L. 712-6-2 al. 2) au scrutin majoritaire à deux tours (C. éduc., art. R. 712-16). La composition de la section disciplinaire varie suivant la qualité de la personne poursuivie. A l'égard des enseignants-chercheurs et des enseignants, la section comprend quatre professeurs des universités ou personnels assimilés dont au moins un membre du corps des professeurs d'université, quatre maître de conférences ou personnels assimilés, deux représentants des personnels titulaires, exerçant des fonctions d'enseignement, appartenant à un autre corps de fonctionnaires (C. éduc., art. R. 712-13), étant précisé que, pour le jugement de chaque affaire, la formation disciplinaire ne peut comprendre que des membres d'un rang égal ou supérieur à celui de la personne poursuivie et au moins un membre relevant du même corps ou de la même catégorie de personnel (C. éduc., art. L. 952-7 ; pour l'application de cette disposition, C. éduc., art. R. 712-23 à R. 721-25). A l'égard des usagers, la section comprend deux professeurs des universités ou personnels assimilés dont au moins un membre du corps des professeurs d'université, deux maîtres de conférences ou personnels assimilés, deux représentants des personnels titulaires, exerçant des fonctions d'enseignement, appartenant à un autre corps de fonctionnaires, et six usagers (C. éduc., art. R. 712-14). Les membres de ces sections sont élus au sein de la commission de la recherche et au sein de la commission de la formation et de la vie universitaire du conseil académique et parmi les représentants élus relevant du collège auquel ils appartiennent (C. éduc., art. R. 712-15 al. 1er). On soulignera ce que la « modernité » offre à la composition de ces juridictions, en imposant une composition à parité d'hommes et de femmes (C. éduc., art. R. 712-15 al. 2)…

La formation disciplinaire du Conseil national de l'enseignement supérieur et de la recherche (CNESER) est compétente pour connaître des appels interjetés à l'encontre des décisions rendues par les sections disciplinaires des conseils académiques des universités (C. éduc., art. R. 742-43). Saisie en ce sens, la formation disciplinaire statue en premier et dernier ressort lorsqu'une section disciplinaire n'a pas été constituée ou lorsque aucun jugement n'est intervenu six mois après la date à laquelle les poursuites ont été engagées devant la juridiction disciplinaire compétente (C. éduc., art. R. 232-31) et il n'y a là rien de contraire à la Constitution (CE, 10 oct. 2011, Dahmani, requête numéro 350969). Elle est présidée par un professeur des universités élus par ses membres (C. éduc., art. R. 232-25) et est composée de cinq professeurs des universités ou personnels assimilés, de cinq maîtres de conférences ou maîtres-assistants ou chefs de travaux ou personnels assimilés, et de quatre étudiants (C. éduc., art. R. 232-23). A l'instar de ce que l'on connaît des sections disciplinaires, et pour les mêmes raisons, la formation compétente pour statuer sur le cas d'un enseignant-chercheur ou d'un enseignant comprend tous les conseillers et personnels assimilés ayant un rang égal ou supérieur à celui de la personne concernée (C. éduc., art. R. 232-28). Lorsqu'elle statue à l'égard d'un usager, la formation compétente comprend, outre le président, un professeur des universités ou personnel assimilé et deux maîtres de conférences ou maîtres-assistants ou chefs de travaux ou personnels assimilés, et les quatre étudiants (C. éduc., art. R. 232-29).

163. Le Conseil national de l'enseignement supérieur et de la recherche agricole, agroalimentaire et vétérinaire. La formation disciplinaire du Conseil national de l'enseignement supérieur et de la recherche agricole, agroalimentaire et vétérinaire est compétente pour connaître en appel des jugements rendus par les sections disciplinaires. Elle est encore compétente en premier et dernier ressort lorsqu'une section disciplinaire n'a pas été constituée ou lorsqu'aucun jugement n'a été rendu six mois après la date d'engagement des poursuites (CSP, art. R. 814-30-11). Elle est composée de membres élus du Conseil (CSP, art. R. 814-30-4). La composition de la formation de jugement diffère suivant la qualité de la personne poursuivie. Lorsqu'elle statue à l'égard d'un professeur de l'enseignement supérieur, d'un directeur de recherche d'un établissement public ou d'un enseignant associé de même niveau, la section disciplinaire est composée de six professeurs de l'enseignement supérieur agricole ou directeurs de recherche d'un établissement public (CSP, art. R. 814-30-6). Lorsqu'elle statue à l'égard d'un maître de conférences de l'enseignement supérieur, d'un chargé de recherche d'un établissement public ou d'un enseignant associé de même niveau, la formation de jugement est composée de son président, de trois professeurs et des quatre maîtres de conférences de l'enseignement supérieur agricole ou chargés de recherche d'un établissement public composant le Conseil (CSP, art. R. 814-30-7). Lorsqu'elle statue à l'égard d'un enseignant ou d'un autre personnel exerçant des fonctions d'enseignement, la formation de jugement est composée de son président, d'un maitre de conférences, et des deux représentants des personnels exerçant des fonctions d'enseignement (CSP, art. R. 814-30-8). Lorsqu'elle statue à l'égard d'un usager, la formation de jugement comprend, outre le président, un membre relevant de chacune des catégories de personnels et les quatre représentants des étudiants sans que leur nombre ne puisse excéder celui des enseignants-chercheurs et des personnels enseignants (CSP, art. R. 814-30-9).

164. La juridiction nationale pour les personnels hospitaliers universitaires. Les membres du personnel enseignant et hospitalier sont soumis, pour leur activité hospitalière comme pour leur activité universitaire, à une juridiction disciplinaire unique instituée sur le plan national (C. éduc., art. L. 952-22). Cette juridiction est composée d'un président nommé par arrêté conjoint du ministre chargé de l'enseignement supérieur et du ministre chargé de la Santé, choisi soit parmi les conseillers d'État, soit parmi les professeurs de l'enseignement supérieur, de trois membres titulaires nommés par le ministre chargé de l'Enseignement supérieur et choisis en dehors des personnels enseignants et hospitaliers, des personnels enseignants et des personnels hospitaliers des centres hospitaliers et universitaires, de trois membres titulaires nommés par le ministre chargé de la Santé et choisis en dehors des personnels enseignants et hospitaliers, des personnels enseignants et des personnels hospitaliers des centres hospitaliers et universitaires, de trois membres appartenant au corps des professeurs des universités praticiens hospitaliers élus par les personnels de ce corps, de trois membres appartenant aux corps de maîtres de conférences des universités praticiens hospitaliers et des chefs de travaux assistants des hôpitaux, élus par les personnels de ces corps, de deux membres titulaires et deux membres suppléants représentant les personnels enseignants et hospitaliers, des personnels enseignants et des personnels hospitaliers des centres hospitaliers et universitaires élus pour, par et parmi ces personnels. Lorsque la juridiction disciplinaire est appelée à se prononcer sur le cas d'un professeur des universités-praticien hospitalier, la juridiction est complétée par trois membres élus par ce corps. Lorsque la juridiction disciplinaire est appelée à se prononcer sur le cas d'un membre des personnels enseignants et des personnels hospitaliers des centres hospitaliers et universitaires, elle est complétée par deux membres, l'un désigné par le ministre chargé de l'Enseignement supérieur parmi les membres suppléants, l'autre désigné par le ministre chargé de la Santé parmi les membres suppléants (décret n° 84-135 du 24 février 1984 portant statut des personnels enseignants et hospitaliers des centres hospitaliers et universitaires, art. 22). La composition de la juridiction appelée à se prononcer sur le cas d'un membre, titulaire ou non titulaire, des personnels enseignants et hospitaliers des disciplines pharmaceutiques est sensiblement la même avec une représentation spécifique des disciplines pharmaceutiques (décret n° 84-135 du 24 février 1984 portant statut des personnels enseignants et hospitaliers des centres hospitaliers et universitaires, art. 22-1).

§ 4 - Les autres juridictions

165. La Commission du contentieux du stationnement payant. L'ordonnance n° 2015-401 du 9 avril 2015 a institué la Commission du contentieux du stationnement payant qui entrera en vigueur le 1er janvier 2018 et qui sera chargée de statuer sur les recours formés contre les décisions individuelles relatives aux forfaits de post-stationnement (CGCT, art. L. 2333-87-2). Elle sera présidée par un magistrat des tribunaux administratifs et des cours administrative d'appel nommé par décret (CGCT, art. L. 2333-87-1) et composée de magistrats de l'ordre administratif et de l'ordre judiciaire (CGCT, art. L. 2333-87-3). Les décisions seront rendues en principe en juge unique, sauf renvoi à une formation collégiale (CGCT, art. L. 2333-87-4).

166. Le Conseil des prises. S'il y a bien une juridiction qui ne redoute pas l'encombrement, c'est bien le Conseil des prises ! Mais s'agit-il seulement d'une juridiction dans l'acception qui doit être donnée au mot aujourd'hui ? Présidé par un conseiller d'Etat et composé par ailleurs de deux maîtres des requêtes, de deux représentants du ministère de la Marine, d'un représentant du ministère des Affaires étrangères, d'un professeur de droit, et d'un commissaire du gouvernement choisi parmi les membres du Conseil d'État, le Conseil des prises se prononce sur la validité des prises maritimes. Les appels contre les décisions rendues par le Conseil des prises restent régis par les dispositions qui leur sont propres (CJA, art. R. 321-2), c'est-à-dire celles contenues dans le décret du 9 mai 1859 qui lui est relatif. Les recours sont portés devant le Conseil d'Etat en tant que conseil du gouvernement. L'instruction est assurée par une section administrative et un projet de décision est arrêté par l'assemblée générale ordinaire. La décision est finalement prise par le Président de la République. La justice, ici, est toujours retenue…

167. La Commission du service national. Une commission juridictionnelle examine la situation des personnes qui, n'ayant pas accompli la totalité des obligations du service national actif et n'en ayant été ni exemptées ni dispensées, ont été condamnées définitivement à une ou plusieurs peines d'emprisonnement sans sursis ou de réclusion, dont la durée totale est égale ou supérieure à un an, et détermine ce comment les intéressés seront tenus d'accomplir le service national actif (C. serv. nat., art. L. 51). Cette commission est présidée par un magistrat de l'ordre judiciaire désigné par le garde des sceaux, et composée de deux officiers désignés par le ministre chargé de la défense nationale et de deux magistrats de l'ordre judiciaire désignés par le garde des sceaux (C. serv. nat., art. L. 52).

168. Bibliographie indicative.

C. Broyelle, « L'intérêt général, l'arbitrage et les personnes publiques » in Mélanges en l'honneur de Didier Truchet, Paris, Dalloz, 2015, pp. 41 et s.

R. Chapus, « Qu'est-ce qu'une juridiction ? La réponse de la juridiction administrative » in Recueil d'études en hommage à Charles Eisenmann, Paris, Cujas, 1975, pp. 265 et s.

M. Degoffe, La juridiction administrative spécialisée, Paris, LGDJ, 1996.

F. Donnat et **D. Casas**, « La composition des juridictions administratives spécialisées et l'article 6 §1 de la Convention européenne des droits de l'homme du 4 novembre 1950 », AJDA 2003, pp. 492 et s.

F. Martin, « Les chambres disciplinaires des professions de santé », RDSS 2016, pp. 310 et s.

L. Milano, « Qu'est-ce qu'une juridiction ? La question a-t-elle encore une utilité ? », RFDA 2014, pp. 1119 et s.

M. Vialettes, « Les juridictions sociales : vers un grand *aggiornamento* ? », RFDA 2017, pp. 25 et s.

G. Wiederkher, « Qu'est-ce qu'un juge ? » in Mélanges en l'honneur de Roger Perrot, Paris, Dalloz, 1996, pp. 575 et s.

CHAPITRE II - LA COMPETENCE DE LA JURIDICTION ADMINISTRATIVE

169. Une double question. Le droit public est un droit foncièrement sensible aux questions de compétence. Le droit processuel l'est tout autant. C'est dire si la question de la compétence juridictionnelle revêt une importance cruciale pour la procédure juridictionnelle administrative. C'est à présent une chose trop bien sue, la compétence de la juridiction administrative est en principe exclusive de celle de la compétence de l'autorité judiciaire. Saisie d'un litige, il importe donc à la juridiction administrative de statuer sur sa compétence externe (Section 1). Pour peu que cette condition soit satisfaite, il incombe ensuite à la juridiction de s'assurer que la compétence interne (Section 2) n'est pas davantage méconnue.

Section 1 - La compétence externe

170. L'ordre dans le chaos. La compétence externe de la juridiction administrative découle des règles présidant à la répartition des compétences entre les deux ordres de juridiction (Sous-section 1) et des mécanismes de régulation existent, qui règlent les conflits de compétence (Sous-section 3). On ne saurait cependant appréhender le contentieux administratif à l'aune de cette seule question. En effet, l'organisation de cette régulation entre les deux ordres de juridiction ne doit pas occulter l'existence d'une concurrence de compétences (Sous-section 2).

Sous-section 1 - La répartition des compétences entre les deux ordres de juridiction

171. Le législateur ne pouvant pas tout prévoir… Il est heureux qu'un certain nombre de domaines de compétence juridictionnelle soit défini par le législateur (§ 1). Toutefois, parce que le législateur ne saurait tout prévoir, des principes existent permettant de répartir les compétences dans le silence de la loi (§ 2).

§ 1 - La compétence par détermination de la loi

172. Une répartition législative dans le respect de la Constitution. Les règles législatives définissant la répartition des compétences entre les deux ordres de juridiction ne sont que la traduction (II) d'un cadre constitutionnel qui s'avère aujourd'hui suffisamment abouti (I) pour être intelligible et efficient.

I. Le cadre constitutionnel

173. Un cadre constitutionnellement défini. La compétence de la juridiction administrative a reçu sa consécration avec la décision Conseil de la concurrence du 23 janvier 1987. A cette occasion, le Conseil constitutionnel a énoncé que, « conformément à la conception française de la séparation des pouvoirs, figure au nombre des "principes fondamentaux reconnus par les lois de la République" celui selon lequel, à l'exception des matières réservées par nature à l'autorité judiciaire, relève en dernier ressort de la compétence de la juridiction administrative l'annulation ou la réformation des décisions prises, dans l'exercice des prérogatives de puissance publique, par les autorités exerçant le pouvoir exécutif, leurs agents, les collectivités territoriales de la République ou les organismes publics placés sous leur autorité ou leur contrôle » (Cons. const., décision numéro 86-224 DC du 23 janv. 1987, Loi transférant à la juridiction judiciaire le contentieux des décisions du Conseil de la concurrence, Rec. Cons. const., p. 8 ; AJDA 1987, p. 345, note J. Chevallier ; D. 1988, p. 117, note F. Luchaire ; RDP 1987, p. 1341, note Y. Gaudemet ; RFDA 1987, p. 287, note B. Genevois). Il en résulte, d'une part, que certaines matières échappent en principe à la compétence de la juridiction administrative, d'autre part, que les actions en annulation ou en réformation des décisions prises par l'administration active sont de la compétence de la seule juridiction administrative. Au principe de séparation des autorités administratives se superpose définitivement ainsi celui de la séparation des pouvoirs.

174. Un cadre partiellement malaisé. La ligne de démarcation entre les deux ordres de juridiction n'est pas si évidente qu'il y paraît. L'administration peut parfois être fondée par la loi à agir dans des matières qui se rapportent à la puissance publique en touchant dans le même temps à des matières relevant par nature du champ de compétence de la juridiction judiciaire. Dans pareille hypothèse, la régulation opérée par le Conseil constitutionnel s'avère difficile à prédire.

Par exemple, que le Conseil constitutionnel avait considéré que, en tant qu'ils portaient sur l'usage par une autorité exerçant le pouvoir exécutif, ou par un de ses agents, de prérogatives de puissance publique, les recours tendant à l'annulation des décisions administratives relatives à l'entrée et au séjour en France des étrangers devaient relever de la compétence de la juridiction administrative (Cons. const., décision numéro 89-261 DC du 28 juill. 1989, Loi relative aux conditions de séjour et d'entrée des étrangers en France, Rec. Cons. const., p. 81 ; AJDA 2989, p. 619, note J. Chevallier ; RFDA 1989, p. 691, note B. Genevois). Il statuera cependant en sens inverse s'agissant du maintien des étrangers en zone de transit, la compétence de l'autorité judiciaire s'imposant eu égard à la contrainte qui avait pour conséquence d'affecter la liberté individuelle de la personne (Cons. const., décision numéro 92-307 DC du 25 févr. 1992, Loi portant modification de l'ordonnance n° 45-2658 du 2 novembre 1945 modifiée relative aux conditions d'entrée et de séjour des étrangers en France, Rec. Cons. const., p. 48 ; RFDC 1992, p. 311, note P. Gaïa).

Par exemple encore, si les missions de visite et d'enquête administratives peuvent être de la compétence du juge administratif pour en connaître (Cons. const., décision numéro 87-240 DC du 19 janv. 1988, Loi sur les bourses de valeurs, Rec. Cons. const., p. 28 ; RDP 1989, p. 430, note L. Favoreu), le juge judiciaire doit être compétent lorsque le degré d'investigation devient plus poussé, notamment eu égard aux pouvoirs de perquisition et de saisie octroyés à l'administration (Cons. const., décision numéro 89-271 DC du 11 janv. 1990, Loi relative à la limitation des dépenses électorales et à la clarification du financement des activités politiques, Rec. Cons. const., p. 21 ; RFDC 1990, p. 332, note A. Roux).

175. Les blocs de compétence. On ne saurait soutenir que le législateur ne dispose d'aucune marge de manœuvre. Le Conseil constitutionnel l'a rappelé : le principe de séparation des autorités administratives et judiciaires n'a pas, en lui-même, valeur constitutionnelle et il est donc loisible au législateur de conférer, à l'un ou l'autre ordre juridictionnel, compétence pour connaître de l'intégralité d'un contentieux qui, normalement, ressortirait partiellement à la compétence de l'autre ordre de juridiction. Cette faculté reconnue au législateur n'est cependant pas laissée à la discrétion du législateur. D'une part, la constitution des blocs de compétence doit s'opérer au profit de l'ordre juridictionnel principalement intéressé. D'autre part, cette constitution doit intervenir « lorsque l'application d'une législation ou d'une réglementation spécifique pourrait engendrer des contestations contentieuses diverses qui se répartiraient, selon les règles habituelles de compétence, entre la juridiction administrative et la juridiction judiciaire » et ce, d'autre part, « dans l'intérêt d'une bonne administration de la justice » (Cons. const., décision numéro 86-224 DC du 23 janv. 1987, Loi transférant à la juridiction judiciaire le contentieux des décisions du Conseil de la concurrence, préc.).

II. La traduction législative

176. Les choses pourraient tout de même être plus simples. A bien y regarder, le législateur n'épuise pas les pouvoirs que la jurisprudence constitutionnelle lui reconnaît, et c'est regrettable. En témoignait l'inutile répartition des compétences entre les juridictions administrative et civile pour connaitre du contentieux de la passation des contrats passés sur le fondement de l'ordonnance n° 2005-649 du 6 juin 2005 relative aux marchés passés par certaines personnes publiques ou privées non soumises au code des marchés publics, suivant que le contrat était administratif ou de droit privé. L'occasion a été donnée au législateur délégué de mettre fin à cette difficulté avec l'ordonnance n° 2015-899 du 23 juillet 2015 relative aux marchés publics. Il s'y est partiellement employé, en énonçant que « les marchés publics relevant de la présente ordonnance passés par des personnes morales de droit public sont des contrats administratifs » (art. 3). Foncièrement, toutefois, il n'est pas satisfaisant de constater la permanence de contrats passés par des personnes dont on peut raisonnablement se demander si elles sont publiques ou privées. Ceci conduit inévitablement à des erreurs de juridiction. Etait-il à ce point nécessaire de conserver ici toute son importance au critère organique ? Malgré tout, des blocs de compétence existent et le phénomène tend même à croître. Dans un certain nombre d'hypothèses, la loi confère compétence au juge administratif (A) ou au juge judiciaire (B) pour connaître de certaines catégories de litiges.

A. La compétence du juge administratif par détermination de la loi

177. Les litiges en lien avec l'occupation du domaine public. Suivant l'article L. 2331-1 du code général de la propriété des personnes publiques, doivent être portés devant le juge administratif les litiges relatifs « aux autorisations ou contrats comportant occupation du domaine public, quelle que soit leur forme ou leur dénomination, accordées ou conclus par les personnes publiques ou leurs concessionnaires ». Le principe est consacré de longue date. Son énoncé est toutefois trompeur. A tout le moins, la jurisprudence en tempère la rigueur. Le Tribunal des conflits a ainsi maintenu sa jurisprudence suivant laquelle le litige né de la résiliation d'un contrat de droit privé passé par deux personnes de droit privé relève de la compétence des juridictions judiciaires même si cette convention comportait occupation du domaine public (TC, 14 mai 2012, Mme Gilles, requête numéro 3836, Rec., p. 512). Il en va cependant différemment si l'une des parties s'est vue déléguer la gestion d'un service public et doit être regardée comme un concessionnaire au sens et pour l'application des dispositions de l'article L. 2331-1 du code général de la propriété des personnes publiques (TC, 9 déc. 2013, EURL Aquagol c. Association réunionnaise de développement de l'aquaculture, requête numéro 3925, Rec., T., p. 500 ; BJCP 2014, p. 114, concl. D. Boccon-Gibod). Sont encore soumis au juge administratif les litiges relatifs au principe ou au montant des redevances d'occupation ou d'utilisation du domaine public ; aux contraventions de grande voirie ; à la location et à l'administration des établissements d'eaux minérales sur le domaine de l'Etat ; aux baux emphytéotiques administratifs.

178. Les litiges relatifs aux marchés publics. En énonçant que les contrats passés par les personnes publiques sur son fondement sont administratifs, l'article 3 de l'ordonnance du 23 juillet 2015 précitée confère l'essentiel du contentieux des marchés publics au juge administratif. Mais contrairement à l'état du droit antérieur (loi n° 2001-1168 du 11 décembre 2001 portant mesures urgentes de réformes à caractère économique et financier), une partie des marchés publics échappe aujourd'hui au juge administratif. On soulignera encore que, en certaines hypothèses, l'existence d'un marché public ne suffit pas à attraire le litige dans le giron de la juridiction administrative. Le Tribunal des conflits a ainsi pu constituer un bloc de compétence en matière de droit de la propriété intellectuelle : le juge judiciaire est compétent pour connaître du litige en matière de propriété littéraire et artistique (C. propr. intell., art. L. 331-1), quand bien même le litige résulterait de l'exécution d'un marché public (TC, 7 juill. 2014, M. Minisimi c. Département de la Meurthe-et-Moselle, requête numéro 3955, Rec., p. 468 ; AJDA 2014, p. 2364, note J.-M. Pontier ; RDI 2015, p. 180, obs. N. Foulquier).

179. S'agissant des travaux publics. La loi n° 2009-526 du 12 mai 2009 de simplification et de clarification du droit et d'allègement des procédures a entièrement abrogé la loi du 28 pluviôse an VIII, en sorte que la compétence administrative pour connaître des litiges en matière de travaux publics ne repose plus sur le fondement légal qui était le sien jusqu'alors. Doit-on y voir une maladresse ou une inattention du législateur ? Peut-être... Reste que, juridiquement, c'est dans les seuls principes généraux du droit administratif que la compétence administrative trouve aujourd'hui son fondement. Même si la jurisprudence ne laisse pas de doute quant à la pérennité des solutions antérieures (Cass. civ. 1ère, 16 nov. 2016, Sté Eurovia, pourvoi numéro 15-25.370), le contentieux des travaux publics n'est donc plus administratif par détermination de la loi. On précisera que l'effet attractif des travaux publics tel qu'il est généralement observé a ses limites. Notamment, le Tribunal des conflits a jugé que la compétence pour connaître de l'action en responsabilité des ayants droit d'un participant à l'exécution de travaux publics dirigée contre un autre participant à titre personnel reste celle de la juridiction judiciaire (TC, 15 mai 2017, Mme H. c. Sté Electricité de France et a., requête numéro 4080, Rec., T.).

180. Pour d'autres matières encore. La compétence de la juridiction administrative peut être prévue par un texte pour des matières toutes aussi hétérogènes que nombreuses. Ainsi, l'ordonnance n° 2005-1087 du 1er septembre 2005 a transféré aux juridictions administratives le contentieux des dommages résultant de la fourniture des produits sanguins, quelle que soit la date de survenance du dommage. Ainsi encore, la loi n° 2010-2 du 5 janvier 2010 confère au juge administratif la compétence pour connaître des contentieux afférents à la reconnaissance et à l'indemnisation des victimes des essais nucléaires français.

B. La compétence du juge judiciaire

181. Beaucoup... et trop... Le discours autour du maintien ou de la suppression du dualisme juridictionnel n'est pas forcément et irrévocablement révolu. Certaines voix s'élèvent encore pour demander l'unification des deux ordres de juridiction (par ex., P. Léger, « Le dualisme juridictionnel a-t-il encore une raison d'être ? » in Mélanges en l'honneur de Jean-François Burgelin, Paris, Dalloz, 2008, pp. 233 et s.), à tout le moins pour l'envisager (par ex., A. Van Lang, « Le dualisme juridictionnel en France : une question toujours d'actualité », AJDA 2005, pp. 1760 et s.). On finirait presque – mais seulement à des fins rhétoriques... – par adhérer à ce mouvement, tant la répartition des compétences verse dans l'abscons. Et c'est tout de même un paradoxe que de constater qu'à une époque où la compétence de la juridiction administrative a été constitutionnalisée, autant de matières dont on pourrait estimer qu'elles devraient ressortir à la compétence de la juridiction administrative sont dévolues au juge civil, que le contentieux relève par nature (1) de sa compétence ou non (2).

1. Les contentieux relevant « par nature » de la compétence judiciaire

182. Liberté individuelle et propriété privée. L'article 66 de la Constitution fait de l'autorité judiciaire la garante de la liberté individuelle. Il n'est dès lors pas surprenant de constater que certains types d'atteintes à la liberté individuelle sont de sa compétence par application de la loi (a). Le rôle de garant de la liberté individuelle n'est pas le seul dévolu au juge judiciaire. En effet, un principe fondamental reconnu par les lois de la République en faisant le garant de la propriété privée (Cons. const., décision numéro 89-256 DC du 25 juill. 1989, Loi portant dispositions diverses dispositions en matière d'urbanisme et d'agglomérations nouvelles, Rec. Cons. const., p. 53 ; CJEG 1990, p. 1, note B. Genevois ; RFDA 1989, p. 1009, note P. Bon), le juge judiciaire est inévitablement compétent par détermination de la loi pour connaître d'un certain nombre de litiges en lien avec la propriété privée (b).

a. la liberté individuelle

183. En matière d'atteintes à la liberté individuelle. L'article 136 du code de procédure pénale dispose que les tribunaux judiciaires sont « toujours exclusivement compétents » dans « toute instance civile fondée sur des faits constitutifs d'une atteinte à la liberté individuelle ou à l'inviolabilité du domicile prévue par les articles 432-4 à 432-6 et 432-8 du code pénal, qu'elle soit dirigée contre la collectivité publique ou contre ses agents ». On notera que cette dérogation à la loi de séparation des autorités administratives et judiciaires ne va pas jusqu'à autoriser les tribunaux judiciaires, hors l'hypothèse de la voie de fait, à faire obstacle à l'exécution des décisions prises par l'administration. Ainsi, le Tribunal des conflits a-t-il dénié au juge des référés du tribunal de grande instance toute compétence pour connaître de l'action engagée par les passagers clandestins d'un navire à la suite de la décision de l'administration refusant leur entrée sur le territoire national et les consignant à bord (TC, 12 mai 1997, Préfet de police c. Ben Salem et Taznaret, requête numéro 3056, Rec., p. 528 ; AJDA 1997, p. 575, chron. D. Chauvaux et T.-X. Girardot ; RFDA 1997, p. 514, concl. J. Arrighi de Casanova). C'est donc bien, et uniquement, en matière indemnitaire que l'autorité judiciaire est compétente ici.

184. Le contentieux des soins psychiatriques sans consentement. Le code de la santé publique prévoit la possibilité d'hospitaliser sans leur consentement – évidemment sous conditions qu'il n'est pas l'objet d'étudier ici – certaines personnes atteintes de troubles mentaux (CSP, art. L. 3212-1 ; art. L. 3214-3). Le juge des libertés et de la détention dans le ressort duquel l'établissement d'accueil se situe doit statuer sur la mesure d'hospitalisation avant l'expiration d'un délai fixé par le législateur, délai différant suivant les situations (CSP, art. L. 3211-12-1). En outre, le juge des libertés et de la détention peut être saisi, à tout moment, afin d'ordonner la fin des mesures de contrainte (CSP, art. L. 3211-12). Les ordonnances de ce juge sont susceptibles d'appel devant le premier président de la cour d'appel ou son délégué (CSP, art. L. 3211-12-4).

b. la propriété privée

185. Le rôle du juge de l'expropriation. Le juge judiciaire est le garant de la propriété privée (Cons. const., décision numéro 89-256 DC du 25 juill. 1989, Loi portant diverses dispositions en matière d'urbanisme et d'agglomérations nouvelles, préc.). On ne se surprendra pas que, à ce titre, il s'agisse d'une compétence qui lui est traditionnellement dévolue d'ordonner le transfert de propriété (C. expr., art. L. 220-1) et de se prononcer sur le montant des indemnités (C. expr., art. L. 311-5) en matière d'expropriation pour cause d'utilité publique. C'est également le juge de l'expropriation qui est compétent en matière de préemption, en cas de désaccord entre les parties sur le prix d'acquisition du bien (C. urb., art. L. 213-4). Il intervient encore, par application de la loi, pour fixer le montant des indemnités dues au titre d'un certain nombre de servitudes. C'est le cas, par exemple, des servitudes résultant du classement d'un immeuble comme monument historique (loi du 31 décembre 1913, art. 5), de la pose de canalisation publique d'eau (loi du 4 août 1962), de l'instauration de passage et d'aménagement en vue d'assurer la continuité de défense contre les incendies (loi du 4 décembre 1985, art. 56), etc...

2. Les autres contentieux dévolus à la juridiction judiciaire

186. Le contentieux relatif à l'état des personnes. Gardienne de l'état des personnes, la juridiction judiciaire est d'abord compétente pour connaître du contentieux du service de l'état civil. Ainsi le juge civil est-il compétent pour statuer sur les décisions des officiers d'état civil et des ministres, autant que sur les actions en réparation pour les préjudices subis du fait de ces décisions. Relèvent de ce contentieux, par exemple, les décisions relatives au livret de famille (TC, 17 juin 1991, Mme Maadjel, requête numéro 2650, Rec., p. 465), le refus de procéder à un mariage (CE, Sect., 25 oct. 1963, Compan, requête numéro 56773, Rec., p. 504) ou encore le refus d'apposer, sur l'acte de décès, la mention « mort pour la France » (CE, 26 juill. 1985, Mme Abbou, requête numéro 49585). La juridiction judiciaire est ensuite compétente pour connaître du service de la tutelle légale exercée sur les pupilles de l'Etat dans les services de l'aide sociale à l'enfance (CASF, art. L. 224-1 et s.). La juridiction civile est enfin compétente s'agissant du contentieux portant sur le service de l'assistance éducative (C. civ., art. 375-1 et s.). Le juge administratif ne saurait s'immiscer dans ces domaines, pas même lorsque son acte ne conduirait pas à une décision au fond. Ainsi le juge administratif ne peut-il pas ordonner une expertise en référé tendant à établir, au moyen de tests génétiques, un lien de filiation (CE, 11 mars 2010, M. Niombo, requête numéro 336326, Rec., T., pp. 693 et 766). Le juge administratif ne peut davantage ordonner une expertise aux fins d'identifier, au moyen de relevé d'empreintes génétiques, un sportif faisant l'objet de poursuites pour des faits de dopage (CE, 25 mai 2010, Stanislas, requête numéro 332045, Rec., T., p. 906).

187. Le contentieux de la nationalité. L'article 26-3 du code civil attribue la compétence au tribunal d'instance pour connaître des refus d'enregistrement des déclarations de nationalité opposées par le ministre chargé des naturalisations. L'article 29 du code civil dispose sans ambiguïté que « la juridiction civile de droit commun est seule compétente pour connaître des contestations sur la nationalité française ou étrangère des personnes physiques ». Il en résulte que le juge administratif est tenu de surseoir à statuer et adresser, le cas échéant, une question préjudicielle au juge judiciaire, lorsque la solution du litige qui lui est soumis dépend de la résolution de cette question de nationalité (par ex., pour la Cour nationale du droit d'asile : CE, 26 mai 2014, M. Gao, requête numéro 344265, Rec., p. 141 ; AJDA 2014, p. 1611, concl. E. Crépey). Evidemment, encore faut-il que la difficulté présente un caractère sérieux, la juridiction administrative étant seule compétente pour statuer sur cette question. Il n'est pas certain, pour dire les choses pudiquement, que le juge administratif ressente l'envie d'en rencontrer souvent. Il en rencontre donc rarement…

188. L'électorat. Le juge judiciaire est compétent pour connaître du contentieux relatif aux inscriptions sur les listes électorales. Reprenant l'économie générale de l'ancien article L. 25, le nouvel article L. 20 du code électoral, dont l'entrée en vigueur interviendra selon des modalités fixées par décret en Conseil d'Etat et, au plus tard, le 31 décembre 2019, dispose que les électeurs inscrits sur la liste électorale de la commune et le représentant de l'Etat dans le département peuvent demander, auprès du tribunal d'instance, l'inscription ou la radiation d'un électeur omis ou indûment inscrit ou contester la décision de radiation ou d'inscription d'un électeur (loi n° 2016-1048 du 1er août 2016 rénovant les modalités d'inscription sur les listes électorales, art. 4).

189. Le contentieux relatif à la gestion des régimes de sécurité sociale. Le contentieux portant sur les questions d'affiliations, de cotisations, de prestations, et intéressant la législation de la sécurité sociale, échappe à la compétence de la juridiction administrative (CSS, art. L. 142-1). Considérant que de tels litiges portent sur des rapports de droit privé, le législateur a même institué, pour le contentieux de premier ressort, une juridiction particulière : le tribunal des affaires de la sécurité sociale. Les usagers, les praticiens, et même les personnels, dans leurs rapports aux organismes de sécurité sociale, doivent donc saisir la juridiction judiciaire alors même que l'acte aurait la qualité de décision administrative. Le principe a cependant ses limites. Ainsi le contentieux des actes réglementaires (par ex., TC, 22 avr. 1974, Directeur général de la sécurité sociale d'Orléans c. Blanchet, requête numéro 1989, Rec., p. 791) et le contentieux des actes disciplinaires (sur les juridictions disciplinaires relevant du contrôle du Conseil d'Etat, *supra* n°s 144 et s.) restent de la compétence de la juridiction administrative.

190. Le contentieux des impositions indirectes. Par une dérogation contemporaine à la loi de séparation des autorités administratives et judiciaires, le législateur a conféré compétence aux tribunaux judiciaires pour connaître du contentieux des impôts indirects (loi des 6 et 11 septembre 1790), à l'exception des taxes sur le chiffre d'affaires. Ainsi, en matière de droits d'enregistrement, de taxes de publicité foncière, de droits de timbre, de contributions indirectes et de taxes assimilées, la juridiction judiciaire est compétente (LPF, art. L. 199). Ainsi encore, la juridiction judiciaire est compétente pour statuer sur les contestations concernant le paiement, la garantie ou le remboursement des créances de toute nature recouvrées par l'administration des douanes et des autres affaires de douane n'entrant pas dans le champ de compétence de la juridiction pénale (C. douanes, art. 357 bis). La jurisprudence a étendu cette compétence du juge judiciaire aux demandes de réparation des préjudices causés par ces opérations (pour les droits de douanes, par ex., TC, 24 avr. 1978, SARL Jean de Saint-Laurent, requête numéro 2075, Rec., p. 648 ; en matière de timbre et d'enregistrement, TC, 14 mai 1984, Bonnet, requête numéro 2302, Rec., p. 53).

191. Le contentieux de la réparation des dommages commis ou subis par les élèves. Trouvant ses origines dans la dérogation à la répartition des compétences entre les deux ordres de juridiction à laquelle la loi du 5 avril 1937 avait consenti en matière de responsabilité des instituteurs, l'article L. 911-4 du code de l'éducation dispose que l'action en responsabilité exercée par la victime, ses parents ou ayants droit, contre l'Etat substitué de droit aux membres de l'enseignement public et de l'enseignement privé sous contrat d'association responsables des dommages commis ou subis par les élèves et étudiants, à raison de leurs fonctions, est portée devant le tribunal de l'ordre judiciaire du lieu où le dommage a été causé. La compétence est judiciaire dans la seule mesure où le fait dommageable a été causé par une faute de l'agent sous la garde duquel était placé l'élève ou l'étudiant. Il en résulte que la juridiction administrative reste compétente « lorsque le préjudice doit être regardé comme indépendant du fait de l'agent, soit qu'il ait son origine dans un travail public, soit qu'il trouve sa cause dans un défaut d'organisation du service » (TC, 14 janv. 1980, Falanga, requête numéro 2136, Rec., p. 20).

192. Le contentieux des accidents causés par les véhicules de l'administration. Par dérogation à la loi de séparation des autorités administratives et judiciaires, le législateur a confié au juge judiciaire compétence pour connaître des dommages causés par les véhicules de l'administration. La loi n° 57-1424 du 31 décembre 1957, qui a institué ce bloc de compétence, participe de cette idée qu'un accident de la circulation en vaut bien un autre et l'énoncé de l'arrêt Blanco, pas plus qu'aucune autre considération, ne devait justifier que ce contentieux soit partagé entre les deux ordres de juridiction. La volonté de systématiser pour simplifier a été poussée assez loin, la notion de véhicule faisant l'objet d'une appréciation extensive : il s'agit de tout engin se déplaçant de manière autonome, au moyen de roues ou de chenilles (Cass. civ. 2ème, 30 juin 2004, Sté Colas Sud-Ouest, Bull. civ. II, n° 334), à la faveur d'un moteur ou d'un autre dispositif de propulsion (voile, pédalier…). Reste que la compétence n'est judiciaire en application de la loi du 31 décembre 1957 que pour autant qu'il s'agit d'un dommage causé par le véhicule. Ce qui importe ici, c'est que le véhicule soit la cause de l'accident. Il n'est pas nécessaire, en revanche, que le véhicule ait été en mouvement, ni même qu'il y ait eu collision. Peu importe que le véhicule ait été utilisé ou non dans le cadre d'un service public ou pour la réalisation d'un travail public et c'est une limite remarquable ici de l'effet attractif des travaux publics. Encore faut-il distinguer deux hypothèses. Le Tribunal des conflits réserve en effet la compétence à la juridiction administrative lorsque le dommage « se rattache à une opération d'ensemble consistant en l'exécution de travaux publics, et non à la seule intervention d'un véhicule » (TC, 12 févr. 2001, Commune de Courdimanche, requête numéro 3243, Rec., p. 735). Il importe encore que l'agent gardien du véhicule ait été dans l'exercice de ses fonctions. A tout le moins, suivant un raisonnement classique en droit administratif, son comportement ne doit pas avoir été dépourvu de tout lien avec celles-ci. D'autres limites à l'application de la loi du 31 décembre 1957 existent. En premier lieu, une règle spéciale peut déroger à la règle générale et organiser un régime spécifique de réparation. C'est le cas, par exemple, si le dommage résulte du comportement d'un collaborateur occasionnel du service public (CE, 10 déc. 1969, Simon, Quarteron et Visserias, requêtes numéros 73996 à 73998 Rec., p. 567). En second lieu, la loi ne s'applique pas, comme on peut s'en douter, lorsque le dommage a été causé à une dépendance du domaine public.

193. En matière d'accidents nucléaires. On se satisfera de la rareté des cas d'application des lois du 30 octobre 1968 relative à la responsabilité civile dans le domaine de l'énergie nucléaire et du 12 novembre 1965 sur la responsabilité civile des exploitations de navires nucléaires. Suivant ces textes, le juge civil est compétent pour connaître des demandes d'indemnisation en la matière.

§ 2 - La compétence dans le silence de la loi

194. L'exclusion des actes de gouvernement. Il n'y a pas lieu ici de traiter de la question des actes de gouvernement. Ces actes, dont on rappellera qu'ils concernent les rapports entre les pouvoirs publics (par ex., CE, 3 nov. 1933, Desreumeaux, requête numéro 25040, Rec., p. 993 ; S. 1934, 3, p. 9, note R. Alibert ; CE, Ass., 2 mars 1962, Rubin de Servens et a., requêtes numéros 55049 et 55055, Rec., p. 143 ; RDP 1962, p. 288, note Berlia et concl. J.-F. Henry ; AJDA 1962, p. 214, chron. J.-M. Galabert et M. Gentot ; CE, Ass., 9 avr. 1999, Mme Ba, requête numéro 195616, Rec., p. 124 ; RFDA 1999, p. 566, concl. F. Salat-Baroux ; AJDA 1999, p. 409, chron. F. Raynaud et P. Fombeur) ou les rapports entre l'Etat français et les Etats étrangers (par ex., CE, 16 mars 1962, Prince Sliman Bey, requête numéro 47177, Rec., p. 179 ; CE, 23 sept. 1992, GISTI et MRAP, requêtes numéros 120437 et 120737, Rec., p. 346 ; RFDA 1992, p. 752, concl. D. Kessler ; CE, 30 déc. 2015, M. Dupin., requête numéro 384321, Rec., p. 486 ; Dr. adm. 2016, p. 35, note G. Eveillard) ou les organisations internationales (CE, 10 févr. 1978, Confédération française démocratique du travail, requête numéro 05225, Rec., p. 61), sont des actes éminemment politiques qui leur confèrent une immunité de juridiction. Pour les autres actes, il est possible de distinguer les litiges s'inscrivant dans le cadre d'un service public (I) et ceux qui y sont étrangers (II).

I. Les litiges dans le cadre d'un service public

195. Le cas particulier du service public de la justice judiciaire. Deux considérations ont conduit le Tribunal des conflits à attribuer la compétence au juge civil pour connaître des actions en responsabilité liées à la marche des services judiciaires (TC, 27 nov. 1952, Officiers ministériels de Cayenne, requête numéro 1420, Rec., p. 642 ; JCP 1953, II, 7598, note G. Vedel) : la loi de séparation des autorités administratives et judiciaires d'une part, le rattachement de ce service public, non pas au pouvoir exécutif mais à l'autorité judiciaire, d'autre part.

Ceci explique que la juridiction administrative reste compétente pour connaître des litiges en lien avec l'organisation du service, qu'il s'agisse notamment de la détermination de la carte judiciaire (par ex., CE, 19 févr. 2010, Molline et a., requêtes numéros 322407 et a., Rec., p. 20), la nomination (CE, Ass., 27 mai 1949, Véron-Réville, requêtes numéros 93122 et 96949, Rec., p. 246), l'avancement (CE, Ass., 5 nov. 1976, Lyon-Caen, requête numéro 94227, Rec., p. 472 ; AJDA 1977, p. 29, chron. Nauwelaers et L. Fabius), la notation (CE, Ass., 31 janv. 1975, Volff et Exertier, requêtes numéros 84791 et 88338, Rec., p. 70 ; AJDA 1975, p. 124 ; chron. M. Franc et F. Boyon) ou encore la sanction (CE, Sect., 1er déc. 1972, Dlle Obrégo, requête numéro 80195, Rec., p. 751 ; RDP 1973, p. 516, concl. S. Grévisse ; AJDA 1973, p. 31, chron. P. Cabanes et F. Léger) des magistrats de l'ordre judiciaire, autant que – et à plus forte raison – des questions touchant aux collaborateurs de la justice judiciaire (TC, 12 oct. 2015, M. Hoareau, requête numéro 4019, Rec., p. 510 ; AJDA 2015, p. 2370, chron. L. Dutheillet de Lamothe et G. Odinet). La jurisprudence est constante.

La juridiction judiciaire est en revanche compétente pour connaître des décisions d'affectation des magistrats de l'ordre judiciaire et de l'organisation interne à chaque juridiction qui en procéderait (CE, 23 juill. 2010, Syndicat de la magistrature, et Mme Trebucq, requêtes numéros 328463 et 328722, Rec., p. 337). La juridiction judiciaire est encore compétente pour connaître des actes qui se rattachent à l'activité juridictionnelle de l'autorité judiciaire, ce qui inclue les activités de police judiciaire (CE, Sect., 11 mai 1951, Consorts Baud, requête numéro 2542, Rec., p. 265), les actes d'instruction (TC, 19 déc. 1988, Rey, requête numéro 2548, Rec., p. 496) et les actes qui s'inscrivent dans le cadre d'une procédure judiciaire (CE, 15 avr. 2011, Garde des sceaux, Ministre de la Justice et des Libertés, requête numéro 346213, Rec., p. 165) et des actes d'exécution des décisions rendues par les juridictions de l'ordre judiciaire (CE, Sect., 9 nov. 1990, Théron, requête numéro 101168, Rec., p. 313 ; AJDA 1991, p. 546, note N. Belloubet-Frier). Il en va ainsi même si l'acte a été pris par une autorité administrative comme ce peut être le cas lorsque l'administration chargée des domaines a procédé à la destruction d'un bien qui avait été saisi dans le cadre d'une information judiciaire (TC, 15 avr. 2013, Imbert, requête numéro 3895, Rec., T., p. 511). Le juge administratif est encore incompétent pour enjoindre au procureur de la République de restituer au requérant les pièces, documents et autres objets confisqués par le juge pénal, ou même de les lui communiquer (CE, 19 sept. 2016, Martineau, requête numéro 384197, Rec., T.).

196. S'agissant des autres services publics. La répartition des compétences entre les deux ordres de juridiction repose sur la combinaison classique de deux critères. Le premier critère est organique, et il convient à ce titre de rechercher si le service public est pris en charge par une personne publique (A) ou par une personne privée (B). Le second critère sera matériel, la compétence pouvant différer suivant que le service public est administratif ou industriel et commercial.

A. Les services publics pris en charge par une personne publique

197. Les services publics administratifs. En matière contractuelle, le principe est simple : sont de la compétence de la juridiction administrative tous les litiges nés de la conclusion ou de l'exécution d'un contrat administratif. Et, inversement, sont de la compétence du juge judiciaire tous les contrats de droit privé conclus par une personne publique. En matière extracontractuelle, le principe est plus simple encore : le contentieux ressortit entièrement à la compétence de la juridiction administrative sans qu'il soit nécessaire, comme ce sera le cas pour les services publics industriels et commerciaux, de distinguer suivant que le litige oppose la personne publique à un usager, un tiers ou un agent. Qu'importe encore que l'acte soit réglementaire ou individuel, qu'il traduise ou non l'exercice de prérogatives de puissance publique.

198. Les services publics industriels et commerciaux. Il convient de distinguer plusieurs hypothèses.

S'agissant des litiges avec les cocontractants, la circonstance que la personne publique prenne en charge un service public industriel et commercial n'influe pas sur la compétence juridictionnelle. De deux choses l'une ici : soit les critères de qualification du contrat administratif sont réunis et la compétence pour connaître du litige est dévolue à la juridiction administrative ; soit le contrat reste de droit privé et le juge judiciaire est compétent.

S'agissant des litiges avec les usagers, le principe est depuis longtemps connu : les liens existant entre les services publics industriels et commerciaux et leurs usagers sont des liens de droit privé et les litiges opposant la personne publique à l'usager sont de la compétence du juge judiciaire (TC, 22 janv. 1921, Sté commerciale de l'Ouest africain, requête numéro 0706, Rec., p. 91 ; CE, 23 déc. 1921, Sté générale d'armements, requête numéro 66686, Rec., p. 1109 ; RDP 1922, p. 74, concl. C. Rivet). Le principe est particulièrement attractif puisque l'existence d'un contrat, même comportant des clauses exorbitantes du droit commun, ne retire pas sa compétence au juge judiciaire (CE, Sect., 13 oct. 1961, Etablissements Campanon-Rey, requête numéro 44689, Rec., p. 567 ; AJDA 1962, p. 98, concl. C. Heumann et note A. de Laubadère). Dans le même sens, les dommages de travaux publics dont peut être victime l'usager reste de la compétence judiciaire (CE, 14 mai 1937, Sté des forces motrices de la Tarde, requête numéro 41515, Rec., p. 503 ; TC, 24 juin 1954, Dame Galland, requête numéro 1453, Rec., p. 717), y compris lorsque l'action est dirigée non contre le service mais contre une personne ayant collaboré à l'exécution de celui-ci (TC, 21 mars 2005, X. c. Syndicat départemental des collectivités publiques électrifiées de la Dordogne, requête numéro 3442). C'est l'évidence, dans cette hypothèse, la victime du dommage doit l'avoir été en qualité d'usager du service et non en qualité d'usager de l'ouvrage public. Ainsi le dommage reste-t-il de la compétence du juge administratif lorsque l'usager du service de distribution du gaz aura été victime de la rupture d'une canalisation principale (et non particulière) car il sera alors considéré comme tiers au service (CE, Sect., 22 janv. 1960, Gladieu et a., requêtes numéros 39796, 39824, 39844 à 39850 et 39886, Rec., p. 52 ; RDP 1960, p. 686, concl. J. Fournier).

S'agissant des litiges avec les tiers, le traitement est semblable à celui opposant la personne publique et les usagers : le juge judiciaire est compétent, en principe, pour en connaître (TC, 11 juill. 1933, Dame Mélinette, Rec., p. 1237, concl. Rouchon-Mazerat). Par ailleurs, les actes traduisant l'exercice de prérogatives de puissance publique (TC, 22 nov. 1993, Matisse, requête numéro 2876, Rec., p. 410 ; CJEG 1994, p. 599, concl. R. Abraham) sont également de la compétence du juge administratif. En revanche, étant tierce au service, la victime d'un dommage résultant d'un ouvrage devra en toute hypothèse porter son action devant le juge administratif, sans qu'il soit question ici de s'interroger sur la cause de ce dommage, lequel est nécessairement un dommage du fait de l'ouvrage public (CE, Sect., 25 avr. 1958, Dame veuve Barbaza et Sté d'assurances La mutuelle générale française, requêtes numéros 8477 et 12435, Rec., p. 228 ; AJDA 1958, p. 222, chron. J. Fournier et M. Combarnous).

S'agissant des litiges avec les agents, ils sont soumis ici à un régime de droit privé. La compétence pour connaître des litiges y afférents est donc celle de la juridiction judiciaire. Celle-ci n'est toutefois pas absolue. En effet, et sans préjudice de certaines dispositions législatives conférant un statut de droit public aux agents et donc compétence à la juridiction administrative pour connaître des litiges, même individuels, les concernant (par ex., pour les agents de l'ONF, C. forest., art. L. 122-3 ; pour les agents de La Poste, loi n° 90-568 du 2 juillet 1990 relative à l'organisation du service de la poste et des télécommunications, art. 29), restent de la compétence de la juridiction administrative les litiges concernant le directeur de ce service, le comptable s'il a la qualité de comptable public, (CE, Sect., 8 mars 1957, Jalenques de Labeau, requête numéro 15219, Rec., p. 158), ainsi que les fonctionnaires détachés (TC, 4 juill. 1991, Mme Pillard, requête numéro 2670, Rec., p. 469). En outre, et comme en ce qui concerne les usagers et les tiers, les litiges concernant l'organisation du service sont de la compétence du juge administratif (CE, 10 nov. 1961, Missa et Association les Résistants de la Radiodiffusion française, requête numéro 51071, Rec., p. 636).

B. Les services publics pris en charge par une personne privée

199. La compétence judiciaire de principe. S'agissant des litiges relatifs aux services publics pris en charge par une personne privée, la compétence de principe est sans surprise celle du juge judiciaire. Il en est ainsi des litiges à l'égard des usagers comme à l'égard des tiers. Encore faut-il ici réserver deux hypothèses de dérogation.

En premier lieu, il en va des services publics pris en charge par une personne privée comme pour ceux pris en charge par une personne publique, le contentieux afférent aux actes réglementaires reste de la compétence du juge administratif (CE, 31 mars 1995, Touzet et Desaunay, requête numéro 147731, Rec., p. 150 ; CE, 4 mai 2011, Bernardie, requête numéro 341407, Rec., p. 198).

En second lieu, la compétence administrative s'impose en cas de décision traduisant l'exercice de prérogatives de puissance publique (CE, 23 mars 1983, SA Bureau Véritas, requêtes numéros 33803 et 34462, Rec., p. 134).

Par exemple :

- en tant que l'exercice du pouvoir disciplinaire par une fédération sportive à l'égard de ses membres est inhérent à son organisation, il ne traduit pas, par lui-même, l'exercice de prérogatives de puissance publique et la compétence pour connaître des contestations visant ce type de décisions échappe donc à l'ordre administratif (CE, 19 mars 2010, Chotard c. Union cycliste internationale, requête numéro 318549, AJDA 2010, p. 1443, note J.-C. Lapouble) ;

- restent de la compétence de la juridiction judiciaire les décisions se rapportant aux cartes de membres d'une association communale de chasse agréée, prises en dehors de l'exercice des prérogatives de puissance publique (CE, 21 juill. 1989, Houvert, requête numéro 69130, Rec., T., p. 431) ;

- ne relèvent pas davantage de la compétence du juge administratif les décisions d'un établissement d'enseignement privé, reconnu d'utilité publique et participant à l'accomplissement des missions de service public de l'enseignement supérieur, relative au passage d'une année de scolarité dans l'année suivante, après un contrôle de connaissances opéré par un jury propre à l'école (CE, 28 juin 1995, Dubois, requêtes numéros 75258, 108281 et 110416, Rec., T., p. 823).

Le contentieux indemnitaire est également de la compétence judiciaire en l'absence de prérogatives de puissance publique d'une personne privée, même si celle-ci agit dans l'intérêt général (TC, 20 févr. 2008, Peney c. Association Orange Plan de Dieu, requête numéro 3591) ou assure l'exécution d'un service public administratif (CE, Sect., 13 oct. 1978, Association départementale pour l'aménagement des structures des exploitations agricoles du Rhône, requête numéro 03335, Rec., p. 368).

II. Les litiges en dehors du cadre d'un service public

200. Une compétence principalement judiciaire. La juridiction administrative n'est compétente – et elle doit le rester – que pour autant que la nature du litige justifie qu'il soit fait application d'un droit exorbitant du droit commun. Ici encore, et pour l'essentiel, la compétence suit le fond. Ainsi, les litiges en lien avec le domaine privé des personnes publiques (A) autant que les litiges purement privés (B) doivent rester essentiellement de la compétence du juge judiciaire.

A. Les litiges en lien avec le domaine privé des personnes publiques

201. Le principe de la compétence du juge judiciaire. En dépit du lien étroit qu'entretient la domanialité privée à l'intérêt général, et bien que le propriétaire public se distingue du propriétaire privé, il est de jurisprudence constante que, en tant que telle, la gestion du domaine privé ne constitue pas une activité de service public (TC, 24 mai 1884, Veuve Linas, Rec., p. 436). Dès lors, le juge judiciaire est compétent pour connaître du contentieux relatif à la gestion du domaine privé.

Il en résulte que les litiges d'ordre contractuel sont de la compétence du juge judiciaire. C'est le cas notamment des contrats liant l'autorité gestionnaire du domaine et les agents chargés d'en assurer la conservation (TC, 18 juin 2001, Lelaidier, requête numéro 3241, Rec., p. 743). Rien ne s'oppose cependant à ce qu'un contrat relatif à la conservation ou à l'exploitation du domaine privé soit administratif, en raison de la présence d'une clause exorbitante (CE, Sect., 17 déc. 1954, Grosy, requête numéro 82271, Rec., p. 674) ou de ce que le contrat confie au cocontractant une activité de service public (CE, Sect., 20 avr. 1956, Ministre de l'Agriculture c. Consorts Grimouard, requête numéro 33961, Rec., p. 168 ; RDP 1956, p. 1058, concl. M. Long).

Le juge judiciaire est également compétent pour connaître des litiges extracontractuels. Ainsi statue-t-il sur les actions indemnitaires formées contre les préjudices nés d'une gestion défectueuse du domaine privé (CE, Sect., 28 nov. 1975, Office national des forêts c. Abamonte et CPAM de Haute-Saône, requête numéro 90772, Rec., p. 601 ; AJDA 1976, p. 148, note J. Julien-Lafferière ; D. 1976, p. 355, note J.-M. Auby ; RDP 1976, p. 1051, note M. Waline). Le Tribunal des conflits a encore jugé qu'un litige qui a pour objet la mise en œuvre de la responsabilité extracontractuelle de la commune, encourue à l'occasion de la gestion de son domaine privé, en raison de la rupture de pourparlers qui n'avaient pas trait à l'exercice d'une mission de service public sur le domaine privé relève de la compétence de la juridiction judiciaire (TC, 24 avr. 2006, Sté Fraday, requête numéro 3500). Il en va de même d'une action en responsabilité formée à son encontre par des vendeurs qui auraient été conduits à céder leur bien à un prix désavantageux en raison des agissements de la personne publique (CE, 10 févr. 2016, M. Blandin et a., requête numéro 386892, Rec., p. 24).

202. L'effet attractif des travaux publics. Ici comme ailleurs, l'effet attractif des travaux publics est indéniable, qui transfère à la juridiction administrative compétence pour connaître des dommages de travaux publics survenus sur le domaine privé (TC, 8 févr. 1965, Sté Henri Martin c. Sauvadet et a., requête numéro 1842, Rec., p. 811). Encore faut-il prendre garde de caractériser l'existence de travaux publics. En effet, il a été jugé que ne constitue pas un travail public le fait de construire une route destinée à la seule exploitation d'une forêt domaniale, à l'exclusion de toute affectation à la circulation générale (TC, 10 juin 1963, Sté Lombardi et Morello c. Commune de Laruns et SNCF, requête numéro 1785, Rec., p. 786).

203. Les demandes d'expulsion. Les tribunaux judiciaires sont également compétents pour connaître des demandes d'expulsion des occupants sans titre du domaine privé (CE, 29 janv. 1986, Commune de Hartmannswiller, requête numéro 57844, Rec., T., p. 444). On précisera ici que, lorsque la dépendance n'est pas manifestement insusceptible d'appartenir au domaine public, le juge administratif peut être utilement saisi d'une demande tendant à l'expulsion de l'occupant sans titre (CE, 22 oct. 2010, Putswo, requête numéro 335051, Rec., p. 420 ; AJDA 2011, p. 562, note P. Caille ; JCP adm. 2011, n° 20, p. 31, note H. de Gaudemar), ce qui ne trahit en rien le sens de ce qui précède.

204. La réserve des actes détachables. La théorie des actes détachables est susceptible de donner compétence au juge administratif pour connaître d'actes, dans des litiges qui ressortissent pourtant à la compétence du juge judiciaire. Déjà doit-on mentionner le cas des actes réglementaires relatifs à la gestion du domaine privé, lesquels sont de la compétence de la juridiction administrative (CE, 9 juill. 1948, Bourgade et a., requêtes numéros 68956 et 68957, Rec., p. 314), autant que les actes individuels se rattachant à une mission de service public (CE, 3 mars 1975, Courrière et a., requête numéro 85544, Rec., p. 165). Mais encore la juridiction administrative a-t-elle accepté de statuer sur les recours pour excès de pouvoir dirigés contre des actes détachables de contrats de droit privé. On soulignera à quel point le tâtonnement a pu être grand s'agissant de la question de la compétence pour connaître des actes relatifs au domaine privé des personnes publiques. L'état du droit se veut à présent stabilisé. Suivant la jurisprudence du Tribunal des conflits, « la contestation par une personne privée de l'acte, délibération ou décision du maire, par lequel une commune ou son représentant, gestionnaire du domaine privé, initie avec cette personne, conduit ou termine une relation contractuelle, quelle qu'en soit la forme, dont l'objet est la valorisation ou la protection de ce domaine et qui n'affecte ni son périmètre ni sa consistance, ne met en cause que des rapports de droit privé et relève, à ce titre, de la compétence du juge judiciaire ; (…) il en va de même de la contestation concernant des actes s'inscrivant dans un rapport de voisinage » (TC, 22 nov. 2010, Brasserie du Théâtre, requête numéro 3764, Rec., p. 590 ; AJDA 2010, p. 2423, chron. D. Botteghi et A. Lallet ; RDI 2011, p. 450, obs. P. Caille). Ainsi, la décision de non-renouvellement d'un contrat portant occupation du domaine privé relève de la compétence du juge judiciaire

(TC, 22 nov. 2010, Brasserie du Théâtre, requête numéro 3764, préc.). En revanche, la contestation de l'acte par lequel une personne publique décide d'acquérir un bien destiné à faire partie de son domaine privé (CE, 30 déc. 2013, Commune de La Motte-en-Provence, requêtes numéros 365610 et 365611), décide de le vendre (TC, 6 juin 2011, Préfet de Seine-et-Marne c. Sté Participations Premières, requête numéro 3806), ou encore refuse de conclure un contrat d'occupation de locaux relevant du domaine privé (TC, 5 mars 2012, Dewailly c. Caisse communale d'action sociale de Caumont, requête numéro 3833, Rec., p. 506 ; AJDA 2012, p. 1684, note F. Mokhtar ; RDI 2013, p. 159, obs. N. Foulquier) relèvent de la compétence du juge administratif.

B. Les litiges purement privés

205. La compétence judiciaire, en principe. En principe, les litiges nés des actes unilatéraux pris par une personne privée et qui ne sont pas édictés en vertu de prérogatives de puissance publique (CE, 12 déc. 2003, Syndicat national des enseignants professionnels de judo, jujitsu, requête numéro 219113, Rec., T., p. 710), des contrats conclus entre deux personnes privées (un litige opposant un cocontractant de l'administration et son sous-traitant reste ainsi de la compétence du juge judiciaire : CE, 17 févr. 1967, Hardy et Fourgassié, requête numéro 62277, Rec., T., p. 732), de la responsabilité délictuelle (CE, Sect., 30 oct. 1964, Commune d'Ussel, requête numéro 58134, Rec., p. 501) d'une personne privée, échappent à la compétence du juge administratif. Il en va de même, comme on sait, des actions en responsabilité engagées contre les fonctionnaires pour faute personnelle (TC, 30 juill. 1873, Pelletier, Rec., suppl. p. 117, concl. David).

206. La (non) question de la subrogation. L'hypothèse de la subrogation reste ici indifférente. En effet, si la créance ne relève, en principe, du juge judiciaire que si elle est issue d'une « subrogation dans les droits d'une personne privée » (TC, 26 nov. 1973, Compagnie d'Assurances et de Réassurances « Le Secours », requête numéro 1987, Rec., p. 850), la subrogation par une personne publique aux droits d'une personne privée détenant une créance de nature privée ne transfère pas à la juridiction administrative la compétence pour connaître du litige qui lui est relatif (CAA Nantes, 14 nov. 2002, Maniguet, requête numéro 99NT02817).

207. L'exception de l'action « pour le compte de ». A rebours de ce qui vient d'être dit, la compétence est dévolue à la juridiction administrative pour connaître de l'action intentée contre une personne privée si celle-ci dispose d'un mandat exprès d'une personne publique (CE, 10 mars 1971, Maurin, requête numéro 76482, Rec., p. 199). La même logique préside à l'hypothèse du mandat tacite qu'exprime la notion du « pour le compte de ». C'est en matière contractuelle que la notion de « pour le compte » trouve essentiellement à se déployer. Mais, à tout bien considérer, cette notion repose sur la même logique que celle qui octroie à la juridiction administrative compétence pour statuer sur les actes unilatéraux pris par des personnes privées en charge de missions de service public. Ici, en concluant un contrat, la personne privée agit pour le compte de la personne publique. La jurisprudence récente amorce toutefois un virage restrictif. Ainsi le Tribunal des conflits a-t-il considéré qu'un contrat passé par un délégataire de service public en exécution de la convention de délégation ne faisait pas naitre de contrat administratif, le délégataire ayant agi pour son propre compte (TC, 9 juill. 2012, Cie générale des eaux c. Ministre de l'écologie et du développement durable, requête numéro 3834, Rec., T., p. 653 ; BJCP 2012, p. 456, concl. N. Escaut). Ainsi encore le Tribunal des conflits a-t-il jugé qu'un contrat passé par une personne privée chargée par une personne publique d'exploiter un ouvrage public en vue de réaliser des travaux sur cet ouvrage, restait un contrat de droit privé (TC, 16 juin 2014, Sté d'exploitation de la Tour Eiffel c. Sté Séchaud-Bossuyt, requête numéro 3944, Rec., p. 463 ; BJCP 2014, p. 426, concl. N. Escaut). Sans doute donc le champ de l'exception au critère organique se réduit-il, mais la notion de « pour le compte » n'en a pas pour autant été sèchement abandonnée. Nul doute cependant que se maintient, en droit positif, la jurisprudence du Conseil d'Etat suivant laquelle le contrat de service de prestation aéroportuaire conclu entre deux personnes privées est administratif dès lors que la mission d'inspection et de filtrage des passagers, des personnels et des bagages est réalisée pour le compte de l'Etat dans le cadre de son activité de police administrative des aérodromes (CE, 3 juin 2009, Sté Aéroports de Paris, requête numéro 323594, Rec., p. 126).

208. L'abandon de la jurisprudence Sté Entreprise Peyrot. Le mouvement jurisprudentiel le laissait préjuger, c'en est en revanche fini de cet arrêt par lequel le Tribunal des conflits avait jugé que la construction des routes nationales avait le caractère de travaux publics et appartenait « par nature » à l'Etat et que, à ce titre, le juge administratif était compétent pour connaître des litiges résultant de cette activité, alors même que celle-ci aurait été prise en charge par une personne privée, en l'occurrence un concessionnaire d'autoroutes (TC, 8 juill. 1963, Sté Entreprise Peyrot c. Sté de l'autoroute Estérel Côte-d'Azur, requête numéro 1804, Rec., p. 787 ; RDP 1963, p. 776, concl. C. Lasry ; AJDA 1963, chron. M. Gentot et J. Fourré). Cet arrêt, qui traduisait le souci du Tribunal des conflits de ne pas renoncer au critère organique, a été abandonné (TC, 9 mars 2015, Mme Rispal c. Sté des Autoroutes du sud de la France, requête numéro 3984, Rec., p. 500 ; AJDA 2015, p. 1204, chron. J. Lessi et L. Dutheillet de Lamothe ; RFDA 2015, p. 265, concl. N. Escaut ; RFDA 2015, p. 1204, note M. Canedo-Paris ; TC, 9 mars 2015, Sté des Autoroutes du sud de la France c. Garage des pins, requête numéro 3992, Rec., T., p. 745), en tant que, « en l'absence de conditions particulières », de tels contrats ne peuvent être regardés comme conclus « pour le compte de l'Etat ». C'est donc la fin des personnes privées agissant, « par principe », pour le compte d'une personne publique.

209. La théorie du fonctionnaire de fait. Expression de la théorie des apparences (CE, 10 mars 1911, Lachenaud, requête numéro 35879, Rec., p. 311) ou conséquence logique des circonstances exceptionnelles (CE, Sect., 5 mars 1948, Marion et a. et Commune de Saint-Valéry-sur-Somme, requêtes numéros 86937 et

77688, Rec., p. 113) suivant les cas, les actes accomplis par une personne sans qualité pour ce faire peuvent être regardés comme des actes administratifs. La compétence juridictionnelle pour connaître de ces litiges qui opposent deux personnes privées, redevient administrative. Mais après tout, ici encore, c'est bien la notion de « pour le compte de » qui trouve à s'exprimer...

210. Les personnes privées transparentes. Compte tenu de ses modalités d'organisation, de fonctionnement et de financement, ainsi que ses relations avec une personne publique, une personne privée peut être qualifiée par le juge de « transparente ». Les décisions unilatérales que la personne privée prend (CE, 11 mai 1987, Divier c. Association pour l'information municipale, requête numéro 62459, Rec., p. 168) autant que les contrats qu'elle passe (CE, 21 mars 2007, Commune de Boulogne-Billancourt, requête numéro 281796, Rec., p. 130 ; AJDA 2007, p. 915, note J.-D. Dreyfus ; BJCP 2007, p. 230, concl. N. Boulouis), y compris en matière de recrutement (CE, 1er juin 2011, Mme Roulleau, requête numéro 332036), pourront alors être de la compétence du juge administratif.

Sous-section 2 - La concurrence de compétences entre les deux ordres de juridiction

211. Une séparation souple. La question de la répartition des compétences, à titre principal, entre les deux ordres de juridiction s'accompagne de celle de leur concurrence à titre accessoire. En effet, au sein d'un ordre de juridiction, le juge du principal est celui de l'accessoire. Il en va différemment entre les deux ordres, le principe de séparation des autorités administratives et judiciaires s'opposant en grande part à ce que le juge saisi de la question principale s'empare de questions qui ne ressortissent pas de sa compétence. Ceci appelle cependant deux précisions :

- d'une part, la prohibition faite au juge de s'immiscer dans un domaine de compétence qui lui est étranger n'a jamais été absolue et elle l'est encore moins compte tenu des dernières avancées jurisprudentielles, notamment dans les rapports entretenus par le juge administratif et le juge civil (§ 2) ;
- d'autre part, eu égard aux spécificités des fonctions dévolues au juge pénal, il convient d'appréhender distinctement les rapports qu'il entretient avec le juge administratif (§ 1).

§ 1 - Juge administratif et juge pénal

212. L'indépendance des procédures. Le juge administratif et le juge pénal entretiennent inévitablement des rapports réciproques. D'une part, le juge pénal est confronté, dans son office, à certains actes administratifs. La plénitude de compétence qui est la sienne lui confère, sur ces actes, une autonomie absolue à l'égard du juge administratif (I). Dans son office, notamment de juridiction répressive, le juge administratif peut se trouver également face à des situations dont le juge pénal a eu à connaître et se pose alors la question, à la marge cependant, de la chose jugée au pénal (II).

I. La plénitude de compétence du juge pénal

213. La plénitude de juridiction du juge pénal. Sous l'empire de l'ancien code pénal, les juridictions répressives étaient compétentes pour interpréter toutes les décisions administratives et pouvaient se prononcer sur la validité des actes administratifs réglementaires. S'agissant des actes individuels, les choses pouvaient sembler moins évidentes : là où le Tribunal des conflits l'excluait (TC, 5 juill. 1951, Avranches et Desmarets, requête numéro 1187, Rec., p. 638), la chambre criminelle de la Cour de cassation permettait au juge pénal de contrôler les actes administratifs individuels si ceux-ci servaient de base aux poursuites, mais non s'ils étaient invoqués en défense (Cass. crim., 21 déc. 1961, Dame Leroux, Bull. crim. n° 551). L'entrée en vigueur, le 1er mars 1994, du nouveau code pénal, a clarifié heureusement l'état du droit. En effet, aux termes de l'article 111-5 du code pénal, « les juridictions pénales sont compétentes pour interpréter les actes administratifs, réglementaires ou individuels et pour en apprécier la légalité lorsque, de cet examen, dépend la solution du procès pénal qui leur est soumis ».

214. L'obligation pour le juge pénal d'épuiser sa compétence. C'est non seulement une compétence reconnue au juge pénal, mais c'est encore une obligation pour lui que de statuer, au besoin en soulevant d'office le moyen (Cass. crim., 30 oct. 1989, Bull. crim., n° 387), sur toute question de légalité de l'acte administratif dont dépend l'issue procès pénal (Cass. crim., 20 févr. 1996, Bull. crim. n° 81), quand bien même une instance serait pendante devant la juridiction administrative, relative à cette question de légalité (Cass. crim., 2 mars 1971, Bull. crim., n° 72) ou que la juridiction administrative ait préalablement rejeté un recours en annulation formé contre l'acte administratif litigieux (Cass. crim. 17 déc. 2014, numéro 13-86686, Bull. crim.).

215. L'obligation pour le juge pénal de rester dans sa sphère de compétence. Mais telle est encore la limite de sa compétence. En effet, les juridictions pénales ne sont compétentes pour interpréter ou pour apprécier la validité d'un acte administratif que pour autant que la solution du procès pénal qui leur est soumis en dépend (Cass. crim., 1er oct. 2002, Bull. crim., n° 216).

II. L'autorité de la chose jugée au pénal

216. L'opposabilité limitée de la chose jugée au pénal devant la juridiction administrative. La juridiction administrative n'est pas totalement liée par les décisions du juge pénal. Il faut en effet distinguer.

D'une part, l'autorité de la chose jugée au pénal s'impose au juge administratif tant en ce qui concerne les faits litigieux que le dispositif des décisions rendues (CE, Sect., 12 juill. 1929, Vesin, requête numéro 81701, Rec., p. 716, concl. R. Latournerie) et encore doit-on préciser que, très logiquement, l'arrêt de la Cour de cassation qui annule une décision d'une juridiction pénale revêtue de l'autorité de la chose jugée s'impose au juge administratif (CE, 29 mai 2009, Commune de Ligne, requête numéro 319334, Rec., T., p. 904). Pour le reste, l'autorité de la chose jugée au pénal est relative. C'est à certains égards une nécessité qu'il en soit ainsi : il n'appartient pas au juge pénal de prononcer l'annulation d'une décision administrative (Cass. crim., 7 nov. 1908, Bull. crim., n° 427) et une illégalité constatée par le juge pénal n'emporte pas nécessairement l'annulation de l'acte par le juge administratif (par ex., CE, 12 nov. 1990, Madhaoui, requête numéro 105308). Cela ne saurait surprendre : le juge pénal n'est pas le juge naturel de l'administration et la plénitude de juridiction dont il dispose par application de la loi le dispense de poser une quelconque question préjudicielle au juge administratif, rien de plus.

En revanche, et d'autre part, il n'y a pas d'autorité de la chose jugée pour les décisions de non-lieu (CE, 5 mai 1976, Lerquemain, requête numéro 98276, Rec., p. 228, concl. G. Guillaume), pour les faits délaissés au bénéfice du doute (CE, Sect., 11 mai 1956, Chomat, requête numéro 23524, Rec., p. 200), ou encore pour les interprétations ou appréciations des faits ou du droit par la juridiction pénale (CE, Sect., 7 mars 1980, SARL Cinq-Sept, requête numéro 03473, Rec., p. 129, concl. J. Massot).

217. Concernant les juridictions disciplinaires. On ne saurait que trop souligner ici l'indépendance des procédures et l'inopposabilité aux juridictions administratives disciplinaires des décisions rendues au pénal (CE, 26 juill. 1946, Botella, requête numéro 80963, Rec., T., p. 416). Il a été ainsi rappelé que « l'autorité de la chose jugée ne s'étend exceptionnellement à la qualification juridique donnée aux faits par le juge pénal que lorsque la légalité d'une décision administrative est subordonnée à la condition que les faits qui servent de fondement à cette décision constituent une infraction pénale ; que si, en application des articles L. 321-2 du code de justice militaire et 57 du décret du 15 juillet 2005, le fait de s'absenter sans autorisation de son corps ou détachement, de sa base ou formation, au terme des six jours après celui de l'absence constatée, est constitutif à la fois d'une faute disciplinaire passible de sanction disciplinaire et d'une infraction passible d'une sanction pénale, la légalité de la sanction disciplinaire n'est pas subordonnée à la condition que les faits sur lesquels elle est fondée correspondent à l'ensemble des éléments constitutifs d'une telle infraction » (CE, 21 sept. 2011, Min. Défense et Anciens Combattants, requête numéro 349222, Rec., T., p. 1089 ; AJDA 2012, p. 505, note E. Marc). Par ailleurs, l'autorité de la chose jugée au pénal ne s'impose aux juridictions des ordres professionnels qu'en ce qui concerne les constatations matérielles de faits que le juge pénal a retenus et qui sont le support nécessaire de sa décision. Il appartient en revanche à ces juridictions d'apprécier l'intention dans laquelle l'auteur des faits réprimés par le juge pénal a agi (CE, 30 déc. 2013, Devulder, requête numéro 356775, Rec., T., p. 420).

§ 2 - Juge administratif et juge civil

218. Une concurrence nouvelle pour des préoccupations nouvelles. La concurrence de compétences entre juge administratif et juge civil a assurément évolué ces dernières années. Il serait même tentant de dire qu'elle a évolué dans un sens favorable à une lecture plus juste de la loi des 16 et 24 août 1790 (sur l'ensemble de la question, par ex., P. Delvolvé, « Paradoxes du (ou paradoxes sur le) principe de séparation des autorités administrative et judiciaire » in Mélanges René Chapus, Paris, Montchrestien, 1992, pp. 135 et s.). Il serait toutefois hâtif, et à de nombreux égards faux, d'y voir la marque d'une révolution. Le principe de séparation des autorités administratives et judiciaires, dans l'application qu'on a toujours – et abusivement donc – entendu lui donner, demeure. Mais il est indéniablement relu aujourd'hui à la lumière d'autres préoccupations toutes aussi fondamentales, au nombre desquelles celle d'une bonne administration de la justice. Ainsi, l'immixtion du juge civil dans le champ de l'action administrative se trouve davantage facilitée que par le passé (I). En sens inverse, le juge administratif s'est (ré)approprié, en matière de voie de fait et d'emprise, une grande partie de la compétence qui lui échappait jusqu'à encore récemment (II).

I. Le juge civil face aux actes administratifs

219. De la jurisprudence Septfonds... C'était un principe acquis de longue date, longtemps non démenti, suivant lequel, si le juge civil pouvait interpréter un acte administratif réglementaire – et réglementaire seulement –, il n'appartenait qu'à la seule juridiction administrative d'en apprécier la légalité (TC, 16 juin 1923, Septfonds, requête numéro 0732, Rec., p. 498). Ainsi, en cas de doute quant à la légalité d'une décision administrative, individuelle comme réglementaire, dont dépendait la solution du litige qui lui était soumis, le juge civil devait surseoir à statuer et adresser une question préjudicielle au juge administratif. Une telle jurisprudence avait le mérite d'être tournée vers le principe de séparation des autorités administratives et judiciaires. Elle se trouvait encore confortée par la jurisprudence constitutionnelle suivant laquelle la juridiction administrative est seule compétente, au regard de la conception française de la séparation des pouvoirs, pour statuer sur les demandes d'annulation ou de réformation des actes pris par les autorités administratives dans l'exercice de leurs prérogatives de puissance publique (Cons. const., décision numéro 86-224 DC du 23 janv. 1987, Loi transférant à la juridiction judiciaire le contentieux des décisions du Conseil de la concurrence, préc.).

220. ... à la décision SCEA du Chéneau. Pour toute logique que la jurisprudence classique du Tribunal des conflits pouvait paraitre, l'heure était probablement à une évolution, à la fois nécessaire et prévisible.

Nécessaire, d'une part, à deux égards. En premier lieu, elle était nécessaire en ce que de nombreuses questions, en opportunité, ne méritaient pas que fût maintenue l'obligation pour le juge civil de poser des questions préjudicielles au juge administratif, parce que ne présentant pas de difficulté sérieuse. Elle était nécessaire, en second lieu, en qu'il y a comme une incohérence à reconnaître la faculté pour le juge civil de se prononcer sur la conventionnalité d'une loi (Cass. ch. mixte, 24 mai 1975, Sté des cafés Jacques Vabre, D. 1975, p. 497, concl. A. Touffait ; AJDA 1975, p. 567, note J. Boulouis) et lui dénier cette faculté en présence d'un acte réglementaire. Au demeurant, la faculté laisse place à l'obligation en application du Traité de Rome (CJCE, 9 mars 1978, affaire numéro 106/77, Simmenthal ; CJCE, 19 juin 1990, Factortame e.a, numéro C-213/89, Rec., p. I-2433), et la Cour de cassation avait déjà apporté un tempérament à la jurisprudence Septfonds lorsque le droit communautaire était en cause (Cass. com, 6 mai 1996, France Telecom, numéro 94-13.347 ; AJDA 1996, p. 1033, note M. Bazex ; RFDA 1996, p. 1161, note B. Seiller).

Prévisible, d'autre part, eu égard au principe d'une bonne administration de la justice, érigé en objectif de valeur constitutionnelle (Cons. const., décision numéro 2006-545 DC du 28 déc. 2006, Loi pour le développement de la participation et de l'actionnariat salarié et portant diverses dispositions d'ordre économique et social, Rec. Cons. const., p. 138). On mesure aisément les inconvénients qu'emporte pour le juge civil – mais alors et surtout pour le justiciable – l'obligation de saisir l'autre ordre de juridiction : l'allongement, *a fortiori* inutile, des durées de procédures dont on sait qu'elles sont déjà trop longues, n'apporte rien sinon le risque d'engager la responsabilité de l'Etat pour durée anormalement longue de la procédure juridictionnelle. Le Tribunal des conflits a pris acte de ces considérations, en énonçant, d'une part, que « si, en cas de contestation sérieuse portant sur la légalité d'un acte administratif, les tribunaux de l'ordre judiciaire statuant en matière civile doivent surseoir jusqu'à ce que la question préjudicielle de légalité de cet acte soit tranchée par la juridiction administrative, il en va autrement lorsqu'il apparaît manifestement, au vu d'une jurisprudence établie, que la contestation peut être accueillie par le juge saisi au principal », d'autre part, que concernant le droit de l'Union européenne, le juge civil doit, « lorsqu'il s'estime en l'état de le faire, appliquer le droit de l'Union, sans être tenu de saisir au préalable la juridiction administrative d'une question préjudicielle, dans le cas où serait en cause devant lui, à titre incident, la conformité d'un acte administratif au droit de l'Union européenne » (TC, 17 oct. 2011, Préfet de la Région Bretagne, Préfet d'Ille et Vilaine, SCEA du Chéneau c. INAPORC c. Cherel c. CNIEL, requêtes numéros 3828 et 3829, Rec., p. 698, concl. J.-D. Sarcelet ; AJDA 2012, p. 27, chron. M. Guyomar et X. Domino). Le principe trouve à s'appliquer également aux contrats administratifs auxquels le juge civil peut être confronté (Cass. civ. 1ère, 24 avr. 2013, numéro 12-18.180). La jurisprudence SCEA du Chéneau ne vaut d'ailleurs pas pour la seule question de la compétence du juge civil. En effet, le parallélisme existe aujourd'hui pour la juridiction administrative qui, sur le même fondement, s'autorise par exemple à apprécier la validité d'un acte de droit privé en absence de contestation sérieuse (CE, Sect., 23 mars 2012, Fédération Sud Santé sociaux, requête numéro 331805, Rec., p. 102 ; RFDA 2012, p. 429, concl. C. Landais ; AJDA 2012, p. 1583, note E. Marc ; Dr. adm. 2012, comm. 56, note F. Melleray).

II. Le juge administratif face à la voie de fait et à l'emprise

221. Les lignes ont bougé. C'était traditionnellement une compétence dévolue au juge civil que celle de statuer sur les voies de fait (A) et les emprises irrégulières (B). La jurisprudence du Conseil d'Etat a toutefois eu pour effet mécanique de restreindre le champ d'application de ces deux notions, sans préjudice d'une concurrence partielle mais effective pour en connaître.

A. La voie de fait

222. Une réponse aux carences du contentieux administratif. La voie de fait est une construction purement prétorienne qui, en dépit des critiques récurrentes formulées à son encontre, ne manque pas de pertinence. Certains actes, en effet, sont entachés d'une illégalité si grave et si attentatoire à la liberté ou au droit de propriété qu'ils doivent être disqualifiés, ne pouvant plus, eu égard à leurs effets, être appréhendés comme des actes administratifs. Dès lors, la juridiction administrative n'est plus compétente pour connaître de ces actes, au bénéfice du juge de droit commun, c'est-à-dire du juge civil. A cette considération – qui pouvait, au moins théoriquement, se suffire à elle-même – s'ajoutait une autre, d'ordre plus pratique mais non moins déterminante : le juge administratif ne disposait traditionnellement pas de pouvoirs d'injonctions permettant de mettre utilement fin à ce type d'atteintes et, quand bien même le juge administratif en aurait disposé, le contentieux administratif n'offrait pas une procédure d'urgence autorisant une intervention décisive du juge administratif. Dans ces conditions, on comprend le succès initial de la voie de fait. En effet, en cas de voie de fait, le juge judiciaire se voit reconnaître plénitude de juridiction, y compris en référé. Il a compétence pour condamner l'administration à l'allocation de dommages-intérêts (TC, 30 juin 1969, Sté civile immobilière des Praillons c. Commune de Boissettes et du Mée-sur-Seine, requête numéro 1928, Rec., p. 684). Il dispose d'un pouvoir d'injonction lui permettant de faire cesser, autant que prévenir, efficacement les comportements constitutifs de voie de fait (TC, 30 oct. 1947, Epoux Baristein c. Lemonnier, requête numéro 983, Rec., p. 511), le cas échéant sous astreinte.

223. Critique de la voie de fait. La voie de fait n'a cependant pas manqué de susciter la critique, moins dans son principe que dans ses conséquences. En premier lieu, l'identification de la voie de fait n'a jamais été chose aisée, et les magistrats de l'ordre judiciaire ont parfois été trop enclins à identifier une voie de fait là où il n'y en avait pas vraiment, avec pour avantage de pouvoir alors s'immiscer dans l'action administrative. En second lieu, le juge administratif se devait de décliner sa compétence là où il aurait pu, et parfois voulu, connaître efficacement du litige. On mesure à cet égard le palliatif que pouvait constituer l'inexistence juridique.

224. De la distinction avec l'inexistence juridique. La voie de fait ne doit pas être confondue avec l'inexistence juridique de l'acte mais il faut admettre ici que l'inexistence est un moyen utile au juge administratif pour recouvrer sa compétence sur des actes qui, en application des principes, devraient lui échapper. On rappellera ici qu'il existe deux types d'inexistence. Un acte peut être matériellement inexistant parce qu'il n'a jamais été pris (CE, 28 févr. 1986, Commissaire de la République des Landes, requête numéro 62206, Rec., p. 50 ; AJDA 1986, p. 326, note J. Moreau ; RDP 1986, p. 1468, note J.-J. Luby ; RFDA 1987, p. 219, note J.-C. Douence) ou qu'il reste introuvable (CE, Sect., 26 janv. 1951, Galy, requête numéro 87811, Rec., p. 46). Un acte peut encore être juridiquement inexistant. Les contours de cette inexistence sont plus difficiles à tracer. Il existe en réalité plusieurs catégories d'actes juridiquement inexistants. La première catégorie englobe quelques séries d'actes dont le Conseil d'Etat entend marquer nettement l'irrégularité par une sanction plus solennelle (L. Derepas, concl. sur CE, 26 janv. 2007, Commune de Neuville-sur-Escaut, BJCL 2007, pp. 126 et s.) : nominations pour ordre (CE, Sect., 30 juin 1950, Massonaud, requête numéro 1326, Rec., p. 400, concl. J. Delvolvé), actes pris à l'égard d'un fonctionnaire en contradiction avec la règle de la limite d'âge dans la fonction publique (CE, Sect., 3 févr. 1956, de Fontbonne, requête numéro 8035, Rec., p. 45 ; AJDA, 2, p. 93, chron. F. Gazier ; RDP 1956, p. 859, note M. Waline) ou encore décision prise par la municipalité en lieu et place soit du maire soit du conseil municipal (CE, 9 nov. 1983, Saerens, requête numéro 15116, Rec., p. 453). La seconde catégorie englobe les actes qui s'apparentent à une voie de fait. Il n'existe certes pas une équivalence parfaite entre inexistence juridique et voie de fait et le Conseil d'Etat a considéré certains actes constitutifs d'une voie de fait comme illégaux et non comme inexistants (CE, Sect., 31 janv. 1958, Sté des établissements Lassalle-Astis, requête numéro 26910, Rec., p. 63). En outre, là où la voie de fait peut également consister dans des comportements ou dans l'exécution matérielle d'une décision, l'inexistence juridique n'intéresse que des actes juridiques. En dépit de cette non-concordance parfaite, le Tribunal des conflits a pu, en certaines occasions, regarder ces deux notions comme équivalentes (TC, 27 juin 1966, Guigon c. Armées, requête numéro 1889, Rec., p. 830) et le Conseil d'Etat d'adopter le même réflexe (CE, 13 juill. 1966, Guigon, requête numéro 54130, Rec., p. 476 ; CE, 11 mars 1998, Ministre de l'Intérieur c. Mme Auger, requête numéro 169794, Rec., p. 676). L'intérêt est donc bien celui-ci : le juge administratif a pu, grâce à l'inexistence juridique, connaître d'actes qui, constitutifs de voies de fait, ressortissaient à la compétence de la juridiction civile, étant précisé toutefois que le juge administratif ne disposait que du seul pouvoir de déclarer la décision nulle et non avenue (CE, Ass., 18 juin 1976, Konaté, requête numéro 02714, Rec., p. 321). L'évolution de la jurisprudence administrative récente a pu faire perdre à cette assertion une partie de sa pertinence.

225. La mouvance des contours de la voie de fait. La voie de fait n'a pas toujours reçu la même définition suivant les époques. Si l'on veut remonter à la conception originelle, il y avait voie de fait, pour peu cependant qu'une liberté fondamentale ou que la propriété privée, mobilière (TC, 15 mars 1951, Comptoir linier, requête numéro 1319, Rec., p. 630) comme immobilière (TC, 15 févr. 2010, Mme Taharu c. Haut commissaire de la République en Polynésie française, requête numéro 3722, Rec., p. 575 ; AJDA 2010, p. 372, chron. S.-J. Liéber et D. Botteghi), fut atteinte, dans deux séries hypothèses. Tel était le cas, d'une part, toutes les fois où l'administration adoptait une décision ou un comportement étrangers, par leur objet, à l'exercice de la fonction administrative (CE, Ass., 18 nov. 1949, Carlier, requêtes numéros 77441 et 77442, Rec., p. 490). Tel était le cas, d'autre part, en cas d'exécution forcée irrégulière (par ex., pour une expulsion d'office d'un logement de fonction en l'absence d'urgence et en dehors de la procédure juridictionnelle offerte à l'administration : TC, 25 nov. 1963, Epoux Pelé c. Maire de Pré-en-Pail, requête numéro 1833, Rec., p. 795), sauf si l'exécution d'office était autorisée par la loi (TC, 15 juin 1970, Dame Audebert c. SNCF, requête numéro 1950, Rec., p. 887), en cas d'urgence (TC, 25 nov. 1963, Commune de Saint-Just-Chaleyssin et Rey c. Epx Thomas, requête numéro 1828, Rec., p. 793, concl. J. Chardeau), ou lorsque l'obligation expressément imposée par une loi n'était pas accompagnée d'une sanction réprimant expressément les conséquences de cette obligation (TC, 12 mai 1949, Dumont c. Bonnel, requête numéro 1106, Rec., p. 596). L'avènement du référé liberté par la loi du 30 juin 2000 n'y a sans doute pas été étranger, le Tribunal des conflits a rendu, en 2000, un arrêt tenant lieu de synthèse : il y avait alors voie de fait « de la part de l'administration (...) que dans la mesure où l'administration, soit a procédé à l'exécution forcée, dans des conditions irrégulières, d'une décision, même régulière, portant atteinte à la liberté individuelle ou aboutissant à l'extinction du droit de propriété, soit a pris une décision qui a les mêmes effets d'atteinte à la liberté individuelle ou d'extinction du droit de propriété et qui est manifestement insusceptible de se rattacher à un pouvoir appartenant à l'autorité administrative » (TC, 23 oct. 2000, Boussadar c. Ministre des affaires étrangères, requête numéro 3227, Rec., p. 775 ; AJDA 2001, p. 143, chron. M. Guyomar et P. Collin).

226. Définition actuelle de la voie de fait. Il est vrai que, pour logique et pertinente que la construction de la notion a pu être, la combinaison des lois du 8 février 1995 et du 30 juin 2000 a considérablement amoindri l'intérêt de réserver au juge civil le traitement des voies de fait. Le Conseil d'Etat a fini par considérer que le juge administratif est compétent pour connaître de telles atteintes, en référé liberté, implicitement d'abord (CE, 12 mai 2010, Alberigo, requête numéro 333565, Rec., T., p. 904) puis expressément (CE, 23 janv. 2013, Commune de Chirongui, requête numéro 365262, Rec., p. 6 ; AJDA 2013, p. 788, chron. X. Domino et A. Bretonneau ; RFDA 2013, p. 299, note P. Delvolvé). Il le fera même *contra legem*, l'article L. 521-2 du code de justice administrative réservant la compétence du juge du référé liberté aux hypothèses où l'acte ou le fait juridiques s'inscrivent dans l'exercice de ses pouvoirs par l'autorité administrative. L'assaut frontal du juge administratif contre la voie de fait ne pouvait rester sans conséquence, à plus forte raison parce qu'il traduisait une évolution de la réflexion autour de cette notion. Le

Tribunal des conflits en a pris acte et a procédé à une nouvelle délimitation de la notion, jugeant qu'« il n'y a voie de fait de la part de l'administration (...) que dans la mesure où l'administration, soit a procédé à l'exécution forcée, dans des conditions irrégulières, d'une décision, même régulière, portant atteinte à la liberté individuelle ou aboutissant à l'extinction du droit de propriété, soit a pris une décision qui a les mêmes effets d'atteinte à la liberté individuelle ou d'extinction du droit de propriété et qui est manifestement insusceptible de se rattacher à un pouvoir appartenant à l'autorité administrative » (TC, 17 juin 2013, Bergoend c. ERDF Annecy Léman, requête numéro 3911, Rec., p. 370 ; AJDA 2013, p. 1568, chron. X. Domino et A. Bretonneau ; RFDA 2013, p. 1041, note P. Delvolvé ; RJEP 2013, p. 17, note B. Seiller).

227. Conséquences de l'évolution de la définition. La notion de voie de fait ainsi resserrée, les hypothèses de compétence du juge judiciaire en sont d'autant moins fréquentes. La soumission de la Cour de cassation à cette évolution rend le constat plus net encore : la réalisation de travaux sur une propriété privée ne conduit pas à l'extinction d'un droit de propriété (Cass. civ. 1ère, 13 mai 2014) ; l'implantation irrégulière d'un ouvrage public sur un terrain privé n'est pas insusceptible de se rattacher à un pouvoir de l'administration (Cass., civ. 3ème, 11 mars 2015), sans compter qu'elle ne conduit que rarement à une extinction du droit de propriété.

B. L'emprise

228. Définition classique de l'emprise. L'emprise peut être régulière ou irrégulière. L'emprise est régulière lorsque l'administration y a procédé après avoir respecté les conditions posées par le texte qui lui sert de fondement. L'emprise irrégulière a sans conteste prospéré – sans se limiter à ce cas de figure – à l'ombre de la théorie de l'expropriation indirecte. L'emprise irrégulière consistait (car il faut bien parler ici au passé) dans la prise de possession irrégulière d'une propriété immobilière par l'administration. Dans une telle hypothèse, la compétence pour connaître de l'action en réparation du préjudice subi ressortissait à la seule compétence du juge judiciaire. Trois conditions devaient être réunies : il fallait une occupation ou une dépossession même temporaire (CE, 21 déc. 1923, Sté française des Nouvelles-Hébrides, requête numéro 70351, Rec., p. 871), irrégulière (TC, 29 juin 1895, Sanières, Rec., p. 559), de la propriété immobilière ou d'un droit réel immobilier (TC, 14 nov. 1938, Baudéan, requête numéro 850, Rec., p. 1011, concl. P.-L. Josse). Les conditions d'ouverture de l'emprise irrégulière s'avéraient donc moins contraignantes que celles de la voie de fait. Dans le même temps, les pouvoirs du juge de l'emprise irrégulière – juge judiciaire ici encore – étaient moins importants, celui-ci ne disposant que du pouvoir d'indemniser le propriétaire à raison du préjudice subi, sans même disposer de la faculté de reconnaître par lui-même l'irrégularité de l'emprise (TC, 30 juin 1949, Nogier, requête numéro 1041, Rec., p. 604) sauf l'hypothèse de l'acte clair (TC, 17 mars 1949, Sté « Hôtel du Vieux Beffroi », requête numéro 1077, Rec., p. 592). C'est, du reste, l'une des critiques récurrentes formulées à l'encontre de cette théorie, la répartition des rôles entre juge administratif et juge judiciaire ayant été jugée coupable de lourdeurs et de lenteurs procédurales. Le resserrement de la notion de voie de fait sonnait comme la fin annoncée de celle de l'emprise irrégulière.

229. Une trajectoire similaire à celle de la voie de fait. La théorie traditionnelle de l'emprise irrégulière ne pouvait pas rester à l'abri des conséquences du resserrement de la notion de voie de fait par l'arrêt Bergoend. Et le Tribunal des conflits n'a pas tardé à en donner la preuve la plus éclatante : « dans le cas d'une décision administrative portant atteinte à la propriété privée, le juge administratif, compétent pour statuer sur les recours en annulation d'une telle décision et, le cas échéant, pour adresser des injonctions à l'administration, l'est également pour connaître de conclusions tendant à la réparation des conséquences dommageables de cette décision administrative, hormis le cas où elle aurait pour effet l'extinction du droit de propriété » (TC, 9 déc. 2013, M. et Mme Panizzon c. Commune de Saint-Palais-sur-mer, requête numéro 3931, Rec., p. 376 ; AJDA 2014, p. 216, chron. A. Bretonneau et J. Lessi ; RDI 2014, p. 171, obs. N. Foulquier). Si cet énoncé conduit à réduire l'emprise irrégulière à peau de chagrin, il semble excessif – et donc faux – de prétendre qu'elle a été purement et simplement abandonnée par le Tribunal des conflits. On ne saurait, en effet, considérer que les seules voies de fait justifient depuis 2013 la compétence du juge judiciaire pour condamner l'administration à réparer les atteintes au droit de propriété : certaines de ces atteintes, qui conduisent à l'extinction du droit de propriété, sont manifestement insusceptibles de se rattacher à un pouvoir appartenant à l'autorité administrative (en ce sens, CAA Marseille, 5 juin 2014, Del Negro, requête numéro 12MA00144). On admettra cependant que l'essentiel de la compétence en matière d'emprise est à présent dévolu au juge administratif.

Sous-section 3 - Le règlement des conflits de compétence

230. Une institution indispensable pour régler des problèmes inévitables. Le Tribunal des conflits (§ 1) est une juridiction dont les décisions « s'imposent à toutes les juridictions de l'ordre judiciaire et de l'ordre administratif » (loi du 24 mai 1872 relative au Tribunal des conflits, art. 11). Il trouve son origine dans la Constitution du 4 novembre 1848 et son organisation a été initialement déterminée par une loi du 3 mars 1849. Avec la loi du 24 mai 1872, le Tribunal des conflits a acquis sa pérennité, et même une forme d'immutabilité. Ce n'est qu'en 2015 qu'il a pu être rénové et modernisé (loi n° 2015-177 du 16 février 2015 relative à la modernisation et à la simplification du droit et des procédures dans les domaines de la justice et des affaires intérieures, et décret n° 2015-233 du 27 février 2015 relatif au Tribunal des conflits et aux questions préjudicielles), lui permettant de répondre encore mieux aux différentes hypothèses de conflits de compétence (§ 2).

§ 1 - Le Tribunal des conflits

231. La composition du Tribunal des conflits. Le Tribunal des conflits était composé du garde des sceaux, qui en était le président, de trois conseillers d'Etat en service ordinaire élus par les conseillers en service ordinaire, de trois conseillers à la Cour de cassation nommés par leurs collègues, de deux membres et de deux suppléants qui étaient élus par la majorité des autres juges déjà mentionnés. La loi du 16 février 2015 a rénové cette composition. Ainsi, dans sa formation ordinaire, le Tribunal des conflits comprend, pour une durée de trois ans renouvelables deux fois, quatre conseillers d'Etat en service ordinaire élus par l'assemblée générale du Conseil d'Etat, quatre magistrats élus par et parmi les magistrats du siège hors hiérarchie de la Cour de cassation, deux suppléants élus, l'un par l'assemblée générale du Conseil d'Etat parmi les conseillers d'Etat en service ordinaire et les maîtres des requêtes, l'autre par l'assemblée générale des magistrats du siège de la Cour de cassation parmi les conseillers hors hiérarchie et référendaires (loi du 24 mai 1872, art. 2). Le Tribunal des conflits ne peut délibérer que si cinq membres au moins sont présents (loi du 24 mai 1872, art. 5) et revenant sur sa jurisprudence antérieure (TC, 13 janv. 1958, Alioune Kane, requête numéro 1623, Rec., p. 790), le Tribunal des conflits a admis la faculté de demander la récusation de ceux dont l'impartialité est en cause (TC, 18 mai 2015, Krikorian c. Premier ministre, requête numéro 3995). Dans le cas où, après une seconde délibération, les membres du tribunal n'ont pu se départager, l'affaire est examinée en formation élargie. A la formation ordinaire, s'ajoutent dans ce cas deux conseillers d'Etat en service ordinaire et deux magistrats du siège hors hiérarchie de la Cour de cassation élus, dans les mêmes conditions que celles présidant à l'élection des membres de la formation ordinaire. Le Tribunal ne peut alors siéger que si tous les membres sont présents ou suppléés (loi du 24 mai 1872, art. 6).

A l'exception des suppléants, les membres choisissent, au scrutin secret et à la majorité des voix, parmi eux, pour trois ans, un président issu alternativement du Conseil d'Etat et de la Cour de cassation (loi du 24 mai 1872, art. 3). Lorsque la solution de la question soumise au Tribunal des conflits s'impose avec évidence, le président, conjointement avec le membre le plus ancien appartenant à l'autre ordre de juridiction, peut statuer par voie d'ordonnance dans les cas prévus par décret en Conseil d'Etat (loi du 24 mai 1872, art. 10).

Les fonctions de rapporteur public sont prises en charge, pour une durée de trois ans renouvelables deux fois, par deux membres du Conseil d'Etat, élus par l'assemblée générale du Conseil d'Etat parmi les rapporteurs publics, et deux membres du parquet général de la Cour de cassation, élus par l'assemblée générale des magistrats hors hiérarchie du parquet général parmi eux (loi du 24 mai 1872, art. 4).

232. La procédure devant le Tribunal des conflits. La procédure devant le Tribunal des conflits est écrite (décret du 27 février 2015, art. 3). A l'exception de l'Etat, qui peut être représenté par le ministre ou un fonctionnaire ayant reçu délégation à cette fin, les parties sont représentées par un avocat au Conseil d'Etat et à la Cour de cassation (décret du 27 février 2015, art. 5). Les interventions sont admises (décret du 27 février 2015, art. 6). Un rapporteur est désigné par le président après qu'il ait décidé de la date de la séance durant laquelle l'affaire sera appelée, les parties devant être avisées de cette date cinq jours au moins avant la séance (décret du 27 février 2015, art. 8). Une fois étudié par le rapporteur, le dossier est adressé à un rapporteur public, appartenant à l'autre juridiction suprême que celle à laquelle appartient le rapporteur, désigné par le président (décret du 27 février 2015, art. 9). Le déroulement de l'audience est identique à celui connu devant les juridictions administratives (décret du 27 février 2015, art. 10).

§ 2 - Les hypothèses de conflits de compétence

233. Deux hypothèses de conflits. Il existe deux hypothèses de conflit : le conflit positif (I) et le conflit négatif (II).

I. Le conflit positif

234. Signification du conflit positif. Conçu fondamentalement comme le moyen de garantir l'indépendance gouvernementale, le conflit positif a pour finalité de soustraire à l'autorité judiciaire un litige dont elle est saisie, en raison du principe de séparation des autorités administratives et judiciaires. C'est d'ailleurs la raison pour laquelle le conflit peut être élevé, non seulement en présence d'un acte administratif, mais également en présence d'un acte de gouvernement (TC, 18 juin 1852, Héritiers d'Orléans, Rec., p. 252). Aucun texte ne recense les juridictions de l'ordre judiciaire susceptibles d'être destinataires d'un déclinatoire de compétence. Il y a lieu, cependant, et au regard de la rédaction des textes, de réserver cette possibilité aux seules juridictions pourvues d'un ministère public assumé par un magistrat. Il s'agit donc essentiellement des tribunaux de grande instance et des cours d'appel, mais également des tribunaux de commerce (TC, 17 nov. 1975, Cie française des pétroles c. Sté pétrolière française en Algérie, requête numéro 2019, Rec., p. 799), des tribunaux d'instance, des tribunaux de police (TC, 28 févr. 1977, X. c. Jouvent et Fifis, requête numéro 2050, Rec., p. 663, concl. J. Morisot), des juridictions prudhommales, des juridictions de sécurité sociale (TC, 2 mars 1987, Commissaire de la République de la région Centre, requête numéro 2465, Rec., p. 446).

235. Le déclinatoire de compétence. Le conflit positif peut être élevé tant qu'il n'a pas été statué sur la compétence par une décision passée en force de chose jugée (décret du 27 février 2015, art. 18). Il en résulte que le donné acte d'un désistement s'oppose à la recevabilité d'un déclinatoire de compétence postérieur (TC, 1er févr. 1954, Bailone et Bourgade c. Gilloux, requête numéro 1491, Rec., p. 701). Le préfet territorialement compétent (il peut s'agir également du préfet maritime : TC, 15 avr. 1905, Commune de Mimizan c. Etat, requête numéro 584, Rec., p. 399), en cas d'absence ou d'empêchement le secrétaire général de la préfecture (TC, 27 nov. 1952, Sté des lièges des Hamendas et de la Petite Kabylie, requête numéro 1309, Rec., p. 640), en aucun cas le ministre de l'Intérieur (TC, 22 mars 2004, M. Le Sourd et Sté Bristol Myers Squibb c. Ministre de l'Intérieur, requête numéro 3398, Rec., p. 516), adresse son déclinatoire de compétence motivé au greffe de la juridiction (décret du 27 février 2015, art. 19 al. 1er). Les parties en sont informées et disposent d'un délai de quinze jours, à compter de la notification, pour faire connaître leurs observations écrites (décret du 27 février 2015, art. 19 al. 2). Le ministère public reçoit également communication du déclinatoire et dispose du même délai pour adresser son avis au greffe, lequel le communique alors au préfet et aux parties (décret du 27 février 2015, art. 19 al. 3). L'urgence peut justifier la fixation de délais plus courts par le président de la juridiction (décret du 27 février 2015, art. 19 al. 4). La juridiction statue sans délai sur le déclinatoire de compétence (décret du 27 février 2015, art. 20). Déclinatoire sur déclinatoire ne vaut et le préfet ne peut donc déposer un nouveau déclinatoire de compétence, quand bien même celui-ci reposerait sur des motifs différents (TC, 24 juill. 1939, Dlle Ducousso, requête numéro 864, Rec., p. 669, concl. Dayras).

236. L'arrêté de conflit. L'arrêté de conflit peut intervenir dans deux hypothèses, soit contre le rejet du déclinatoire de compétence par la juridiction ou lorsque la juridiction a passé outre le déclinatoire et jugé au fond (décret du 27 février 2015, art. 22 al. 1er), soit contre l'arrêt rendu en appel infirmant l'admission du déclinatoire de compétence (art. 22 al. 2). Le préfet dispose d'un délai de 15 jours pour élever le conflit (décret du 27 février 2015, art. 22) et, passé ce délai, le conflit ne peut plus être élevé (décret du 27 février 2015, art. 25). Il y a tout lieu de croire que la jurisprudence est toujours en vigueur, suivant laquelle, lorsque l'arrêté de conflit soulevé en première instance était tardif, il est toujours possible au préfet de prendre un nouvel arrêté de conflit au cours de l'instance au fond devant la cour d'appel (TC, 17 juill. 1952, Sté « Les tanneries de France », requête numéro 1415, Rec., p. 634). L'arrêté de conflit doit être motivé (art. 23). Il contraint la juridiction à surseoir à statuer (décret du 27 février 2015, art. 26). Il est tenu à la disposition des parties, pendant 15 jours, au greffe de la juridiction, lesquelles peuvent formuler des observations et produire des pièces qui seront versées au dossier (art. 27). Le dossier est alors adressé au Tribunal des conflits (décret du 27 février 2015, art. 28) qui statue dans le délai de trois mois à compter de sa réception (art. 29) à peine de délier la juridiction saisie de l'affaire (décret du 27 février 2015, art. 30).

II. Le conflit négatif

237. La prévention du conflit négatif. La prévention du conflit négatif est un cas de saisine institué par un décret du 25 juillet 1960 qui se décline en deux hypothèses. Lorsqu'une juridiction est saisie et estime qu'une question sérieuse mettant en cause le principe de séparation des autorités administratives et judiciaires, elle peut renvoyer cette question, par une décision motivée, au Tribunal des conflits afin qu'il statue sur la compétence (décret du 27 février 2015, art. 35). Lorsqu'une juridiction a, par une décision devenue définitive (ce qui ne concerne que les voies de recours ordinaires : TC, 27 juin 1966, Dame Pérou c. Dame Bouvet, requête numéro 1888, Rec., p. 832), décliné la compétence de son ordre de juridiction, toute juridiction de l'autre ordre qui viendrait à être saisie de l'affaire et qui considèrerait à son tour ne pas être compétente, doit surseoir à statuer et saisir le Tribunal des conflits afin qu'il tranche la question (décret du 27 février 2015, art. 32). Le Tribunal des conflits détermine l'ordre de juridiction compétent et déclare nuls et non avenus les jugements et actes de procédure pris par la ou les juridictions de l'ordre incompétent (décret du 27 février 2015, art. 34). Le Tribunal des conflits se prononce dans les deux cas dans un délai de trois mois, lequel pourra être porté à cinq mois en cas de nécessité ou en cas de réouverture des débats et de renvoi (décret du 27 février 2015, art. 36).

238. La survenance du conflit négatif. Lorsque la prévention du conflit négatif n'a pas été mise en œuvre et que les deux ordres de juridiction se sont déclarés incompétents sur la même affaire, les parties intéressées peuvent saisir le Tribunal des conflits afin qu'il désigne l'ordre de juridiction compétent (décret du 27 février 2015, art. 37), dans les deux mois suivant la date à laquelle la plus tardive des décisions juridictionnelles est devenue irrévocable (décret du 27 février 2015, art. 38). On soulignera le bon sens dont peut faire preuve le Tribunal des conflits dans son appréciation de l'existence d'un conflit négatif : une autorité administrative demande au juge judiciaire qu'il ordonne la libération d'une dépendance qu'il estime appartenir au domaine public routier, et le juge décline sa compétence en estimant que le bien n'appartient pas au domaine routier ; l'autorité administrative s'adresse alors au juge administratif en tirant les conséquences de ce qui précède et en demandant ainsi la libération du domaine public, mais le juge administratif décline sa compétence au motif que la dépendance relevait du domaine privé ; le Tribunal des conflits a cependant accepté d'y voir un conflit négatif et a tranché la question (TC, 19 mai 2014, Département du Nord, requête numéro 3942, Rec., T., p. 834). Le rigorisme n'aurait rien apporté de plus…

239. Le recours en cas de contrariété de décisions de fond. Le recours en cas de contrariété de décisions de fond est un cas de saisine du Tribunal des conflits issu d'une loi du 20 avril 1932. Il s'agit ici de ce que l'on connaît des règlements de juges à l'intérieur de chaque ordre de juridiction (*infra* n° 1005). Il peut arriver que les juridictions de l'ordre administratif et judiciaire soient simultanément saisies pour un même litige et que les décisions rendues conduisent à un déni de justice. Peu importe ici que le requérant ait renoncé à se pourvoir en cassation (TC, 16 juin 2014, SCI Lou, requête numéro 3941, Rec., p. 464). La partie qui y a intérêt peut alors saisir le Tribunal des conflits (décret du 27 février 2015, art. 39), dans les deux mois à compter du jour où la plus tardive des décisions statuant sur le fond est devenue irrévocable (décret du 27 février 2015, art. 40).

240. Bibliographie indicative.

J. Arrighi de Casanova et **J.-H. Stahl**, « Tribunal des conflits : l'âge de la maturité », AJDA 2015, pp. 575 et s.

J. Boudon, « La réforme du Tribunal des conflits », RDP 2014, pp. 1579 et s.

P. Delvolvé, « Paradoxes du (ou paradoxes sur le) principe de séparation des autorités administrative et judiciaire » in Mélanges René Chapus, Paris, Montchrestien, 1992, pp. 135 et s.

G. Eveillard, « Les matières réservées par nature à l'autorité judiciaire », AJDA 2017, pp. 101 et s.

F. Fines, « L'autorité judiciaire gardienne de la liberté individuelle dans la jurisprudence du Conseil constitutionnel », RFDA 1994, pp. 594 et s.

P. Gonod, « La nouvelle vie de la loi du 24 mai 1872. Codification et « nidification » législative » in Mélanges en l'honneur de Marceau Long, Paris, Dalloz, 2016, pp. 239 et s.

Y. Laidié, « Gestion du domaine privé et dualisme juridictionnel : pour une simplification des règles de compétence », JCP adm. 2016, 2180.

P. Léger, « Le dualisme juridictionnel a-t-il encore une raison d'être ? » in Mélanges en l'honneur de Jean-François Burgelin, Paris, Dalloz, 2008, pp. 233 et s.

F. Melleray, « En relisant la décision Conseil de la concurrence », AJDA 2017, pp. 91 et s.

B. Seiller, « Le Tribunal des conflits renforcé », JCP adm. 2015, 2082.

A. Van Lang, « Le dualisme juridictionnel en France : une question toujours d'actualité », AJDA 2005, pp. 1760 et s.

Section 2 - La compétence interne

241. La prohibition des jugements d'incompétence. La question de la compétence interne est certainement moins fondamentale que ne l'est celle de la compétence externe. En effet, concernant les juridictions administratives générales, le principe est celui de la prohibition des jugements d'incompétence interne (décret n° 72-143 du 22 février 1972). Il est vrai que les juridictions administratives spécialisées n'y sont pas soumises, ce qui est à certains égards regrettable. Sans doute la répartition des compétences au sein de la juridiction administrative (Sous-section 1) n'est-elle pas simple à appréhender. Mais les dispositifs existent, qui autorisent la résolution des problèmes de compétence (Sous-section 2).

Sous-section 1 - La répartition des compétences au sein de la juridiction administrative

242. Compétence matérielle et compétence territoriale. Seule sera examinée ici la compétence de premier ressort. Celle notamment en appel fera l'objet de développements opportuns à l'étude des voies de recours (*infra* n°s 1066 et s.). Avant même de s'interroger sur la juridiction territorialement compétente pour connaître du litige (§ 2), il importe de rechercher quelle sera la juridiction compétente à raison de la matière (§ 1).

§ 1 - La compétence en raison de la matière

243. Un principe simple. Suivant l'article L. 311-1 du code de justice administrative, « les tribunaux administratifs sont, en premier ressort, juges de droit commun du contentieux administratif, sous réserve des compétences que l'objet du litige ou l'intérêt d'une bonne administration de la justice conduisent à attribuer à une autre juridiction administrative ». La compétence de principe est donc celle des tribunaux administratifs. Nombre de litiges ressortissent cependant à la compétence des autres juridictions administratives générales (I) ou à celle des juridictions administratives autres que générales (II).

I. La compétence des autres juridictions administratives générales

244. Toutes aujourd'hui concernées. C'est une exception fréquente et traditionnelle à la répartition des compétences, le Conseil d'Etat est compétent en premier et dernier ressort dans un certain nombre d'hypothèses (A). De manière bien plus nouvelle, les cours administratives d'appel peuvent se voir aujourd'hui reconnaître une telle compétence (B).

A. Le Conseil d'Etat

245. Des chefs de compétence de premier et dernier ressort opportuns. Le législateur et le pouvoir réglementaire attribuent au Conseil d'Etat compétence pour connaître en premier et dernier ressort d'un certain nombre de litiges. La liste de ces matières est évolutive, le choix de retenir la compétence du Conseil d'Etat n'étant finalement pas toujours nécessaire ou pertinent, soit que d'autres solutions ont pu être trouvées qui ont au surplus le mérite d'uniformiser la compétence juridictionnelle pour le même type d'actes, soit que le contentieux s'apparente à un contentieux qui ne présente plus l'intérêt d'être dévolu au Conseil d'Etat en premier et dernier ressort. Ainsi, et par exemple, le Conseil d'Etat n'est plus compétent pour connaître des refus d'octroi de visas d'entrée sur le territoire national (décret n° 2010-164 du 22 février 2010 relatif aux compétences et au fonctionnement des juridictions administratives), pour connaître des décisions en matière d'autorisation d'exploitation commerciale (décret n° 2013-730 du 13 août 2013 portant modification du code de justice administrative), ou encore des décisions émanant d'autorités administratives dont les sièges excèdent le ressort d'un seul tribunal administratif (décret n° 2010-164 du 22 février 2010 préc.). Si l'on veut s'essayer à un exercice de systématisation, il est possible de retenir deux catégories de litiges de la compétence du Conseil d'Etat en premier et dernier ressort. Il y a, d'une part, les litiges concernant les actes les plus importants, litiges qui supposent l'intervention de la seule Haute assemblée. Il y a, d'autre part, les litiges concernant des décisions dont le champ d'application est général et mérite une unicité de juridiction. Pour dire les choses autrement, la compétence du Conseil d'Etat procède parfois de la révérence due à l'acte ou à son auteur, parfois de l'importance des effets de la décision juridictionnelle à intervenir.

246. En certaines matières d'élections et de désignations. Suivant l'article L. 311-3 du code de justice administrative, sont de la compétence de premier et dernier ressort du Conseil d'Etat les protestations dirigées contre :

- l'élection des représentants au Parlement européen ;

- les élections aux conseils régionaux et à l'assemblée de Corse, la jurisprudence ayant étendu cette compétence à l'élection du président et des membres du bureau des conseils (CE, 16 janv. 1987, Elections du président du conseil régional de Picardie, requête numéro 77085, Rec., p. 6) ainsi qu'aux recours concernant la démission d'office des conseillers (CE, 15 avr. 1996, Epron, requête numéro 162512, Rec., T., p. 797) ;

- les élections au congrès et aux assemblées de province de la Nouvelle-Calédonie, ainsi que l'élection des membres, du président et du vice-président du gouvernement de la Nouvelle-Calédonie et les recours concernant la démission d'office des membres du gouvernement, du congrès et des assemblées de province de la Nouvelle-Calédonie ;

- les élections à l'assemblée de la Polynésie française, du président de la Polynésie française et les recours concernant la démission d'office des membres du gouvernement et des représentants à l'assemblée de la Polynésie française ;

- les élections à l'assemblée territoriale de Wallis-et-Futuna ;

- les élections au conseil territorial de Saint-Barthélemy, ainsi que l'élection du président du conseil territorial et des membres du conseil exécutif et les recours concernant la démission d'office des membres du conseil territorial ;

- les élections au conseil territorial de Saint-Martin ainsi que l'élection de président du conseil territorial et des membres du conseil exécutif et les recours concernant la démission d'office des membres du conseil territorial ;

- les élections du conseil territorial de Saint-Pierre-et-Miquelon ainsi que l'élection du président du conseil territorial et des membres du conseil exécutif et les recours concernant la démission d'office des membres du conseil territorial ;

- les élections des conseillers et délégués consulaires et des conseillers à l'Assemblée des Français de l'étranger ;

- les consultations organisées en application des articles 72-4 et 73 de la Constitution.

247. En matière de changements de nom. La compétence pour connaître des oppositions aux changements de noms est une compétence historiquement dévolue au Conseil d'Etat puisqu'elle était déjà organisée ainsi aux termes de la loi du 11 germinal an XI. L'article L. 311-2 du code de justice administrative réaffirme le principe et on soulignera l'inutilité de cette disposition. En effet, l'article 61 du code civil énonçant que les changements de noms sont autorisés par décret, le Conseil d'Etat est inévitablement compétent pour connaître des recours en ce domaine, en application de l'article R. 311-1 du code de justice administrative. En tant qu'il porte sur une décision individuelle, le refus de prendre un décret portant changement de nom reste de la compétence du tribunal administratif et non du Conseil d'Etat (CE, 2 oct. 1996, Pichon, requête numéro 174195, Rec., p. 364).

248. Certains contentieux de pleine juridiction. L'article L. 311-4 du code de justice administrative rappelle la liste des recours de pleine juridiction dont la compétence de premier et dernier ressort est dévolue au Conseil d'Etat. Il ne s'agit bien ici que d'un rappel, ces cas de compétence ayant été prévus par des dispositions législatives étrangères au code de justice administrative.

Il s'agit :

- du IV de l'article L. 612-16 du code monétaire et financier contre les décisions prises par l'Autorité de contrôle prudentiel ;
- des articles L. 342-14 et L. 342-15 du code de la construction et de l'habitation contre les décisions de sanction prises par le ministre chargé du logement seul ou conjointement avec le ministre chargé des collectivités territoriales ;
- des articles L. 5-3 et L. 36-11 du code des postes et des communications électroniques contre les décisions prises par l'Autorité de régulation des communications électroniques et des postes ;
- de l'article L. 824-14 du code de commerce ;
- de l'article 42-8 de la loi n° 86-1067 du 30 septembre 1986 contre les décisions du Conseil supérieur de l'audiovisuel, visées aux articles 42-1, 42-3 et 42-4 de cette loi ;
- de l'article 71 de la loi n° 96-597 du 2 juillet 1996 contre les décisions de sanction prises par l'Autorité des marchés financiers à l'encontre des prestataires de service d'investissement agréés ;
- de l'article L. 623-3 du code monétaire et financier ;
- des articles L. 232-24 et L. 241-8 du code du sport ;
- de l'article 40 de la loi n° 2000-108 du 10 février 2000 contre les décisions de sanction prises par la Commission de régulation de l'énergie ;
- de l'article 17 de la loi n° 2009-1503 du 8 décembre 2009 relative à l'organisation et à la régulation des transports ferroviaires et portant diverses dispositions relatives aux transports contre les décisions de sanction prises par l'Autorité de régulation des activités ferroviaires et routières.

Au regard du caractère pour le moins épars et ponctuel des dispositions énumérées, l'on comprend – et l'on y souscrit – l'intention du législateur de les recenser dans le code de justice administrative. L'article L. 311-4 du code n'en constitue pas moins une disposition dite de « code suiveur », sans portée normative en elle-même (CE, 23 oct. 2013, Mme Pionneau, requête numéro 331098, Rec., T., p. 388).

249. Dans le domaine du renseignement. Créé par la loi n° 2015-912 du 24 juillet 2015 relative au renseignement, l'article L. 311-4-1 du code de justice administrative dispose que « le Conseil d'Etat est compétent, pour connaître en premier et dernier ressort, des requêtes concernant la mise en œuvre des techniques de renseignement mentionnées au titre V du livre VIII du code de la sécurité intérieure et la mise en œuvre de l'article 41 de la loi n° 78-17 du 6 janvier 1978 relative à l'informatique, aux fichiers et aux libertés, pour certains traitements ou parties de traitements intéressant la sûreté de l'Etat ».

250. En matière d'autorisation de plaider. C'était une compétence dévolue au Conseil d'Etat, en tant que conseil du Gouvernement, que de connaître des refus d'autorisation de plaider opposés par les tribunaux administratifs (*infra* n° 354), le Premier ministre ayant longtemps eu à statuer sur la demande par un décret conforme à l'avis du Conseil d'Etat. Depuis le décret n° 92-180 du 26 février 1992 relatif à l'exercice, par un contribuable, des actions en justice appartenant à la commune, et conformément à l'article L. 311-5 du code de justice administrative, le Conseil d'Etat est compétent, en pleine juridiction, pour connaître de ces refus, les tribunaux administratifs adoptant en ce domaine des décisions administratives.

251. Certains actes des collectivités d'outre-mer. Aux termes de l'article L. 311-7 du code de justice administrative, le Conseil d'Etat est compétent pour connaître en premier et dernier ressort des recours formés contre le règlement intérieur de l'assemblée de la Polynésie française, de ceux prévus aux articles 70, 82, 116 et 117 de la loi organique n° 2004-192 du 27 février 2004 portant statut d'autonomie de la Polynésie française ainsi que des recours juridictionnels spécifiques prévus à l'article 140 de la loi organique et ceux dirigés contre les délibérations décidant l'organisation d'un référendum local prévues à l'article 159. Les articles L. 311-10 à L. 311-12 du code de justice administrative retiennent la même compétence pour connaître des délibérations des conseils territoriaux de Saint-Barthélemy, de Saint-Martin et de Saint-Pierre et Miquelon. Enfin, l'article L. 311-8 du code de justice administrative prévoit la compétence du Conseil d'Etat pour connaître des recours juridictionnels formés contre les délibérations des conseils des départements d'outre-mer et des conseils des régions d'outre-mer pris sur le fondement des alinéas 2 et 3 de l'article 73 de la Constitution.

252. Les ordonnances du Président de la République et les décrets. Suivant le 1° de l'article R. 311-1 du code de justice administrative, « le Conseil d'Etat est compétent pour connaître en premier et dernier ressort des recours dirigés contre les ordonnances du Président de la République et les décrets ». S'agissant des ordonnances, il est entendu ici que l'ordonnance cesse d'être contrôlée par le Conseil d'Etat à compter de sa ratification expresse par le Parlement, celle-ci lui conférant une valeur législative. S'agissant des décrets, l'état du droit s'avère plus clair aujourd'hui qu'il a pu l'être par le passé. La compétence du Conseil d'Etat s'étend ici aux décrets signés par le Président de la République ou le Premier ministre, qu'ils soient réglementaires ou individuels. Les refus de prendre (CE, 7 nov. 1969, Sigala, requête numéro 72339, Rec., T., p. 776), de rapporter (CE, 4 déc. 1957, Brandstetter, requête numéro 39741, Rec., p. 651), de modifier (CE, 17 févr. 1965, Commune de Saint-Hyppolyte, requêtes numéros 63110 et 63111, Rec., p. 110) ou d'abroger (CE, Ass., 3 févr. 1989, Cie Alitalia, requête numéro 74052, Rec., p. 44 ; RFDA 1989, p. 391, concl. N. Chahid-Nouraï, notes O. Beaud et L. Dubouis ; AJDA 1989, p. 387, note O. Fouquet) un décret relèvent pour l'essentiel du même principe. Pour l'essentiel seulement… En effet, seules les décisions, ici, présentant un caractère réglementaire sont de la compétence du Conseil d'Etat, la compétence pour connaître d'un refus de prendre un décret non réglementaire étant de la compétence du tribunal administratif (CE, 1er oct. 1958, Nogués, requête numéro 41220, Rec., p. 462).

253. Les actes réglementaires et les circulaires et instructions de portée générale des ministres et autres autorités à compétence nationale. En application du 2° de l'article R. 311-1 du code de justice administrative, les actes réglementaires des ministres, auxquels il convient d'inclure ceux des ministres délégués (CE, 30 juin 2000, Association choisir la vie et a., requête numéro 216130, Rec., p. 248, concl. S. Boissard) et ceux des secrétaires d'Etat (CE, Sect., 18 mars 1977, CCI de La Rochelle, requêtes numéros 97939, 97940, 97941, Rec., p. 153, concl. J. Massot), sont de la compétence du Conseil d'Etat en premier et dernier ressort. Il en va de même, ici encore, des refus de prendre de tels actes (CE, 12 juin 1968, Paoletti, requête numéro 71395, Rec., T., p. 899), y compris si le ministre n'avait pas compétence pour prendre l'acte (CE, 27 mars 2000, Syndicat des travailleurs du transport SUD, requête numéro 205503). En revanche, la décision prise sur recours hiérarchique contre un acte réglementaire relève de la compétence de premier ressort du tribunal administratif (CE, Sect., 13 mai 1983, Syndicat de l'énergie nucléaire CEA CESTA CGT-FO, requête numéro 31662, Rec., p. 195).

S'agissant des autorités à compétence nationale, d'une part, il importe peu que l'autorité à compétence nationale soit publique ou qu'il s'agisse d'un organisme de droit privé chargé d'une mission de service public (CE, 16 nov. 2011, Darties, requête numéro 339582, Rec., T., p. 851 ; AJDA 2012, p. 386, concl. M. Vialettes). D'autre part, il s'agit indistinctement d'autorités collégiales, qu'il s'agisse par exemple, eu égard au pouvoir réglementaire qui lui est dévolu par l'article L. 426-5 du code de l'environnement, de la commission nationale d'indemnisation des dégâts de gibier (CE, 9 oct. 2017, Fédération nationale des chasseurs, requêtes numéros 401021, 401026, 401033 et 401044, Rec., T.) ou non collégial, qu'il s'agisse, par exemple, du premier président de la Cour des comptes (CE, 20 mars 2013, Association des magistrats des chambres régionales et territoriales des comptes, requête numéro 358732) ou du directeur général de l'Union nationale des caisses d'assurance maladie (CE, 7 avr. 2011, Syndicat des médecins d'Aix et région, requête numéro 339813). En revanche, l'acte pris par le directeur d'un établissement public national ne sera de la compétence du Conseil d'Etat en premier et dernier ressort que pour autant qu'un pouvoir réglementaire lui ait été attribué (CE, 26 juill. 2011, Syndicat SNUTEFI-FSU et a., requête numéro 346771,

Rec., p. 422 ; CE, 28 mars 2012, Confédération générale des petites et moyennes entreprises, requête numéro 341067). Très logiquement, dans l'esprit toujours en vigueur de la jurisprudence Jamart (CE, Sect., 7 févr. 1936, Jamart, requête numéro 43321, Rec., p. 172 ; S. 1937, 3, p. 113, note J. Rivero), le Conseil d'Etat est compétent pour connaître des actes réglementaires pris y compris au titre du pouvoir d'organisation dont dispose chaque chef de service, par un directeur d'administration centrale (CE, 9 mars 2016, UNSA-ITEFA, requête numéro 382868, Rec., T.).

254. Le recrutement et la discipline des agents nommés par décret du Président de la République. Le 3° de l'article R. 311-1 du code de justice administrative énonce que les litiges concernant le recrutement et la discipline des agents nommés par décret du Président de la République en application de l'article 13 al. 3 de la Constitution ou des articles 1er et 2 de l'ordonnance n° 58-1136 du 28 novembre 1958 portant loi organique concernant les nominations aux emplois civils et militaires de l'Etat, sont de la compétence du Conseil d'Etat en premier et dernier ressort. Il ne s'agit là que des seuls fondements autorisant la compétence du Conseil d'Etat, en sorte que les litiges intéressant des fonctionnaires nommés par le Président de la République en application d'autres textes, échappent à la compétence du Conseil d'Etat (par ex., CE, 4 juin 1999, Mme Bistac, requête numéro 193341, Rec., T., p. 717). Il faut encore que le litige, lequel peut être d'ordre indemnitaire (CE, Sect., 21 juin 2013, Mme Tamru, requête numéro 354299, Rec., p. 173 ; AJDA 2013, p. 2445, note F. Blanco), porte effectivement sur le recrutement ou la discipline de l'agent. Ainsi, la nomination à un poste de sous-directeur d'une administration centrale de l'Etat n'entre pas dans le champ d'application de l'article R. 311-1 du code de justice administrative (CE, 10 nov. 2010, Mme Weiner et a., requête numéro 341356, Rec., T., p. 698), pas plus que la décision de reclassement prise en application d'une sanction disciplinaire (CE, 28 nov. 2014, Gardier, requête numéro 372614, Rec., T., pp. 585, 589, 727 et 731), contrairement à la décision relative à une reconstitution de carrière en tant qu'elle concerne un officier sous contrat dans un corps d'officiers de carrière (CE, 22 mai 2015, Peyrat, requête numéro 384186, Rec., T., p. 609), les tribunaux administratifs restant toutefois compétents en premier ressort pour connaître des litiges indemnitaires relatifs aux préjudices nés des conditions de la réintégration (CE, 29 sept. 2017, M. Pellet, requête numéro 401679, Rec., T.). Il faut encore que le litige présente un caractère statutaire, ce qui exclut, par exemple, les litiges d'ordre pécuniaire ne portant pas sur la rémunération statutaire (CE, 23 juill. 1993, Sallier, requête numéro 130522, Rec., T., p. 689).

255. Les décisions prises par les organes de certaines autorités, au titre de leur mission de contrôle ou de régulation. Le 4° de l'article R. 311-1 du code de justice réserve encore au Conseil d'Etat la compétence pour connaître des litiges concernant les décisions prises par certaines autorités de régulation. La liste de ces autorités concernées est limitative.

Il s'agit de :

- l'Agence française de lutte contre le dopage ;
- l'Autorité de contrôle prudentiel et de résolution ;
- l'Autorité de la concurrence ;
- l'Autorité des marchés financiers ;
- l'Autorité de régulation des communications électroniques et des postes ;
- l'Autorité de régulation des transports ferroviaires ;
- l'Autorité de sûreté nucléaire ;
- la Commission de régulation de l'énergie ;
- le Conseil supérieur de l'audiovisuel ;
- la Commission nationale de l'informatique et des libertés ;
- la Haute autorité pour la transparence de la vie publique ;
- la Commission de contrôle des interceptions de sécurité.

Encore faut-il que les décisions aient été prises au titre des missions de contrôle ou de régulation, faute de quoi la compétence pour en connaître redevient celle de principe (par ex., CE, 10 juin 2013, Sté Bigben Interactive, requête numéro 363082, Rec., T., p. 520 ; CE, 18 déc. 2013, Mme Longo-Ciprelli, requête numéro 365844, Rec., T., p. 520).

256. Les actions en responsabilité dirigées contre l'Etat pour durée excessive de la procédure devant la juridiction administrative. Une décision du Conseil d'Etat peut emporter des conséquences non négligeables, non seulement d'ordre pécuniaire (F. Rolin, « Le coût du retard à juger devant les juridictions administratives », AJDA 2004, p. 2145) mais également en termes d'attribution de compétences. La décision Magiera, par laquelle a été admise la responsabilité pour faute simple de l'Etat pour méconnaissance, par les juridictions administratives, du droit à un délai raisonnable de jugement (CE, Ass., 28 juin 2002, Garde des sceaux c. Magiera, requête numéro 239575, Rec., p. 247, concl. F. Lamy ; AJDA 2002, p. 596, chron. F. Donnat et D. Casas ; RFDA 2002, p. 756, concl. F. Lamy ; RFDA 2003, p. 85, note J. Andriantsimbazovina) a conduit le Conseil d'Etat à proposer, et obtenir, la compétence pour connaître en premier et dernier ressort de ce contentieux. Le but, ici, est de mettre le plus rapidement possible un terme au litige. Il est vrai que, à bien y penser, il serait remarquable qu'un tel litige prenne fin lui-même dans un délai déraisonnable…

257. Les recours en interprétation et en appréciation de légalité des actes dont le contentieux relève en premier et dernier ressort du Conseil d'Etat. Le 6° de l'article R. 311-1 du code de justice administrative dispose que le Conseil d'Etat est compétent en premier et dernier ressort pour connaître des recours en interprétation et en appréciation de légalité des actes dont le contentieux relève directement de la compétence du Conseil d'Etat. Cette solution est logique en ce qu'elle évite les contradictions qui pourraient résulter de l'existence de compétences concurrentes entre plusieurs juridictions. Une telle analyse est encore moins contestable depuis que le Tribunal des conflits reconnait un office renforcé, bien que conditionné, du juge civil sur les actes administratifs (TC, 17 oct. 2011, SCEA du Chéneau, préc. Sur cette question, voir, *supra* n° 220) : les renvois préjudiciels en appréciation de légalité ou en interprétation, décidés par le juge civil, concernent aujourd'hui les cas les plus épineux, pour lesquels le tribunal administratif ne serait pas davantage certain de la réponse que ne le serait la juridiction civile…

258. Les décisions ministérielles prises en matière de contrôle des concentrations économiques. Conformément au 7° de l'article R. 311-1 du code de justice administrative, le Conseil d'Etat connaît en premier et dernier ressort des décisions prises par le ministre chargé de l'Economie sur le fondement de l'article L. 430-7-1 du code de commerce, ainsi que des décisions prises dans le cadre des pouvoirs de contrôle autres que ceux prévus par cette disposition, qui autorisent ou refusent une prise de participation relevant d'une opération de concentration notifiée à une autorité de concurrence au titre du contrôle des concentrations économiques (CE, 23 déc. 2011, Sté Groupe Partouche, requête numéro 340834, Rec., T., p. 852 ; AJDA 2012, p. 578, chron. M. Lombard, S. Nicinski et E. Glaser).

259. En application de certains textes. Le code de justice administrative n'épuise pas la liste des compétences conférées au Conseil d'Etat par le législateur. Ainsi, le Conseil d'Etat est également compétent pour connaître en premier et dernier ressort, notamment, des recours dirigés contre la désignation des membres du Conseil supérieur de la magistrature (loi organique n° 94-100 du 5 février 1994 sur le Conseil supérieur de la magistrature) et du Conseil économique, social, et environnemental (ordonnance n° 58-1360 du 29 décembre 1958 portant loi organique relative au Conseil économique, social et environnemental, art. 10). Toujours par exemple, le Conseil d'Etat est compétent pour connaître en premier et dernier ressort de des décisions du Conseil national de l'ordre des pharmaciens refusant une inscription au tableau de l'ordre (CSP, art. R. 4222-4-2). Le Conseil d'Etat est compétent en premier et dernier ressort pour connaître des déférés préfectoraux dirigés contre les actes pris par les autorités communales, départementales ou régionales, susceptibles de compromettre gravement le fonctionnement ou l'intégrité d'une installation ou d'un ouvrage intéressant la défense nationale (CGCT, art. L. 1111-7).

B. Les cours administratives d'appel

260. Un compromis. Depuis la loi n° 2011-1862 du 13 décembre 2011 relative à la répartition des contentieux et à l'allègement de certaines procédures juridictionnelles, le code de justice administrative autorise l'hypothèse d'une compétence de premier et dernier ressort au bénéfice d'autres juridictions que le tribunal administratif et le Conseil d'Etat. Il n'est pas exclu que la liste des compétences ainsi dévolues aux cours administratives d'appel continue de s'étoffer.

Il existe en effet un certain nombre de contentieux qui ne nécessitent pas l'intervention du Conseil d'Etat au fond mais qui supposent qu'il soit rapidement mis fin à la discussion. Le double degré de juridiction n'étant une obligation ni constitutionnelle ni légale, la compétence des cours administratives d'appel se pose comme un juste compromis.

261. Les compétences spécifiquement attribuées à la cour administrative d'appel de Paris. La cour administrative d'appel de Paris est compétente en premier et dernier ressort, conformément à l'article R. 311-2 du code de justice administrative, pour connaître de trois catégories de litiges. En premier lieu, depuis le décret n° 2012-1130 du 5 octobre 2012 modifiant l'attribution des compétences au sein de la juridiction administrative en matière de représentativité des organisations syndicales, il s'agit « des recours dirigés contre les arrêtés du ministre chargé du Travail relatifs à la représentativité des organisations syndicales de salariés et des organisations professionnelles d'employeurs, pris en application des articles L. 2122-11 et L. 2152-6 du code du travail ». En deuxième lieu, depuis le décret n° 2013-730 du 13 août 2013 portant modification du code de justice administrative, il s'agit « des litiges relatifs aux décisions prises par le Conseil supérieur de l'audiovisuel en application des articles 28-1, 28-3 et 29 à 30-7 de la loi du 30 septembre 1986 relative à la liberté de communication, à l'exception de celles concernant les services de télévision à vocation nationale ». En troisième lieu, depuis le décret n° 2017-150 du 8 février 2017 relatif au visa d'exploitation cinématographique, il s'agit des « recours dirigés contre les décisions du ministre chargé de la culture relatives à la délivrance ou au refus de délivrance du visa d'exploitation cinématographique aux œuvres ou documents cinématographiques ou audiovisuels destinés à une représentation cinématographique, prises en application de l'article L. 211-1 du code du cinéma et de l'image animée ».

262. Les compétences spécifiquement attribuées à la cour administrative d'appel de Nantes. La cour administrative d'appel de Nantes est compétente pour connaître, en premier et dernier ressort, conformément à l'article R. 311-4 du code de justice administrative, des litiges portant sur un ensemble de décisions relatives aux installations de production d'énergie renouvelable en mer et leurs ouvrages connexes, relatives aux ouvrages des réseaux publics d'électricité dont au moins une partie est située en mer, relatives aux infrastructures portuaires rendues nécessaires pour la construction, le stockage et le pré-assemblage, en lien avec les décisions mentionnées précédemment.

263. La compétence des cours administratives d'appel en matière d'aménagement commercial et cinématographique. Le décret n° 2013-730 du 13 août 2013 précité a encore transféré, et cette fois à l'ensemble des cours administratives d'appel, la compétence pour connaître en premier et dernier ressort des litiges relatifs aux décisions prises par la Commission nationale d'aménagement commercial en application de l'article L. 752-17 du code de commerce. Le décret n° 2015-268 du 10 mars 2015 modifiant la partie réglementaire du code du cinéma et de l'image animée et relatif à l'aménagement cinématographique a étendu cette compétence aux litiges concernant les décisions prises par la Commission nationale d'aménagement cinématographique en application de l'article L. 212-10-3 du code du cinéma et de l'image animée. Ces dispositions sont codifiées à l'article R. 311-3 du code de justice administrative. Disons-le brutalement, le Conseil d'Etat ne voulait plus s'embarrasser davantage avec un contentieux qui ne présentait pas de questions juridiques essentielles à juger. Mais les opérateurs économiques se satisfaisaient péniblement du temps à consentir avant d'obtenir une décision insusceptible d'être remise en cause, à partir du moment où il existe un double degré de juridiction possible, assorti d'un recours en cassation. L'attribution de la compétence aux cours administratives d'appel passe pour être un compromis satisfaisant. Mais il eût été encore possible de faire des tribunaux administratifs les juges de premier et dernier ressort de ce type de décisions…

264. Le cas particulier de la pluralité d'actions de groupe ou en reconnaissance de droit. Un cas de figure très particulier doit être évoqué ici, en tant qu'il conduit une cour administrative d'appel à statuer en premier et dernier ressort, même s'il serait abusif d'en inférer une compétence de premier et dernier ressort. Il est possible que plusieurs actions de groupe ou plusieurs actions en reconnaissance de droits ayant le même objet aient été exercées, certaines ayant déjà été jugées par un tribunal administratif et ayant déjà été frappées d'appel, quand une ou plusieurs autres ont été au même moment adressée(s) à un ou plusieurs tribunaux administratifs pour être jugée(s) en premier ressort. Dans pareille hypothèse, le président de la section du contentieux du Conseil d'Etat peut renvoyer le jugement de l'affaire à la cour administrative d'appel saisie contre le jugement. Elle se prononcera sur l'ensemble des affaires. Celle(s) qui n'aurai(en)t pas été déjà jugée(s) le sera alors en premier et dernier ressort (pour les actions de groupe : CJA, art. R. 77-10-2 al. 3 ; pour les actions en reconnaissance de droits : CJA, art. L. 77-12-4 et art. R. 77-12-2).

II. La compétence des juridictions administratives autres que générales

265. La compétence des juridictions administratives spécialisées. Le panorama des juridictions administratives esquissé (*supra* n°s 136 et s.) s'accompagne inévitablement d'un morcellement des compétences. Celles-ci sont d'ordre public et une juridiction administrative générale saisie là où un texte reconnaît compétence à une juridiction spécialisée doit décliner sa compétence et transmettre la requête (CE, 19 oct. 2012, M. Kessabi, requête numéro 342763, Rec., T., pp. 665 et 954).

266. Pas d'arbitrage sans texte… et peu de textes… L'article L. 311-6 du code de justice administrative dispose qu'il est possible de déroger aux dispositions déterminant la compétence des juridictions et recourir à l'arbitrage. C'est un mode alternatif de règlement des litiges dont on doit cependant souligner ici le caractère juridictionnel. Le contentieux administratif est traditionnellement rétif à ce type de règlement et si celui-ci a vocation à se développer, la liste des hypothèses admissibles n'en est pas moins réduite pour l'heure.

Suivant le code de justice administrative, le recours à l'arbitrage est autorisé sur le fondement :

- de l'article 69 de la loi du 17 avril 1906 portant fixation du budget général des dépenses et des recettes de l'exercice 1906, repris à l'article 132 du nouveau code des marchés publics ;
- de l'article 7 de la loi n° 75-596 du 9 juillet 1975 portant dispositions diverses relatives à la réforme de la procédure civile ;
- de l'article L. 321-4 du code de la recherche ;
- de l'article 25 de la loi n° 82-1153 du 30 décembre 1982 d'orientation des transports intérieurs ;
- de l'article 9 de la loi n° 86-972 du 19 août 1986 portant dispositions diverses relatives aux collectivités locales ;
- de l'article 28 de la loi n° 90-568 du 2 juillet 1990 relative à l'organisation du service public de la poste et des télécommunications ;
- de l'article 24 de la loi n° 95-877 du 3 août 1995 portant transposition de la directive 93/7 du 15 mars 1993 du Conseil des Communautés européennes relative à la restitution des biens culturels ayant quitté illicitement le territoire d'un Etat membre ;
- de l'article 3 de la loi n° 97-135 du 13 février 1997 portant création de l'établissement public "Réseau ferré de France" en vue du renouveau du transport ferroviaire.

§ 2 - La compétence territoriale

267. Les tribunaux administratifs, pour l'essentiel. Il est bien évident que la question de la compétence territoriale n'intéresse pas le Conseil d'Etat. On écartera encore, un peu arbitrairement il est vrai, la compétence territoriale des juridictions administratives spécialisées, eu égard à leurs spécificités. Tout au plus précisera-t-on que leur champ de compétence est pour la plupart régional, quand certaines sont compétentes pour l'ensemble du territoire national (c'est le cas, par exemple, de la Cour nationale du droit d'asile, du Conseil supérieur de la magistrature, de la juridiction nationale pour les personnels hospitaliers universitaires…). Restent alors la compétence territoriale des tribunaux administratifs (I) et, dans une moindre mesure, celle des cours administratives d'appel (II).

I. La compétence des tribunaux administratifs

268. Moins simple qu'il n'y parait. La compétence territoriale des tribunaux administratifs n'est pas d'ordre public et un jugement ne sera pas annulé au motif qu'il aurait été rendu par une juridiction territorialement incompétente pour connaître du litige (CJA, art. R. 312-2 al. 2). Il n'en demeure pas moins que le principe (A) autant que ses exceptions (B) existent, qui doivent être respectés et doivent donc être connus.

A. Le principe

269. La simplicité du principe. Le principe est posé à l'article R. 312-1 al. 1er du code de justice administrative : « lorsqu'il n'en est pas disposé autrement (...), le tribunal administratif territorialement compétent est celui dans le ressort duquel a légalement son siège l'autorité qui, soit en vertu de son pouvoir propre, soit par délégation, a pris la décision attaquée.

Lorsque l'acte a été signé par plusieurs autorités, le tribunal administratif compétent est celui dans le ressort duquel a son siège la première des autorités dénommées dans cet acte ».

270. Le dispositif « antiremontée ». En cas de recours administratif préalable, « la décision à retenir pour déterminer la compétence territoriale est celle qui a fait l'objet du recours administratif ou du pourvoi devant une juridiction incompétente » (CJA, art. R. 312-1 al. 2). Cette précision est d'autant plus importante qu'elle vaut, non seulement pour les recours administratifs facultatifs, mais encore et surtout ici pour les recours administratifs préalables obligatoires à l'issue desquels, pourtant, la décision rendue se substitue à la décision initiale.

271. Les cas particuliers des actions de groupe et des actions en reconnaissance de droits. La question de compétence peut se poser lorsque l'on est en présence d'une action de groupe. L'article 3 du décret n° 2017-888 du 6 mai 2017 distingue. Lorsque les requêtes individuelles que les personnes auxquelles l'action de groupe est susceptible de bénéficier auraient dû être introduites devant un seul et même tribunal administratif, celui-ci est compétent pour connaître de l'action de groupe (CJA, art. R. 77-10-2 al. 1er). Lorsque ces actions auraient relevé de plusieurs juridictions, l'action de groupe est adressée au Conseil d'Etat ou, à défaut, transmise au Conseil d'Etat par le président de la juridiction hâtivement saisie. Le président de la section du contentieux désigne alors la juridiction compétente pour connaître de l'action (CJA, art. R. 77-10-2 al. 2). La même solution prévaut en cas de pluralité d'actions de groupe ayant le même objet et adressées à différentes juridictions (CJA, art. R. 77-10-2 al. 2). Les mêmes règles sont organisées pour les actions en reconnaissance de droits (CJA, art. R. 77-12-2).

B. Les exceptions

272. Des exceptions inévitables. Une application indifférenciée du principe posé à l'article R. 312-1 du code de justice administrative aurait conduit à une saturation insurmontable du tribunal administratif de Paris. L'on comprend aisément, dans ces conditions, que des dérogations aient été apportées, qui attribuent la compétence à d'autres tribunaux administratifs, en prenant en considération le lieu de résidence du destinataire de la décision (1) ou son lieu d'exécution (2), sans préjudice d'attributions spécifiques (3).

1. En considération du lieu de résidence du destinataire de la décision

273. En certaines matières de reconnaissances et de décorations. Suivant l'article R. 312-6 du code de justice administrative, les litiges relatifs à la reconnaissance d'une qualité telle que celles de combattant, d'évadé, de déporté, de résistant ainsi qu'aux avantages attachés à l'une de ces qualités relèvent de la compétence du tribunal administratif dans le ressort duquel le bénéficiaire ou le candidat au bénéfice des dispositions invoquées a sa résidence lors de l'introduction de la réclamation. Le même principe préside aux litiges relatifs aux diverses décorations et à ceux en matière d'emplois réservés, à l'exception de ceux portant sur une nomination critiquée comme intervenue en violation des droits d'un bénéficiaire de la législation sur les emplois réservés. Dans cette dernière hypothèse, la compétence est celle du tribunal administratif dans le ressort duquel l'agent nommé est affecté.

274. Les décisions individuelles prises dans l'exercice de pouvoirs de police. Conformément à l'article R. 312-8 du code de justice administrative, « les litiges relatifs aux décisions individuelles prises à l'encontre de personnes par les autorités administratives dans l'exercice de leurs pouvoirs de police relèvent de la compétence du tribunal administratif du lieu de résidence des personnes faisant l'objet des décisions attaquées à la date desdites décisions ». Les litiges relatifs aux décisions ministérielles échappent cependant au champ de l'exception lorsqu'elles :

- prononcent l'interdiction administrative du territoire à l'encontre d'un ressortissant étranger conformément à l'article L. 214-3 du code de l'entrée et du séjour des étrangers et du droit d'asile, fixent le pays de renvoi de celui-ci ou assignent à résidence l'étranger qui a fait l'objet d'une décision d'interdiction administrative du territoire et qui ne peut déférer à cette mesure ;

- prononcent l'expulsion d'un ressortissant étranger, fixent le pays de renvoi de celui-ci ou assignent à résidence l'étranger qui a fait l'objet d'une décision d'expulsion et qui ne peut déférer à cette mesure ;

- assignent à résidence un étranger ayant fait l'objet d'une décision d'interdiction judiciaire du territoire et qui ne peut déférer à cette mesure ;

- interdisent de se trouver en relation avec une personne nommément désignée en application de l'article L. 563-1 du code de l'entrée et du séjour des étrangers et du droit d'asile ;

- interdisent de sortie du territoire sur le fondement de l'article L. 224-1 du code de la sécurité intérieure ;

- interdisent de transport sur le fondement de l'article L. 232-8 du code de la sécurité intérieure ;

- gèlent des avoirs en application des articles L. 562-1, L. 562-2 ou L. 562-5 du code monétaire et financier.

2. En considération du lieu d'exécution de la décision

275. Les litiges relatifs aux immeubles. Suivant l'article R. 312-7 du code de justice administrative, les litiges mettant en cause un immeuble public ou privé relèvent de la compétence du tribunal administratif dans le ressort duquel se trouve l'immeuble. Il s'agit notamment des litiges relatifs aux déclarations d'utilité publique, au domaine public, aux affectations d'immeubles, au remembrement, à l'urbanisme et à l'habitation, au permis de construire, d'aménager ou de démolir, au classement des monuments et des sites. La notion d'immeuble est entendue strictement (CE, Ass., 13 déc. 1957, Ministre de la Reconstruction et du Logement c. Sté coopérative de reconstruction de Nantes, requête numéro 36987, Rec., p. 679). L'article R. 312-7 al. 2 du code de justice administrative retient la même compétence en matière de réquisition.

276. Les litiges relatifs à la désignation des membres des assemblées et organismes représentatifs. L'article R. 312-9 du code de justice administrative dispose que « les litiges relatifs à la désignation, soit par voie d'élection, soit par nomination, des membres des assemblées, corps ou organismes administratifs ou professionnels relèvent de la compétence du tribunal administratif dans le ressort duquel se trouve le siège de l'assemblée, corps ou organisme à la composition duquel pourvoit l'élection ou la nomination contestée. Toutefois, le contentieux des opérations préliminaires aux élections parlementaires est, lorsqu'il ressortit à la juridiction administrative, de la compétence du tribunal administratif dans le ressort duquel se trouve le département où l'élection a lieu ».

277. Les litiges relatifs aux activités professionnelles. Suivant l'article R. 312-10 al. 1er du code de justice administrative, les litiges relatifs aux législations régissant les activités professionnelles, notamment les professions libérales, les activités agricoles, commerciales et industrielles, la réglementation des prix, la réglementation du travail, ainsi que la protection ou la représentation des salariés, ceux concernant les sanctions administratives intervenues en application de ces législations relèvent, lorsque la décision attaquée n'a pas un caractère réglementaire, de la compétence du tribunal administratif dans le ressort duquel se trouve soit l'établissement ou l'exploitation dont l'activité est à l'origine du litige, soit le lieu d'exercice de la profession. Ainsi, et par exemple, le tribunal administratif compétent pour connaître d'un recours contre une décision individuelle du Conseil national de l'ordre des pharmaciens est celui dans le ressort duquel se situe le lieu d'exercice de la profession (CE, 29 oct. 2012, Hubert, requête numéro 345471, Rec., T., p. 659). Lorsque, pour ces litiges, la décision litigieuse présente un caractère réglementaire, il faut distinguer. Soit elle ne s'applique que dans le ressort d'un seul tribunal administratif, celui-ci est alors compétent (CJA, art. R. 312-10 al. 2). Soit son champ d'application excède le ressort d'un seul tribunal administratif, le tribunal administratif compétent étant alors le tribunal administratif de Paris (CJA, art. R. 312-19). L'article R. 312-10 al. 3 du code de justice administrative réserve encore l'hypothèse des décisions prises par les autorités administratives en matière de composition et d'élection des institutions représentatives du personnel, sur le fondement des dispositions des titres Ier, II et III du livre III de la deuxième partie du code du travail. Les litiges en la matière sont portés devant le tribunal administratif dans le ressort duquel se situe le siège de l'entreprise. Par exemple, la décision par laquelle l'autorité administrative valide ou homologue un plan de sauvegarde de l'emploi doit être contestée devant le tribunal administratif dans le ressort duquel sont situés l'entreprise ou l'établissement concernés (CE, 24 janv. 2014, Comité d'entreprise de la société Ricoh France, requête numéro 374163, Rec., p. 9 ; AJDA 2014, p. 863, concl. G. Dumortier).

278. En matière de contrats et quasi-contrats. La chose est déjà évoquée à l'article R. 312-2 du code de justice administrative : aux termes de l'article R. 312-11 du code, « en matière précontractuelle, contractuelle et quasi contractuelle le tribunal administratif compétent est celui dans lequel se trouve le lieu prévu pour l'exécution du contrat ». En cas de pluralité de ressorts ou en cas d'indétermination du lieu d'exécution, la compétence sera celle du tribunal administratif dans le ressort duquel siège l'autorité publique signataire ou la première des autorités publiques signataires dénommées dans l'acte. Il est cependant permis, sauf à ce qu'un intérêt public s'y oppose (voir, par ex., CE, Sect., 29 mars 1957, Roger, requête numéro 33132, Rec., p. 223), de compromettre. Et encore n'est-il pas possible de porter atteinte à la compétence matérielle de la juridiction (CE, 5 janv. 1972, Sté Unitchadienne, requête numéro 78436, Rec., p. 4).

279. Les litiges d'ordre individuel intéressant les agents publics. L'article R. 312-12 du code de justice administrative dispose que les litiges d'ordre individuel intéressant les agents publics, y compris les agents ou employés de la Banque de France, relèvent du tribunal administratif dans le ressort duquel se trouve le lieu d'affectation de l'agent que la décision attaquée concerne. Si cette décision prononce une nomination ou entraîne un changement d'affectation, la compétence est déterminée par le lieu de la nouvelle affectation. Si cette décision prononce une révocation, une admission à la retraite ou toute autre mesure entraînant une cessation d'activité, ou si elle concerne un ancien fonctionnaire ou agent, ou un fonctionnaire ou un agent sans affectation à la date où a été prise la décision attaquée, la compétence est déterminée par le lieu de la dernière affectation de ce fonctionnaire ou agent. Dans l'hypothèse où la décision a un caractère collectif et si elle concerne des agents affectés ou des emplois situés dans le ressort de plusieurs tribunaux administratifs, l'affaire relève logiquement de la compétence du tribunal administratif dans le ressort duquel siège l'auteur de la décision attaquée.

280. En matière de pensions. L'article R. 312-13 al. 1er du code de justice administrative énonce que « les litiges relatifs aux pensions des agents des collectivités locales relèvent du tribunal administratif dans le ressort duquel est situé le siège de la personne publique dont l'agent intéressé relevait au moment de sa mise à la retraite ». Suivant l'article R. 312-13 al. 2, « pour les autres pensions dont le contentieux relève de la juridiction des tribunaux administratifs, le tribunal compétent est celui dans le ressort duquel se trouve le lieu d'assignation du paiement de la pension ou, à défaut, soit qu'il n'y ait pas de lieu d'assignation, soit que la décision attaquée comporte refus de pension, la résidence du demandeur lors de l'introduction de sa réclamation ».

281. Le contentieux de la responsabilité. Il résulte de l'article R. 312-14 du code de justice administrative que les actions en responsabilité fondées sur une cause autre que la méconnaissance d'un contrat ou d'un quasi-contrat relèvent :

- lorsque le dommage invoqué est imputable à une décision qui a fait ou aurait pu faire l'objet d'un recours en annulation devant un tribunal administratif, de la compétence de ce tribunal ;

- lorsque le dommage invoqué est un dommage de travaux publics ou est imputable soit à un accident de la circulation, soit à un fait ou à un agissement administratif, de la compétence du tribunal administratif dans le ressort duquel se trouve le lieu où le fait générateur du dommage s'est produit.

Dans tous les autres cas, la compétence est celle du tribunal administratif dans le ressort duquel se trouvait, au moment de l'introduction de la demande, la résidence de l'auteur ou du premier des auteurs de cette demande, s'il est une personne physique, ou son siège, s'il est une personne morale. Deux hypothèses d'indemnisation font l'objet d'un traitement particulier :

- d'une part, créé par le décret n° 2010-251 du 11 mars 2010 relatif à l'indemnisation des victimes de préjudices résultant de contaminations par le virus d'immunodéficience humaine ou par le virus de l'hépatite C causées par une transfusion de produits sanguins ou une injection de médicaments dérivés du sang ainsi qu'à l'indemnisation des victimes de préjudices résultant de vaccinations obligatoires, l'article R. 312-14-1 du code de justice administrative dispose que les actions engagées en application de l'article L. 1221-14 du code de la santé publique contre le rejet par l'Office national d'indemnisation des accidents médicaux, des affections iatrogènes et des infections nosocomiales d'une demande d'indemnisation ou contre une offre d'indemnisation jugée insuffisante relèvent de la compétence du tribunal administratif dans le ressort duquel est situé le lieu de résidence du demandeur ;

- d'autre part, avec le décret n° 2010-653 du 11 juin 2010 pris en application de la loi relative à la reconnaissance et à l'indemnisation des victimes des essais nucléaires français, l'article R. 312-14-2 du code de justice administrative énonce que les litiges relatifs aux décisions mentionnées au I de l'article 4 de la loi n° 2010-2 du 5 janvier 2010 relative à la reconnaissance et à l'indemnisation des victimes des essais nucléaires français relèvent de la compétence du tribunal administratif du lieu de résidence du demandeur au moment de l'introduction de la demande.

282. Les contributions au bénéfice de l'Office des migrations internationales et de l'Office français de l'immigration et de l'intégration. En application de l'article R. 312-6 du code de justice administrative, les contestations relatives à l'application de la contribution spéciale instituée par les articles L. 8253-1 et L. 8253-7 du code du travail, et de la contribution forfaitaire instituée par l'article L. 626-1 du code de l'entrée et du séjour des étrangers et du droit d'asile sont portées devant le tribunal administratif dans le ressort duquel l'infraction a été constatée.

3. Les attributions spécifiques

283. La compétence par défaut du tribunal administratif de Paris. Les litiges qui ne relèvent de la compétence d'aucun tribunal administratif par application des dispositions des articles R. 312-1 et R. 312-6 à R. 312-18 du code de justice administrative, ont été attribués au tribunal administratif de Paris par le décret n° 2010-164 du 22 février 2010 précité (CJA, art. R. 312-19).

284. En matière de délivrance de visas et de naturalisation. L'article R. 312-18 du code de justice administrative attribue au tribunal administratif de Nantes compétence pour connaître des litiges relatifs au rejet des demandes de visa d'entrée sur le territoire de la République française relevant des autorités consulaires. Il en va également ainsi des recours dirigés contre les décisions du ministre chargé des naturalisations, seule autorité compétente pour statuer sur les recours administratifs formés contre les décisions du préfet de département ou, à Paris, du préfet de police.

II. La compétence des cours administratives d'appel

285. Des hypothèses encore rares. Le pouvoir réglementaire retient deux options :

- soit, comme cela a été dit plus haut, il accorde un bloc de compétences au profit d'une cour administrative d'appel ;

- soit, en matière d'aménagements commercial et cinématographique, la cour administrative d'appel territorialement compétente pour connaître de ces recours est celle dans le ressort de laquelle a son siège la commission départementale qui a pris la décision initiale (CJA, art. R. 311-3 al. 2). Ainsi le pouvoir réglementaire organise-t-il ici encore un dispositif antiremontée. En effet, les décisions des commissions départementales étant nécessairement soumises, suivant les cas, à un recours administratif préalable obligatoire devant la commission nationale de l'aménagement commercial ou devant la commission nationale d'aménagement cinématographique, la cour administrative d'appel de Paris aurait été, autrement, inopportunément surchargée d'affaires.

Sous-section 2 - La résolution des problèmes de compétence

286. Un système éprouvé. Les difficultés relatives à la répartition des compétences au sein de la juridiction sont inévitables. Deux mécanismes existent, qui ont fait leur preuve et qui permettent de les résoudre efficacement. Le premier est préventif et s'apparente à certains égards à une reconfiguration ponctuelle des compétences au nom d'une bonne administration de la justice. C'est la question de la connexité (§ 1). Le second est curatif en ce qu'il permet de régler les difficultés de compétence. C'est la question de la transmission de la requête (§ 2).

§ 1 - La prévention des problèmes de compétence : la connexité

287. Notion de connexité. Demande connexe et demande accessoire sont deux notions qui ne doivent pas être confondues. En effet, demande principale et demande accessoire sont portées devant la même juridiction, là où les demandes connexes sont portées devant deux juridictions distinctes, avec cette circonstance supplémentaire que la résolution d'un des litiges suppose qu'il soit statué à l'occasion de l'autre. En prononçant la connexité des deux affaires, le juge déroge sans doute aux règles qui président à la répartition des compétences au sein de la juridiction administrative, mais il le fait dans le souci d'une bonne administration de la justice. La connexité, en effet, est une réponse au risque de contrariété de décisions juridictionnelles intéressant pourtant le même litige. Il importe peu à cet égard que l'action portée devant la juridiction qui a compétence pour le tout soit vouée à ne pas prospérer, qu'elle soit irrecevable (CE, 20 janv. 1967, Coursières-Berthezène, requête numéro 62464, Rec., T., p. 662), qu'elle ait donné lieu à un désistement, volontaire (CE, 26 janv. 1990, Morlot, requête numéro 84662, Rec., T., p. 648) ou forcé (CE, 6 mars 2000, Sté Parcheminer Carrières, requêtes numéros 182780 et 192164, Rec., T., p. 909 ; RDI 2000, p. 321, obs. F. Donnat).

288. Un seul degré de juridiction pour une seule voie de recours. La connexité n'est permise que pour un même degré de juridiction. Il ne saurait y avoir connexité entre une demande de premier ressort et un appel ou un pourvoi en cassation (CE, Sect., 6 oct. 1961, Demarze, requête numéro 41856, Rec., p. 548). Il ne saurait y avoir, par ailleurs, de connexité qu'entre litiges relevant des mêmes voies de recours (CE, 16 juin 2004, Bianchin, requête numéro 265915, Rec., T., p. 636).

289. L'exclusion des juridictions administratives spécialisées. Contrairement aux questions accessoires, la connexité ne joue qu'entre les seules juridictions administratives générales, ce qui évince donc les juridictions administratives spécialisées.

290. La question du lien de subordination entre les recours. Dans son état initial, la jurisprudence conditionnait la connexité à l'existence d'un strict lien de subordination entre les deux demandes. Avec le temps, ce lien s'est assoupli, autorisant la connexité alors que les demandes relèvent, pour l'une, du contentieux de pleine juridiction, pour l'autre, du contentieux de l'excès de pouvoir (CE, Ass., 7 déc. 1962, Coursières-Berthezène, requête numéro 52089, Rec., p. 662, concl. P. Nicolaÿ) et ce même si les deux demandes émanent de requérants distincts (CE, Ass., 2 févr. 1987, Sté TV6, requête numéro 81131, Rec., p. 28). Sont également connexes les conclusions d'une demande présentée au Conseil d'État tendant à l'indemnisation du préjudice résultant du retard de l'administration à exécuter une décision du Conseil d'État, relevant en principe du tribunal administratif territorialement compétent, et les conclusions présentées dans la même demande, tendant à ce que le Conseil d'État, juge de l'exécution, prononce une astreinte afin d'assurer l'exécution de sa décision (CE, 1er avr. 2015, Mme Roseline Menchon et M. Freddie Menchon, requête numéro 374536, Rec., T., pp. 608 et 825).

Par-delà, et si l'on veut tenter de systématiser une jurisprudence toute en nuance, la connexité suppose que de la solution d'un des litiges dépende de la solution de l'autre. Ainsi existe-t-il encore connexité lorsque la seconde décision attaquée a été prise sur recours administratif préalable contre la première (CE 28 janv. 2011, Mme Latrasse, requête numéro 338513, Rec., T., p. 852). Par exemple encore, saisi d'une demande tendant à ce qu'il soit statué sur la nature d'un bien et sur son appartenance au domaine public, le Conseil d'Etat est également compétent pour connaître de conclusions connexes tendant à l'annulation d'un arrêté d'alignement relevant normalement de la compétence d'une cour administrative d'appel (CE, 5 mai 2010, M. Le Palud, requête numéro 327239, Rec., T., p. 696). En revanche, il n'y a pas de lien de connexité entre un recours tendant à l'annulation d'un acte réglementaire et celui tendant à l'annulation d'une décision individuelle prise sur le fondement de ce règlement (CE 28 juill. 2000, Tameze et Girard, requête numéro 188494, Rec., T., p. 909).

291. La date d'appréciation de la connexité. Le lien de connexité est apprécié par le juge, compte tenu des textes en vigueur au jour où il se prononce sur la question (CE, 14 mars 1990, Office culturel de Cluny - Fédération nationale d'animation globale, requête numéro 65114, Rec., T., p. 648).

292. Connexité entre des demandes de la compétence du Conseil d'Etat et d'une autre juridiction administrative générale. Aux termes de l'article R. 341-1 du code de justice administrative, « lorsque le Conseil d'Etat est saisi de conclusions relevant de sa compétence de premier ressort, il est également compétent pour connaître de conclusions connexes relevant normalement de la compétence de premier ressort d'un tribunal administratif ou d'une cour administrative d'appel ». Reste la question ici de savoir à qui revient l'initiative du renvoi de l'ensemble au Conseil d'Etat. Les deux hypothèses sont prévues. Ainsi, dans le cas où un tribunal administratif ou une cour administrative d'appel est saisi de conclusions relevant normalement de sa compétence mais connexes à des conclusions présentées devant le Conseil d'Etat et relevant de la compétence en premier et dernier ressort de celui-ci, son président renvoie au Conseil d'Etat lesdites conclusions (CJA, art. R. 341-2 al. 1er) ou le président de la section du contentieux du Conseil d'Etat, saisi par la chambre intéressée, ordonne le renvoi au Conseil d'Etat de la demande soumise au tribunal administratif ou à la cour administrative d'appel (CJA, art. R. 341-2 al. 2). Il en va de même dans le cas où un tribunal administratif ou une cour administrative d'appel est saisi de conclusions distinctes mais connexes relevant les unes de sa compétence et les autres de la compétence en premier et dernier ressort du Conseil d'Etat (CJA, art. R. 341-3). Les mêmes principes prévalent en appel (CJA, art. R. 343-1 et s.).

293. Connexité entre des demandes relevant de la compétence d'une cour administrative d'appel et d'un tribunal administratif. Avec la dévolution de compétences de premier et dernier ressort au profit des cours administratives d'appel, l'hypothèse d'une connexité de demandes avec celle au bénéfice d'un tribunal administratif devient envisageable. Le pouvoir réglementaire en a très logiquement tenu compte et réglé ce cas de figure (décret n° 2015-1145 du 15 septembre 2015 modifiant le code de justice administrative), suivant un schéma équivalent à celui intéressant le Conseil d'Etat par rapport aux autres juridictions administratives générales (CJA, art. R. 345-1 et s.).

294. Connexité entre des demandes relevant de la compétence de deux tribunaux administratifs. Suivant l'article R. 342-1 du code de justice administrative, « le tribunal administratif saisi d'une demande relevant de sa compétence territoriale est également compétent pour connaître d'une demande connexe à la précédente et relevant normalement de la compétence territoriale d'un autre tribunal administratif ». Le cas peut également se produire où deux tribunaux administratifs sont simultanément saisis de demandes distinctes mais connexes, relevant normalement de leur compétence territoriale respective. Le problème se pose alors de déterminer la compétence pour connaître du tout. Dans cette hypothèse, chacun des deux présidents intéressés saisit le président de la section du contentieux du Conseil d'Etat et lui adresse le dossier de la demande (CJA, art. R. 342-2). Le président de la section du contentieux se prononce alors sur l'existence du lien de connexité et détermine la ou les juridictions compétentes pour connaître des demandes (CJA, art. R. 342-3). Les mêmes mécanismes sont organisés pour les cas de connexité entre des demandes relevant de la compétence de deux cours administratives d'appel (CJA, art. R. 344-1 et s.).

§ 2 - Le règlement des problèmes de compétence : la transmission de la requête

295. Une obligation de transmission. Il arrive que les règles afférentes à la compétence interne à la juridiction administrative ne soit pas respectées par les requérants. Le code de justice administrative règle ces hypothèses d'incompétence matérielle ou territoriale, étant rappelé qu'un jugement rendu par un tribunal administratif territorialement incompétent n'est pas irrégulier pour ce motif. En toute hypothèse, les actes de procédure accomplis régulièrement devant la juridiction saisie en premier lieu demeurent valables devant la juridiction de renvoi à laquelle incombe le jugement de l'affaire, sous réserve, le cas échéant, des régularisations imposées par les règles de procédure propres à cette juridiction (CJA, art. R. 351-7).

296. La saisine indue du Conseil d'Etat. Deux hypothèses peuvent se présenter ici.

La première hypothèse est celle de l'incompétence externe. L'article R. 351-5-1 du code de justice administrative dispose que « lorsque le Conseil d'Etat est saisi de conclusions se rapportant à un litige qui ne relève pas de la compétence de la juridiction administrative, il est compétent, nonobstant les règles relatives aux voies de recours et à la répartition des compétences entre les juridictions administratives, pour se prononcer sur ces conclusions et décliner la compétence de la juridiction administrative ». Créée par le décret n° 2015-1145 du 15 septembre 2015 précité, cette disposition permet au Conseil d'Etat de rejeter la requête au titre de l'incompétence de la juridiction administrative, par dérogation aux règles qui président à la répartition des compétences au sein de l'ordre administratif. On doit bien y souscrire dès lors que la célérité de la justice y gagne là où le justiciable ne perd rien.

La seconde hypothèse est celle de l'incompétence interne. Lorsque le Conseil d'Etat est saisi de conclusions relevant de la compétence d'un tribunal administratif ou d'une cour administrative d'appel, le président de la section du contentieux, saisi par la chambre chargée de l'instruction du dossier, règle la question de compétence et attribue, le cas échéant, le jugement de tout ou partie de l'affaire à la juridiction qu'il déclare compétente (CJA, art. R. 351-1), même si rien ne s'oppose à ce que, en cas de difficulté, une formation collégiale se prononce sur le renvoi de l'affaire (CE, 3 oct. 1979, Lasry, requête numéro 12063, Rec., p. 358 ; CE, 12 oct. 1992, Galy-Dejean, requête numéro 132694, Rec., p. 336 ; AJDA 1993, p. 84, chron. C. Maugüé et R. Schwartz). La juridiction à laquelle l'affaire est attribuée ne peut décliner sa compétence (CE, 9 juill. 2010, Sté Powéo, requête numéro 324311, Rec., T., p. 695), et, très logiquement, la cour administrative d'appel dont relève le tribunal administratif ne saurait pas davantage décliner sa compétence en appel (CE, 10 juill. 1996, Dody, requête numéro 127982, Rec., p. 282). Lorsque la compétence est autre que celle d'un tribunal administratif ou d'une cour administrative d'appel, le Conseil d'Etat est compétent pour rejeter les conclusions entachées d'une irrecevabilité manifeste insusceptible d'être couverte en cours d'instance ou pour constater qu'il n'y a pas lieu de statuer sur tout ou partie des conclusions (CJA, art. R. 351-5). Il en va de même si la compétence était normalement celle d'un tribunal administratif ou d'une cour administrative d'appel (CJA, art. R. 351-4).

297. La saisine indue d'un tribunal administratif ou d'une cour administrative d'appel. En sens inverse, lorsqu'une cour administrative d'appel ou un tribunal administratif est saisi de conclusions qu'il estime relever de la compétence du Conseil d'Etat, son président transmet sans délai le dossier au

Conseil d'Etat qui poursuit l'instruction de l'affaire. Si l'instruction de l'affaire révèle que celle-ci relève en tout ou partie de la compétence d'une autre juridiction, la chambre d'instruction saisit le président de la section du contentieux qui règle la question de compétence et attribue, le cas échéant, le jugement de tout ou partie des conclusions à la juridiction qu'il déclare compétente (CJA, art. R. 351-2). Dans la même logique, lorsqu'une cour administrative d'appel ou un tribunal administratif est saisi de conclusions qu'il estime relever de la compétence d'une juridiction administrative autre que le Conseil d'Etat, son président, ou le magistrat qu'il délègue, transmet sans délai le dossier à la juridiction qu'il estime compétente (CJA, art. R. 351-3 al. 1er), y compris s'il s'agit d'une juridiction administrative spécialisée (CE, 19 oct. 2012, M. Kessabi, requête numéro 342763, Rec., T., pp. 665 et 954). En cas de doute, le dossier est transmis sans délai au président de la section du contentieux du Conseil d'Etat qui règle la question de compétence et attribue le jugement de tout ou partie de l'affaire à la juridiction qu'il déclare compétente (CJA, art. R. 351-3 al. 2). Lorsque le président de la cour administrative d'appel ou du tribunal administratif (CJA, art. R. 351-6 al. 2) ou d'une juridiction administrative autre que celles-ci (CJA, art. R. 351-6 al. 3) à laquelle un dossier a été transmis en application du premier alinéa de l'article R. 351-3 du code de justice administrative, estime que cette juridiction n'est pas compétente, il transmet le dossier, dans le délai de trois mois suivant la réception de celui-ci, au président de la section du contentieux du Conseil d'Etat, qui règle la question de compétence et attribue le jugement de tout ou partie de l'affaire à la juridiction qu'il déclare compétente.

298. Pour les cas où le traitement du non-lieu ou de l'irrecevabilité pourrait précéder l'incompétence… Comme pour le Conseil d'Etat, le tribunal administratif ou la cour administrative d'appel peuvent rejeter les conclusions entachées d'une irrecevabilité manifeste insusceptible d'être couverte en cours d'instance ou pour constater qu'il n'y a pas lieu de statuer sur tout ou partie des conclusions (CJA, art. R. 351-4). Il y a là un cas de dérogation à l'ordre normal d'examen des questions préalables… L'irrecevabilité manifeste insusceptible d'être couverte en cours d'instance mentionnée à l'article R. 351-4 du code de justice administrative ne peut concerner, s'agissant d'une requête présentée devant une cour administrative d'appel, que les conclusions présentées devant cette cour. Dès lors, en l'absence d'une telle irrecevabilité manifeste, ces dispositions ne permettent pas à une cour administrative d'appel de s'affranchir, au motif de l'irrecevabilité, même manifeste, de la demande de première instance, du respect des règles de répartition des compétences entre juridictions administratives (CE, 25 janv. 2012, Piasco, requête numéro 344705, Rec., T., p. 661).

299. Le dépaysement. Lorsque des considérations de bonne administration de la justice l'imposent, le président de la section du contentieux du Conseil d'Etat, de sa propre initiative ou sur la demande d'un président de tribunal administratif ou de cour administrative d'appel, attribue, par une ordonnance motivée qui n'est pas susceptible de recours, le jugement d'une ou plusieurs affaires à la juridiction qu'il désigne (CJA, art. R. 351-8).

300. Bibliographie indicative.

J. Arrighi de Casanova, « Le décret du 22 février 2010 relatif aux compétences et au fonctionnement des juridictions administratives », RFDA 2010, pp. 387 et s.

M. Carraud, « Le rôle du président de la section du contentieux du Conseil d'État », RDP 1980, pp. 1403 et s.

D. Chauvaux et **J. Courtial**, « Le décret du 22 février 2010 relatif aux compétences et au fonctionnement des juridictions administratives », AJDA 2010, pp. 605 et s.

R. d'Haëm, « Le règlement des questions de compétence à l'intérieur de la juridiction administrative », RFDA 2003, pp. 497 et s.

F. Rolin, « Le coût du retard à juger devant les juridictions administratives », AJDA 2004, p. 2145.

TITRE II - LES PARTICIPANTS AU PROCES ADMINISTRATIF

301. Le procès n'étant pas l'affaire des seules parties. Le procès administratif est avant toute chose un procès. Il s'agit donc d'une contestation qui oppose au moins deux parties (CHAPITRE I). Ce ne sont évidemment pas les seuls participants au procès. Outre ceux-ci, comme cela a déjà été dit, il y a le juge. Mais encore doit-on recenser, en les distinguant clairement pour des raisons contentieuses, les intervenants à l'instance (CHAPITRE II).

CHAPITRE I - LES PARTIES A L'INSTANCE

302. Par ou pour. Quelles que peuvent être leurs prétentions, différentes parties s'opposent à l'instance (Section 1) qui, le cas échéant, y seront représentées (Section 2).

Section 1 - Les différentes parties à l'instance

303. Une opposition. Bien qu'il ne soit pas invariablement le seul à être en situation de demandeur, le requérant (Sous-section 1) est en principe à l'initiative du procès administratif, le Conseil d'Etat manifestant sa réticence à admettre toute forme d'auto-saisine des juridictions administratives (CE, avis, 19 avr. 1991, EDCE, n° 43, p. 63). Pour sa part, le Conseil constitutionnel considère que le principe d'impartialité s'oppose à ce que, en principe, une juridiction dispose de la faculté d'introduire spontanément une instance au terme de laquelle elle prononce une décision revêtue de l'autorité de chose jugée. Et si une telle prohibition n'est ni générale ni absolue, l'auto-saisine de la juridiction doit, lorsque la procédure n'a pas pour objet le prononcé de sanctions ayant le caractère d'une punition, reposer sur un motif d'intérêt général et être accompagnée de garanties instituées par la loi, propres à assurer le respect du principe d'impartialité (Cons. const., décision numéro 2012-286 QPC du 7 déc. 2012, Sté Pyrénées services et autres, Rec. Const. const., p. 642). Comme cela a déjà été dit, l'on prétend qu'une part du contentieux administratif, en tant qu'il serait objectif, ne connaitrait que cette seule partie à l'instance. Procès fait à un acte, le recours pour excès de pouvoir, auquel il faut adjoindre le recours en déclaration d'inexistence, évincerait toute possibilité de trouver un défendeur à l'instance. Cela ne saurait être formellement vrai et donc matériellement juste. La soumission du contentieux de l'excès de pouvoir au principe du contradictoire suffit à démontrer que, dans toutes les branches du contentieux administratif, il existe également un défendeur (Sous-section 2) à l'instance.

Sous-section 1 - Le requérant

304. Le plus souvent une personne privée. Suivant la jurisprudence Préfet de l'Eure, l'administration ne doit pas demander au juge ce qu'elle est en droit de mettre en œuvre par elle-même, en vertu du privilège du préalable (CE, 30 mai 1913, Préfet de l'Eure, requête numéro 49241, Rec., p. 583 ; S. 1915, p. 39, note M. Hauriou). Il en résulte que l'administration n'aura pas, la plupart du temps, la qualité de requérante en première instance. Il ne s'agit cependant pas d'un principe incontournable, à un double titre.

D'une part, il arrive qu'un litige oppose deux personnes publiques, et l'une d'entre elles sera nécessairement alors en position de demanderesse.

D'autre part, la jurisprudence admet des tempéraments à la jurisprudence Préfet de l'Eure. C'est le cas, notamment, lorsque l'administration a renoncé à user du procédé de l'état exécutoire à l'égard de son cocontractant (CE, 26 déc. 1924, Ville de Paris c. Chemin de fer métropolitain, requête numéro 77229, Rec., p. 1065 ; S. 1925, 3, p. 25, note M. Hauriou) ou à l'égard d'une autre personne publique (CE, 31 mai 2010, Communauté d'agglomération Vichy Val d'Allier, requête numéro 329483, Rec., p. 173). C'est encore le cas lorsque l'autorité gestionnaire d'une dépendance du domaine public demande au juge qu'il ordonne sa libération par l'occupant sans titre (CE, 22 juin 1977, Dame veuve Abadie, requête numéro 04799, Rec., p. 288).

305. L'avènement des actions collectives. L'action de groupe en droit français a longtemps été espérée. La loi n° 2016-1547 du 18 novembre 2016 de modernisation de la justice du XXIe siècle l'a formellement consacrée et elle trouve à s'appliquer aussi bien devant les juridictions administratives que devant les juridictions judiciaires. Il est encore trop tôt pour dire si l'évolution du droit répondra aux attentes. Reste que, aujourd'hui, l'action individuelle (§ 2) n'est plus la seule envisageable. Des actions collectives existent, et le souci d'intelligibilité du propos conduit à les appréhender distinctement (§ 1).

§ 1 - Les actions collectives

306. Enfin ! Le droit français devait bien finir par s'ouvrir réellement au principe de l'action collective. L'action collective peut se définir comme « la procédure permettant à une personne qui aurait la seule qualité de requérant d'exercer, au nom d'un groupe ayant les mêmes intérêts, une action en reconnaissance de droits individuels en faveur des membres de ce groupe » (P. Delaval (dir.), Rapport du groupe de travail du Conseil d'Etat sur l'action collective en droit administratif, 2009, p. 14). Rétive à cette forme d'action, la tradition française a longtemps constitué un frein à son avènement. Une réflexion a cependant été menée et des indices laissaient augurer une réforme d'ampleur. Un projet de loi avait d'ailleurs été présenté en conseil des ministres, le 31 juillet 2015, organisant un cadre juridique commun aux actions de groupe devant le juge judiciaire et devant le juge administratif. Suivant ce projet de loi, la juridiction administrative pouvait connaître dans un premier temps d'actions collectives relatives aux discriminations. Le législateur pouvait par la suite enrichir la liste des domaines dans lesquels il serait possible à plusieurs personnes d'agir conjointement afin d'obtenir réparation du dommage causé par le manquement par une personne publique ou un organisme de droit privé chargé de la gestion d'un service public à ses obligations légales ou contractuelles. Issu de la loi n° 2016-41 de modernisation de notre système de santé du 26 janvier 2016, l'article L. 1143-1 du code de la santé publique a ainsi autorisé toute association agréée d'usagers du système de santé d'agir en justice afin d'obtenir réparation des préjudices résultant de dommages corporels subis par des usagers placés dans une situation identique ou similaire, et procédant d'un manquement à ses obligations légales ou contractuelles du producteur ou du fournisseur d'un produit de santé ou d'un prestataire utilisant l'un de ces produits. Les modalités de mise en œuvre de cette disposition législative ont été précisées par le décret n° 2016-1249 du 26 septembre 2016 relatif à l'action de groupe en matière de santé. La loi n° 2016-1547 du 18 novembre 2016 est allée bien plus loin que ce qui était raisonnablement concevable. Ont ainsi été organisées les conditions de mise en œuvre d'actions de groupe (I) mais également de l'action en reconnaissance de droits (II).

I. Les actions de groupe

307. Du général et du particulier. La loi du 18 novembre 2016 contient des dispositions qui, si elles conservent une certaine unité, n'en distinguent pas moins plusieurs actions de groupe. En effet, par-delà l'action de groupe générale (A), il existe des actions de groupe spécifiques. Les particularités de ces actions de groupe restent limitées, ne dérogeant qu'à certaines dispositions applicables à l'action de groupe générale. Ces spécificités concernent néanmoins – et notamment ici – la personne du requérant (B).

A. L'action de groupe générale

308. Deux actions distinctes. Suivant l'article L. 77-10-3 al. 1er du code de justice administrative, « lorsque plusieurs personnes, placées dans une situation similaire, subissent un dommage causé par une personne morale de droit public ou un organisme de droit privé chargé de la gestion d'un service public, ayant pour cause commune un manquement de même nature à ses obligations légales ou contractuelles, une action de groupe peut être exercée en justice au vu des cas individuels présentés par le demandeur ». Conformément à l'article L. 77-10-3 al. 2 du code de justice administrative, cette action de groupe peut viser deux finalités qui, au demeurant, ne sont pas exclusives l'une de l'autre. D'une part, l'action peut tendre à la cessation du manquement. D'autre part, l'action peut tendre à l'engagement de la responsabilité de la personne ayant causé le dommage.

309. Les requérants admissibles. Il convient de distinguer nettement la personne qui exerce l'action et les bénéficiaires de celle-ci.

L'exercice de l'action en cessation du manquement, de l'action en responsabilité, ou des deux conjointement, ne peut être mis en œuvre que par une association agréée ou une association régulièrement déclarée depuis cinq ans au moins ayant pour objet la défense d'intérêts auxquels il a été porté atteinte (CJA, art. L. 77-10-4). Le souci du législateur est clairement ici de préserver le sérieux et le crédit qui doivent être reconnus aux actions de groupe.

En tant qu'ils répondent aux critères de rattachement déterminés par la juridiction qui a statué sur la responsabilité du défendeur, les bénéficiaires de l'action pourront adhérer au groupe, dans un délai fixé par le juge (CJA, art. L. 77-10-7). Ils pourront adresser une demande de réparation soit à celui-ci, soit au demandeur à l'action, qui recevra ainsi mandat aux fins d'indemnisation (CJA, art. L. 77-10-10). En cas de procédure collective de liquidation des préjudices décidée par le juge à la demande du demandeur à l'action (CJA, art. L. 77-10-9), les bénéficiaires pourront également se joindre au groupe, cette adhésion valant également mandat de représentation à l'action aux fins d'homologation et, le cas échéant, pour l'exécution forcée du jugement (CJA, art. L. 77-10-13). Mais qu'il s'agisse d'une procédure collective de liquidation de préjudices ou non, il ne s'agit déjà plus de l'action de groupe à proprement parler. Ici, ce sont les mesures d'exécution du jugement dont il s'agit.

B. Les actions de groupe spécifiques

310. L'action de groupe en matière de discrimination en général. L'action de groupe en matière de discrimination peut tendre à la cessation du manquement et, le cas échéant, en cas de manquement, à la réparation des préjudices subis, conformément à l'article 10 de la loi n° 2008-496 du 27 mai 2008 portant diverses dispositions d'adaptation au droit communautaire dans le domaine de la lutte contre les discriminations, dans sa version issue de la loi du 18 novembre 2016.

Suivant la même disposition, peuvent agir devant la juridiction administrative :

- les associations régulièrement déclarées depuis au moins cinq années intervenant dans la lutte contre les discriminations ou oeuvrant dans le domaine du handicap, afin d'établir que plusieurs personnes physiques font l'objet d'une discrimination directe ou indirecte, fondée sur un même motif et imputable à une même personne ;

- les associations régulièrement déclarées depuis cinq années au moins dont l'objet statutaire comporte la défense d'un intérêt lésé par la discrimination en cause.

311. L'action de groupe en matière de discrimination imputable à un employeur. Lorsqu'elle doit être portée devant la juridiction administrative, l'action de groupe en matière de discrimination imputable à un employeur peut tendre à la cessation du manquement et, le cas échéant, en cas de manquement, à la réparation des préjudices subis (CJA, art. L. 77-11-3).

L'article L. 77-11-2 du code de justice administrative distingue deux catégories de requérants admissibles.

D'une part, lorsqu'il s'agit d'établir que plusieurs candidats à un emploi, à un stage ou à une période de formation ou plusieurs agents publics font l'objet d'une discrimination, directe ou indirecte, fondée sur un même motif et imputable au même employeur, l'action peut être exercée par une organisation syndicale de fonctionnaires représentatives au sens du III de l'article 8 bis de la loi n° 83-634 du 13 juillet 1983 portant droits et obligations des fonctionnaires.

D'autre part, les associations régulièrement déclarées depuis au moins cinq ans intervenant dans la lutte contre les discriminations ou oeuvrant dans le domaine du handicap peuvent agir aux mêmes fins en faveur de plusieurs candidats à un emploi ou à un stage.

312. L'action de groupe en matière environnementale. L'action de groupe en matière environnementale peut tendre à la cessation de manquements et/ou à la réparation des préjudices corporels et matériels résultant de dommages dans les domaines mentionnés à l'article L. 142-2 du code de l'environnement, causés par le manquement d'une personne à ses obligations légales ou contractuelles.

Suivant l'article L. 142-3-1 du code de l'environnement issu de la loi du 18 novembre 2016, peuvent seules exercer l'action :

- les associations agréées dans des conditions définies par décret en Conseil d'Etat, dont l'objet statutaire comporte la défense des victimes de dommages corporels ou la défense des intérêts économiques de leurs membres ;

- les associations de protection de l'environnement agréées en application de l'article L. 141-1 du code de l'environnement.

313. L'action de groupe en matière de santé. L'action de groupe en matière de santé a été consacrée par la loi n° 2016-41 du 26 janvier 2016 de modernisation de notre système de santé. L'article L. 1143-1 du code de la santé publique qui en est issu dispose que l'action collective peut être introduite en vue « d'obtenir réparation des préjudices individuels subis par des usagers du système de santé placés dans une situation similaire ou identique et ayant pour cause commune un manquement d'un producteur ou d'un fournisseur de l'un des produits mentionnés au II de l'article L. 5311-1 ou d'un prestataire utilisant l'un de ces produits à leurs obligations légales ou contractuelles ».

Suivant la même disposition, seules ont la qualité pour exercer cette action les associations d'usagers du système de santé agréées en application de l'article L. 1114-1 du code de la santé publique.

314. L'action de groupe en matière de protection des données à caractère personnel. L'action de groupe en matière de protection des données à caractère personnel ne peut tendre qu'à la cessation des manquements à la loi n° 78-17 du 6 janvier 1978 relative à l'informatique, aux fichiers et aux libertés commis par un responsable de données à caractère personnel ou un sous-traitant.

Suivant l'article 43 ter de la loi de 1978 issu de la loi du 18 novembre 2016, peuvent seules exercer l'action :

- les associations régulièrement déclarées depuis cinq années au moins et dont l'objet statutaire est la protection de la vie privée et la protection des données à caractère personnel ;

- les associations de défense des consommateurs représentatives au niveau national et agréées en application de l'article L. 811-1 du code de la consommation, lorsque le traitement de données à caractère personnel affecte les consommateurs ;

- les organisations syndicales de salariés ou de fonctionnaires représentatives au sens des articles L. 2122-1, L. 2122-5 ou L. 2122-9 du code du travail ou du III de l'article 8 bis de la loi n° 83-634 du 13 juillet 1983 portant droits et obligations des fonctionnaires ou les syndicats représentatifs de magistrats de l'ordre judiciaire, lorsque le traitement affecte les intérêts des personnes que les statuts de ces organisations les chargent de défendre.

II. L'action en reconnaissance de droits

315. Objet de l'action en reconnaissance de droits. L'action en reconnaissance de droits permet de traiter avec plus d'efficacité les contentieux sériels. Il s'agit d'une action qui peut tendre au bénéfice d'une somme d'argent légalement due ou à la décharge d'une somme d'argent illégalement réclamée, mais ne peut pas tendre à la reconnaissance d'un préjudice (CJA, art. L. 77-12-1).

316. Les requérants admissibles. Suivant l'article L. 77-12-1 du code de justice administrative, l'action en reconnaissance de droits est ouverte aux associations régulièrement déclarées et aux syndicats professionnels régulièrement constitués. On remarquera ici que, à la différence du choix retenu par le législateur pour les actions de groupe, aucune durée minimale d'existence de l'association n'est requise.

§ 2 - L'action individuelle

317. Des conditions classiques. Classiques, les règles classiques ayant trait au requérant sont connues. Il s'agit de celles relatives à la capacité pour agir (I) et de l'intérêt pour agir (II).

I. La capacité pour agir

318. Les personnes physiques. Le contentieux administratif apprécie la capacité d'ester en justice des personnes physiques au regard des règles du droit civil. Est dès lors incapable d'agir le mineur non émancipé (CE, 24 juin 1971, Gachassin-Plana, requête numéro 81528, Rec., p. 251) autant que l'incapable majeur, étant précisé que :

- le représentant légal du mineur non émancipé peut régulariser la requête en reprenant, même après l'expiration du délai de recours, l'instance pendante (CE, 29 avr. 1964, Sengelin, requête numéro 60670, Rec., T., p. 968) ;

- le mineur non émancipé, par dérogation au principe (CE, 30 déc. 2011, Boiguile, requête numéro 350458, Rec., T., pp. 1068, 1079 et 1089), a la faculté de saisir la juridiction administrative en référé liberté lorsque les circonstances le justifient (CE, 12 mars 2014, Kaibo, requête numéro 375956, Rec., T., pp. 785 et 794) ;

- le majeur placé, même d'office, dans une institution psychiatrique a la capacité d'ester en justice (CE, 23 juin 1976, Dame Duffau, requête numéro 95915, Rec., p. 335) ;

- le majeur placé sous curatelle peut agir en justice, en étant seulement assisté, là où la tutelle emporte une substitution d'action ;

- le code pénal, en son article 131-26, ne fait plus obstacle à ce que le majeur frappé d'une interdiction légale à la suite d'une condamnation pénale agisse en justice et, par exemple, un père condamné à quinze années de réclusion criminelle pour viol sur son enfant a la capacité de faire opposition au décret portant changement de nom de son enfant (CE, 4 déc. 2009, Parent, requête numéro 309004).

319. Les personnes morales. Les personnes morales ont la capacité d'ester en justice, y compris celles ayant leur siège à l'étranger et qui n'ont pas d'établissement en France (Cons. const., décision numéro 2014-424 QPC du 7 nov. 2014, Association Mouvement raëlien international). C'est la personnalité juridique accordée au groupement de personnes qui lui donne la possibilité d'exercer une action en justice. A défaut, il ne s'agira que d'une action conjointe de chaque personne constituant le groupe. Ainsi, la personne morale ne peut agir que si elle existe, ce qui suppose sa constitution préalable. Cependant, la jurisprudence administrative distingue suivant l'objet de l'action et elle autorise toujours les associations à défendre les intérêts collectifs dont elles ont la charge. Dans pareille hypothèse, la production des statuts de l'association suffit, le juge restant indifférent à l'absence de déclaration de l'association en préfecture (CE, Ass., 31 oct. 1969, Syndicat de défense des eaux de la Durance et Sieur Blanc, requête numéro 61310, Rec., p. 462 ; AJDA 1970, p. 252, note P. Landron ; CJEG 1970, p. 154, concl. J. Morisot). Assez logiquement, une personne morale en cours de formation pourra agir contre une décision affectant son activité future (CE, 10 févr. 1997, Sté coopérative de service de lamanage, requête numéro 168238, Rec., T., p. 992). Dans le même sens, la dissolution d'une personne morale, et donc son inexistence, ne fait pas obstacle à ce qu'elle exerce un recours contre la décision prononçant sa dissolution (par ex., CE, 25 juill. 2008, Association nouvelle des Boulogne Boys, requête numéro 315723, Rec., p. 308 ; BJCL 2008, p. 732, concl. F. Lenica). Le libéralisme du juge administratif a cependant ses limites et la capacité pour agir peut être restreinte lorsque la loi encadre plus strictement les conditions du droit d'ester en justice. Ainsi, le Conseil d'Etat juge que si des associations auxquelles n'adhèreraient pas que des militaires en activité sont recevables à contester la légalité d'actes réglementaires intéressant la condition militaire, c'est à la condition d'être constituées conformément aux articles L. 4126-1 et suivants du code de la défense (CE, 26 sept. 2016, Association de défense des droits des militaires, requête numéro 393738, Rec., T.).

II. L'intérêt pour agir

320. « Nul ne plaide par procureur ». Si l'on excepte le cas des actions de groupe, qui en constitue une atténuation, le principe suivant lequel nul ne plaide par procureur demeure. L'action tendant à l'annulation ou à la réformation d'un acte doit ainsi émaner d'une personne ayant un intérêt pour agir. Il s'agit là d'une condition de recevabilité que le code de justice administrative ne consacre pas mais dont nul, pourtant, ne songe à remettre en cause le bien-fondé tant il est vrai qu'elle contribue à la régulation de l'activité juridictionnelle en évitant l'engorgement des prétoires. Les requérants d'habitude, bien que parfois utiles (F. Lemaire, « Les requérants d'habitude », RFDA 2004, pp. 554 et s.), montrent le danger qui existerait si tout pouvait être contesté par tous et, pour reprendre des conclusions bien connues en la matière, « en droit public au moins, le trouble social prend la valeur d'un argument de droit » (B. Chenot, concl. sur CE, 10 févr. 1950, Gicquel, Rec., p. 100). Une telle assertion est d'autant plus admissible en contentieux administratif que le juge administratif conçoit la mise en œuvre de cette condition dont il est à l'origine avec un libéralisme certain tant en ce qui concerne la nature de l'intérêt admissible (A) que les conditions de l'intérêt pour agir (B).

A. Les composantes de l'intérêt pour agir

321. Le libéralisme du juge. L'intérêt à agir découle de ce que la décision fait grief au requérant. Le juge administratif appréhende avec un libéralisme manifeste cette condition. C'est heureux, notamment dans le contentieux de l'excès de pouvoir. En effet, si la recevabilité d'un recours en annulation devait restrictivement dépendre de l'existence d'un droit lésé, le contentieux de l'excès de pouvoir s'en trouverait définitivement dénaturé en faisant de lui un contentieux subjectif comme un autre. La bienveillance du juge ne confine cependant pas au laxisme. Il appartient au requérant, y compris après l'expiration du délai de recours (CE, 10 déc. 1997, Sté Norminter Gascogne Pyrénées et Commune de Pia, requêtes numéros 158064 et 158192, Rec., T., p. 1012), de démontrer que l'acte litigieux a porté atteinte à un intérêt pertinent.

322. Intérêt public ou privé. L'intérêt à défendre n'est pas nécessairement privé. L'intérêt public peut également justifier l'exercice d'un recours.

C'est bien le sens assigné aux déférés préfectoraux que le représentant de l'Etat dans le département doit pouvoir exercer, sur le fondement de l'article 72 de la Constitution, à l'encontre des actes des collectivités territoriales.

Il est par ailleurs admis de très longue date qu'une autorité administrative décentralisée peut attaquer un acte émanant :

- d'une autre autorité administrative ayant exercé son pouvoir de tutelle (CE, 18 nov. 1902, Commune de Néris-les-Bains, requête numéro 04749, Rec., p. 275), mais il n'est pas permis à une personne publique d'exercer un recours contre une décision prise dans l'exercice d'un pouvoir hiérarchique (CE, 27 oct. 1995, Caisse régionale d'assurances maladie de Normandie, requête numéro 122375, Rec., p. 384) ;

- d'une autre autorité administrative sans qu'il exprime un pouvoir de tutelle, et une commune peut ainsi attaquer un permis de construire délivré par le maire d'une commune limitrophe (CE, 2 avr. 1993, Sté Michel Gaugant, requête numéro 129906) ;

- de la même personne publique, un ministre pouvant – parce que cela est déjà arrivé… – déférer à la censure du juge l'acte d'un autre ministre (CE, Sect., 10 mars 1933, Ministre des Finances, requête numéro 27234, Rec., p. 307) et un subordonné pouvant attaquer l'acte de son supérieur hiérarchique, non seulement en ce qu'il le concerne personnellement (CE, Sect., 18 oct. 1968, Vacher-Desvernais, requêtes numéros 60442 et 60446, Rec., p. 494) ou qu'il le concerne en tant qu'il lui fait concurrence en nommant ou en promouvant par exemple un autre agent (CE, 22 mars 1918, Rascol, requête numéro 58014, Rec., p. 318), mais encore en tant qu'il porte atteinte aux droits que le subordonné tient de son statut, des prérogatives de son corps (CE, 11 déc. 1903, Lot, requête numéro 10211, Rec., p. 780) ou de celles attachées à l'exercice de ses fonctions (CE, Sect., 7 déc. 1956, Delecluse-Dufresne, requête numéro 26528, Rec., p. 466).

323. Intérêt individuel et intérêt collectif. Il est acquis que l'intérêt pour agir n'est pas subordonné à la seule lésion d'un intérêt individuel. Le Conseil d'Etat admet depuis très longtemps que le recours soit exercé pour la défense d'un intérêt collectif (CE, 28 déc. 1906, Syndicat des patrons-coiffeurs de Limoges, requête numéro 25521, Rec., p. 977, concl. J. Romieu ; S. 1907, 3, p. 23, concl. J. Romieu ; RDP 1907, p. 25, note G. Jèze).

Les syndicats, groupements et autres associations sont ainsi recevables à contester les actes non individuels qui porteraient atteinte aux intérêts matériels ou moraux d'une partie au moins suffisante de leurs membres.

Par exemple :

- une union de parents d'élèves est recevable à défendre la liberté d'enseignement (CE, 22 mars 1941, Union nationale des parents d'élèves de l'enseignement libre, Rec., p. 49) ;

- une association dont l'objet statutaire est l'amélioration des conditions de détention des prisonniers est recevable à agir contre un décret modifiant le régime de la détention et restreignant les pouvoirs des juges de l'application des peines (CE, Sect., 4 mai 1979, Comité d'action des prisonniers et Syndicat de la magistrature, requêtes numéros 00096 et 00218, Rec., p. 182) ;

- une association de défense de l'environnement peut être recevable à demander l'annulation d'une déclaration d'utilité publique (CE, 14 nov. 2008, Commune d'Ambares-et-Lagrave et a., requêtes numéros 297557 et 297633).

Il importe cependant que l'action intentée par la personne morale vise la défense d'intérêts en lien avec son objet statutaire. Par conséquent, l'objet statutaire de la personne morale doit prévoir la possibilité d'agir pour la défense d'un intérêt. Ainsi, une action exercée par une association n'est pas recevable si les stipulations des statuts ne lui donnent pas pour objet de défendre les intérêts collectifs de ses membres (CE, 1er avr. 2010, Association syndicale du lotissement de Beaupré, requête numéro 331380, Rec., T., pp. 889 et 1021). Et encore faut-il que l'objet soit suffisamment précis, à peine de priver celle-ci d'intérêt pour agir contre la décision.

Par exemple :

- une association dont l'objet est de défendre la justice sous toute ses formes ne dispose pas d'un objet suffisamment précis (CE, 10 mars 1995, Association « Le droit pour la justice et la démocratie », requête numéro 125271, Rec., T., p. 958) ;

- une organisation politique se donnant la mission de « promouvoir les valeurs humanistes et écologistes en replaçant les questions liées à la citoyenneté, à la démocratie participative et au développement durable au cœur du débat politique et de l'activité économique » ne justifie pas d'un intérêt pour agir contre un arrêté définissant la teneur en chlordécone que ne doivent pas dépasser certaines denrées d'origine végétale pour être reconnues propres à la consommation humaine (CE, 27 juin 2007, Mouvement CAP 21, requête numéro 289692, Rec., T., p. 996) ;

- un syndicat de fonctionnaires ou de magistrats ne peut se prévaloir des termes généraux de ses statuts pour attaquer un acte administratif susceptible, selon lui, de porter atteinte aux libertés et principes démocratiques (CE, 27 mai 2015, Syndicat de la magistrature, requête numéro 388705, Rec., p. 171 ; AJDA 2015, p. 1543, concl. A. Bretonneau).

Une association dont les statuts ne précisent pas le ressort géographique de son champ d'intervention doit être considérée comme ayant un champ d'action national (CE, 29 avr. 2002, Association « En toute franchise », requête numéro 227742, Rec., T., p. 844). Toutefois, la jurisprudence la plus récente montre que le juge administratif doit à présent recourir à certains indices pour pallier l'imprécision des statuts de l'association, notamment les éléments relatifs à son appellation, à la localisation de son siège social, et l'existence, dans d'autres départements, d'associations locales à l'objet et à la dénomination similaires (CE, 25 juin 2012, Collectif antinucléaire 13 et a., requête numéro 346395, Rec., p. 253), mais encore les indications pertinentes fournies par les autres stipulations des statuts, notamment les conditions d'adhésion (CE, 17 mars 2014, Association des consommateurs de la Fontaulière, requête numéro 354596).

C'est évident, un objet statutaire étranger aux questions convoquées par l'acte fait obstacle à ce que la personne morale puisse agir contre celui-ci.

Ainsi :

- une association professionnelle dont l'objet est de défendre les intérêts des directeurs départementaux médico-sociaux et sanitaires n'est pas recevable à contester les dispositions d'une circulaire sur la campagne budgétaire de ces établissements (CE, 16 juin 2008, Association Vivre et vieillir ensemble et Association des directeurs au service des personnes âgées, requête numéro 306295, Rec., T., p. 847) ;

- un syndicat de salariés des télécommunications ne saurait agir contre une décision attribuant une fréquence à un opérateur de téléphonie mobile (CE, 23 juill. 2012, Syndicat CFE-CGC France Télécom-Orange, requête numéro 351929) ;

- une association dont l'objet statutaire est de lutter contre le saturnisme et de soutenir les victimes de saturnisme est irrecevable à demander l'annulation d'un acte définissant la liste des titres de séjour, prévue par le code de la construction et de l'habitation, permettant de se voir attribuer dans certaines conditions un logement à loyer modéré (CE, 30 déc. 2014, Association des familles victimes du saturnisme, requête numéro 367523, Rec., T., p. 784).

La question peut se poser de l'intérêt pour agir de ces personnes morales à l'encontre des actes individuels. Une distinction s'impose ici suivant que l'acte est négatif ou positif.

Une décision est négative lorsqu'elle est défavorable à l'un des membres de la personne morale. Il appartient alors ce membre d'agir par lui-même. La personne morale n'a ainsi pas d'intérêt pour agir à l'encontre :

- d'une décision emportant changement de service pour son destinataire (CE, Sect., 13 déc. 1991, Syndicat CGT des employés communaux de la mairie de Nîmes, requêtes numéros 74153 et 74154, Rec., p. 443 ; AJDA 1992, p. 350, note Breton ; RFDA 1993, p. 250, concl. H. Toutée), y compris si le destinataire de la décision est un membre élu du syndicat (CE, 23 juill. 2014, Fédération des syndicats de fonctionnaires, requête numéro 362559, Rec., T., pp. 727 et 784) ;

- d'une sanction disciplinaire infligée à l'un des membres du groupement (CE, 22 déc. 1976, Syndicat national CFTC des affaires sociales, requête numéro 99427, Rec., T., p. 1050), sauf à ce que ce que la solution à la question de droit posée présente un intérêt pour certains autres des membres (CE, 27 mai 1964, Choulet et Syndicat national des Chirurgiens et spécialistes des hôpitaux publics, requêtes numéros 58059 et 58060, Rec., p. 302) ;

- du refus de nomination d'un membre de la personne morale à un poste (CE, 17 juin 1987, Lovichi, requête numéro 22932, Rec., p. 220).

Il est cependant loisible à la personne morale, dans pareils cas, d'intervenir à l'instance (CE, 21 mai 1953, Chambre syndicale nationale des fabricants de spécialités chimiques destinées à l'horticulture, requêtes numéros 14811 à 14813, Rec., p. 241).

Une décision est positive lorsque, bien qu'individuelle, elle n'est pas directement opposable aux membres de la personne morale. C'est le cas :

- de la nomination d'un fonctionnaire (CE, Sect. 12 juin 1959, Syndicat chrétien du ministère de l'Industrie et du commerce et Syndicat central du personnel administratif du ministère de l'Industrie et du Commerce, requêtes numéros 40144 et 40145, Rec., p. 360), parce que cette affectation nuit, en réalité, au syndicat et pas seulement à ceux qui, en son sein, n'ont pas obtenu le poste ;

- de l'inscription à un tableau d'agrément (CE, 21 juin 1974, Syndicat national des ingénieurs et techniciens agréés, requête numéro 84657, Rec., p. 359) parce que cette inscription est de nature à préjudicier aux intérêts des ingénieurs et techniciens déjà inscrits ;

- de la délivrance d'un permis de construire (CE, 25 juin 2003, Commune de Saillagouse, requête numéro 233119, Rec., T., p. 1031) parce que cet acte porte atteinte aux intérêts que la personne morale peut défendre.

Ici, à travers le contrôle de la décision, c'est l'intérêt défendu par la personne morale qui est pris en compte et non l'intérêt personnel de chacun des membres pris isolément.

324. Le cas des unions et des fédérations de personnes morales. Le juge administratif transpose aux unions et fédérations de personnes morales le raisonnement qu'il tient pour les personnes morales en ce qui concerne leur intérêt à agir à l'encontre de décisions qui ne concernent que certains de leurs membres. Le principe originel se veut donc simple : les unions et les fédérations n'ont d'intérêt pour agir qu'à l'encontre de décisions concernant l'ensemble des personnes morales qui les composent (CE, 11 juin 1958, Chambre syndicale des agents généraux d'assurance de la Marne, requête numéro 23225, Rec., p. 334) sans préjudice d'un intérêt subsidiaire à agir qui leur est reconnu lorsque aucun des membres n'est concerné par la décision (CE, 12 janv. 1966, Chambre syndicale des cochers et voitures de place de la région parisienne, requête numéro 59012, Rec., p. 28). Le principe a toutefois évolué : le Conseil d'Etat a finalement admis qu'une fédération ou une union soient recevables à attaquer une mesure affectant la situation de plusieurs – et non de la totalité, ni même de la majorité – des composantes (CE, Ass., 21 juill. 1972, Union interfédérale des syndicats de la préfecture de police et de la Sûreté nationale, requête numéro 75225, Rec., p. 584 ; AJDA 1972, p. 458, chron. D. Labetoulle et P. Cabanes ; AJDA 1973, p. 125, concl. J. Morisot). Le requérant, ici, ne saurait cependant se substituer à l'un de ses membres (CE, Sect., 9 juin 1995, Confédération de l'artisanat et des petites entreprises du bâtiment, requêtes numéros 106732 à 106736, Rec., p. 237), sauf à ce que, par exception, l'intérêt à agir doive être admis contre une décision qui ne concerne qu'un membre, « eu égard à la portée de la décision » litigieuse (CE, Ass., 12 déc. 2003, Union des syndicats CGT des personnels des affaires culturelles, requête numéro 239507, Rec., p. 508 ; AJDA 2004, p. 199, chron. F. Donnat et D. Casas).

325. Intérêt matériel ou moral. L'intérêt, c'est l'évidence, peut être matériel. Une modification de la tarification d'une activité professionnelle (CE, 14 nov. 2008, Ordre des avocats à la cour d'appel de Paris, requête numéro 307364, Rec., T., p. 846), une retenue sur traitement, la délivrance ou le refus de permis de construire, une fermeture d'établissement, le retrait d'une autorisation d'occuper le domaine public, un refus d'agrément, sont autant d'exemples retenus ici de manière parfaitement arbitraire de décisions pouvant léser l'intérêt matériel du requérant.

Mais l'intérêt dont peut se prévaloir le requérant peut également être moral. Ainsi est-il possible au requérant d'attaquer la décision :

- portant changement de nom d'une rue, y compris privée (CE, 19 juin 1974, Broutin, requête numéro 88410, Rec., p. 346), ou d'une commune (CE, Sect., 22 avr. 1955, Commune de Saint-Martin-en-Vercors et a., requête numéro 21262, Rec., p. 203 ; Rev. adm. 1955, p. 401, concl. C. Heumann ; CE, 4 avr. 1997, Marchal, requête numéro 177987, Rec., p. 131 ; AJDA 1997, p. 508, concl. J.-H. Stahl) ;

- portant atteinte aux conditions d'exercice d'un culte (CE, 8 févr. 1908, Abbé Deliard, requête numéro 30383, Rec., p. 127, concl. M. Chardenet) ;

- attentant à la réputation d'une grande école (CE, Ass., 13 juill. 1948, Sté des amis de l'Ecole Polytechnique, requêtes numéros 80784 et 91514, Rec., p. 330).

Il est à noter ici que le contribuable autorisé à plaider au nom de la collectivité à laquelle il appartient ne peut, et c'est somme toute logique, défendre que l'intérêt matériel de celle-ci (CE, 17 juin 1998, Berger, requête numéro 192498, Rec., T., p. 780).

B. L'identification de l'intérêt pour agir

326. Le quoi et le comment. Le Conseil d'Etat exerce un contrôle de qualification juridique des faits sur le point de savoir si le requérant dispose d'un intérêt pour agir (CE, 9 déc. 1996, Association pour la sauvegarde du patrimoine martiniquais, requête numéro 155477, Rec., p. 479). Le requérant doit caractériser son intérêt pour agir contre une décision et il doit le faire pour chaque procès. Ainsi, il doit démontrer son intérêt à agir même lorsque l'action est intentée contre une nouvelle décision prise à la suite d'une instance à laquelle il était partie (CE, 11 mai 2011, Sté Lyonnaise des eaux France, requête numéro 331153, Rec., T., p. 1019). Les modalités d'identification de l'intérêt pour agir (1) sont relativement systématisées. Elles sont le moyen de déterminer dans quelle mesure les conditions de l'intérêt pour agir sont réunies (2).

1. Les modalités d'identification pour agir

327. Le moment où se place le juge pour identifier l'intérêt. En excès de pouvoir comme en pleine juridiction, l'intérêt à agir s'apprécie en principe au jour de l'introduction de la requête (CE, 6 oct. 1965, Marcy, requête numéro 61217, Rec., p. 493 ; CE, Sect., 11 févr. 2005, Marcel, requête numéro 247673, Rec., p. 57, concl. L. Olléon ; AJDA 2005, p. 656, chron. C. Landais et F. Lenica), même si le juge administratif s'autorise parfois à prendre en considération la survenance de certaines circonstances postérieures à celle-ci (CE, Ass., 1er avr. 1938, Sté L'Alccol dénaturé de Coubert et Legrand et a., requêtes numéros 54715 et 54825, Rec., p. 337 ; RDP 1939, p. 487, concl. R. Latournerie). Il en découle deux conséquences.

En premier lieu, il importe peu que l'intérêt à agir disparaisse après la saisine de la juridiction. La circonstance que cet intérêt ait existé au jour de l'enregistrement de la requête suffit ainsi à la rendre recevable (CE, 24 oct. 1994, Commune de la Tour du Meix, requête numéro 123316, Rec., p. 462).

En second lieu, l'intérêt pour agir peut se constituer entre le moment de l'adoption de l'acte et celui de la saisine du juge. Ainsi, une personne peut changer de domiciliation pour acquérir, par exemple, une qualité pour agir liée à sa situation géographique par rapport à l'acte. Dans la même veine, une association peut être créée avec un objet social approprié, ou l'objet social d'une association existant déjà peut être modifié afin de caractériser l'existence de l'intérêt pour agir. Inversement, si l'intérêt pour agir a disparu entre la naissance de la décision et l'introduction de la requête, le requérant sera privé d'intérêt pour agir et sa requête sera, par suite, irrecevable (CE, 4 nov. 1992, Sté anonyme de construction d'économie mixte immobilière de Saint-Egreve (SACEMISE), requêtes numéros 81837 et 81986, Rec., T., p. 1195).

328. Le cas particulier du contentieux de l'urbanisme. La volonté du législateur de mettre un terme à la pratique trop répandue des recours destinés uniquement à retarder la réalisation de projets immobiliers, ou instrumentalisés par les associations pour devenir des armes de négociation, a conduit à l'adoption, par la loi n° 2006-872 du 13 juillet 2006, d'une disposition codifiée à l'article L. 600-1-1 du code de l'urbanisme. Aux termes de cette disposition, « une association n'est recevable à agir contre une décision relative à l'occupation ou l'utilisation des sols que si le dépôt des statuts de l'association en préfecture est intervenu antérieurement à l'affichage en mairie de la demande du pétitionnaire ». Il y a là une véritable dérogation au principe, laquelle n'est pas considérée comme portant une atteinte excessive au droit à un recours effectif (Cons. const., décision numéro 2011-138 QPC du 17 juin 2011, Association Vivraviry, Rec. Cons. const., p. 291). D'une manière plus générale, et toujours par dérogation, l'article L. 600-1-3 du code de l'urbanisme impose au juge d'examiner l'existence d'un intérêt pour agir, non au jour de l'introduction de la requête mais au jour de l'affichage en mairie de la demande du pétitionnaire, sauf pour le requérant à faire état de circonstances particulières.

329. Le rôle en principe déterminant des conclusions. L'intérêt à agir s'apprécie à l'aune des conclusions soumises au juge (CE, 15 mai 1957, Israël, requête numéro 31113, Rec., p. 174 ; CE, Sect., 13 déc. 1974, Ministre de l'Aménagement du Territoire, de l'Equipement, du Logement et du Tourisme c. Dlle de Gratet du Bouchage, requête numéro 91496, Rec., p. 629). Autrement dit, à partir du moment où les conclusions démontrent un intérêt pour agir, le requérant peut soulever tous les moyens propres à lui faire obtenir gain de cause.

Il existe cependant des exceptions. Ainsi :

- le requérant se prévalant de son appartenance à un organisme collégial n'est recevable à contester un acte pris par une autre autorité – et une autre seulement (CE, 24 mai 1995, Ville de Meudon, requêtes numéros 150360 et 153859, Rec., p. 208) – qu'à la condition que cet acte ait porté atteinte aux compétences de cette assemblée, ce qui signifie ici que l'intérêt pour agir s'apprécie par rapport aux moyens soulevés et non par rapport aux conclusions (CE, Sect., 30 oct. 1998, Ville de Lisieux, requête numéro 149663, Rec., p. 385 ; RFDA 1999, p. 128, concl. J.-H. Stahl ; RFDA 1999, p. 139, note D. Pouyaud) ;

- à l'exception du préfet et des membres de l'organe délibérant de la collectivité contractante, le requérant exerçant un recours en contestation de validité du contrat ne peut utilement invoquer que des vices en rapport direct avec l'intérêt lésé dont il prévaut ou ceux d'une gravité telle que le juge devrait les relever d'office (CE, Ass., 4 avr. 2014, Département de Tarn-et-Garonne, requête numéro 358994, Rec., p. 70, concl. B. Dacosta ; AJDA 2014, p. 1035, chron. A. Bretonneau et J. Lessi ; RFDA 2014, p. 425, concl. B. Dacosta et note P. Delvolvé ; RJEP 2014, n° 721, p. 14, note J.-F. Lafaix).

330. La prise en compte exclusive du dispositif de la décision. Seul le dispositif de la décision est susceptible de léser le requérant (CE, Sect., 21 mai 1971, Sieur Philippon, requête numéro 75035, Rec., p. 376). Dès lors, l'intérêt à agir ne pourra procéder des motifs, alors même que ceux-ci auraient pu revêtir un caractère injurieux pour le requérant (CE, 2 avr. 1952, Dame veuve Pontonnier, requête numéro 14881, Rec., T., p. 750).

Une confusion est à éviter ici entre la recevabilité et le fond. Peu importe au juge, en effet, les motifs contenus dans l'acte au moment de statuer sur l'intérêt à agir et donc la recevabilité de la requête. Mais ceci n'évince pas la prise en compte des motifs au moment de statuer sur la légalité de l'acte.

2. Les conditions de l'intérêt pour agir

331. Des critères et des présomptions. L'intérêt pour agir est déterminé au regard de critères dégagés par la jurisprudence administrative (a). Mais il arrive également que le requérant se situe dans le champ d'une présomption procédant d'une qualité pour agir (b).

a. les critères de l'intérêt pour agir

332. Un intérêt légitime. Le recours exercé contre un acte administratif doit tendre à la sauvegarde d'une situation régulière. Ne repose pas à cet égard sur un intérêt légitime et n'est dès lors pas recevable :

- le recours exercé par l'occupant sans titre d'un immeuble contre un permis de construire visant la transformation de l'immeuble en appartements (CE, Sect., 27 févr. 1985, SA Grands travaux et constructions immobilières, requête numéro 39357, Rec., p. 723 ; RFDA 1985, p. 432, concl. B. Stirn) ;

- le professeur d'université qui demande l'annulation d'une décision organisant une épreuve de remplacement dès lors qu'il avait, au cours de l'épreuve initiale, délibérément et de manière systématique attribué des notes aux étudiants sans rapport avec les mérites respectifs de chacun et qu'il avait ainsi méconnu les responsabilités attachées à ses prérogatives de professeur d'université (CE, 22 sept. 1993, Université de Nancy II, requête numéro 79575, Rec., T., p. 939) ;

- le requérant qui, après avoir été condamné à plusieurs reprises à une amende pour recours abusif par la juridiction judiciaire, a saisi la juridiction administrative d'un recours en annulation à l'encontre du refus de retirer le décret ayant servi de fondement à ces condamnations (CE, 30 nov. 2005, Méjard, requête numéro 255008) ;

- le recours en annulation dirigé contre une décision d'incorporation dans son domaine privé prise par une commune, par les exploitants d'un bien sans maître sans justifier d'aucun droit ni titre sur celui-ci (CE, 28 déc. 2012, Commune de Montsinéry-Tonnégrande, requête numéro 351361, Rec., T., p. 896).

On notera encore que l'objet de la personne morale doit être licite, à peine de rendre son action irrecevable. Il en allait ainsi, par exemple, d'un syndicat de militaires constitué en contradiction avec l'article L. 4121-4 du code de la défense (CE, Sect., 11 déc. 2008, Association de défense des droits des militaires, requête numéro 307405, Rec., p. 452 ; AJDA 2009, p. 148, chron. S.-J. Liéber et D. Botteghi), avant que la loi ne leur confère ce droit (loi n° 2015-917 du 28 juillet 2015 actualisant la programmation militaire pour les années 2015 à 2019 et portant diverses dispositions concernant la défense, JORF 29 juillet 2015, p. 12873).

333. Un intérêt direct. Le juge administratif exige une relation suffisamment directe entre l'acte et la situation du requérant. Au demeurant, une personne dont le nom est mentionné dans les visas d'une décision de sanction mais qui ne fait elle-même l'objet d'aucune sanction n'a pas intérêt à contester la décision (CE, 28 nov. 2014, Sté Arkeon Finance et a., requête numéro 362868, Rec., T., p. 783). Cette condition de l'intérêt direct est appréhendée avec souplesse même si le degré d'exigence du juge dépend de ce que l'acte est réglementaire ou individuel.

S'agissant des actes réglementaires, le lien doit être suffisamment direct :

- un hôtelier a ainsi un intérêt à attaquer une décision relative aux dates et à la durée des vacances scolaires, dès lors que celle-ci affecte de manière suffisamment directe sa situation (CE, Sect., 28 mai 1971, Sieur Damasio, requête numéro 78951, Rec., p. 391, concl. J. Théry ; AJDA 1971, p. 406, chron. D. Labetoulle et P. Cabanes) ;

- un avocat a un intérêt à demander l'annulation de dispositions contenues dans le code des marchés publics et relatives aux contrats portant sur la représentation des personnes publiques en vue du règlement d'un litige et la fourniture de prestations de conseil juridique (CE, 23 févr. 2005, Association pour la transparence et la moralité des marchés publics et a., requêtes numéros 264712, 265248, 265281 et 265343 Rec., p. 71 ; RFDA 2005, p. 483, concl. D. Casas) ;

- une association nationale a un intérêt à contester un arrêté municipal édictant une mesure de police dont le champ d'application reste pourtant territorial, eu égard à ses implications, notamment dans le domaine des libertés publiques, questions qui, par leur nature et leur objet, excèdent les seules circonstances locales (CE, 4 nov. 2015, Ligue française pour la défense des droits de l'homme et du citoyen, requête numéro 375178, Rec., p. 375 ; AJDA 2016, p. 316, note C. Doubovetzky).

En revanche :

- des greffiers ont été irrecevables à contester un décret relatif à la perception directe d'amendes sanctionnant des infractions à la police de la circulation, alors même que l'application de ce décret allait emporter une diminution de leurs émoluments (CE, Sect., 22 févr. 1957, Sieur de Chardon et a., requête numéro 2492, Rec., p. 123) ;

- une association défendant les intérêts des étudiants n'est pas recevable à contester une circulaire relative au contentieux de la reconduite à la frontière des étrangers en situation irrégulière (CE, 10 janv. 1992, Union nationale des étudiants de France, requêtes numéros 115718 et 115719, Rec., T., p. 1196) ;

- un sous-occupant du domaine appartenant au port autonome de Paris n'est pas recevable à demander l'annulation d'un décret relatif à l'organisation et au fonctionnement de cet établissement public (CE, 6 nov. 2013, Sté LCCDC, requête numéro 360834).

S'agissant des actes individuels, il est jugé qu'une personne physique ou morale a en principe un intérêt pour agir contre un refus opposé à une demande (CE, 23 oct. 1987, Bertin, requête numéro 36546), pour peu que le requérant ait bien eu qualité pour formuler une telle demande. Ainsi, le refus d'abroger un acte réglementaire ne peut être contesté que pour autant que l'auteur de la demande avait un intérêt pour agir contre l'acte réglementaire lui-même (CE, 24 juill. 2009, M. de Brabant, requête numéro 317617, Rec., T., p. 881). Par exemple encore, revenant en cela sur sa jurisprudence antérieure, plus restrictive (CE, 11 mai 2007, Sté Media Ratings, requête numéro 286508, Rec., T., p. 1058), le Conseil d'Etat admet désormais que, en sa qualité d'usager du service public dont est chargée la société Radio France, une personne est recevable à demander l'annulation des décisions par lesquelles le Conseil supérieur de l'audiovisuel a refusé d'exercer les pouvoirs de mise en demeure qu'il tient de la loi à l'encontre de cette société (CE, 7 févr. 2017, M. B., requête numéro 388621, Rec., T.). Au contraire, un demandeur ayant obtenu entière satisfaction n'a pas d'intérêt pour agir (CE, 18 oct. 2002, Diraison, requête numéro 231771, Rec., T., p. 803) sauf à ce que, d'une part, la demande ait été initialement formée dans des conditions de nature à vicier la décision rendue (sous la contrainte : CE, 22 juin 1994, Commune de Lançon-Provence, requête numéro

124183 et 125046, Rec., T., p. 806 ; en raison d'un vice du consentement (CE, 20 oct. 2014, M. Kugel, requête numéro 361909, Rec., T., pp. 542 et 783), d'autre part, la décision mette fin au lien entre un fonctionnaire et le service (mise à la retraite anticipée : CE, Sect., 16 juin 1939, Sieur Clerget, requête numéro 59582, Rec., p. 408 ; mise à la retraite pour invalidité : CE, 5 avr. 1978, Dame Chave, requête numéro 02245, Rec., T., pp. 861, 862, 865 et 907 ; démission : CE, 24 oct. 1962, Sieur Mériot, requête numéro 53064, Rec., p. 563).

En dehors de ces cas de figure, il convient de distinguer suivant qu'on se situe en pleine juridiction intégrale ou non.

En pleine juridiction intégrale, la difficulté est moindre. En effet, par cela même que le requérant réclame, indifféremment à tort ou à raison, la satisfaction d'un droit subjectif, l'intérêt pour agir se dégage de lui-même. Au demeurant, en pleine juridiction intégrale, l'exception d'illégitimité exerce une influence non sur la recevabilité de la requête mais sur le règlement du litige au fond (CE, 30 janv. 2013, M. Imbert, requête numéro 339918, Rec., p. 9 ; AJDA 2013, p. 792, chron. X. Domino et A. Bretonneau).

En dehors de la pleine juridiction intégrale, l'appréciation par le juge de l'intérêt direct est pour le moins libéral. On soulignera cependant ce que le contentieux de l'urbanisme présente encore ici de particularisme. En effet, l'article L. 600-1-2 du code de l'urbanisme dispose que le requérant qui entend obtenir l'annulation d'un permis de construire, de démolir ou d'aménager doit préciser l'atteinte qu'il invoque pour justifier d'un intérêt lui donnant qualité pour agir, en faisant état de tous éléments suffisamment précis et étayés propres à démontrer que cette atteinte est susceptible d'affecter de manière directe – et non suffisamment directe – les conditions d'occupation, d'utilisation ou de jouissance de son bien. L'exigence est telle que le juge administratif peut rejeter la requête au tri comme manifestement irrecevable en cas de non respect de cette prescription (CE, 10 févr. 2016, M. et Mme F et a., requête numéro 387507, Rec., T.). Pour le reste, ont un intérêt suffisamment direct pour attaquer une décision prise au titre des installations classées les requérants habitant sur l'autre rive d'un fleuve, à une distance approximative de 375 mètres de la future installation, laquelle présentait des risques pour la sécurité et la salubrité publiques susceptibles d'affecter un périmètre étendu (CE, 13 juill. 2012, Sté Moulins Soufflet et Ministre d'Etat, ministre de l'Ecologie, de l'Energie, du Développement durable et de la Mer, en charge des technologies vertes et des négociations sur le climat, requêtes numéros 339592 et 340356, Rec., T., pp. 868 et 896). Ont également un intérêt suffisamment direct pour agir contre une décision de préemption le sous-acquéreur, eu égard à l'engagement ferme pris par l'acquéreur évincé de lui rétrocéder le bien à l'issue de l'opération (CE, 1er juill. 2009, Association La Fourmi vouvrillonne et M. Feray, requête numéro 319238, Rec., T., pp. 883 et 985). Mais le libéralisme du juge a des limites. Ainsi :

- les parents d'un enfant majeur ne sont ainsi pas recevables à contester la légalité du refus de délivrance d'un visa d'entrée sur le territoire national qui lui a été opposé (CE, 18 juill. 2008, Mme Boutiche, requête numéro 292006, Rec., T., p. 764) ;

- la ligue française des droits de l'animal n'a pas davantage intérêt pour agir à l'encontre d'un décret nommant un torero au grade de chevalier de la Légion d'honneur (CE, 23 mars 1998, Ligue française des droits de l'animal, requête numéro 179611, Rec., T., p. 1079) ;

- un syndicat de fonctionnaires, dont l'objet est d'assurer la défense des intérêts professionnels, matériels et moraux de ses membres, n'a pas un intérêt à agir suffisant pour contester un arrêté accordant à un agent une rémunération accessoire (CE, 2 juin 2010, Centre communal d'action sociale de Loos, requête numéro 309445, Rec., p. 191) ;

- un fonctionnaire qui a obtenu l'annulation de son éviction n'a pas d'intérêt pour agir contre la décision de nomination de la personne qui l'avait succédé, eu égard au droit à sa réintégration qu'il tient de cette annulation (CE, 8 avr. 2009, Chambre des métiers et de l'artisanat de la Moselle, requête numéro 289314) ;

- une personne qui n'a pas été autorisée à concourir n'a pas d'intérêt pour agir contre l'organisation ni les résultats du concours (CE, 31 mars 2014, M. Huchet, requêtes numéros 348806, 353032, 353177, 362649 et 363739, Rec., T., pp. 708 et 783).

334. Un intérêt certain. L'intérêt pour agir n'est caractérisé que pour autant qu'il existe une lésion suffisamment effective justifiant le contrôle de la décision. En d'autres termes, un intérêt éventuel ne suffit pas. Il s'agit là d'une condition dont la satisfaction donne lieu à une appréciation fatalement subjective du juge.

Par exemple :

- une personne n'est pas recevable à demander l'annulation d'un juge de paix dont elle risque d'être, un jour, la justiciable (CE, 16 juin 1954, Leroux, requête numéro 11710, Rec., p. 358) ;

- une association de défense d'un site n'est pas recevable à contester les décisions approuvant un contrat de plan dont le programme d'action ne pouvait être mis en œuvre qu'après l'adoption de nouvelles décisions (CE, 25 oct. 1996, Association Estuaire-Ecologie, requête numéro 169557, Rec., p. 415 ; RFDA 1997, p. 339, concl. J.-H. Stahl) ;

- un requérant n'est pas recevable à attaquer le décret de création d'un parc national en Guyane en n'invoquant que ses qualités de résident dans le département et de promeneur, alors qu'il n'est domicilié qu'à 200 km des limites de ce parc (CE, 3 juin 2009, M. Canavy, requête numéro 305131, Rec., T., p. 842).

b. la qualité pour agir

335. Une présomption d'intérêt pour agir. Il existe des hypothèses où le requérant n'a pas à démontrer que la décision litigieuse lèse un intérêt légitime, direct et certain, parce qu'il peut se réclamer d'une qualité lui conférant un intérêt pour agir, admise comme telle par la jurisprudence ou par la loi. Mais tout ne saurait cependant fonder une qualité. Ainsi, l'article 2 de la Charte de l'environnement, selon lequel « toute personne a le devoir de prendre part à la préservation et à l'amélioration de l'environnement », ne saurait, par lui-même, conférer à toute personne qui l'invoque un intérêt pour former un recours pour excès de pouvoir à l'encontre de toute décision administrative qu'elle entend contester (CE, 3 août 2011, Buguet, requêtes numéros 333050 et 330566, Rec., T., p. 1067).

Par-delà, le requérant doit se situer dans une catégorie « définie et limitée » (C. Mosset, concl. sur CE, 26 oct. 1956, Association générale des administrateurs civils, RDP 1956, p. 1311). C'est ainsi que, trop large, ne donne pas intérêt pour agir la qualité :

- de contribuable national (CE, 13 févr. 1930, Dufour, requête numéro 2145, Rec., p. 176) sauf si, comme cela se comprend sans difficulté, l'acte concerne directement le statut de contribuable national du requérant (CE, Ass., 16 mars 1956, Garrigou, requête numéro 35663, Rec., p. 121 ; D. 1956, p. 253, concl. P. Laurent) ;

- de citoyen (CE, 6 oct. 1965, Marcy, requête numéro 61217, préc.) ;

- d'élu local (CE, 5 juill. 2000, Tête, requête numéro 201628, Rec., p. 302) ;

- de parlementaire (CE, 23 nov. 2011, Masson, requête numéro 341258, Rec., p. 580) sauf à ce que le requérant entende défendre les prérogatives du Parlement (CE, Ass., 24 nov. 1978, Schwartz, requêtes numéros 04546 et 04565, Rec., p. 467 ; AJDA 1979, p. 45, concl. M.-A. Latournerie).

En revanche, et à titre d'exemples, sont reconnus comme des requérants disposant d'une qualité leur donnant intérêt pour agir :

- le contribuable communal (CE, 29 mars 1901, Casanova Canazzi, requête numéro 94580, Rec., p. 333 ; S. 1901, 3, p. 73, note M. Hauriou), départemental (CE, 27 janv. 1911, Richemond, requête numéro 37889, Rec., p. 105, concl. A. Heilbronner) ou régional (par ex., CE, 28 avr. 1995, Mme Bigaud, requête numéro 103195, Rec., p. 184) ;

- l'usager du service public (CE, 21 déc. 1906, Syndicat des propriétaires et contribuables du quartier Croix-de-Seguey-Tivoli, requête numéro 19167, Rec., p. 962, concl. J. Romieu ; S. 1907, 3, p. 33, note M. Hauriou) ;

- le campeur (CE, Sect., 14 févr. 1958, Abisset, requête numéro 7715, Rec., p. 98, concl. M. Long ; AJDA 1958, II, p. 221, chron. J. Fournier et M. Combarnous) ;

- le voisin immédiat (CE, 13 avr. 2016, Bartolomei, requête numéro 389798, Rec., 135 ; RDI 2016, p. 422, obs. P. Soler-Couteaux).

336. La nécessaire adéquation de la qualité du requérant à l'objet du litige. L'existence d'une qualité dont le juge considère qu'elle est susceptible de donner un titre pour agir ne suffit pas. Il faut encore que la qualité dont se prévaut le requérant soit en lien avec l'objet du litige soumis au juge.

Ainsi, le contribuable local n'a intérêt pour agir en cette qualité qu'à l'encontre des décisions qui engagent une dépense à la charge de la collectivité, qu'il s'agisse, par exemple :

- d'une délibération approuvant un contrat dès lors que son exécution entrainera nécessairement des dépenses particulières (CE, 26 mai 2009, Département des Deux-Sèvres, requête numéro 297085) ;

- d'une délibération décidant le financement des travaux d'aménagement d'un abattoir (CE, Ass., 19 juill. 2011, Communauté urbaine du Mans, requête numéro 309161, Rec., p. 393 ; RFDA 2011, p. 967, concl. E. Geffray). ;

- d'une délibération autorisant la conclusion d'un bail emphytéotique administratif en raison des conséquences financières de cette décision sur le budget communal, le bail devant être conclu pour une très longue durée et le montant de la redevance d'occupation prévue par le contrat restant modique (CE, 10 févr. 2017, Ville de Paris, requête numéro 395433, Rec.).

En revanche, le contribuable local ne saurait se prévaloir de cette qualité pour attaquer un acte qui n'engagerait aucune dépense à la charge de la collectivité (CE, 3 févr. 2003, Wirbel, requête numéro 240630, Rec., T., p. 901). De la même manière, le propriétaire ne saurait se prévaloir de cette qualité pour attaquer un permis de construire si sa propriété se situe à une distance trop lointaine, par rapport à l'ampleur de la construction projetée, du terrain concerné par le permis, pas plus qu'il ne peut se prévaloir de sa qualité d'automobiliste susceptible d'emprunter la voie ni de celle de piéton ni encore de celle de contribuable local (CE, 8 avr. 1987, Fourel c. Sté nouvelle de la grande maison, requête numéro 50755, Rec., T., p. 871 ; AJDA 1987, p. 322, chron. M. Azibert et M. Boisdeffre).

On précisera encore que rien ne s'oppose à ce que le requérant se prévale de plusieurs qualités distinctes (CE, 8 avr. 1987, Fourel, requête numéro 50755, Rec., T., p. 871 ; AJDA 1987, p. 322, chron. M. Azibert et M. Boisdeffre). Il n'est pas même requis que les qualités soient toutes invoquées lors de l'introduction de la requête, la qualité pertinente pouvant être alléguée à tout moment de l'instance, voire en appel (CE, 10 déc. 1997, Sté Norminter Gascogne Pyrénées et Commune de Pia, requêtes numéros 158064 et 158192, préc.).

Sous-section 2 - Le défendeur

337. Une pluralité possible de défendeurs. Dans une instance, le défendeur principal (§ 1) n'est pas nécessairement le seul à s'opposer au demandeur. Il existe en effet de nombreuses instances dans lesquelles, au défendeur principal, s'ajouteront des personnes contraintes d'intervenir et qui auront alors la qualité de parties (§ 2).

§ 1 - Le défendeur principal

338. Le plus souvent une personne publique. Si, en première instance, le demandeur est le plus souvent une personne privée, le défendeur sera, le plus souvent également, une personne publique. La qualité de défendeur procède, suivant la nature du contentieux en cause, de la juridiction ou du demandeur. En excès de pouvoir, il appartient à la juridiction d'adresser la requête à l'autorité administrative intéressée, c'est-à-dire celle à laquelle appartient l'agent ou l'organe à l'origine de l'acte litigieux, indépendamment de la désignation du défendeur faite par le requérant (CE, Sect., 15 févr. 1963, Ministre de l'Education nationale c. Association Les amis de Chiberta, Chambre d'Amour, Cinq cantons et Fontaine Laborde, requête numéro 49806, Rec., p. 92 ; RDP 1963, p. 567, note M. Waline). En pleine juridiction intégrale, la juridiction, comme il se doit, se trouve liée par la désignation du défendeur faite par le requérant (CE, 14 mai 1952, Auzolle, Bonnello et consorts, requêtes numéros 77996 et 77997, Rec., p. 253). Dans le contentieux répressif, ce sera encore l'autorité de poursuite qui procèdera à la mise en cause, sans que la juridiction puisse substituer une autre personne.

339. Des demandes incidentes. Le défendeur à l'instance n'est pas invariablement contraint à ne conclure qu'au rejet de la requête. En dehors des contentieux de l'excès de pouvoir (réserve faite aujourd'hui du contentieux de l'urbanisme), électoral, disciplinaire (en principe également), et de grande voirie, ainsi que des contentieux qui leur sont accessoires (notamment lorsqu'il s'agit de mettre en œuvre les pouvoirs d'injonction, pourtant de pleine juridiction, prévus aux articles L. 911-1 et L. 911-2 du code de justice administrative : CE, 25 mars 2013, Association Les Ailes Varoises, requête numéro 355568, Rec., T., p. 787), il lui est également possible de formuler, à tout moment de l'instruction (CE, 5 janv. 1929, Ozenfant et Brossard c. Ministre de la Guerre, requêtes numéros 84955 et 86699, Rec., p. 22), des demandes incidentes ou reconventionnelles. Il peut ainsi s'agir pour le cocontractant défendeur à l'instance de demander le paiement d'une créance qu'il tient sur l'administration (CE, 28 janv. 1976, Sté des ateliers Delestrade, requêtes numéros 88841, 88914, 88938 et 88939, Rec., p. 68). Il peut s'agir également de réclamer la condamnation du demandeur à la réparation du préjudice subi pour citation abusive (par ex., CE, 1er juill. 1981, Centre hospitalier de La Rochelle et Gandouet, requêtes numéros 17068 et 17145). Il peut encore s'agir de former un appel (par ex., CE, 21 oct. 2015, Région Provence-Alpes-Côte d'Azur, requête numéro 384787, Rec., p. 349 ; AJDA 2016, p. 552, note M. Crespy-De Coninck) ou un pourvoi incident (CE, Sect., 24 oct. 1952, Caisse primaire de Sécurité sociale de Grenoble, requête numéro 7750, Rec., p. 470 ; RDP 1952, p. 1044, concl. M. Letourneur).

§ 2 - L'intervenant forcé

340. Une mise en cause. L'intervention forcée présente l'intérêt de se prémunir de la succession d'instances qui pourraient découler de la décision juridictionnelle à naître. Elle s'impose parfois au juge. Par exemple, le juge doit appeler dans la cause le Fonds de garantie des victimes d'infractions toutes les fois où il serait susceptible d'exercer son droit de subrogation (CE, avis, 7 avr. 2010, M. Idrissi, requête numéro 333407, Rec., p. 102). A la différence de l'intervention volontaire, l'intervention forcée a pour effet de conférer à la personne mise en cause le statut de partie à l'instance. L'intervention forcée consiste dans la mise en cause d'un tiers initial à l'instance, à la demande d'une des parties. Cette demande incidente peut être formulée à tout moment jusqu'à la clôture de l'instruction même si cet incident ne saurait avoir pour effet de retarder le jugement de l'affaire (CE, 9 juin 1967, Sté des eaux de Marseille, requête numéro 64384, Rec., p. 241). En principe cependant, le juge ne peut procéder d'office à cette mise en cause, ni même inviter une partie, comme cela est permis en procédure civile (CPC, art. 332) à la demander (CE, 26 mars 1958, Syndicat intercommunal des eaux de la Lomagne, requête numéro 32819, Rec., p. 198). Mais il ne saurait pas plus s'opposer sans motif légitime à la mise en cause du tiers demandée par l'une des parties (CE, 4 déc. 1930, Ville du Havre c. Cie générale française de tramways et Port autonome du Havre, requête numéro 594, Rec., p. 1027). Il existe trois types d'intervention forcée : l'appel en cause (I), l'appel en garantie (II), et l'appel en déclaration de jugement commun (III).

I. L'appelé en cause

341. L'économie d'un procès complémentaire éventuel. L'appel en cause procède du souci d'obtenir la condamnation du tiers en plus de celle du défendeur initial (CE, Sect., 25 avr. 1958, Dame veuve Barbaza et Sté d'assurances La mutuelle générale française, requêtes numéros 8477 et 12435, Rec., p. 228 ; AJDA 1958, p. 222, chron. J. Fournier et M. Combarnous). L'appel en cause peut même être réalisé par le juge d'office dans certaines hypothèses. Tel est le cas l'article L. 1142-1 du code de la santé publique, lorsque le dommage ayant résulté d'une infection nosocomiale présente les traits de gravité justifiant la réparation au titre de la solidarité nationale et donc que soit attrait devant la juridiction l'Office national d'indemnisation des accidents médicaux, des affections iatrogènes et des infections nosocomiales (CE, 30 mars 2011, Mme Joncour, requête numéro 320581, Rec., p. 146).

L'appel en cause profite tant au requérant qu'à la juridiction. Au requérant, d'une part, en ce qu'il lui évite d'attraire devant la juridiction ce tiers à l'occasion d'une nouvelle instance parce que la première condamnation – si elle est seulement intervenue – n'aurait pas réparé l'intégralité du préjudice. A la juridiction, d'autre part, qui fait l'économie d'une seconde instance et il n'y a pas là, suivant la sagesse populaire, de petite économie. Le seul plein contentieux autorise l'appel en cause. Et c'est logique si l'on se souvient que le recours pour excès de pouvoir est un procès fait à un acte.

II. L'appelé en garantie

342. Le sens de la solidarité. L'appel en garantie repose sur la même logique que celle de l'appel en cause, à cette différence que l'initiative émane ici du défendeur. Celui-ci demande au juge qu'un tiers soit mis en cause afin que la condamnation éventuelle ne soit pas prononcée exclusivement à son encontre (CE, 21 nov. 1958, Commune de Houilles et a., requêtes numéros 2089, 2769, 18743 et 18295, Rec., p. 579). Cette faculté reconnue au défendeur est d'autant plus importante qu'en l'absence de condamnation solidaire, l'option de l'action récursoire est fermée (CAA Paris, 5 mars 1991, Commune de Cilaos, requête numéro 89PA00676, Rec., T., p. 1200). Comme l'appel en cause, il ne saurait exister d'appel en garantie dans le contentieux de l'excès de pouvoir.

III. L'appelé en déclaration de jugement commun

343. La crainte de la tierce opposition. L'appel en déclaration de jugement commun se distingue des deux autres types d'intervention forcée en ce qu'il ne vise pas à répartir la charge de la réparation mais à prévenir les conséquences d'une éventuelle tierce opposition. Suivant la jurisprudence en effet, seules peuvent être appelées dans la cause les personnes « dont les droits et obligations à l'égard des parties en cause pourraient donner lieu à un litige dont la juridiction saisie eût été compétente pour connaître et auxquels, d'autre part, pourrait préjudicier ledit jugement dans des conditions leur ouvrant le droit de former tierce opposition à ce jugement » (CE, 20 janv. 1960, Asso et Compagnie d'assurances générales, requête numéro 38959, Rec., p. 44). Le Conseil d'Etat ayant admis de longue date la tierce opposition à l'encontre d'une décision rendue en excès de pouvoir (CE, 29 nov. 1912, Boussuge, requête numéro 45893, Rec., p. 1128, concl. L. Blum), il eût été logique, en apparence au moins, qu'il accepte corrélativement l'appel en déclaration de jugement commun dans ce contentieux. Son opposition (CE, Sect., 25 mai 1970, Sté de construction La Favière, requête numéro 74409, Rec., p. 352) n'a pourtant été levée que tardivement (CE, 21 avr. 1997, Clinique du sport, requête numéro 165529). La mise en cause du tiers peut donc avoir lieu, en droit positif, aussi bien en excès de pouvoir qu'en pleine juridiction.

344. Bibliographie indicative.

M. J. Azar-Baud, « Les actions de groupe devant le juge judiciaire et administratif. Quelles différences ? Quelles conséquences ? », JCP ent. 2017, 1392.

D. Bailleul, « L'intérêt d'un « intérêt à agir » en matière d'excès de pouvoir », LPA févr. 2003, n° 24.

D. Bailleul, « La règle Nul ne peut invoquer sa propre turpitude en droit administratif », RDP 2010, pp. 1235 et s.

V. Bertille, « L'intérêt pour agir des parlementaires devant le juge administratif », RFDC 2006, pp. 825 et s.

F. Blanco, « L'action de groupe en reconnaissance de responsabilité devant le juge administratif », AJDA 2016, pp. 2256 et s.

X. Cabannes, « L'intérêt à agir du contribuable de l'Etat : plaidoyer pour une nouvelle avancée jurisprudentielle », LPA juill. 2000, n° 149 ;

X. Domino, « Innovations : la médiation et l'action collective en droit administratif », RFDA 2017, pp. 19 et s.

B. Faure, « L'intérêt pour agir des membres des assemblées locales contre les actes de leur collectivité. Pourquoi le juge a-t-il plusieurs définitions ? », AJDA 2018, pp. 1400 et s.

P. Ibanez, « L'intérêt à agir dans le contentieux des autorisations d'urbanisme », AJDA 2015, pp. 1496 et s.

E. Langelier, « Nouvelles variations sur l'intérêt pour agir dans le contentieux de l'annulation », AJDA 2012, pp. 417 et s.

E. Langelier, « Particularisation, généralisation… et particularisation du contentieux administratif : propos dubitatifs à la lumière de l'intérêt pour agir », JCP adm. 2015, 2345.

F. Lemaire, « Les requérants d'habitude », RFDA 2004, pp. 554 et s.

O. Mamoudy, « L'action en reconnaissance de droits », AJDA 2016, pp. 2264 et s.

F. Melleray, « A propos de l'intérêt donnant qualité pour agir en contentieux administratif », AJDA 2014, pp. 1530 et s.

J. Trémeau, « La régularisation de l'accès au prétoire : la redéfinition de l'intérêt à agir », AJDA 2013, pp. 1901 et s.

Section 2 - La représentation des parties au procès

345. Représentant *ad agendum* et représentant *ad litem*. La question de la représentation des parties au procès embrasse deux questions distinctes. Il s'agit, d'une part, de déterminer la personne qui aura la qualité pour agir en justice au nom de la personne, parfois physique, le plus souvent morale. C'est la question du représentant *ad agendum* (Sous-section 1). Il s'agit, d'autre part, de déterminer quelles personnes auront qualité pour accomplir les actes de procédure au nom de la personne en cause. C'est la question du représentant *ad litem* (Sous-section 2).

Sous-section 1 - L'habilitation à agir

346. Le mandat d'ester en justice. L'habilitation à agir doit être comprise ici comme le mandat donné par une partie à une personne d'agir en son nom. Cette question du mandat *ad agendum* ne se déploie pas dans les mêmes termes suivant qu'il s'agit de représenter une personne physique (§ 1) ou une personne morale (§ 2).

§ 1 - La représentation des personnes physiques

347. La représentation des personnes dépourvues de capacité pour agir. Les parties disposant de la capacité d'ester en justice doivent en principe agir elles-mêmes et une action exercée au nom d'une personne ayant la capacité pour agir est irrecevable. Une telle irrecevabilité est, parfois au moins, régularisable. Par exemple, lorsqu'un requérant exerce une action au nom de son enfant majeur, le juge doit inviter à régulariser en faisant signer la requête par l'enfant, eu égard aux liens de parenté qui unissent le titulaire de l'action et la personne qui a agi (CE, Ass., 13 mai 2011, Mme M'Rida, requête numéro 316734, Rec., p. 211). En revanche, et par principe, les personnes dépourvues de la capacité pour agir doivent être représentées par leur représentant légal.

348. La représentation des personnes ayant capacité pour agir. Certaines personnes, bien qu'ayant la capacité pour agir, n'en sont pas moins représentées. C'est le cas, par exemple, en matière électorale, les élus de la liste étant régulièrement représentés à l'instance par leur tête de liste (CE, 7 sept. 2009, M. Dassault, requêtes numéros 330040 et 330041, Rec., T., p. 770 ; RFDA 2010, p. 288, concl. B. Bourgeois-Machureau et note B. Pacteau). C'est également le cas en présence d'un groupement solidaire, étant précisé que la représentation mutuelle de membres d'un groupement solidaire cesse à partir du moment où ces membres formulent des conclusions divergentes dans la même instance (CE, 31 mai 2010, Sté Bureau de conception et de coordination du bâtiment, requête numéro 323948, Rec., T., p. 856). C'est le cas, enfin, de l'action collective, les requérants devant désigner en leur sein un mandataire qui sera l'interlocuteur unique de la juridiction, à défaut de quoi la première personne mentionnée sur la requête sera désignée comme mandataire (CJA, art. R. 411-5).

§ 2 - La représentation des personnes morales

349. Généralement une personne physique. Toute fiction juridique a ses limites. Celle de la personnalité morale ne déroge pas à la règle. On ne saurait en effet attendre de la personne morale qu'elle agisse par elle-même. Par la force des choses, une personne physique doit prendre en charge l'action de la personne morale et elle doit être dûment habilitée à cette fin. L'urgence peut justifier qu'on déroge à ce principe, notamment en référé liberté (CE, Sect., 18 janv. 2001, Commune de Venelles et Morbelli, requête numéro 229247, Rec., p. 18, concl. L. Touvet ; RFDA 2001, p. 378, concl. Touvet et p. 681, note M. Verpeaux ; AJDA 2001, p. 153, chron. M. Guyomar et P. Collin). L'exception ne fait cependant que confirmer la règle, laquelle diffère suivant que l'action en demande ou en défense est exercée par une personne publique (I) ou une personne privée (II).

I. L'action pour le compte des personnes publiques

350. Sur habilitation et par substitution d'action. Les règles qui président à la représentation des personnes publiques sont, comme on s'en doute, organisées avec précision (A). Une habilitation particulière doit faire l'objet d'un traitement à part : l'autorisation de plaider (B).

A. L'habilitation d'agir au nom de la personne publique

351. L'Etat. En principe, l'Etat est représenté par les seuls ministres, que ce soit devant les tribunaux administratifs (CJA, art. R. 431-9), les cours administratives d'appel (CJA, art. R. 811-10) ou le Conseil d'Etat (CJA, art. R. 432-4). Mais le principe fait l'objet d'aménagements. Ainsi, délégation est donnée par la loi aux préfets et préfets de région pour représenter l'Etat devant les tribunaux administratifs (CJA, art. R. 431-10), préfets également compétents pour déférer les actes des collectivités territoriales et pour interjeter appel des jugements rendus, à l'exclusion des ministres (CE, Sect., 2 mars 1990, Commune de Boulazac, requête numéro 84590, Rec., p. 57 ; RFDA 1990, p. 621, concl. R. Abraham). Les présidents des autorités administratives indépendantes sont également compétents pour agir en justice au nom de l'Etat. C'est le cas, par exemple, du président du Conseil supérieur de l'audiovisuel (loi n° 86-1067 du 30 septembre 1986, art. 20). La délégation peut également être donnée en dehors de la loi. Ainsi les ministres peuvent-ils déléguer leur signature à l'effet de saisir une juridiction, conformément à l'article R. 431-9 du code de justice administrative.

352. Les collectivités territoriales. L'exécutif de la collectivité territoriale est en principe l'autorité compétente pour la représenter. Celui-ci doit néanmoins être habilité à agir en justice au nom de la collectivité, comme à la défendre, par une délibération de l'organe délibérant (CE, 23 janv. 1959, Commune d'Huez, requêtes numéros 39532 et 39793, Rec., p. 67). Il importe encore que les formalités préalables à la délivrance de l'habilitation aient été accomplies et que l'exécutif puisse justifier de leur accomplissement devant la juridiction. Ainsi, le président d'un conseil départemental doit-il être habilité à défendre le département, sur avis conforme de la commission permanente du conseil général, conformément à l'article L. 3221-10-1 du code général des collectivités territoriales. A défaut de produire la preuve de l'existence de cet avis conforme, les pièces produites à l'appui du mémoire en défense doivent, à peine d'irrégularité, être écartées par la juridiction (CE, 7 août 2008, Peter, requête numéro 288407, Rec., T., pp. 848 et 890).

Sauf à ce que la délibération écarte expressément cette éventualité (CE, 2 juin 1938, Commune de Vico, requête numéro 55654, Rec., p. 506), l'autorisation donnée pour la première instance vaut également pour l'appel (CE, 21 juin 1961, Maire de Thionville, requête numéro 47368, Rec., p. 422).

En cas d'urgence, notamment en matière de référé, l'exécutif de la collectivité peut agir sans habilitation (CE, Sect., 28 nov. 1980, Ville de Paris c. Etablissements Roth, requête numéro 17732, Rec., p. 446). En dehors de cette hypothèse, il lui est également loisible d'ester en justice avant d'obtenir cette habilitation et régulariser la situation en cours d'instance (CE, Sect., 10 mars 1978, Commune de Roquefort-les-Pins, requête numéro 03895, Rec., p. 126). On admettra que cette exigence serait excessivement contraignante si elle supposait l'intervention d'une délibération propre à chaque espèce contentieuse. C'est la raison pour laquelle les articles L. 2132-1 et L. 2122-22 du code général des collectivités territoriales ont été interprétés comme fondant le conseil municipal à donner au maire, par une seule délibération, délégation pour ester en justice au nom de la commune pendant la durée de son mandat et ce quelle que soit la nature du contentieux (CE, 27 juill. 1988, Epoux Gohin, requête numéro 81698, Rec., T., p. 948), à condition que les termes de cette délibération soient dépourvus d'équivoque (CE, 2 févr. 2000, Commune de Saint-Joseph, requête numéro 117920, Rec., T., p. 1148). En toutes hypothèses, le juge n'a pas à s'assurer que le maire a été dûment habilité à agir au nom de la commune lorsque cette qualité n'a pas été contestée par la partie adverse (CE, 7 mars 2012, M. Niel, requête numéro 334898, Rec., T., p. 899).

Sauf à y avoir été expressément autorisé par l'organe de la collectivité, l'exécutif habilité par elle pour ester en justice ne peut recourir à un mandataire *ad agendum* et il ne lui est dès lors pas possible, de son propre chef, de donner mandat à l'assureur de la collectivité pour agir en justice (CE, 11 mai 2006, Caisse des dépôts et consignations, requête numéro 249442, Rec., p. 245 ; AJDA 2006, p. 1607, concl. D. Casas).

353. Les établissements publics. C'est à l'organe délibérant de l'établissement public de décider des actions à intenter et il appartient à l'exécutif de l'établissement d'en assurer la représentation (CE, 2 nov. 1955, Préfet du Pas-de-Calais et Commission administrative de l'hôpital Morel de Campagne les Hesdin et Neuville sous Montreuil, requête numéro 96816, Rec., p. 514).

B. L'autorisation de plaider

354. Une autorisation rarement donnée. La loi du 18 juillet 1837 reconnaissait déjà, au profit des contribuables communaux, la faculté d'exercer des actions en justice au nom de leurs communes. Les articles 14 et 15 de la loi du 12 avril 2000 ont étendu cette possibilité aux contribuables départementaux et régionaux, pour les actions concernant respectivement les départements et les régions (CGCT, art. L. 3133-1 et L. 4143-1). Cette autorisation ne vaut qu'en première instance et il appartient au tribunal administratif d'accorder cette autorisation (CJA, art. L. 212-2). Il s'agit là d'une décision non juridictionnelle qui doit être motivée si elle est défavorable (CE, 13 oct. 2003, Mme Duhamel et Pilet, requête numéro 253701, Rec., T, p. 681 ; AJDA 2004, p. 591, note T. Tuot).

Les conditions présidant à la délivrance de cette autorisation de plaider expliquent qu'elle n'est que très rarement donnée. Formalité substantielle et non régularisable (CE, 22 juill. 1992, Avrillier, requête numéro 134976, Rec., p. 301 ; AJDA 1992, p. 649, chron. C. Maugüé et R. Schwartz), la collectivité doit avoir été préalablement invitée à agir. Elle doit en outre avoir refusé d'exercer l'action au terme d'une décision expresse ou implicite (CE, 3 oct. 2011, M. Hayart, requête numéro 343637). C'est seulement alors que le contribuable pourra saisir le tribunal administratif en lui adressant, dans le délai de deux mois, un mémoire détaillé précisant la nature de l'action envisagée et contenant tous les éléments propres à porter une appréciation sur la demande (CE, 4 nov. 1992, Commune de Yerres c. Prats, requête numéro 137869, Rec., T., p. 1202). En appel et en cassation, le contribuable doit saisir la collectivité d'une demande et, à titre conservatoire, exercer l'action sans attendre la délivrance de l'autorisation par la juridiction (CE, 24 sept. 2010, M. Asselin, requête numéro 336117, Rec., T., p. 890).

La délivrance de l'autorisation dépend de ce que l'action présente un intérêt suffisant pour la collectivité et qu'elle a une chance de succès (CE, Ass., 26 juin 1992, Pezet et San Marco, requêtes numéros 134980 à 134985, Rec., p. 247, concl. G. Le Chatelier ; AJDA 1992, p. 477, chron. C. Maugüé et R. Schwartz et p. 506, concl. G. Le Chatelier). Lorsqu'elle est manifestement vouée à l'échec, le juge peut rejeter la demande par ordonnance en s'inspirant des dispositions de l'article R. 222-1 du code de justice administrative (CE, 23 mars 2012, M. Barois, requête numéro 352360, Rec., T., p. 610 ; BJCL 2012, p. 395, concl. M. Vialettes). En outre, le contribuable ne doit pas, parallèlement, disposer d'un intérêt personnel pour agir contre la décision litigieuse (CE, 28 avr. 2006, Cassinari, requête numéro 280878, Rec., p. 210 ; CE, 24 sept. 2010, Mme Barthélémy, requête numéro 330886, Rec., T., p. 659 et 890 ; BJCL 2010, p. 467, concl. M. Vialettes). La décision de refus du tribunal administratif est susceptible de recours devant le Conseil d'Etat dans le délai de deux mois à compter de sa notification ou de la naissance d'une décision implicite.

II. L'action pour le compte des personnes morales de privé

355. Une habilitation indispensable. L'action en justice d'une personne morale est, en principe également, exercée en son nom par une personne physique. Mais il faut alors que cette personne physique ait été dûment habilitée à cette fin, à peine d'irrecevabilité de l'action, même si celle-ci est régularisable (CE, 25 oct. 1991, Syndicat d'exploitants agricoles d'Annequin c. SIVOM de Cambrin, requête numéro 101667, Rec., p. 355), jusqu'à la clôture de l'instruction si rien n'a fait obstacle à la production du mandat durant cette période (CE, 11 mai 2011, Sté Barthas Immobilier, requête numéro 343535, Rec., T., pp. 1068 et 1169). L'habilitation peut être textuellement ou conventionnellement donnée.

356. L'habilitation textuelle. Dans un certain nombre d'hypothèses, l'habilitation procède de la loi ou des règlements, et le mandataire n'a alors pas à produire un mandat spécial (CE, 18 mars 1981, Sté française de factoring, requête numéro

15243, Rec., p. 146). Tel est le cas, par exemple, s'agissant des sociétés commerciales. Les sociétés anonymes sont ainsi représentées par leurs directeurs généraux (C. com., art. L. 225-56). Les sociétés anonymes à responsabilité limitée sont représentées par leurs gérants (C. com., art. L. 223-18). L'administrateur judiciaire agit en justice au nom de la société placée en redressement judiciaire toutes les fois où le litige entre dans la mission qui lui a été confiée (C. com., art. L. 622-7). Le liquidateur agit en justice au nom du débiteur dans toutes affaires intéressant son patrimoine (CE, 8 nov. 1968, Thorel, requête numéro 70918, Rec., p. 285), même s'il reste loisible à la société de désigner un liquidateur amiable à l'effet de la représenter pour conduire les actions intentées en son nom en vue de poursuivre le recouvrement de ses créances (CE, 28 nov. 2008, SARL Le Club et a., requête numéro 298152, Rec., T., p. 848). Tel est encore le cas concernant les syndicats de copropriété. En effet, il résulte des textes que le syndic ne peut agir en justice au nom du syndicat de copropriété sans y avoir été formellement autorisé par son assemblée générale (décret n° 67-223 du 17 mars 1967 portant règlement d'administration publique en application de la loi n° 65-557 du 10 juillet 1965 fixant le statut le statut de la copropriété des immeubles bâtis, art. 55). Le Conseil d'Etat en a déduit que l'autorisation doit être donnée pour chaque action, précisant l'objet et la finalité du contentieux engagé (CE, 9 juill. 2008, Syndicat des copropriétaires de l'immeuble 54 Diderot, requête numéro 297370, Rec., T., p. 849). S'agissant des mutuelles, le président a de plein droit qualité pour agir (C. mut., art. L. 125-11).

357. L'habilitation par application des statuts. Concernant les associations et autres syndicats, cette habilitation peut être contenue dans les statuts. A défaut, et sauf à ce que les statuts aient prévu autre chose, il appartient à l'organe délibérant de décider d'engager l'action (CE, 16 févr. 2001, Association pour l'égalité aux concours et examens, requête numéro 221622, Rec., p. 67). Sauf en référé urgence (CE, 4 juin 2012, La Poste, requête numéro 347563, Rec., T., pp. 910 et 922), ce qui aligne le traitement des personnes morales de droit privé sur celui des personnes morales de droit public, le juge s'assure de la réalité de cette habilitation, si cette qualité est sérieusement contestée par la partie adverse ou que, au premier examen, le défaut de qualité semble ressortir des pièces des dossiers (CE, 11 avr. 2008, Mme Leyris, requête numéro 299525, Rec., T., pp. 848 et 880). Le juge ne va cependant pas jusqu'à contrôler la régularité de l'habilitation (CE, 19 juin 2013, SCI Ugari, requête numéro 347346). Au demeurant, l'habilitation par l'assemblée générale suffit, même s'il est avéré qu'elle a été réalisée dans des conditions non conformes aux statuts de l'association (CE, 3 juill. 2009, Syndicat des propriétaires du Touquet Paris plage, requête numéro 316689, Rec., T., p. 883).

Sous-section 2 - Le mandataire

358. La représentation pour les actes de la procédure. C'est du mandataire au sens du code de justice administrative dont il s'agit ici, c'est-à-dire du mandataire *ad* *litem*. En matière de représentation, le contentieux administratif ne distingue pas suivant la qualité de demandeur ou de défendeur. Les mêmes principes et exceptions s'appliquent ici, qu'il s'agisse de la question des litiges soumis à une représentation obligatoire (§ 1) ou de celle de la personne susceptible d'être mandatée (§ 2).

§ 1 - Les cas de représentation obligatoire

359. Le bien-fondé du ministère d'avocat obligatoire. Le souci d'une bonne administration de la justice autant que celui de l'intérêt du justiciable justifient que, en principe, l'essentiel du contentieux administratif soit soumis au ministère d'avocat obligatoire parce qu'il existe une présomption de compétence juridique de l'avocat, même si ce n'est qu'une présomption simple... Sans doute le recours à un avocat n'est-il pas anodin, au moins financièrement, et le ministère d'avocat obligatoire pourrait à ce titre être perçu comme portant atteinte au droit à un recours effectif tel que garanti par l'article 16 de la Déclaration des droits de l'homme et du citoyen du 26 août 1789. Le Conseil d'Etat en a jugé autrement, estimant que la faculté pour les requérants les plus défavorisés d'obtenir l'aide juridictionnelle place le ministère d'avocat obligatoire en conformité avec les principes constitutionnels (CE, 21 déc. 2001, M. et Mme Hofmann, requête numéro 222862, Rec., p. 652). Reste qu'il n'est pas toujours pertinent, pour l'administré, de recourir à un avocat dont les honoraires seront parfois aussi lourds que la somme à réclamer, indépendamment de l'éventuelle compensation octroyée au titre de l'article L. 761-1 du code de justice administrative. Le Conseil d'Etat lui-même en a eu le sentiment, en ouvrant la voie du recours pour excès de pouvoir là où un recours de pleine juridiction était requis (CE, 8 mars 1912, Lafage, requête numéro 42612, Rec., p. 348, concl. G. Pichat ; D. 1914, 3, p. 49, concl. G. Pichat ; S. 1913, 3, p. 1, concl. G. Pichat et note M. Hauriou ; RDP 1912, p. 266, note G. Jèze). Sans doute l'état du droit positif est-il largement revenu sur cette largesse accordée aux requérants par le Conseil d'Etat, que ce soit en matière d'états exécutoires (CE, Sect., 27 avr. 1988, Mbakam, requête numéro 74319, Rec., p. 172) ou d'ordres de versement et de reversement (CE, Sect., 23 déc. 1988, Cadilhac, requête numéro 70113, Rec., p. 465 ; AJDA 1989, p. 254, concl. M. Fornacciari). Le Conseil d'Etat continue cependant d'admettre certaines applications de la jurisprudence Lafage, notamment l'action est dirigée contre le refus de versement de la prime de recherche et d'enseignement supérieur (CE, Sect., 9 déc. 2011, Marcou, requête numéro 337255, Rec., p. 616, concl. R. Keller ; AJDA 2012, p. 897, note A. Legrand).

360. Devant les tribunaux administratifs. Suivant l'article R. 431-2 du code de justice administrative, le ministère d'avocat est obligatoire devant le tribunal administratif « lorsque les conclusions de la demande tendent au paiement d'une somme d'argent, à la décharge ou à la réduction de sommes dont le paiement est réclamé au requérant ou à la solution d'un litige né de l'exécution d'un contrat ». L'article R. 431-3 du code de justice administrative dresse toutefois la liste des contentieux pour lesquels la requête est dispensée de ministère d'avocat. Et cette liste est importante. Si, à la suite du décret n° 2016-1480 du 2 novembre 2016, les litiges en matière de travaux publics et d'occupation du domaine public n'entrent plus dans le champ de l'exception, continuent d'échapper au ministère d'avocat obligatoire les contentieux : des contraventions de grande voirie ; en matière de contributions directes, de taxes sur le chiffre d'affaires et de taxes assimilées ; d'ordre individuel concernant les fonctionnaires ou agents de l'Etat et des autres personnes ou collectivités publiques, ainsi que des agents ou employés de la Banque de France ; en matière de pensions, de prestations, allocations ou droits attribués au titre de l'aide ou de l'action sociale, du logement ou en faveur des travailleurs privés d'emploi, d'emplois réservés et d'indemnisation des rapatriés ; dans lesquels le défendeur est une collectivité territoriale ou un établissement public en relevant ; portant sur l'exécution d'un jugement définitif.

361. Devant les cours administratives d'appel. Conformément à l'article R. 811-7 du code de justice, le principe est également celui du ministère d'avocat en appel (*infra* n°s 1092 et s.). Les requêtes dirigées contre les décisions des tribunaux administratifs statuant sur les recours pour excès de pouvoir formés par les fonctionnaires ou agents de l'Etat et des autres personnes ou collectivités publiques, ainsi que par les agents ou employés de la Banque de France contre les actes relatifs à leur situation personnelle, étaient néanmoins dispensés de ministère d'avocat. Le décret n° 2016-1480 du 2 novembre 2016 a mis fin à cette dispense. Seuls subsistent, à titre d'exception, les litiges en matière de contraventions de grande voirie.

362. Devant le Conseil d'Etat. La formulation de l'article R. 432-1 du code de justice administrative ne laisse pas la place à l'ambiguïté : « la requête et les mémoires doivent, à peine d'irrecevabilité, être présentés par un avocat au Conseil d'Etat ». Cependant, l'article R. 432-2 du code de justice administrative dispense de ministère d'avocat devant le Conseil d'Etat les recours en excès de pouvoir, les recours en appréciation de légalité, les recours en matière électorale, et les recours en matière de concession ou de refus de pension.

363. Concernant l'Etat. Que ce soit en première instance (CJA, art. R. 431-7), en appel (CJA, art. R. 811-10) et en cassation (CE, 7 juin 1961, Ministre des Armées c. Bernard, requête numéro 52444, Rec., T., p. 1132), que ce soit en demande, en défense ou en intervention, l'Etat est toujours dispensé de ministère d'avocat. Toutefois, la dispense ne s'étend pas aux établissements publics de l'Etat dotés de la personnalité morale (CE, 19 mai 1965, Etablissement national des invalides de la Marine et Sarotte, requêtes numéros 59255 et 59263, Rec., T., p. 1015).

§ 2 - Le représentant

364. En cas de représentation obligatoire. Le mandataire auquel il est possible de recourir varie suivant la juridiction devant laquelle le litige est porté. Devant les tribunaux administratifs (CJA, art. R. 431-2) et les cours administratives d'appel

(CJA, art. R. 811-7), le requérant doit, lorsque le ministère d'avocat est obligatoire, recourir à un avocat ou à un avocat au Conseil d'Etat et à la Cour de cassation. Devant le Conseil d'Etat, seul un avocat au Conseil peut intervenir (CJA, art. R. 432-1). En toute hypothèse, le requérant doit être nécessairement représenté en sorte qu'un requérant qui serait par ailleurs avocat ne peut assurer sa propre représentation (CE, 22 mai 2009, Manseau, requête numéro 301186, Rec., p. 205). On précisera qu'est régulière la désignation directe d'un mandataire par l'organe délibérant de la personne morale alors même que les statuts de cette dernière prévoyaient la possibilité de désigner son président afin d'agir en son nom, à charge pour lui, le cas échéant, de mandater un avocat (CE, 24 sept. 2010, Association La Vallée aux chevaux, requête numéro 328661, Rec., T., pp. 645 et 892). En outre, le mandataire *ad agendum* peut librement choisir le mandataire *ad litem*, sans donc soumettre son nom à l'organe délibérant de la collectivité (CE, 23 nov. 1977, Dlle Lecocq, requête numéro 02557, Rec., p. 457).

365. En cas de représentation facultative. Dans les hypothèses où le ministère d'avocat n'est pas obligatoire, il appartient, en principe, à la personne physique ou à la personne habilitée par la personne morale d'agir elle-même (CJA, art. R. 431-4). Il lui est cependant loisible de se faire représenter. L'article R. 431-5 du code de justice administrative énonce ainsi que cette représentation est assurée par un avocat ou un avocat au Conseil d'Etat et à la Cour de cassation. Mais il est également prévu, par la même disposition, que les associations agréées en matière de protection de l'environnement peuvent représenter le requérant lorsque les conditions prévues aux articles L. 142-3, L. 611-4, L. 621-4 et L. 631-4 du code de l'environnement sont réunies et selon les modalités prévues par les articles R. 142-1 et R. 142-9 dudit code. On remarquera que, en dépit du silence du code de justice administrative, le même mécanisme existe au bénéfice des associations de défense des consommateurs (C. conso, art. L. 422-1) et des associations de défense des investisseurs (C. mon. fin., art. L. 452-2). En matière fiscale, la représentation du contribuable n'est pas limitée, le requérant pouvant faire appel à un mandataire autre que les avocats et les avocats au Conseil d'Etat et à la Cour de cassation (CJA, art. R. 431-6), sauf si l'action tend à mettre en cause la responsabilité des services fiscaux (CE, Sect., 27 janv. 1989, Hai Chrun, requête numéro 68448, Rec., p. 37). Il incombe normalement au mandataire de justifier d'un mandat exprès, à l'exception des avocats et des avocats au Conseil d'Etat et à la Cour de cassation qui, suivant l'expression consacrée, sont « crus sur leur robe » (CE, Sect., avis, 29 nov. 1991, Syndicat des commerçants non sédentaires de la Savoie, requête numéro 129441, Rec., p. 414).

366. L'aide juridictionnelle. L'article R. 441-1 du code de justice administrative dispose que « les parties peuvent, le cas échéant, réclamer le bénéfice de l'aide juridictionnelle prévue par la loi n° 91-647 du 10 juillet 1991 relative à l'aide juridique », qui ne peut être retirée que dans le cas où la procédure engagée par le bénéficiaire de l'aide juridictionnelle a été jugée abusive ou dilatoire (CE, avis, 2 déc. 2015, Mme Al Moosawi, requête numéro 391760, Rec., T., p. 820).

L'organisation d'un régime d'aide juridictionnelle est un impératif commandé par le droit à un recours effectif (CE, 10 janv. 2001, Mme Coren, requête numéro 211878, Rec., p. 5) puisque, à défaut, les justiciables verraient leur droit au juge entravé par des considérations pécuniaires, ce qui serait inacceptable. Au demeurant, il a été jugé qu'une irrecevabilité ne peut être opposée au requérant, tirée du défaut du ministère d'avocat, si l'avocat désigné au titre de l'aide juridictionnelle n'a pas produit de mémoire, sans avoir préalablement mis en demeure celui-ci d'accomplir les diligences qui lui incombent et porté cette défaillance à la connaissance du requérant afin de lui permettre de recourir à un autre mandataire (CE, 28 déc. 2012, M. Hamlat, requête numéro 348472, Rec., T., p. 927).

Si la faculté de recourir à l'aide juridictionnelle est une condition du droit à un recours effectif, la faculté de l'obtenir reste une illusion de ce droit. Deux raisons à cette critique. D'une part, le système est ainsi organisé que l'octroi de l'aide juridictionnelle dépend de ce que l'action envisagée ne soit pas dépourvue de toute chance de succès (CE, Sect., 12 mai 2004, Hakkar, requêtes numéros 261826 et 262025, Rec., p. 224 ; RFDA 2004, p. 173, concl. I. de Silva), ce qui conduit à une forme de préjugement de l'affaire. D'autre part, ce serait confiner à la candeur que de soutenir que les avocats sont rémunérés au titre de l'aide juridictionnelle à proportion de la complexité rencontrée dans de nombreuses affaires. Ceci entretient la question aussi pernicieuse que récurrente de savoir le degré d'implication d'un avocat dans de telles conditions. Sans doute sa déontologie lui commande d'accomplir sa mission avec diligence. C'est déjà beaucoup... Reste à déterminer si c'est toujours suffisant...

367. Les fonctions du mandataire. Le mandataire représente son mandant pour tous les actes de la procédure juridictionnelle jusqu'à la lecture de la décision (CE, Sect., 23 mars 2018, Sté Patrice Parmentier automobiles, requête numéro 406802, Rec.), et les actes de procédure ne sont en principe – on excepte logiquement la notification de la décision prévue aux articles R. 751-3 et suivants du code de justice administrative – accomplis qu'à l'égard de ce mandataire (CJA, art. R. 431-1), y compris donc en ce qui concerne la demande de liquidation de l'astreinte dès lors qu'elle n'est que le prolongement procédural de l'instance qui a donné lieu au prononcé de cette astreinte (CE, 24 févr. 2017, M. Chantemesse, requête numéro 401656, Rec., T.).

Si le mandataire représente son mandant pour tous les actes de la procédure, rien de plus en principe, notamment lorsqu'il représente une personne publique, parce qu'il ne saurait se substituer à l'autorité administrative. C'est d'ailleurs en ce sens qu'il a été jugé, en dehors de toute procédure juridictionnelle, que les correspondances d'un avocat représentant une personne publique ne sont pas des décisions administratives en l'absence de production annexe des décisions prises par l'autorité administrative compétente (CE, 9 mai 2012, Syndicat départemental des ordures ménagères de l'Aude, requête numéro 355665, Rec., p. 192 ; AJDA 2012, p. 1688, note J. Martin). C'était encore en ce sens que la juridiction administrative excluait classiquement, avant (CE, Sect., 7 oct. 1966, Ville de

Bressuire, requête numéro 61663, Rec., p. 529) comme après la loi n° 68-1250 du 31 décembre 1968 (CE, Sect., 29 juill. 1983, Ville de Toulouse, requête numéro 23828, Rec., p. 312), la faculté pour le mandataire d'opposer la prescription quadriennale au nom de la collectivité. Cette jurisprudence est toutefois révolue. En effet, un tel pouvoir lui est à présent reconnu (CE, Sect., 5 déc. 2014, Commune de Scionzier, requête numéro 359769, Rec., p. 360 ; AJDA 2015, p. 215, chron. J. Lessi et L. Dutheillet de Lamothe).

En principe encore, rien de moins. Certains actes ne peuvent cependant, eu égard à leur gravité, être accomplis par le mandataire sans qu'il puisse justifier d'un mandat exprès en ce sens. Ainsi ne peut-il pas adresser un désistement à la juridiction sans mandat exprès (CE, 5 janv. 1968, Puy, requête numéro 65872, Rec., T., p. 894). Ainsi encore, la transaction acceptée par un avocat au cours d'une procédure juridictionnelle ne peut intervenir que s'il a reçu mandat exprès pour ce faire (CE, Sect., 5 janv. 1966, Sieur Hawezack, requête numéro 58623, Rec., p. 6). L'exercice d'un recours administratif propre à interrompre le délai de recours juridictionnel doit également être précédé d'un mandat exprès (CE, avis, 7 mai 1997, Mme Bathily, requête numéro 184499, Rec., T., pp. 850 et 990). Un mandat exprès est également requis pour la demande de récusation d'un membre de la formation de jugement (CJA, art. R. 721-3) comme d'un expert au cours de la procédure juridictionnelle (CJA, art. R. 621-6-1).

368. Bibliographie indicative.

P. Cassia, « Vers une action collective en droit administratif ? », RFDA 2009, pp. 657 et s.

A. Dezallai, « Une action collective en matière de droits fondamentaux devant le juge administratif ou devant le Défenseur des droits ? », RFDA 2011, pp. 925 et s.

M. de Drouâs, « Le juge administratif et le requérant sans avocat », AJDA 2013, pp. 900 et s.

X. Domino, « Innovations : la médiation et l'action collective en droit administratif », RFDA 2017, pp. 19 et s.

P. Kipiani, « De la nécessité d'une action collective en droit français. Eléments de droit comparé », JCP 2013, 190.

B. Pacteau, « L'autorisation au contribuable de plaider au lieu et place de sa collectivité territoriale, curiosité, danger, bienfait ? » in Mélanges J. Moreau, Paris, Economica, 2003, pp. 337 et s.

J.-L. Pierre, « La représentation des contribuables par les avocats dans les litiges avec l'administration fiscale », Procédures mai 2002, chron. 6.

CHAPITRE II - LES INTERVENANTS A L'INSTANCE

369. Des tiers concernés par le litige. Certains tiers à l'instance peuvent néanmoins être concernés par le litige et, surtout, voir leurs intérêts affectés par la décision juridictionnelle à naître. Certains de ceux-ci peuvent intervenir à l'instance (Section 1) au soutien de certaines conclusions adressées à la juridiction. D'autres peuvent acquérir cette qualité d'intervenants – qui se distingue toutefois de celle d'intervenant volontaire – en étant attraits à l'instance en tant que tiers intéressés, appelés en cause pour observations (Section 2).

Section 1 - L'intervenant volontaire

370. Le laconisme du code. L'article R. 632-1 du code de justice administrative pose trois règles : l'intervention est formée par mémoire distinct ; le président de la formation de jugement ou, au Conseil d'Etat, le président de la chambre chargée de l'instruction ordonne, s'il y a lieu, que ce mémoire soit communiqué aux parties ; le jugement de l'affaire principale qui est instruite ne peut être retardé par une intervention.

371. Des fausses interventions. Rien ne s'oppose à ce qu'un requérant forclos décide d'intervenir à l'instance, pour peu qu'il remplisse les conditions d'admission de l'intervention (Sous-section 1). Sa situation ne sera pas la plus confortable (Sous-section 2), qui dépendra du cadre du débat tel que défini par les requérants. Mais la voie de l'intervention ne peut pas toujours être utilisée pour contourner la règle des délais. Il a été ainsi jugé qu'une intervention ne peut être formulée par une personne ayant été partie à l'instance initiale dès lors que cette intervention est postérieure à l'expiration du délai d'appel (CE, Sect., 13 juill. 1965, Ministre de l'Intérieur et Préfet de Meurthe-et-Moselle c. syndicat de défense des propriétaires-exploitants et non-exploitants, fermiers, horticulteurs de Fleville-devant-Nancy, Ludres, Houdemont, Laneuville et Richarmenil et a., requête numéro 60954, Rec., p. 439), ou encore du délai pour exercer un recours en rectification d'erreur matérielle (CE, 30 mars 2001, Commune de Montesquieu-Lauragais, requêtes numéros 214734 et 217199, Rec., T., p. 1139).

Sous-section 1 - Les conditions d'admission de l'intervention

372. Le domaine de l'intervention. L'intervention est recevable devant toute juridiction administrative dès lors que la publicité des audiences y est organisée (CE, 27 janv. 1933, Cie des conseils juridiques défenseurs près les tribunaux, requêtes numéros 4362, 6825, 24057 à 24059, Rec., p. 128). A l'exception des questions de droit nouvelles posées au Conseil d'Etat en application de l'article

L. 113-1 du code de justice administrative (CE, Sect., 22 nov. 2000, Sté L&P Publicité SARL, requête numéro 223645, Rec., p. 525 ; RFDA 2001, p. 872, concl. S. Austry), l'intervention est admise dans toutes les branches du contentieux administratif, qu'il s'agisse du contentieux de l'annulation, de la pleine juridiction, de la répression (CE, 2 déc. 1898, Cosset, Rec., p. 767), ou encore du contentieux en appréciation de légalité (CE, Sect., 22 déc. 1967, Ministre des Finances et des Affaires économiques et a. c. Sieur Alban, requêtes numéros 67656, 67704 et 67732, Rec., p. 529). Elle peut être exercée aussi bien en première instance, qu'en appel (CE, 17 mai 1957, Jammoneau et a., requête numéro 27520, Rec., T., p. 1003) ou en cassation (CE, Sect., 12 mai 1961, Sté La Huta, requête numéro 40674, Rec., p. 313) et peut également l'être en référé (CE, 3 janv. 2003, Mme Belminar et a., requête numéro 253045, Rec., T., p. 927 ; AJDA 2003, p. 953, note J.-L. Markus ; CE, 11 oct. 2007, Belbachir, requête numéro 309369, Rec., T., p. 1009).

373. Les conditions de forme. Conformément à l'article R. 632-1 du code de justice administrative, l'intervention doit être formée par mémoire distinct, à peine d'irrecevabilité non régularisable (CE, 12 déc. 2003, Ammouche et Mme Bangue Nambea, requête numéro 235234, Rec., T., p. 937). La simple constitution d'avocat devant la juridiction ne vaut pas intervention, en l'absence de toute requête dûment enregistrée (CE, Sect., 16 déc. 1994, Ministre de l'Environnement et Fédération départementale des chasseurs de la Creuse, requête numéro 105798, Rec., p. 563). La requête doit en outre être motivée (CE, Sect., 12 juin 1981, Grimblicher et a., requêtes numéros 13173 et 13175, Rec., p. 256) et contenir des conclusions, l'intervenant ne pouvant se contenter de s'en remettre à la sagesse de la juridiction (CE, Sect., 14 juin 1968, Syndicat national des médecins des hôpitaux privés à but non lucratif et Fiat, requête numéro 60870, Rec., p. 362).

374. L'intérêt à intervenir. Il en va de l'intervention comme de l'action : le requérant doit avoir un intérêt à intervenir à l'instance.

Le juge administratif fait montre d'un libéralisme plus important en matière d'intérêt à intervenir qu'en matière d'intérêt pour agir. Et il n'y a plus lieu de distinguer juridiquement aujourd'hui suivant que le contentieux est de l'excès de pouvoir ou de pleine juridiction. La jurisprudence semble en effet avoir unifié les conditions de l'intérêt pour intervenir, en exigeant « un intérêt suffisant eu égard à la nature et à l'objet du litige » (CE, Sect., 25 juill. 2013, Office français de protection des réfugiés et apatrides, requête numéro 350661, Rec., p. 224 ; AJDA 2013, p. 1689, chron. X. Domino et A. Bretonneau). Le Conseil d'Etat précise bien qu'il importe que l'intervenant se prévale d'un intérêt « suffisant »… ce qui conduit à maintenir, en pratique, une bonne partie de cette différence que la jurisprudence administrative est réputée avoir gommée.

En excès de pouvoir, l'intérêt à intervenir reste appréhendé de manière très large. Ainsi, une personne morale peut intervenir à l'instance pour la défense des intérêts d'un de ses membres alors qu'elle n'avait pas intérêt pour agir (CE, Sect., 23 juin 1972, Syndicat des métaux CFDT-CFTC des Vosges et a. et SA Perrin-

Electronique, requêtes numéros 75048 et 75058, Rec., p. 473, concl. A. Bernard). Cependant, son intervention n'est pas admise lorsque l'acte attaqué ne concerne pas ses membres (CE, 15 juin 1992, Commune de Montmorot et Bourdy, requêtes numéros 94528 et 106860, Rec., T., p. 1223). S'agissant des personnes physiques, le libéralisme de la jurisprudence est tout aussi important. Un Etat étranger peut ainsi intervenir en défense contre un de ses ressortissants qui attaque le décret prononçant son extradition (CE, 29 juill. 1994, Saniman, requête numéro 152850, Rec., p. 367). En revanche, l'agent auteur de l'acte n'est pas recevable à intervenir au soutien de l'administration défenderesse (CE, Sect., 27 févr. 1948, Epoux de Fraguier, requête numéro 82196, Rec., p. 98), ni la juridiction ayant rendu la décision contestée en appel (CE, Ass., 31 mars 1950, Dame Slaiher, requête numéro 2940, Rec., p. 209).

En pleine juridiction, il n'y a pas lieu de douter du maintien de l'exigence suivant laquelle seules ont un intérêt à intervenir les personnes se prévalant d'un droit que la décision juridictionnelle à venir est susceptible de léser, en sorte que l'intervenant doit défendre un intérêt distinct de celui dont se prévaut la partie à laquelle il s'associe (CE, 20 déc. 1985, Ville de Paris c. Société civile immobilière Champs-Elysées-le-Boëtie, requête numéro 38801, Rec., p. 386 ; RFDA 1986, p. 282, concl. M.-A. Latournerie). Il en résulte que, si la loi a conféré à la Haute autorité de lutte contre les discriminations et pour l'égalité, à laquelle est venu se substituer le défenseur des droits, la faculté de présenter des observations devant les juridictions, notamment administratives, cela ne lui confère pas pour autant, et en tant que tel, la qualité d'intervenante dans un litige de pleine juridiction (CE, 22 févr. 2012, Chambre régionale d'agriculture Provence-Alpes-Côte-d'azur, requêtes numéros 343410 et 343438, Rec., T., p. 891 ; CE, Ass., 11 avr. 2012, Groupe d'information et de soutien des immigrés et Fédération des associations pour la promotion et l'insertion par le logement, requête numéro 322326, Rec., p. 142). Il en résulte encore qu'un débiteur solidaire ne peut intervenir à l'instance, n'étant pas soucieux de défendre un droit distinct de son co-débiteur (CE, 10 oct. 1997, M. Chevreux, requête numéro 117640, Rec., p. 344 ; AJDA 1997, p. 1003, concl. G. Goulard). Un assureur ne peut davantage intervenir, en cette qualité, au soutien des conclusions en défense formulées par le constructeur dont la responsabilité est recherchée par le maître de l'ouvrage (CE, 18 nov. 2011, Compagnie d'assurances Axa-France-IARD, requête numéro 346257, Rec., T., p. 1086).

375. Le temps de l'intervention. L'intervention n'est pas limitée dans le temps (CE, 20 oct. 1965, Ministre de la Construction c. Sieurs Gonidec et a., requête numéro 64915, Rec., p. 538). Cependant, l'article R. 632-1 du code de justice administrative dispose que l'intervention ne peut avoir pour effet de retarder le jugement de l'affaire.

Sous-section 2 - Les conséquences de l'admission de l'intervention

376. La situation accessoire de l'intervenant. L'intervenant reste dans une situation accessoire. La requête en intervention doit s'associer aux conclusions d'une des parties à l'instance (CE, 6 juill. 1977, Guinard et a., requête numéro 00904, Rec., T., p. 929). Il est admis qu'une intervention puisse emprunter à certaines conclusions en demande et à certaines autres en défense (CE, Sect., 6 nov. 1959, Dame Pomar, requête numéro 32813, Rec., p. 583). Ce n'est évidemment pas le cas le plus fréquent. L'intervention est le plus souvent exclusivement en demande ou en défense.

Dans tous les cas, la situation de l'intervenant dépend étroitement de celle de la partie à laquelle il entend s'associer. Ainsi, le désistement du requérant met fin au litige sans que l'intervenant puisse s'y opposer en maintenant ses prétentions, lesquelles deviennent sans objet (CE, 20 avr. 2005, Syndicat national des entreprises artistiques et a., requêtes numéros 264348, 264349, 264601 et 266449, Rec., T., p. 1045). L'incompétence de la juridiction saisie (CE, 1er déc. 1993, Coz et a., requête numéro 70199, Rec., p. 960) comme l'irrecevabilité de la requête emporte l'irrecevabilité de l'intervention. Si donc la requête introductive d'instance est dépourvue de conclusions à l'expiration du délai de recours, l'intervention sera irrecevable au même titre que la demande principale (CE, 6 juill. 1977, Guinard et a., requête numéro 00904, préc.). Mais cela signifie également que, à défaut de mémoire en défense produit, l'intervention en défense ne saurait être admise (CE, 26 mars 1996, SARL Pub Espace, requête numéro 157678, Rec., T., p. 1096). En outre, les conclusions contenues dans le mémoire en intervention doivent présenter un objet identique à celles de la partie (CE, Sect., 10 juill. 1970, Sté civile immobilière du domaine de Suroit, requête numéro 74606, Rec., p. 480).

Rien ne s'oppose en revanche à ce que, une fois cette condition remplie, l'intervenant formule certaines conclusions additionnelles. Il lui est par exemple possible de demander à la juridiction la modulation des effets d'une annulation (CE, 28 avr. 2006, Dellas et a., requête numéro 242727). Les moyens contenus dans la requête en intervention peuvent être distincts de ceux invoqués par la partie à laquelle l'intervenant s'associe, sous cette réserve fort logique que les moyens procèdent d'une cause juridique ouverte durant le délai de recours (CE, 6 juill. 1977, Syndicat national des ingénieurs et techniciens agréés (SNITA), requête numéro 87539, Rec., p. 306). S'ils sont recevables, la juridiction devra statuer sur les moyens soulevés par l'intervenant (CE, 5 nov. 1990, Péan, requête numéro 79657, Rec., T., p. 927).

Toutefois, sauf à ce que le juge requalifie sa situation, l'intervenant n'est pas une partie à l'instance et, à ce titre, il ne peut prétendre au remboursement des frais exposés et nom compris dans les dépens (CE, 19 janv. 1994, Portel, requête numéro 143421, Rec., T., p. 1120). Il ne peut davantage, et pour la même raison, adresser lui-même une question prioritaire de constitutionnalité à la juridiction (CE, 22 févr. 2013, Zoia, requête numéro 356245, Rec., T., pp. 774 et 812) même s'il peut intervenir dans le cadre de la question posée par la partie à laquelle il s'est associé (CE, 26 janv. 2012, Comité Harkis et Vérité, requête numéro 353067, Rec., T., pp. 922 et 956).

377. Les voies de recours offertes à l'intervenant. L'intervenant n'ayant pas obtenu satisfaction dispose en principe de la faculté d'exercer un recours contre la décision juridictionnelle défavorable. En premier lieu, il dispose toujours de la faculté d'interjeter appel contre le dispositif du jugement qui a rejeté son intervention en demande (CE, 26 juin 1985, Association Trinitaine de défense de la pêche à pied et de l'Environnement, requêtes numéros 34305, 34331 et 34456, Rec., p. 207 ; RFDA 1986, p. 40, concl. R. Denoix de Saint Marc) comme en défense (CE, Sect., 9 janv. 1959, de Harenne, requête numéro 41383, Rec., p. 24). En second lieu, l'intervenant peut contester le sens de la décision retenue pour le litige principal. Mais il faut distinguer ici suivant que le contentieux est d'excès de pouvoir ou de pleine juridiction. En excès de pouvoir, l'intervenant peut interjeter appel s'il avait eu qualité pour agir en première instance ou pour former tierce opposition s'il n'était pas intervenu (CE, 30 déc. 1998, Fédération départementale des chasseurs du Haut-Rhin et Ministre de l'Environnement, requête numéro 170542). En pleine juridiction, l'intervenant est recevable à former appel si la décision rendue a préjudicié à un de ses droits (CE, Sect., 6 nov. 1959, Dame Pomar, requête numéro 32813, préc.). Les mêmes principes président à la cassation (CE, Sect., 26 mars 1999, Sté d'aménagement de Port-Léman, requête numéro 185841, Rec., p. 111). Toutes les fois où l'intervenant n'a pas qualité pour faire appel, il lui est néanmoins possible d'intervenir à la nouvelle instance, pour peu qu'elle survienne et que son intérêt à intervenir n'ait pas disparu dans l'intervalle (CE, 12 oct. 1977, Préfet des Hauts-de-Seine c. Leclerc, requête numéro 01366, Rec., T., p. 929).

Section 2 - L'appelé en cause pour observations

378. Un tiers intéressé. Il est loisible à la juridiction, à la demande d'une partie ou de sa propre initiative, de communiquer la requête à un tiers, dans le but d'obtenir de lui ses observations, celles-ci pouvant être utiles à la résolution du litige. L'appelé en cause pour observations peut être autant une personne publique (par ex., CE, Ass., 20 déc. 1985, Ville de Paris c. SCI Champs-Élysées-le-Boëtie, requête numéro 38801, Rec., p. 386 ; RFDA 1986, p. 283, concl. M.-A. Latournerie) qu'une personne privée (CE, 26 mars 1958, Syndicat intercommunal de la Lomagne, requête numéro 32819, préc.).

379. Un tiers, distinct des intervenants par principe. Appelé en cause pour observations, le tiers ne doit pas être assimilé aux intervenants volontaires. Il est indifférent ici qu'à la suite de l'appel en cause pour observations qui lui a été adressé par le juge, le tiers ait répondu par un « mémoire en intervention ». Le Conseil d'Etat a en effet jugé que ces réponses qui interviennent après communication de la requête ne sauraient être des interventions et qu'il convient alors de donner à ces mémoires la qualification pertinente (CE, 22 oct. 1954, Conseil départemental des sages-femmes de la Gironde, requête numéro 9754, Rec., p. 551 ; CE, 5 juill. 1972, Sté anonyme de transit et de consignation, requête numéro 80671, Rec., p. 519). Le tiers ne saurait davantage être assimilé aux intervenants forcés. La chose est certaine dans le contentieux de l'excès de pouvoir qui n'admet ni l'appel en cause ni l'appel en garantie (*supra* n°s 340 et s.). La chose est à peu près aussi certaine dans le contentieux de pleine juridiction, l'appel en cause et l'appel en garantie étant subordonnés à une demande en ce sens d'une des parties.

380. Un tiers, distinct des parties en principe. Appelé en cause pour observations, le tiers n'acquiert pas, en principe, la qualité de partie (CE, 6 janv. 1961, Ministre de l'Intérieur c. Fourcaud, requête numéro 49266, Rec., T., p. 1151).

Il en résulte que l'appelé en cause pour observations :

- ne pourra pas interjeter appel (CE, 9 nov. 1983, Commune de Bréviaires, requête numéro 17503, Rec., T., p. 837) ni se pourvoir en cassation (CE, 20 déc. 2000, Commune de Ville-d'Avray, requête numéro 209329, Rec., T., pp. 1194 et 1291 ; RDI 2001, p. 192, obs. P. Soler-Couteaux) contre la décision juridictionnelle à intervenir ;

- ne pourra pas poser de question prioritaire de constitutionnalité dans le cadre de cette instance (CE, 30 mars 2015, Mme Kosciusko-Morizet, requête numéro 387322, Rec., T., p. 847 ; BJCL 2015, p. 427, concl. V. Daumas) ;

- ne pourra pas prétendre au bénéfice de l'article L. 761-1 du code de justice administrative (CE, 14 déc. 2005, Syndicat national CGT Force ouvrière ANPE, requête numéro 265116, Rec., T., p. 1053).

Il ne s'agit ici que du principe auquel la juridiction administrative peut déroger dans deux hypothèses. En effet, à la lumière des conclusions du commissaire du gouvernement Yann Aguila sur la décision Association Quercy-Périgord rendue par le Conseil d'Etat le 10 janvier 2005, (AJDA 2005, p. 332), l'on doit comprendre que l'appelé en cause doit être assimilé aux parties :

- lorsqu'il est l'auteur ou le bénéficiaire de la décision, l'hypothèse se rencontrant, somme toute, assez fréquemment, que ce soit, par exemple, dans le contentieux des autorisations d'urbanisme, de la contestation de la validité du contrat ou encore dans celui des déclarations d'utilité publique ;

- lorsqu'il aurait eu, à défaut d'avoir été appelé, qualité pour former tierce opposition. On ne se situe pas loin, ici, d'une équivalence entre cet appel en cause pour observations et l'appel en déclaration de jugement commun. A tout le moins, il y a là une transposition de la jurisprudence relative à la faculté pour un intervenant d'interjeter appel d'une décision (CE, Sect., 9 janv. 1959, De Harenne, requête numéro 41383, Rec., p. 24).

381. Bibliographie indicative.

X. Domino et **A. Bretonneau**, « L'essentiel sur l'accessoire : nouveaux critères de recevabilité des interventions volontaires », AJDA 2013, pp. 1969 et s.

O. Renaudie (dir.), L'intérêt à agir devant le juge administratif, Paris, Berger-Levrault, 2016.

DEUXIEME PARTIE : LE DEROULEMENT DE LA PROCEDURE ADMINISTRATIVE JURIDICTIONNELLE

382. Unité et diversité. Le déroulement de la procédure administrative juridictionnelle ne saurait être uniformément appréhendé. Il ne saurait être rigoureusement le même, eu égard à la pluralité des contentieux et des juridictions qui en connaissent. Notamment, le contentieux disciplinaire est spécifique et, comme cela a été vu, son morcellement ne permet pas d'en dresser un tableau synthétique. Par ailleurs, la procédure administrative juridictionnelle ne saurait être la même suivant que l'on parle de la procédure ordinaire (TITRE I) ou des procédures plus ou moins nouvelles que l'on connaît en référé (TITRE II).

TITRE I - LA PROCEDURE ORDINAIRE

383. Inévitablement classique. L'existence d'un droit exorbitant du droit commun n'emporte pas, telle une fatalité, une procédure juridictionnelle résolument différente de celles par ailleurs connues. Les origines de la juridiction administrative expliquent l'existence de certaines spécificités. La raison d'être de la juridiction administrative implique que celles-ci demeurent en partie aujourd'hui. En partie seulement… Après tout, pourquoi pas ? A certains égards, la procédure administrative juridictionnelle n'a pas à rougir de ce qu'elle est, ni jalouser les autres. En toute hypothèse cependant, on note un rapprochement des méthodes, qui ne saurait surprendre. D'une part, les influences des autres procédures juridictionnelles ont assurément contribué à l'évolution. L'introduction dans le code de justice administrative de la pratique des conclusions récapitulatives n'en a été qu'un exemple. D'autre part, les exigences du procès équitable telles qu'elles résultent de l'article 6 §1 de la Convention européenne de sauvegarde des droits de l'Homme et des libertés fondamentales ont conduit à certaines inflexions, que ce soit en ce qui concerne l'introduction (CHAPITRE I), le déroulement (CHAPITRE II) ou la fin de l'instance (CHAPITRE III).

CHAPITRE I - L'INTRODUCTION DE L'INSTANCE

384. Un régime raisonnablement souple. Comme dans toute procédure juridictionnelle, l'introduction de l'instance en contentieux administratif postule un régime de recevabilité de la demande. Cependant, et pour connues qu'elles doivent être, les modalités de la saisine (Section 2) ne sont pas de nature à troubler la quiétude des requérants. Pour la plupart, les conditions de recevabilité sont en effet régularisables et il incombe à la juridiction, pour l'essentiel, d'inviter les requérants à régulariser leurs requêtes. Pour l'essentiel seulement, et cela doit malgré tout inviter à la prudence car, comme toujours, moins les écueils sont nombreux, plus grands sont les risques de les occulter. Par ailleurs, on ne saurait trop souligner, en les distinguant, l'importance des règles de l'acte préalable (Section 1) et des délais de recours (Section 3).

Section 1 - La décision préalable

385. Décision et décision préalable. Aux termes de l'article L. 200-1 du code des relations entre le public et l'administration, « les actes administratifs unilatéraux décisoires comprennent les actes réglementaires, les actes individuels et les autres actes décisoires non réglementaires. Ils peuvent être également désignés sous le terme de décisions, ou selon le cas, sous les expressions de décisions réglementaires, de décisions individuelles et de décisions ni réglementaires ni individuelles ». Si le codificateur a – enfin – pris le parti de distinguer nettement l'acte administratif unilatéral de la décision administrative, la portée de son entreprise reste pour le moins limitée, en clarifiant très peu l'état du droit et, ce qui va de paire, en ne systématisant pas la notion de décision préalable. C'est là bien regrettable quand on sait l'importance que revêt cette notion en contentieux administratif, lequel exige, à peine d'irrecevabilité de la requête, une liaison du contentieux (Sous-section 1). L'importance de la liaison du contentieux est d'ailleurs telle qu'il est nécessaire de s'attarder sur ses modalités (Sous-section 2).

Sous-section 1 - La nécessité d'une liaison du contentieux

386. Une condition essentielle du recours. Traditionnellement en contentieux administratif, l'exercice d'un recours dépend en principe de l'existence d'une décision. L'énoncé de cette règle (§ 1) implique d'identifier précisément ce que la notion de décision préalable recouvre (§ 2).

§ 1 - La règle de la décision préalable

387. Le principe. Aux termes de l'article R. 421-1 du code de justice administrative, la juridiction ne peut en principe être saisie que par voie de recours formé contre une décision. Cette règle de la décision préalable s'applique y compris si l'auteur de l'acte est une personne privée chargée de l'exécution de missions de service public (CE, Sect., 13 juin 1984, Association Club athlétique de Mantes-la-Ville, requête numéro 44648, Rec., p. 218). Elle s'applique encore lorsque le litige oppose deux personnes publiques (CE, 18 févr. 1959, Ville de Roubaix, requête numéro 37634, Rec., p. 125). On remarquera que le décret n° 2016-1480 du 2 novembre 2016 n'a pas aligné la rédaction de l'article R. 421-1 sur celle, nouvelle, de l'article R. 412-1 du code de justice administrative, lequel parle à présent d'« acte » et non plus de « décision ». La règle de la décision préalable n'est ni plus ni moins ici qu'une survivance de l'époque antérieure à l'arrêt Cadot (CE, 13 déc. 1889, Cadot, requête numéro 66145, Rec., p. 1148, concl. H. Jagerschmidt) où le Conseil d'Etat n'était que juge d'appel des décisions rendues par les ministres. Deux arguments au moins sont avancés pour justifier le maintien de cette règle en droit positif. D'une part, au moins pour les décisions provoquées, la règle de la décision préalable offre l'occasion à l'administration de donner satisfaction à l'administré sans qu'il soit besoin de recourir à la juridiction. D'autre part, le travail du juge se trouve facilité par l'existence d'une décision qui circonscrit le litige. Il est permis de dire que cette règle de la décision préalable trouve à s'appliquer aujourd'hui avec une rigueur renouvelée, par la restriction de la possibilité d'obtenir une décision de l'administration en cours d'instance (*infra* n° 422), et cette rigueur fait en quelque sorte justice aux arguments évoqués.

388. Les exceptions. La généralité des termes de l'article R. 421-1 du code de justice administrative ne laisse que peu de champ à l'exception. Elle en laisse d'ailleurs moins aujourd'hui qu'auparavant.

En effet, le contentieux administratif réservait traditionnellement la matière des travaux publics, dans laquelle la liaison du contentieux – en pleine juridiction – n'était pas requise. Les contentieux afférents aux travaux publics échappaient à la règle pour des raisons essentiellement historiques. L'exception avait cependant vécu et on pouvait s'interroger sur les raisons et la pertinence d'une telle permanence en droit positif. La question s'était bien posée de mettre fin à l'exception (Conseil d'Etat, « Régler autrement les conflits : conciliation, transaction, arbitrage en matière administrative » in Rapport annuel, Paris, La documentation française, 1993) mais l'idée n'avait pas prospéré. C'est chose faite depuis le décret n° 2016-1480 du 2 novembre 2016.

Par-delà l'exception révolue des travaux publics, certaines exceptions à la règle de la décision préalable demeurent. Il en va ainsi :

- en premier lieu, de certains contentieux spécifiques, qu'il s'agisse, par exemple, du contentieux disciplinaire et du contentieux des contraventions de grande voirie (CJA, art. L. 774-1 et s.) qui, par définition, évincent l'idée même d'une décision préalable ;

- en deuxième lieu, du contentieux de l'exécution des contrats. Ici encore, la règle posée à l'article R. 421-1 du code de justice administrative ne trouve pas à s'appliquer avec une parfaite rigueur dès lors qu'une action peut être intentée par la personne publique contre une personne privée (par ex., CE, Sect., 5 nov. 1982, Sté Propétrol, requête numéro 19413, Rec., p. 380) ;

- en troisième lieu, des actions collectives. L'introduction d'une action de groupe doit être, à peine d'irrecevabilité, précédée d'une mise en demeure de cesser ou de faire cesser le manquement ou réparer les préjudices subis, l'action de groupe ne pouvant être introduite qu'à l'expiration d'un délai de quatre mois à compter de la réception de cette mise en demeure (CJA, art. L. 77-10-5). Dans le silence de la loi, cette mise en demeure ne saurait être vue comme donnant naissance à une décision implicite qui serait susceptible de recours.

On mentionnera encore le cas des référés, qui excède certes le champ de cette partie de l'étude, mais pour lesquels la règle de la décision préalable est encore neutralisée, à l'exception bien comprise du référé suspension (*infra* n°s 764 et s.).

389. Décisions spontanées et décisions provoquées. Parce que la recevabilité du recours dépend en principe de l'existence d'une décision, le requérant ne saurait réclamer le bénéfice d'un droit sans préalablement lier le contentieux. En l'absence donc d'une décision spontanément prise par l'autorité administrative, il appartient à l'administré de provoquer la naissance d'une décision, seul moyen pour lui d'accéder utilement à la juridiction par la suite. Premier exemple... une loi est publiée qui renvoie très classiquement au pouvoir réglementaire le soin d'en préciser les modalités d'application. Qu'importent les raisons, le pouvoir réglementaire renâcle. Cette carence reste un fait et l'administré n'est pas recevable à saisir le juge. Il doit préalablement saisir le Premier ministre d'une demande tendant à l'adoption du décret d'application. Ce ne sera que le refus exprès ou implicite du Premier ministre qui pourra faire l'objet d'un recours pour excès de pouvoir. Second exemple... le décret d'application est pris, qui cause un préjudice à l'administré en raison d'une illégalité l'entachant. Une requête indemnitaire serait en l'état irrecevable, faute de liaison du contentieux. Il est nécessaire de saisir préalablement l'autorité administrative d'une demande en réparation du préjudice subi avant, le cas échéant, de saisir la juridiction d'un recours dirigé contre le refus de faire droit à cette demande.

390. Les demandes indemnitaires dans le contentieux de la validité du contrat. Par un avis contentieux rendu sur le fondement de l'article L. 113-1 du code de justice administrative, le Conseil d'Etat a pu préciser le régime de recevabilité applicable aux demandes d'indemnisation formées par les concurrents évincés dans le cadre d'un recours en contestation de validité d'un contrat. Ainsi, que la demande en indemnisation soit accessoire ou complémentaire aux conclusions à fins d'annulation ou de résiliation du contrat, ou que la demande soit distincte, le concurrent évincé doit dans tous les cas provoquer une décision (CE, avis, 11 mai 2011, Sté Rebillon Schmit Prevot, requête numéro 347002, Rec., p. 209 ; BJCP 2011, p. 226 ; concl. N. Boulouis). L'exception de la matière des travaux publics qu'envisageait cet avis est révolue depuis le décret n° 2016-1480 du 2 novembre 2016.

§ 2 - La notion de décision préalable

391. Le souci de la sécurité juridique des justiciables. Il est vrai que s'employer à faire le départ entre les actes susceptibles (I) et ceux insusceptibles de recours (II) conduit au « sentiment d'être en présence d'une jurisprudence composite et désordonnée » (R. Chapus, Droit du contentieux administratif, Paris, Montchrestien, 2008, p. 560) qui ne permet pas, ou trop peu, de systématiser les règles présidant à l'identification de la décision. Mais, à tout bien considérer, cette opposition n'est pas vaine : elle rend compte de ce que le juge administratif est mû par la prise en compte toujours croissante de la sécurité juridique des administrés, en sorte que les décisions au sens de l'article R. 421-1 du code de justice administrative sont celles dont le requérant a un intérêt à obtenir l'annulation ou la réformation.

I. Les actes susceptibles de recours

392. Normativité et impérativité. On ne saurait circonscrire la notion de décision susceptible de recours à son caractère exécutoire. Si, en effet, un acte exécutoire est en principe susceptible de recours, un acte susceptible de recours n'est pas nécessairement exécutoire. Deux critères entrent alternativement en ligne de compte pour identifier les décisions susceptibles de recours et celles qui échappent à tout contrôle juridictionnel. Le premier critère est classique, qui consiste dans l'effet normatif de l'acte (A). Le second, consistant dans l'impérativité de l'acte (B), connaît aujourd'hui un succès qui a été longtemps limité.

A. L'effet normatif de l'acte

393. Un critère classique de la décision. L'acte administratif peut être réglementaire ou individuel, suivant qu'il est général et impersonnel ou que ses destinataires sont nommément indentifiables. Il n'y a là rien que de très classique et cette différence est sans portée lorsqu'elle est confrontée à la notion de décision préalable. En dépit de ce que l'intuition peut parfois hâtivement laisser penser, un décret réglementaire est une décision au même titre que la plus simple des autorisations de construire, par exemple. Dès lors qu'elle modifie l'ordonnancement juridique, toute décision est en principe susceptible de recours. Dans le même sens, dès lors que l'acte refuse un droit, les personnes lésées sont recevables à en demander l'annulation ou la réformation. Le refus peut même être provisoire, comme en atteste la recevabilité des recours contre les sursis à statuer sur certaines demandes en matière d'urbanisme (par ex., CE, 13 déc. 1974, Girod, requête numéro 93427, Rec., p. 632), le Conseil d'Etat admettant même que la mention du sursis à statuer dans un certificat d'urbanisme est divisible des autres mentions et peut faire l'objet d'un recours (CE, 21 mai 2012, Consorts Berreterot, requête numéro 323882 ; RDI 2012, p. 572, note P. Soler-Couteaux ; BJDU 2012, p. 284, concl. P. Collin). Tout cela est connu et la définition de l'acte susceptible de recours passe pour être une définition en creux.

394. Par-delà les actes créateurs de droit… Certains actes ni réglementaires ni individuels n'en sont pas moins susceptibles de recours. L'exemple topique est celui de la déclaration d'utilité publique (CE, 20 mars 1968, Dame Veuve Guillaume, requête numéro 70371, Rec., p. 972). En tant qu'elle conditionne la suite de la procédure d'expropriation, et bien qu'elle ne préjuge pas des propriétaires qui seront à terme privés de leur propriété, l'on comprend sans difficulté qu'elle puisse être contestée par voie d'action devant la juridiction administrative. C'est que, au fond, cet acte conditionne la suite de la procédure sans présenter un lien d'indivisibilité avec ceux subséquents, qui ferait passer la déclaration d'utilité publique pour un acte préparatoire.

395. Les contrats. Un siècle durant, la théorie suivant laquelle un contrat ne pouvait pas faire l'objet d'un recours par les tiers a prospéré. La seule solution consistait à attaquer l'acte détachable qu'était la décision de signer le contrat (CE, 4 août 1905, Martin, requête numéro 14220, Rec., p. 749, concl. J. Romieu ; RDP 1906, p. 249, note G. Jèze ; S. 1906, 3, p. 49, note M. Hauriou). En tant qu'elle n'emportait pas disparition du contrat, l'annulation éventuelle de cette décision restait dramatiquement platonique. L'insatisfaction était à ce point grande et la critique importante que le droit a fini, bien tardivement il est vrai, par évoluer. L'on songe d'abord à la faculté que le Conseil d'Etat a pu reconnaître au juge de l'excès de pouvoir d'enjoindre à la personne publique contractante de saisir le juge du contrat à fins de résolution du contrat à la suite de l'annulation de la décision de signer (CE, Sect., 7 oct. 1994, Epoux Lopez, requête numéro 124244, Rec., p. 430, concl. R. Schwartz ; RFDA 1994, p. 1098, note D. Pouyaud). L'avènement annoncé des pouvoirs d'injonction (qui s'est concrétisé avec la loi du 8 février 1995) n'y était sans doute pas étranger. L'on songe ensuite à la décision par laquelle le Conseil d'Etat a admis la recevabilité des recours en annulation contre les contrats de recrutement dans la fonction publique (CE Sect., 30 oct. 1998, Ville de Lisieux, requête numéro 149663, Rec., p. 375 ; AJDA 1998, p. 969 chron. F. Raynaud et P. Fombeur ; RFDA 1999, p. 128, concl. J.-H. Stahl et note D. Pouyaud). L'on songe enfin, et surtout, à la création d'un recours en contestation de validité du contrat ouvert aux concurrents évincés (CE, Ass., 16 juill. 2007, Société Tropic travaux signalisation, requête numéro 291545, Rec., p. 360 ; RFDA 2007, p. 696, concl. D. Casas ; AJDA 2007, p. 1577, chron. F. Lenica et J. Boucher ; JCP gén. 2007, II, 10156, note M. Ubaud-Bergeron et 10160, note B. Seiller ; JCP adm. 2007, 2212, note F. Linditch et 2221, note M.-C. Rouault) avant d'être généralisé (CE, Ass., 4 avr. 2014, Département de Tarn-et-Garonne, requête numéro 358994, Rec., p. 70, concl. B. Dacosta ; AJDA 2014, p. 1035, chron. A. Bretonneau et J. Lessi ; RFDA 2014, p. 425, concl. B. Dacosta et note P. Delvolvé ; RJEP 2014, n° 721, p. 14, note J.-F. Lafaix). Le contrat est donc aujourd'hui une décision au sens de l'article R. 421-1 du code de justice administrative.

B. L'impérativité de l'acte

396. Un critère alternatif de la décision. En dépit des apparences, l'impérativité de l'acte est de longue date prise en considération pour déterminer s'il s'agit d'une décision susceptible de recours. Evidemment, il est difficile de déterminer ce qui constitue une disposition impérative, tant il est vrai que « dans le style administratif, l'invitation peut être la forme polie d'un ordre ou la forme pesante d'une recommandation » (G. Braibant, concl. sur CE, Ass., 13 juill. 1962, Conseil national de l'Ordre des médecins, RDP 1962, p. 760). Il appartient donc au juge d'apprécier dans quelle mesure l'acte présente les traits d'impérativité justifiant qu'il puisse faire l'objet d'un contrôle juridictionnel.

397. Les circulaires administratives. L'organisation administrative suppose qu'un pouvoir d'impulsion et de direction soit octroyé aux supérieurs hiérarchiques sur leurs subordonnés. A ce titre, la circulaire est très vite devenue l'archétype de l'acte général et impersonnel par et pour l'administration, qui permet l'expression du pouvoir réglementaire reconnu aux chefs de service pour l'organisation de leurs services (CE, Sect., 7 févr. 1936, Jamart, requête numéro 43321, Rec., p. 172 ; S. 1937, 3, p. 113, note J. Rivero ; CE, 25 juin 1975, Riscarrat et Rouquairol, requête numéro 90273, Rec., p. 898 ; CE, 4 févr. 1976, Section syndicale CFDT du centre psychothérapeutique de Thuir, requête numéro 97865, Rec., T., p. 970). Mais parce que la tentation des chefs de service était grande de recourir aux circulaires pour contourner les règles de compétence, le Conseil d'Etat a très vite admis la recevabilité des recours dirigés contre les circulaires, sous réserve, dans un premier temps, que celles-ci aient eu un caractère réglementaire (CE, Ass., 29 janv. 1954, Institution Notre-Dame du Kreisker, requête numéro 07134, Rec., p. 64 ; AJDA 1954, II, p. 5, chron. F. Gazier et M. Long ; RPD adm 1954, p. 50, concl. B. Tricot). La solution était moyennement satisfaisante en l'état dès lors qu'elle conditionnait la recevabilité de la requête à l'examen du fond. Ceci explique en partie les tentations de la jurisprudence de s'extraire de ce raisonnement (par ex., CE, Sect., 20 déc. 1963, Confédération générale des vignerons du midi, requête numéro 53968, Rec., p. 648 ; CE, 15 mai 1987, Ordre des avocats à la cour de Paris, requête numéro 76867, Rec., p. 175 ; RFDA 1988, p. 145, concl. J. Marimbert). Il faudra cependant attendre les décisions Villemain (CE, Ass., 28 juin 2002, Villemain, requêtes numéros 220361 et 228325, Rec., p. 229 ; RFDA 2002, p. 723, concl. S. Boissard) et, surtout, Duvignères (CE, Sect., 18 déc. 2002, Mme Duvignères, requête numéro 233618, Rec., p. 463 ; AJDA 2003, p. 487, chron. F. Donnat et D. Casas ; RFDA 2003, p. 280, concl. P. Fombeur et p. 510, note J. Petit) pour que le Conseil d'Etat accepte de corriger l'état du droit dans un sens nettement plus conforme aux réalités administratives. Aux termes de cette dernière décision, sans préjudice des circulaires réglementaires, une circulaire constitue une décision susceptible d'être contrôlée par la juridiction administrative lorsqu'elle contient une ou plusieurs dispositions impératives. Par exemple, alors même qu'elle porte sur les punitions scolaires qui restent des mesures d'ordre intérieur, une circulaire a pu faire l'objet d'un recours, parce qu'elle avait un caractère impératif (CE, 8 mars 2006, Fédération des conseils de parents d'élèves des écoles publiques, requête numéro 275551, Rec., p. 112). En revanche, n'est pas susceptible de recours la circulaire se bornant à éclairer les préfets et les chefs de service de l'équipement sur les conséquences de l'intervention, à la demande d'un agent, d'une décision de détachement sans limitation de durée sur l'exercice du droit d'option et les perspectives d'intégration ultérieure dans la fonction publique, les destinataires de la circulaire n'ayant pas le pouvoir de mettre en application ce qu'elle contient (CE, 26 mai 2009, Syndicat national des personnels techniques et de travaux de l'équipement de la Confédération générale du travail, requête numéro 306757, Rec., T., p. 599). C'est ainsi encore que n'est pas susceptible de recours, en tant qu'elle ne contient aucune disposition impérative, une instruction fiscale destinée à informer les agents de l'administration fiscale sur l'assiette et le taux d'une contribution sociale spécifique, les destinataires de cette instruction ne détenant pas de pouvoir en matière d'établissement, de recouvrement ou de contrôle de cette contribution (CE, 21 oct. 2015, M. Pierson, requête numéro 374927, Rec., T., pp. 628 et 789).

398. Les mises en demeure. Il existe deux catégories de mises en demeure. La première catégorie de mises en demeure englobe l'ensemble des actes formellement prévus par les textes en vigueur, actes qui s'intègrent dans une procédure déterminée. L'obligation de mettre en demeure apparaît alors comme une condition de protection du destinataire d'une mesure et se rapproche de la mise en demeure observée en droit privé. Trois types d'actes entrent dans cette catégorie.

Il s'agit :

- d'abord, des mises en demeure visant à encadrer la substitution d'action d'une autorité administrative à une autre autorité, expression ici du pouvoir hiérarchique ou de tutelle (CE, 5 mai 1926, Keller, requête numéro 84934, Rec., p. 446 ; CE, 29 avr. 1977, Association syndicale libre des propriétaires de la villa Mulhouse, requête numéro 95227, Rec., p. 194) ;

- ensuite, des mises en demeure adressées à des personnes privées dans le but que celles-ci se conforment aux dispositions législatives ou réglementaires pertinentes (CE, 27 avr. 1960, Société d'exploitation des déchets d'animaux, requêtes numéros 39461 et 42311, Rec., p. 266) ;

- enfin, des mises en demeure formulées dans le cadre contractuel (CE, 13 déc. 1961, Durand c. Hospices civils de Lyon, requête numéro 51710, Rec., T., p. 1179 ; RDP 1962, p. 376, note J. de Soto ; CE, 27 mars 2015, M. Gyurenka, requête numéro 372942, Rec., T., pp. 749, 751 et 760).

La seconde catégorie de mises en demeure concerne les mises en demeure spontanées. Sans y être contrainte, l'administration y a recours afin d'obtenir la collaboration des administrés. Longtemps, cette catégorie d'acte a échappé au contrôle de la juridiction administrative. Soit l'acte s'inscrivait dans une procédure complexe, le recours était alors prématuré (CE, 24 déc. 1875, Béhic, Rec., p. 1039). Soit l'acte se bornait à rappeler l'existence d'une décision antérieure à laquelle le destinataire devait se conformer, le recours était alors tardif. Mais la menace devait malgré tout être considérée parfois comme décisoire par le Conseil d'Etat, conscient de la réaction qu'elle pouvait susciter (CE, 2 juill. 1875, Fouques de Wagnonville, Rec., p. 669). Pour dire les choses autrement, l'impact psychologique d'une mise en demeure peut justifier un contrôle en amont, propre à la vider, le cas échéant, de son venin. A partir de 1957, la Haute juridiction a admis que les actes comminatoires devaient faire l'objet d'un contrôle dès lors qu'ils étaient assortis d'une menace de sanctions (CE, Ass., 13 déc. 1957, Rouleau, requête numéro 34382, Rec., p. 678 ; D. 1958, p. 62, concl. C. Lasry). Un pas supplémentaire a été franchi en 1991, lorsque le Conseil d'Etat a jugé que toute mise en demeure devait être vue comme une décision préalable au sens retenu par le contentieux administratif (CE, Sect., 25 janv. 1991, Confédération nationale des associations catholiques et autres, requêtes numéros 103143, 107100 et 107101, Rec., p. 30 ; RFDA 1991, p. 285, concl. B. Stirn et p. 525, note J.-M. Auby ; AJDA 1991, p. 362, chron. C. Maugüé et R. Schwartz). Ici encore, l'impérativité de l'acte justifie sa justiciabilité. A ainsi été jugé recevable le recours dirigé contre une lettre du maire mettant une entreprise en demeure de cesser ses activités sur le territoire de la commune, à peine de mise en œuvre des poursuites prévues par le code de l'urbanisme (CE, 23 févr. 2011, Sté Chazal, requête numéro 339826, Rec., T.,

p. 1077). Par exemple encore, a été jugé recevable le recours exercé contre un courrier d'un directeur de cabinet interprétant la réglementation faite par l'administration et invitant ses destinataires à s'y conformer sous peine de sanctions (CE, 7 févr. 2017, Sté Casino de Trouville, requête numéro 395588, Rec., T.).

399. Le droit souple. La formulation de certains actes est moins impérative, sans que ceux-ci échappent pour autant au contrôle du juge. C'est le cas de certaines recommandations. La recommandation est en effet un mot trompe l'œil qui peut cacher ce qu'il nomme. Certes, toutes ne sont pas des décisions au sens de l'article R. 421-1 du code de justice administrative. Il est en effet possible qu'un acte contienne « un simple rappel des dispositions en vigueur, et ne constitue pas une décision susceptible d'être déférée au juge administratif par la voie du recours pour excès de pouvoir » (CE, Sect., 10 juill. 1995, Syndicat des embouteilleurs de France, requête numéro 124929, Rec., p. 301). Mais il est également concevable que, sous une dénomination d'apparence neutre, l'acte invite son destinataire à autre chose qu'au souvenir des règles de droit applicables. Dans le secteur de la régulation notamment, l'orientation des comportements passe plus volontiers par des modes d'expression moins autoritaires mais tout aussi efficaces que la contrainte. Ainsi le Conseil d'Etat juge-t-il que les prises de position et les recommandations formulées par l'Autorité de la concurrence constituent des décisions susceptibles de recours si elles revêtent « le caractère de dispositions générales et impératives ou de prescriptions individuelles dont l'Autorité pourrait ultérieurement censurer la méconnaissance » (CE, 11 oct. 2012, Sté Casino Guichard-Perrachon, requête numéro 357193, Rec., p. 361 ; AJDA 2012, p. 1925, chron. X. Domino et A. Bretonneau). Dans le prolongement, le Conseil d'Etat a pu énoncer que les avis, recommandations, mises en garde et prises de position sont susceptibles de recours pour excès de pouvoir « lorsqu'ils sont de nature à produire des effets notables, notamment de nature économique, ou ont pour objet d'influer de manière significative sur les comportements des personnes auxquelles ils s'adressent » (CE, Ass., 21 mars 2016, Stés Fairvesta International GmbH et a., requêtes numéros 368082 et s., Rec., p. 76, concl. V. Daumas ; AJDA 2016, p. 717, chron. L. Dutheillet de Lamothe et G. Odinet ; CE, Ass., 21 mars 2016, Sté NC Numéricable, requête numéro 390023, Rec., p. 88, concl. V. Daumas ; AJDA 2016, p. 717, chron. L. Dutheillet de Lamothe et G. Odinet ; RFDA 2016, p. 506, concl. V. Daumas ; CE, 20 juin 2016, Fédération française des sociétés d'assurances, requête numéro 384297, Rec., T. ; CE, 10 nov. 2016, Mme M. et a., requêtes numéros 384691, 384692 et 394107, Rec. ; CE, 19 juill. 2017, Sté Ménarini France et Sté Daiichi Sankyo France, requêtes numéros 399766 et a., Rec., T.). Encore faut-il, cependant, que l'acte ne soit pas rigoureusement préparatoire à l'adoption d'une décision, à peine d'irrecevabilité de la requête quels que puissent être les effets que l'avis serait susceptible de produire. Tel est le cas, par exemple, des avis de la commission de la transparence de la Haute Autorité de Santé (CE, 17 nov. 2017, Sté Laboratoire Abbvie, requêtes numéros 398573 et 404459, Rec., T.).

Il n'y a là qu'une différence de degré et non de nature entre la mise en demeure et la recommandation. L'impérativité joue ici encore sa fonction de critère d'identification de la décision.

400. Pour une autre expression de ce qui précède : le cas du rescrit fiscal. Le traitement par le Conseil d'Etat de la question du rescrit fiscal est une nouvelle démonstration de ce que les conséquences de l'acte peuvent importer autant que l'acte lui-même. Il était jugé que, non détachable de la procédure d'imposition, le rescrit n'était pas susceptible d'être attaqué devant la juridiction administrative (CE, 26 mars 2008, Association Pro-Musica, requête numéro 278858, Rec., p. 116). Le Conseil d'Etat a toutefois atténué depuis la rigueur du principe, en admettant la recevabilité d'une requête en annulation dirigée contre la prise de position de l'administration lorsque celle-ci « entraînerait des effets notables autres que fiscaux et qu'ainsi, la voie du recours de plein contentieux devant le juge de l'impôt ne lui permettrait pas d'obtenir un résultat équivalent (...) notamment, lorsque le fait de se conformer à la prise de position de l'administration aurait pour effet, en pratique, de faire peser sur le contribuable de lourdes sujétions, de le pénaliser significativement sur le plan économique ou encore de le faire renoncer à un projet important pour lui ou de l'amener à modifier substantiellement un tel projet » (CE, Sect., 2 déc. 2016, Ministre de l'Economie et des Finances, requête numéro 387613, Rec.).

II. Les actes insusceptibles de recours

401. Les décisions soumises à un recours préalable obligatoire. Des recours préalables obligatoires peuvent exister dans certaines matières, dans deux séries d'hypothèses, qui peuvent d'ailleurs se cumuler (CE, 26 juill. 2011, Ligue corse de football, requête numéro 341199, Rec., p. 424).

En premier lieu, l'exercice d'un recours interne à l'auteur de l'acte peut être organisé. C'est le cas, par exemple, des règlements intérieurs de fédérations sportives (CE, Sect., 13 juin 1984, Association « Handball Club de Cysoing, requête numéro 42454, Rec., p. 217 ; CE, 26 juill. 2011, Ligue corse de football, requête numéro 341199, préc.). C'est encore le cas lorsque le contrat stipule l'exercice d'un recours préalable à la saisine de la juridiction (CE, 26 déc. 2009, Sté d'architecture groupe 6, requête numéro 326220, Rec., T., pp. 840, 880 et 889).

En second lieu, le législateur et le pouvoir réglementaire peuvent instituer des recours administratifs préalables obligatoires à la saisine de la juridiction administrative, et ils sont de plus en plus nombreux. Les décisions des commissions départementales de l'aménagement commercial doivent être d'abord portées devant la Commission nationale de l'aménagement commercial (C. comm., art. L. 752-17). Les refus de communication de documents administratifs doivent être portés devant la Commission d'accès aux documents administratifs préalablement à toute saisine de la juridiction (CRPA, art. R. 343-1). Les militaires doivent d'abord saisir la Commission des recours des militaires avant de saisir la juridiction à l'encontre d'actes relatifs à leur situation personnelle (C. déf., art. R. 4125-1).

Les recours administratifs préalables obligatoires donnent l'occasion à une autorité administrative, avant toute saisine de la juridiction, « d'arrêter définitivement la position de l'administration » (par ex., CE, Sect., 18 nov. 2005, Houlbreque, requête numéro 270075, Rec., p. 513 ; RFDA 2006, p. 543, concl. T.-X. Girardot ; AJDA 2005, p. 2453, concl. C. Landais et F. Lenica). Il s'agit là d'une occasion donnée à l'administration de reconsidérer utilement sa décision, ce qui contribue à désengorger la juridiction administrative. On dira ici toute l'abscondité du faisceau des règles jurisprudentielles applicables. Par exemple, il est jugé que si la recevabilité d'un recours contentieux dirigé contre le titre exécutoire émis pour recouvrer un indu de RSA n'est pas, en vertu de l'article L. 1617-5 du code général des collectivités territoriales (CGCT), subordonnée à l'exercice d'un recours administratif préalable, le débiteur ne peut toutefois, à l'occasion d'un tel recours, contester devant le juge administratif le bien-fondé de cet indu en l'absence de tout recours préalable saisissant de cette contestation le président du conseil général, mais une telle contestation reste possible à l'occasion d'un recours contre les actes de poursuite qui procèdent du titre exécutoire exercé conformément aux dispositions de l'article L. 1617-5 du CGCT, même en l'absence de recours administratif préalable (CE, 5 févr. 2018, Mme B., requête numéro 403650, Rec., T.).

Le recours juridictionnel ne sera pas recevable tant que la décision sur ce recours préalable n'aura pas été rendue. Et une fois rendue, cette décision se substitue à la décision initiale (par ex., CE, 18 mai 2009, Langlois, requête numéro 298458, Rec., T., pp. 865 et 880) alors que, à l'inverse, il appartient au juge, le cas échéant, d'interpréter les conclusions dirigées formellement contre le seul rejet d'un recours administratif facultatif comme étant également dirigées contre la décision administrative initiale (CE, 7 mars 2018, Mme Bloch, requêtes numéros 404079 et 404080, Rec.). La méconnaissance par le requérant de cette règle reste sans effet puisque, dans le cas où, à l'issue du recours préalable obligatoire, il saisit la juridiction de conclusions dirigées contre la décision initiale, le juge regardera le recours juridictionnel comme dirigé contre la décision née de l'exercice de ce recours préalable (CE, 19 déc. 2008, Mme Mellinger épouse Praly, requête numéro 297187, Rec., p. 478 ; AJDA 2009, p. 838, concl. J. Boucher). Il est donc permis de dire sans nuance ici que les décisions soumises à un recours administratif préalable obligatoire sont insusceptibles de recours juridictionnel et n'entrent donc pas dans le champ de l'article R. 421-1 du code de justice administrative.

402. Les actes préparatoires. Comme son nom l'indique, un acte préparatoire n'est pas une décision et, à ce titre, ne saurait en principe être l'objet d'un recours. Un acte préparatoire ne permettant pas de préjuger de ce que sera finalement la décision, il est à première vue normal qu'il faille attendre l'adoption de la décision à proprement parler. C'est en ce sens que les procès-verbaux provisoires et définitifs par lesquels le maire constate l'état d'abandon manifeste d'une parcelle ne sont pas susceptibles de recours en ce qu'ils ne constituent que des mesures préparatoires à une éventuelle décision du conseil municipal de déclarer cette parcelle en l'état d'abandon manifeste et de procéder à son expropriation (CE, 18 févr. 2009, Sté Bellegingsmattschapijj Belensas BV, requêtes numéros 301466 et 308457, Rec., T., p. 599, 792 et 879). C'est en ce sens également que la décision d'élaborer une carte communale n'est pas susceptible de recours, dès lors qu'elle n'a pas d'autre objet que de permettre l'engagement de la procédure et qu'elle ne comporte pas, en tant que tel, d'effet juridique sur les personnes soumises à la police de l'urbanisme (CE, 19 juill. 2017, Ministre du Logement et de l'Habitat durable c. M. Kosmas, requête numéro 403805, Rec., T. ; RDI 2017, p. 488, note P. Soler-Couteaux). C'est en ce sens encore que la décision du préfet d'ouvrir une enquête publique préalable à l'adoption d'une déclaration d'utilité publique n'est pas susceptible de recours (CE, Ass., 23 juill. 1974, Gaulier et a., requêtes numéros 92683, 92707, 92773, 92774, 92775 et 92808, Rec., p. 453 ; AJDA 1975, p. 306, concl. J. Morisot), quand le refus peut, pour sa part, être attaqué (CE, 4 juin 1954, Commune de Thérouanne, requête numéro 17342, Rec., p. 339).

On soulignera ici l'existence de deux exceptions au principe suivant lequel l'acte préparatoire n'est pas susceptible de recours. En premier lieu, le recours est recevable contre un acte détachable de la procédure à laquelle il concourt. En d'autres termes, l'acte peut être attaqué quand il n'est pas totalement et uniquement lié à la procédure d'élaboration d'une décision (CE, Sect. 13 nov. 1970, Moreau, requête numéro 75120, Rec., p. 661, concl. G. Braibant). En second lieu, si l'acte préparatoire n'est pas attaquable, c'est sous réserve des cas où il en est disposé autrement par la loi. Tel est précisément le cas du déféré préfectoral qui, en application de la loi du 2 mars 1982, reste recevable, contrairement aux recours pour excès de pouvoir, à l'encontre des délibérations préparatoires des assemblées des collectivités territoriales (CE, Ass., 15 avr. 1996, Syndicat CGT des hospitaliers de Bédarieux, requête numéro 120273, Rec., p. 130 ; AJDA 1996, p. 366, chron. J.-H. Stahl et D. Chauvaux ; RFDA 1996, p. 1169, concl. J.-D. Combrexelle), le préfet pouvant à cette occasion utilement soulever des moyens tenant tant à leur légalité externe qu'à leur légalité interne (CE, 15 juin 2018, Département du Haut-Rhin, requête numéro 411630, Rec., T.).

403. Les déclarations d'intention, les vœux, les avis, les renseignements. Les déclarations d'intention ne sont certes pas neutres en ce qu'elles peuvent influer sur le comportement des administrés. Elles ne modifient cependant en rien l'état du droit et ne sont pas impératives. Dès lors qu'elle « ne préjuge aucunement de la position » qui pourrait être finalement retenue, une déclaration d'intention n'est pas susceptible de recours (CE, 30 déc. 2003, Caisse de refinancement de l'habitat, requête numéro 230947, Rec., p. 521 ; LPA 2004, n° 229, concl. M. Guyomar). C'est ce qui explique encore que, en tant qu'elle est dépourvue par elle-même de tout effet juridique direct, une annonce politique n'est pas susceptible de recours (CE, 5 oct. 2015, Comité d'entreprise du siège de l'Ifremer, le syndicat CGT-Ifremer et la fédération de l'éducation, de la recherche et de la culture (FERC-

CGT) et Fédération générale des mines et de la métallurgie (FGMM-CFDT), requêtes numéros 387899 et 388524, Rec., T., p. 789 ; AJDA 2016, p. 493, note N. Havas ; RFDA 2015, p. 1115, concl. B. Dacosta). Un avis ne traduit pas davantage l'expression d'une volonté administrative. A ce titre, il ne constitue pas, en principe, une décision au sens de l'article R. 421 du code de justice administrative. C'est d'ailleurs pour cette raison que les consultations locales, avant la révision constitutionnelle du 28 mars 2003, ne pouvaient donner lieu à autre chose que des avis, eu égard au principe de libre administration des collectivités territoriales (CE, Sect., 29 déc. 1995, Géniteau, requête numéro 154028, Rec., p. 463 ; AJDA 1996, p. 111, chron. J.-H. Stahl et D. Chauvaux ; RFDA 1996, p. 471, concl. C. Chantepy ; D. 1996, p. 273, note M. Verpeaux). C'est encore le même raisonnement qui prévaut pour les renseignements (CE, Sect., 10 juill. 1995, Syndicat des embouteilleurs de France, requête numéro 124929, Rec., p. 301 ; RFDA 1996, p. 1221, concl. J.-M. Delarue).

404. Les actes-types. L'administration peut intervenir dans des domaines techniques. Son action peut alors être facilitée par l'élaboration, en amont, d'actes-types. Parce qu'ils ne traduisent pas une volonté administrative impérative, l'on pourrait penser qu'ils sont à l'abri de toute action juridictionnelle. En réalité, il faut distinguer. Les actes qui ne sont effectivement que des guides au bénéfice de l'administration ne sont pas des décisions susceptibles de recours (CE, 20 déc. 1989, Association des foyers de la région parisienne, requête numéro 80420). En revanche, les actes-types contenant des dispositions obligatoires ou emportant des effets importants peuvent être connus du juge administratif (CE, Ass., 5 mai 1961, Ville de Lyon, requête numéro 12111, Rec., p. 294 ; CJEG 1961, p. 175, concl. G. Braibant). C'est le cas, par exemple, dans le domaine des marchés publics, où des cahiers des clauses administratives et techniques générales sont édictés par le pouvoir réglementaire et applicables sauf stipulations contraires. Ces actes sont susceptibles de contrôle (CE, 2 juill. 1982, Conseil national de l'ordre des architectes, requête numéro 16692, Rec., p. 255 ; AJDA 1983, p. 30, concl. J.-M. Pauti ; CJEG 1983, p. 381, étude F. Moderne).

405. Les lignes directrices. A la suite de l'étude annuelle du Conseil d'Etat de 2013 consacrée au droit souple, l'expression de « lignes directrices » a été substituée à celle de « directive » que l'on connaissait classiquement (CE, 19 sept. 2014, Jousselin, requête numéro 364385, Rec., p. 272 ; AJDA 2014, p. 2262, concl. G. Dumortier). Il s'agit d'actes qui encadrent l'exercice d'un pouvoir d'appréciation. S'ils ne sont pas recevables à les contester par la voie de l'excès de pouvoir (CE, 18 oct. 1991, Union nationale de la propriété immobilière, requête numéro 75831, Rec., p. 338), les intéressés peuvent néanmoins s'en prévaloir (CE, 11 déc. 1970, Crédit foncier de France c. Gaupillat et Ader, requête numéro 78880, Rec., p. 750, concl. L. Bertrand), à la différence des « orientations générales » qui ne sont définies que pour l'adoption de mesures gracieuses (CE, Sect., 4 févr. 2015, Ministre de l'Intérieur c. Cortes Ortiz, requête numéro 383267, Rec., p. 17, concl. B. Bourgeois-

Machureau ; AJDA 2015, p. 443, chron. J. Lessi et L. Dutheillet de Lamothe ; RFDA 2015, p. 471, concl. B. Bourgeois-Machureau).

406. Les actes recognitifs. Un acte se bornant à reconnaître l'existence d'une situation de fait ou de droit ne constitue *a priori* pas une décision et, à ce titre, doit rester à l'abri de toute censure juridictionnelle (par ex., CE, 7 oct. 1988, Bienvenu, requête numéro 73219, Rec., p. 330). Mais les choses ne sauraient être si simples, eu égard aux effets considérables que peuvent emporter certains de ces actes. En effet, le principe même de ces actes déclaratifs est de permettre à l'administré d'adopter un comportement conforme à une situation régulièrement constatée par l'administration. Dans ces conditions, l'on comprend que le juge administratif, dans un souci de sécurité juridique, admette que certains actes recognitifs soient susceptibles d'un contrôle juridictionnel. C'est le cas, par exemple, des actes de délimitation du domaine public naturel (CE, 26 juill. 1991, Consorts Lecuyer, requête numéro 98212, Rec., p. 306 ; AJDA 1992, p. 92, obs. G. Teboul ; CJEG 1992, p. 113, concl. B. Stirn).

407. Les actes superfétatoires. Certains actes sont résolument inutiles. On peut d'ailleurs bien se demander si l'administration dispose à ce point de temps qu'elle en consacre à leur édiction. C'est le cas, par exemple, des actes réglementaires qui, en réalité, n'apportent ni ne retirent à l'ordonnancement juridique (CE, 23 juin 1997, Association « Auribeau demain », requête numéro 161712). C'est le cas encore, s'agissant des actes individuels, et toujours par exemple, de l'autorisation d'urbanisme relative à une dérogation non nécessaire (CE, 21 janv. 1998, Epoux Manuel, requête numéro 126853, Rec., T., p. 1075). De tels actes, en principe, échappent à la censure du juge. Ce n'est toutefois, ici encore, que le principe. Si l'on excepte les actions exercées par les tiers, lesquelles sont vouées au rejet (par ex., CE, 27 oct. 1989, Sté Cuir Center, requête numéro 68321, Rec., T., p. 997 ; CJEG 1990, p. 97, concl. R. Abraham), toutes les décisions superfétatoires ne sont pas à l'abri de l'annulation, dès lors notamment qu'il n'est pas établi que le contrôle du juge serait dépourvu de toutes conséquences. Tel est le cas d'une déclaration d'utilité publique pourtant superfétatoire, la prudence commandant d'en neutraliser les effets non encore identifiés (CE, Sect., 3 déc. 1993, Commune de Villeneuve-sur-Lot, requête numéro 135782, Rec., p. 344 ; CJEG 1994, p. 139, concl. J. Arrighi de Casanova). L'on conçoit encore que le refus opposé par l'administration à une demande, fondé sur un autre motif que celui de l'inutilité de la demande, équivaut à une interdiction qui, à cet égard, fait grief à l'administré (CE, 5 juin 1981, Ministre de la Culture et de l'Environnement c. Sté Incimer, requête numéro 10058, Rec., p. 244).

408. Les décisions confirmatives. Les décisions définitives sont, en principe, définitives… Elles sont à ce titre réputées à l'abri de toute contestation. Leur simple réitération ne saurait donc constituer une nouvelle occasion de les attaquer. C'est la raison pour laquelle le Conseil d'Etat juge que les conclusions dirigées contre des dispositions réglementaires reproduisant des dispositions antérieures devenues définitives sont en principe irrecevables (CE, Ass., 12 oct. 1969, Rassemblement des nouveaux avocats de France, requête numéro 01875, Rec., p. 370). C'est la même logique qui s'applique aux décisions confirmatives, c'est-à-dire celles qui ne font que reprendre, sans rien y ajouter, des décisions antérieures (CE, 20 févr. 1880, Carrière, D. 1881, 3, p. 24, concl. Gomel). Le caractère confirmatif d'une décision suppose, d'une part, qu'il existe une identité d'objet entre les deux décisions (CE, Ass., 19 mai 1983, Caisse de crédit mutuel des agents du Trésor public, requête numéro 23082, Rec., p. 203 ; RDP 1983, p. 1637, concl. B. Genevois). Il suppose, d'autre part, que la situation juridique de l'intéressé n'ait pas évolué en fait ni en droit. La situation peut avoir ainsi changé lorsqu'une réglementation nouvelle est intervenue entre deux demandes de prime (CE, Sect., 13 mai 1977, Secrétaire d'Etat auprès du ministre de l'Equipement c. Bergon, requête numéro 99534, Rec., p. 220 ; AJDA 1978, p. 164, concl. M.-A. Latournerie). Il en va encore ainsi de la transmission, postérieurement au rejet d'une demande d'asile, d'informations relatives à l'existence de cette demande aux autorités du pays d'origine, laquelle transmission présentait le risque d'accroître le risque de persécution à son encontre (CE, 10 févr. 2016, M. B, requête numéro 373529, Rec., T. ; AJDA 2016, p. 1081, concl. A. Bretonneau).

409. Les mesures d'ordre intérieur. Les mesures d'ordre intérieur sont des décisions administratives. Elles ne sont cependant pas susceptibles de recours en tant que les effets qu'elles emportent ne sont pas suffisants pour caractériser l'existence d'un grief. De ce point de vue, l'appréhension traditionnelle de la mesure d'ordre intérieur a été, depuis une vingtaine d'années, reconsidérée. Le champ des mesures d'ordre intérieur s'est réduit au point que, aujourd'hui, seules celles dont le requérant n'a pas d'intérêt suffisant à obtenir la censure échappe au contrôle juridictionnel.

Demeurent ainsi des mesures d'ordre intérieur :

- la décision par laquelle l'autorité administrative refuse d'accorder à un agent une autorisation d'absence pour commodité personnelle sans retenue sur traitement (CE, 11 mai 2011, Caisse des dépôts et consignations, requête numéro 337280, Rec., T., p. 1063) ;

- la décision de transfert d'un centre de détention vers une maison centrale, celle-ci ne constituant qu'un simple changement d'affectation entre établissements de même nature (CE, 3 juin 2009, Boussouar, requête numéro 310100, Rec., T., p. 879) ;

- une simple punition infligée à un élève (CE, 8 mars 2006, Fédération des conseils de parents d'élèves des écoles publiques, requête numéro 275551, Rec., p. 112 ; AJDA 2006, p. 1107, concl. R. Keller).

En revanche, sont susceptibles aujourd'hui de recours :

- les sanctions imposées aux militaires (CE, Ass., 17 févr. 1995, Hardouin, requête numéro 107766, Rec., p. 81) et celles imposées en milieu pénitentiaire (CE, Ass., 17 févr. 1995, Marie, requête numéro 97754, Rec., p. 82, concl. P. Frydman ; AJDA 1995, p. 379, chron. L. Touvet et J.-H. Stahl ; D. 1995, p. 381, note N. Belloubet-Frier ; RDP 1995, p. 1338, note O. Gohin ; RFDA 1995, p. 353, concl. P. Frydman), y compris les avertissements (CE, 21 mai 2014, Garde des sceaux, requête numéro 359672, Rec., p. 139) ;

- les décisions qui, sans porter atteinte à son statut ou à une garantie, entraînent une diminution sensible des attributions et des responsabilités d'un professeur des universités-praticien hospitalier (CE, 7 oct. 2015, Mme Rousset, requêtes numéros 377036 et 377037, Rec., T., pp. 731 et 787 ; JCP adm. 2015, n° 2344, concl. G. Pellissier et note S. Deygas) ;

- les décisions de toutes natures présentant un caractère discriminatoire (CE, 15 avr. 2015, Pôle Emploi, requête numéro 373893, Rec., p. 146, concl. E. Bodkam-Tognetti ; AJDA 2015, p. 1926, note C. Chauvet).

410. Les actes de gouvernement. Le juge administratif se refuse à connaître des actes de gouvernement (pour un exemple récent : CE, 26 nov. 2012, Krikorian, requête numéro 350492, Rec., T., p. 528). Mais c'est ici d'un problème de compétence dont il s'agit. L'acte n'est pas contrôlé parce qu'il touche aux rapports entretenus par le pouvoir exécutif avec une autorité « échappant à tout contrôle juridictionnel, c'est-à-dire principalement le législateur ou une puissance étrangère » (R. Odent., Contentieux administratif, tome 1, Paris, Dalloz, 2007 (rééd.), p. 311). Il serait donc réducteur de considérer qu'un tel acte n'est pas une décision au sens de l'article R. 421-1 du code de justice administrative. Il ne s'agit tout simplement pas d'un acte administratif.

Sous-section 2 - Les modalités de la liaison du contentieux

411. Différentes liaisons possibles. En termes de liaison du contentieux, il existe une constante qui réside dans l'obligation de lier le contentieux par l'existence d'une décision préalable, laquelle peut cependant emprunter des formes variables (§ 1). Il ne s'agit là que du principe. En effet, à suivre la jurisprudence afférente à l'absence de décision préalable à l'introduction de l'instance (§ 2), les modalités de liaison du contentieux sont plus diverses qu'il y parait.

§ 1 - Les formes de la décision préalable

412. Deux catégories de décisions. L'action administrative est susceptible de donner lieu à deux types de décisions. Il peut s'agir de décisions par lesquelles l'autorité administrative manifeste expressément sa volonté (I). Il peut s'agir de silences que le législateur et le pouvoir réglementaire veulent qualifier de décisions afin que l'inertie de l'administration ne soit pas un obstacle à la liaison du contentieux (II).

I. La décision expresse

413. L'hétérogénéité de la catégorie. Il est impossible de dresser un inventaire exhaustif de toutes les formes que peut emprunter la décision au sens de l'article R. 421-1 du code de justice administrative. L'acte susceptible de recours peut traditionnellement être unilatéral. Il peut également être contractuel (CE, Ass., 16 juill. 2007, Société Tropic travaux signalisation, requête numéro 291545, préc. ; CE, Ass., 4 avr. 2014, Département de Tarn-et-Garonne, requête numéro 358994, préc.). La décision administrative peut être formalisée ou révélée. Au nombre des décisions formalisées, il y a, d'une part, les décisions écrites. C'est la majorité du genre. La catégorie est d'autant plus large qu'il faut appréhender la notion d'écrit dans toutes les acceptions du terme et y inclure les décisions dématérialisées. Un message électronique à caractère impératif adressé par le directeur général de l'offre de soins du ministère de la Santé aux directeurs régionaux des agences régionales de santé a ainsi pu être qualifié de circulaire susceptible de recours (CE, 3 févr. 2016, Conseil national de l'Ordre national des infirmiers, requête numéro 381203, Rec., T.). Il y a, d'autre part, les décisions verbales (CE, 3 févr. 1993, Union syndicale professionnelle des policiers municipaux, requête numéro 100832, Rec., p. 25). Au nombre des décisions révélées, l'on trouve des décisions identifiées grâce à un courrier (CE, 12 nov. 1965, Cie marchande de Tunisie, requête numéro 55315, Rec., p. 602 ; AJDA 1966, p. 167, concl. N. Questiaux), un communiqué de presse (CE, 6 févr. 1981, Sté générale d'entreprises, requête numéro 14836, Rec., p. 50), une conférence de presse (CE, 6 oct. 2000, Association Promouvoir, requêtes numéros 216901, 217800, 217801 et 218213, Rec., p. 391 ; AJDA 2000, p. 1060, concl. S. Boissard ; RFDA 2000, p. 1311, obs. J. Morange), ou encore un fait tel que la publication d'un texte sur le site internet d'une délégation interministérielle traduisant la décision de le publier (CE, 7 août 2008, Fédération chrétienne des Témoins de Jéhovah de France, requête numéro 310220, Rec., p. 320).

II. La décision implicite

414. Une réponse à une réclamation. L'existence d'une décision implicite suppose qu'une demande ait été adressée à l'administration. Une vraie demande pourrait-on dire. En effet, une simple démarche de rapprochement ne suffit pas à faire naître, à terme, une décision implicite, même si le juge administratif apprécie de manière assez libérale l'existence d'une demande. Ratifiant la jurisprudence (CE, 10 juin 1991, Kerrain, requête numéro 99608, Rec., T., p. 1107), le législateur exige que la demande soit rédigée en langue française (CRPA, art. L. 111-1), qui peut être adressée à l'administration par l'administré lui-même ou son mandataire. Elle doit être complète. A cet égard, l'obligation pèse sur l'administration d'accuser réception de la demande (CRPA, art. L. 112-3 al. 1er), sauf si celle-ci est abusive (CRPA, art. L. 112-3 al. 2), et de préciser les éléments manquants nécessaires à son instruction (CRPA, art. L. 114-5), étant entendu qu'il est à présent possible à l'autorité saisie, en principe, de se procurer les éléments nécessaires à l'examen de la demande auprès des autres services administratifs (CRPA, art. L. 114-8). La juridiction administrative peut être plus nuancée. Le Conseil d'Etat estime ainsi que la circonstance qu'une demande de permis de construire est incomplète ou imprécise n'entache pas le permis d'illégalité si l'appréciation portée par l'autorité administrative sur la conformité du projet à la réglementation n'a pas été faussée par les carences du pétitionnaire (CE, 23 déc. 2015, Mme Laurin et a., requête numéro 393134).

415. Les décisions implicites d'acceptation. Le Conseil constitutionnel avait pu considérer que la valeur de rejet assignée au silence de l'administration procédait d'un principe général du droit (Cons. const., décision numéro 69-55 L du 26 juin 1969, Protection des sites, Rec. Cons. const., p. 27) et le Conseil d'Etat de longtemps résister à ce principe (CE, Ass., 27 févr. 1970, Commune de Bozas, requête numéro 76380, Rec., p. 139) avant de se soumettre (CE, 14 févr. 2001, Ministre de l'Emploi et de la Solidarité c. Bouraïb, requête numéro 202830, Rec., T., p. 793). Le principe a de toutes façons été renversé depuis lors (loi n° 2013-1005 du 12 novembre 2013 habilitant le Gouvernement à simplifier les relations entre l'administration et les citoyens) et le silence gardé pendant deux mois par l'autorité administrative vaut à présent, et en principe, acceptation (CRPA, art. L. 231-1). La liste des procédures pour lesquelles le silence gardé vaut décision d'acceptation est publiée sur un site internet relevant du Premier ministre, et mentionne l'autorité à laquelle la demande doit être adressée ainsi que le délai au terme duquel l'acceptation est acquise (CRPA, art. D. 231-2). On en trouve le lien sur Legifrance (CRPA, art. D. 231-1).

416. Les décisions implicites de rejet. Longtemps, le principe a été celui du silence valant rejet, qui trouvait ses racines dans un décret du 2 novembre 1864, et généralisé à l'ensemble des autorités administratives par la loi du 17 juillet 1900. Il s'agissait là d'une véritable réponse apportée aux silences dilatoires de l'administration qui, en raison de l'absence de décision expresse, pouvait échapper à tout procès. Le principe du silence valant rejet est devenu l'exception, mais celle-ci embrasse un nombre d'hypothèses quantitativement et qualitativement important. Suivant l'article L. 231-4 du code des relations entre le public et l'administration, le silence gardé par l'administration pendant deux mois vaut décision de rejet :

- lorsque la demande ne tend pas à l'adoption d'une décision présentant le caractère d'une décision individuelle ;

- lorsque la demande ne s'inscrit pas dans une procédure prévue par un texte législatif ou réglementaire ou lorsqu'elle présente le caractère d'une réclamation ou d'un recours administratif ;

- si la demande présente un caractère financier, sauf en matière de sécurité sociale, dans les cas prévus par décret ;

- dans les cas, précisés par décret en Conseil d'Etat, où une acceptation implicite ne serait pas compatible avec le respect des engagements internationaux et européens de la France, la protection de la sécurité nationale, la protection des libertés et des principes à valeur constitutionnelle et la sauvegarde de l'ordre public (sur ce point, voir, notamment, Cons. const., décision numéro 94-352 DC du 18 janv. 1995, Loi d'orientation et de protection de la sécurité, Rec. Cons. const., p. 170 ; RFDA 1995, p. 1246, note L. Favoreu ; RDP 1995, p. 575, note F. Luchaire) ;

- dans les relations entre l'administration et ses agents.

Mais encore doit-on souligner la possibilité de déroger, par décret en Conseil d'Etat et en conseil des ministres, au principe suivant lequel le silence vaut acceptation eu égard à l'objet de certaines décisions ou pour des motifs de bonne administration (CRPA, art. L. 231-5).

417. La question du délai d'instruction de la demande. Le délai de deux mois imparti à l'autorité administrative pour instruire une demande (CRPA, art. L. 131-1) reste un délai de principe. Rien ne s'oppose à ce qu'il soit différent.

A titre d'exemples :

- l'autorisation accordée aux mineurs de plus de quatorze ans d'exercer, pendant leurs vacances scolaires, des travaux adaptés à leur âge, est implicitement accordée après 8 jours d'instruction (C. trav., art. L. 4153-3) ;

- la délivrance d'un certificat d'urbanisme prévu au a) de l'article L. 410-1 du code de l'urbanisme, délivré au nom de l'Etat, est obtenue après 1 mois d'instruction (C. urb., art. R. 410-12) ;

- la dérogation pour un projet de surélévation d'habitation est implicitement accordée après 3 mois d'instruction (CCH, art. L. 111-4-1) ;

- le renouvellement d'agrément pour l'exploitation d'un établissement organisant des stages de sensibilisation à la sécurité routière est acquis après 4 mois d'instruction (C. de la route, art. L. 213-1) ;

Au titre des décisions implicites de rejet, et toujours à titre d'exemples :

- le refus d'autoriser l'utilisation de fréquences relevant de l'article L. 42-1 du code des postes et communications électroniques survient en cas de silence gardé par l'Autorité de régulation des communications électroniques et des postes pendant 6 semaines à compter de la réception de la demande complète (CPCE, art. R. 20-44-9) ;

- le refus implicite opposé à une demande de titre de séjour intervient au bout de quatre mois (CESEDA, art. R. 311-12).

A première vue, cette diversité des délais peut avoir quelque chose d'insatisfaisant. En effet, on ne saurait attendre de l'administré qu'il connaisse chaque délai possible d'instruction, et ce d'autant que les textes organisant ces délais peuvent changer. En réalité, il n'y a pas matière à la critique : l'accusé de réception doit indiquer au demandeur le délai d'instruction et les conséquences qui découleront, le cas échéant, du silence gardé (CRPA, art. R. 112-5).

418. Par exception à ce qui précède... Toute demande n'est pas susceptible de donner naissance à une décision implicite. Il en va d'abord ainsi lorsque les modalités d'instruction de la demande sont inconciliables avec la logique de la décision implicite. C'est le cas, par exemple, de la délivrance des brevets d'invention délivrés suivant la procédure fixée aux articles L. 621-9 et suivants du code de la propriété intellectuelle, eu égard à la complexité et à la technicité de la procédure d'instruction qu'elle prévoit et à la possibilité offerte au ministre de la Défense de l'interrompre, le cas échéant sans limitation de durée (CE, 30 déc. 2015, Compagnie nationale des conseils en propriété intellectuelle et a., requêtes numéros 386805 et 386807, Rec., T., p. 530). Il en va ensuite ainsi lorsque la décision suppose la consultation préalable d'un organisme collégial ou d'une autorité, sauf à ce que les textes en disposent autrement (par ex., CE, 28 mai 1986, Albin, requête numéro 55822, Rec., p. 150). Il en va enfin ainsi lorsqu'un texte exclue expressément que le silence gardé donne naissance à une décision implicite. Par exemple, l'article L. 723-3-1 du code de l'entrée et du séjour des étrangers et du droit d'asile dispose que, en cas de demande d'asile, le silence gardé par l'OFPRA ne fait naître aucune décision.

419. Le cas des tolérances. L'administration laisse parfois s'organiser des situations qui peuvent s'inscrire en marge de la légalité, sinon en rupture. En cela, la tolérance peut affecter les situations juridiques et léser les droits de certains. Tel est le cas, par exemple, des occupations irrégulières du domaine public tolérées par l'administration. Pour autant, la tolérance n'est pas en elle-même une décision susceptible d'être attaquée devant le juge. Si la tolérance est expresse, il est possible d'attaquer la décision exprimant la volonté de l'administration de tolérer une situation. Mais si la tolérance est tacite, il n'existe aucune décision au sens de l'article R. 421-1 du code de justice administrative et un recours exercé contre cette tolérance sera irrecevable, sauf l'hypothèse d'un référé liberté. Il conviendra, en droit commun, de provoquer une décision de refus de mettre fin à la situation, laquelle décision pourra être contrôlée par le juge.

420. Les décisions expresses se substituant à des décisions implicites. Certaines décisions expresses se substituent à des décisions implicites. Leur régime ne se distingue pas ici de celui des décisions spontanées. La seule différence tient à ce qu'elles ont été prises sur demande d'un administré. Une décision expresse peut intervenir dans le délai d'instruction de la demande. Mais elle peut également intervenir au-delà de ce délai d'instruction. Il n'y a généralement pas ici d'illégalité, mais il faut malgré tout distinguer.

D'une part, la portée de la décision expresse sera différente suivant que la décision implicite était de rejet ou d'acceptation. S'il s'agissait d'une décision implicite de rejet, le rejet exprès se substitue au rejet implicite (CJA, art. R. 421-2 al. 2), ce qui fait d'ailleurs redémarrer le délai de recours à compter de la notification de cette décision expresse (CE, Sect., 11 mars 1966, Dlle Leriche et sieur Sacre, requête numéro 62068, Rec., p. 206), sauf à ce qu'il intervienne après l'expiration du délai de recours, auquel cas il s'agira d'une décision confirmative de la décision implicite

(CE, Sect., 27 janv. 1967, Guichard, requête numéro 64078, Rec., p. 42 ; RDP 1967, p. 1201, note M. Waline). S'il s'agissait d'une décision implicite d'acceptation, le rejet exprès postérieur constitue alors un retrait de la décision implicite. Les conséquences, au fond, s'en trouveront nécessairement différentes, enjoignant notamment à l'autorité administrative de faire précéder ce retrait d'une procédure contradictoire (CE, 30 déc. 2015, Sté Polycom, requête numéro 383264, Rec., T. ; RDI 2016, p. 161, obs. P. Soler-Couteaux).

D'autre part, la validité de la décision expresse rapportant une décision implicite d'acceptation suppose que cette décision expresse ait été notifiée dans des formes présentant au moins des garanties équivalentes à celles qui sont prescrites. Tel n'est pas le cas lorsque la notification de la décision de rejet a été opéré par télex – la même solution serait retenue aujourd'hui en cas de télécopie ou de courrier électronique – alors que le texte régissant les conditions de notification de la décision exigeait que celle-ci soit opérée par pli recommandé avec accusé de réception (CE, Sect., 26 juill. 1985, Sté nouvelle Clinique Beausoleil, requête numéro 46236, Rec., p. 231).

§ 2 - Le traitement de l'absence de décision préalable

421. La sanction à l'absence de décision préalable. Le Conseil d'Etat exerce un contrôle de qualification juridique des faits sur le point de savoir si le contentieux peut être considéré comme lié (CE, 17 janv. 1996, SA Atelier Meriguet-Carrère, requête numéro 162201, Rec., p. 5). Lorsqu'une requête a été exercée sans que la règle de la décision préalable n'ait été respectée, elle est irrecevable. Le juge n'est pas tenu ici d'inviter le requérant à régulariser sa requête (CE, 8 janv. 1997, Sté des grands magasins de l'ouest, requêtes numéros 171807 à 171809, Rec., T., p. 1005).

422. Les hypothèses de liaison du contentieux en cours d'instance. L'absence de décision préalable peut cependant être régularisée. Il est en effet possible pour le requérant d'adresser une demande à l'administration qui pourra donner naissance à une décision en cours d'instance aussi bien en pleine juridiction (CE 2 avr. 1971, Commune de Condé-sur-Escaut, requête numéro 77859, Rec., p. 275 ; CE, 20 févr. 2002, Pfirrmann, requête numéro 217057, Rec., T., p. 841) qu'en excès de pouvoir (CE, 16 juin 1994, Société des Laboratoires Lucien, requête numéro 126723). Le même raisonnement s'applique à un recours administratif préalable obligatoire, s'il est lui-même recevable, exercé après la saisine de la juridiction (CE, 4 nov. 2015, M. et Mme Boudina, requête numéro 384241, Rec., T., pp. 554 et 791).

Il importe cependant de préciser ici que des textes particuliers peuvent faire obstacle à toute liaison du contentieux en cours d'instance. C'est le cas, par exemple :

- dans le contentieux des pensions militaires d'invalidité (CE, 6 févr. 2006, Marchetti, requête numéro 255871, Rec., T., p. 997) ;

- dans le contentieux électoral (CE, 4 mai 1988, Vidalon, requête numéro 176361, Rec., T., p. 1083) ;

- depuis le décret n° 2016-1480 du 2 novembre 2016, lorsque le recours tend au paiement d'une somme d'argent (CJA, art. R. 421-1).

Lorsqu'elle est toutefois possible, une telle démarche a de grandes chances d'être couronnée de succès dès lors que la juridiction ne peut rejeter la requête pour irrecevabilité manifeste insusceptible d'être couverte en cours d'instance (CE, 25 avr. 2003, SA Clinique Les châtaigniers, requête numéro 238683, Rec., T., p. 899). Il est cependant impératif que la demande ne soit pas formée trop tardivement. Si, en effet, le jugement intervient avant la naissance de la décision, la requête sera jugée irrecevable, même si le juge a été informé par le requérant de l'existence d'une telle demande (CE, 4 déc. 2013, Meliane, requête numéro 354386, Rec., T., pp. 749 et 787).

Mais encore faut-il que le défendeur, dans ses écritures, ne lie pas le contentieux et un mémoire qui se borne à défendre au fond sans opposer de fin de non-recevoir (CE, 6 oct. 1971, Sieur Boussange, requête numéro 77967, Rec., T., p. 1143) ou qui n'oppose une fin de non-recevoir qu'à titre subsidiaire (CE, Ass., 23 avr. 1965, Dame veuve Ducroux, requête numéro 60721, Rec., p. 231) a précisément pour effet de lier le contentieux. S'agissant des fins de non-recevoir opposées à titre principal, la jurisprudence administrative a également évolué dans un sens favorable au requérant. Dans un premier temps de sa jurisprudence, le Conseil d'Etat jugeait qu'une telle fin de non-recevoir mettait fin à l'instance (CE, Sect., 13 juin 1984, Association Club athlétique Mantes-la-Ville, requête numéro 44648, Rec., p. 218). Dans un second temps, il a été jugé que, au moins en matière indemnitaire, cette fin de non-recevoir, bien que ne liant pas le contentieux (CE, 7 oct. 1981, Combe, requête numéro 15876, Rec., p. 356), ne pouvait éteindre l'instance (CE, 11 avr. 2008, Etablissement français du sang, requête numéro 281374, Rec., p. 168 ; AJDA 2008, p. 1215, note G. Clamour). Toutefois, le décret n° 2016-1480 du 2 novembre 2016 a réduit la portée de la jurisprudence. En effet, l'article R. 421-1 du code de justice administrative dispose désormais, en son alinéa 2, que « lorsque la requête tend au paiement d'une somme d'argent, elle n'est recevable qu'après l'intervention de la décision prise par l'administration sur une demande préalablement formée devant elle ». Cette disposition a été introduite afin d'autoriser une chance de règlement du contentieux avant toute saisine de la juridiction. Qui connaît le fonctionnement de l'administration aura sans doute le réflexe de penser que l'espoir fait vivre.

423. Bibliographie indicative.

C. Chauvet, « Que reste-t-il de la « théorie » des mesures d'ordre intérieur ? », AJDA 2015, pp. 793 et s.

P. Delvolvé, « La définition des actes administratifs », RFDA 2016, pp. 35 et s.

X. Domino et **A. Bretonneau**, « Les joies de la modernité : une décennie de contentieux des circulaires », AJDA 2012, pp. 691 et s.

L. Dutheillet de Lamothe et **G. Odinet**, « Un recours souple pour le droit souple », AJDA 2016, pp. 717 et s.

F. Melleray, « Les apports du CRPA à la théorie de l'acte administratif unilatéral », AJDA 2015, pp. 2941 et s.

F. Melleray, « Précisions sur les modalités de contestation d'un acte de droit souple », AJDA 2016, pp. 2119 et s.

S. Roussel et **C. Nicolas**, « De l'injusticiabilité des actes de gouvernement », AJDA 2018, pp. 491 et s.

E. Untermaier-Kerléo, « Le droit souple, un regard circonspect sur la jurisprudence Crédit foncier de France », RFDA 2014, pp. 1029 et s.

Section 2 - Les modalités de la saisine

424. Concevoir et agir. Il n'y a pas matière ici à différencier le contentieux administratif des autres procédures juridictionnelles existantes. La saisine de la juridiction passe par la confection préalable de la requête (Sous-section 1) qui devra par la suite être régulièrement enregistrée par la juridiction (Sous-section 2).

Sous-section 1 - La confection de la requête

425. Un formalisme acceptable. Le juge administratif ne verse pas dans un formalisme excessif. Si elles existent, les règles présidant à la présentation de la requête (§ 1) restent raisonnables et, au surplus, demeurent régularisables en cours d'instance. Eu égard aux effets qui leur sont attachés, les règles présidant à la rédaction de la requête (§ 2) incitent à davantage de prudence.

§ 1 - La présentation de la requête

426. L'identification des parties. Conformément à l'article R. 411-1 al. 1er du code de justice administrative, la requête indique le nom et le domicile des parties. A l'observation, il semble qu'il faille distinguer suivant que l'insuffisance des indications ne permet pas d'établir l'identité ou le domicile des parties.

S'agissant de l'identification des parties, et notamment du demandeur, la juridiction administrative se montre logiquement exigeante. Ainsi, un pseudonyme ne suffit pas (TA Saint-Denis de la Réunion, 17 mai 2000, Porcher, requête numéro 9800801, Rec., T., p. 1153) et une requête n'indiquant pas l'identité exacte du requérant, alors que celui-ci a été invité par la juridiction à apporter les précisions nécessaires, est irrecevable (CE, 5 juill. 1993, Clément, requête numéro 115583, Rec., T., p. 948 ; RTD Com. 1993, p. 982, obs. E. Alfanderi). Il en va encore ainsi si la juridiction a été dans l'impossibilité d'inviter à régulariser parce que le requérant n'aurait pas communiqué d'adresse (CE, 2 déc. 1988, Simon c. Télédiffusion de France, requête numéro 91690). En outre, sauf à ce qu'elle soit présentée par un mandataire constitué, la requête collective doit comporter la désignation d'un représentant unique (CJA, art. R. 411-5 al. 1er). A défaut, le premier dénommé sur la requête sera considéré comme ce représentant unique, à moins que cette information donnée aux requérants par le greffe provoque la désignation d'une autre personne (CJA, art. R. 411-5 al. 2). En ce qui concerne le défendeur, la règle de la décision préalable atténue la rigueur de la règle. En effet, l'identification de l'acte suffit à établir l'identité de son auteur et on peut comprendre, dans ses conditions, que le juge administratif fasse montre d'une certaine tolérance.

S'agissant de l'identification du domicile des parties, la règle posée à l'article R. 411-1 du code de justice administrative est appréhendée avec davantage de souplesse. Déjà doit-on préciser qu'il importe moins à la juridiction de connaître le domicile que de connaître la domiciliation du requérant. Le juge administratif conçoit ainsi que l'adresse puisse être celle, par exemple, du lieu d'affectation du fonctionnaire (CE, Sect., 6 juin 1986, Goyeta-Pourou, requête numéro 55751, Rec. p. 157 ; AJDA 1986, p. 421, chron. M. Azibert et M. Boisdeffre). Par ailleurs, les parties non représentées devant un tribunal administratif, et qui ont leur résidence en dehors du territoire de la République et en dehors de l'Union européenne, de l'Espace économique européen, ou de la Suisse, doivent élire domicile dans le ressort du tribunal (CJA, art. R. 431-8). Si, malgré l'invitation à régulariser qui lui a été adressée en ce sens, le requérant reste défaillant, il s'expose à l'irrecevabilité de sa requête (CE, 12 févr. 1997, Sid Laya Chi, requête numéro 153556). Pour le reste, le Conseil d'Etat a pu juger que la non indication du domicile du défendeur ne fonde pas la juridiction à rejeter la requête d'appel pour irrecevabilité, l'article R. 411-1 visant « seulement à faciliter la mise en œuvre du caractère contradictoire de la procédure » (CE, 10 févr. 2017, Ministre de l'Intérieur, requête numéro 400257, Rec., T.). La généralité de l'énoncé autorise à l'appliquer à l'ensemble du contentieux. L'absence de précision quant au domicile du défendeur n'est donc pas une cause d'irrecevabilité.

427. Le français, langue de la République. Les requêtes adressées à la juridiction administrative doivent être rédigées en langue française (CE, Sect. 1985, Quillevère, requête numéro 65105, Rec., p. 333, concl. M.-A. Latournerie). La règle est jurisprudentielle, dont personne ne conteste sérieusement le bien-fondé, et elle est confortée par la rédaction de l'article 2 de la Constitution suivant lequel « la langue de la République est le français ». Les incidences de la méconnaissance de cette obligation restent mesurées : il s'agit ici encore d'une irrecevabilité régularisable, la juridiction devant inviter le requérant à produire une traduction assermentée de sa requête avant de la rejeter (CE, 18 oct. 2000, Sté Max-Planck-Gessellschaft, requête numéro 206341, Rec., p. 432). Eût-il été difficile au législateur, malgré tout, de préciser cette règle dans le code de justice administrative ?

428. La signature de la requête. La requête doit être signée par le requérant ou son mandataire (CJA, art. R. 414-2) et cette signature doit être manuscrite (CE, 24 mars 1926, Prillieux, requête numéro 86709, Rec., p. 335) ou, aujourd'hui, électronique, l'identification dans Télérecours valant signature (CE, 16 févr. 2015, Ministre délégué chargé du Budget c. Communauté d'agglomération Saint-Etienne Métropole, requête numéro 371476, Rec., T., p. 797). Compte tenu de la brièveté des délais en la matière, l'exigence de signature n'existe pas à l'encontre des arrêtés de reconduite à la frontière (CE, 28 juill. 1999, El Aryani, requête numéro 202246, Rec., T., p. 944). Il s'agit là d'une très rare exception, sinon de la seule.

L'exigence de signature reste en principe prescrite à peine d'irrecevabilité, qui peut cependant être régularisée. Si une requête non signée a été enregistrée par la juridiction dans les délais de recours, il est impératif que celle-ci soit signée par la suite par le requérant ou son mandataire, ou qu'une version dûment signée soit adressée à la juridiction (CE, 13 mars 1996, Diraison, requête numéro 112949, Rec., p. 78 ; AJDA 1996, p. 930, note T.-X. Girardot et concl. R. Schwartz). Une juridiction administrative ne peut rejeter une requête non signée comme irrecevable qu'après avoir invité le requérant à la régulariser, sauf dans le cas où une fin de non recevoir fondée sur le défaut de signature a été soulevée par une partie et communiquée au requérant (CE, 18 déc. 2017, M. G., requête numéro 403734, Rec., T.). Il était admis que cette régularisation pouvait avoir lieu jusqu'à l'intervention du jugement (CE, 18 déc. 1987, Abbate, requête numéro 89727, Rec., T., p. 879). La jurisprudence a évolué sur ce point, le Conseil d'Etat jugeant à présent que la régularisation peut intervenir jusqu'à la clôture de l'instruction (CE, 18 déc. 2017, M. G., requête numéro 403734, préc.). Dans le cas d'une requête collective, le défaut de signature de l'un des requérants n'entraine pas son irrecevabilité mais fait obstacle à ce qu'il soit mis à la charge du défendeur le versement à la personne défaillante d'une somme correspondant aux frais exposés et non compris dans les dépens (CE, 8 juill. 2005, Communauté d'agglomération de Moulins, requête numéro 268610, Rec., T., p. 1014).

429. Un nombre d'exemplaires adapté à la procédure administrative juridictionnelle moderne. Conformément à l'article R. 411-3 du code de justice administrative, la requête devait être classiquement accompagnée, à peine d'irrecevabilité, de copies en nombre égal à celui des autres parties, augmenté de deux. Le décret n° 2016-1481 du 2 novembre 2016 a modifié cette disposition. Les requêtes ne doivent plus être accompagnées que d'un nombre de copies égal à celui des autres parties. Le président de la formation de jugement ou, au Conseil d'Etat, le président de la chambre chargée de l'instruction peuvent toutefois, en tant que besoin, demander au requérant la production d'exemplaires supplémentaires (CJA, art. R. 411-4). C'est le bon sens, l'obligation posée à l'article R. 411-3 n'est pas applicable aux télérecours (CJA, art. R. 414-3).

430. La production de la décision. Aux termes de l'article R. 412-1 al. 1er du code de justice administrative, « la requête doit, à peine d'irrecevabilité, être accompagnée, sauf impossibilité justifiée, de l'acte attaqué ou, dans le cas mentionné à l'article R. 421-2, de la pièce justifiant de la date de dépôt de la réclamation ». Il peut exister des exceptions. Ainsi, dans le contentieux des obligations de quitter le territoire français et des arrêtés de reconduite à la frontière, les décisions attaquées sont produites par l'administration (CJA, art. R. 776-18). Le défaut de production de la décision litigieuse entraine l'irrecevabilité de la requête sauf à ce que cette décision soit adressée à la juridiction avant la clôture de l'instruction (CE, 26 oct. 1984, Delhay, requête numéro 42894, Rec., T., p. 703), y compris par le défendeur (CE, 5 déc. 1986, Poulet, requête numéro 73855). Une vieille jurisprudence dispose que l'irrecevabilité est couverte si la requête reproduit les termes essentiels de la décision (CE, Sect., 18 juill. 1937, Chaulet et Lagorsse, requête numéro 50427, Rec., p. 225) mais il n'est cependant pas certain que le Conseil d'Etat statuerait encore ainsi aujourd'hui. Le juge administratif se montre en tout état de cause moins libéral en appel. Ainsi, le défaut de production de la décision en première instance ne peut être couvert pour la première fois en appel (CAA Paris, 15 oct. 1996, Société civile immobilière d'investissement, requête numéro 95PA00723, Rec., T., p. 1068). Le défaut de production du jugement attaqué est une cause d'irrecevabilité pouvant donner lieu à un rejet au tri, par application de l'article R. 222-1 du code de justice administrative (CE, 13 déc. 2006, Sté Atout Cœur Holande, requête numéro 269096, Rec., T., p. 1035), sauf à ce que ce jugement soit contenu dans le dossier de première instance transmis à la cour administrative d'appel (CE, Sect., 3 déc. 2004, Commune de Rots, requête numéro 261577, Rec., p. 450). Comme le prévoit l'article R. 412-1 du code de justice administrative lui-même, il n'est pas toujours possible au requérant de produire l'acte litigieux. C'est le cas, d'une part, lorsque la décision est simplement révélée par certaines circonstances de fait ou par un autre document (par ex., CE, 30 déc. 2009, Union syndicale solidaires, requête numéro 322484, Rec., T., p. 679 ; AJDA 2010, p. 376, chron. S.-J. Liébert et D. Botteghi), ou lorsqu'il s'agit d'une décision tacite (CE, 4 mars 1987, Istin, requête numéro 44301, Rec., T., p. 879). C'est le cas, d'autre part, des décisions implicites. L'article R. 412-1 du code de justice administrative règle cette hypothèse en prévoyant que doit être alors produite la pièce justifiant de la date du dépôt de la réclamation à laquelle il convient d'ajouter la copie de la réclamation, ce qui permet d'attester l'existence d'une décision implicite.

431. Les pièces complémentaires. A l'appui de leur argumentation, les parties peuvent verser aux débats toute pièce utile. Ces pièces font corps avec la requête et sont également soumises à la contradiction, ce qui explique que leur production doive être également en nombre égal au nombre des autres parties, augmenté de deux, sauf lorsque la requête est adressée à la juridiction par voie électronique (CJA, art. R. 414-1). Le manquement à cette obligation n'entraîne pas l'irrecevabilité de la requête, mais conduit à écarter du débat les pièces concernées (CE, 19 juin 2015, Cts Dziedzic, requête numéro 374140, Rec., T., p. 814). A peine également d'être écartées, ces pièces doivent encore être rédigées en langue française ou accompagnées d'une traduction certifiée (CE, 24 oct. 1984, Sauthakumar, requête numéro 50581, Rec., p. 335), même si le juge peut sans irrégularité se fonder sur une pièce rédigée en langue étrangère (CE, 17 déc. 2010, Leostic, requête numéro 306174, Rec., T., p. 983). Lorsque des pièces accompagnent la requête ou un mémoire, la confection d'un bordereau de pièces complémentaires, qui permet d'en établir un inventaire détaillé, est prescrite (CJA, art. R. 412-2).

La méconnaissance de cette règle restait traditionnellement sans conséquence. Les choses ont cependant changé. En effet, depuis le décret n° 2016-1481 du 2 novembre 2016, les requêtes adressées à la juridiction par des avocats constitués, les personnes morales de droit public autre que les communes de moins de 3500 habitants, et les organismes de droit privé chargés de la gestion permanente d'un service public, doivent permettre l'identification des pièces produites, à peine d'irrecevabilité de la requête (CJA, art. R. 414-3). La même règle vaut d'ailleurs pour les interventions (CJA, art. R. 632-1). On précisera encore que, s'agissant des mémoires en défense ou en réplique, cette règle est également prescrite, à peine de voir les écritures écartées des débats (CJA, art. R. 611-8-2).

432. Les requêtes introduites par les personnes morales. Comme cela a été précédemment explicité (*supra* n°s 349 et s.), la personne physique introduisant une requête au nom d'une personne morale doit justifier de son habilitation à ester en justice en son nom (CE, 12 janv. 1996, JS Organisation, requête numéro 150547), sauf si les textes législatifs ou réglementaires prévoient que la personne physique agisse en la qualité qui est la sienne, au nom de la personne morale (CE, 29 déc. 1999, Etablissement public d'aménagement du secteur IV de Marne-la-Vallée, requête numéro 195046). Si cette habilitation est contenue dans les statuts de la personne morale, il suffira alors de produire ceux-ci (CE, Sect., 3 avr. 1998, Fédération de la plasturgie, requête numéro 177962, Rec., p. 127). Dans le cas contraire, il faudra joindre une habilitation expresse (CE, 22 oct. 1999, Fonds mondial pour la nature – France, requête numéro 156175). Par ailleurs, lorsque la personne morale entend agir pour la défense d'un intérêt collectif, il lui faudra démontrer le lien que cette action entretient avec l'objet social de la personne morale. Ici encore, les statuts devront être produits, à peine d'irrecevabilité de la requête (CE, 15 juin 1998, Association pour le maintien de l'élevage en Bretagne, requête numéro 95999).

433. Le mandat. Lorsque le recours n'est pas dispensé du ministère d'avocat, le requérant doit désigner un mandataire et le principe est celui du mandat apparent (CE, Sect., avis, 29 nov. 1991, Syndicat des commerçants non sédentaires de la Savoie, requête numéro 129441, Rec., p. 414 ; AJDA 1992, p. 237, obs. D. Chabanol ; RFDA 1992, p. 234, concl. M.-D. Hagelsteen). Lorsque le recours est dispensé du ministère d'avocat, il est loisible au requérant d'y recourir néanmoins. Il convient ici de préciser que, devant le Conseil d'Etat, l'action menée par un avocat à la cour doit donner lieu à la production d'un mandat exprès (CE,

20 nov. 1991, Association « SOS Valbonne Environnement », requête numéro 95066, Rec., T., p. 1112).

434. La preuve de la notification de la requête. Lorsque le recours doit être notifié (*infra* n° 450), il incombe au requérant de justifier auprès de la juridiction de l'accomplissement de cette formalité, en produisant une copie de l'accusé de réception postal de la notification qui, sauf contestation particulière, suffit (CE, 26 mai 2014, Losfled, requête numéro 367832), le destinataire du pli ne pouvant se contenter de soutenir qu'il ne l'a jamais reçu (CE, avis, 3 mars 2009, M. Leconte, requête numéro 321157, Rec., p. 72). La juridiction ne saurait toutefois déclarer la requête irrecevable sans avoir préalablement invité le requérant à la régulariser en produisant la preuve de cette notification (CE, Sect., avis, 6 mai 1996, Andersen, requête numéro 178473, Rec., p. 151), qui ne peut cependant être produite pour la première fois en appel (CE, 4 nov. 2015, MM. Bordet et Unglas, requête numéro 387074, Rec., T. ; RDI, p. 613, obs. R. Decout-Paolini). Le Conseil d'Etat a encore précisé que, dans le cas où le requérant a été invité par le greffe à accomplir la formalité prévue à l'article R. 600-1 du code de l'urbanisme et que sa lettre en réponse ne contient pas les justificatifs demandés, le greffe est tenu de l'en informer (CE, 26 mai 2009, Mme Kyung A Min épouse Loiseau, requête numéro 316252, Rec., T., pp. 877, 908 et 992). C'est tout de même à se demander si la juridiction administrative ne pêche pas par excès de délicatesse…

435. Dans le contentieux de l'urbanisme encore. Le traitement de l'intérêt pour agir, en contentieux de l'urbanisme est spécifique. Dans le but affirmé de renforcer l'efficacité du traitement des requêtes dans ce domaine, le rapport Maugüé, (« Propositions pour un contentieux des autorisations d'urbanisme plus rapide et plus efficace », rapport présenté, le 11 janvier 2018, au ministre de la cohésion des territoires par le groupe de travail présidé par Christine Maugüé, pp. 11-12) avait suggéré que le requérant produise les pièces de nature à éclairer le juge sur l'existence de son intérêt pour agir. Le pouvoir réglementaire a réservé un accueil favorable cette proposition et, dorénavant, à l'exception de celles formulées par le pétitionnaire lui-même, les requêtes dirigées contre une décision relative à l'occupation ou l'utilisation du sol régie par le code de l'urbanisme doivent être accompagnées, à peine d'irrecevabilité, du titre de propriété, de la promesse de vente, du contrat préliminaire mentionné à l'article L. 261-15 du code de la construction et de l'habitation, du contrat de bail, ou de tout autre acte de nature à établir le caractère régulier de l'occupation ou de la détention de son bien par le requérant (C. urb., art. R. 600-4 al. 1er). Pour établir au plus vite la date à laquelle elle a été constituée (puisque cette date importe en contentieux de l'urbanisme), l'association requérante doit produire, également à peine d'irrecevabilité, ses statuts ainsi que le récépissé attestant sa déclaration en préfecture (C. urb., art. R. 600-4).

§ 2 - La rédaction de la requête

436. L'article R. 411-1 du code de justice administrative. Les règles présidant à la rédaction de la requête ne sont pas plus que ce qui précède le prétexte à un formalisme inutile. Les emprunts des requérants à des stéréotypes sont l'expression d'habitudes, plus ou moins imprégnées de naphtaline, prises sans être prescrites à peine d'irrecevabilité. Sans doute faut-il se souvenir qu'il est préférable de recourir à une expression simple et intelligible, qui facilite la lecture du juge et évite les ambiguïtés préjudiciables. Tout, s'agissant de la rédaction, n'est cependant pas neutre.

Dans certains contentieux spécifiques, la requête doit mentionner un certain nombre d'éléments. L'article R. 77-10-5 du code de justice administrative dispose ainsi que, en matière d'actions de groupe, « la requête doit, à peine d'irrecevabilité, préciser dans le délai de recours la personne morale de droit public ou l'organisme privé chargé de la gestion d'un service public visé par l'action, la nature du manquement et des dommages invoqués, les éléments permettant d'apprécier la similarité des situations des personnes en faveur desquelles l'action est présentée ainsi que les cas individuels au vu desquels elle est engagée ». L'article R. 77-12-6 du code de justice administrative énonce pour sa part que « l'action en reconnaissance de droits doit, à peine d'irrecevabilité, préciser dans le délai de recours les éléments de fait et de droit qui caractérisent le groupe d'intérêts en faveur duquel elle est présentée ».

Le droit commun reste cependant explicité à l'article R. 411-1 du code de justice administrative, aux termes duquel « la requête (…) contient l'exposé des faits et des moyens, ainsi que l'énoncé des conclusions soumises au juge. L'auteur d'une requête ne contenant l'exposé d'aucun moyen ne peut la régulariser par le dépôt d'un mémoire exposant un ou plusieurs moyens que jusqu'à l'expiration du délai de recours ». Cette disposition est donc particulièrement contraignante et importante, qui conditionne l'issue du litige. Ainsi, et même si le libéralisme du juge tempère la rigueur du principe, le requérant doit apporter un soin tout particulier à la rédaction de sa requête tant en ce qui concerne sa motivation (I) que l'énoncé des conclusions (II).

I. La motivation de la requête

437. Le principe. Parce que la procédure administrative juridictionnelle est essentiellement écrite (*infra* n°s 519 et s.), la requête doit être motivée. C'est une exigence qui est commune à l'ensemble des requêtes. Au demeurant, le Conseil d'Etat exige que, en appel, la requête contienne une motivation différente de la requête ayant été adressée au juge de première instance (CE, Sect., 11 juin 1999, OPHLM de Caen, requête numéro 173972, Rec., p. 178 ; CE, 27 juin 2005, Sté Les techniques de communication, requête numéro 263754, Rec., T., p. 1068). La même contrainte pèse en cassation (CE, 14 mars 1997, Etablissement public d'aménagement de Marne-La-Vallée, requête numéro 117452, Rec., T., p. 1038).

Les exigences de complétude varient cependant suivant la nature du recours intenté, les requêtes en référé urgence pouvant être sommairement motivées (CJA, art. R. 522-1). Dans tous les cas, la requête doit être motivée en fait et en droit, permettant au juge de connaître le raisonnement juridique sur lequel se fonde le requérant pour obtenir l'annulation ou la réformation de l'acte.

438. La forme de la motivation. Le juge administratif n'est pas formaliste. Comme cela a déjà été dit, en opportunité, il est préférable que la requête soit suffisamment claire, ce qui facilite le travail de la juridiction et, surtout, évite que les moyens soient mal compris et donc mal pris en considération, le risque étant même parfois qu'ils soient vus à tort comme inopérants. Mais il n'est pas juridiquement nécessaire que les faits et les moyens soient exposés de manière distincte (CE, 8 déc. 2000, Szmaja, requête numéro 183836, Rec., T., p. 1153). En revanche, le fondement de la demande doit être suffisamment précis pour être identifié, à peine d'irrecevabilité (CE, 30 déc. 2002, Chavinier, requête numéro 224413, Rec., T., p. 847).

439. La motivation par référence. Le libéralisme du juge se manifeste encore à l'égard des motivations par référence, dont il admet le principe (CE, 11 oct. 1978, M. X, requête numéro 04786, Rec., T., p. 910) à condition cependant que la requête à laquelle se réfère expressément le requérant soit elle-même jointe (CE, 3 févr. 1989, Association Essor économique et social du Couserans et de l'Ariège, requête numéro 88127, Rec., T., p. 843).

440. La requête sommaire. Bien motiver une requête prend parfois du temps. Ce temps peut manquer, surtout lorsque le requérant se trouve près de l'expiration du délai de recours. Une faculté lui est reconnue d'adresser une requête dite « sommaire » à la juridiction, qui comprend une motivation succincte ayant essentiellement pour objet de conserver le délai et ouvrir les causes juridiques. A charge pour le requérant de produire un mémoire complémentaire, autrefois appelé mémoire ampliatif. Ce mémoire complémentaire doit être produit dans un délai fixé par la juridiction et, au Conseil d'Etat, dans les trois mois suivant l'enregistrement de la requête sommaire (CJA, art. R. 611-22). Ce délai est d'un mois en matière électorale, de sursis à exécution de la décision juridictionnelle attaquée et en matière de renvoi de l'autorité judiciaire ; il est de quinze jours lorsque le pourvoi est dirigé contre une décision prise en référé, à l'exception des référés fiscaux (CJA, art. R. 611-23). Il s'agit de délais francs (CE, 25 janv. 1985, Kanda, requête numéro 52969) auxquels ne s'ajoutent pas les délais de distance (CE, 13 janv. 1984, Conseil de l'Ordre des avocats de la Polynésie française, requête numéro 50187 ; CE, 14 févr. 2007, Azri, requête numéro 293523, Rec., T., p. 1023) mais qui peuvent être interrompus par une demande d'aide juridictionnelle (CE, 24 sept. 2010, Mercier, requête numéro 338579). Il faut recourir à cette faculté de la requête sommaire avec prudence. En effet, le défaut de production du mémoire complémentaire dans le délai emporte désistement d'office. La juridiction administrative peut se montrer ici très sévère. Il y a désistement d'office alors même que ce n'était que par pure formule de style que le requérant avait indiqué qu'il se réservait la possibilité de produire un mémoire complémentaire (CE, 25 nov. 1991, Association pour la communication juive, requêtes numéros 92341 et 92342, Rec., T., p. 1132). Il y a encore désistement d'office alors que les éléments contenus dans la requête sommaire auraient pu suffire. Le requérant doit donc produire un mémoire complémentaire ou renoncer expressément, dans le délai imparti, à le produire (CE, Sect., 26 juill. 1996, Sté entrepositaire parisienne, requête numéro 160629, Rec., p. 312).

441. L'ouverture des causes juridiques. L'exposé des moyens dans la requête n'est pas seulement une condition de recevabilité de celle-ci. Il y a plus. Il y a pire… C'est durant le délai de recours que le requérant, à travers les moyens qu'il soulève, ouvre les causes juridiques sur lesquelles va reposer l'instance.

Suivant la définition du président Odent, la cause juridique est le terrain juridique sur lequel se place le requérant pour obtenir satisfaction (R. Odent, Contentieux administratif, tome 1, Paris, Dalloz, 2007 (rééd.), p. 871). Le contentieux de l'excès de pouvoir connaît ainsi deux causes juridiques distinctes : la légalité externe, comprenant les moyens tirés de l'incompétence de l'auteur de l'acte, du vice de procédure et du vice de forme ; la légalité interne, comprenant les moyens tirés de la violation de la loi, de l'erreur sur le champ d'application de la loi, de l'erreur de droit, de l'erreur de fait, de l'erreur sur la qualification juridique des faits, du détournement de procédure, du détournement de pouvoir. Le contentieux de pleine juridiction comprend un nombre nettement plus important de causes juridiques dont la recension ne saurait être exhaustive. A titre d'exemples, l'on peut citer la responsabilité pour faute, la responsabilité sans faute, l'imprévision, la garantie décennale des constructeurs… Compte tenu des enjeux contentieux, cette imprécision est regrettable. En effet, si la notion de cause juridique n'est pas définie dans le code de justice administrative, elle n'en présente pourtant pas moins un caractère fondamental.

Que l'on se situe en contentieux de pleine juridiction (CE, 16 mai 1924, Jourda de Vaux c. Ministre de la Guerre, requêtes numéros 60400 et 60401, Rec., p. 483), en excès de pouvoir (CE, Ass., 15 juill. 1954, Sté des aciéries et forges de Saint-François, requête numéro 4190, Rec., p. 482 ; DA 1954, p. 205, concl. P. Laurent), en appel (CE, Sect., 26 juin 1959, Syndicat algérien de l'éducation surveillée, requête numéro 38299, Rec., p. 399, concl. J. Fournier ; AJDA 1959, p. 157, chron. M. Combarnous et J.-M. Galabert) ou en cassation (CE, Sect., 20 févr. 1953, Sté Intercopie, requête numéro 9772, Rec., p. 88), le débat contentieux est cristallisé à l'expiration du délai de recours. Ainsi, les moyens soulevés par le requérant doivent procéder, à peine d'irrecevabilité, de causes juridiques ouvertes dans le délai de recours, à l'exception notable des moyens d'ordre public qui peuvent être soulevés à tout moment au cours de l'instruction.

442. Critique de la jurisprudence « Intercopie ». Rares sont, en contentieux administratif, les règles aussi iniques en principe qu'inutiles en pratique que celle posée par la jurisprudence relative à cette cristallisation, au moins en ce qui concerne le contentieux de l'excès de pouvoir. Au titre des justifications, il est classiquement soutenu, d'une part, que cette règle permet l'immutabilité de l'instance et autorise une instruction plus sereine parce que placée à l'abri de nouveaux moyens qui interviendraient tardivement. Il est avancé, d'autre part, que cette règle procède de la nécessité de déterminer l'étendue de la chose jugée, afin que le débat en appel ou en cassation ne porte que sur la cause sur laquelle repose la décision juridictionnelle litigieuse. Mais ces arguments ne tiennent pas, ou trop peu. En premier lieu, le contentieux des travaux publics témoignait de ce qu'il était possible de faire sans la jurisprudence Jourda de Vaux puisque, en la matière, en étant soustrait à la condition du délai jusqu'au 1er janvier 2017, le recours pouvait donner lieu à des moyens reposant sur des causes juridiques nouvelles, à tout moment de l'instruction (par ex., CAA Marseille, 17 janv. 2008, Commune de Lento, requête numéro 05MA01192). En second lieu, le requérant averti peut ouvrir toutes les causes juridiques, au besoin par des moyens plus ou moins fantaisistes, dans le délai du recours contentieux et se mettre ainsi à l'abri de toute difficulté par la suite sur ce point. Mais encore faut-il qu'il s'agisse d'un requérant averti. Et c'est bien là le problème. Car de deux choses l'une : soit le requérant connaît la règle et il peut la contourner de la manière la plus artificielle possible ; soit il ignore la règle – ce qu'on ne saurait sérieusement lui reprocher – et le prétoire peut lui être injustement fermé.

Dans ces conditions, on comprend – et on approuve – la tentation de certaines juridictions du fond de provoquer un abandon de cette jurisprudence (TA Lyon, 9 déc. 1998, Masson, AJDA 1999, p. 448, concl. E. Kolbert). Eu égard à la discipline des cours administratives d'appel, on comprend tout autant l'échec de cette tentative (CAA Lyon, 21 déc. 2000, ANPE c. Masson, requête numéro 99LY00668). Echec provisoire peut-être, si l'on tient compte de la jurisprudence européenne. En effet, suivant la motivation retenue par la Cour européenne des droits de l'Homme dans son arrêt Guillard c. France du 15 janvier 2009 à propos du désistement d'office (CEDH, 15 janv. 2009, Guillard c. France, affaire numéro 24488/04, AJDA 2009, p. 547, note B. Pacteau ; JCP adm. 2009, 2057, note D. Bailleul), une règle aussi obscure parce que jurisprudentielle, qui doit être connue du requérant alors même que la juridiction n'est pas tenue de l'en informer, et applicable à l'occasion de recours dispensés de ministère d'avocat, tombe sous le coup des articles 6 §1 et 13 de la Convention. L'occasion n'a plus qu'à se présenter devant le juge de Strasbourg…

II. Les conclusions

443. La notion de conclusion. Les conclusions sont les prétentions du requérant, c'est-à-dire, plus prosaïquement, ce que le requérant demande au juge. Les conclusions peuvent tendre par exemple à l'annulation totale ou partielle de l'acte, à la résiliation d'un contrat, à la condamnation au paiement d'une somme en réparation du préjudice subi, à ce qu'il soit enjoint à l'administration de réexaminer une demande, à ce qu'il soit mis à la charge de l'autre partie le versement d'une somme équivalente aux frais exposés et non compris dans les dépens... Le juge administratif peut faire montre, surtout lorsque la requête n'est pas présentée par un avocat, d'une certaine mansuétude à l'égard du requérant en requalifiant juridiquement les conclusions (J. Raymond, « De la confection d'une alidade contentieuse », JCP adm. 2010, 2145). Il s'agit là d'une forme de bienveillance (S. Deliancourt, « Jusqu'où doit aller le juge dans la bienveillance à l'égard d'une partie ? », AJDA 2011, pp. 58 et s.) qui, il est vrai, participe également des devoirs de la juridiction, laquelle doit, au moins en excès de pouvoir, donner leur exacte qualification aux actes qui lui sont déférés. Ainsi, le juge doit parfois interpréter la requête qui lui adressée (par ex., CE, 13 mars 2013, Sté La Grande Charrière, requête numéro 344603, Rec., T., pp. 785 et 786).

Le principe reste cependant strict : les conclusions doivent être formulées de manière suffisamment précise à peine d'irrecevabilité. C'est ainsi que des conclusions indemnitaires doivent être chiffrées (CE, 26 nov. 1975, Sieur Riter, requête numéro 94124, Rec., p. 595 ; CE, 22 oct. 1980, Ministre de l'Education c. Mme Moracchini, requête numéro 21355, Rec., T., p. 833) même si le juge admet que le requérant se contente, lorsque cela est possible, de demander l'application des textes permettant le calcul de l'indemnité due par l'administration (CE, 23 févr. 2001, Mme Brun, requête numéro 194919, Rec., T., p. 1149), ou que le montant de la somme réclamée au titre de la condamnation demandée soit fixé à l'aune de l'évaluation du préjudice faite par un expert (CE, 21 févr. 1996, OPDHLM des Hautes-Pyrénées, requête numéro 121766, Rec., p. 49). Rien ne s'oppose encore à ce que le requérant demande une somme à titre provisoire et diffère le chiffrage définitif, en revoyant à la réalisation d'une expertise. Que celle-ci soit ordonnée ou non pendant l'instruction, il appartiendra au requérant de régulariser sa requête sur ce point en temps utile (CE, Sect., 8 nov. 1968, Entreprise Poroli et Martin, requêtes numéros 62778, 64028 et 64424, Rec., p. 561). On notera encore que le chiffrage de conclusions indemnitaires peut être effectué pour la première fois en appel, en l'absence d'invitation à régulariser et de fin de non-recevoir intervenues en première instance (CE, 12 janv. 2011, Kejjou, requête numéro 329776, AJDA 2011, p. 1573, note J. Berthoud).

444. A titre principal, à titre subsidiaire... Il est loisible au requérant de hiérarchiser ses conclusions. C'est parfois même souhaitable. En effet, saisi d'une demande d'annulation partielle d'un acte, et en dépit de l'illégalité avérée, le juge peut être contraint de rejeter la requête en raison de l'indivisibilité de l'ensemble des dispositions contenues dans l'acte. Par exemple, le Conseil d'Etat a pu rejeter pour irrecevabilité la demande d'annulation partielle dirigée contre la classification des emplois d'une chambre de commerce et d'industrie, en raison de l'indivisibilité de cette classification (CE, 19 nov. 2014, Chambre de commerce et d'industrie de Rennes, requête numéro 361270, Rec., T., pp. 490 et 780). Dans un tel cas, une annulation totale conduirait à statuer *ultra petita*, ce qui serait irrégulier. Afin de se prémunir de ce désagrément, le requérant peut conclure, à titre principal, à l'annulation totale, à titre subsidiaire, à l'annulation partielle. Plus généralement, comme il est possible que le juge ne donne pas satisfaction au requérant sur sa demande principale, le requérant peut demander au juge, à titre subsidiaire, qu'il soit statué autrement, et même encore, ensuite, à titre infiniment subsidiaire. Bien-sûr, à partir du moment où le requérant obtient satisfaction, le juge ne va pas plus loin et n'examinera pas les autres conclusions. La même logique s'applique d'ailleurs aux prétentions du défendeur, qui peut conclure, par exemple, à titre principal, à l'irrecevabilité de la requête, à titre subsidiaire, au rejet de celle-ci, à titre infiniment subsidiaire, à la modération de la somme demandée par le requérant à titre de dommages-intérêts.

Sous-section 2 - L'enregistrement de la requête

445. La réception de la requête par le greffe. Conformément à l'article R. 611-1 du code de justice administrative, la requête est adressée ou déposée au greffe. Il n'existe pas un mode unique de saisine de la juridiction administrative. La requête peut être adressée au greffe de la juridiction par courrier, la sagesse commandant qu'il soit effectué en recommandé avec accusé de réception afin de prouver la date de réception de la requête, le principe étant celui de la réception (CE, 30 juill. 2003, Chenilco, requête numéro 240756, Rec., T., p. 905). Mais l'enregistrement peut également être accompli par dépôt direct de la requête au greffe. Il n'est d'ailleurs pas nécessaire que ce dépôt ait lieu durant les horaires d'ouverture du greffe. Il est en effet possible de déposer la requête dans la boite aux lettres prévue à cet effet, qui contient un dispositif d'horodatage attestant la date et l'heure de son enregistrement. Il est encore possible de saisir la juridiction par télécopie (CE, 13 mars 1996, Diraison, requête numéro 112949, préc.) et le juge administratif admet la recevabilité des requêtes adressées par courrier électronique (CE, 28 déc. 2001, Elections municipales d'Entre-deux-Monts, requête numéro 235784, Rec., T., p. 974 ; D. 2002, p. 2008, note F. Mallol ; CE, 22 juin 2015, Elections municipales de Wasquehal, requête numéro 385755, Rec. ; AJDA 2015, p. 1846, chron. G. Odinet et L. Dutheillet de Lamothe). Il s'agit là de largesses du juge avec les limites et donc les dangers qui les accompagnent. Ainsi faut-il que la télécopie ait été effectivement reçue par la juridiction et si le télécopieur du greffe est défaillant ou s'il n'y a plus de papier dans le chargeur, la requête ne sera pas enregistrée, indépendamment de l'existence du rapport d'émission restant entre les mains du requérant (CE, 27 avr. 1994, Raynal, requête numéro 152356, Rec., p. 202), sauf l'hypothèse du contentieux de l'éloignement des étrangers faisant l'objet d'une mesure privative de leur liberté d'aller et venir (CE, 20 juin 2006, Krib, requête numéro 274751, Rec., T., p. 901). Par ailleurs, pour admissibles qu'ils sont, ces procédés de saisine ne sont pas parfaits. Une régularisation ultérieure est impérative, par la production d'une requête dûment signée ou par l'apposition d'une signature manuscrite du requérant ou de son mandataire sur l'acte déjà communiqué au greffe (CE, 13 mars 1996, Diraison, requête numéro 112949, préc.).

446. Un formalisme parfois plus contraignant. Les textes peuvent parfois contrarier le libéralisme du juge. Par exemple, lorsqu'elles sont adressées à la juridiction par voie postale, les actions de groupe (CJA, art. R. 77-10-4) et les actions en reconnaissance de droits (CJA, art. R. 77-10-5) le sont par lettre recommandée. L'histoire du contentieux administratif a donné de nombreux exemples d'exigences de ce type, que la jurisprudence administrative a cependant neutralisées (CE, 11 oct. 2010, Ministre de la Défense c. Masclet, requête numéro 334132, Rec., T., p. 871). Reste à déterminer ce qu'il en sera de celle-ci et, dans le doute, il convient de se conformer au texte.

447. La juridiction administrative sur la voie de la modernité. Par le décret n° 2005-222 du 10 mars 2005, une expérimentation a été entamée au Conseil d'Etat, visant à dématérialiser les procédures juridictionnelles dans le domaine fiscal d'assiette. Cette expérimentation a été ensuite étendue en 2007 à la cour administrative d'appel et au tribunal administratif de Paris et, en 2008, à l'ensemble des juridictions administratives d'Ile-de-France. Le mouvement n'a cessé de s'amplifier jusqu'à généraliser Télérecours à l'ensemble des contentieux portés devant l'ensemble des juridictions administratives générales. Le décret n° 2012-1437 du 21 décembre 2012 a ainsi introduit un article R. 414-1 dans le code de justice administrative, dont l'entrée en vigueur est intervenue progressivement au cours de l'année 2013. Les avocats, les avocats au Conseil d'Etat et à la Cour de cassation, les personnes morales de droit public et les organismes de droit privé chargés de la gestion d'un service public ont alors pu adresser leurs requêtes à la juridiction par voie électronique, le but étant clairement de moderniser, simplifier et accélérer les procédures juridictionnelles, et l'enregistrement de la requête par voie électronique offrant les mêmes garanties de fiabilité que le courrier avec accusé de réception. Avec le décret n° 2016-1481 du 2 novembre 2016, la saisine de la juridiction par voie électronique est devenue une obligation pour les avocats, les avocats au Conseil d'Etat et à la Cour de cassation, les personnes morales de droit public autre que les communes de moins de 3500 habitants, et les organismes de droit privé chargés de la gestion permanente d'un service public (ce qui exclue du champ d'application de cette disposition les cocontractants de l'administration).

La dématérialisation de la procédure administrative juridictionnelle ne se cantonne d'ailleurs pas aux seules procédures applicables devant les juridictions administratives générales. C'est ainsi, et par exemple, que la requête et les mémoires présentés par un avocat, un avocat au Conseil d'Etat et à la Cour de cassation, une commune de plus de 3500 habitant, un établissement public de coopération intercommunal, un syndicat mixte ou leurs mandataires doivent être adressés à la Commission du contentieux du stationnement payant par voie électronique (CGCT, art. R. 2333-120-32 quater).

448. Les conséquences incertaines du développement de Télérecours sur le libéralisme de la jurisprudence. La question se pose de l'influence négative sur le libéralisme de la jurisprudence, relatif aux modalités déjà décrites de la saisine de la juridiction administrative, que pourrait exercer l'inscription d'un requérant sur Télérecours. En effet, la simplicité et la rapidité de ce procédé de communication des requêtes et des pièces peuvent être vus comme privant d'intérêt les autres modes de saisine, notamment celui de la saisine par voie électronique non authentifiée. Trois solutions sont concevables. La première solution consiste à maintenir, en toute hypothèse, l'appréhension qui est classiquement retenue du régime de recevabilité des requêtes et imposer à la juridiction, conformément à la règle de portée générale posée à l'article R. 612-1 du code de justice administrative, d'inviter le requérant à régulariser, le cas échéant, sa requête. La deuxième solution consiste à priver toute personne inscrite sur Télérecours des largesses de la juridiction administrative (CAA Nantes, 21 sept. 2016, Ministre de l'Ecologie, du Développement durable et de l'Energie, requête numéro 14NT01189 ; AJDA 2016, p. 2168, concl. A. Durup de Baleine). La troisième solution, médiane, est celle que le Conseil d'Etat semble implicitement retenir, laquelle distingue les personnes devant recourir à Télérecours en application des textes et celles spontanément inscrites à ce dispositif (CE, 12 juill. 2017, Ministre de l'Ecologie, du Développement durable et de l'Energie, requête numéro 405263). Compte tenu de l'importance de cette question, une clarification par le Conseil d'Etat, et dans les meilleurs délais, sera la bienvenue.

449. Télérecours toujours… Si rien n'est immuable et si les évolutions du cadre juridique de la procédure administrative juridictionnelle peuvent tendre vers davantage de rigidité sans qu'il soit lieu de s'en émouvoir, encore faut-il ne pas verser dans l'excès. On ne souscrira donc pas à cette règle issue du décret du 2 novembre 2016, suivant laquelle « lorsque le requérant transmet, à l'appui de sa requête, un fichier unique comprenant plusieurs pièces, chacune d'entre elles doit être répertoriée par un signet la désignant conformément à l'inventaire mentionné ci-dessus. S'il transmet un fichier par pièce, l'intitulé de chacun d'entre eux doit être conforme à cet inventaire. Le respect de ces obligations est prescrit à peine d'irrecevabilité de la requête » (CJA, art. R. 414-3 al. 3). L'irrecevabilité opposée à une requête dont le borderau des pièces communiquées comporte ce type d'erreurs est une sanction dont la sévérité n'est pas foncièrement contrebalancée par des considérations convaincantes. Il est heureux que pareille irrecevabilité de la requête soit, par application de l'article R. 612-1 du code de justice administrative, régularisable. Reste qu'elle traduit l'avènement d'un formalisme pointilleux découlant de l'essor des nouvelles technologies qui ne peut qu'inquiéter.

450. La notification de la requête. Par dérogation au droit commun, un texte peut prévoir l'obligation pour le requérant de notifier sa requête. L'hypothèse la plus connue est celle prévue à l'article R. 600-1 du code de l'urbanisme suivant lequel le déféré préfectoral ou le recours exercé par un administré dirigé contre un certificat d'urbanisme, une décision de non-opposition à une déclaration préalable ou un permis de construire, d'aménager ou de démolir doit être notifié (c'est ici la date d'envoi qui est prise en compte), dans un délai de 15 jours à compter de l'enregistrement de la requête, par lettre recommandée avec accusé de réception, un courrier électronique ne pouvant en principe suffire (CE, 3 mars 2008, Mme Laporte et a., requêtes numéros 278168 et a., Rec., p. 73). On précisera que cette obligation de notification ne s'étend pas aux recours contre une décision qui a prononcé, au moins partiellement, l'annulation d'un document ou d'une autorisation d'urbanisme (pour la requête d'appel, CE, Sect., avis, 26 juill. 1996, Commune de Triel-sur-Seine, requête numéro 180373, Rec., p. 301 ; RFDA 1996, p. 1031, concl. J.-C. Bonichot ; BJDU 1996, p. 286, concl. J.-C. Bonichot ; pour le pourvoi en cassation, CE, 18 oct. 2006, Ministre délégué aux Libertés locales, requête numéro 264292, Rec., T., p. 1111 ; BJCL 2006, p. 816, concl. M. Guyomar). A peine d'irrecevabilité, la notification est adressée à l'auteur de l'acte (le destinataire pouvant être aussi bien le préfet que le maire lorsque le permis a été délivré au nom de l'Etat : CE, 13 juill. 2011, SARL Love Beach, requête numéro 320448, Rec., T., p. 1200), ainsi qu'à chaque titulaire de l'autorisation (CE, 5 mars 2014, M. Lesostri, requête numéro 370552, Rec., T., pp. 778 et 911) ou au mandataire désigné par les co-indivisaires (CE, 4 déc. 2017, Mme C. et a., requête numéro 407165, Rec., T.), et lorsque le recours a été notifié à une autre adresse que celle mentionnée dans l'acte attaqué, la notification n'est régulière que si son destinataire a effectivement réceptionné le pli (CAA Marseille, 1er juill. 2016, M. F. D., requête numéro 15MA00027). Cette règle posée à l'article R. 600-1 du code de l'urbanisme est opposable au requérant que pour autant cependant que l'affichage de l'autorisation d'urbanisme ait fait mention de cette obligation (CE, 28 mai 2014, M. et Mme Grégoire de Bollemont, requête numéro 369456, Rec., T., p. 911) et sans que l'on puisse reprocher au requérant d'avoir expédié sa copie à une adresse erronée par la faute du bénéficiaire de l'autorisation ou de la juridiction (CE, 15 oct. 2014, MM. Landon et Petiot, requête numéro 366065, Rec., T., p. 911).

La disposition est formellement rappelée à l'article R. 411-7 du code de justice administrative. Le même principe s'applique aux recours en annulation ou en réformation d'une décision juridictionnelle relative à ces actes. On précisera que la liste des décisions concernées est limitative et, par exemple, n'entre pas dans le champ d'application de l'article R. 600-1 du code de l'urbanisme, la décision autorisant la création d'une unité touristique nouvelle, prise sur le fondement de l'article L. 145-11 du même code (CE, 9 oct. 2015, Commune de Lauzet-sur-Ubaye, requête numéro 384804, Rec., T., pp. 786, 908 et 925), ni le refus de constater la caducité d'un permis de construire (CE, 17 mars 2017, Malsoute, requête numéro 396366, Rec., T.).

Pour les recours effectivement concernés par l'article R. 600-1 du code de l'urbanisme, la notification consiste dans la communication du texte intégral de la requête, la circonstance que le recours ne contienne l'exposé d'aucun fait ni d'aucun moyen restant sans incidence sur le respect de cette obligation (CE, 28 nov. 2014, Mme Giuliani et Commune de Cachan, requêtes numéros 367968 et 368108, Rec.,

T., pp. 779 et 911). Mais une simple lettre avisant son destinataire de l'existence d'un recours ne suffit pas (CE, Sect., avis, 1er mars 1996, Association Soisy Etiolles Environnement, requête numéro 175126, Rec., p. 61 ; RFDA 1996, p. 1022, concl. J.-C. Bonichot ; BJDU 1996, p. 51, concl. J.-C. Bonichot ; AJDA 1996, p. 513, chron. D. Chauvaux et T.-X. Girardot).

On relève cependant une évolution de la jurisprudence reposant sur un rééquilibrage des situations. Notamment, il incombe au destinataire d'une notification contenant un autre recours que celui indiqué de procéder aux diligences nécessaires auprès de l'expéditeur propres à connaître la teneur du recours (CE, 5 mars 2014, Association « Sté pour la protection des paysages et de l'esthétique de la France » et a., requête numéro 369996, Rec., T., pp. 778 et 910). En toute hypothèse, le juge ne peut rejeter une requête comme manifestement irrecevable sans avoir préalablement invité le requérant à régulariser sa requête en justifiant de l'accomplissement de cette formalité (CE, 13 juill. 2011, Mme Cassan, requête numéro 314093, Rec., T., p. 1200). On précisera enfin que l'article R. 600-1 du code de l'urbanisme ne fait pas obstacle à ce qu'un requérant qui ne se serait pas conformé à cette obligation de notification se désiste de l'instance engagée et présente une nouvelle requête identique, sous la double réserve évidente que le délai de recours ne soit pas expiré et que l'obligation de notification soit cette fois satisfaite (CE, 17 mars 2017, Association Novissen et a., requête numéro 397107, Rec., T.).

451. Le droit de timbre. Il a existé. Il a été supprimé. Il est réapparu sous la forme d'une contribution pour l'aide juridique dont le Conseil constitutionnel avait reconnu la conformité à la Constitution (Cons. const., décisions numéros 2012-231/234 QPC du 13 avr. 2012, Rec. Cons. const., p. 193 ; AJDA 2012, p. 154, note V. Haïm). Cette contribution d'un montant de 35 euros (loi n° 2011-900 du 29 juillet 2011 de finance rectificative pour l'aide juridique, art. 54) a concerné l'ensemble du contentieux administratif à l'exception des litiges concernant les bénéficiaires de l'aide juridictionnelle, et des litiges portés devant le juge du référé liberté, des litiges individuels relatifs à l'entrée, au séjour et à l'éloignement des étrangers ainsi qu'au droit d'asile, et les litiges intéressant l'Etat. La loi n° 2013-1278 du 29 décembre 2013 de finances pour 2014 y a mis fin à compter du 1er janvier 2014.

452. Bibliographie indicative.

S. Aubert, « La cause juridique dans le contentieux de l'exécution des marchés publics », RFDA 2012, pp. 672 et s.

D. Bailleul, « Vers la fin de l'interdiction des moyens nouveaux en excès de pouvoir ? », Dr. adm. 2008, étude 9.

N. Baillon et **F. Leraisnable**, « Récentes évolutions jurisprudentielles sur la notification des recours contre les autorisations d'urbanisme », AJDA 2010, pp. 1523 et s.

F. Colly, « Aspects de la notion de cause juridique de la demande en justice dans le contentieux administratif de pleine juridiction », RFDA 1987, pp. 786 et s.

S. Deliancourt, « Jusqu'où doit aller le juge dans la bienveillance à l'égard d'une partie ? », AJDA 2011, pp. 58 et s.

A. Denizot, « L'immutabilité de l'instance en contentieux administratif : un principe de procédure civile acclimaté aux spécificités du procès administratif », RFDA 2018, pp. 99 et s.

A. Heurté, « Conclusions nouvelles et moyens nouveaux », AJDA 1957, pp. 37 et s.

J. Moreau, « La cause de la demande en justice dans le contentieux de la responsabilité administrative extracontractuelle » in Mélanges M. Stassinopoulos, Paris, LGDJ, 1974, pp. 77 et s.

X. Pottier, « Le chiffrage des conclusions pécuniaires : simple exigence de forme ou obligation constitutive de la demande ? », RFDA 2010, pp. 116 et s.

J. Raymond, « De la confection d'une alidade contentieuse », JCP adm. 2010, 2145.

Section 3 - Les délais de recours

453. Une condition de recevabilité particulièrement importante. La contrainte pesant sur le requérant de respecter les délais de recours est de toute première importance et c'est l'une de ces rares conditions de recevabilité qu'il faut véritablement redouter. Le requérant se doit d'agir, en principe, dans un délai que le contentieux administratif veut généralement bref (Sous-section 1). La règle est édictée à peine de forclusion et sa méconnaissance n'est pas régularisable. Toutefois, l'accès au juge passe par une correcte et préalable information du justiciable quant à l'existence de la décision administrative elle-même et, dans certains cas, des voies et délais de recours autorisés contre cette décision (Sous-section 2). Cette information est d'autant plus importante lorsque l'on connaît les conséquences de l'expiration de ces délais (Sous-section 3).

Sous-section 1 - L'organisation du délai de recours

454. Une nécessité. Du point de vue de la sécurité juridique et, par-delà, de l'intérêt général, il est souhaitable que les décisions administratives soient placées rapidement à l'abri de toute contestation contentieuse. Dès lors, pour la plupart des décisions administratives, l'exercice d'une requête en annulation ou en réformation est soumis à une condition de délai (§ 1). Il ne s'agit cependant que du principe. Les textes ou la jurisprudence réservent en effet des hypothèses pour lesquelles la contestation peut être portée devant la juridiction sans condition de délai (§ 2).

§ 1 - L'existence d'un délai de recours

455. Le principe : deux mois pour agir. Aux termes de l'article R. 421-1 du code de justice administrative, la juridiction administrative doit être saisie, en principe, dans les deux mois à partir de la notification ou de la publication de la décision attaquée. Ce délai de recours est également en principe de deux mois à compter de la naissance d'une décision implicite de rejet, conformément à l'article R. 421-2 du code de justice administrative, sauf à ce qu'une décision expresse de rejet intervienne dans ce délai, celui-ci repartant de zéro à compter de cette date. Il incombe au requérant d'adresser sa requête à la juridiction dans le délai de recours. Sur ce point, il en va différemment devant l'administration et devant la juridiction. Si, en effet, la règle est celle de l'émission devant l'administration (CRPA, art. L. 112-1), la règle est celle de la réception devant la juridiction administrative (CE, 30 juill. 2003, Chenilco, requête numéro 240756, préc.). Le Conseil d'Etat admet cependant qu'il puisse être tenu compte des délais anormaux d'acheminement postal et qu'une requête pourtant tardive soit recevable, si le requérant l'a expédiée en temps utile (CE, 20 févr. 1970, Ministre de l'Agriculture c. Sieur Delort, requête numéro 77021, Rec., p. 130 ; CE, 16 mai 2001, Fédération nationale des accidentés du travail et des handicapés et a., requêtes numéros 222313, 222505 et 222506, Rec., T., p. 1085).

456. Une juridiction facile à saisir. Lorsque le délai est sur le point d'expirer, le requérant peut recourir à des formes d'enregistrement efficaces : sans préjudice de la faculté – il s'agira de plus en plus d'une obligation (*supra* n° 447) – de recourir à Télérecours, le requérant peut procéder au dépôt direct de la requête au greffe ou dans la boîte aux lettres de la juridiction, en dehors des horaires d'ouverture. Cette méthode est d'autant plus intéressante que l'enregistrement peut être utilement accompli devant n'importe quelle juridiction administrative générale même si celle-ci est matériellement ou territorialement incompétente. La requête restera recevable et la juridiction incompétente sera tenue de la transmettre (CJA, art. R. 351-1 et s.). Cette faculté est précieuse pour les saisines de toute dernière minute, au moins en ce qui concerne les requérants résidant à proximité d'une juridiction administrative. Pour les autres, la solution de la télécopie ou du mail est toute pertinente sous réserve de régularisation ultérieure (*supra* n° 445).

457. La computation des délais. En l'absence de toute disposition contraire, le délai de recours est un délai franc. En conséquence, le premier jour est le lendemain du jour de son déclenchement (*dies a quo*) et son dernier est le lendemain du jour de son échéance (*dies a quem*).

Ainsi, un acte dont la notification a été reçue le 18 mars pourra être attaqué jusqu'au 18 mai + un jour, soit le 19 mai à minuit. Si ce jour est un samedi, un dimanche ou un jour férié ou chômé, le délai est alors prolongé jusqu'à la fin du premier jour ouvrable suivant. On précisera ici que le droit local alsacien-mosellan prévoit que le 26 décembre et le vendredi saint (pour les communes ayant un temple protestant ou une église mixte) sont des jours fériés supplémentaires, et la prolongation au premier jour ouvrable s'applique également dans les cas où le dernier jour expire à ces dates (CE, 6 mai 2009, Elections municipales de Luemschwiller, requête numéro 317867, Rec., T., pp. 634 et 770 ; AJDA 2009, p. 1302, chron. S.-J. Liéber et D. Botteghi). Mais encore faut-il que le caractère férié découle d'une disposition législative ou réglementaire. Ainsi, le vendredi saint n'est pas un jour férié au sens de l'article 642 du code de procédure civile pour ce qui concerne la Guadeloupe (CE, 8 juill. 2009, Eluther, requête numéro 321449, Rec., T., pp. 770 et 887).

La requête doit cependant, et dans tous les cas, être enregistrée dans les deux mois. Le délai se comptant de quantième à quantième, lorsque la notification a été reçue le 31 juillet, par exemple, le dernier jour pour agir est le 30 septembre. Il en va différemment lorsque le délai est organisé en jours.

458. Les délais de distance. Le délai de droit commun est augmenté dans trois hypothèses, où l'on applique les délais dits de distance :

- il est augmenté d'un mois lorsque la demande est portée devant un tribunal administratif qui a son siège en France métropolitaine ou devant le Conseil d'Etat statuant en premier et dernier ressort, toutes les fois où le requérant demeure outre-mer (CJA, art. R. 421-7 al. 1er) ;

- il est augmenté d'un mois lorsque la demande est portée devant un tribunal administratif ayant son siège outre-mer et que le requérant ne demeure pas dans la collectivité territoriale dans le ressort de laquelle le tribunal administratif a son siège (CJA, art. R. 421-7 al. 2) ;

- il est augmenté de deux mois pour les personnes qui demeurent à l'étranger (CJA, art. R. 421-7 al. 3).

459. L'existence de délais particuliers. Il est loisible aux pouvoirs législatif et réglementaire de prévoir des délais de recours dérogeant au droit commun. Le délai de deux mois n'est alors pas applicable, comme le rappelle l'article R. 421-4 du code de justice administrative. Dans ce cas, le délai de recours peut être inférieur ou supérieur à deux mois.

Il peut, en premier lieu, être plus court, et c'est l'hypothèse la plus fréquente de dérogation au délai de droit commun. C'est le cas, par exemple, en matière de droit des étrangers où l'intéressé dispose d'un délai de 48 heures pour contester l'arrêté de reconduite à la frontière (CJA, art. R. 776-4) et de trente jours pour attaquer une obligation de quitter le territoire français (CESEDA, art. L. 512-1-I) sauf à ce que l'obligation de quitter le territoire doive être exécutée sans délai, le délai de recours étant alors ramené à 48 heures (CESEDA, art. L. 512-2-1-II). En matière électorale également, le délai est bref, la protestation devant par exemple être enregistrée à 18 heures au plus tard le cinquième jour suivant l'élection des conseillers municipaux (C. élect., art. R. 119).

Le délai de recours peut, en second lieu, être plus long. Un délai de six mois est ainsi donné à la Commission nationale des comptes de campagne et des financements politiques pour saisir le tribunal administratif en application de l'article L. 52-15 du code électoral. En matière d'installations classées, le délai est d'une année pour les recours exercés par les tiers et, lorsque la mise en service de l'installation n'est pas intervenue six mois après la publication ou l'affichage de la décision d'autorisation, le délai de recours continue à courir jusqu'à l'expiration d'une période de six mois après cette mise en service (C. envir., art. R. 514-3-1). S'agissant des décisions concernant les installations de production d'énergie renouvelable, le délai est de quatre mois à compter des mesures de publicité (C. envir., art. L. 514-6).

§ 2 - Les recours soustraits à la condition du délai

460. Feue l'exception des travaux publics. L'article R. 421-1 du code de justice administrative prévoyait expressément que les litiges en matière de travaux publics échappaient à la condition du délai. Cette exception était d'autant plus importante que la notion de travaux publics est particulièrement attractive. Ainsi, sous réserve de la prescription quadriennale (mais il s'agit là d'une autre question que celle de la recevabilité de la requête : CE, 4 juill. 1969, Ordre des avocats près la cour d'appel de Paris, requête numéro 62293, Rec., p. 158 ; AJDA 1970, p. 43, note J. Molinier), pouvaient être formées à tout moment, non seulement les requêtes indemnitaires émanant des victimes de dommages de travaux publics (CE, Sect., 26 mars 1976, Colboc c. Commune de Saint-Bonnet Elvert, requête numéro 88811, Rec., p. 184), mais encore celles exercées en matière d'occupation temporaire de propriétés privées décidée sur le fondement de la loi du 29 décembre 1892 (CE, Sect., 13 oct. 1967, Préfet de la Corrèze et Ministre de l'Intérieur c. Consorts Madelmont et a., requête numéro 61207, Rec., p. 370) ou celles dirigées contre les décisions mettant à la charge des propriétaires d'édifices menaçant ruine le montant des dépenses exposées par la personne publique pour assurer leur réparation ou leur démolition (CE, Sect., 6 févr. 1970, Préfet de police c. Sieur Kerguélen, requête numéro 76551, Rec., p. 87, concl. L. Bertrand).

Cette faculté d'exercer un recours en dehors de toute condition de délai valait même lorsqu'il existait une décision administrative contre laquelle la requête était dirigée (CE, 18 janv. 1963, Wierel, requête numéro 55647, Rec., p. 28) et même si la décision litigieuse consistait pour l'autorité administrative à opposer la prescription quadriennale (CE, Sect., 6 déc. 2013, Commune d'Etampes, requête numéro 344062, Rec., p. 304). On mesure donc ici l'importance de cette exception. Elle n'était cependant pas sans limite, à un double égard.

D'une part, seuls les recours de pleine juridiction étaient concernés. Alors même qu'il eût porté sur un litige lié à un travail public, le contentieux de l'excès de pouvoir restait soumis à la règle des délais (CE, Sect., 6 mai 1996, Association Aquitaine Alternatives, requête numéro 121915, Rec., p. 144 ; CJEG 1997, p. 9, concl. D. Piveteau).

D'autre part, même en matière de travaux publics, ce n'était pas l'ensemble des recours de pleine juridiction qui échappait à la règle du délai. Ainsi, le Conseil d'Etat avait pris soin de préciser que le recours en contestation de validité du contrat devait être formé dans le délai de deux mois à compter des mesures de publicité appropriées, y compris en matière de travaux publics, même s'il devait être exercé devant le juge de pleine juridiction (CE, Ass., 16 juill. 2007, Société Tropic travaux signalisation, requête numéro 291545, préc. ; CE, Ass., 4 avr. 2014, Département de Tarn-et-Garonne, requête numéro 358994, préc.). Ainsi encore, le Conseil d'Etat jugeait que les contestations des titres exécutoires émis par l'Etat (CE, 8 févr. 2010, Sté Saem Sophia Antipolis Côte d'Azur, requête numéro 318620, Rec., T., p. 701) ou une collectivité territoriale (CE, 11 oct. 2012, Sgherri, requête numéro 340857, Rec., T., pp. 601, 669, 771, 902 et 1015 ; AJDA 2013, p. 68, note G. Eveillard) devaient être exercées dans les deux mois suivant leur notification, alors même que le titre eût été émis à la suite d'un litige en matière de travaux publics.

Le décret n° 2016-1480 du 2 novembre 2016 a mis fin à cette exception des travaux publics, laquelle continue cependant de s'appliquer pour les instances introduites avant le 1er janvier 2017. Cette réforme était prévisible. Elle doit en outre être approuvée. L'exception des travaux publics ne trouvait pas d'autre légitimation que celle de son fondement historique. C'était en effet dans la loi du 28 pluviose an VIII qu'elle trouvait ses racines. La loi n° 2009-526 du 12 mai 2009 de simplification et de clarification du droit et d'allègement des procédures ayant abrogé cette loi, rien ne justifiait plus le maintien, en droit positif, de cette exception.

461. Les recours contre certaines décisions implicites. L'article R. 421-3 du code de justice administrative recensait trois hypothèses pour lesquels seule une décision expresse était de nature à faire courir le délai de recours. Notamment, les recours de pleine juridiction dirigés contre les décisions implicites pouvaient être exercés sans condition de délais. Si certaines dispositions la maintiennent dans des domaines spécifiques (c'est le cas par exemple des réclamations adressées à l'administration fiscale sur le fondement des articles R. 198-10 et R. 199-1 du livre des procédures fiscales : CE, 7 déc. 2016, EURL Cortansa, requête numéro 384309, Rec., T.), le décret n° 2016-1480 du 2 novembre 2016 a mis fin à la portée générale de cette exception. Au vrai, une telle évolution était prévisible, eu égard à la jurisprudence du Conseil d'Etat limitant, en principe, à une année le délai pour saisir la juridiction à l'encontre d'une décision dont la notification n'avait pas indiqué à son destinataire les voies et délais de recours (CE, Ass., 13 juill. 2016, M. Czabaj c. Ministre de l'Economie et des Finances, requête numéro 387763, Rec. ; AJDA 2016, p. 1629, chron. L. Dutheillet de Lamothe et G. Odinet ; RGD 2016, notes Ph. Cossalter et P. Caille). A certains égards, on se surprendra de ce que la réforme de l'article R. 421-3 du code de justice administrative n'ait pas été plus large.

Conformément à l'article R. 421-3 du code de justice administrative, et sauf texte particulier (CJA, art. R. 421-4), peuvent désormais être exercés à tout moment :

- les recours pour excès de pouvoir formés contre une décision implicite ne pouvant être prise que par ou après avis d'une assemblée locale ou de tout autre organisme collégial ;

- les recours contre une décision implicite et tendant à l'exécution d'une décision de la juridiction administrative.

462. Les décisions juridiquement inexistantes. Il est de jurisprudence constante qu'un recours en déclaration d'inexistence ou un recours pour excès de pouvoir intenté contre une décision juridiquement inexistante ne sont pas soumis à la règle du délai (CE, Sect., 3 févr. 1956, de Fontbonne, requête numéro 8035, Rec., p. 45 ; AJDA, 2, p. 93, chron. F. Gazier ; RDP 1956, p. 859, note M. Waline). La même exception s'applique aux mesures prises en application d'une décision frappée d'inexistence juridique (CE, 10 nov. 1999, Préfet de la Drôme, requête numéro 126382, Rec., T., p. 940). C'est même l'un des intérêts majeurs de la notion d'inexistence juridique que de permettre de vider à tout moment l'ordonnancement juridique des actes entachés des illégalités les plus graves, qui justifie également qu'un acte juridiquement inexistant puisse être retiré à tout moment (CE, Sect., 3 févr. 1956, de Fontbonne, requête numéro 8035, préc.). A cet égard, il convient de préciser que si les actes obtenus par fraude peuvent également être retirés à tout moment, ils ne peuvent, pour ce qui les concerne, être attaqués que dans le délai de recours (par ex., CE, 7 juill. 2004, de Maulmont, requête numéro 234497, Rec., T., p. 807), sans préjudice de la possibilité, pour le tiers de saisir à tout moment l'administration d'une demande tendant à l'abrogation ou au retrait d'un texte acte et de contester, dans le délai de recours contentieux, le refus opposé à cette demande (CE, 5 févr. 2018, Sté Cora, requêtes numéros 407149 et 407198, Rec., T.).

Sous-section 2 - L'écoulement du délai de recours

463. De la faculté d'interrompre l'écoulement du délai. Le délai de recours doit être respecté, à peine d'irrecevabilité de la requête. Mais cela ne signifie pas que le requérant soit strictement tenu de saisir la juridiction dans ce délai. Il existe en effet des causes d'interruption du délai de recours (§ 2) qui peuvent intervenir à compter du moment où celui-ci commence à courir (§ 1).

§ 1 - Le point de départ du délai de recours

464. Une juste conciliation d'intérêts opposés. L'acte doit être porté à la connaissance des intéressés. Le contentieux administratif est ainsi organisé qu'il ménage un juste équilibre. D'une part, les délais de contestation doivent rester brefs. D'autre part, les administrés doivent disposer effectivement des délais prévus. D'où le principe de la divulgation de l'acte (I) qui s'accompagne cependant de certaines exceptions (II).

I. La condition de la divulgation de l'acte

465. La nécessité d'une divulgation. On ne saurait attaquer une décision dont on ignore l'existence ou ce qu'elle contient réellement et, dans une certaine mesure, contre laquelle on ne connaît pas les délais pour ce faire. Sous la réserve des décisions implicites, et en principe, le délai de recours ne commence à courir qu'à compter d'une mesure de divulgation de l'acte. Le régime de la divulgation et ses conséquences sur les délais de recours diffèrent cependant suivant que la décision est réglementaire (A) ou individuelle (B).

A. Les décisions réglementaires

466. Le principe de la publication. La publication est le mode de divulgation normal des actes réglementaires. Il en va également ainsi, par extension, pour les actes non réglementaires qui ne sont pas pour autant individuels. C'est le cas, par exemple, des déclarations d'utilité publique (CE 18 nov. 1964, Marchand, requête numéro 58655, Rec., p. 557) ou encore des arrêtés fixant un périmètre de réaménagement foncier (CE, sect., 19 nov. 1965, Epoux Delattre-Floury, requête numéro 60647, Rec., p. 623). Pour l'ensemble des actes concernés, à défaut de publication, le délai de recours est inopposable, y compris à l'égard de ceux qui auraient été, parce que plus directement intéressés par la décision, destinataires d'une notification (CE, 19 févr. 1993, Nainfa, requête numéro 106792, Rec., T., p. 945). La publication doit être accomplie de manière à ce que les administrés soient mis en mesure de connaître l'existence de l'acte et de s'y conformer, mais également, le cas échéant, de le contester en temps utile. L'obligation pour l'administration, en principe, de publier ses actes dans un délai raisonnable est même érigée par le Conseil d'Etat en principe général du droit (CE, 12 déc. 2003, Syndicat des commissaires et hauts fonctionnaires de la police nationale et a., requête numéro 243430, Rec., p. 506 ; JCP adm. 2004, 1134, note M.-C. Rouault). La divulgation de l'acte réglementaire doit être doublement suffisante : suffisante du point de vue du support de diffusion (1) et suffisante du point de vue de son contenu (2).

1. Les modalités de la publication

467. La publication dans un recueil. Le degré d'exigence quant au support de la publication dépend de la nature de l'acte concerné. De jurisprudence constante (CE, Ass., 12 avr. 1972, Sieur Brier, requête numéro 82681, Rec., p. 272, concl. S. Grévisse ; D. 1973, jurisp., p. 228, note P. Delvolvé et p. 681, note J.-M. Auby), et conformément aujourd'hui à l'article L. 221-9 du code des relations entre le public et l'administration, la publication au Journal officiel de la République Française est la seule possible pour les décrets et les ordonnances non ratifiées. La publication dans un bulletin officiel fait certes courir le délai à l'égard des agents des administrations concernées à la date à laquelle le bulletin parvient dans les services (CE, Sect., 12 nov. 1955, Grip, Blisnick et Hachette, requêtes numéros 22741,

22742 et 22687, Rec., p. 538 ; AJDA 1956, 2, p. 409, note J. Copper-Royer) ainsi qu'aux syndicats eu égard à la diffusion de l'acte sur le site internet du ministère (CE, 17 avr. 2015, Syndicat national de l'enseignement initial privé (SNEIP-CGT), requête numéro 384618, Rec., T., p. 796), ou encore à l'égard des ordres professionnels (CE, 7 juill. 2010, Conseil national de l'Ordre des médecins, requête numéro 329897, Rec., T., p. 892). Mais elle ne fait pas courir le délai à l'égard des usagers du service public (CE, 31 janv. 1979, de Barnier, requête numéro 06748, Rec., p. 34).

Se pose encore la question des publications dans les recueils officiels des actes administratifs, imposées par les articles L. 222-1 et suivants du code des relations entre le public et l'administration, aussi bien aux autorités administratives de l'Etat agissant dans les limites du département, qu'aux communes, départements, régions, ainsi qu'à la collectivité territoriale de Corse, ou encore aux établissements publics, aux autres personnes de droit public et aux personnes de droit privé chargées de la gestion d'un service public. En principe, de telles publications ne font pas courir le délai de recours (CE, 2 mai 1913, Pignal, requête numéro 48687, Rec., p. 493 ; CE, 3 janv. 1968, SCI de construction du 5, rue de la Pompe, requête numéro 70882, Rec., p. 2).

Il en va toutefois différemment :

- lorsque cette publication est imposée par un texte publié lui-même au Journal officiel de la République Française (CE, Sect., 13 déc. 1974, Ministre de l'Aménagement du Territoire, de l'Equipement, du Logement et du Tourisme c. Girod, requête numéro 93427, Rec., p. 632) ;

- lorsque les décisions publiées concernent les agents des collectivités publicataires (CE, 30 mars 1973, Cormier, requêtes numéros 74287 et 87037, Rec., T., p. 1026) ;

- lorsque le recueil peut, « eu égard à l'ampleur et aux modalités de sa diffusion, être regardé comme aisément consultable par toutes les personnes susceptibles d'avoir un intérêt leur donnant qualité pour contester la décision » (CE, Sect., 27 juill. 2005, Millon, requête numéro 259004, Rec., p. 336 ; BJCL 2005, p. 636, concl. E. Glaser ; AJDA 2005, p. 2462, note L. Janicot ; LPA 2006, n° 131, p. 12, note O. Gabarda).

S'agissant de cette dernière exception, il y a lieu de considérer que le développement des recueils administratifs dématérialisés va, si ce n'est déjà fait, rendre opposable les délais de recours de nombre de décisions publiées dans ces recueils.

468. La publication par voie de presse. Dans certains cas, la publication par voie de presse s'impose comme complément d'autres mesures de publicité. Par exemple, la publication dans deux journaux régionaux ou locaux diffusés dans tout le département ou tous les départements concernés est prescrite pour les ouvertures d'enquêtes publiques préalables à l'adoption des déclarations d'utilité publique (C. expr., art. R. 112-14). La publication par voie de presse est également suffisante pour les plans locaux d'urbanisme (C. urb., art. R. 123-10 et R. 123-12). La publication par voie de presse n'est parfois qu'une simple faculté, aucun mode spécifique de publication n'ayant été imposé (CE, Ass., 11 juill. 1947, Veuve Mayade, requête numéro 78498, Rec., 314). Il importe alors de distinguer. En principe, en effet, le délai de recours est inopposable lorsque l'acte a été publié dans un journal ou une revue sans caractère officiel (CE, Sect., 8 oct. 1971, Syndicat national des architectes chargés de la construction d'HLM, requête numéro 78259, Rec., p. 586). Par exception, toutefois, la publication par voie de presse est conforme aux usages locaux (CE, 21 oct. 1970, Ministre de l'Agriculture et consorts Cosnard, requête numéro 77507 et 77511, Rec., T., p. 920) ou sectoriels. Encore faut-il alors que le journal soit d'une diffusion suffisante. Ainsi, la publication du classement du championnat de France de football dans un numéro de « LNF Info », organe officiel de la Ligue nationale de football, et diffusé à l'ensemble des clubs participant au championnat, est de nature à faire courir le délai du recours contentieux, eu égard à l'objet de la décision et aux conditions de diffusion de cette publication (CE, 25 avr. 2001, Association sportive Nancy Lorraine et Sté anonyme à objet sportif Nancy Lorraine, requête numéro 228171, Rec., p. 196).

469. La publication sur un site internet. Internet n'est pas un vecteur de communication permettant la diffusion des seuls publications officielles (Journal officiel de la République française, recueils des actes de la préfecture, bulletins officiels…). Le Conseil d'Etat considère en effet que la mise en ligne de décisions sur des sites internet suffit parfois à les rendre opposables. C'est ainsi que la mise en ligne de dispositions réglementaires sur le site internet d'un établissement public, en l'absence de dispositions prescrivant une formalité de publicité déterminée, est suffisante dès lors qu'aucune disposition législative ni réglementaire n'imposait une formalité de publicité déterminée (CE, 24 avr. 2012, Voies navigables de France, requête numéro 339669, Rec., p. 166). C'est ainsi également qu'une circulaire de l'Agence centrale des organismes de sécurité sociale mise en ligne sur le site internet de l'URSSAF constitue une publicité suffisante à l'égard des professionnels concernés (CE, 10 mai 2017, Sté Cora et a., requête numéro 395220, Rec., T.). Il est encore compréhensible que les rapports entretenus par les autorités administratives indépendantes intervenant dans le domaine de la régulation et les professionnels soient réglés d'une manière spécifique. Notamment, le Conseil d'Etat juge suffisante la publication des décisions rendues par l'Autorité de régulation des communications électroniques et des postes (ARCEP) sur son site internet à l'égard des professionnels du secteur (CE, 25 nov. 2015, Sté Gibmedia, requête numéro 383482, Rec., p. 408). Le Conseil d'Etat a également jugé que, en l'absence de dispositions législatives ou réglementaires particulières, la mise en ligne d'une communication de la Commission de régulation de l'énergie (CRE) sur des contrats entre les fournisseurs d'électricité et ERDF fait courir, à l'égard des professionnels du secteur dont elle assure la régulation, le délai de recours (CE, Sect., 13 juill. 2016, Sté GDF Suez, requête numéro 388150, Rec., p. 384 ; AJDA 2016, p. 2119, note F. Melleray).

470. La publication en intranet. Des hypothèses de publication sur intranet propre à faire courir le délai de recours existent également. Elles sont fatalement rares. Le Conseil d'Etat juge, par exemple, qu'aucun principe général ni aucune autre règle ne s'oppose à ce que la publication d'une décision réglementaire régissant la situation des personnels d'un établissement public prenne la forme d'une mise en ligne sur l'intranet, à la condition toutefois, d'une part, que l'information ainsi diffusée puisse être regardée, compte tenu notamment de sa durée, comme suffisante et, d'autre part, que le mode de publicité par voie électronique et les effets juridiques qui lui sont attachés aient été précisés par un acte réglementaire ayant lui même été régulièrement publié (CE, 11 janvier 2006, Syndicat national CGT-ANPE, requête numéro 273665, Rec., T., pp. 713 et 892). C'est ainsi encore que la publication sur l'intranet de l'entreprise, depuis 1999, de l'intégralité du texte du statut des relations collectives entre la Société nationale des chemins de fer et son personnel, mis à jour après chacune de ses modifications, est une modalité de publicité de nature à faire courir des délais de recours à l'égard des agents intéressés (CE, 24 nov. 2017, M. B., requête numéro 396294, Rec., T.)

471. La publication par voie d'affichage. Certains actes doivent nécessairement faire l'objet d'un affichage. C'est le cas bien connu des permis de construire qui, conformément à l'article R. 424-15 du code de l'urbanisme, doivent être affichés sur le terrain pendant une période continue de deux mois. L'affichage peut également être le mode de publicité retenu par une autorité administrative. C'est le cas notamment de l'affichage en mairie. Mais l'affichage ne doit seulement être effectif. Il doit également être suffisant. Ainsi, l'affichage doit être aisément accessible au public, tant du point de vue de sa localisation (CE, 25 oct. 1967, Sieur Louchon, requête numéro 67637, Rec., p. 392) que des heures d'accessibilité (CE, 31 janv. 1973, Epoux Frank, requête numéro 85359, Rec., p. 90). En toute hypothèse, les modalités d'affichage d'une décision administrative sont régies par les règles en vigueur à la date d'édiction de cette décision (CE, 22 sept. 2014, Mme Misak et a., requête numéro 361715, Rec., T., pp. 786 et 910).

2. Le contenu de la publication

472. L'effet utile de la publication. Les administrés ne doivent pas seulement connaître l'existence de l'acte. Ils doivent encore être mis en mesure d'en connaître le contenu, non seulement pour s'y conformer mais également, et surtout ici, pour apprécier s'il y a lieu de le contester. Lorsque l'acte a été intégralement publié, la difficulté ne se pose évidemment pas. Celle-ci survient dans les cas des publications par extrait. Le juge administratif exige alors que celles-ci aient été suffisantes, à peine d'inopposabilité des délais de recours. Il y a là une différence notable avec les décisions notifiées par extrait, pour lesquelles il appartient à l'administré de demander la communication de la décision intégrale. En matière de publication, l'acte doit être nécessairement porté à la connaissance des administrés, indépendamment de toute démarche de leur part, y compris en matière d'affichage (CE, 7 mars 2016, M. M., requête numéro 380540, Rec., T.). Mais il n'est pas prescrit que l'intégralité des informations nécessaires soit contenue dans la publication elle-même. Par exemple, la publication d'un extrait d'un décret portant classement d'un site naturel, mentionnant par ailleurs que le texte intégral du décret et les plans annexés peuvent être consultés dans les préfectures et mairies concernées, fait courir le délai à compter du moment où ceux-ci ont été effectivement déposés en préfecture (CE, 8 juill. 1992, Epoux Fillon, requête numéro 122262, Rec., p. 287 ; CE, 6 juill. 2016, Million Sainte Clair, requête numéro 390891, Rec., T.). Encore faut-il qu'un vice n'échappe pas aux intéressés en raison d'une publication par extrait en apparence – même en apparence seulement – suffisante. Ainsi le silence quant à l'autorité signataire de l'acte ne fait pas courir le délai, à tout le moins en ce qui concerne le moyen tiré de l'incompétence de l'auteur (CE, Sect., 1er juill. 1955, Charles, requête numéro 2997, Rec., p. 379 ; AJDA 1955, p. 302, concl. P. Laurent et p. 310, note J. Copper-Royer).

B. Les décisions individuelles

473. Le principe de la notification. La notification est à la décision individuelle ce que la publication est à la décision réglementaire. Le délai de recours contre une décision individuelle ne commence à courir qu'à compter de sa notification à la personne intéressée. Ainsi, et par exemple, le délai de recours contre une décision de transfert dans le domaine public communal d'une voie privée ouverte à la circulation publique, prise en application de l'article L. 318-3 du code de l'urbanisme, ne commence à courir, pour les propriétaires intéressés, qu'à compter de la date de notification, indépendamment de la publication par ailleurs de la décision (CE, 13 oct. 2016, Commune de La Colle-sur-Loup, requête numéro 381574, Rec. T.). Il faut toutefois réserver les cas où une publication s'impose en plus de la notification, afin de permettre aux tiers d'exercer leurs recours. Par exemple, la publication de la décision par laquelle le ministre de la Défense établit une liste des candidats admis dans le corps des sous-officiers de carrière fait courir le délai de recours à l'encontre des décisions de refus des candidatures des sous-officiers non retenus (CE, 27 janv. 2006, Ministre de la Défense c. Fixot, requête numéro 268024, Rec., T., p. 1003).

Ici encore, la notification doit être suffisante (1) et pour les mêmes raisons, avec cette particularité tenant à ce que les destinataires des décisions les concernant doivent être informés des voies et délais de recours (2), à peine d'inopposabilité des délais.

1. Les modalités de la notification

474. Les modes possibles de notification. Sauf disposition textuelle spéciale, le mode de notification de la décision importe peu au juge dès lors que celle-ci est effective. Ainsi, la notification peut être faite par lettre recommandée avec accusé de réception, mais également par lettre simple (CE, Ass., 26 févr. 1982, Ordonneau, requête numéro 38854, Rec., p. 92 ; JCP 1984, 20164, note A. Cheminade), par voie administrative (CE, 28 janv. 1998, Sté Luminance International, requête numéro

139436, Rec., T., p. 1084) et ce même accomplie le dimanche par un agent non assermenté (CE, 23 avr. 1975, Marion, requête numéro 93934, Rec., T., p. 1192). La notification n'est d'ailleurs pas forcément écrite : le Conseil d'Etat admet les notifications verbales (CE, 11 mars 1991, Mme Brunet, requête numéro 77119, Rec., T., p. 1115), le problème n'étant ici qu'un problème de preuve. Le juge n'exige même pas, par principe, que la notification soit le fait de l'administration. Il a ainsi admis que la notification à un tiers soit effectuée par le bénéficiaire d'une autorisation (par ex., CE, 30 juill. 1997, Mme Rousseau, requêtes numéros 128001 et 134418, Rec., T., p. 992). Il est cependant nécessaire que la notification soit adressée à son destinataire. Mais ici encore, le juge administratif fait preuve d'une certaine souplesse. Ainsi admet-il que la notification puisse être remise à l'un des époux lorsque la décision concerne les deux, sous réserve qu'ils ne soient ni divorcés ni séparés de corps (CE, 22 mars 1985, Hugon, requête numéro 29856, Rec., T., p. 725). Il est encore admis que la notification soit adressée à l'avocat de l'intéressé (CE, 4 nov. 1994, Ravinet, requête numéro 107035, Rec., T., p. 1146) ou au préposé habilité d'une société (CE, 23 févr. 1977, SCI d'exploitation agricole de Plaimpied, requête numéro 00351, Rec., p. 102). Le libéralisme du juge a toutefois ses limites et la notification n'est pas régulière lorsqu'un pli recommandé a été remis au gardien d'un immeuble alors que celui-ci n'aurait pas reçu procuration (CE, 30 nov. 1977, Sieur X., requête numéro 02135, Rec., T., p. 923).

475. La preuve de la notification. C'est sur l'administration que pèse la charge de la preuve de la notification (CE, Sect., 14 mai 1971, Dame Morlet, requête numéro 76196, Rec., p. 364). De là sa propension à notifier ses décisions en recommandé avec accusé de réception, les mentions claires, précises et concordantes portées sur l'enveloppe ou, à défaut, l'attestation de l'administration postale, étant revêtues d'une présomption de sincérité difficile à combattre (CE, 23 juin 2000, Fabris, requête numéro 185477, Rec., T., p. 1149 ; CE, Sect., 30 nov. 2007, Pucci, requête numéro 266500, Rec., p. 462 ; RFDA 2008, p. 504, concl. C. Landais ; RJEP 2008, n° 650, p. 24, concl. C. Landais ; Dr. adm. 2008, n° 2, p. 36, note F. Melleray).

476. L'impossibilité de se soustraire à la notification. L'administré doit être de bonne foi et permettre à l'administration de lui notifier ses décisions. Ainsi, et même si aucun principe général n'impose à l'administré d'informer l'administration de ses changements d'adresse (CE, avis, 18 sept. 2009, Chaumette, requête numéro 327027, Rec., p. 357 ; JCP adm. 2010, n° 2, note F. Dieu) – ce qui n'est déjà pas rien ! – il ne saurait toutefois se refuser à réceptionner la notification par voie administrative, un tel comportement ne faisant pas obstacle au déclenchement du délai (CE, 10 févr. 1975, Dlle Vivaudou, requête numéro 90811, Rec., p. 101). Il en va de même du refus de prendre le pli recommandé (CE, Sect., 16 déc. 1955, Commune d'Orcières et Mermet, requêtes numéros 18453 et 18897, Rec., p. 593) comme du refus de signer la notification en mains propres (CE, 25 mars 2013, Etablissement public d'ingénierie pour l'informatique et les technologies de l'information et de la communication du Val-de-Marne, requête numéro 352586, Rec., T., pp. 423 et 753). L'absence au moment du passage de l'agent de La Poste est en revanche excusable et ne déclenche pas le cours du délai. Mais il appartient alors à l'administré d'aller retirer le pli en temps utile. S'il le fait dans le délai de 15 jours durant lequel La Poste doit retenir le pli en question, la notification est réputée faite au jour du retrait (CE, 2 mai 1980, Ibazizene, requête numéro 18391, Rec., T., p. 831). Dans le cas contraire, la notification est réputée accomplie au jour de l'avis de passage de l'agent et non au jour de réexpédition du pli à l'administration (CE, 25 janv. 1967, Sieur Endewell, requête numéro 65323, Rec., p. 39 ; CE, 24 avr. 2012, Ministre de l'Intérieur, de l'Outre-mer, des Collectivités territoriales et de l'Immigration c. Brun, requête numéro 341146, Rec., T., p. 900).

477. Pour une illustration jurisprudentielle. Une décision d'espèce en dit parfois beaucoup. Un étranger en situation irrégulière, dont la chance n'est pas le mot qui le caractérise en toutes circonstances, fait l'objet d'un contrôle de police. Ses papiers d'identité sont alors confisqués. Il tombe malade par la suite et doit être hospitalisé. Durant cette période, notification lui est adressée, par recommandé avec accusé de réception, de l'arrêté de reconduite à la frontière pris à son encontre. De retour à son domicile, il découvre l'avis de passage du facteur. Se présentant au bureau de poste, on lui refuse la communication du pli... faute de papiers d'identité. Ce n'est qu'en se rendant à la préfecture qu'il pût obtenir notification verbale de l'arrêté. S'il avait été fait application des principes applicables, la forclusion aurait été opposable depuis bien longtemps. Le Conseil d'Etat en jugera autrement, estimant que la situation n'était pas du fait du requérant. Son recours a été jugé recevable (CE, 30 juill. 1997, Préfet des Yvelines c. Djalo, requête numéro 155651, Rec., p. 305).

478. Le contenu de la notification. En matière de notification, le juge administratif se montre plus exigeant à l'égard de l'administré qu'il ne l'est en matière de publication. Si la notification ne contient pas le texte même de la décision, il appartient alors à l'intéressé d'en demander communication dans le délai de deux mois, à peine de forclusion (CE, 6 déc. 1972, Sieur Tyrek, requête numéro 80155, Rec., p. 777). Le même principe s'applique aux transmissions incomplètes des actes au préfet au titre du contrôle de légalité (CE, 15 mai 2013, Office public de l'habitat de Nice et des Alpes-Maritimes, requête numéro 357031, Rec., T., pp. 458, 753 et 754).

2. La notification des voies et délais de recours

479. L'article R. 421-5 du code de justice administrative. Aux termes de l'article R. 421-5 du code de justice administrative, « les délais de recours contre une décision administrative ne sont opposables qu'à la condition d'avoir été mentionnés, ainsi que les voies de recours, dans la notification de la décision ». Il s'agit là d'une règle qui trouve ses origines dans le décret du 28 novembre 1983 et qui a été généralisée par la loi du 12 avril 2000. Cette obligation est posée dans l'intérêt du justiciable et elle est d'autant plus importante qu'est en jeu l'accès au juge dont le Conseil constitutionnel (Cons. const., décision numéro 96-373 DC du

9 avr. 1996, Loi portant statut d'autonomie de la Polynésie française, Rec. Cons. const., p. 43 ; AJDA 1996, p. 371, note O. Schrameck ; RDP 1996, p. 953, note F. Luchaire), le Conseil d'Etat (CE, 29 juill. 1998, Syndicat des avocats de France, requêtes numéros 188715, 189102, 189106, 189287, 189336, 189662, 189931, 189932 et 192004, Rec., p. 313 ; AJDA 1998, p. 1010, concl. R. Schwartz) et la Cour européenne des droits de l'Homme (CEDH, 16 déc. 1992, Geouffre de la Pradelle c. France, Série A, affaire numéro 12964/87 ; JDI 1993, p. 759, note P. Tavernier ; D. 1993, p. 561, note F. Benoît-Rohmer ; CEDH, 4 déc. 1995, Bellet c. France, affaire numéro 23805/94 ; JDI 1996, p. 263, note P. Tavernier ; RFDA 1996, p. 561, note M. Dreiffus) rappellent le caractère fondamental dans leurs jurisprudences respectives. A suivre l'énoncé de l'article R. 421-5 du code de justice administrative, seuls les destinataires de décisions expresses bénéficieraient du droit à connaître les voies et délais de recours. Il n'en est rien. En effet, les délais de recours sont opposables, en cas de décision implicite, lorsqu'un accusé de réception administratif a été initialement délivré à l'auteur de la demande, indiquant conjointement les conséquences du silence gardé par l'autorité administrative et les voies et délais de recours à respecter le cas échéant (CRPA, art. L. 112-12).

480. L'inapplicabilité partielle de l'article R. 421-5 du code de justice administrative aux tiers. L'article R. 421-5 du code de justice administrative ne bénéficie pas aux tiers entendant contester devant la juridiction une décision rendue sur recours gracieux ou hiérarchique octroyant une autorisation individuelle créant des droits au profit de leurs bénéficiaires (CE, Sect., avis, 15 juill. 2004, M. et Mme Damon, requête numéro 266479, Rec., p. 331, concl. J.-H. Stahl ; AJDA 2004, p. 1926, chron. C. Landais et F. Lenica ; Dr. adm. 2005, n° 1, p. 16, note P. Proot). Reste que les tiers peuvent être fondés à connaître les voies et délais de recours à l'encontre de décisions individuelles. C'est ainsi que le délai de recours à l'encontre d'un permis de construire ne court à l'égard des tiers qu'à la condition d'être affiché, conformément à l'article A. 424-17 du code de l'urbanisme, sur le terrain concerné (CE, 1er juill. 2010, Centre hospitalier de Menton - La Palmosa, requête numéro 330702, Rec., T., p. 1022).

481. Les conditions de la notification des voies et délais de recours. S'agissant des conditions de la notification des voies et délais de recours, le juge administratif ne verse pas dans un formalisme excessif et donc inutile. La décision peut mentionner elle-même les voies et délais de recours. Mais si l'administration ne saurait se contenter de renvoyer au texte législatif ou réglementaire organisant le délai (CAA Versailles, 29 mars 2011, André Callwaert, requête numéro 09VE02220), elle peut en revanche se contenter de renvoyer à une annexe accompagnant la décision (CE, 22 juill. 1994, Collini, requête numéro 126786, Rec., T., p. 1104). Il n'importe pas seulement que l'intéressé ait été informé des voies et délais de recours. Il est encore exigé qu'il en ait reçu effectivement une copie (CE, 11 déc. 2009, Centre hospitalier Montperrin, requête numéro 323483, Rec., T., p. 885). La difficulté peut alors résulter dans la preuve de cette notification. Il appartient au juge, le cas échéant, d'apprécier l'existence et le caractère suffisant de cette notification.

482. Pour un cas particulier. On évoquera ici une hypothèse dans laquelle le juge ne prend pas la peine de vérifier que la notification contenait l'indication des voies et délais de recours avant d'opposer la forclusion. Lorsqu'il s'est soustrait à la notification en mains propres, l'intéressé perd le bénéfice des dispositions de l'article R. 421-5 du code de justice administrative (CE, 10 mai 2017, Murviel, requête numéro 396279, Rec., T.). La solution doit logiquement être étendue à toute forme de soustraction. Elle mérite par ailleurs d'être approuvée.

483. Le contenu de la notification des voies et délais de recours. Le Conseil d'Etat a pu juger que l'autorité administrative devait indiquer les voies et délais de recours « possibles » (CE, Ass., 24 oct. 1997, Mme de Laubier, requête numéro 123950, Rec., p. 371 ; RFDA 1998, p. 527, concl. V. Pécresse ; AJDA 1998, p. 936, chron. T.-X. Girardot et F. Raynaud). Cette obligation a été restreinte depuis lors : il appartient seulement à l'autorité administrative de préciser devant quelle juridiction et dans quel délai le recours juridictionnel pourra être enregistré sans risquer la forclusion. Ainsi, mention doit être faite de ce que le litige doit être porté devant une juridiction administrative générale ou spécialisée (CE, 15 nov. 2006, Toquet, requête numéro 264636, Rec., T., p. 1002). Très logiquement, le juge administratif a pu également imposer à l'administration d'indiquer l'existence, le cas échéant, d'un recours administratif préalable obligatoire (CE, 27 juin 2005, Dufresnes, requête numéro 259368, Rec., p. 249 ; Dr. fisc. 2005, n° 38, concl. M.-H. Mitjavile et note F. Naïm) et les délais pour l'exercer (CE, 19 mai 2004, Jouve, requête numéro 248175, Rec., p. 234). Consacré par la loi n° 2011-525 du 17 mai 2011 de simplification et d'amélioration de la qualité du droit, ce principe est aujourd'hui codifié (CRPA, art. L. 412-3).

484. Les conséquences de l'absence de notification des voies et délais de recours. L'absence de notification des voies et délais de recours n'entache pas la décision administrative d'illégalité (par ex., CE, 28 déc. 2007, Mme Sakina B., requête numéro 298597). En revanche, cette omission s'oppose en principe à ce que le délai de recours commence à courir. Mais il ne s'agit plus là que du principe et il convient depuis peu de nuancer. En effet, dans le souci affiché de la sécurité juridique, l'assemblée du contentieux du Conseil d'Etat a jugé que l'absence de notification des voies et délais de recours ne doit plus faire obstacle à la forclusion lorsque, « en règle générale », un recours juridictionnel n'a pas été introduit un an après la notification de la décision administrative ou sa connaissance par un autre moyen ; suivant les circonstances de chaque espèce – et on peut déplorer une telle souplesse sur une question touchant à l'accès au juge – la forclusion pourra intervenir postérieurement à l'expiration de cette année, sans excéder un délai « raisonnable » (CE, Ass., 13 juill. 2016, M. Czabaj c. Ministre de l'Economie et des Finances, requête numéro 387763, préc.). L'irrecevabilité de la requête ne peut cependant être régulièrement soulevée d'office par le juge qu'après que ce moyen d'ordre public ait été livré à la contradiction, nonobstant la fin de non-recevoir fondée sur la tardiveté de larequête en application de l'article R. 421-1 du code de justice administrative (CE, 28 mars 2018, Maître D. agissant en qualité de liquidateur judiciaire de la société imprimerie Georges frères, requête numéro 410552, Rec., T.). De manière cohérente, ce qui accentue encore les effets de cette jurisprudence, le Conseil d'Etat a également appliqué le principe énoncé par la jurisprudence Czabaj :

- aux délais de recours en annulation contre les décisions expresses dont l'objet est purement pécuniaire, dont, conformément à une jurisprudence déjà ancienne (CE, Sect., 2 mai 1959, Ministre des Finances c. Lafon, Rec., p. 282), l'expiration fait obstacle à ce que soient présentées des conclusions indemnitaires ayant la même portée (CE, 9 mars 2018, Communauté de communes du pays roussillonnais, requête numéro 405355, Rec. T.) ;

- aux délais de recours en annulation contre les titres exécutoires, le délai raisonnable ne pouvant, en principe, excéder un an à compter de la date à laquelle le titre, ou à défaut, le premier acte procédant de ce titre ou un acte de poursuite a été notifié ou porté à la connaissance de l'intéressé (CE, 9 mars 2018, Communauté d'agglomération du pays ajaccien, requête numéro 401386, Rec., T.) ;

- à l'exercice des recours administratifs préalables obligatoires (CE, Sect., 31 mars 2017, Amar, requête numéro 389842, Rec.). Cette jurisprudence qui, au nom de la sécurité juridique, contrevient à la lettre du code de justice administrative est pour le moins critiquable. En admettant que, bien tardivement, le Conseil d'Etat ait découvert ici un principe général, qu'il n'a pas même pris le temps de mettre en exergue, son refus de faire rétroagir sa jurisprudence était-il opportun ? On nourrira un doute sérieux sur ce point…

485. Les conséquences de l'erreur dans la notification des délais de recours. L'erreur dans la notification des délais n'empêche pas ceux-ci de courir. Mais l'erreur doit profiter à l'administré. Ainsi, si le délai indiqué dans la notification est inférieur à celui organisé par les textes, le délai à retenir est celui qui aurait dû être notifié (CE, 22 oct. 2010, Thiver, requête numéro 339363, Rec., T., p. 893). On peut comprendre, dans ces conditions, que n'ait pas été jugée irrégulière, au point de rendre inopposables les délais, une notification n'ayant pas pris en compte les délais de distance (CE, 8 juin 1994, Mme Moumini, requête numéro 120198, Rec., p. 293 ; AJDA 1994, p. 729, concl. R. Abraham). En revanche, si le délai indiqué s'avère supérieur à celui prévu par les textes, ce délai notifié bénéficiera au requérant (CE, 8 janv. 1992, Masses, requête numéro 113114, Rec., T., p. 1204). Suivant la même logique, l'indication d'un point de départ erroné des délais profite à l'administré (CE, 29 mars 2000, Gluck, requête numéro 204611, Rec., T., p. 1150). L'erreur quant à la juridiction administrative générale compétente, comme le silence quant à la juridiction territorialement compétente d'ailleurs, n'a pas de conséquence sur le cours du délai (CE, 15 nov. 2006, Toquet, requête numéro 264636, préc.). Cela ne saurait surprendre et ne prête pas le flanc à la critique compte tenu de l'obligation de transmission imposée aux juridictions administratives générales, en application des articles R. 351-1 et suivants du code de justice administrative.

486. L'hypothèse de l'ambiguïté de la notification des voies et délais de recours. Suivant la même logique encore, l'ambiguïté de la notification des voies et délais de recours ne doit pas préjudicier à l'intéressé. Il a pu arriver qu'une notification ait été ambiguë, laissant croire par exemple en l'exigence d'un recours administratif préalable obligatoire alors que, précisément, il n'en était rien et que, pire encore, un recours administratif n'interromprait pas, par exception, le cours du délai. Dans un tel cas, la tardiveté de la requête due à l'exercice préalable d'un recours administratif n'a pas eu pour conséquence de priver le requérant de l'accès au juge (CE, 4 déc. 2009, Ministre de l'Immigration c. Hammou, requête numéro 324284, Rec., T., p. 781 et 884 ; AJDA 2010, p. 555, note P. Caille ; JCP adm. 2010, n° 1, p. 32, note L. Domingo). Encore faut-il alors que la tardiveté de la requête soit bien la conséquence de l'ambiguïté de la notification, ce qui explique que, dans une telle hypothèse, un recours administratif doit bien avoir été exercé (CAA Paris, 5 mai 2008, Nkongo Malumba, requête numéro 07PA03784).

II. Les exceptions à la condition de la divulgation de l'acte

487. Deux exceptions. Il existe deux exceptions à la condition de la divulgation, qui ne sont au demeurant pas sans filiation : la connaissance acquise (A) et la connaissance indirecte de l'acte (B).

A. La connaissance acquise

488. Deux types de connaissance acquise. Même lorsque les voies et délais de recours n'ont pas été notifiés au destinataire d'une décision, le délai de recours commence à courir dans certaines hypothèses dites de connaissance acquise. Il s'agit d'une exception prétorienne, dont le champ s'est cependant réduit au fil du temps mais qui ne cesse jamais d'être une menace pour les requérants. L'idée sur laquelle repose cette théorie est simple. Les voies et délais de recours doivent être portés à la connaissance des intéressés afin qu'ils puissent exercer leur droit au recours. Mais l'opposabilité de cette règle ne vaut que si elle est justifiée. Tel n'est plus le cas lorsqu'un acquéreur évincé attaque tardivement une décision de préemption alors que l'instruction révèle qu'il a adressé à la commune, entre la date de notification de la décision de préemption et la date de l'introduction de son recours, une demande de rétrocession de terrains préemptés, à laquelle était jointe une copie intégrale de la décision de préemption dans laquelle figurait l'indication selon laquelle elle était susceptible de recours devant le tribunal administratif dans les deux mois à compter de sa réception. Le Conseil d'Etat a jugé que l'acquéreur évincé devait être réputé connaître les voies et délais de recours à compter du jour où la commune a reçu cette demande de rétrocession (CE, 1er juill. 2009, Sté Holding JLP, requête numéro 312260, Rec., T., p. 886 ; AJDA 2009, p. 1848, concl.

A. Courrèges ; RDI 2009, p. 604, obs. P. Soler-Couteaux). Il s'agit ici d'un cas très particulier. Par-delà, et en principe, la connaissance acquise peut se manifester de deux manières. Il peut y avoir connaissance acquise lorsque l'intéressé exerce un recours juridictionnel (1) ou lorsqu'il a participé à l'adoption de la décision (2).

1. La connaissance acquise découlant de l'exercice d'un recours juridictionnel

489. Un recours nécessairement juridictionnel. Il était antérieurement jugé que l'exercice d'un recours administratif (CE, 2 mars 1994, Ville de Saint-Louis c. Mme Peters, requête numéro 135066, Rec., T., p. 1105) comme juridictionnel témoignait de la connaissance de la décision, ce qui rendait les délais de recours opposables. Par ses décisions Mme Mauline et Assistance publique – Hôpitaux de Paris du 13 mars 1998 (CE, Sect., 13 mars 1998, Mme Mauline et Assistance publique – Hôpitaux de Paris, requêtes numéros 120079, 175199 et 180306, Rec., pp. 80 et 81 ; AJDA 1998, p. 613, concl. J-D. Combrexelle ; RDP 1999, p. 759, étude P. Fraissex), le Conseil d'Etat a partiellement reconsidéré sa jurisprudence en jugeant que, dorénavant, dans le cas où l'obligation de notifier les voies et délais de recours n'a pas été respectée, seule l'introduction d'un recours juridictionnel devait être susceptible de faire courir le délai de recours. Ce revirement était le bienvenu, qui a opéré un découplage entre connaissance de la décision et connaissance des voies et délais de recours ouverts contre cette décision. Il y a là quelque chose de tout à fait logique : ce n'est pas parce qu'il connaît l'existence d'une décision qu'un administré est nécessairement au fait de la juridiction compétente pour en connaître et du délai pour la saisir. Les prescriptions de l'article R. 421-5 du code de justice administrative se trouvent nécessairement mieux respectées depuis lors.

490. L'état du droit positif. Comme cela vient d'être dit, seul l'enregistrement d'un recours juridictionnel était de nature à pallier le non-respect de l'article R. 421-5 du code de justice administrative, en donnant un point de départ au délai au terme duquel le débat contentieux sera cristallisé (par ex., CE, 25 mai 1994, SA Papeteries Philippe Berges, requête numéro 96662).

Trois séries de précisions s'imposent.

En premier lieu, la théorie de la connaissance acquise ne joue que si le recours juridictionnel est un recours au fond et dirigé contre la décision. Il doit s'agir d'un recours au fond : l'exercice d'un référé instruction, par exemple, tendant à préciser les conditions d'adoption d'une décision n'emporte pas connaissance acquise des délais de recours contre cette décision (CE, 8 juill. 2002, Hôpital local de Valence d'Agen, requête numéro 229843, Rec., p. 265 ; AJDA 2003, p. 42, obs. A. Clayes). Le recours au fond doit être dirigé contre la décision elle-même : la mention de la décision, dans une autre instance, n'emporte pas connaissance acquise (CE, 19 févr. 1993, Centre hospitalier général de Montmorency, requête numéro 90242, Rec., T., p. 946).

En deuxième lieu, le recours doit avoir été porté devant la juridiction compétente. Ni le recours ni la notification de la décision de rejet qui lui a été opposé ne sont de nature à faire courir le délai de recours à l'encontre de la décision litigieuse (CE, 25 mars 2016, Mission locale régionale de Guyane, requête numéro 387755, Rec., T.).

En troisième lieu, l'on doit rappeler que la jurisprudence Mauline ne s'applique qu'aux décisions concernées par l'article R. 421-5 du code de justice administrative. S'agissant donc des tiers aux décisions individuelles créatrices de droits, dès lors que l'article R. 421-5 ne leur est pas applicable (CE, Sect., avis, 15 juill. 2004, M. et Mme Damon, requête numéro 266479, préc.), l'exercice d'un recours administratif doit faire courir le délai du recours contentieux, autant que la communication intégrale de la décision (CE, 11 avr. 2008, Sté Défi France, requête numéro 307085, Rec., T., p. 850 ; JCP adm. 2008, 2160, note B. Pacteau).

Mais il convient aujourd'hui de s'interroger sur la rigueur de cette jurisprudence Mauline. En effet, le Conseil d'Etat a bien pu redonner un nouveau souffle à la théorie de la connaissance acquise en énonçant que la date où il est établi que le requérant a eu connaissance de la décision fait courir le délai de principe d'un an au-delà duquel il est susceptible, suivant les circonstances, de se voir opposer la forclusion (CE, Ass., 13 juill. 2016, M. Czabaj c. Ministre de l'Economie et des Finances, requête numéro 387763, préc.).

2. La connaissance acquise découlant de la procédure d'adoption d'une décision

491. Une jurisprudence sévère. Les membres des assemblées délibérantes sont réputés avoir connaissance des décisions adoptées par celles-ci. Il s'agit d'une très ancienne jurisprudence que le temps n'a pas érodée (CE, 4 août 1905, Martin, requête numéro 14220, préc.). Peu importe ici qu'il s'agisse d'une assemblée élue (CE, 13 juin 1986, Toribio et Bideau, requête numéro 59578, Rec., p. 161 ; AJDA 1986, p. 503, concl. M. Roux) ou du conseil d'administration d'un établissement public par exemple (CE, 28 nov. 1986, Syndicat national des inspecteurs et des cadres administratifs du service national des examens du permis de conduire, requête numéro 43599). L'essentiel est qu'il s'agisse d'un organisme collégial au sein duquel le requérant a été régulièrement convoqué (CE, 27 sept. 2000, Fabre, requêtes numéros 189006, 190389 et 193119, Rec., T., p. 1150 ; AJFP 2001, p. 21, note C. Moniolle) pour participer effectivement au travail d'adoption de la décision (CE, Sect., 27 juill. 2005, Millon, requête numéro 259004, Rec., p. 336 ; BJCL 2005, p. 636, concl. E. Glaser ; AJDA 2005, p. 2462, note L. Janicot ; LPA 2006, n° 131, p. 12, note O. Gabarda), sans qu'il soit même besoin qu'il ait été présent à la séance (CE, 24 mai 1995, Ville de Meudon, requêtes numéros 150360 et 153859, Rec., p. 208 ; BJDU 1995, p. 291, concl. G. Bachelier) ni qu'il ait eu une connaissance suffisante du contenu de l'acte (CE, 27 oct. 1989, de Peretti c. Commune de Sarlat, requête numéro 70549, Rec., T., p. 840). Cependant, et très logiquement, la théorie de la connaissance acquise ne va pas jusqu'à s'appliquer à la commune membre d'un établissement public de coopération intercommunale, alors même que ses représentants ont participé à l'adoption de la délibération litigieuse (CE 31 mars 2008, Syndicat intercommunal à vocation unique pour le plan d'aménagement du Sundgau, requête numéro 297961, AJDA 2008, p. 1545, note M. Verpeaux).

492. Par exception au principe exposé. La connaissance n'est pas acquise par la seule participation à l'élaboration de l'acte, lorsque celui-ci doit, par application d'un texte, faire l'objet d'une publication au Journal officiel de la République Française (CE, 14 mai 1993, Union pour la défense des radios locales privées, requête numéro 95042, Rec., p. 156 ; RFDA 1994, p. 756, concl. F. Scanvic) ou être notifié au requérant, fût-il membre de l'organe collégial (CE, 28 juill. 1995, Caisse primaire d'assurance maladie de Montpellier, requête numéro 127568, Rec., T., p. 963).

B. La connaissance indirecte

493. Le Conseil d'Etat maintiendra… La connaissance indirecte n'est rien d'autre qu'une variante de la connaissance acquise. Ici, la divulgation d'une décision va mettre l'administré en mesure de connaître l'existence d'un acte antérieur et faire ainsi courir le délai de recours contre ce dernier. Ainsi, la publication d'un arrêté élevant un fonctionnaire au 3ème échelon de la 1ère classe implique nécessairement l'existence d'un arrêté l'ayant élevé au 2ème échelon (CE, Sect., 25 juin 1954, Sieurs Fabre et Mercier, requêtes numéros 19781 et 19829, Rec., p. 383). La notification d'un décret plaçant un officier en position de disponibilité implique nécessairement l'existence d'un décret l'ayant relevé de son commandement (CE, Sect., 23 juin 1967, Sieur Mirambeau, requête numéro 55068, Rec., p. 272). La mention dans une décision rendue sur recours, de la décision de radiation d'un ordre professionnel, fait courir le délai de recours au plus tard à partir de la date de notification de la seconde décision (CE, 27 juill. 2009, Bassano, requête numéro 306245, Rec., T., p. 886 ; Dr. adm. 2009, comm. 137, note M. Guyomar). La connaissance indirecte semble ne devoir jouer qu'à la condition que la décision révélée et la condition qui révèle soient de même nature et relèvent des mêmes délais de recours (en ce sens, M. Guyomar, note sous CE, 27 juill. 2009, Bassano, requête numéro 306245, préc.). En outre, le délai de recours est prorogé lorsque l'intéressé forme une demande de communication auprès de l'administration de la décision dont il a eu connaissance indirecte (CE, 7 août 2008, Peter, requête numéro 288408, Rec., T., p. 850). Le maintien dans le droit positif d'une telle construction jurisprudentielle témoigne de la volonté du Conseil d'Etat de placer des limites au formalisme de la divulgation de l'acte. Reste que les intéressés se voient reconnaître par le Conseil d'Etat un « don de divination » (R. Chapus, Droit du contentieux administratif, préc., p. 637), ce qui est regrettable à une époque où la théorie de la connaissance acquise a marqué un net recul.

§ 2 - Les causes d'interruption du délai de recours

494. La contrepartie à la brièveté des délais. La brièveté des délais de recours est compensée par la faculté d'interrompre le délai, non seulement par l'exercice d'un recours administratif préalable (I), par l'organisation d'une médiation (II) mais encore compte tenu de certaines autres causes d'interruption (III).

I. L'exercice d'un recours administratif préalable

495. Un souci de cohérence. En principe, l'administré dispose de la faculté d'exercer, avant toute contestation devant la juridiction, un recours administratif. Le recours administratif peut également, en emportant les mêmes effets, être exercé par une autre personne que l'intéressé, à condition toutefois de pouvoir justifier d'un mandat (CE, Sect., 11 févr. 1983, Ministre du Travail et de la Participation et a., requêtes numéros 19992 et 20048, Rec., p. 63) exprès (CE, avis, 7 mai 1997, Mme Bathily, requête numéro 184499, Rec., T., pp. 850 et 990).

La possibilité d'exercer un recours administratif préalable à tout recours juridictionnel est un principe général du droit (CE, Sect., 30 juin 1950, Queralt, requête numéro 99882, Rec., p. 413 ; D.S. 1951, p. 246, concl. Delvolvé ; S. 1951, 3, 85, notes J.-M. Auby et P. de Font-Réaulx) procédant de l'idée classique et non moins actuelle que le recours administratif est un moyen de combattre efficacement l'engorgement des juridictions, comme en témoigne encore la promotion contemporaine des cas de recours administratifs préalables obligatoires. Bien évidemment, l'incitation faite aux administrés de s'adresser d'abord à l'auteur de l'acte, à son supérieur hiérarchique ou à une autorité de tutelle, ne saurait utilement prospérer si cette action devait rendre tardif et donc irrecevable le recours juridictionnel ultérieur.

Il est donc cohérent que, en principe, l'exercice d'un recours administratif interrompt le cours du délai de recours contentieux (CE, 13 avr. 1881, Bansais, *Rec.,* p. 431, concl. G. Le Vavasseur de Précourt ; CE, 12 janv. 1917, Marchelli, requête numéro 51008, Rec., p. 42). Le principe a aujourd'hui valeur législative (CRPA, art. L. 411-2 al. 1er), ce qui explique encore que le Conseil d'Etat ait jugé que la demande adressée au préfet et tendant à ce qu'il défère un acte d'une collectivité territoriale interrompt également le délai du recours jusqu'à sa réponse (CE, Sect., 25 janv. 1991, Brasseur, requête numéro 80969, Rec., p. 23, concl. B. Stirn). Encore faut-il, en toute hypothèse, que le recours administratif soit rédigé en langue française (CRPA, art. L. 111-1) et qu'il soit exercé dans le délai de recours juridictionnel, étant précisé qu'il s'agit également pour lui d'un délai franc (CE, 19 sept. 2014, Sté Ortec Meca, requête numéro 362568, Rec., T., pp. 781 et 889). On précisera encore que, c'est logique, le recours administratif ne proroge le délai du recours juridictionnel que dans les limites des conclusions contenues dans la demande adressée à l'autorité administrative (CE, 9 mai 1980, Veyrier, requête numéro 17647, Rec., p. 221 ; D. 1980, p. 416, concl. B. Genevois).

Le délai de recours repart de zéro à compter de la notification de la décision expresse intervenue sur recours ou de la naissance de la décision implicite, y compris lorsque le recours gracieux a été exercé par un syndicat au nom du demandeur, à la condition toutefois que le mandat soit exprès (CE, 23 janv. 2013, Commune de Cran Gevrier, requête numéro 347929, Rec., T., pp. 671 et 756). Rien n'impose cependant, sauf texte spécial en disposant autrement, que ce mandat exprès soit écrit et, si l'existence d'un mandat verbal ne saurait être déduite des seuls termes du recours administratif, il appartient au juge d'apprécier, au vu des circonstances de chaque espèce, si un tel mandat a pu être donné (CE, 19 juill. 2017, M. Bennett et SCI La Sauvagine, requête numéro 402185, Rec., T.). En revanche, il résulte des termes de l'article L. 127-1 du code des assurances qu'un assureur au titre de la protection juridique, peut présenter un recours administratif au nom de son assuré, par l'un de ses préposés, sans être tenu de produire un mandat exprès de l'assuré ni une délégation de signature à son préposé (CE, 7 juin 2018, Ministre de l'Agriculture et de l'Alimentation c. Mme D., requête numéro 412744, Rec., T.).

496. En matière d'autorisations d'urbanisme. Le recours administratif n'est pas un recours juridictionnel. Il n'en comporte pas moins une dimension contentieuse. En outre, son exercice étant interruptif de forclusion, il emporte des effets sur la situation des bénéficiaires de la décision litigieuse. Il est dès lors logique que l'article R. 600-1 du code de l'urbanisme applique l'obligation de notifier les recours administratifs aux titulaires des autorisations d'urbanisme contestées. Le non-respect de cette obligation n'interrompt pas le délai de recours (CE, Sect., avis, 1er mars 1996, Association Soisy Etiolles Environnement, requête numéro 175126, Rec., p. 60 ; RFDA 1996, p. 1022, concl. J.-C. Bonichot ; BJDU 1996, p. 51, concl. J.-C. Bonichot ; AJDA 1996, p. 513, chron. D. Chauvaux et T.-X. Girardot) et un second recours administratif, dans le même délai, est alors sans effet (CE, avis, 6 juill. 2005, Mme Corcia et Association des riverains des Hespérides et du Mourre-Rouge « A la pointe », requête numéro 277276, Rec., p. 307 ; BJDU 2005, p. 284, concl. F. Donnat ; AJDA 2005, p. 2138, note A. Izembard).

497. Recours administratif sur recours administratif ne vaut. Cette faculté laissée à l'administré d'exercer un recours administratif ne doit pas être l'occasion pour lui de différer par trop le moment où la décision administrative deviendra définitive. En conséquence, seul le premier recours administratif a pour effet d'interrompre l'écoulement du délai de recours (CE, 16 mai 1980, SA Clinique Sainte-Croix, requête numéro 14022, Rec., p. 231). Il s'agit d'un principe général (CE, 27 févr. 1935, Séguéla et a., requêtes numéros 28348 et 28557, Rec., p. 249). Il est d'ailleurs ici plus juste de dire que seul le premier délai de recours contentieux peut être interrompu. En effet, le Conseil d'Etat a admis que puissent être introduits, dans le même délai, concurremment un recours gracieux et un recours hiérarchique. Dans cette hypothèse, le délai de recours recommence à courir à compter de l'intervention de la plus tardive des deux réponses (CE, 7 oct. 2009,

Ouahrirou, requête numéro 322581, Rec., p. 358 ; AJDA 2009, p. 2234, note Y. Struillou), la règle étant aujourd'hui législative (CRPA, art. L. 411-2 al. 2).

498. La négation du caractère interruptif de certains recours administratifs. Il existe des domaines pour lesquels l'exercice d'un recours administratif n'interrompt pas le délai du recours contentieux.

Tel est le cas, en premier lieu, lorsque le législateur ou le pouvoir réglementaire écartent expressément ou implicitement un tel effet. Par exemple, les délais de recours contentieux ne sont pas prorogés par l'exercice d'un recours administratif en matière d'obligation de quitter le territoire français et d'interdiction de retour sur le territoire français (CJA, art. R. 776-5).

Tel est le cas, en second lieu, lorsque la procédure d'adoption d'une décision organise une procédure particulière de contestation de la décision (CE, Sect., 10 juill. 1964, Centre médico-pédagogique de Beaulieu, requête numéro 60408, Rec., p. 399 ; S. 1964, Jur. 300, concl. Rigaud ; CE, Sect., 13 juin 1969, Ministre des Armées c. Bussy, requête numéro 75696, Rec., p. 309 ; D. 1969, p. 482, note Chevallier ; CE, Sect., 21 déc. 2007, Groupement d'irrigation des Prés de la forge et autres, requête numéro 280195, Rec., p. 543 ; RFDA 2008, p. 541, concl. M. Guyomar ; JCP adm. 2008, n° 7, p. 26, note F.-X. Millet ; JCP adm. 2008, n° 8, p. 30, note P. Billet ; Dr. adm. 2008, n° 3, p. 36, note F. Melleray ; RJEP 2008, p. 21, concl. M. Guyomar). C'est ainsi que l'exercice d'un recours gracieux ne conserve pas le délai de l'action en reprise des relations contractuelles (CE, 30 mai 2012, SARL Promotion de la restauration touristique, requête numéro 357151, Rec., p. 237 ; AJDA 2012, p. 1593, note A. Dizier ; BJCP 2012, p. 443, concl. N. Escaut).

En revanche, le délai de recours contre une décision de retrait d'une autorisation d'utiliser une fréquence sans mise en demeure préalable peut être interrompu par l'exercice d'un recours administratif, eu égard à la mission confiée par la loi à l'autorité de régulation (CE, Sect., 30 mars 2016, Sté Diversité TV France, requête numéro 395702, Rec., p. 114). Le recours gracieux devant l'Office national d'indemnisation des accidents médicaux, des affections iatrogènes et des infections nosocomiales est également interruptif, indépendamment du fait que la procédure d'indemnisation des contaminations par la voie transfusionnelle est spécifique (CE, 10 mai 2017, Office national d'indemnisation des accidents médicaux, des affections iatrogènes et des infections nosocomiales (ONIAM), requête numéro 392312, Rec., T.). Il en va de même, et en dépit des hésitations bien compréhensibles des juridictions du fond (par ex., CAA Bordeaux, 3 juin 2008, Peny, requête numéro 07BX00065 ; CAA Douai, 18 oct. 2007, Communauté d'agglomération de l'Artois, requête numéro 06DA00847 ; CAA Lyon, 7 avr. 2009, Devaux, requête numéro 07LY01263), de l'introduction d'un recours administratif contre un titre exécutoire pris par une collectivité territoriale ou un établissement public local (CE, 24 juin 2009, Communauté d'agglomération de Bourges, requête numéro 297636, Rec., p. 235 ; JCP adm. 31 août 2009, p. 22, note G. Pellissier ;

JCP adm. 21 sept. 2009, p. 30, note L. Erstein). Le Conseil d'Etat a encore eu l'occasion d'infirmer la solution retenue par les juges d'appel, et préciser que le recours administratif exercé par le destinataire d'une décision prise en matière de pensions militaires d'invalidité proroge le délai du recours juridictionnel (CE, 17 mars 2017, M. Sadok, requête numéro 392162, Rec., T.).

Les éléments qui précèdent montrent bien que l'erreur du requérant est parfois compréhensible. Ce n'est certes pas, après tout, une obligation sacrée que de prévoir un effet interruptif à tout recours administratif. Mais la critique s'impose néanmoins en ce que l'autorité administrative n'est pas tenue d'alerter les administrés, dans les notifications de leurs actes, du caractère non-interruptif de l'exercice de ces recours administratifs préalables (par ex., en matière d'installations classées, CAA Nancy, 31 déc. 1997, Société de réparation des wagons foudres de Touraine, requête numéro 94NC00364, Rec., T., p. 951), le silence étant parfois de nature à piéger l'intéressé. La cohérence de l'ensemble y gagnerait à imposer à l'autorité administrative d'indiquer dans la notification de la décision, le cas échéant, l'absence d'effet interruptif du recours administratif.

II. L'organisation d'une médiation par les parties

499. Le principe de la médiation à l'initiative des parties. Conformément à l'article L. 213-5 du code de justice administrative issu de la loi n° 2016-1547 du 18 novembre 2016, les parties peuvent organiser une médiation en dehors de toute procédure juridictionnelle. Elles peuvent désigner, à cette fin, le ou les médiateurs. Elles peuvent également demander au président du tribunal administratif ou de la cour administrative d'appel territorialement compétent, par une décision insusceptible de recours, d'organiser la médiation et/ou désigner le ou les médiateurs.

500. L'effet interruptif des délais de recours par la médiation. La faculté ainsi reconnue aux parties d'organiser ou de faire organiser une médiation participe de la volonté de promouvoir les modes alternatifs des litiges. Cette faculté perdrait l'essentiel de son intérêt si la mise en œuvre d'une médiation n'emportait pas corrélativement interruption des délais de recours contentieux. De manière parfaitement cohérente donc, l'article L. 213-6 du code de justice administrative dispose que « les délais de recours contentieux sont interrompus (…) à compter du jour où, après la survenance d'un différend, les parties conviennent de recourir à la médiation ou, à défaut d'écrit, à compter du jour de la première réunion de médiation ». Suivant la même disposition, les délais de recours contentieux « recommencent à courir à compter de la date à laquelle soit l'une des parties ou les deux, soit le médiateur déclarent que la médiation est terminée ».

501. S'agissant des recours administratifs postérieurs à la médiation. Suivant un raisonnement qui procède d'une logique similaire à celle retenue en matière de succession de recours administratifs, le pouvoir réglementaire a décidé de ne pas conférer d'effet interruptif des délais de recours contentieux aux recours gracieux ou hiérarchiques postérieurs à une tentative de médiation, sauf à ce qu'il s'agisse d'un recours administratif préalable obligatoire (CJA, art. R. 213-4)

III. Les autres causes d'interruption du délai de recours

502. La saisine d'une juridiction incompétente. Admise de longue date (CE, 25 mai 1928, Reynaud, requêtes numéros 93917 et 93918, Rec., p. 688 ; S. 1928, 3, p. 81, note M. Hauriou ; D. 1928, 3, p. 55, note J. Appleton), l'hypothèse de l'interruption de forclusion attachée à la saisine d'une juridiction incompétente a un intérêt nettement moins marqué aujourd'hui que par le passé. En effet, le cas de figure est devenu rare dès lors que pèse, sur les autorités administratives, l'obligation de notifier les voies et délais de recours à l'encontre des décisions individuelles (*supra* n°s 479 et s.) et que, surtout, une obligation de transmission interne pèse sur les juridictions administratives générales (*supra* n° 295). Reste que la situation peut encore se présenter aujourd'hui, le requérant pouvant avoir saisi, à tort, une juridiction administrative spécialisée, une juridiction judiciaire (CE, Sect., 20 déc. 1929, Bellapart, requêtes numéros 90863 et 96477, Rec., p. 1163), ou encore une juridiction étrangère (CE, Sect., 31 janv. 1958, Vally, Rec., p. 58 ; RPDA 1958, 3, concl. B. Tricot).

Afin que le délai de recours juridictionnel soit conservé, deux conditions doivent logiquement être satisfaites. En premier lieu, la juridiction incompétente doit avoir été saisie dans le délai de recours (CE, Sect., 24 janv. 1958, Méallet, Rec., p. 43 ; D. 1958, p. 326, concl. J. Guionin ; AJDA 1958, II, p. 90, chron. J. Fournier et G. Braibant). En second lieu, le recours porté devant la juridiction incompétente doit avoir le même objet que celui du recours qui sera, à terme, porté devant la juridiction administrative compétente (CE, 9 mai 1957, Veuve Paturel, Rec., T., p. 1014).

Le délai de recours recommence à courir à compter de la notification – régulière (CE, 13 nov. 1964, Guivel, Rec., p. 538) – du jugement d'incompétence (CE, Sect., 20 déc. 1929, Bellapart, requêtes numéros 90863 et 96477, préc.), de la notification de la décision du Tribunal des conflits (CE, Sect., 16 oct. 1936, Union coopérative du sud-ouest, requête numéro 39092, Rec., p. 882), du donné acte du désistement (CE, 26 nov. 1931, Brisset, requête numéro 3435, Rec., p. 1034) ou, dans l'hypothèse où l'action était portée devant la juridiction judiciaire, de la signification à l'administration de ce donné acte (CE, 21 avr. 1961, Michol, Rec., p. 254).

503. La demande d'aide juridictionnelle. Une demande d'aide juridictionnelle a, en principe, pour effet d'interrompre le délai de recours, y compris lorsqu'elle est adressée directement à une juridiction, laquelle doit alors la transmettre au bureau d'aide juridictionnelle compétent (CE, avis, 6 mai 2009, Khan, requête numéro 322713, Rec., p. 187). Il en va de même, depuis le décret n° 2001-512 du 14 juin 2001 relatif à l'aide juridique, du recours régulièrement exercé contre la décision de refus de l'octroi de cette aide juridictionnelle (CE, 22 mars 2006, Esnault, requête numéro 278974, Rec., T., p. 1004). Il a été précisé que le caractère interruptif des délais s'applique à l'ensemble des instances engagées devant les tribunaux administratifs et quelles que soient les voies de recours ouvertes contre leur jugement (CE, Sect., avis, 28 juin 2013, Davodi, requête numéro 363460, Rec., p. 186). Le Conseil d'Etat a cependant précisé qu'aucun texte ni aucun principe n'implique que le délai de recours contentieux interrompu par une demande d'aide juridictionnelle ne recommence à courir qu'à la condition que le demandeur en soit préalablement informé (CE, 5 oct. 2015, M. Romain, requêtes numéros 387048 et 388295, Rec., T., pp. 797 et 820). La jurisprudence postérieure permet de douter de la pérennité de cette solution (CE, 28 déc. 2016, M. Emma, requête numéro 397598, Rec., T.).

Un texte peut prévoir, par exception, que la demande d'aide juridictionnelle n'interrompt pas le délai de recours. Tel est le cas en application de l'article R. 776-5 du code de justice administrative aux termes duquel « les délais de quarante-huit heures mentionnés aux articles R. 776-2 et R. 776-4 et les délais de quinze jours mentionnés aux articles T. 776-2 et R. 776-3 ne sont susceptibles d'aucune prorogation » (voir, par ex., CE, 12 juill. 2017, Mme N., requête numéro 410186, Rec., T.). L'administration n'est pas tenue, dans la notification de la décision, d'avertir l'intéressé de l'existence de cette exception (CE, avis, 16 oct. 2017, M. Akanbi, requête numéro 411169, Rec., T.).

504. La demande de désignation d'un avocat au Conseil d'Etat. Compte tenu de ce qui vient d'être exposé en matière d'aide juridictionnelle, on ne peut se surprendre de ce que le délai de recours soit également interrompu lorsque le président de l'Ordre des avocats au Conseil d'Etat et à la Cour de cassation a été saisi par une personne qui n'a obtenu l'accord d'aucun avocat pour présenter une requête devant le Conseil d'Etat et qui sollicite la désignation d'un tel mandataire (CE, Sect., 22 avr. 2005, Magerand, requête numéro 257406, Rec., p. 158 ; AJDA 2005, p. 1459, chron. C. Landais et F. Lenica ; RFDA 2005, p. 679, note P. Terneyre et p. 1151, note C. Mayeur-Carpentier ; D. 2005, p. 2200, note T. Giraud). Il s'agit, ici encore, de garantir l'accès au prétoire que les délais de recours ne doivent pas indûment compromettre.

505. Une demande d'expertise. Le Conseil d'Etat déniait au référé expertise tout effet interruptif de forclusion (CE, 27 sept. 1989, Guerreiro, requêtes numéros 81628 et 81130, Rec., p. 175 ; AJDA 1990, p. 188, note X. Prétot) avant qu'il ne reconsidère sa jurisprudence, se conformant en cela à la lettre de l'article 2244 du code civil, et qu'il ne considère, initialement en matière de garantie décennale des constructeurs (CE, avis, 22 juill. 1992, Commune de Marcilly-sur-Eure, requête numéro 136332, Rec., p. 305 ; CJEG 1993, p. 176, note F. Moderne), puis en matière de responsabilité hospitalière (CE, 13 mars 2009, Mme Vera, requête numéro 317567, Rec., p. 103) – il faut donc estimer que l'ensemble du contentieux administratif est en réalité concerné –, que l'exercice d'un référé tendant à ce qu'il soit ordonné une expertise interrompt le délai de recours contentieux, lequel court de nouveau à compter de la notification au requérant du rapport d'expert ou de l'ordonnance rejetant la demande d'expertise (CE, 13 mars 2009, Mme Vera, requête numéro 317567, préc.). Evidemment, le délai de recours n'est interrompu que pour autant que le référé est exercé en vue d'établir les causes du dommage.

506. S'agissant de l'exercice d'une action collective. L'action de groupe suspend la forclusion des actions individuelles résultant des manquements constatés par le juge, et le délai recommence à courir, pour une durée qui ne peut être inférieure à six mois, à compter de la date à laquelle le jugement n'est plus susceptible d'appel ou de cassation, ou à compter de la date d'homologation de l'accord (CJA, art. L. 77-10-18). On insistera ici sur le fait qu'il ne s'agit que d'une suspension et non d'une interruption des délais de recours.

En revanche, l'action en reconnaissance de droits interrompt le délai de recours à l'égard de chacune des personnes susceptibles de se prévaloir des droits dont la reconnaissance est demandée, ce délai ne recommençant à courir qu'à compter de la publication, dans des conditions fixées par décret en Conseil d'Etat de la décision, passée en force de chose jugée, statuant sur l'action (CJA, art. L. 77-12-2 al. 1er). L'introduction d'une nouvelle action en reconnaissance de droits n'aura pas d'effet interruptif (CJA, art. L. 77-12-2 al. 2).

Sous-section 3 - Les conséquences de l'expiration du délai de recours

507. Une alternative. L'expiration du délai de recours emporte deux conséquences alternatives : soit la requête ne peut plus être introduite en raison de la forclusion du requérant (§ 1), soit la requête a été introduite dans les délais et le débat contentieux se trouve alors cristallisé (§ 2).

§ 1 - La forclusion du requérant

508. Une requête irrecevable. La sanction de la forclusion du requérant est simple et brutale : sa requête est irrecevable. La décision administrative devient définitive. Une nouvelle décision, confirmative, sera toute autant insusceptible de recours (par ex., CE, 9 juin 2010, Vintzel, requête numéro 309145, Rec., T., p. 893). Le requérant forclos à l'encontre d'une décision réglementaire pourra néanmoins demander son abrogation à l'autorité administrative compétente, sur le fondement de l'article L. 243-2 du code des relations entre le public et l'administration et, le cas échéant, attaquer la décision de rejet opposée à cette demande, étant toutefois précisé que, à la suite d'un revirement récent de jurisprudence, les moyens tirés d'un vice de procédure ou d'un vice de forme affectant l'acte réglementaire litigieux sont devenus inopérants (CE, Ass., 18 mai 2018, Fédération des finances et des affaires économiques de la CFDT, requête numéro 414583, Rec. ; AJDA 2018, p. 1206, chron. S. Roussel et C. Nicolas). Mais ceci ne constitue pas une dérogation à la règle des délais. Ici, il s'agira d'une nouvelle décision à ce titre susceptible de recours, qui n'emportera d'effets que pour l'avenir. Il sera également possible à l'intéressé de contester par voie d'exception un acte réglementaire contre lequel il n'a pas exercé de recours, à l'occasion d'une contestation dirigée contre une décision individuelle prise en application de cet acte (CE, Sect., 19 févr. 1967, Sté des Etablissements Petitjean et a., requêtes numéros 59125, 59126 et 59323, Rec., p. 63 ; RTDE 1967, p. 681, concl. N. Questiaux). Mais alors, la sanction éventuelle consistera dans une déclaration d'illégalité et non en une annulation, et l'autorité de la chose jugée n'en sera que relative (par ex., CE, 3 juill. 1996, Ministre de l'Equipement, du Logement, des Transports et de la Mer c. Sté ABC Ingineering, requête numéro 112171, Rec., p. 259).

509. Une irrecevabilité non régularisable. Lorsque la requête n'a pas été enregistrée dans le délai de recours, la décision administrative est définitive. Ne pouvant donner lieu par la force des choses à régularisation, l'irrecevabilité de la requête procédant de sa tardiveté peut être constatée par le juge au moyen d'une ordonnance prise sur le fondement de l'article R. 122-12 ou R. 222-1 du code de justice administrative.

510. L'intervention. Il convient de préciser ici que la forclusion du requérant ne le prive pas toujours de la possibilité de discuter la légalité de la décision devant la juridiction. Si une action a été intentée par une autre personne, le requérant forclos dispose toujours de la faculté d'intervenir à l'instance. Cette situation est moins confortable car la situation de l'intervenant dépend de celle du requérant et un désistement de ce dernier, par exemple, mettra fin à l'instance indépendamment de la volonté de l'intervenant (*supra* n° 376).

511. Le relèvement de forclusion. L'hypothèse est rare mais elle existe : le législateur peut décider un relèvement de forclusion qui autorise les requérants à attaquer des décisions pour lesquelles le délai de recours a expiré. Les relèvements de forclusion interviennent souvent – pour les quelques exemples connus – en réponse aux difficultés à saisir le juge que les circonstances ont occasionné. Par exemple, la loi du 31 juillet 1968 est intervenue en réaction aux troubles de mai 1968 et la loi du 27 décembre 1974 a été adoptée pour tenir compte de la grève prolongée des postes. Mais ces circonstances ne sont pas toujours le moteur du législateur. La loi du 16 juillet 1987 a ainsi rouvert les délais de recours aux rapatriés d'outre-mer afin qu'ils présentent leurs demandes d'indemnisation.

§ 2 - La cristallisation du débat contentieux

512. L'irrecevabilité de certaines requêtes. Alors même qu'elles auraient été introduites dans le délai du recours, certaines requêtes deviendront irrecevables à compter de l'expiration du délai. Il s'agit ici des requêtes ne comportant aucun moyen ou aucune conclusion, au mépris de l'article R. 411-1 du code de justice administrative (par ex., CE, 31 mars 1999, Sté Malet et Sté Grégory, requête numéro 178397).

513. Le rejet des conclusions nouvelles. Il est classiquement dit que l'expiration du délai de recours fait obstacle à ce que le requérant formule certaines nouvelles conclusions. Il faut en réalité distinguer.

Certaines conclusions ne sauraient effectivement être présentées une fois le délai de recours expiré, parce qu'elles constitueraient un contentieux distinct. Ainsi, sont irrecevables, après l'expiration du délai de recours, des conclusions :

- dirigées contre une autre décision que la décision initialement attaquée (CAA Nancy, 4 août 2006, Rodi, requête numéro 04NC00968) ;

- tendant à l'annulation totale de l'acte là où la requête concluait à l'annulation partielle (CE, 25 mai 1994, SA Papeteries Philippe Berges, requête numéro 96662, préc.) ;

- qui auraient pour effet de déplacer le contentieux, initialement situé du le terrain de l'excès de pouvoir, sur celui de la pleine juridiction (CAA Versailles, 23 oct. 2014, Gannier, requête numéro 12VE04155).

On précisera ici que la demande adressée au juge tendant à réduire le contentieux n'est pas considérée comme une conclusion nouvelle mais doit plutôt être appréhendée comme une forme de désistement partiel (même si celui-ci ne dit pas son nom). Une telle demande ne sera pas irrecevable (CE, 24 déc. 1915, Serve, requête numéro 39998, Rec., p. 309).

Certaines nouvelles conclusions peuvent être formulées à tout moment. Il importe cependant que les conclusions nouvelles présentent un lien suffisant avec les conclusions initiales.

C'est le cas notamment :

- des demandes d'injonction fondées sur les articles L. 911-1 et L. 911-2 du code de justice administrative (CE, 29 oct. 2012, Mme Jarry, requête numéro 332387) ;

- des conclusions portant sur des éléments de rémunération différents de ceux initialement invoqués mais qui conservent un lien suffisant avec eux (CE, 21 mars 2011, Commune des Saintes-Maries-de-la-Mer, requête numéro 339062, Rec., T., p. 1094).

On mesure néanmoins l'importance du délai qui, une fois expiré, s'oppose à ce que le demandeur modifie ses prétentions. Il en va différemment du défendeur qui, en pleine juridiction, peut former ultérieurement des conclusions reconventionnelles.

514. La fermeture des causes juridiques non ouvertes dans le délai de recours. La prise en compte des délais de recours ne saurait valoir pour la seule question de la recevabilité de la requête. L'issue du litige dépend également de l'ouverture, dans le délai de recours, des causes juridiques pertinentes. C'est redoutable et discutable. En effet, c'est une chose d'exiger du requérant qu'il sache ce qu'il veut obtenir au moment de saisir le juge. C'en est une autre d'attendre de lui qu'il soit en mesure d'identifier, dans un court laps de temps, les causes juridiques dans lesquelles il doit se placer pour obtenir satisfaction. Et ceci est encore plus vrai dans le contentieux de pleine juridiction, le juge appréciant la légalité de l'acte en se plaçant au jour où il statue. On précisera que, une fois la cause juridique ouverte, l'ensemble des moyens procédant de celle-ci peut être soulevé à tout moment jusqu'à la clôture de l'instruction sauf à ce qu'une ordonnance de cristallisation des moyens n'intervienne sur le fondement de l'article R. 611-7-1 du code de justice administrative (*infra* n° 555).

515. Bibliographie indicative.

X. Cabanes, « La théorie de la connaissance acquise ou la peau de chagrin », RDP 2000, pp. 1745 et s.

A. Desrameaux, « L'information indirecte : une variante de la théorie de la connaissance acquise », Dr. adm. 2009, étude 15.

L. Dutheillet de Lamothe et **G. Odinet**, « La recevabilité des moyens en contentieux administratif », AJDA 2016, pp. 479 et s.

N. Le Broussois, « Le principe d'irrecevabilité des « conclusions nouvelles » existe-t-il ? », AJDA 2016, pp. 1279 et s.

P.-Y. Sagnier, « Restriction objective et restriction subjective des moyens invocables », AJDA 2016, pp. 1378 et s.

CHAPITRE II - LE DEROULEMENT DE L'INSTANCE

516. L'instruction, période clé de l'instance. Si elle ne se résume pas à l'instruction, l'essentiel de l'instance consiste dans l'instruction de l'affaire. C'est durant l'instruction que les parties peuvent débattre et que le juge doit mettre en œuvre ses pouvoirs, pour parvenir à la résolution du litige. On mesure toute l'importance qu'il y a à organiser l'instruction (Section 1) durant laquelle peuvent survenir un certain nombre d'évènements (Section 2).

Section 1 - L'organisation de l'instruction

517. Un double classicisme au service de la « vérité judiciaire ». Les caractères généraux de la procédure administrative juridictionnelle (Sous-section 1) sont l'expression d'une juste – et nécessaire – conciliation de l'identité de la juridiction administrative et des impératifs propres à toute procédure juridictionnelle. En cela, ils expriment l'adaptation du particularisme classique du droit administratif aux contraintes non moins classiques du droit processuel. Le déroulement de l'instruction (Sous-section 2) en rend compte, de laquelle émerge, par la discussion contentieuse qu'elle autorise, non seulement entre les parties mais également avec le juge, la solution juridictionnelle.

Sous-section 1 - Les caractères généraux de la procédure

518. Le poids des origines. Les caractères généraux de la procédure administrative juridictionnelle procèdent de l'histoire de la juridiction administrative. Le lien originel entre la juridiction administrative et l'administration active explique que la procédure juridictionnelle soit essentiellement écrite (§ 1) et inquisitoire (§ 2). Par ailleurs, il ne saurait exister de procédure juridictionnelle admissible en dehors de la contradiction, et cette considération est rendue encore plus prégnante avec le développement des garanties constitutionnelles accordées aux parties et l'influence de la Convention européenne de sauvegarde des droits de l'Homme et des libertés fondamentales. La procédure administrative juridictionnelle est condamnée – mais elle l'accepte bien volontiers – à être contradictoire (§ 3).

§ 1 - Le caractère écrit de la procédure

519. Culture, pragmatisme, et tradition… C'est probablement une source de questionnement pour le justiciable de constater que son mandataire décide de ne pas se rendre à l'audience publique. Ce peut être une incompréhension teintée d'inquiétude pour lui d'entendre son mandataire s'en remettre, lors de l'audience, purement et simplement à l'instruction écrite. Ce peut lui apparaître choquant que d'entendre le président de la formation de jugement reprocher, le cas échéant, à ce mandataire d'excéder le cadre des « brèves observations » qu'il était invité à formuler. Ce justiciable doit cependant comprendre que la procédure est essentiellement écrite.

Ce primat de l'écrit en contentieux administratif procède de l'histoire de la juridiction administrative. La procédure juridictionnelle qu'elle a organisée a été fort logiquement influencée par le mode de fonctionnement privilégié par l'administration administrative dont elle est issue. Par ailleurs, la circonstance que le Conseil d'Etat était la juridiction de premier et dernier ressort de droit commun de l'action administrative (CE, 13 déc. 1889, Cadot, requête numéro 66145, Rec., p. 1148, concl. H. Jagerschmidt) ne permettait pas l'épanouissement d'une procédure orale, quand bien même une volonté en ce sens eût émergée. En effet, il n'était pas concevable d'imposer à l'ensemble des justiciables de se présenter au Palais-Royal ou de supporter le coût du déplacement de leurs mandataires, depuis l'ensemble des territoires de la métropole et de l'outre-mer. Cette considération d'ordre pratique se suffisait à elle-même pour qu'une procédure écrite soit aménagée. Le poids de la tradition a fait le reste…

520. La progression, limitée, de l'oralité. Cette culture de l'écrit s'érode cependant (D. Chabanol, « Du dialogue du juge et des parties. Réflexions sur la procédure administrative contentieuse » in Mélanges en l'honneur de Daniel Labetoulle, Paris, Dalloz, 2007, pp. 149 et s.), le principe restant toutefois celui suivant lequel le droit des parties de présenter des observations orales à l'audience n'existe que si un texte le prévoit (CE, 11 févr. 1953, Sté industrielle des produits chimiques Bozel Malétra, requête numéro 9685, Rec., p. 62). L'exemple de la procédure civile et, plus encore, l'influence de la jurisprudence européenne ont favorisé l'essor de l'oralité, au moins au cours des séances de jugement. En outre, le perfectionnement des procédures d'urgence (référé suspension, référé liberté, référés en matière contractuelle notamment) s'est accompagné d'un formidable développement de l'oral qui concurrence nettement l'écrit. Reste que, en procédure ordinaire, l'instruction est essentiellement écrite, ce qui ne nuit d'ailleurs assurément pas à la qualité du contentieux administratif.

521. Précision complémentaire sur la notion d'écrit. L'écrit doit se comprendre ici au sens large. Doivent ainsi être considérés comme écrits les échanges dématérialisés entre les parties et les juridictions administratives, que la suite du décret n° 2012-1437 du 21 décembre 2012 relatif à la communication électronique devant le Conseil d'Etat, les cours administratives d'appel et les tribunaux administratifs a eu pour effet de généraliser. Il n'y a pas lieu de douter que l'instruction d'une part importante du contentieux administratif est à présent vouée à se dérouler sous forme électronique. Au demeurant, un requérant est à présent réputé avoir reçu notification d'une mesure d'instruction par Télérecours lorsque son avocat est inscrit sur cette application et qu'aucun dysfonctionnement n'a été constaté, alors même que la requête n'aurait pas été initialement adressée à la juridiction par voie dématérialisée (CE, 6 oct. 2014, Commune d'Auboué, requête numéro 380778, Rec., T., p. 799). Suivant le même raisonnement, un rapport d'expertise est réputé régulièrement déposé par voie dématérialisée et il incombe à la partie qui prétend ne pas en avoir reçu communication, après avoir consulté le site dédié au suivi de la procédure, d'accomplir les diligences nécessaires pour en obtenir communication (CE, 23 juill. 2014, Borriglione, requête numéro 364825, Rec., T., p. 800).

§ 2 - Le caractère inquisitoire de la procédure

522. L'idée a précédé le mot... Ce n'est qu'à la faveur de la cour administrative d'appel de Paris de 2004 qu'il a été énoncé formellement, en jurisprudence, que la procédure administrative juridictionnelle est « inquisitoire » (CAA Paris, 22 avr. 2004, Sté Bouygues, requête numéro 99PA01016, Rec., p. 486) ; AJDA 2004, p. 1417, concl. V. Haïm ; D. 2004, p. 3020, note J.-D. Dreyfus ; RDI 2004, p. 554, obs. J.-D. Dreyfus) et ce n'est qu'en 2009 que le Conseil d'Etat s'est emparé du mot (CE, Ass., 30 oct. 2009, Madame Perreux, requête numéro 298348, Rec., p. 407, concl. M. Guyomar ; AJDA 2009, p. 2385, chron. S.-J. Liéber et D. Botteghi ; RFDA 2009, p. 1125, concl. M. Guyomar et note P. Cassia ; RFDA 2010, p. 126, note M. Canedo-Paris et p. 201, chron. C. Santulli ; JCP adm. 2009, p. 551, chron. B. Plessix ; D. 2010, p. 351, note P. Chrestia et p. 253, note G. Calves). La tardiveté de cette apparition dans le registre lexical de la juridiction administrative est d'autant plus surprenante que le caractère inquisitoire de la procédure – qui ne figure pourtant pas dans le titre préliminaire du code de justice administrative –

passe pour être l'une de ces évidences rarement et timidement combattues en doctrine tant l'idée a pénétré les esprits pour devenir l'un des dogmes intangibles du contentieux administratif.

523. Le juge administratif, maître de la procédure. Que la procédure administrative juridictionnelle soit inquisitoire est assurément vrai dès lors que le juge administratif conserve la maîtrise de l'instruction, initiée d'ailleurs par « requête » (CJA, art. R. 411-1) et non par assignation comme cela peut être le cas en procédure civile. C'est également vrai en tant que c'est le juge qui est le maître de la procédure en tant qu'il communique les mémoires à l'adversaire, qu'il fixe les délais de réponse, et qu'il décide du moment de clore l'instruction. Le caractère inquisitoire de la procédure procède précisément de la conception qu'on se faisait dès les origines d'une bonne procédure. L'énoncé suivant lequel, grâce au triomphe de l'inquisitoire sur l'accusatoire, « l'esprit de chicane disparaît (…) pour faire place à l'esprit de justice » (R. Jacquelin, « L'évolution de la procédure administrative », RDP 1903, p. 400), ne faisait que traduire une défiance à l'égard des avocats, suspects de promptitude à l'instrumentalisation de la procédure et des défaillances de l'adversaire.

524. Le juge administratif, titulaire de pouvoirs d'injonction. Que la procédure administrative juridictionnelle soit inquisitoire est davantage sujette à discussion lorsque l'on s'intéresse aux pouvoirs d'injonction dont dispose le juge administratif. Que ces pouvoirs d'injonction existent, voilà qui n'est pas douteux. En effet, c'est encore le juge chargé de l'instruction de l'affaire, ou la formation de jugement à la faveur d'un jugement avant dire droit (CE, Ass., 6 nov. 2002, Moon Sun Myung, requêtes numéros 194295 et 219587, Rec., p. 380 ; AJDA 2002, p. 1337, chron. F. Donnat et D. Casas), qui décident des mesures d'instruction et qui disposent à ce titre de véritables pouvoirs d'injonction. Le juge administratif se reconnaît de longue date ce pouvoir d'injonction au cours de l'instruction. Il appartient ainsi au juge administratif « d'exiger de l'administration compétente, la production de tous documents susceptibles d'établir sa conviction et de nature à permettre la vérification des allégations du requérant » (CE, Sect., 1er mai 1936, Couëspel du Mesnil, requête numéro 44513, Rec., p. 485 ; CE, Ass., 28 mai 1954, Barel et a., requêtes numéros 28238, 28493, 28524, 30237 et 30256, Rec., p. 308, concl. M. Letourneur ; RDP 1954, p. 509, concl. M. Letourneur et note M. Waline).

Ces pouvoirs d'injonction sont d'autant plus nécessaires que le requérant n'est pas si souvent en mesure de prouver ce qu'il peut savoir et on ne saurait faire peser sur lui l'intégralité de la charge de la preuve. A cet égard, il a été jugé que les éléments de preuve qu'une partie est seule en mesure de détenir ne peuvent être réclamés qu'à celle-ci (CE, Sect., 30 juin 2003, Sté Etablissements Lebreton, requête numéro 232832, Rec., p. 273) et encoure la censure la décision rendue sans que le juge ait fait usage de ses pouvoirs alors que cela était nécessaire à la résolution du litige (CE, 20 déc. 1968, Sté des travaux hydrauliques et Entreprises générales, requête numéro 69978, Rec., p. 678). Par ailleurs, à tout le moins en excès de pouvoir, s'il peut écarter des allégations insuffisamment étayées, le juge « ne saurait exiger de l'auteur du recours que ce dernier apporte la preuve des faits qu'il avance ; (…) le cas échéant, il revient au juge, avant de se prononcer sur une requête assortie d'allégations sérieuses non démenties par les éléments produits par l'administration en défense, de mettre en oeuvre ses pouvoirs généraux d'instruction des requêtes et de prendre toutes mesures propres à lui procurer, par les voies de droit, les éléments de nature à lui permettre de former sa conviction, en particulier en exigeant de l'administration compétente la production de tout document susceptible de permettre de vérifier les allégations du demandeur » (CE, 26 nov. 2012, Mme Cordière, requête numéro 354108, Rec., p. 394, concl. B. Bourgeois-Machureau ; AJDA 2012, p. 2373, chron. X. Domino et A. Bretonneau). C'est ainsi que, dans le contentieux de l'urbanisme par exemple, il revient au juge de chercher à connaître le contenu de l'annexe délimitant les secteurs, qui commande l'applicabilité des dispositions relatives à la majoration du coefficient d'occupation des sols au projet litigieux, soit en prenant directement connaissance de cette annexe à caractère réglementaire qui, pour une commune de plus de 3500 habitants, fait l'objet d'une publication au recueil des actes administratifs de la commune, soit en demandant à la commune de la produire (CE, 5 févr. 2018, Sté Roxim Management, requête numéro 403029, Rec., T.).

Le pouvoir d'injonction dont il est question ici est un pouvoir discrétionnaire (CE, 25 juin 1948, Brillaud, requêtes numéros 77071 et 78246, Rec., p. 292) et le juge n'est pas tenu de répondre à une demande d'injonction de produire (CE, 7 oct. 1983, Mlle Limoge, requête numéro 35249, Rec., p. 403). Il juge apprécie l'intérêt d'ordonner les productions suivant que le requérant se prévaut d'allégations « sérieuses » (CE, Sect., 26 janv. 1968, Sté « Maison Genestal », requête numéro 69765, Rec., p. 62, concl. L. Bertrand) ou « suffisamment sérieuses » (CE, 26 sept. 1986, Ministre délégué auprès du ministre du redéploiement industriel et du commerce chargé des P.T.T. c. Epoux Blanckaert, requête numéro 64812, Rec., p. 222), ou que sa demande s'avère frustratoire (CE, 20 nov. 1968, Ministre des Armées et Anger, requête numéro 72431, Rec., p. 580).

Il est ainsi, et par exemple, permis au juge :

- de demander des éclaircissements ou des renseignements (CE, 29 juin 1998, Sté anonyme des eaux minérales d'Evian, requête numéro 157110, Rec., p. 257) et le refus de se plier à ces demandes, sans motif légitime, se retourne contre l'administration (CE, Ass., 28 mai 1954, Barel et a., requêtes numéros 28238, 28493, 28524, 30237 et 30256, Rec., p. 308, concl. M. Letourneur ; RDP 1954, p. 509, concl. M. Letourneur et note M. Waline) ;

- de demander à l'administration de fournir des explications sur une décision administrative (CE, Sect., 26 janv. 1968, Sté « Maison Genestal », requête numéro 69765, préc.), ce qui compense l'absence de principe général de motivation ;

- d'ordonner la production de tous documents utiles (CE, 26 sept. 1986, Ministre délégué auprès du ministre du redéploiement industriel et du commerce chargé des

P.T.T. c. Epoux Blanckaert, requête numéro 64812, préc.), d'où le refus du juge du référé mesures utiles de satisfaire une telle demande lorsqu'une instance a déjà été introduite (CE, 3 mars 2008, Ministre de la Défense c. Commune d'Aiguines, requête numéro 308275).

Le juge administratif s'autorise même aujourd'hui, en ce qui concerne les décrets en Conseil d'Etat dont la légalité est contestée devant lui, à inviter le Premier ministre à produire aux débats le projet qui avait été initialement présenté pour avis et le projet finalement adopté par la Haute assemblée (CE, 7 juill. 2000, Confédération des syndicats médicaux français et Syndicat national de l'industrie pharmaceutique, requêtes numéros 210943 et 211064).

Séduisants pour qui aspire à un réel équilibre entre les parties au procès, les développements qui précèdent ne doivent cependant pas leurrer. Il est en effet assez rare le juge mette en œuvre les pouvoirs dont il affirme régulièrement l'existence. Il ne faut probablement pas y voir le signe d'une forme de nivellement de l'inquisitoire au profit de l'accusatoire car le juge administratif n'a que très rarement, depuis ses origines, recouru à ces pouvoirs. Il faut certainement davantage faire cas de ce que les échanges d'écritures suffisent le plus souvent à éclairer la juridiction. Il faut assurément estimer que la procédure administrative juridictionnelle n'a jamais été aussi inquisitoire que le Conseil d'Etat et la doctrine l'ont prétendu.

§ 3 - Le caractère contradictoire de la procédure

525. Une procédure nécessairement contradictoire. La procédure administrative juridictionnelle est contradictoire. Comment pourrait-il en être autrement ? Après avoir été érigé en principe général de la procédure (CE, 12 mai 1961, Sté La Huta, requête numéro 40674, Rec., p. 313), le principe de la contradiction a acquis une valeur législative au moins en ce qui concerne la juridiction administrative générale, l'article L. 5 du code de justice administrative disposant que « l'instruction des affaires est contradictoire ». Il est vrai que la contradiction est conçue comme le moyen de garantir les droits de la défense (Cons. const., décision numéro 89-268 DC du 29 déc. 1989, Loi de finances pour 1990, Rec. Cons. const., p. 110 ; RFDA 1990, p. 143, note B. Genevois ; RFDC 1990, p. 122, note L. Philip). La confusion doit cependant être exclue : son champ d'application étant plus étendu, le principe du contradictoire est irréductible à celui des droits de la défense. Il est ainsi plus juste de souligner que le principe du contradictoire est un « principe fondamental du procès équitable » (CEDH, 18 févr. 1997, Nideröst Huber c. Suisse, affaire numéro 18990/91, Rec., p. 101).

526. La signification du principe du contradictoire. Le principe du contradictoire commande que les parties soient informées et puissent discuter de l'ensemble des éléments sur lesquels le juge peut se fonder pour statuer (CE, Ass., 13 déc. 1968, Association des propriétaires de Champigny-sur-Marne, Comité de défense des intérêts menacés par l'autoroute A6 et Sieur Musso, requêtes numéros

71624 à 71626, Rec., p. 645 ; RDP 1969, p. 512, concl. N. Questiaux et note M. Waline), et le juge, y compris en référé, doit écarter les pièces produites par l'administration avec l'indication de leur caractère secret et de l'impossibilité de les transmettre à l'autre partie (CE, 23 déc. 2016, Section française de l'Observatoire international des prisons, requête numéro 405791, Rec., T.). Doivent ainsi être livrés à la contradiction les mémoires, pièces, rapports d'expertise... mais également moyens soulevés d'office par le juge, conclusions du rapporteur public... Il en va non seulement ainsi devant les juridictions administratives générales mais également devant les juridictions disciplinaires. Ainsi, si un texte prévoit que toute personne convoquée à l'audience y est entendue même si elle n'a produit aucune observation écrite avant la clôture de l'instruction, l'affaire doit être rayée du rôle et l'instruction rouverte dans le cas où les propos tenus à l'audience sont de nature à exercer une influence sur la décision de la juridiction et qu'il ne peut y être utilement répondu pendant l'audience (CE, 21 oct. 2015, Mme D, requête numéro 381754, Rec., p. 351). Le principe du contradictoire ne va cependant pas jusqu'à concerner « l'acte même de juger » (D. Chauvaux, concl. sur CE, 29 juill. 1998, Esclatine, requêtes numéros 179635 et 180208, Rec., p. 320), en sorte que ni le rapport ni les conclusions du rapporteur public ne sont communicables dans le cadre de la procédure (CE, Sect., 21 juin 2013, Communauté d'agglomération du pays de Martigues, requête numéro 352427, Rec., p. 167 ; AJDA 2013, p. 1276, chron. X. Domino et A. Bretonneau).

527. La portée du principe du contradictoire. Seule la partie réellement lésée peut contester le manquement au principe du contradictoire. Il en résulte qu'un requérant ne peut utilement soutenir que le principe du contradictoire a été méconnu parce que sa requête n'aurait pas été communiquée au défendeur (CE, 15 mars 2000, Mme Drannikova, requête numéro 185837, Rec., T., pp. 1047, 1161, 1184), ni le défendeur lorsque son mémoire tendait aux mêmes fins que celui produit par son codéfendeur et reposant sur des moyens ou une argumentation n'appelant pas de discussion de la part de ce dernier (CE, 11 juill. 2012, Sté Juwi énergies renouvelables, requête numéro 347001, Rec., T., p. 919).

528. Des aménagements parfois nécessaires. Le principe du contradictoire peut donner lieu à des aménagements. L'article L. 5 du code de justice administrative dispose ainsi que « les exigences de la contradiction sont adaptées à celles de l'urgence, du secret de la défense nationale et de la protection de la sécurité des personnes ». Mais encore, de jurisprudence constante, le juge ne peut requérir de l'administration et donc livrer à la contradiction des documents « dont la communication contreviendrait à une prescription législative » (CE, Sect., 24 oct. 1969, Ministre de l'Equipement et du Logement c. Sieur Gougeon, requête numéro 77089, Rec., p. 457 ; AJDA 1969, p. 689, chron. R. Denoix de Saint Marc et D. Labetoulle ; RDP 1970, p. 394, note M. Waline). Le principe de la contradiction est donc aménagé en raison du caractère confidentiel conféré à certains documents par la loi, que ce soit en matière médicale ou en matière de défense et de renseignement et à certains égards aujourd'hui en droit des affaires.

529. En matière médicale. Sans doute les articles L. 1110-4 et R. 4127-4 du code de la santé publique posent-il le principe du secret médical dans des termes restrictifs. Le principe n'est toutefois pas absolu, et il ne peut être opposé à l'intéressé lui-même (CE, Sect., 24 oct. 1969, Ministre de l'Equipement et du Logement c. Sieur Gougeon, requête numéro 77089, préc.). Il en résulte que le juge administratif peut inviter l'administration à communiquer à l'intéressé les motifs d'ordre médical sur lesquels ses décisions sont fondées, lequel dispose alors d'un délai de deux mois pour révéler au juge les motifs qui lui auront été communiqués (CE, 14 déc. 1988, Département des Hauts-de-Seine c. Bon, requête numéro 68209). Mais, une fois versé au débat, l'élément (un rapport d'expertise par exemple) spontanément communiqué par la partie concernée doit être livré à la contradiction (CAA Lyon, 29 nov. 2012, Centre hospitalier de Bourg-en-Bresse, requête numéro 11LY01769). L'obligation de se conformer au principe du contradictoire pèse également sur le juge, sauf à entacher sa décision, lorsqu'un établissement de santé, dans un contentieux l'opposant à un proche d'un patient, a produit des pièces de sa propre initiative, en méconnaissance du secret médical qui s'impose à lui (CE, 2 oct. 2017, M. S., requête numéro 399753, Rec., T.).

530. En matière de défense et de renseignement. Les documents classifiés sont protégés des immixtions de la juridiction administrative qui ne peut en obtenir la communication alors même que celle-ci serait nécessaire à la résolution du litige (CE, Ass., 11 mars 1955, Secrétaire d'Etat à la Guerre c. Coulon, requête numéro 34036, Rec., p. 149 ; RDP 1955, p. 995, concl. F. Grévisse). Sans doute est-il devenu possible au juge de demander la déclassification et la communication des informations présumées nécessaires (C. déf., art. L. 2312-4. Sur ce point, M. Guillaume, « La réforme du droit du secret de la défense nationale », RFDA 1998, pp. 1223 et s.). Mais le principe reste inchangé : tant que cette déclassification n'est pas prononcée, le principe de la contradiction constitue un obstacle à la divulgation d'informations vitales – ou prétendues vitales – pour la sûreté de l'Etat (CE, 1er oct. 2015, M. Charles, requête numéro 373019, Rec., T., pp. 554, 680 et 810).

Il n'est cependant pas toujours permis à l'administration de se réfugier derrière ses secrets. Ainsi, la confidentialité des informations détenues par l'administration ne saurait constituer un paravent commode et, si le juge administratif admet notamment comme mode de preuve les notes blanches (CE, 11 oct. 1991, Diouri, requête numéro 128128, Rec., T., p. 939 ; AJDA 1991, p. 890, chron. C. Maugüé et R. Schwartz ; RFDA 1991, p. 978, concl. M. de Saint Pulgent), c'est à la condition que celles-ci restent suffisamment précises et complètes pour étayer les dires de l'administration, à peine d'être écartées du débat contentieux (CE, 8 févr. 2012, Beddiaf, requêtes numéros 337992 et 342706). Ainsi le Conseil d'Etat a-t-il encore jugé que le ministre de l'Intérieur ne pouvait refuser à une personne les informations la concernant et figurant au fichier des renseignements généraux en l'absence de tout élément permettant d'estimer que leur divulgation mettrait en péril la sécurité publique ou la sûreté de l'Etat (CE, 30 juill. 2003, Raoust, requête numéro 242812, Rec., p. 355 ; AJDA 2003, p. 2101, concl. C. Maugüé). Plus récemment, le Conseil d'Etat a jugé que, saisi d'un recours contre un refus d'accès aux fichiers qui intéressent la sûreté de l'Etat, la défense pour la sécurité publique, il appartient au ministre de verser au dossier, à la demande du juge, les informations pertinentes sans que celles-ci puissent être livrées à la contradiction (CE, 11 juill. 2016, Min. de l'Interieur et Min. de la Défense, requête numéro 375977, Rec., p. 336).

Par ailleurs, si, en matière de pensions militaires d'invalidité, l'intéressé doit apporter la preuve de la relation entre son infirmité et le service, le tribunal des pensions peut user des prérogatives qu'il tient des textes et demander à l'administration qu'elle apporte les éléments en sa possession pour statuer sur le droit à pension du requérant (CE, 4 oct. 2010, Ministre de la Défense, requête numéro 323049). Plus largement, le juge peut demander au ministre de la Défense tous les éléments d'information, à l'exclusion des documents classifiés, afin de pouvoir se prononcer en connaissance de cause sans pour autant porter atteinte au secret de la Défense nationale (CE, 20 févr. 2012, Ministre de la Défense et des Anciens combattants, requête numéro 350382, Rec., p. 54 ; AJDA 2012, p. 1072, note S. Brimo ; AJDA 2012, p. 1588, concl. D. Hedari). Le Conseil d'Etat a même pu enjoindre, avant dire droit, la production du projet de décret initialement soumis au Conseil d'Etat, de la minute de la section administrative du Conseil d'Etat qui a examiné le texte, et du décret finalement adopté, sans que la communication des pièces produites par le ministre soit faite au requérant, en raison du classement secret défense de ces pièces (CE, 31 juill. 2009, Association Aides et a., requête numéro 320196, Rec., p. 341).

531. En matière commerciale. Le principe du contradictoire n'était pas classiquement contrarié par le secret des affaires. D'aucuns soutiennent, avec la force de conviction qu'on leur connaît, qu'il doit en être ainsi (D. de Béchillon, « Principe du contradictoire et protection du secret des affaires, Plaidoyer pour le maintien de la jurisprudence en vigueur », RFDA 2011, pp. 1107 et s.). On y souscrira… En effet, si les opérateurs économiques n'entendent pas dévoiler certaines données confidentielles à leurs concurrents, si donc l'atteinte au secret des affaires s'avère pour eux problématique, une entorse ici au principe du contradictoire serait encore moins satisfaisante, qui ne trouverait pas de justifications suffisamment convaincantes. On admettra cependant qu'un tel raisonnement peut être modulé.

Dans le cadre, par exemple, du droit de la commande publique, la loi peut en effet contraindre l'administration à la discrétion. L'article 44 de l'ordonnance n° 2015-899 du 23 juillet 2015 dispose ainsi que, en dépit du principe de transparence qui prévaut en la matière, « l'acheteur ne peut communiquer les informations confidentielles qu'il détient dans le cadre d'un marché public, telles que celles dont la divulgation violerait le secret en matière industrielle et commerciale ». On mesure dans ces conditions la cohérence de la jurisprudence administrative suivant laquelle, il appartient au juge du référé précontractuel « lorsque est invoqué devant lui le secret commercial et industriel, et s'il l'estime indispensable pour forger sa conviction sur les points en litige, d'inviter la partie qui s'en prévaut à lui procurer tous les éclaircissements nécessaires sur la nature des pièces écartées et sur les raisons de leur exclusion » et il revient au juge, si ce secret lui est indûment opposé, d'enjoindre à la collectivité de produire les pièces en cause et de tirer les conséquences, le cas échéant, de son abstention » (CE, 17 oct. 2016, Commune d'Hyères-les-Palmiers, requêtes numéros 400172 et 400175, Rec., T. ; AJDA 2017, p. 53, concl. G. Pellissier).

Par exemple encore, l'ordonnance n° 2017-303 du 9 mars 2017 relative aux actions en dommages et intérêts du fait des pratiques anticoncurrentielles a créé un contentieux spécial (un de plus) qui, à ce titre, déroge en partie à la procédure administrative juridictionnelle de droit commun. Ainsi, suivant le décret n° 2017-305 du 9 mars 2017 pris pour l'application de l'ordonnance précitée, la partie ou le tiers qui invoque le secret des affaires pour une pièce dont la communication est demandée doit remettre au président de la formation de jugement, dans un délai fixé par lui, la version confidentielle intégrale, une version non confidentielle et un résumé ainsi qu'un mémoire explicitant les motifs qui lui confèrent le caractère d'un secret d'affaire (CJA, art. R. 775-5). Au vu des éléments transmis, et éventuellement éclairé par l'avis spontané (CJA, art. R. 775-13) ou sollicité (CJA, art. R. 775-14) d'une autorité de concurrence, le président de la formation de jugement statue sur la communication de la pièce (CJA, art. R. 775-6). Suivant que la production ou la communication n'est pas, ou en partie seulement, de nature à porter atteinte au droit des affaires, le président de la formation de jugement en ordonnera soit la communication de la production intégrale, soit la version non confidentielle ou sous forme de résumé (CJA, art. R. 775-7). Lorsque la production ou la communication d'une pièce nécessaire à la résolution du litige est de nature à porter atteinte au secret des affaires, le président de la formation de jugement désigne la ou les personnes pouvant, outre leurs conseils, avoir accès à la pièce (CJA, art. R. 775-8).

532. Lorsque la communication constitue l'objet même du litige. Un cas particulier mérite d'être réservé, dans lequel le respect rigoureux des principes conduirait à une impasse. En effet, lorsque le refus de communication d'un document constitue l'objet même du litige, le respect du principe du contradictoire conduirait à donner satisfaction au demandeur avant même le jugement de l'affaire. Il est dès lors normal que la question se règle autrement. En pareil cas, le juge a la faculté, par une appréciation souveraine, d'ordonner avant-dire droit la production du document devant lui, sans la livrer à la contradiction (CE, Sect., 23 déc. 1988, Banque de France, requête numéro 95310, Rec., p. 688). Il ne commet cependant pas d'irrégularité en s'abstenant de le faire si l'instruction lui permet de trancher le litige autrement (CE, 21 oct. 2016, Union départementale CGT d'Ille et Vilaine, requête numéro 392711, Rec., T.).

Sous-section 2 - Le déroulement de l'instruction

533. Une période déterminante. L'instruction, qui est de principe en contentieux administratif (§ 1), ne doit pas être confondue avec l'instance dont elle n'en est qu'une des phases. L'instruction est une période clé de l'instance, puisqu'elle est celle durant laquelle le juge use de ses pouvoirs afin de se mettre en mesure de trancher le litige qui lui est soumis. C'est durant l'instruction que la discussion contentieuse se déroule et, à ce titre, que les moyens et les pièces peuvent être soumis au juge. C'est jusqu'à la fin de l'instruction que l'essentiel des irrecevabilités peut faire l'objet d'une régularisation. Eu égard à l'importance de cette période, il convient de l'appréhender avec sérieux et d'en maîtriser les différentes étapes (§ 2).

§ 1 - Le principe de l'instruction

534. Instruire si nécessaire. L'instruction est le principe, commandé par l'importance qu'elle revêt pour le jugement du litige dans le respect des principes directeurs de la procédure et en particulier celui du contradictoire (I). Mais le pragmatisme commande également que le juge ne s'embarrasse pas d'une instruction inutile qui verserait dans l'artifice, en sorte que le code de justice administrative prévoit la faculté de déroger au principe de l'instruction (II).

I. L'importance de l'instruction

535. L'instruction, rien ou presque que l'instruction... L'instruction de l'affaire à juger est de longue date considérée par le Conseil d'Etat comme une « formalité essentielle » dont la violation conduit à la censure pour vice de procédure (CE, 25 janv. 1957, Raberanto et syndicat fédéral des fonctionnaires malgaches, requête numéro 25223, Rec., p. 66 ; Rev. jur. pol. 1958, p. 394, concl. J. Chardeau). Il est vrai que l'instruction constitue la période clé au cours de laquelle se déploie l'essentiel des argumentations des parties et durant laquelle le juge peut ordonner les mesures d'instruction utiles à la manifestation de la vérité.

536. La durée de l'instruction. C'est au juge qu'il appartient de fixer la durée de l'instruction. Sous réserve que le principe du contradictoire soit préservé, le juge peut décider de l'accélérer (C. Lasry, concl. sur CE, 10 mai 1957, Sous-secrétaire d'Etat à la Marine marchande, AJDA 1957, II, p. 246). Il s'agit même parfois d'une obligation pour lui, par exemple lorsque la suspension d'une décision administrative a été ordonnée en référé, l'article L. 521-1 al. 2 du code de justice administrative disposant qu'il est alors statué sur la requête en annulation ou en réformation de la décision dans les meilleurs délais.

II. Les cas de dérogations au principe de l'instruction

537. Pas d'instruction inutile. Le principe de l'instruction n'est pas absolu. Lorsqu'il apparaît évident qu'elle ne sera d'aucune utilité, l'issue du litige étant déjà établie, il est possible au juge de statuer sans instruction préalable, au moyen d'un rejet par ordonnance (A) ou à la suite d'une décision de dispense d'instruction (B).

A. Le rejet par ordonnance

538. La fonction de régulation conférée aux ordonnances de rejet. L'article R. 222-1 du code de justice administrative énumère la liste des hypothèses dans lesquelles les présidents des tribunaux administratifs et des cours administratives d'appel, les premiers vice-présidents des tribunaux et des cours, le vice-président du tribunal administratif de Paris et les présidents de formation de jugement des tribunaux et des cours, et les magistrats ayant une ancienneté minimale de deux ans et ayant atteint le grade premier conseiller désignés à cet effet par le président de leur juridiction peuvent statuer par ordonnance sans lancer la procédure d'instruction.

Notamment, peuvent être rejetées par ordonnance :

- les requêtes ne relevant manifestement pas de la compétence de la juridiction administrative (CJA, art. R. 222-1-2°) ;

- les requêtes manifestement irrecevables, lorsque la juridiction n'est pas tenue d'inviter le requérant à les régulariser ou lorsque cette invitation est restée sans réponse dans le délai imparti (CJA, art. R. 222-1-4°), un mémoire en défense opposant une fin de non-recevoir ne tenant pas lieu d'invitation à régulariser (CE, 14 oct. 2015, M. et Mme Godrant, requête numéro 374850, Rec., T., pp. 819 et 830 ; JCP adm. 2016, 2057, note B. Hachem ; RDI 2016, p. 303, note P. Soler-Couteaux) ;

- les requêtes qui, après l'expiration du délai de recours, ou lorsqu'un mémoire complémentaire a été annoncé, après la production de ce mémoire, ne comportent que des moyens de légalité externe manifestement infondés, des moyens irrecevables, des moyens inopérants ou des moyens qui ne sont assortis que de faits manifestement insusceptibles de venir à leur soutien ou des moyens qui ne sont manifestement pas assortis des précisions permettant d'en apprécier le bien-fondé (CJA, art. R. 222-1-7°).

Les mêmes dispositions sont contenues à l'article R. 122-12 du code de justice administrative, au bénéfice du président de la section du contentieux du Conseil d'Etat et des présidents de chambres.

Lorsque la requête a déjà été communiquée au défendeur, il n'est toutefois plus possible de faire application des articles R. 222-1 et R. 122-12 du code de justice administrative sans respecter le principe de la contradiction (CE, 27 juin 2008, Boudou, requête numéro 305540, Rec., p. 252).

On soulignera encore que, sans préjudice des dispositions contenues dans les articles R. 222-1 et R. 122-12, l'article R. 77-10-12 du code de justice administrative prévoit que, lorsqu'une action de groupe a fait l'objet d'une décision de rejet devenue irrévocable, les présidents de formation de jugement peuvent également rejeter par ordonnances :

- les actions de groupe tendant aux mêmes fins que cette action et soulevant des moyens identiques à ceux préalablement tranchés ou des moyens nouveaux manifestement infondés ;

- les requêtes individuelles présentées par des personnes qui auraient été susceptibles de bénéficier de l'action de groupe rejetée et qui soulèvent des moyens identiques à ceux préalablement tranchés ou des moyens nouveaux manifestement infondés.

Il en va de même s'agissant des actions en reconnaissance de droits (CJA, art. R. 77-12-20).

Ces dispositions constituent des formidables instruments de gestion des flux des requêtes en permettant l'éviction immédiate de celles vouées, *ab initio*, au rejet.

539. Le cas des ordonnances de série. Les articles R. 222-1-6° et R. 122-12-6° du code de justice administrative prévoient également qu'il est possible de statuer, par ordonnance, « sur les requêtes relevant d'une série, qui, sans appeler de nouvelle appréciation ou qualification de faits, présentent à juger en droit, pour la juridiction saisie, des questions identiques à celles qu'elle a déjà tranchées ensemble par une même décision passée en force de chose jugée ou à celles tranchées ensemble par une même décision du Conseil d'Etat statuant au contentieux ou examinées ensemble par un même avis rendu par le Conseil d'Etat en application de l'article L. 113-1 ». La finalité de ces dispositions est également de faciliter le travail des juridictions en évitant la lourdeur d'une formation collégiale là où les circonstances de l'espèce ne l'imposent pas. Les similitudes avec les ordonnances de rejet s'arrêtent toutefois ici. En effet, le principe du contradictoire s'impose et la requête doit avoir été communiquée au défendeur préalablement à l'adoption de l'ordonnance (CE, 17 sept. 2010, Chambre des métiers et de l'artisanat de Mayotte c. Said Ahmed, requête numéro 317105, Rec., T., pp. 833, 906 et 919).

B. La dispense d'instruction

540. L'article R. 611-8 du code de justice administrative. Aux termes de l'article R. 611-8 du code de justice administrative, « lorsqu'il apparaît au vu de la requête que la solution de l'affaire est d'ores et déjà certaine, le président du tribunal administratif ou le président de la formation de jugement ou, à la cour administrative d'appel, le président de la chambre ou, au Conseil d'Etat, le président de la chambre peut décider qu'il n'y a pas lieu à instruction ». Il s'agit d'une mesure d'administration de la justice qui n'a pas même à être notifiée au requérant (CE, 29 juill. 1983, Meallier, requête numéro 43140, Rec., T., p. 823), insusceptible de faire en elle-même l'objet d'un recours devant le juge d'appel ou de cassation (CE, 14 déc. 2005, Mme Der Agobian, requête numéro 285647, Rec., T., p. 1041) mais qui pourra seulement être contestée à l'occasion de l'appel ou du pourvoi en cassation dirigé contre la décision juridictionnelle (CE, 11 févr. 2005, Lamouissi, requête numéro 258801, Rec., T., p. 1041), par le seul requérant (CE, 5 juin 2015, M. Hamioud, requête numéro 378130, Rec., T., pp. 811, 812 et 828).

541. Une solution d'ores et déjà certaine. La mise en œuvre de l'article R. 611-8 du code de justice administrative dépend, d'une part, de ce que la requête n'a pas encore été communiquée à la partie adverse (CE, 27 mai 2015, Aubert, requête numéro 386195, Rec., T., pp. 802 et 810), d'autre part, de ce que la solution, au regard des seules pièces du dossier (CE, 22 nov. 1991, Ministre du Budget c. Moreau, requête numéro 100236, Rec., p. 402), ne fait aucun doute, qu'il s'agisse par exemple d'une requête portée devant une juridiction incompétente pour connaître du litige (CE, 10 juill. 1970, Sieur Barentin, requête numéro 78322, Rec., p. 489), entachée d'une irrecevabilité non régularisable (CE, 5 avr. 1957, Association des anciens élèves de l'École nationale d'administration, requête numéro 36173, Rec., p. 245), mal fondée (CE, 18 mars 1959, Dagan, requête numéro 38532, Rec., T., p. 1065), ou encore du fait de la chose jugée (CE, 26 mars 1971, Devillers, requête numéro 79815, Rec., p. 259). Le sentiment n'est pas loin ici du double emploi avec les ordonnances de tri. Mais il est vrai également que, parfois, des considérations d'opportunité commandent qu'audience soit tenue, notamment par égard pour le requérant. En quelque sorte, la mise en œuvre de l'article R. 611-8 du code de justice administrative témoigne alors d'une forme de respect pour lui. Reste que cette disposition n'est pas à l'abri de la critique. En effet, on peut largement souscrire à cette idée que « l'instruction d'une affaire peut démentir le sentiment de certitude initiale » (R. Chapus, Droit du contentieux administratif, Paris, Montchrestien, 2008, p. 812. Dans un sens sensiblement identique, R. Odent, Contentieux administratif, tome 1, Paris, Dalloz, 2007 (rééd.), p. 941). En outre, le procédé s'accorde mal avec la faculté offerte aux requérants, sous la réserve déjà évoquée que la cause juridique ait été ouverte dans le délai du recours contentieux, de soulever des moyens nouveaux en cours d'instance, et notamment en réplique. La certitude quant à l'issue du litige ne s'acquiert pas seulement au vu de la requête introductive d'instance. Pour preuve, le Conseil d'Etat a pu considérer dans une affaire que le tribunal administratif n'avait pas commis d'irrégularité en se dispensant d'instruction, parce qu'il disposait des éléments d'appréciation suffisants, au nombre desquels, outre la requête, le dossier de l'instance en référé engagée préalablement dans la même affaire (CE, 12 mars 1980, Centre hospitalier spécialisé de Sarreguemines, requête numéro 12572, Rec., p. 141).

542. Une décision de rejet à venir. Le caractère contradictoire de la procédure s'oppose à ce qu'une dispense de l'instruction soit décidée si la décision juridictionnelle à venir, aussi certaine qu'elle peut être, doit donner satisfaction au requérant (CE, Ass., 5 avr. 1996, Syndicat des avocats de France, requête numéro 116594, Rec., p. 118 ; RFDA 1996, p. 1195, concl. J.-C. Bonichot). Mais, en certaines hypothèses encore, il n'est pas permis au juge de décider une dispense de l'instruction, alors même qu'il est déjà établi que la solution sera favorable au défendeur. Ainsi a-t-il été jugé que la bonne gestion des deniers publics commande que l'administration soit mise en mesure de se prévaloir de la prescription quadriennale avant que la juridiction saisie du litige en premier ressort se soit prononcée sur le fond (CE, 1er déc. 1982, Ministre du budget c. Autret, requête numéro 43771, Rec., T., p. 569 et 715 ; CE, 29 déc. 1997, Ministre du Budget c. Mme Mialon, requête numéro 150333, Rec., T., p. 753).

§ 2 - Les étapes de la procédure d'instruction

543. Le rôle éminent du rapporteur. Le rapporteur joue un rôle particulièrement important. Même si les mesures d'instruction sont pour l'essentiel ordonnées par le président de chambre, au Conseil d'Etat le président de la chambre chargée de l'instruction, le rapporteur est chargé de l'instruction (CE, Sect., 27 févr. 2004, Préfet des Pyrénées-Orientales c. Mme Nebbab, requête numéro 253003, Rec., p. 93). Il est le juge le mieux informé de l'affaire et il éclaire le reste de la formation de jugement. A ce titre, il lui appartient de rédiger la note du rapporteur. Celle-ci règle, en premier lieu, les questions préalables. Dans l'ordre, le juge examine les questions du désistement, de l'incompétence, du non-lieu, et des irrecevabilités. Cet ordre doit être respecté, à peine d'irrégularité de la décision juridictionnelle à intervenir (par ex., CE, 9 avr. 2014, Sté Copalex, requête numéro 357168). La note du rapporteur traite, en second lieu, du fond de l'affaire. Destinée à la formation de jugement et, au Conseil d'Etat, à l'ensemble de la section ou de la chambre chargée de l'instruction, la note du rapporteur a vocation à expliquer le projet de décision juridictionnelle sur l'affaire, qu'il lui appartient par ailleurs de rédiger. On précisera que la note du rapporteur et le projet de décision sont soumis à un réviseur. Au Conseil d'Etat, il s'agira du président de la chambre chargée de l'instruction ou d'un de ses deux assesseurs. Le réviseur porte un second regard sur l'affaire, ce qui permet de compléter, amender, voire contredire la réflexion du rapporteur afin de parvenir à une solution plus aboutie.

544. Trois étapes. Si le cours de l'instruction est la période durant laquelle l'essentiel se joue (II), il ne faut négliger ni le début (I), ni la clôture de l'instruction (III).

I. Le début de l'instruction

545. La désignation du rapporteur. Immédiatement après son enregistrement par le greffe, la requête introductive d'instance est transmise à un rapporteur désigné par le président de la juridiction (CJA, art. R. 611-9 pour les TA ; art. R. 611-16 pour les CAA) ou, au Conseil d'Etat, par le président de la chambre qui a été chargée de l'instruction par le président de la section du contentieux (CJA, art. R. 611-20 al. 2), sauf à ce que le président de la section du contentieux décide que l'instruction de l'affaire sera confiée à la section du contentieux, auquel cas il lui appartient de désigner le rapporteur (CJA, art. R. 611-20 al. 3). La mise en œuvre de cette faculté est rare, mais elle se rencontre en pratique (par ex., CE, Ass., 28 mai 1954, Barel et a., requêtes numéros 28238, 28493, 28524, 30237 et 30256, Rec.,

p. 308, concl. M. Letourneur ; RDP 1954, p. 509, concl. M. Letourneur et note M. Waline ; CE, Ass., 16 juill. 2007, Société Tropic travaux signalisation, requête numéro 291545, Rec., p. 360 ; RFDA 2007, p. 696, concl. D. Casas ; AJDA 2007, p. 1577, chron. F. Lenica et J. Boucher ; JCP gén. 2007, II, 10156, note M. Ubaud-Bergeron et 10160, note B. Seiller ; JCP adm. 2007, 2212, note F. Linditch et 2221, note M.-C. Rouault ; CE, Ass., 16 févr. 2009, Hoffman-Glemane, requête numéro 351499, Rec., p. 43, concl. F. Lenica ; RFDA 2009, p. 316, concl. F. Lenica ; AJDA 2009, p. 589, chron. S.-J. Lieber et D. Botteghi ; RFDA 2009, p. 525, note B. Delaunay). Bien que l'on doute de la fréquence de ce cas de figure, il est encore loisible au président de se désigner rapporteur dans une affaire (CE, 23 janv. 1931, Elections de la municipalité de Koléa, requête numéro 20215, Rec., p. 89). Garantie de l'indépendance du magistrat, le rapporteur désigné ne peut être dessaisi d'un dossier que sur sa demande et avec l'accord du président du tribunal administratif, ou par décision du président du tribunal administratif (pour les TA, CJA, art. R. 611-9 ; pour les CAA, CJA, art. R. 611-9).

546. La fixation possible d'une date de clôture de l'instruction. Lorsque les circonstances de l'affaire le justifient, le président de la formation de jugement peut immédiatement décider de la date à laquelle l'instruction sera close (CJA, art. R. 611-11 pour les TA ; art. R. 611-18 pour les CAA).

547. La communication de la requête. Sauf à ce qu'une dispense d'instruction ait été décidée ou que la saisine de la juridiction ait été faite au moyen d'une requête sommaire, la requête est communiquée sans délai à la partie adverse (CJA, art. R. 611-1 pour les TA et les CAA ; art. R. 611-21 pour le CE). Reste alors à déterminer la ou les personnes ayant la qualité de défenderesse. Il faut ici distinguer. En excès de pouvoir, il appartient à la juridiction d'adresser la requête à l'autorité intéressée, c'est-à-dire celle à laquelle appartient l'agent ou l'organe à l'origine de l'acte litigieux, indépendamment de la désignation du défendeur faite par le requérant (CE, Sect., 15 févr. 1963, Ministre de l'Education nationale c. Association Les amis de Chiberta, Chambre d'Amour, Cinq cantons et Fontaine Laborde, requête numéro 49806, Rec., p. 92 ; RDP 1963, p. 567, note M. Waline). En pleine juridiction intégrale, la juridiction, comme il se doit, se trouve en principe liée par la désignation du défendeur faite par le requérant (CE, 14 mai 1952, Auzolle, Bonnello et consorts, requêtes numéros 77996 et 77997, Rec., p. 253). La jurisprudence autorise toutefois des nuances. Notamment, le Conseil d'Etat juge qu'il appartient au juge administratif regarder des conclusions tendant à l'obtention de dommages-intérêts en réparation de fautes commises par un organisme chargé du service de prestations au nom et pour le compte de l'Etat comme également dirigées contre celui-ci et de communiquer la requête tant à cet organisme qu'à l'autorité compétente au sein de l'Etat (CE, 23 mai 2018, Mme Le Lay, requête numéro 405448, Rec.).

548. En cas d'annonce d'un mémoire complémentaire. Le requérant peut également avoir annoncé la production d'un mémoire complémentaire. Devant le

Conseil d'Etat, le requérant dispose d'un délai de trois mois en principe pour le produire, à peine de désistement d'office même si ce mémoire complémentaire a été postérieurement produit (CJA, art. R. 611-22). Le délai de production peut être plus court. Il est ainsi d'un mois en matière électorale et pour les recours sur renvoi de l'autorité judiciaire (CJA, art. R. 611-23 al. 1er). Devant les juridictions du fond, une mise en demeure doit être adressée au requérant (CJA, art. R. 612-5) alors tenu de se conformer au délai imparti (CE, Sect., 19 nov. 1993, Sté Le Noroit, requête numéro 119389, Rec., p. 326), même si le contenu du mémoire complémentaire peut être identique à celui de la requête (CE, 9 juill. 1997, Sté Simecsol, requête numéro 179047, Rec., T., p. 1009). En principe, l'instruction ne commence qu'à compter de cette production. Mais le tribunal administratif ou la cour administrative d'appel peut également décider d'engager l'instruction sans attendre, sous réserve de communiquer au demandeur le mémoire en défense qui serait éventuellement adressé avant la production du mémoire complémentaire (CE, 25 oct. 2010, Sté civile d'exploitation agricole du domaine de Haut-Grée, requête numéro 308697, Rec., T., p. 910).

II. Le cours de l'instruction

549. Les échanges de mémoires. Au cours de l'instruction, les parties peuvent se répondre autant de fois que nécessaire. A la requête, le défendeur répond par un premier mémoire en défense qui donne lieu, le cas échéant, à la production d'un mémoire en réplique. S'ensuit éventuellement un deuxième mémoire en défense et un deuxième mémoire en réplique, etc… Ces mémoires postérieurs au premier mémoire en défense ne sont communiqués à la partie adverse que pour autant qu'ils contiennent des éléments nouveaux (CJA, art. R. 611-1). C'est le rapporteur qui fixe, eu égard aux circonstances de l'affaire, le délai accordé aux parties pour produire leurs mémoires (CJA, art. R. 611-10 pour les TA ; art. R. 611-17 pour les CAA).

550. La question des délais de réponse des parties. La procédure administrative juridictionnelle gagnerait à plus de sévérité. Pour l'heure, les délais accordés aux parties ne sont pas réellement prescrits à peine de sanction. Ils doivent au contraire être vus comme des délais durant lesquels les parties sont à l'abri de toute mauvaise surprise. Au reste, si l'intéressé n'est pas averti des conséquences de l'irrespect des délais qui lui sont impartis, lesdits délais lui restent inopposables, quand bien même une fin de non-recevoir aurait été formulée par le défendeur (CAA Douai, 22 nov. 2012, Association Bois-Guillaume Réflexion, requête numéro 12DA00510 ; AJDA 2013, p. 182, concl. D. Moreau). La quiétude est certes un facteur de qualité des écritures. Mais il faut bien convenir de ce que les parties abusent des largesses des juridictions. La durée moyenne des jugements serait assurément raccourcie si les délais étaient fixés à peine d'inscription au rôle. Une expérimentation en ce sens a d'ailleurs été lancée au Conseil d'Etat. On devine que l'encombrement des juridictions a eu pour effet de reléguer cette question des délais de réponse au second plan. La réduction des stocks pourrait bien induire une discipline accrue au sein de la juridiction administrative. A tout prendre, ce sera une bonne chose.

551. Le sens assigné au silence gardé par le défendeur. Le silence gardé par le défendeur, malgré une mise en demeure, vaut acquiescement aux faits exposés dans les écritures du requérant (CJA, art. R. 612-6). Autrement dit, en l'absence de tout mémoire en défense, le défendeur est réputé avoir admis l'exactitude des faits allégués par le requérant. On ne parle ici que des faits exposés par le requérant, en sorte que l'absence de réponse du défendeur ne saurait valoir acquiescement à des allégations tendant à établir une intention (CE, 30 mai 2011, Melki, requête numéro 336838, Rec., T., p. 1085). On ne saurait inférer davantage de cet acquiescement : d'une part, le juge n'est pas rigoureusement lié par les conséquences du silence du défendeur et, le cas échéant, il lui appartient de constater, à la lecture des pièces du dossier, l'inexactitude des faits (CE, 17 mars 1999, Chauvois, requête numéro 193375, Rec., T., p. 852), d'autre part, dès lors que le juge se prononce en toute hypothèse sur les moyens de droit soulevés, le requérant n'obtiendra pas nécessairement satisfaction malgré l'acquiescement aux faits (CE, 16 oct. 1957, Commune de Challes-les-Eaux, Rec., p. 537).

L'acquiescement aux faits ne vaut que pour l'instance, et le défendeur pourra, en cas d'appel, contester la matérialité des faits auxquels il est réputé avoir acquiescé en première instance (CE, 9 oct. 1968, Ville de Grenoble c. Dlle Gros, requête numéro 68661, Rec., p. 482). En appel encore, le moyen tiré de ce que l'acquiescement aux faits a été déclaré à tort est d'ordre public (CE, 20 nov. 1963, Lacharme, Rec., p. 563).

En l'absence d'une mise en demeure adressée au défendeur tendant à ce qu'il présente des observations au fond (CE, 10 mars 1971, Ministre de l'Agriculture c. Félix, requête numéro 78922, Rec., p. 206), la formation de jugement ne saurait, à peine d'irrégularité de sa décision, lier celle-ci à l'acquiescement aux faits par le défendeur (CE, 24 avr. 1985, Département des Hauts-de-Seine c. Rouby, requêtes numéros 44191 et 50486, Rec., T., p. 732). En revanche, la mise en demeure ne s'impose pas lorsque la décision de la juridiction ne dépend pas de ce que le défendeur aurait acquiescé aux faits (CE, Ass., 8 avr. 1987, Ministre de la Santé c. Tête, requête numéro 45172, Rec., p. 144).

Un seul mémoire, pour peu qu'il ait été régulièrement adressé à la juridiction ou que l'envoi ait été régularisé (CE, 10 juill. 2007, Ministre de l'Economie, des Finances et de l'Industrie, requête numéro 281394), suffit à faire obstacle à ce que l'acquiescement aux faits soit décidé (CE, 29 juin 1990, Commune de Guitrancourt, requête numéro 68743) et la circonstance que le défendeur n'ait pas répondu à un des moyens ne saurait être interprété comme un acquiescement aux faits allégués à l'appui de ce moyen (CE, 11 mars 1970, Gayrard, requête numéro 75821, Rec., p. 181). Le non respect du délai imparti pour répondre ne constitue pas un cas d'acquiescement aux faits (CE, 11 févr. 1983, Synconem, requête numéro 34302, Rec., T., p. 825). Mais encore faut-il que, sous réserve du cas où le défendeur soumettrait au juge une production contenant l'exposé d'une circonstance de faits dont il n'était pas en mesure de faire état avant (CE, 23 déc. 2014, Commune d'Argenteuil, requête numéro 364637, Rec., T., pp. 797 et 801), et sauf à ce que le juge décide de prononcer la réouverture de l'instruction (CE, 20 févr. 2009, SMEAG de la base de plein air et de loisirs de Cergy-Neuville, requête numéro 290384), la production du mémoire soit intervenue avant la clôture de l'instruction (CE, 19 avr. 1985, Fédération nationale des syndicats autonomes de l'enseignement supérieur, requête numéro 45820, Rec., p. 104).

552. Les invitations à régulariser. Toutes les fois où une requête est entachée d'une irrecevabilité régularisable après l'expiration du délai de recours – c'est bien la majorité du genre ! – la juridiction ne peut en principe la rejeter en relevant d'office cette irrecevabilité qu'après avoir invité le requérant à la régulariser (CJA, art. R. 612-1 al. 1er). Une telle condition n'est cependant pas applicable en appel et en cassation si la notification du jugement ou de l'arrêt mentionnait la règle (CJA, art. R. 612-1 al. 2), ni en matière de référé urgence (CJA, art. R. 522-2). La rigueur du code de justice administrative est parfois tempérée par le Conseil d'Etat qui fait œuvre de conciliation entre les différents impératifs. Ainsi a-t-il jugé que si une cour administrative d'appel peut rejeter une requête entachée d'un défaut de ministère d'avocat, l'avocat au titre de l'aide juridictionnelle n'ayant pas produit lui-même de mémoire en temps utile doit être mis en demeure d'accomplir, dans un délai déterminé, les diligences qui lui incombent, en même temps que cette carence est portée à la connaissance du requérant afin de le mettre en mesure, le cas échéant, de choisir un autre représentant (CE, 28 déc. 2012, M. Hamlat, requête numéro 348472, Rec., T., p. 927). En règle générale, l'invitation à régulariser doit être adressée au moyen de lettre remise contre signature ou de tout autre dispositif permettant d'attester la date de réception (CJA, art. R. 611-3). La communication, par lettre simple, d'un mémoire en défense opposant une fin de non-recevoir ne saurait dispenser la juridiction de son obligation, sauf à démontrer que le requérant a bien reçu ledit mémoire (CE, 14 nov. 2011, Alloune, requête numéro 334764, Rec., T., p. 1084).

553. Les moyens soulevés d'office. Suivant l'article R. 611-7 du code de justice administrative, « lorsque la décision lui parait susceptible d'être fondée sur un moyen relevé d'office, le président de la formation de jugement ou, au Conseil d'Etat, la chambre chargée de l'instruction en informe les parties avant la séance de jugement et fixe le délai dans lequel elles peuvent, sans qu'y fasse obstacle la clôture éventuelle de l'instruction, présenter leurs observations sur le moyen communiqué ». Il s'agit d'une condition de régularité du jugement (CE, 29 avr. 1998, Commune de Hannappes, requête numéro 164012, Rec., p. 185). Ce moyen d'ordre public ne peut être soulevé que pour autant que la requête est recevable (CE, 15 mai 2012, Sté du Bourdeau, Commune de Cregy-les-Meaux, requêtes numéros 331362 et 331449, Rec., T.). Par-delà, il n'est réellement livré à la contradiction que pour autant qu'il est communiqué dans des termes suffisamment précis aux parties. Ainsi le juge ne peut-il pas se contenter d'indiquer qu'il envisage de retenir une irrecevabilité, sans préciser laquelle (CE, 25 sept. 1995, Association des licenciés sans procédure de la régie départementale des passages d'eau de la Gironde, requête numéro 153191, Rec., T., p. 976). Ainsi encore, le juge doit indiquer le délai laissé aux parties pour présenter leurs observations ou, à défaut, d'indiquer la date d'audience (CE, 4 juill. 2012, Département de Saône-et-Loire, requête numéro 356168, Rec., T., p. 920). Toute considération sur laquelle s'appuie le juge pour statuer n'est pas nécessairement un moyen soulevé d'office. Notamment, la déduction faite par le juge que l'administration était en situation de compétence liée, qui la conduit à écarter les moyens dirigés contre la décision comme inopérants, relève de l'office du juge et n'est pas un moyen d'office (CE, 22 oct. 2014, Mme Guessas, requête numéro 364000, Rec., T., pp. 729, 800 et 817). N'étant pas non plus un moyen soulevé d'office, la décision de faire application de la jurisprudence Danthony n'est pas davantage soumise à la contradiction (CE, 17 févr. 2012, Sté Chiesi SA, requête numéro 332509, Rec., p. 43).

554. Les moyens inopérants. Un moyen est inopérant lorsqu'il n'est pas susceptible, parce qu'il lui est étranger, d'exercer une influence sur l'issue du litige (*infra* n° 717). Parce qu'ils n'ont aucune chance de prospérer, les moyens inopérants n'ont pas à être livrés à la contradiction. La décision du juge de les qualifier ainsi n'a pas davantage à être précédée d'une communication aux parties (CE, 14 mars 2001, Consorts Bureau et a., requête numéro 204073, Rec., T., p. 1138). C'est discutable et c'est discuté (sur ce point, voir M. Revert, « Les moyens inopérants sont-ils vraiment tous inoffensifs », AJDA 2011, pp. 771 et s.), et la jurisprudence peut même manifester quelques signes d'hésitation sur cette question (pour une censure procédant de la non communication du moyen tiré de la compétence liée de l'autorité signataire de l'acte, rendant le moyen du requérant inopérant : CE, 16 nov. 2001, Mme Lavillaureix, requête numéro 214638).

555. La cristallisation des moyens. L'article R. 600-4 du code de l'urbanisme reconnaissait la faculté pour le juge, en contentieux de l'urbanisme de fixer, durant l'instruction, une date à laquelle aucun moyen nouveau ne pouvait être soulevé. Cette disposition a été abrogée par le décret n° 2016-1480 du 2 novembre 2016 qui a, dans le même temps, étendu cette faculté pour le juge à l'ensemble du contentieux administratif. L'article R. 611-7-1 du code de justice administrative dispose désormais que « lorsque l'affaire est en état d'être jugée, le président de la formation de jugement ou, au Conseil d'Etat, le président de la chambre chargée de l'instruction peut, sans clore l'instruction, fixer par ordonnance la date à compter de laquelle les parties ne peuvent plus invoquer de moyens nouveaux ». Le juge peut revenir sur cette cristallisation des moyens, par une décision qui n'a pas être motivée et qui est insusceptible de recours.

556. La question des mémoires récapitulatifs. La procédure civile fait du mémoire récapitulatif le principe, en sorte que les moyens non repris dans les dernières écritures sont réputés abandonnés. Il en va différemment en contentieux administratif. C'est le juge qui opère la synthèse des différentes argumentations sans qu'il y ait lieu de conclure à la renonciation implicite à certains moyens. Deux précisions s'imposent toutefois. D'une part, un *gentlemen agreement* passé entre le Conseil d'Etat et l'Ordre des avocats au Conseil d'Etat et à la Cour de cassation veut que les moyens soulevés dans la requête sommaire sont effacés par le mémoire complémentaire. Cette règle ne vaut bien-sûr que pour les requêtes rédigées par des avocats au Conseil d'Etat et à la Cour de cassation. D'autre part, issu du décret n° 2010-64 du 22 février 2010, l'article R. 611-8-1 al. 1er du code de justice administrative donne la possibilité au président de la formation de jugement ou, au Conseil d'Etat, au président de la chambre chargée de l'instruction, de demander à l'une des parties de reprendre, dans un mémoire récapitulatif, les conclusions et moyens précédemment présentés dans le cadre de l'instance en cours, en lui indiquant que, si elle donne suite à cette invitation les conclusions et moyens non repris seront réputés abandonnés. En appel, le juge peut également demander des conclusions récapitulatives, non seulement pour l'instance en cours, mais également en ce qui concerne les conclusions et moyens présentés en première instance que la partie entend maintenir. Avec le décret n° 2016-1480 du 2 novembre 2016, un cap supplémentaire a été franchi. Issu de ce décret, l'article R. 611-8-1 al. 2 du code de justice administrative dispose en effet qu'un délai, qui ne peut être inférieur à un mois, peut être imparti à une partie pour produire ce mémoire récapitulatif, lequel ne peut toutefois être demandé lorsque le dossier ne comporte pas d'autre mémoire que la demande au tribunal ou la requête d'appel (CE, 25 juin 2018, Sté l'Immobilière Groupe Casino, requête numéro 416720, Rec., T.). Il s'agit d'un délai franc (CE, 19 mars 2018, Sté L'immobilière Leroy Merlin France, requête numéro 416510, Rec., T.) A défaut de production dans ce délai, la partie concernée sera réputée s'être désistée de sa requête ou de ses conclusions incidentes. La demande formulée par le juge reste discrétionnaire, et il n'est pas tenu d'indiquer, ni dans la demande de production de ce mémoire ni dans l'ordonnance donnant acte du désistement, les motifs pour lesquels il a estimé qu'il y avait lieu de demander cette production, la régularité formelle de cette demande pouvant néanmoins être contrôlée en appel ou en cassation (CE, 25 juin 2018, Sté l'Immobilière Groupe Casino, requête numéro 416720, préc.).

557. La séance d'instruction. La juridiction n'attend pas la clôture de l'instruction pour entamer son examen de l'affaire. Dès lors que le dossier est suffisamment étayé pour initier la réflexion, la formation de jugement ou, au Conseil d'Etat, la chambre chargée de l'instruction, se réunit en présence du rapporteur public, afin de discuter de l'affaire. Le rapporteur joue ici un rôle fondamental, étant le plus au fait du dossier. Le réviseur joue un rôle non moins important en livrant une seconde opinion susceptible de confirmer, infirmer ou seulement modifier celle du rapporteur. Il s'agit indéniablement d'un moment où la solution peut se dessiner, l'opinion du rapporteur pouvant évoluer à la suite de la discussion.

558. La demande de confirmation du maintien de l'instance. Les requérants ont trop souvent usé et abusé de la bienveillance (d'aucuns parleront de laxisme) des juridictions administratives. En apparence impératifs, les délais de production des mémoires en réponse se sont révélés indicatifs. Il en a résulté une tendance, pour les praticiens, de ne pas respecter les délais impartis. Les longueurs peuvent devenir importantes, au point que l'on peut douter de l'intérêt du requérant lui-même pour son affaire. Sans préjudice des autres mécanismes consacrés ou renforcés, notamment celui de la cristallisation des moyens, le décret n° 2016-1480 du 2 novembre 2016 autorise le président de la formation de jugement ou, au Conseil d'Etat, le président de la chambre chargée de l'instruction, lorsque l'état du dossier permet de s'interroger sur l'intérêt que la requête conserve pour son auteur, à inviter le requérant à confirmer expressément le maintien de ses conclusions, son silence dans le délai imparti, qui ne peut être inférieur à un mois, valant désistement (CJA, art. R. 612-5-1). Le juge n'est pas tenu d'indiquer, ni dans la demande de confirmation du maintien des conclusions ni dans l'ordonnance prenant acte, le cas échéant, du désistement, les motifs pour lesquels il estime que l'état du dossier permet de s'interroger sur l'intérêt que la requête conserve pour son auteur (CE, 19 mars 2018, SAS Roset, requêtes numéros 410389 et 410395, Rec., T.).

III. La clôture de l'instruction

559. Un moment déterminant. La clôture de l'instruction est un moment charnière de l'instance. A compter du moment où l'instruction est close, il n'est en principe plus permis au requérant de régulariser sa requête. Conformément à l'article R. 613-3 du code de justice administrative, les mémoires produits, bien que devant être visés dans la décision (CE, 27 juill. 2005, Berreville, requête numéro 258164, Rec., T., p. 1041), ne sont pas pris en compte par la juridiction (CE, Sect., 5 janv. 1966, Hawezack, requête numéro 58623, Rec., p. 6), sauf à ce qu'une réouverture de l'instruction soit ordonnée (CE, Sect., 27 févr. 2004, Préfet des Pyrénées-Orientales c. Abounkhila, requête numéro 252988, Rec., p. 93). Il n'est pas même permis à la juridiction de donner acte d'un désistement adressé après la clôture (CE, 5 nov. 1984, Lefèvre, requête numéro 54637, Rec., T., p. 708).

Depuis le décret n° 2016-1480 du 2 novembre 2016, et suivant l'article R. 613-1-1 du code de justice administrative, il est possible au président de la formation de jugement d'inviter une partie à produire des éléments ou des pièces en vue de compléter l'instruction. Inévitablement, une telle demande autant que les productions qui en résultent doivent être livrées à la contradiction. S'il en résulte que l'instruction doit être rouverte, elle ne le sera toutefois qu'en ce qui concerne ces productions.

560. Les modalités de la clôture. Devant le Conseil d'Etat, l'instruction est close soit après que les avocats au Conseil d'Etat aient formulé leurs observations orales, soit après l'appel de l'affaire à l'audience s'ils sont absents (CJA, art. R. 613-5). On précisera ici que, à titre d'expérimentation cependant, l'article 32 du décret n° 2016-1480 du 2 novembre 2016 permet aux présidents de chambres désignées par arrêté du président de la section du contentieux de fixer, par ordonnance non motivée et insusceptible de recours, une date de clôture antérieure à l'audience. S'agissant des autres juridictions administratives générales, il existe deux manières de procéder à la clôture de l'instruction. Première possibilité : le président de la formation de jugement, par ordonnance non motivée et insusceptible de recours, fixe la date de clôture (CJA, art. R. 613-1). Les parties reçoivent notification de cette ordonnance de clôture. Le juge administratif retient cette manière de faire essentiellement dans les cas où le litige est complexe, reposant sur un volume de mémoires et de pièces justifiant qu'il soit mis fin à la discussion contradictoire afin qu'il puisse être réfléchi sereinement à l'affaire avant son enrôlement. Seconde possibilité : le président de la formation de jugement n'a pas pris d'ordonnance de clôture. Dans cette hypothèse, et c'est le cas de loin le plus fréquent, la clôture intervient trois jours francs avant la date de l'audience indiquée dans l'avis d'audience notifié aux parties (CJA, art. R. 613-2 al. 1), le Conseil d'Etat pu préciser qu'il n'y a pas lieu ici de distinguer selon que le délai de trois jours comporte ou qu'il est précédé d'un samedi, un dimanche, ou un jour férié (CE, avis, 9 avr. 1999, Creton, requête numéro 202344, Rec., p. 132). On soulignera ici que, par exception, lorsqu'une partie appelée à produire un mémoire n'a pas respecté, depuis plus d'un mois, le délai qui lui a été assigné par une mise en demeure ou lorsque la date prévue par l'article R. 611-11-1 du code de justice administrative est échue, l'instruction peut être close à la date d'émission de l'avis d'audience, ledit avis devant le mentionner (CJA, art. R. 613-2 al. 2). On précisera que certains contentieux peuvent déroger aux règles de droit commun posées à l'article R. 613-2 du code de justice administrative. Tel est le cas, par exemple, en application de l'article R. 772-9 du code, qui assouplit la procédure écrite en matière de contentieux sociaux en faisant intervenir la clôture de l'instruction après que les parties ou leurs mandataires aient formulé leurs observations orales ou, en leur absence, après appel de leur affaire à l'audience, sauf à ce que le juge décide de différer la clôture (CE, 2 oct. 2017, Mme L., requête numéro 399586, Rec.).

561. La réouverture de l'instruction. Une réouverture de l'instruction peut intervenir, expressément ou implicitement.

Expressément : la décision de rouvrir l'instruction peut être prise par le président de la formation de jugement par une décision non motivée et insusceptible de recours, notifiée aux parties (CJA, art. R. 613-4 al. 1er) ou à la suite d'un jugement ou d'une mesure d'investigation ordonnant un supplément d'instruction (CJA, art. R. 613-4 al. 2).

Implicitement : la communication d'un mémoire à la partie adverse alors que la clôture était intervenue emporte réouverture de l'instruction (CE, 4 mars 2009, Elections cantonales de Belle-Ile-en-Mer, requêtes numéros 317473 et 317735, Rec., T., p. 896 ; AJDA 2009, p. 1054, concl. M. Guyomar ; CE, 23 juin 2014, Sté Deny All, requête numéro 352504, Rec., T., p. 799).

La formulation de l'article R. 613-4 du code de justice administrative laisse à penser que la réouverture de l'instruction est une simple faculté pour le juge, ce que confirme au demeurant la jurisprudence (CE, 5 avr. 1996, Nouveau syndicat intercommunal pour l'aménagement de la vallée de l'Orge, requête numéro 141684,

Rec., p. 121). Il faut cependant nuancer. La réouverture reste en effet une faculté pour le juge lorsque, par exemple, la production postérieure à la clôture contient des éléments certes pertinents mais que la partie qui en est à l'origine aurait pu produire auparavant (CE, 19 déc. 2008, Montmeza et Mme Lancon, requête numéro 297716, Rec., T., pp. 841 et 973). Toutefois, en certaines hypothèses, la faculté laisse la place à l'obligation. Tel est – bien trop souvent – le cas, d'abord, lorsqu'une partie vient à produire un mémoire contenant un moyen nouveau auquel la partie adverse ne peut répondre utilement avant l'intervention de la clôture (CE, 29 juill. 1998, Syndicat des avocats de France et a., requêtes numéros 188715, 189102, 189106, 189287, 189336, 189662, 189931, 189932 et 192004, Rec., p. 313 ; AJDA 1998, p. 1010, concl. R. Schwartz). Tel est le cas, ensuite, en pleine juridiction, lorsque se produisent des changements dans les circonstances de fait, entre l'audience et la lecture de la décision (CE, Sect., 19 nov. 1993, Mlle Brutus, requête numéro 100288, Rec., p. 321) ou, plus généralement, lorsqu'un mémoire est adressé à la juridiction, contenant l'exposé d'une circonstance de fait ou d'un élément de droit, susceptible d'exercer une influence sur le jugement de l'affaire et dont la partie qui l'invoque ne pouvait légitimement faire état avant la survenance de la clôture (CE, Sect., 5 déc. 2014, Lassus, requête numéro 340943, Rec., p. 369, concl. E. Crépey ; AJDA 2015, p. 211, chron. J. Lessi et L. Dutheillet de Lamothe ; RFDA 2015, p. 78, concl. E. Crépey). Par exemple, lorsque le juge est saisi d'une demande d'annulation d'un permis de construire, la production postérieure à la clôture d'un permis modificatif ayant pour objet de modifier des éléments du permis litigieux et n'ayant pas pu être produit plus tôt, la réouverture de l'instruction s'impose, sauf à ce que le permis modificatif soit de nature à être regardé comme un nouveau permis (CE, 28 avr. 2017, Commune de Bayonne et Sté ICB Investimmo Côte Basque, requêtes numéros 395867 et 396238, Rec., T.). Tel est le cas, enfin, lorsque le juge est tenu de répondre à un moyen soulevé dans le mémoire postérieur à la clôture de l'instruction. Par exemple, il doit être statué sur la prescription quadriennale opposée par le défendeur, alors même que celle-ci serait soulevée dans une note en délibéré. Le juge doit, s'il entend y faire droit, rouvrir l'instruction et soumettre l'exception à la contradiction (CE, 30 mai 2007, Commune de Saint-Denis c. Mme Dormeuil, requête numéro 282619, Rec., T., pp. 772, 1017). Dans tous les cas, si la réouverture de l'instruction est décidée, les mémoires qui auraient été enregistrés après la clôture initiale sont communiqués aux parties, à moins qu'ils ne contiennent aucun élément nouveau (CE, 19 mars 2008, Mme Mas, requête numéro 300335, Rec., T., p. 864).

562. Bibliographie indicative.

J.-L. Autin, « Réflexions sur le principe du contradictoire dans la procédure administrative », EDCE 2001, pp. 389 et s.

D. de Béchillon, « Principe du contradictoire et protection du secret des affaires, plaidoyer pour le maintien de la jurisprudence en vigueur », RFDA 2011, pp. 1107 et s.

G. Berthon, « Le rôle du juge administratif dans l'établissement de la vérité », RRJ 2009, pp. 1999 et s.

N. Boukheloua, « Le magistrat rapporteur dans le procès administratif », AJDA 2014, pp. 431 et s.

V. Boyer, « Le jugement par ordonnance sur les requêtes relevant d'une série : précisions sur la notion de « tête de série », AJDA 2007, pp. 1688 et s.

N. Carpentier-Daubresse, « Pouvoir ou devoir d'instruction du juge administratif ? », AJDA 2014, pp. 1143 et s.

D. Chabanol, « Du dialogue du juge et des parties. Réflexions sur la procédure administrative contentieuse » in Mélanges en l'honneur de Daniel Labetoulle, Paris, Dalloz, 2007, pp. 149 et s.

X. Domino et **A. Bretonneau**, « Miscellanées contentieuses », AJDA 2012, pp. 2373 et s.

H. de Gaudemar, « La preuve devant le juge administratif », Dr. adm. 2009, étude 12.

D. Giltard, « Procès administratif et droit processuel, à la recherche des principes directeurs », AJDA 2014, pp. 1015 et s.

M. Guillaume, « La réforme du droit du secret de la défense nationale », RFDA 1998, pp. 1223 et s.

A. de Malafosse, « L'évolution de l'instruction écrite », AJDA 2011, pp. 608 et s.

G. Odinet et **S. Roussel**, « L'administration ne murmure pas à l'oreille du juge », AJDA 2017, pp. 736 et s.

Section 2 - Les évènements de l'instruction

563. Par et malgré le juge. L'instruction est une période durant laquelle de nombreux évènements peuvent intervenir. Certains sont le fait du juge lui-même, à travers les mesures d'instruction qu'il peut ordonner (Sous-section 1). Certains sont étrangers au juge, mais influent cependant sur le cours de l'instruction, sinon de l'instance (Sous-section 2).

Sous-section 1 - Les mesures d'instruction

564. Retour sur le régime de la preuve. Comme il a été dit (*supra* n°s 522 et s.), la procédure administrative juridictionnelle est résolument inquisitoriale. Le juge administratif dispose de pouvoirs d'injonction étendus en matière de preuve. Seuls de tels pouvoirs peuvent maintenir un équilibre acceptable entre le requérant et l'administration qui, bien souvent, est la seule à détenir les éléments permettant de statuer sur la légalité de la décision litigieuse. Il serait cependant aventureux de considérer que le régime de la preuve, en contentieux administratif, est tout entier tourné vers l'administré par une forme plus ou moins affirmée de justice distributive. Bien qu'assortie d'exceptions, l'exclusion de tout principe de loyauté de la preuve en contentieux administratif en atteste. Par-delà, et aussi importants que ses pouvoirs d'injonctions peuvent être, le juge n'est pas toujours en mesure de trancher le litige au seul examen des éléments fournis par les parties, soit notamment que le domaine en cause s'avère par trop technique, soit que la décision juridictionnelle suppose la constatation préalable de faits objectifs, qui ne peut procéder des seules allégations des parties. Des mesures d'instruction supplémentaires s'imposent alors, qui peuvent être assumées par le juge lui-même (§ 1) ou confiées à un spécialiste (§ 2).

§ 1 - Les missions assumées par le juge

565. Trois mesures envisageables. Le code de justice administrative reconnaît la faculté au juge, en tant que besoin, de se transporter sur les lieux (I), de procéder à une enquête (II) et de se livrer à la vérification de documents administratifs (III).

I. La visite des lieux

566. Lire c'est bien, voir c'est mieux. Aux termes de l'article R. 622-1 al. 1er du code de justice administrative, « la juridiction peut décider que l'un ou plusieurs de ses membres se transporteront sur les lieux pour y faire les constatations et vérifications déterminées par sa décision ». Il s'agit là d'une mesure d'instruction qui se révèle particulièrement utile, notamment dans les domaines où le contrôle de légalité dépend de la qualification juridique des faits. Par exemple, le juge a pu se transporter sur les lieux afin de déterminer si le terrain d'assiette d'un projet de zone d'aménagement concerté constituait un espace proche du rivage au sens de l'article L. 146-4 du code de l'urbanisme (CE, 5 avr. 2006, Sté Les Hauts de Saint-Antoine, requête numéro 272004). Par exemple encore, la juridiction a pu procéder à une visite du centre en route de la navigation aérienne d'Athis-Mons, couvrant principalement les tours de contrôle des aéroports de Roissy-Charles de Gaulle, Orly et Le Bourget, afin de se prononcer sur la légalité du refus de maintien en en activité des intéressés dans le corps des ingénieurs du contrôle de la navigation aérienne au-delà de la limite d'âge de 57 ans (CE, Ass., 4 avr. 2014, Ministre de l'Ecologie, du Développement durable et de l'Energie, requêtes numéros 362785, 362787, 362806, 362811, 362813, 362815, 362817, 362819 et 362821, Rec., p. 63). Par exemple enfin, la chambre chargée de l'instruction s'est déplacée sur les lieux afin de statuer sur la légalité de la déclaration d'utilité publique d'ouvrages d'énergie électrique devant, pour partie, traverser les gorges du Verdon (CE, 10 juill. 2006, Association interdépartementale et intercommunale pour la protection du lac de Sainte Croix, de son environnement, des lacs et sites du Verdon et a., requêtes numéros 288108, 289396, 289777, 289968, Rec., T., p. 909 ; CJEG 2006, p. 456, concl. C. Vérot et note Pilat ; RFDA 2006, p. 990, note M.-F. Delhoste ; JCP adm.

2006, 1256, note P. Billet). L'arrêté a finalement été annulé. Sans se livrer à un exercice de divination, l'on peut supposer, compte tenu de la réticence classique du juge à annuler les déclarations d'utilité publique en faisant jouer la théorie du bilan, que la visite des lieux a exercé une influence sur la solution retenue.

567. Une mesure rarement décidée. La visite des lieux est une mesure d'instruction utile mais elle est également rarement mise en oeuvre par la juridiction administrative. Les raisons sont de deux ordres : d'ordre culturel, d'une part, le juge administratif étant traditionnellement versé dans l'examen des écritures desquelles est censée se dégager la vérité judiciaire ; d'ordre matériel, d'autre part, le juge administratif n'ayant ni le temps ni les moyens financiers de se livrer à un examen de chaque situation particulière au point de sacrifier le temps nécessaire au déplacement.

568. Les conditions de mise en œuvre du déplacement. Il est toujours loisible au juge de se déplacer sur les lieux mais cette décision relève de l'appréciation souveraine de la juridiction et seule une visite frustratoire peut vicier la procédure (CE, 12 juin 1992, Durand, requête numéro 87411). La décision peut être prise par jugement avant dire droit ou au cours de l'instruction par le président de la formation de jugement ou, au Conseil d'Etat, par la chambre chargée de l'instruction (CJA, art. R. 622-1, al. 5). Il n'est cependant pas nécessaire que le « visiteur » soit membre de la formation de jugement (CE, 9 juill. 1997, Sté Colombier associates et SCI Villa Colombier, requête numéro 122472, BJDU 1997, p. 255, concl. L. Touvet). Le juge peut, dans le cours de la visite, entendre à titre de renseignements les personnes qu'il désigne et faire faire en leur présence les opérations qu'il juge utiles (CJA, art. R. 622-1, al. 2). Les parties doivent être averties du jour et de l'heure auxquels la visite des lieux doit se faire (CJA, art. R. 622-1, al. 3) et il est dressé procès-verbal de l'opération (CJA, art. R. 622-1, al. 4), en sorte que le principe du contradictoire est préservé, les parties pouvant faire valoir leurs observations au cours et après la visite, à peine d'irrégularité de la décision juridictionnelle (CE, 29 avr. 1994, Association des Amis de Saint-Martin-de-Peille, requête numéro 134352, Rec., T., p. 1119).

II. L'enquête

569. Le succès grandissant de l'enquête. Aux termes de l'article R. 623-1 du code de justice administrative, « la juridiction peut, soit sur la demande des parties, soit d'office, prescrire une enquête sur les faits dont la constatation lui paraît utile à l'instruction de l'affaire ». Il s'agit d'une mesure d'instruction mise en œuvre dans des affaires souvent complexes qui nécessitent l'audition des parties, qu'il s'agisse par exemple pour le juge de se prononcer sur la légalité des modalités de fixation d'une tarification (CE, 16 févr. 2001, Centre du château de Gléteins et a., requêtes numéros 220118 et 220153, Rec., p. 71), ou sur la définition des déchets radioactifs et des matières nucléaires valorisables (CE, 30 juin 2010, Association Greenpeace France, requête numéro 315980, Rec., p. 522). L'enquête peut également autoriser l'audition de témoins, par exemple pour faire la lumière sur l'existence d'un système organisé de distribution d'argent à des électeurs susceptible d'avoir altéré la sincérité d'un scrutin (CE, Sect., 8 juin 2009, Elections de Corbeil-Essonne, requêtes numéros 322236 et 322237, Rec., p. 222 ; AJDA 2009, p. 1302, chron. S.-J. Liéber et D. Botteghi et p. 1725, note B. Maligner ; RFDA 2010, p. 280, concl. L. Derepas). On assiste à un regain d'intérêt des juridictions administratives pour cette technique d'investigation qui tranche avec la traditionnelle instruction écrite.

570. Les conditions de régularité de l'enquête. La mise en œuvre et le déroulement de l'enquête sont minutieusement organisés par le code de justice administrative. La décision qui prescrit l'enquête indique les faits sur lesquels elle doit porter et précise, suivant les cas, si elle aura lieu devant une formation de jugement ou d'instruction, ou devant un de ses membres qui, le cas échéant, se transportera sur les lieux (CJA, art. R. 623-2). Les parties sont avisées par cette décision des jour et lieu de l'enquête, et invitées à y présenter leurs témoins (CJA, art. R. 623-3 al. 1er) qu'elles peuvent assigner à leurs frais par acte d'huissier (CJA, art. R. 623-3 al. 2). La formation de jugement ou d'instruction ou le magistrat qui procède à l'enquête peuvent également, d'office, convoquer ou entendre toute personne dont l'audition leur semble utile à la manifestation de la vérité (CJA, art. R. 623-3 al. 3). Toute personne peut être entendue comme témoin, sauf à ce qu'elle soit frappée d'une incapacité de témoigner en justice (CJA, art. R. 623-4). Dans ce cas, elle peut néanmoins être entendue sans avoir prêté le serment prévu à l'article R. 623-5 du code. Les auditions ont lieu séparément, les parties étant présentes ou dûment appelées, et la confrontation entre les témoins est possible dans un second temps (CJA, art. R. 623-5).

571. Le procès-verbal de l'enquête. Un procès-verbal de l'enquête doit être visé par le président de la formation de jugement lorsque l'enquête a eu lieu lors de l'audience, et dressé par le membre de la formation de jugement chargé de l'enquête dans les autres cas (CJA, art. R. 623-6). Ce procès-verbal doit comporter un certain nombre de mentions obligatoires : les jour, lieu et heure de l'enquête ; mention de la présence ou de l'absence des parties ; les noms, prénoms, professions et domiciles des témoins ; les serments prêtés ou les causes ayant fait obstacle à leur prestation ; les dépositions signées par les témoins ou indiquant que le témoin n'a pu ou n'a pas voulu la signer (CJA, art. R. 623-7).

III. La vérification de documents administratifs

572. Une possibilité. La vérification de documents administratifs trouve son fondement dans l'article R. 626-1 du code de justice administrative, qui permet ainsi à un membre de la formation de jugement, généralement le rapporteur, de se déplacer dans une administration afin de vérifier la perfection d'un acte. Cette mesure est par exemple très utile pour s'assurer de la régularité des originaux des décrets dont on imagine mal qu'ils puissent être produits en cours d'instance (CE, Sect., 21 déc. 1945, Ministre des Finances, Rec., p. 264 ; RDP 1946, p. 175, note G.

Jèze). Mais l'intérêt de cette mesure d'instruction s'évapore du fait de la jurisprudence du Conseil d'Etat qui se contente, ce qui est au demeurant particulièrement critiquable, d'une attestation du secrétaire général du gouvernement certifiant la régularité formelle de l'acte (par ex., CE, 4 juill. 2012, M. Przemyslaw, requête numéro 354474, Rec., T., p. 799).

§ 2 - Les missions confiées à un spécialiste

573. *Juria novit curia*, rien de plus. Le juge connaît le droit. C'est bien le minimum. Il serait cependant illusoire de croire que le juge peut résoudre seul toutes les questions dont dépend la solution. Le juge doit parfois recourir à des spécialistes pouvant l'éclairer utilement sur certains aspects dont la prise en compte est nécessaire à la résolution du litige. L'expertise (I), la vérification administrative (II), la vérification d'écritures (III) et l'*amicus curiae* (IV) sont autant de missions pouvant être confiées à des spécialistes.

I. L'expertise

574. La décision de recourir à l'expertise. L'expertise est une mesure d'instruction parmi les plus importantes, assurément la plus souvent mise en œuvre par le juge administratif, et indispensable à la résolution de nombreux types de litiges dont la complexité place le juge dans l'incapacité de trancher seul. Suivant l'article R. 621-1 du code de justice administrative, la juridiction peut ordonner avant dire droit, d'office ou à la demande d'une ou des parties, qu'il soit procédé à une expertise. Le juge n'est jamais tenu de faire droit à une demande d'expertise. Il est même parfois tenu de la rejeter, notamment lorsque la demande repose sur des allégations dépourvues de justifications suffisantes (CE, 30 janv. 1980, Ministre de l'Equipement c. Commune de Mortagne-sur-Gironde, requête numéro 00617, Rec., p. 56), lorsqu'il est suffisamment éclairé sur les circonstances ayant donné naissance au litige (CE, 24 oct. 1990, SCI Le Grand Large et a., requêtes numéros 52874 et 94276, Rec., T., p. 926), lorsque la requête qui lui est adressée est vouée au rejet, en raison de son irrecevabilité (CE, 30 janv. 1970, Dame Veuve Herbe, requête numéro 73006, Rec., p. 73) ou de la prescription de l'action (CE, 7 mars 1969, Faure et Grospierre, requête numéro 74203, Rec., p. 145).

575. Les missions pouvant être confiées à l'expert. La délimitation de la mission de l'expert est de la seule compétence du juge. Cette mission doit porter sur des questions de fait et non de droit (CE, 12 févr. 1947, Ministre des Finances, requête numéro 74674, Rec., p. 671). L'expertise peut ainsi viser à établir l'étendue d'un préjudice (CE, 31 janv. 1990, District urbain du pays de Montbéliard, requête numéro 84898, Rec., T., pp. 563 et 1009), si une personne présente les aptitudes requises pour le pilotage d'un avion (CE, Sect., 3 avr. 1998, Corderoy du Tiers, requête numéro 172554, Rec., p. 131), si les désordres affectant un ouvrage sont de nature à le rendre impropre à sa destination (CE, 5 mars 1969, Richemont et Lagneau, requête numéro 70032, Rec., p. 135). En revanche, l'expert ne saurait porter d'appréciation sur la qualification juridique des faits (CE, 17 févr. 1956, Secrétaire d'Etat à la Reconstruction c. Dubreuil, requête numéro 39002, Rec., p. 484). Ainsi, il n'est pas possible de le missionner afin de déterminer si un vin peut recevoir une appellation d'origine (CE, 11 mars 1996, SCI du domaine des Figuières, requête numéro 161112, Rec., p. 71), si un immeuble a subi un dommage pouvant être qualifié de spécial et anormal (CE, 11 juill. 1980, Ministre des Transports c. Mme Veiller, requête numéro 16906), ou si les faits allégués par la requérante présentent effectivement les traits de la force majeure (CE, 10 déc. 1975, Sté générale de construction industrielle dite « Cotraba » c. OPHLM de Marseille, requête numéro 94162, Rec., T., p. 1201).

576. De la mission éventuelle de conciliation à celle de médiation. Le décret n° 2010-64 du 22 février 2010, qui entérinait la jurisprudence en matière de référé expertise (CE, Sect., 11 févr. 2005, Organisme de gestion du Cours du Sacré-Cœur et a., requête numéro 259290, Rec., p. 65 ; RFDA 2005, p. 546, concl. E. Glaser ; AJDA 2005, p. 652, chron. C. Landais et F. Lenica ; AJDA 2005, p. 1932, note N. Ach ; RJEP 2006, p. 21, note E. Crépey), disposait que l'expert pouvait se voir reconnaître une mission de conciliation. Si une conciliation entre les parties survenait, l'expert constatait que sa mission était devenue sans objet et en informait sans délai le magistrat qui l'avait commis (CJA, art. R. 621-7-2).

Le décret n° 2016-1480 du 2 novembre 2016 a substitué le terme de médiation à celui de conciliation. L'article R. 621-1 du code de justice administrative dispose ainsi que « l'expert peut se voir confier une mission de médiation. Il peut prendre également l'initiative, avec l'accord des parties, d'une telle médiation ». S'il n'est pas, au fond, bouleversé par cette évolution, l'état du droit évolue néanmoins ici puisque l'expert peut jouer ce rôle de médiateur sans avoir été missionné en ce sens par la juridiction (sur la médiation, *supra* n° 125).

577. La désignation de l'expert. Le président de la juridiction saisie désigne un seul expert, sauf à ce qu'il soit nécessaire d'en désigner plusieurs (CJA, art. R. 621-2), sur une liste établie chaque année par le président de la cour administrative d'appel dans les conditions déterminées aux articles R. 221-9 et suivants du code de justice administrative. La désignation est notifiée par le greffe, dans les dix jours, à la ou aux personnes désignées, ainsi que la mission qui est confiée (CJA, art. R. 621-3). L'expert dispose d'un délai de trois jours pour s'engager, par serment écrit déposé au greffe et joint au dossier, « à accomplir sa mission avec conscience, objectivité, impartialité et diligence » (CJA, art. R. 621-3). Il est en droit de refuser cette mission, auquel cas un autre expert sera commis (CJA, art. R. 621-4). Il en va de même s'il ne remplit pas sa mission dans le délai imparti, sans préjudice de son éventuelle condamnation à des dommages-intérêts (CJA, art. R. 621-4), la requête tendant à cette condamnation devant être portée devant la juridiction administrative (CE, 7 févr. 2003, Robert, requête numéro 224539, Rec., T., p. 936).

578. Le sapiteur. L'expert lui-même n'est pas toujours en mesure de répondre à l'ensemble des questions qui lui sont posées. Il lui faut alors recourir à un sapiteur, véritable expert de l'expert. Cette décision n'est pas libre. L'expert doit préalablement en solliciter l'autorisation auprès du président de la juridiction (CJA, art. R. 621-2).

579. Les garanties d'impartialité des experts et des sapiteurs. L'expertise doit être impartiale. C'est la raison pour laquelle les personnes qui ont eu à connaître de l'affaire à un titre quelconque doivent, avant d'être désignées comme expert ou sapiteur, en informer le président de la juridiction qui apprécie alors s'il y a une cause avérée d'empêchement (CJA, art. R. 621-5). En outre, suivant une procédure dont le caractère juridictionnel a été reconnu par le Conseil d'Etat (CE, Sect., avis, 23 mars 2012, Centre hospitalier d'Alès-Cévennes, requête numéro 355151, Rec., p. 118, concl. B. Dacosta ; AJDA 2012, p. 1397, chron. X. Domino et A. Bretonneau), expert et sapiteur peuvent être récusés par les parties, pour les mêmes causes que celles prévues pour les juges (*infra* n°s 685 et s.).

Sont par exemple de nature à justifier la récusation :

- les échanges publics de propos entre l'expert et l'une des parties, à l'occasion d'un autre litige, qui, par leur ton et leur contenu, ont excédé les limites des questions techniques en débat et traduisaient l'existence, entre leurs auteurs, une inimitié notoire (CE, 7 févr. 2003, De Luca, requête numéro 219923) ;

- la circonstance que l'expert commis dans une affaire de nuisances phoniques s'était lui-même plaint de ces nuisances auprès du défendeur (CAA Paris, 27 avr. 2006, EDF Transports, requête numéro 06PA02982) ;

- les liens entretenus par l'expert et le chirurgien en cause, découlant d'activités communes, notamment la réalisation de travaux scientifiques ayant donné lieu à publication (CE, 30 mars 2011, Mme Dumont, requête numéro 330161, Rec., T., p. 1083) ;

- la circonstance que l'expert ait été, jusqu'à une date récente, adjoint au maire d'une commune membre de l'établissement public de coopération intercommunale et vice-président de cette intercommunalité, l'ayant amené à participer au lancement du projet dont l'exécution a donné lieu au litige (CAA Nancy, 9 juill. 2015, Sté RFR SAS, requête numéro 15NC00800).

En revanche, un médecin appartenant aux cadres de l'Assistance publique – Hôpitaux de Paris peut être désigné comme expert dans un litige auquel l'AP-HP est partie sans qu'un doute quant à son impartialité puisse justifier sa récusation, en raison des obligations déontologiques auxquelles sont soumis les médecins, d'une part, du nombre important d'établissements (37) et de médecins (plus de 20 000) relevant de l'AP-HP, d'autre part (CE, 23 juill. 2014, Kacem, requête numéro 352407, Rec., T., pp. 798, 801 et 853).

Les conclusions à fins de récusation doivent être présentées avant le début des opérations d'expertise ou dès la révélation de la cause de récusation (CJA, art. R. 621-6). Il en résulte que la demande de récusation peut être postérieure au dépôt du rapport d'expertise (CE, 28 juill. 1999, Sté Beteralp, requête numéro 185390,

Rec., T., p. 947). Cette demande, motivée, doit être présentée par la partie elle-même. Dans l'hypothèse où elle est formulée par son mandataire, un mandat exprès est requis (CJA, art. R. 621-6-1). L'expert visé dispose d'un délai de huit jours suivant communication pour acquiescer ou s'opposer à la demande de récusation (CJA, art. R. 621-6-3) et, jusqu'à ce qu'il soit statué, aucune opération d'expertise ne peut avoir lieu (CJA, art. R. 621-6-2). En cas d'opposition de l'expert à la demande de récusation, il appartient alors au juge de trancher. Cette décision est certes juridictionnelle, mais les exigences de motivation sont limitées à ce qui est nécessaire afin d'éviter qu'il soit porté atteinte à la réputation ou à la vie privée de l'expert (CE, Sect., avis, 23 mars 2012, Centre hospitalier d'Alès-Cévennes, requête numéro 355151, préc.).

580. La modification du périmètre de la mission. Les parties disposent de la faculté, en cours de procédure, de demander au juge une extension de la mission de l'expert. Cette extension peut être prononcée même en l'absence de circonstance nouvelle, pour peu toutefois que l'extension présente un caractère utile. Notamment, il importe que les limites initialement fixées n'aient pas fait l'objet d'un débat expressément tranché par le juge (CE, 23 nov. 1977, Sté française du tunnel routier de Fréjus, requêtes numéros 06504 et 06581, Rec., p. 462) et que la demande d'extension ne soit pas formulée à l'appui de prétentions qui ne relèveraient manifestement de la compétence de la juridiction administrative, qui seraient irrecevables ou qui se heurteraient à la prescription (CE, 11 juill. 2018, Sté Diffazur Piscines, requête numéro 416635, Rec., T.). L'expert peut également être à l'origine de la demande d'extension autant d'ailleurs qu'il peut demander au juge des précisions quant à la teneur de sa mission (pour une illustration en référé expertise, CE, 6 déc. 2013, Sté Michel Beauvais et associés et a., requête numéro 369460, Rec., T., pp. 761).

581. Le déroulement de l'expertise. L'expertise doit être contradictoire et un jugement est irrégulier s'il repose sur un rapport contenant des conclusions contestées par la partie à l'égard de laquelle l'expertise n'a pas été contradictoire (CE, 10 juill. 1987, Sté Lyonnaise des eaux et de l'éclairage, requête numéro 67421, Rec., T., p. 884). Les parties doivent donc être averties par l'expert, quatre jours au moins à l'avance et par lettre recommandée, de la date et de l'heure de l'expertise (CJA, art. R. 621-7). Elles ne peuvent alors s'y soustraire et leur absence ne fait pas obstacle à l'expertise (CE, 6 mars 2002, Elmira, requête numéro 219120). Lorsqu'un magistrat a été désigné et chargé des opérations et du suivi des opérations d'expertise, il peut alors y assister (CJA, art. R. 621-1-1). Des tiers peuvent également être invités à prendre part à l'expertise, si toutefois leurs droits et obligations à l'égard des parties peuvent donner lieu à un contentieux ultérieur (par ex., CE, 9 févr. 1983, SA Bureau Veritas, requête numéro 29017, Rec., T., p. 824). Lors de l'expertise proprement dite, les parties peuvent formuler des observations qui doivent être consignées dans le rapport (CJA, art. R. 621-7).

582. Le rapport. L'expert établit un rapport qui sera déposé au greffe en deux exemplaires et notifié par copie aux parties (CJA, art. R. 621-9). Même en cas de pluralité d'experts, un seul rapport est établi, sauf à ce qu'ils ne parviennent pas à se mettre d'accord, auquel cas le rapport comprend l'avis motivé de chacun d'eux (CJA, art. R. 621-8). Les parties disposent d'un mois, prorogeable, pour produire leurs observations. La circonstance que le rapport ne reprenne pas l'intégralité des dires d'une partie n'entache pas la régularité de la procédure dès lors que les éléments ayant déterminé les conclusions de l'expert peuvent être discutés devant la juridiction (CE, 13 nov. 2009, Sté SCREG Est, requêtes numéros 306061 et 306062). Ce rapport n'est qu'un élément permettant d'éclairer la juridiction. Le juge ne saurait, à peine d'irrégularité, se considérer comme lié par les conclusions de l'expert (CE, 30 janv. 1952, Sté industrielle des marbres, requête numéro 90951, Rec., p. 69). C'est du moins la règle. L'expérience montre le poids considérable exercé par le rapport d'expertise sur la conviction du juge, qui explique encore la déférence – pour ne pas dire la révérence – des avocats à l'égard de l'expert, notamment au cours de l'expertise qui, parfois, confine à la complaisance. Mais comment leur en faire grief ? L'intérêt bien compris explique qu'il faille tout mettre en œuvre pour éviter l'animosité toute humaine d'un expert, fût-il soucieux de rester impartial. La Cour européenne des droits de l'Homme se montre d'ailleurs vigilante quant à la régularité des opérations d'expertise, eu égard à l'influence qu'exerce le rapport sur l'issue du litige (CEDH, 18 mars 1997, Epoux Mantovanelli c. France, affaire numéro 21497/93 ; AJDA 1999, p. 173, note H. Muscat).

583. En cas d'irrégularité de l'expertise. Sans qu'il s'agisse d'un moyen d'ordre public (CE, 27 oct. 1978, Œuvre générale de Craponne, requête numéro 99167), une expertise irrégulière ne peut être prise en considération par la juridiction, sauf à entacher la décision d'une illégalité de nature à fonder son annulation (CE, 19 mai 1983, Moudjahed, requête numéro 33587, Rec., T., p. 824). La rigueur du principe ainsi énoncé, il convient immédiatement de nuancer. En effet, la circonstance que l'expertise ait été conduite sans que le principe du contradictoire ait été pleinement respecté ne fait pas obstacle à ce que le juge prenne en considération les conclusions de l'expert, son rapport n'en restant pas moins une pièce du dossier et les éléments qu'il contient tenant lieu d'éléments d'information (par ex., CE, 3 nov. 1999, Régie municipale des sports de montagne de Cauterets, requête numéro 178835), que la formation de jugement devra toutefois écarter s'ils se heurtent à une contestation sérieuse de la partie à l'égard de laquelle l'expertise n'a pas été contradictoire (CE, 26 juill. 1985, Seris et a., requêtes numéros 41567 et 41636, Rec., T., p. 731).

584. La rémunération de l'expert. C'est le président de la juridiction qui détermine, par ordonnance, le montant des honoraires perçus par l'expert et le sapiteur. L'ordonnance de taxe rendue par le président de la juridiction est un acte administratif (CE, Sect., 1983, Lassallette, requête numéro 24265, Rec., p. 260, concl. J.-F. Verny) susceptible de recours, dans le délai d'un mois à compter de sa notification, devant le tribunal administratif, sauf si le président de la section du contentieux du Conseil d'Etat en est l'auteur (CJA, art. R. 761-5). Le président de la juridiction tient compte des difficultés des opérations, de l'importance, de l'utilité et de la nature du travail fourni, et des diligences mises en œuvre pour respecter le délai initialement fixé pour la remise du rapport (CJA, art. R. 621-11), sans être lié par un accord éventuel des parties quant au montant des honoraires (CE, 11 juill. 1991, Pisseau, requête numéro 82416, Rec., T., p. 1130). Le juge n'est pas davantage lié par le montant réclamé par l'expert. Ainsi, s'il n'est pas fondé à se prononcer sur la régularité des opérations de l'expertise (CE, 7 oct. 2013, Sté TP Ferro Concesionaria, requête numéro 356675, Rec., p. 246), il lui est possible d'écarter du calcul les investigations auxquelles l'expert a inutilement procédé (CE, 24 mars 1989, Hours, requête numéro 72019, Rec., T., p. 834), de tenir compte de l'imprécision du rapport (CAA Douai, 3 oct. 2006, P. Dufromont, requête numéro 04DA00254) ou de son inutilité résultant de la tardiveté de son dépôt (CE, 21 janv. 1972, Epoux Minot, requête numéro 81542, Rec., T., p. 1193).

C'est en principe sur la partie qui succombe, ou sur celle qui se désiste (CE, Sect., 19 juin 1970, X, requête numéro 76515, Rec., p. 418) sauf à ce que ce désistement procède de ce qu'elle a eu satisfaction (CE, 9 nov. 1966, Ministre de la Santé c. Dame Fabre, requête numéro 66477, Rec., T., p. 1056), que repose le poids de la rémunération. Mais celle qui a obtenu satisfaction peut être tenue de prendre à sa charge une partie des honoraires si elle a rendu plus difficile l'expertise (CE, 10 mai 1989, CHR de Lille c. Mme Giraldo Deblauwe, requêtes numéros 64651-81509, Rec., T., p. 861) et elle peut, en certaines circonstances particulières, être tout simplement tenue d'en régler la totalité (CE, Sect., 17 mars 1972, Sieur Auchier, requête numéro 77445, Rec., p. 231). En cas d'insolvabilité de la partie censée régler les honoraires (CE, Sect., 26 févr. 1971, Ministre de l'Intérieur c. sieur Aragon, requête numéro 77459, Rec., p. 172 ; AJDA 1971, p. 156, chron. D. Labetoulle et P. Cabanes), ou lorsque celle-ci bénéficie de l'aide juridictionnelle totale (CE, 30 déc. 2012, Mme A.-C., requête numéro 387354), l'Etat en supporte alors la charge.

II. La vérification administrative

585. Une mission confiée à l'administration. Variante plus souple de l'expertise, la vérification administrative consiste pour le juge à recourir à un agent de l'administration afin d'établir la réalité de certains faits. La liste des exemples de mise en œuvre de cette mesure d'instruction n'est pas pléthorique. On peut néanmoins évoquer la demande faite à une direction départementale de l'action sanitaire et sociale d'enquêter sur la moralité d'un candidat à un emploi réservé (CE, 18 nov. 1977, Da Costa, requête numéro 03586, RDP 1978, p. 929). Le Conseil de la concurrence a également pu être chargé d'examiner, dans les mêmes conditions que celles prévues à l'article L. 430-6 du code de commerce, une opération de concentration telle que notifiée au ministre de l'Economie, des Finances et de l'Industrie (CE, 20 juill. 2005, Sté Fiducial Informatique et Sté

Fiducial expertise, requête numéro 279180, Rec., p. 334 ; RFDA 2006, p. 692, concl. E. Glaser).

III. La vérification d'écritures

586. Utile mais rare. Le juge administratif n'est pas toujours en mesure d'apprécier l'authenticité d'un acte. La juridiction peut alors charger un ou plusieurs experts en présence, le cas échéant, d'un de ses membres, de vérifier l'origine ou le contenu supposé de l'acte (CJA, art. R. 624-1). Cette mesure d'instruction est d'autant plus utile pour le juge que le Conseil d'Etat a refusé d'appliquer la procédure d'inscription de faux aux actes administratifs (*infra* n° 646). La vérification d'écritures est cependant peu usuelle, le juge administratif restant libre d'apprécier par lui-même l'authenticité de l'acte qui lui est soumis. La décision de recourir à une vérification d'écritures doit être justifiée par les faits de l'espèce, et notamment par la différence manifeste entre deux signatures réputées pourtant émaner du même auteur (CAA Bordeaux, 12 févr. 2009, Sté Green Idea, requête numéro 07BX01544).

IV. Les *amicii curiae*

587. Les précieux amis. Comme en atteste encore l'exemple de l'expertise, le juge administratif n'est pas toujours en mesure de déterminer avec une parfaite certitude le sens de la solution à retenir. Il peut lui être à cet égard précieux de recourir à des personnes dont les compétences peuvent concourir à une meilleure compréhension des enjeux. Issus du décret n° 2010-164 du 22 février 2010, les articles R. 625-2 et R. 625-3 du code de justice administrative fondent dorénavant la juridiction administrative à recourir à des *amicii curiae* afin de l'éclairer. A dire vrai, ce n'est que la consécration textuelle d'une pratique déjà observée devant la juridiction administrative. De manière officieuse, d'une part, et sans violer le secret de l'instruction, les membres d'une formation chargée de l'instruction pouvaient tout à fait engager la discussion avec toute personne dont l'éclairage pouvait être utile à une meilleure appréhension de l'affaire. Les références faites par les rapporteurs publics (par ex., M. Guyomar, concl. sur CE, Ass., avis, 29 avr. 2010, M. et Mme Béligaud, requête numéro 323179, RFDA 2010, pp. 557 et s.) et les chroniqueurs du Conseil d'Etat (F. Lenica et J. Boucher, chron. sous CE, Ass., 16 juill. 2007, Société Tropic travaux signalisation, requête numéro 291545, AJDA 2007, pp. 1577 et s.) à des *amici curiae* officieux, en témoignent. De manière plus officielle, d'autre part, le Conseil d'Etat avait déjà, par exemple, demandé l'avis du Conseil de la concurrence sur l'existence d'éventuels abus de position dominante (CE, Sect., 26 mars 1999, Sté EDA, requête numéro 202260, Rec., p. 107 ; AJDA 1999, p. 427 concl. J.-H. Stahl et note M. Bazex ; CE, 13 janv. 2003, Mutuelle générale des services publics, requête numéro 235176, AJDA 2003, p. 899, note J.-D. Dreyfus ; BJCP 2003, p. 135, concl. P. Fombeur).

588. Les avis techniques. L'article R. 625-2 du code de justice administrative permet à la formation de jugement de solliciter l'avis d'un consultant sur une question technique ne requérant pas d'investigations complexes. Le Conseil d'Etat a fait application de cette disposition et a saisi un commissaire aux comptes afin de déterminer, d'une part, les modalités d'appréciation du coût moyen pondéré du capital lorsque les actifs d'une société comprennent des biens propriété du concédant et ont pour contrepartie, à son passif, non seulement des capitaux propres et des emprunts, mais également des comptes spécifiques aux concessions, notamment les droits des concédants, d'autre part, les retraitements à opérer en cas de passage d'une approche comptable des charges de capital à une approche économique, fondée sur le coût moyen pondéré du capital investi (CE, 28 mars 2012, Société anonyme Direct Energie et Syndicat intercommunal de la périphérie de Paris pour l'électricité et les réseaux de communication (SIPPEREC), requêtes numéros 330548, 332639 et 332643, Rec., T., p. 918). On comprend ici que l'adoption de l'article R. 625-2 du code ait pu être, pour certains juges, source de réconfort... Le Conseil d'Etat a encore pu recourir à l'article R. 625-2 du code de justice administrative afin d'établir si la méthode retenue par le Conseil supérieur de l'audiovisuel pour déterminer les populations desservies par un service de radio autorisé en mode analogique par voie hertzienne terrestre devait conduire ou non à une sous-évaluation de ces populations (CE, 22 juill. 2015, Syndicat interprofessionnel des radios et télévisions indépendantes et a., requêtes numéros 374114, 374183 et 383009, Rec., T., p. 812). Conformément toujours à l'article R. 625-2 du code, la contradiction n'est pas organisée préalablement à la production de l'avis écrit qui, toutefois, sera communiqué aux parties une fois rendu.

589. Les avis sur le fond. L'article R. 625-3 du code de justice administrative autorise pour sa part la formation chargée de l'instruction à « inviter toute personne dont les compétences ou les connaissances seraient de nature à l'éclairer utilement sur la solution à donner au litige, à produire des observations d'ordre général sur les points qu'elle détermine ». La première application de cette disposition a été faite à propos de la confrontation de deux traités internationaux (CE, Ass., 23 déc. 2011, Kandyrine de Brito Païva, requête numéro 303678, Rec., p. 623, concl. J. Boucher ; AJDA 2012, p. 201, chron. X. Domino et A. Bretonneau ; RFDA 2012, p. 1, concl. J. Boucher, p. 19, avis d'*amicus curiae* G. Guillaume, p. 26, note D. Alland). L'affaire « Lambert », bien plus sensible, a donné lieu à une autre application de l'article R. 625-3 du code de justice administrative, où l'Académie nationale de médecine, le Comité consultatif national d'éthique, le Conseil national de l'ordre des médecins, et M. Leonetti ont été invités à donner leur avis sur les questions liées à l'obstination déraisonnable et au maintien artificiel de la vie au sens de l'article L. 1110-5 du code de la santé publique (CE, Ass., 24 juin 2014, Mme Lambert et a., requêtes numéros 375081, 375090 et 375091, Rec., p. 135, concl. R. Keller ; AJDA 2014, p. 790, chron. A. Bretonneau et J. Lessi).

L'initiative de l'invitation est réservée à la formation chargée de l'instruction, en sorte qu'un tiers à l'instance, fût-il mû par la bonne foi, ne saurait se présenter spontanément comme *amicus curiae* (en ce sens, G. Dumortier, concl. sur CE, Ass., 11 avr. 2012, Groupe d'information et de soutien des immigrés (GISTI) et Fédération des associations pour la promotion et l'insertion par le logement (FAPIL), requête numéro 322326, RFDA 2012, p. 547). Rien de plus normal au demeurant. En effet, retenir la solution contraire conduirait à admettre qu'un avis puisse être présenté avec les atours de la neutralité tout en étant potentiellement acquis à l'une des parties.

Pour le reste, ici encore, l'avis est rendu sans soumission préalable à la contradiction. Consigné par écrit, et ne pouvant porter analyse ni appréciation des pièces du dossier (CE, 6 mai 2015, M. Caous, requête numéro 375036, Rec., p. 163 ; AJDA 2015, p. 1545, note D. Connil), il est néanmoins communiqué aux parties. Mais encore est-il possible à la formation chargée de l'instruction ou à la formation de jugement d'inviter toute personne à venir présenter des observations orales, les parties ayant été dûment convoquées (CJA, art. R. 625-3 al. 3). Il n'est pas certain qu'une telle faculté connaisse le même succès devant les juridictions administratives, eu égard à la préférence assumée pour l'écrit.

Sous-section 2 - Les incidents de l'instruction

590. Incidents de l'instruction et poursuite de l'instance. Certains actes juridiques peuvent survenir en cours d'instruction, qui influent sur son déroulement, voire sa poursuite. Ces actes juridiques ne sont pas tous organisés comme tels par le code de justice administrative, lequel n'énumère que la demande incidente, l'intervention, l'inscription de faux, les reprises d'instance et constitutions de nouvel avocat, le désaveu, et le désistement. Leur nombre est en réalité plus important et il est permis d'opposer ici ceux dont l'effet est d'interrompre (§ 1) et ceux dont l'effet n'est pas d'interrompre l'instance (§ 2).

§ 1 - Les incidents interruptifs d'instance

591. Une instance devenue inutile. Il n'y aurait aucun sens à laisser perdurer une instance dépourvue d'une quelconque utilité. C'est en ce sens que le greffe est fondé à rayer des registres une affaire enregistrée plusieurs fois (CE, 9 avr. 2014, Tenet, requêtes numéros 366200 et 366226), ou encore – ce qui revient au même juridiquement – celle portée devant une juridiction administrative matériellement incompétente quand, dans le même temps, une autre requête a été enregistrée par le greffe de la juridiction compétente (CE, 24 janv. 1979, Nivet, requête numéro 14283, Rec., T., p. 691). Deux incidents peuvent encore intervenir, qui traduisent l'inutilité de poursuivre l'instance et qui, à ce titre, conduisent à l'interrompre : la renonciation (I) et le non-lieu (II).

I. La renonciation

592. Le choix du requérant. Pour l'une ou l'autre partie, parfois les deux, il n'est pas toujours pertinent de laisser perdurer l'instance. L'intérêt de l'administration peut être de donner satisfaction au requérant afin de mettre un terme à un litige, convaincue par son argumentation ou désireuse de mettre fin à une situation contentieuse préjudiciable. L'intérêt du requérant peut être de convenir d'une solution amiable dont les termes lui seraient suffisamment profitables. Deux hypothèses de renonciation à l'instance sont donc envisageables. La première – le désistement – est unilatérale (A), la seconde – la transaction – est contractuelle (B).

A. Le désistement

593. Une renonciation unilatérale à l'instance. Le désistement est la première question préalable que le juge examine, ce qui signifie que le désistement prime l'incompétence, en sorte qu'une juridiction incompétente doit donner acte du désistement qui lui est adressé, à tout le moins lorsque celui-ci est volontaire. Tel n'est en effet pas le seul cas de désistement puisque, à l'hypothèse du désistement volontaire (1) s'ajoute celle du désistement forcé (2). Dans un cas comme dans l'autre, le désistement est le fait exclusif du requérant.

1. Le désistement volontaire

594. La gravité du choix. Un requérant peut comprendre que son action est vouée à l'échec et qu'il est sans intérêt pour lui de laisser perdurer l'instance. Il peut également, en cours d'instance, trouver un terrain d'entente avec son adversaire et convenir de mettre fin au procès avant que celui-ci n'aille à son terme. Qu'importe au fond la raison, le requérant peut renoncer à toutes ou partie de ses prétentions au cours de l'instruction (CE, 5 nov. 1984, Lefèvre, requête numéro 54637, Rec., T., p. 708), en adressant un désistement au greffe de la juridiction (CJA, art. R. 636-1). Cette décision emporte des effets graves qui expliquent que le désistement doive être signé par la partie elle-même. Si, comme cela est permis par l'article R. 636-1 du code de justice administrative, le désistement est signé par son mandataire, un mandat exprès doit avoir été établi à cette fin (CE, 5 janv. 1968, Puy, requête numéro 65872, Rec., T., p. 894). Dans le cas d'une requête collective, le mandataire unique ne saurait, sous sa seule signature, engager l'ensemble des requérants dans un désistement, celui-ci devant être signé par chacun (CAA Lyon, 5 avr. 2005, Pinget et a., requête numéro 04LY01719, Rec., T., p. 1019). Il peut cependant se désister pour lui-même (CE, 15 juill. 2004, Ribeyrolles et a., requête numéro 265965). La gravité des effets explique encore que le désistement doive émaner d'une personne n'ayant pas ses facultés mentales altérées (CAA Lyon, plén., 30 mai 2002, Alves Martin da Rocha, requête numéro 99LY01847, Rec., T., p. 860) et être contenu dans un écrit (CE, 3 avr. 1940, Birac, requête numéro 36378, Rec., p. 121) dépourvu de toute équivoque. A l'évidence, cela ne prive pas le juge d'une marge d'appréciation quant aux termes retenus par le requérant et le Conseil d'Etat limite son contrôle en cassation à l'erreur de droit et à la dénaturation des faits (CE, 14 févr. 2001, Vesque, requête numéro 199132). Il est ainsi possible de déduire le désistement de la demande tendant à « arrêter la procédure de recours » (CE, 15 sept. 1995, Tarrade, requête numéro 161386), au « classement de l'affaire » (CE, 4 nov. 1994, Association de défense des victimes et troubles du voisinage, requête numéro 135510) ou encore au « non lieu à statuer » (CE, Sect., 7 avr. 1967, Ministre de l'Equipement c. Monscheim, requête numéro 70432, Rec., p. 152).

595. L'étendue du désistement. Le désistement peut être total. Il peut également être partiel. Par exemple, le requérant ayant obtenu satisfaction en cours d'instance peut se désister de l'essentiel de ses prétentions tout en maintenant ses conclusions tendant à ce qu'il soit fait application des dispositions de l'article L. 761-1 du code de justice administrative (CE, 7 mars 1994, Mme Audoubert, requête numéro 105647, Rec., T., p. 1121).

596. Désistement pur et simple et désistement conditionnel. Le requérant peut déclarer se désister de ses prétentions. *A priori*, ici, aucune raison ne s'oppose à ce qu'il soit donné acte du désistement. Il a ainsi été jugé que le juge est tenu de donner acte d'un désistement pur et simple auquel rien ne s'oppose (CE, 29 déc. 1999, Département des Deux-Sèvres, requête numéro 157056, Rec., T., p. 992). Mais le désistement peut également être conditionnel, le requérant déclarant qu'il se désistera en cas de survenance d'un évènement précis. Ce n'est qu'après avoir constaté que la condition posée par le désistement s'est réalisée qu'il peut en être donné acte (CE, 8 janv. 1969, Sieur Jacomet, requête numéro 52147, Rec., p. 14). Le requérant peut ainsi se désister à la condition qu'une juridiction statue dans un sens déterminé dans une autre instance (CAA Paris, 9 juin 2010, Bel, requête numéro 07PA02545). Toutefois, le requérant ne saurait conditionner son désistement aux motifs ni au dispositif de la décision que le juge est conduit à prendre dans le cadre de l'instance (CE, 10 mai 2017, M. K., requête numéro 394826, Rec., T.).

597. L'acceptation du désistement. Les conséquences du désistement adressé à la juridiction diffèrent suivant que le contentieux est de l'excès de pouvoir ou de pleine juridiction. En pleine juridiction, le désistement doit être accepté par la partie adverse pour qu'il puisse en être donné acte. Cette acceptation au demeurant peut emprunter des formes diverses. Ainsi le juge administratif peut-il donner acte d'un désistement lorsque le défendeur produit aux débats un protocole transactionnel comportant une clause de renonciation à toute instance et action, dès lors que sa soumission à la contradiction n'a suscité aucune observation de la part du demandeur (CE, 18 nov. 2011, Ligue d'escrime du Languedoc-Roussillon, requête numéro 343117, Rec., T., p. 1087). En toute hypothèse, dès lors que cette acceptation est donnée, le retrait du désistement n'est plus possible. Par ailleurs, et très logiquement, l'acceptation emporte désistement corrélatif des demandes incidentes, s'il en existe (CE, 10 nov. 1993, Ministre du Budget c. Chanzy, requête numéro 80598, Rec., T., p. 961). Le contentieux de l'excès de pouvoir n'autorise pas les mêmes conséquences, dès lors que le recours est réputé être fait à un acte. Ainsi, le désistement n'a pas à être accepté par l'autre partie pour qu'il en soit donné acte (CE, 9 mars 1988, SA Sotraduig et Caliqua, requête numéro 81066, Rec., p. 113). Mais, en contrepartie, son acceptation par la partie adverse ne fait pas obstacle à ce que le désistement soit retiré avant le donné acte (CE, Ass., 21 avr. 1944, Sté Dockès Frères, requête numéro 72642, Rec., p. 120).

598. Les conséquences du désistement suivant qu'il est d'instance ou d'action. Le désistement peut être d'instance ou d'action. Le désistement d'instance ne vaut que pour l'instance en cours. Autrement dit, le requérant conserve la faculté d'introduire ultérieurement une nouvelle requête, nonobstant l'identité d'objet, de cause, et de parties. Le désistement d'action emporte des effets bien plus radicaux : le requérant renonce ici à toute action ultérieure. Il était classiquement jugé que, par défaut, le désistement était d'action (CE, Sect., 29 janv. 1932, Dame veuve Janson, requête numéro 97750, Rec., p. 128 ; D. 1933, 3, p. 11, concl. R. Latournerie). Une telle jurisprudence était loin d'échapper à la critique. En effet, c'était beaucoup attendre d'un requérant qui, le cas échéant, n'était pas représenté et qui était largement susceptible d'ignorer les conséquences de son silence quant à la portée qu'il assignait à son désistement. Certes, compte tenu de la brièveté des délais de recours, rares sont finalement les hypothèses en contentieux administratif où un désistement d'instance laisse la possibilité au requérant d'introduire une nouvelle requête, recevable. Par-delà celle aujourd'hui révolue des travaux publics, des hypothèses existent. Il peut ainsi être fait état des recours en déclaration d'inexistence (CE, Sect., 3 févr. 1956, de Fontbonne, requête numéro 8035, Rec., p. 45 ; AJDA, 2, p. 93, chron. F. Gazier ; RDP 1956, p. 859, note M. Waline), ou des recours pour excès de pouvoir dirigés contre les décisions implicites rendues par ou sur avis des organismes collégiaux (CJA, art. R. 421-3) qui peuvent être exercés sans condition de délai. Il faut encore mentionner l'hypothèse – certes rare – des relèvements de forclusion. Dans ces conditions, il faut se réjouir du revirement de la jurisprudence administrative : le Conseil d'Etat considère à présent que, dans le silence de son auteur, le désistement est réputé d'instance (CE, Sect., 1er oct. 2010, M. et Mme Rigat, requête numéro 314297, Rec., p. 352 ; AJDA 2010, p. 2202, chron. D. Botteghi et A. Lallet). Encore faut-il souligner ici que la différence entre désistement d'instance et d'action n'a d'intérêt que pour autant que le donné acte soit revêtu de l'autorité de la chose jugée. Si tel n'est pas le cas – en référé notamment –, le donné acte du désistement ne prive pas le requérant d'introduire une nouvelle instance ultérieurement (CE, 28 déc. 2012, Mme Chakour et a., requête numéro 353459, Rec., T., p. 923), sous réserve du respect des délais de recours éventuels.

599. Le moment du désistement. Le juge doit donner acte du désistement avant la clôture de l'instruction. Lorsqu'un désistement survient postérieurement à celle-ci, il est loisible au juge – mais ce n'est qu'une faculté – de rouvrir l'instruction afin d'en donner acte (CE, 5 avr. 1996, Nouveau syndicat intercommunal pour l'aménagement de la vallée de l'Orge, requête numéro 141684, préc.). S'il n'a pas été donné acte par ordonnance du désistement durant la période de l'instruction, le désistement ne peut être prononcé que par la formation de jugement et l'intéressé doit alors avoir été régulièrement convoqué à l'audience publique (CE, 4 févr. 1981, Abramoff, requête numéro 15372, Rec., T., pp. 873 et 875).

2. Le désistement forcé

600. Une sanction plus qu'une déduction. Lorsque le requérant annonce, dans sa requête introductive d'instance, son intention de produire un mémoire complémentaire et qu'il ne le fait pas dans le délai qui lui est imparti, sa carence prend la forme d'un désistement d'office. Encore faut-il cependant qu'un délai lui ait été effectivement imparti. La question ne se pose pas devant le Conseil d'Etat puisque l'article R. 611-22 du code de justice administrative énonce les délais à respecter, le Conseil d'Etat faisant d'ailleurs montre d'une rigueur certaine, jugeant par exemple que la circonstance que la notification du jugement comporte une indication erronée sur le délai de pourvoi en cassation est sans incidence sur l'application de l'article R. 611-22 du code (CE, 20 déc. 2017, M. Korkotyan, requête numéro 413558, Rec., T.). La question se pose en revanche différemment devant les tribunaux administratifs et les cours administratives d'appel, lequels ne sont pas tenus d'adresser une mise en demeure de produire le mémoire complémentaire sauf si le juge entend prononcer un désistement (CE, 25 oct. 2010, SCEA du domaine de Haute Grée, requête numéro 308697, Rec., T., p. 910). Lorsque toutefois cette mise en demeure a été adressée au requérant, précisant le délai de production du mémoire complémentaire et la sanction en cas de défaillance à peine d'inopposabilité (CE, 30 déc. 1998, Département de l'Aisne, requête numéro 165372, Rec., T., p. 1103), le désistement d'office doit être constaté (CE, 9 mars 2018, Mme E., requête numéro 402378, Rec., T.).

Il est toujours possible de voir dans ce silence gardé par le requérant la traduction d'une volonté de se désister. L'interprétation n'est pas séduisante, qui suppose que l'on admette le désistement tacite alors que le désistement ne se présume pas. En outre, le Conseil d'Etat écarte la possibilité de former une action en désaveu dans le cas du désistement d'office résultant de la carence de son avocat (CE, 6 févr. 2004, Frugier, requête numéro 255007, Rec., p. 47 ; AJDA 2004, p. 606, concl. F. Séners). L'explication la plus convaincante est en réalité la plus simple : le désistement d'office est une sanction à la légèreté du requérant qui, d'une part, ne se montre pas digne de la faculté qui lui a été reconnue de recourir initialement à une requête sommaire et, d'autre part, retarde le début de l'instruction.

601. Requête sommaire et incompétence matérielle de la juridiction. Lorsque le requérant introduit une requête sommaire devant un tribunal administratif ou une cour administrative d'appel, il lui appartient de produire un mémoire complémentaire dans un délai fixé par la juridiction (CJA, art. R. 612-5) et, au Conseil d'Etat, dans les trois mois suivant l'enregistrement de la requête sommaire et ce, à peine de désistement d'office même si le mémoire complémentaire a été ultérieurement produit (CJA, art. R. 611-22), sauf à ce que la défaillance soit celle des services postaux (CE, 11 déc. 2009, Roure, requête numéro 319162, Rec., T., p. 900). Compte tenu de l'ordre des questions préalables, la question du désistement prime celle de la compétence, en sorte que, par exemple, le Conseil d'Etat matériellement incompétent pour connaître du litige fait application de l'article R. 611-22 du code de justice administrative alors que la requête sommaire aurait bénéficié de règles moins périlleuses si elle avait été enregistrée (eu égard à la notification d'un délai pour produire le mémoire complémentaire, ce qui permet de connaître l'existence de l'obligation), comme elle aurait dû l'être, par une autre juridiction (CE, Sect., 28 janv. 1994, Ministre des départements et territoires d'outre-mer, requête numéro 142456, Rec., p. 43 ; AJDA 1994, p. 389, concl. F. Scanvic).

602. L'affaire Guillard c. France. Il a déjà été jugé que le requérant indiquant dans ses écritures « qu'il existe encore de nombreux autres motifs d'annulation, lesquels seront explicités ultérieurement » n'annonce pas un mémoire complémentaire (CE, 21 oct. 1994, Gultun et a., requête numéro 138078, Rec., T., p. 1121), pas plus que l'annonce de l'intention de produire un mémoire en réplique (CE, 20 nov. 1996, Elections municipales de Reims, requête numéro 176551, Rec., T., p. 1097). Mais la sévérité du juge a pu être parfois plus nette, sinon excessive, qui a vu des annonces de mémoires complémentaires là où il n'en y avait pas, comme en témoigne l'affaire Guillard c. France jugée en 2009 par la Cour européenne des droits de l'Homme (CEDH, 15 janv. 2009, Guillard c. France, affaire numéro 24488/04, AJDA 2009, p. 547, note B. Pacteau ; JCP adm. 2009, 2057, note D. Bailleul). Dans cette affaire, M. Guillard, capitaine de port, s'était réservé dans sa requête la possibilité « d'amplifier » ses conclusions par la suite. Le terme « amplifié » a été mal interprété qui, pour le marin, signifie autre chose que pour ce qui en a été déduit au Palais-Royal. En sorte que le silence par la suite gardé par le requérant a emporté son désistement d'office. Le juge de Strasbourg n'a pas apprécié... La Cour européenne des droits de l'Homme a souligné, d'abord, la relative complexité, pour un non professionnel du droit, de la jurisprudence du Conseil d'Etat sur ce point. Ensuite, la Cour a observé les conséquences importantes pour le requérant qui se trouvait ainsi privé de la possibilité de défendre sa cause devant le Conseil d'Etat en premier et dernier ressort. La Cour a relevé, enfin, que « l'objectif poursuivi, à savoir réduire le délai d'instruction des recours, peut être atteint par des moyens moins rigoureux, tels que l'envoi d'une mise en demeure, comme c'est le cas devant les tribunaux administratifs et cours administratives d'appel ». Il y a bien là matière à réflexion… Et il semble bien que le Conseil d'Etat s'en soit saisi. Ainsi a-t-il jugé postérieurement qu'un mémoire motivé présenté par un requérant sans avocat, lequel mémoire contenait des conclusions « sous réserve de tous autres éléments de droit et de fait à produire ultérieurement par mémoire complémentaire, et sous réserve de tout autre recours », ne devait pas être regardé comme annonçant la production d'un mémoire complémentaire (CE, 5 juill. 2013, Solidaires Douanes, requête numéro 356660,

Rec., T., p. 775). Osons ici cette folie de suggérer que la mise en demeure de produire soit systématisée, qui mettrait un terme à ces aléas inutiles…

603. Les formes du mémoire complémentaire. Le juge administratif se montre relativement souple quant aux actes pouvant tenir lieu de mémoires complémentaires. Ainsi, la production d'un mémoire au contenu identique à celui de la requête (CE, 9 juill. 1997, Sté Simecsol, requête numéro 179047, préc.) ou d'un mémoire se référant aux mémoires de première instance joints en copie (CE, 21 févr. 1997, Guerlin, requête numéro 118902, Rec., T., p. 1009) fait obstacle au prononcé du désistement d'office. Il en va de même pour la renonciation à déposer le mémoire complémentaire annoncé (CE, Sect., 26 juill. 1996, Sté Entreprise parisienne, requête numéro 160269, Rec., p. 312).

604. L'apparition de nouveaux cas de désistement forcé. Les hypothèses de désistements forcés tendent à se diversifier. Les récentes évolutions du contentieux administratif ont consacré trois nouvelles hypothèses.

En premier lieu, le désistement forcé peut également intervenir aujourd'hui lorsque le président de la formation de jugement ou, au Conseil d'Etat, le président de la chambre chargée de l'instruction, invite le requérant à confirmer expressément le maintien de ses conclusions lorsque l'état du dossier permet de s'interroger sur l'intérêt que la requête conserve pour son auteur (*supra* n° 558). Le silence du requérant, dans le délai imparti, lequel ne peut être inférieur à un mois, vaut désistement (CJA, art. R. 612-5-1).

En deuxième lieu, lorsque le président de la formation de jugement découvre que l'auteur d'une requête individuelle est susceptible de bénéficier d'une action de groupe déjà introduite, il informe le requérant de cette action et d'intervenir à cette instance. Par ailleurs, il met le requérant en demeure de confirmer son intention de poursuivre l'instance en lui signifiant que, à défaut de confirmation de sa part dans le délai imparti (lequel ne peut être inférieur à un mois), il sera réputé s'être désisté d'office de l'instance (CJA, art. R. 77-10-3). La même règle est organisée pour les concours entre actions en reconnaissance de droits et actions individuelles (CJA, art. R. 77-12-3).

En troisième lieu, en cas de rejet d'une demande de suspension pour défaut, en l'état de l'instruction, de moyen propre à faire naître un doute sérieux quant à la légalité de la décision, et toutes les fois où un pourvoi en cassation n'a pas été exercé contre l'ordonnance, le requérant doit, à peine de désistement d'office, confirmer le maintien de sa requête à fin d'annulation ou de réformation de l'acte litigieux dans un délai d'un mois à compter de la notification de l'ordonnance de rejet (CJA, art. R. 612-5-2). La notification de l'ordonnance de rejet doit cependant alerter le requérant des conséquences de son silence éventuel.

605. La portée du désistement forcé. Le désistement d'office est aujourd'hui considéré comme un désistement d'instance (CE, Sect., 1er oct. 2010, M. et Mme Rigat, requête numéro 314297, préc.), ce qui atténue – mais atténue seulement – la rigueur du principe. Il est, comme tout désistement intervenu au principal, revêtu de l'autorité de la chose jugée (CE, 22 juin 1923, Hanna-Charley, requête numéro 74478, Rec., p. 521).

B. La transaction

606. Le développement des modes alternatifs de règlement des litiges. Traditionnellement réfractaire aux modes alternatifs de règlement des litiges, le contentieux administratif s'ouvre progressivement à ces procédés permettant une résolution des situations contentieuses sans aller jusqu'au jugement, ce qui contribue par ailleurs à désencombrer la juridiction administrative. La promotion de la médiation en témoigne. Elle avait été initialement rendue possible, avec les articles L. 771-3 à L. 771-3-2 aujourd'hui abrogés, pour la résolution des différends transfrontaliers relevant de la compétence du juge administratif, à l'exclusion de ceux qui concernent la mise en œuvre de prérogatives de puissance publique (ordonnance n° 2011-1540 du 16 novembre 2011). La dynamique du recours à la médiation s'est amplifiée avec la loi n° 2016-1547 du 18 novembre 2016 de modernisation de la justice du XXIe siècle, qui a substitué dans le code de justice administrative la médiation à la conciliation et en a généralisé le champ d'application. L'article L. 311-6 du code de justice administrative, pour sa part, énumère les domaines dans lesquels il est possible, pour les personnes publiques, de recourir à l'arbitrage (*supra* n° 266).

607. La transaction, accord de volontés entre les parties. On ne se surprendra dès lors pas que l'administration soit encouragée à recourir à la transaction (notamment, circulaire du 7 septembre 2009 relative au recours à la transaction pour la prévention et le règlement des litiges portant sur l'exécution des contrats de la commande publique, JORF 18 sept. 2009, p. 15230 ; circulaire du 6 avril 2011 relative au développement du recours à la transaction pour régler amiablement les conflits, JORF 8 avr. 2011, p. 6248). La transaction est définie à l'article 2044 du code civil, auquel renvoie l'article L. 423-1 du code des relations entre le public et l'administration, comme « un contrat par lequel les parties terminent une contestation née, ou préviennent une contestation à naître ». Elle constitue le mode alternatif de règlement des litiges le plus accessible aux personnes publiques. Ainsi la transaction est-elle de longue date permise notamment en matière fiscale (ordonnances des 30 janvier et du 13 février 1822), en matière de marchés de travaux publics (CE, 9 mai 1884, Ville de Nîmes, Rec., p. 304) ou de dommages de travaux publics (TC, 26 oct. 1981, Syndicat des copropriétaires de l'immeuble Armenonville c. Ville de Cannes, requête numéro 02197, Rec., p. 507).

608. Les conditions de la transaction. La faculté de recourir à la transaction n'est pas entière. Elle suppose la satisfaction de certaines conditions.

En premier lieu, la transaction n'est pas possible dans le contentieux de l'excès de pouvoir, parce que « l'acquiescement ou la renonciation en matière de recours pour excès de pouvoir sont des contrats unilatéraux qui doivent être tenus pour nuls comme ayant un objet illicite » (R. Alibert, note sous CE, 2 mars 1934, Pérignon et a., S. 1936, 3, p. 97). L'administration ne saurait pas plus consentir à une action qui lui est interdite. Ainsi ne peut-elle aliéner, à l'occasion d'une transaction, une dépendance du domaine public (Cass. req., 7 nov. 1892, Veuve Dessales c. Veillas et Chamussy, D. 1893, I, p. 61), transiger aux fins de délimiter le domaine public (CE, 20 juin 1975, Sieur Leverrier, requête numéro 89785, Rec., p. 382), ou modifier substantiellement un contrat soumis aux règles européennes de la commande publique à l'occasion d'une transaction (CJUE, affaire numéro C-549/14, 7 sept. 2016, Finn Frogne A/S c. Rigspolitiet ved Center for Beredskabskommunikation). Ainsi encore, l'administration doit prendre garde de ne pas enfreindre le principe posé par la jurisprudence Mergui suivant lequel les personnes publiques ne doivent jamais être condamnées à payer des sommes qu'elles ne doivent pas (CE, Sect., 19 mars 1971, Mergui, requête numéro 79962, Rec., p. 235, concl. M. Rougevin-Baville ; AJDA 1971, p. 274, chron. D. Labetoulle et P. Cabanes ; RDP 1972, p. 234, note M. Waline), pas plus qu'elles ne peuvent consentir irrégulièrement une libéralité (CE, Ass., 11 juill. 2008, Sté Krupp Hazemag, requête numéro 287354, Rec., p. 273 ; AJDA 2008, p. 1588, chron. E. Geffray et S.-J. Liéber) ni renoncer au paiement des intérêts moratoires exigibles (CE, 17 oct. 2003, Ministre de l'Intérieur et Syndicat intercommunal d'assainissement du Beausset, requête numéro 249822, Rec., p. 411 ; BJCP 2004, p. 20, concl. G. Le Chatelier).

En second lieu, l'autorité administrative doit avoir qualité pour transiger. Ainsi le ministre est-il en principe compétent pour engager l'Etat (CE, 23 déc. 1887, De Dreux-Brézé, Rec., p. 842), ce pouvoir pouvant faire l'objet d'une délégation de signature conformément au décret n° 2005-850 du 27 juillet 2005 relatif aux délégations de signature des membres du Gouvernement. Si les établissements publics de l'Etat ne peuvent en principe transiger qu'avec l'autorisation du Premier ministre (CE, 14 déc. 1998, Chambre d'agriculture de La Réunion, requête numéro 146351, Rec., T., p. 729), ce n'est que dans le silence de leurs statuts (CE, 23 avr. 2001, Ceccaldi-Raynaud, requête numéro 215552). S'agissant des collectivités territoriales et de leurs établissements publics, le principe est celui de la liberté de transiger (CE, Sect. Tr. publ., 21 janv. 1997, avis numéro 359996), sous la double réserve du respect des limites matérielles énoncées plus haut et d'une habilitation préalable de l'autorité signataire par l'organe délibérant, laquelle doit se prononcer sur tous les éléments essentiels du contrat à naître, « notamment, la contestation précise que la transaction a pour objet de prévenir ou de terminer et les concessions réciproques que les parties consentent à cette fin » (CE, 11 sept. 2006, Commune de Théoule-sur-Mer, requêtes numéros 255273 et 255757, Rec., p. 395). La transaction acceptée par un avocat au cours d'une procédure juridictionnelle ne peut intervenir que s'il a reçu mandat exprès pour ce faire (CE, Sect., 5 janv. 1966, Sieur Hawezack, requête numéro 58623, Rec., p. 6).

609. L'absence de formalisme du juge. A suivre l'article 2044 du code civil, la transaction doit être contenue dans un acte écrit. Le juge administratif ne fait pourtant pas montre, sur ce point, d'un grand formalisme. Il admet ainsi que, au cours de la procédure juridictionnelle, la concordance des mémoires échangés puisse constituer la transaction (CE, 7 oct. 1981, Agence nationale pour l'indemnisation des Français d'outre-mer c. Sahuc, requête numéro 26488, Rec., p. 355). La circonstance qu'une partie ait adressé à l'autre partie une proposition de transaction et qu'elle se soit vu retourner le protocole de transaction signé suffit à caractériser la transaction, quand bien même elle n'aurait pas contresigné celui-ci (CE, 10 févr. 2014, SA Gecina, requête numéro 350265, Rec., T., pp. 737, 813 et 824).

610. Les conséquences de la transaction. La transaction est exécutoire de plein droit (CE, Ass., avis, 6 déc. 2002, Syndicat intercommunal des établissements du second degré de l'Hay-les-Roses et Sté CDI 2000, requête numéro 249153, Rec., p. 433, concl. G. Le Chatelier ; RFDA 2003, p. 291, concl. G. Le Chatelier et note B. Pacteau ; AJDA 2003, p. 280, chron. F. Donnat et D. Casas). La conclusion d'une transaction met fin à l'instance pendante, soit par le donné acte d'un désistement (CE, 28 janv. 1994, Sté Raymond Camus et cie, requête numéro 49518, Rec., p. 1041), soit par le prononcé d'un non-lieu, et le juge ne peut s'opposer à la transaction (CE, Sect., 9 févr. 1934, Chemin de fer du Nord c. de Brigode, requête numéro 24919, Rec., p. 194). Elle fait en outre obstacle, sous réserve que chaque partie ait exécuté ses obligations, à tout recours juridictionnel ultérieur sur le même litige (CE, 31 mars 1971, Sieur Baysse, requête numéro 75241, Rec., T., p. 1116) qui comporterait identité de parties, de cause et d'objet, l'autorité de la transaction n'étant que relative (CE, 13 janv. 1984, OPHLM de la ville de Firminy, requête numéro 34135, Rec., p. 672).

611. Les suites de la transaction. Il est parfois possible à l'une des parties, sinon aux deux, d'adresser au juge une demande d'homologation de la transaction conclue. Une telle demande est possible même en cassation (CE, Ass., 11 juill. 2008, Sté Krupp Hazemag, requête numéro 287354, préc.). Aucun texte ne prévoyant de procédure d'homologation devant le juge administratif, c'est de manière prétorienne que le Conseil d'Etat en a organisé les conditions, dans son avis d'assemblée Syndicat intercommunal des établissements du second degré de l'Hay-les-Roses et Sté CDI 2000, précité, du 6 décembre 2002. Sont ainsi recevables les conclusions à fins d'homologation d'une transaction intervenue en cours d'instance, sous réserve que « la conclusion de la transaction vise à remédier à une situation telle que créée par une annulation ou la constatation d'une illégalité qui peuvent donner lieu à régularisation » ou que « son exécution se heurte à des difficultés particulières », notamment en matière de marchés publics et de délégations de service public. Lorsque le juge est saisi d'une telle demande, il « vérifie que les parties consentent effectivement à la transaction, que l'objet de cette transaction est licite, qu'elle ne constitue pas de la part de la collectivité publique intéressée une libéralité et qu'elle ne méconnaît pas d'autres règles d'ordre public ». En d'autres termes, de deux choses l'une : soit la transaction soumise à homologation ne passe pas le crible du contrôle et elle est alors annulée ; soit la transaction est homologuée et elle sera alors revêtue de l'autorité relative de la chose jugée (sur l'ensemble de la question, A. Zarca, « Questions sur l'annulation des transactions », AJDA 2015, pp. 506 et s.).

II. Le non-lieu

612. Signification du non-lieu. Après le désistement et la compétence, le non-lieu est la troisième des quatre questions préalables que se pose le juge avant de se prononcer sur le fond. Il s'agit d'un moyen d'ordre public et le juge est tenu de soulever d'office le non-lieu, toutes les fois où il se présente (CE, 24 févr. 2006, Caisse primaire d'assurance maladie de la Gironde, requête numéro 271595, Rec., p. 86), sous réserve, comme il se doit, de la communication préalable du moyen aux parties (CE, 29 avr. 1998, Commune de Hannappes, requête numéro 164012, préc.). Le non-lieu peut également être demandé par l'une ou l'autre des parties.

Contrairement au désistement, le non-lieu suppose en principe la survenance d'un évènement extérieur à la volonté du requérant, qui doit mettre fin à l'instance. Reste que, lorsque les conclusions émanent du demandeur, n'est à cet égard pas toujours aisé de déterminer en pratique le départ entre désistement et non-lieu et le juge est susceptible de requalifier des conclusions à fin de non-lieu en désistement. Par exemple, des conclusions à fin de non-lieu à la suite de l'abrogation, par un nouvel arrêté, sans qu'il soit allégué que l'arrêté n'aurait aps produit d'effets, équivaut à un désistement (CE, 29 juill. 2002, Sté LP Diffusion, requête numéro 239505) ; l'acceptation, par une troisième décision, d'une démission ne prive pas la requête d'objet à l'encontre des deux premières décisions par lesquelles le ministre avait refusé ladite démission et les conclusions à fin de non-lieu doivent être regardées comme un désistement (CE, 18 sept. 1995, M. X., requête numéro 143049) ; la circonstance que le préfet n'apporte aucune précision à l'appui de son allégation suivant laquelle la réalisation des travaux prescrits dans son arrêté de péril fait implique que ses conclusions à fin de non-lieu soient regardées comme équivalent à un désistement (CE, 4 août 1982, Préfet de Police de Paris, requête numéro 37568) ; l'octroi en cours d'instance, d'un document de circulation pour étranger mineur ne prive pas d'objet la requête tendant à l'annulation du refus préfectoral d'accorder à l'intéressé une autorisation de séjour au titre du regroupement familial et les conclusions à fin de non-lieu doivent être regardées comme un désistement pur et simple de l'instance engagée (CE, 22 juin 2012, Ministre de l'Intérieur, de l'Outre-mer, des Collectivités territoriales et de l'Immigration, requête numéro 346377, Rec., T., p. 794).

Cette faculté que se reconnaît le juge administratif de requalifier les conclusions du demandeur encourt la critique, au moins pour trois raisons. D'abord, parce que le désistement ne se présume pas (CE, 15 déc. 1899, Labour, Rec., p. 774), celui-ci doit être dépourvu d'ambiguïté. Or, interpréter comme un désistement une demande tendant à ce que le non-lieu soit prononcé, c'est déjà reconnaître qu'il existe une ambiguïté. Ensuite, rien ne s'oppose à ce que le requérant ait cru à tort que les conditions du non-lieu étaient réunies. Dans pareille hypothèse, le donné acte d'un désistement qui n'était pas formellement demandé s'avère excessivement sévère en déniant ici tout droit à l'erreur au requérant. On a connu le juge administratif plus bienveillant... Enfin, on perçoit mal la cohérence de l'ensemble lorsque cette requalification intervient à l'occasion d'une demande de non-lieu émanant d'un avocat (par ex., CE, 29 mars 1999, Longerinas, requête numéro 159445, Rec., T., p. 958), dès lors que l'avocat doit se prévaloir d'un mandat exprès pour présenter un désistement au nom de son client (CE, 5 janv. 1968, Puy, requête numéro 65872, Rec., T., p. 894), condition qui n'est pas remplie ici. Vainement répondrait-on que désistement et non-lieu reviennent au même, au moins en ce que le donné acte du désistement est revêtu de l'autorité de la chose jugée contrairement au prononcé du non-lieu. La solution la plus simple et la plus satisfaisante serait d'appliquer le même traitement aux conclusions à fin de non-lieu, qu'elles émanent du demandeur ou du défendeur, et de les rejeter toutes les fois où les conclusions ne sont pas réunies.

613. Deux catégories de non-lieu. Dans deux hypothèses, le prononcé d'un non-lieu peut résulter de l'intervention du pouvoir législatif. D'une part, une loi d'amnistie peut intervenir en cours d'instance, qui prive le contentieux de son objet. Tel est le cas, par exemple, en matière de contravention de grande voirie (CE, 30 sept. 2005, Cacheux, requête numéro 263442, Rec., p. 406 ; AJDA 2005, p. 2469, concl. P. Collin). D'autre part, une loi de validation (par ex., CE, Sect., 10 nov. 2010, Commune de Palavas-les-Flots et Commune de Lattes, requêtes numéros 314449 et 314580, Rec., p. 429 ; RFDA 2011, p. 124, concl. N. Boulouis ; AJDA 2010, p. 2416, chron. D. Botteghi et A. Lallet) ou de ratification (pour une ordonnance prise en application de l'article 38 de la Constitution : CE, 8 déc. 2000, Hoffer, requêtes numéros 199072, 199135 et 199761, Rec., p. 584 ; RFDA 2001, p. 454, concl. C. Maugüé ; AJDA 2000, p. 985, chron. M. Guyomar et P. Collin ; pour le cas particulier de la ratification législative d'un décret instituant l'état d'urgence : CE, Ass., 24 mars 2006, Rolin et Boisvert, requête numéro 286834, Rec., p. 171 ; AJDA 2006, p. 1033, chron. C. Landais et F. Lenica) peut être promulguée, qui requalifie l'acte administratif en acte législatif, lequel échappe dès lors à la compétence de la juridiction administrative, sauf à ce que la loi en question soit entachée d'une inconventionalité. En dehors des cas de non-lieu législatifs, il faut distinguer suivant que l'on se situe dans le cadre d'un contentieux en excès de pouvoir (A) ou d'un contentieux de pleine juridiction (B).

A. Le non-lieu en excès de pouvoir

614. La disparition de l'objet du litige. Le non-lieu s'impose lorsque l'objet du litige a disparu.

Le non-lieu intervient ainsi lorsque le retrait d'une décision dont il est demandé l'annulation intervient en cours d'instance. Suivant une jurisprudence du Conseil d'Etat participant de la volonté de permettre aux juridictions de mettre un terme plus facilement aux contentieux (CE, 19 avr. 2000, Borusz, requête numéro 207469, Rec., p. 157), le non-lieu s'impose lorsque l'administration a retiré la décision dont l'annulation était demandée, même si la décision litigieuse a reçu exécution, la seule condition étant que le retrait soit définitif, c'est-à-dire que la décision de rapporter l'acte n'ait pas fait elle-même l'objet d'un recours en annulation dans les délais. Le non-lieu s'impose également en cas d'abrogation de l'acte, pour autant toutefois que celui-ci n'ait pas reçu d'exécution et que cette abrogation soit devenue définitive. Dans la même logique, le non-lieu s'impose lorsque, postérieurement au rejet d'une demande d'autorisation d'urbanisme, l'autorité administrative a délivré l'autorisation sollicitée, sauf à ce que l'autorisation ne puisse être regardée comme équivalent à l'autorisation initialement demandée, en raison des modifications apportées par le pétitionnaire à sa demande pour tenir compte des motifs du refus initial (CE, 26 sept. 2016, M. D., requête numéro 385627, Rec., T.). On illustrera encore l'état de la jurisprudence en précisant que la circonstance qu'une décision ordonnant une perquisition sous l'empire de l'état d'urgence ait produit ses effets avant la saisine du juge n'est pas de nature à priver d'objet le recours en annulation dirigé contre cette décision (CE, Ass., 6 juill. 2016, Napol et a., requêtes numéros 398234 et 399135, Rec., p. 321 ; AJDA 2016, p. 1635, chron. L. Dutheillet de Lamothe et G. Odinet ; RFDA 2016, p. 943, note O. Le Bot).

Le non-lieu peut également être prononcé lorsque la décision litigieuse est devenue caduque. Tel est par exemple le cas d'une autorisation d'aménager un camping pour laquelle les constructions n'ont pas été entreprises dans le délai prévu par le code de l'urbanisme (CE, 28 juill. 1995, Mme Pollaschek., requête numéro 117100) ou encore d'une note de la direction générale de la concurrence, de la consommation et de la répression des fraudes devenue caduque en raison de l'abrogation, par le Conseil constitutionnel, des dispositions législatives qu'elle rappelait (CE, 7 déc. 2016, Association Plastics Europe, requête numéro 387805).

Le non-lieu peut encore intervenir en cas d'amnistie, celui-ci emportant des effets équivalents à un retrait. C'est ainsi que le recours exercé contre un refus d'autorisation de licenciements devient sans objet lorsque les faits pouvant servir de fondement à l'autorisation ont été amnistiés (CE, 7 janv. 2000, SARL Amadeus marketing, requête numéro 184565, Rec., T., p. 1165). Il en va de même en cas de sanction disciplinaire reposant sur des faits amnistiés (par ex., CE, 27 avr. 2007, Mme A, requête numéro 266607). Encore faut-il que la sanction n'ait pas été totalement exécutée (CE, 20 juill. 1971, Mehut, requête numéro 81352, Rec., p. 544).

Le non-lieu peut enfin procéder de l'intervention d'une décision juridictionnelle. Le Conseil d'Etat a pu préciser à cet égard que, en principe, le juge de l'excès de pouvoir ne peut déduire un non-lieu d'une décision juridictionnelle rendu par lui ou par une autre juridiction tant que cette décision juridictionnelle n'est pas devenue irrévocable (CE, Sect., 5 mai 2017, Fiorentino, requête numéro 391925, Rec. ; AJDA 2017, p. 1213, chron. G. Odinet et S. Roussel), ce qui signifie que le non-lieu ne peut être prononcé lorsque le délai pour se pourvoir cassation n'est pas expiré (CE, Sect., 5 mai 2017, Sté Serenis, requête numéro 393268). Par exception au principe, lorsque le juge a procédé à la jonction de requêtes pour statuer par une même décision, toutes les parties concernées seront, en cas d'exercice d'une voie de recours, mises en cause et celle à laquelle un non-lieu a été opposé sera mesure de former un recours incident contre cette partie du dispositif du jugement (CE, Sect., 5 mai 2017, M. Fiorentino, requête numéro 391925, préc.).

615. La disparition de l'intérêt du litige. Il ne faut pas commettre de confusion avec ce qui vient d'être dit. Le Conseil d'Etat réserve en effet l'hypothèse du refus d'abroger une décision réglementaire sur laquelle l'administration reviendrait en cours d'instance. Dans ce cas, le Conseil d'Etat juge que le non-lieu s'impose, même si l'acte a reçu exécution durant la période pendant laquelle il était en vigueur. La justification est donnée par la Haute juridiction elle-même, suivant une motivation qui ne manquerait pas de jeter le trouble sur ce que la théorie s'échine à faire passer pour vrai depuis deux siècles : l'abrogation devenue définitive, ici, « emporte des effets identiques à ceux qu'aurait l'annulation par le juge du refus initial » (CE, 30 déc. 2002, Confédération nationale des syndicats dentaires, requête numéro 238032, Rec., T., p. 881). Il n'est même plus requis par la jurisprudence que l'abrogation soit définitive (CE, 30 mai 2005, Association française des opérateurs de réseaux et services de télécommunications, requête numéro 250516, Rec., T., p. 1047). Mais faut-il cependant que, entre le refus initial d'abroger et l'abrogation en cours d'instance, aucune modification de l'acte n'ait été observée (CE, 24 janv. 2007, Groupement d'information et de soutien des immigrés, requête numéro 243976, Rec., p. 17). Suivant la même logique, la publication d'un décret d'application d'une loi avant que le juge n'ait statué sur le refus initial de prendre un tel décret conduit au non-lieu (CE, 27 juill. 2005, Association Bretagne Ateliers, requête numéro 261694, Rec., p. 350 ; AJDA 2005, p. 2172, chron. C. Landais et F. Lenica).

B. Le non-lieu en pleine juridiction

616. La disparition de l'objet du litige. Le retrait de l'acte litigieux dont il était demandé l'annulation entraîne nécessairement le non-lieu (CE, 5 juill. 2006, SARL Entreprise H. Olivo, requête numéro 259061, Rec., p. 324 ; AJDA 2006, p. 1728, concl. M. Guyomar). L'essentiel du contentieux de pleine juridiction donne cependant lieu à d'autres demandes que celle de l'annulation de l'acte. Et la satisfaction du requérant justifie le non-lieu. Ainsi, il y a non-lieu à statuer lorsque l'administration consent à octroyer au demandeur le paiement de la somme qu'il réclamait (CE, 29 févr. 1956, Dlle Gouy, requêtes numéros 91354 et 2459, Rec., p. 95) même si, dans le même temps, elle se refuse à reconnaître sa responsabilité (CE, 29 nov. 2004, Caberia, requête numéro 261783, Rec., p. 833 ; AJDA 2005, p. 443, concl. F. Séners). Il y a encore non-lieu lorsque la base légale de l'acte litigieux a été modifiée dans le sens souhaité par le requérant (par ex., CE, 26 nov. 1980, Ministre de l'Environnement et du Cadre de vie c. Bouvier, requête numéro 16990).

617. La disparition de l'utilité du litige. L'hypothèse de non-lieu pour inutilité de la poursuite de l'action concerne essentiellement le contentieux des élections. Il est en effet jugé que le renouvellement de l'assemblée délibérante dont l'élection faisait l'objet d'un recours prive celui-ci de son intérêt et conduit au non-lieu (CE, Sect., 27 juill. 1990, Elections municipales de Sainte-Suzanne, requête numéro 108693, Rec., p. 237 ; RFDA 1991, p. 928, concl. R. Abraham). Le même principe vaut pour les scrutins à caractère uninominal lorsque la protestation vise l'annulation de l'élection d'un candidat qui a démissionné postérieurement à l'enregistrement de la requête (CE, Sect., 10 mai 1991, Elections cantonales de Marseille, requête numéro 104698, Rec., p. 174). En revanche, et c'est logique, le non-lieu ne saurait être prononcé en cas de renouvellement partiel d'une assemblée si la protestation concerne l'élection de membres issus du précédent scrutin mais continuant de siéger (CE, 22 déc. 1972, Elections municipales de Vico, requête numéro 84264 et 85641, Rec., p. 825).

§ 2 - Les incidents non interruptifs de l'instance

618. Interruption et suspension. Une confusion ne doit pas être commise entre interruption et suspension de l'instance, la suspension restant provisoire là où l'interruption est définitive. Précisément, il existe des hypothèses où, sans être interrompue, l'instance peut être suspendue en raison de la survenance d'un incident (II). Encore faut-il souligner que tout incident non-interruptif d'instance ne conduit pas nécessairement à une suspension (I).

I. Les incidents non suspensifs de l'instance

619. De nouvelles conclusions. Les incidents non suspensifs de l'instance consistent souvent dans l'enregistrement, au cours de l'instruction, de nouvelles conclusions, attestant en cela le caractère tout relatif de l'immutabilité de l'instance. Ces conclusions peuvent être le fait de tiers initiaux à l'instance (A) ou des parties (B). Un incident supplémentaire non suspensif existe avec l'organisation d'une médiation en cours d'instance (C).

A. L'intervention

620. L'entrée d'un nouvel acteur dans le procès. L'intervention ne fait pas l'objet d'une définition par le code de justice administrative. On ne saurait pleinement se satisfaire de l'article 66 du code de procédure civile suivant lequel l'intervention est le fait de « rendre un tiers partie au procès engagé entre des parties originaires ». En effet, si l'intervenant contraint par le juge (2) a la qualité de partie, il en va différemment de celui qui s'engage volontairement (1), lequel reste seulement un participant à l'instance.

1. L'intervention volontaire

621. Les conditions de l'intervention volontaire. Le statut de l'intervenant volontaire ayant déjà été étudié (*supra* n°s 370 et s.), l'on se contentera ici de rappeler que l'intervention est recevable, à l'exception des questions de droit nouvelles posées au Conseil d'Etat en application de l'article L. 113-1 du code de justice administrative (CE, Sect., 22 nov. 2000, Sté L&P Publicité SARL, requête numéro 223645, Rec., p. 525 ; RFDA 2001, p. 872, concl. S. Austry), dans toutes les branches du contentieux administratif et devant toute juridiction administrative dès lors que la publicité des audiences y est organisée (CE, 27 janv. 1933, Cie des conseils juridiques défenseurs près les tribunaux, requêtes numéros 4362, 6825, 24057 à 24059, Rec., p. 128). L'intervention peut être formée à tout moment de l'instruction (CE, 20 oct. 1965, Ministre de la Construction c. Sieurs Gonidec et a., requête numéro 64915, Rec., p. 538) sans pouvoir, toutefois, retarder le jugement de l'affaire (CJA, art. R. 632-1). Elle doit être formée par mémoire distinct (CJA, art. R. 632-1), à peine d'irrecevabilité non régularisable (CE, 12 déc. 2003, Ammouche et Mme Bangue Nambea, requête numéro 235234, Rec., T., p. 937), mémoire devant être motivé (CE, Sect., 12 juin 1981, Grimbichler et a., requêtes numéros 13173 et 13175, Rec., p. 256) et contenir des conclusions (CE, Sect., 14 juin 1968, Syndicat national des médecins des hôpitaux privés à but non lucratif et Fiat, requête numéro 60870, Rec., p. 362).

622. Les conséquences de l'intervention volontaire. L'intervenant reste dans une situation précaire. Ainsi, le désistement du requérant met fin au litige sans que l'intervenant puisse s'y opposer en maintenant ses prétentions, lesquelles deviennent sans objet (CE, 20 avr. 2005, Syndicat national des entreprises artistiques et a., requêtes numéros 264348, 264349, 264601 et 266449, Rec., T., p. 1045). L'incompétence de la juridiction (CE, 1er déc. 1993, Coz et a., requête numéro 70199, Rec., p. 960) comme l'irrecevabilité de la requête (CE, 6 juill. 1977, Guinard et a., requête numéro 00904, Rec., T., p. 929) emportait l'irrecevabilité de l'intervention. Si, par ailleurs, la requête introductive d'instance est dépourvue de conclusions à l'expiration du délai de recours, l'intervention sera irrecevable au même titre que la demande principale, et, à défaut de mémoire en défense produit, l'intervention en défense ne saurait être admise (CE, 26 mars 1996, SARL Pub Espace, requête numéro 157678, Rec., T., p. 1096). En outre, les conclusions contenues dans le mémoire en intervention doivent présenter un objet identique à celles de la partie (CE, Sect., 10 juill. 1970, Sté civile immobilière du domaine de Suroit, requête numéro 74606, Rec., p. 480). Dans le cas où l'intervention serait recevable, rien ne s'oppose alors à ce que l'intervenant formule certaines conclusions additionnelles, comme par exemple de demander à la juridiction la modulation des effets d'une annulation (CE, 28 avr. 2006, Dellas et a., requête numéro 242727). Les moyens contenus dans la requête en intervention peuvent être distincts de ceux invoqués par la partie à laquelle l'intervenant s'associe à condition que les moyens procèdent d'une cause juridique ouverte durant le délai de recours (CE, 6 juill. 1977, Syndicat national des ingénieurs et techniciens agréés

(SNITA), requête numéro 87539, Rec., p. 306). N'étant pas partie à l'instance, l'intervenant volontaire ne peut prétendre au bénéfice du principe du contradictoire (CE, Sect., 25 juill. 2013, Office français de protection des réfugiés et apatrides, requête numéro 350661, Rec., p. 224 ; AJDA 2013, p. 1689, chron. X. Domino et A. Bretonneau).

2. Les interventions forcées

623. Rappel des trois catégories d'interventions forcées. Il existe trois cas d'interventions forcées, dont les deux premières ne sont possibles qu'en pleine juridiction (*supra* n°s 340 et s.) : l'appel en cause, à l'initiative du demandeur, l'appel en garantie, à l'initiative du défendeur, l'appel en déclaration de jugement commun, à l'initiative de l'une et l'autre partie. A la différence des intervenants volontaires, les intervenants forcés ont la qualité de partie à l'instance avec toutes les conséquences qui en découlent.

B. Les conclusions des parties

624. Des conclusions incidentes. Les parties peuvent formuler des conclusions en cours d'instance qui constituent alors des incidents n'ayant pour effet ni de l'interrompre ni de la suspendre. Il peut s'agir ici de conclusions reconventionnelles (1), d'une demande de récusation ou de renvoi pour cause de suspicion légitime (2), ou de conclusions en désaveu d'avocat (3).

1. Les conclusions reconventionnelles

625. Les conditions de recevabilité des conclusions reconventionnelles. Le régime des conclusions reconventionnelles est relativement simple à appréhender. L'article R. 631-1 du code de justice administrative dispose ainsi que « les demandes incidentes sont introduites et instruites dans les mêmes formes que la requête. Elles sont jointes au principal pour y être statué par la même décision ». Il en va des conclusions reconventionnelles comme des interventions : elles sont précaires, au moins en première instance, en ce qu'elles dépendent intimement de la requête, et elles ne peuvent au demeurant porter sur un litige distinct (CE, 5 mars 1969, Richemont et Lagneau, requête numéro 70032, Rec., p. 135), la notion de litige distinct étant analogue à celle prévalant en matière d'appel incident (CE, 26 oct. 2011, Sté d'architecture Bical-Courcier-Martinelli et Sté Michel Forgue, requête numéro 334098, Rec., T., p. 1094). L'irrecevabilité de la requête fait obstacle au jugement du litige, y compris en ce qui concerne les demandes incidentes (CE, 7 juill. 1965, Ministre de la Construction c. Sté Wolff et Rebrion, requête numéro 51070, Rec., p. 416) et l'acceptation par un défendeur du désistement du demandeur conduit au désistement des conclusions incidentes (CE, 10 nov. 1993, Ministre du Budget c. Chanzy, requête numéro 80598, Rec., T., p. 961).

626. L'exclusion des conclusions reconventionnelles pour certains contentieux. La faculté de formuler des conclusions reconventionnelles n'existe que dans certains types de contentieux. De jurisprudence constante, il n'est ainsi pas possible de formuler de conclusions reconventionnelles dans le contentieux de l'excès de pouvoir (CE, Sect., 22 janv. 1954, Pacha, requête numéro 256, Rec., p. 46 ; CE, Sect., 24 nov. 1967, Noble, requête numéro 66271, Rec., p. 443 ; CE, 27 juin 2001, CPAM de Haute-Garonne c. Mme Sutra, requête numéro 224115, Rec., T., p. 1149), ni dans le contentieux disciplinaire (CE, 5 mars 2003, Gaudinat, requête numéro 221643) sauf devant les juridictions administratives spécialisées (CE, Sect., 6 juin 2008, Conseil départemental de l'ordre des chirurgiens-dentistes de Paris c. Banon, requête numéro 283141, Rec., p. 204 ; RFDA 2008, p. 689, concl. J.-P. Thiellay ; RFDA 2008, p. 964, note B. Pacteau ; Dr. adm. août 2008, comm. 118, note F. Melleray), pas plus que dans celui de grande voirie (CE, 17 avr. 1959, Sté d'armement Hardy et Fourgassié et a, requêtes numéros 37682 à 37686, Rec., p. 247), et électoral (CE, 21 déc. 1977, Elections municipales de Crolles, requête numéro 08374, Rec., p. 525) notamment.

2. Les demandes de récusation et de renvoi pour cause de suspicion légitime

627. La demande de récusation d'un magistrat. Une des parties au procès peut considérer qu'il existe un doute sérieux quant à l'impartialité d'un membre de la formation de jugement ou du rapporteur public. Il lui est alors loisible d'adresser au greffe de la juridiction une demande motivée tendant à la récusation de l'intéressé (CJA, art. R. 721-4). Le greffe communique copie de cette demande au membre de la juridiction intéressé (CJA, art. R. 721-5), qui dispose d'un délai de huit jours pour faire savoir s'il acquiesce ou s'il s'oppose à cette demande (CJA, art. R. 721-7). Dans le cas où il s'y oppose, la juridiction se prononce sur la demande après avoir tenu audience, par une décision non motivée (CJA, art. R. 721-9). Jusqu'à l'intervention de cette décision, le juge visé doit s'abstenir (CJA, art. R. 721-6) mais les actes accomplis avant qu'il ait eu connaissance de la demande de récusation ne peuvent être remis en cause (CJA, art. R. 721-8).

628. La demande de renvoi pour cause de suspicion légitime. Lorsque c'est l'impartialité de la formation de jugement ou une part substantielle de ses membres (CE, 28 juill. 2000, Mme Feldman, requête numéro 204495), les parties peuvent formuler une demande tendant à ce que l'affaire soit renvoyée devant une autre juridiction de même nature. La demande de renvoi à pour cause de suspicion légitime est adressée à la juridiction immédiatement supérieure, ce qui évince toute possibilité de formuler pareille demande lorsque la juridiction suspectée est le Conseil d'Etat (CE 16 juin 2004, Marc-Antoine et Lacau, requête numéro 246883, Rec., T., p. 832). Pour un tribunal administratif, il s'agira donc de la cour administrative d'appel dans le ressort de laquelle siège le tribunal, y compris dans le cas où le tribunal administratif statuera sur l'affaire en premier et dernier ressort (CE, 9 mai 2018, Mme Marin Lopez, requête numéro 416237, Rec., T.). La demande de renvoi ne contraint pas la juridiction visée de surseoir à statuer et la lecture de sa décision conduit la juridiction saisie de la demande de renvoi à prononcer le non-lieu (CE, 23 mars 1983, Bertin, requête numéro 40819, Rec., p. 135).

3. Le désaveu d'avocat

629. Oublions ce qui s'est passé... Les actes ou procédures accomplis par un avocat peuvent être désavoués par la partie représentée, toutes les fois où ils sont susceptibles d'influer sur le sens du jugement (CJA, art. 635-1 al. 1er) et, lorsqu'elle est déjà intervenue, la décision juridictionnelle n'est pas devenue irrévocable (CE, 17 nov. 2010, Mme Layus-Coustet, requête numéro 312594, Rec., p. 441). La finalité de l'action en désaveu est de mettre les justiciables à l'abri des conséquences dommageables de leurs avocats, lorsque ceux-ci ne se sont pas conformés au mandat qui leur a été confié (CE, 5 janv. 1968, Puy, requête numéro 65872, Rec., T., p. 894). Cette demande est livrée à la contradiction (CJA, art. R. 635-1 al. 2). Il s'agit d'une action, rarement exercée, susceptible d'être formée devant toute juridiction administrative (CE, 5 juin 1992, Office public d'aménagement et de construction de Seine-Maritime, requête numéro 66193, Rec., p. 223) et plus précisément celle qui a instruit l'acte ou la procédure faisant l'objet du désaveu (CE, 13 nov. 2002, Gidrol, requête numéro 225232, Rec., T., p. 880). Lorsque l'action prospère, elle entraîne l'annulation de tous les actes et procédures visés et la procédure reprend au stade de l'acte annulé (CE, 15 oct. 1975, Sté Caillol et cie, requêtes numéros 95062 et 95064, Rec., p. 513).

C. La médiation

630. Une médiation à l'initiative du juge. Bien qu'elles trouvent leur fondement dans les mêmes textes (loi n° 3016-1547 du 18 novembre 2016 de modernisation de la justice du XXIe siècle ; décret n° 2017-566 du 18 avril 2017 relatif à la médiation dans les litiges relevant de la compétence du juge administratif), il convient de distinguer la médiation décidée par les parties et la médiation décidée par la juridiction. C'est de cette seconde hypothèse de médiation dont il s'agit ici. Aux termes de l'article L. 213-7 du code de justice administrative, « lorsqu'un tribunal administratif ou une cour administrative d'appel est saisi d'un litige, le président de la formation de jugement peut, après avoir obtenu l'accord des parties, ordonner une médiation pour tenter de parvenir à un accord entre celles-ci ». L'article L. 114-1 du code de justice administrative confère la même possibilité au Conseil d'Etat saisi d'un litige en premier et dernier ressort. Si l'organisation d'une médiation reste une prérogative du juge, dont la mise en œuvre est d'ailleurs insusceptible de recours (CJA, art. L. 213-10), celle-ci ne peut être décidée sans que les parties n'y aient consenti, dans un délai fixé par le juge (CJA, art. R. 213-5). Au demeurant, la décision qui ordonne la médiation doit mentionner l'accord des parties (CJA, art. R. 213-6).

631. Le médiateur. Le médiateur est un tiers au litige, désigné par le juge (CJA, art. R. 213-6), qui peut appartenir à la juridiction ou lui être extérieur (CJA, art. L. 213-8 al. 1er). Ce tiers peut être aussi bien une personne physique qu'une personne morale

(CJA, art. R. 213-2). Dans cette dernière hypothèse, il appartient au représentant légal de la personne morale de désigner la ou les personnes physiques qui, en son sein et en son nom, seront chargées de la mission (CJA, art. 213-2). En toute hypothèse, la personne physique qui assure la mission de médiation doit satisfaire deux conditions (CJA, art. R. 213-3). D'une part, elle doit, par l'exercice passé ou présent d'une activité, posséder la qualification requise par la nature du litige. D'autre part, elle doit justifier d'une formation ou d'une expérience adaptée à la pratique de la médiation.

Le juge peut décider que le médiateur extérieur à la juridiction percevra une rémunération, dont il fixera le montant (CJA, art. L. 213-8 al. 1er) par une décision insusceptible de recours (CJA, art. L. 213-10). Le médiateur peut prétendre à une allocation provisionnelle, qui lui sera accordée par le président de la juridiction après consultation du président de la formation de jugement (CJA, art. R. 213-7). Lorsque les frais de la médiation sont à la charge des parties, celles-ci déterminent entre elles la répartition (CJA, art. L. 213-8 al. 2). A défaut d'accord, la répartition est en principe égalitaire, le juge pouvant néanmoins répartir différemment la charge en tenant compte de la situation économique des parties (CJA, art. L. 213-8 al. 3). Très logiquement, les frais incombant à une partie bénéficiant de l'aide juridictionnelle – mais le texte ne précise pas si celle-ci doit être totale – sont à la charge de l'Etat (CJA, art. L. 213-8 al. 4).

632. Le déroulement de la médiation. La médiation peut porter sur tout ou partie du litige (CJA, art. R. 213-1). La durée de la médiation est fixée par le juge (CJA, art. R. 213-6). Le médiateur « accomplit sa mission avec impartialité, compétence et diligence » (CJA, art. L. 213-2 al. 1er). La médiation est soumise au principe de confidentialité, sauf à ce que les parties consentent au contraire, et « les constatations du médiateur et les déclarations recueillies au cours de la médiation ne peuvent être divulguées aux tiers ni invoquées ou produites dans le cadre d'une instance juridictionnelle ou arbitrale » (CJA, art. L. 213-2 al. 2). Deux exceptions sont néanmoins posées. La première exception est celle dans laquelle l'on serait en présence de « raisons impérieuses d'ordre public ou de motifs liés à la protection de l'intérêt supérieur de l'enfant ou de l'intégrité physique ou psychologique d'une personne » ; la seconde hypothèse est celle dans laquelle « la révélation de l'existence ou de la divulgation du contenu de l'accord issu de la médiation est nécessaire pour sa mise en œuvre » (CJA, art. L. 213-2 al. 4).

Le médiateur informe le juge des difficultés qu'il rencontre dans le déroulement de la médiation (CJA, art. R. 213-9 al. 2). En tant que de besoin et sous réserve que les parties y consentent, le médiateur peut entendre les tiers sans pouvoir cependant les y contraindre (CJA, art. R. 213-9 al. 1er). Durant toute la période de la médiation, le juge n'est pas dessaisi, en sorte qu'il peut à tout moment ordonner des mesures d'instruction nécessaires (CJA, art. R. 213-8).

633. L'issue de la médiation. En énonçant que « le médiateur informe le juge de ce que les parties sont parvenues à un accord », l'article L. 213-9 du code de justice administrative rappelle utilement une évidence : la médiation n'est pas invariablement couronnée de succès. Le juge peut mettre fin à la médiation à la demande d'une des parties ou du médiateur, ou d'office lorsque le bon déroulement de la médiation lui apparaît compromis (CJA, art. R. 213-9). La médiation peut également conduire à un accord entre les parties. Cet accord, qui ne peut porter atteinte à des droits dont elles n'ont pas la libre disposition (CJA, art. L. 213-3), emporte les mêmes effets qu'une transaction et met donc fin à l'instance, totalement ou partiellement suivant que la médiation a porté sur tout ou partie du litige. Saisi de conclusions en ce sens, le juge peut homologuer et conférer une force exécutoire à cet accord (CJA, art. L. 213-4).

II. Les incidents suspensifs de l'instance

634. Une décision différée. L'instance peut être suspendue sans être pour autant interrompue. Elle reste pendante mais un incident conduit le juge à, provisoirement, ne pas statuer.

Tel est le cas, une fois de plus en contentieux de l'urbanisme, l'article L. 600-5-1 du code de l'urbanisme disposant que « le juge administratif qui, saisi de conclusions dirigées contre un permis de construire, de démolir ou d'aménager, estime, après avoir constaté que les autres moyens ne sont pas fondés, qu'un vice n'affectant qu'une partie du projet peut être régularisé par un permis modificatif peut, après avoir invité les parties à présenter leurs observations, surseoir à statuer jusqu'à l'expiration du délai qu'il fixe pour cette régularisation. Si un tel permis modificatif est notifié dans ce délai, celui-ci statue après avoir invité les parties à présenter leurs observations ».

Tel est le cas également lorsqu'une demande d'aide juridictionnelle a été adressée au bureau d'aide juridictionnelle ou directement à la juridiction (CE, avis, 6 mai 2009, Khan, requête numéro 322713, Rec., p. 187).

Tel est encore le cas lorsque le président de la formation de jugement découvre que l'auteur d'une requête individuelle est susceptible de bénéficier d'une action de groupe déjà introduite. Dans cette hypothèse, le juge informe le requérant de l'existence de cette action et de son droit d'intervenir dans cette instance, et le met en demeure de confirmer son intention de poursuivre l'instance, à peine de désistement. Lorsque le requérant maintient sa requête, et sauf si la situation du requérant ou un intérêt public s'y oppose, il est sursis à statuer sur les conclusions de la requête jusqu'à ce que la décision rendue sur l'action de groupe soit devenue irrévocable (CJA, art. R. 77-10-3). Le même dispositif règle les difficultés liées au concours entre actions en reconnaissance de droits et actions individuelles (CJA, art. R. 77-12-3).

Tel est le cas enfin lorsque le juge doit saisir une autre juridiction (A) ou lorsqu'il n'y a pas lieu de statuer en l'état (B).

A. La saisine d'une autre juridiction

635. Quatre saisines différentes. Quatre hypothèses de saisine sont ici concevables : la question prioritaire de constitutionnalité (1) qui, voulue prioritaire par le pouvoir constituant, se distingue des autres questions préjudicielles (2) auxquelles elle n'est pas assimilée, autant que de l'inscription de faux (3) et de la saisine du Tribunal des conflits (4).

1. La question prioritaire de constitutionnalité

636. Le fruit d'une longue attente. C'est l'une des innovations majeures de la révision constitutionnelle du 23 juillet 2008 que d'avoir enfin permis l'avènement d'un contrôle de constitutionnalité par voie d'exception en droit français, même si l'article 61-1 de la Constitution limite l'exercice de la question prioritaire de constitutionnalité aux cas d'atteintes aux droits et libertés constitutionnellement garantis. Jusqu'alors, il n'était pas possible au requérant de se prévaloir de la Constitution à l'encontre d'une loi servant de fondement à un acte administratif, le Conseil d'Etat refusant, de jurisprudence constante, d'exercer un quelconque contrôle de constitutionnalité des lois (CE, Sect., 6 nov. 1936, Arrighi, requête numéro 41221, Rec., p. 966). La situation était d'autant plus insatisfaisante que l'application de la loi était susceptible d'être écartée en cas de contrariété à un traité ou une convention internationale (CE, Ass., 20 oct. 1989, Nicolo, requête numéro 108243, Rec., p. 190, concl. P. Frydman ; AJDA 1989, p. 756, chron. E. Honorat et R. Schwartz), autant qu'à un acte communautaire de droit dérivé (CE, 24 sept. 1990, Boisdet, requête numéro 58657, Rec., p. 251 ; LPA 1990, n° 123, concl. M. Laroque ; AJDA 1990, p. 863, chron. E. Honorat et R. Schwartz). Il s'agit donc bien ici d'un progrès et d'une cohérence enfin retrouvée.

637. Les juridictions administratives concernées. La question prioritaire de constitutionnalité peut être adressée à toute juridiction administrative. Peuvent en effet être destinataires d'une question aussi bien les juridictions administratives générales que les juridictions administratives spécialisées relevant du Conseil d'Etat, qu'il s'agisse, par exemple, des juridictions financières (CE, 4 mars 2011, Clark, requête numéro 344766, Rec., T., p. 1113 ; CE, 18 juill. 2011, Cupillard et Faure, requête numéro 349168), ordinales (CE, 24 sept. 2010, Mme Pérarnaud, requête numéro 341548 ; CE, 1er févr. 2012, Mme Gonzalez, requête numéro 353829) ou compétentes en matière d'aide sociale (CE, 30 déc. 2010, Bresson Vigier, requête numéro 343682 ; CE, 13 févr. 2013, Moravi et a., requête numéro 363928).

638. L'auteur de la QPC. En principe, seules les parties à l'instance sont recevables à soulever une question prioritaire de constitutionnalité (CE, 22 févr. 2013, Zoia, requête numéro 356245, Rec., T., p. 774). Le Conseil d'Etat admet toutefois qu'un intervenant soit recevable à soulever une telle question dans certaines circonstances particulières. Tel est notamment le cas lorsque la question tend précisément à voir reconnaître à son auteur la qualité de partie à l'instance (CE, 7 déc. 2016, Département d'Ille-et-Vilaine, requête numéro 403514, Rec., T.).

639. Les conditions de forme de la QPC. La loi organique n° 2009-1523 du 10 décembre 2009, entrée en vigueur le 1er mars 2010, définit les modalités de mise en œuvre de la question prioritaire de constitutionnalité (CJA, art. LO 771-1 et LO 771-2). La question prioritaire de constitutionnalité doit être contenue dans une requête distincte et motivée (CE, 12 juill. 2013, Mme Bertella-Geffroy, requête numéro 367568, Rec., T., p. 756) qui, autant que l'enveloppe qui la contient, doit porter la mention « question prioritaire de constitutionnalité » (CJA, art. R. 771-3). L'obligation de mentionner, dans ce mémoire distinct et motivé, le moyen tiré de ce qu'une disposition législative porte atteinte aux droits et libertés garantis par la Constitution est prescrite à peine d'irrecevabilité (CJA, art. R. 771-3) que le juge n'est pas tenu d'inviter à régulariser (CJA, art. R. 771-4), le Conseil d'Etat se prononçant sur la question telle qu'elle aura été soulevée dans le mémoire (CE, 24 sept. 2010, M. Decurey, requête numéro 341685, Rec., T., p. 952) et au vu des seuls moyens qu'il contient (CE, 10 sept. 2010, SCI Benoit du Loroux, requête numéro 341063, Rec., T., p. 940).

640. Les conditions de fond de la QPC. La question prioritaire de constitutionnalité doit être posée à l'appui d'une requête recevable (CE, 28 sept. 2011, Sté Alsass, requête numéro 349820). En outre, elle doit satisfaire trois conditions cumulatives : elle doit être nouvelle, sérieuse et porter sur une disposition législative applicable au litige.

La question doit d'abord être nouvelle, c'est-à-dire qu'elle ne doit pas avoir déjà été jugée par le Conseil constitutionnel, sauf à ce qu'un changement de circonstances, invoqué par l'auteur de la question prioritaire de constitutionnalité (CE, 28 sept. 2016, M. B., requête numéro 397231, Rec., T.), soit intervenu depuis lors. Le Conseil constitutionnel a pu préciser qu'une question n'est pas nouvelle à la triple condition que la disposition a déjà été expressément contestée à l'occasion d'une précédente saisine, que le Conseil constitutionnel l'a spécialement examinée et qu'elle ait été déclarée conforme dans le dispositif de la décision rendue (Cons. const., décision numéro 2010-9 QPC du 2 juill. 2010, Observatoire des prisons, Rec. Cons. const., p. 128).

La question doit ensuite être sérieuse ou, si l'on préfère, non dépourvue de caractère sérieux. Le rôle de la juridiction administrative saisie et, le cas échéant, du Conseil d'Etat est autant ici de prévenir l'engorgement du Conseil constitutionnel que d'éviter les allongements inutiles des délais de jugement des affaires. L'on peut rester à certains égards dubitatif quant à la question de l'examen par le Conseil d'Etat de dispositions sur lesquelles il s'est précédemment prononcé sur l'interprétation à en donner. La Haute juridiction considère que cette circonstance ne heurte pas les articles 6 §1 et 13 de la Convention européenne de sauvegarde des droits de l'Homme et des libertés fondamentales (CE, 12 sept. 2011, M. et Mme Dion, requête numéro 347444, Rec., T., p. 1112).

La question doit enfin viser une disposition législative applicable au litige. Le Conseil constitutionnel se refuse à se prononcer sur la pertinence des renvois, considérant qu'il appartient aux seuls Conseil d'Etat et Cour de cassation de déterminer quelles sont, pour chaque litige, les dispositions dont la conformité à la Constitution détermine l'issue du litige (Cons. const., décision numéro 2010-1 QPC du 28 mai 2010, Consorts L., Rec. Cons. const., p. 91 ; RFDC 2011, p. 865, note X. Magnon ; RFDA 2011, p. 717, note D. Katz ; AJDA 2010, p. 1606, note O. Dord). La question ne saurait, en revanche, viser une disposition législative qui serait l'objet du litige. C'est ainsi que le Conseil d'Etat n'admet pas qu'une question prioritaire de constitutionnalité soit soulevée à l'encontre d'une ordonnance déjà ratifiée à l'appui de la demande d'annulation de cette ordonnance, considérant que, dans pareille hypothèse, il appartient aux personnes concernées d'invoquer les atteintes aux droits et libertés garantis par la Constitution ou aux engagements internationaux de la France dans le cadre de litiges relatifs à l'application des dispositions ratifiées (CE, 13 juin 2018, Conseil national de l'ordre des infirmiers et a., requêtes numéros 408325, 409045 et 409058, Rec., T.).

641. Le déroulement de la procédure. La juridiction peut estimer qu'une des conditions manque et, pour cette raison, refuser de transmettre la question au Conseil d'Etat. Cette décision est insusceptible d'appel et il appartient à l'auteur de la question de contester ce refus à l'occasion de l'appel interjeté contre le jugement qui a statué sur le litige (CE, 16 nov. 2016, Commune de Coignières, requête numéro 398262, Rec., T. ; AJDA 2017, p. 411, note J.-F. Lachaume et A. Claeys). Lorsqu'une cour administrative d'appel a refusé de transmettre une question prioritaire de constitutionnalité, ce refus de transmission doit être contesté dans le délai du pourvoi en cassation. On précisera que l'omission de statuer sur une question prioritaire de constitutionnalité ne saurait être vue comme un refus de transmettre et, dans pareil cas, les conclusions en annulation de cette omission sont regardées comme irrecevables, faute de décision attaquable (CE, 26 avr. 2018, M. R., requête numéro 400477, Rec., T.). Une fois ce délai passé, la question prioritaire de constitutionnalité visant les mêmes dispositions sera rejetée (CE, 1er févr. 2011, SARL Prototype technique industrie (Prototech), requête numéro 342536, Rec., p. 24 ; AJDA 2011, p. 1209, note P.-O. Caille), y compris s'agissant des moyens nouveaux sur lesquels elle pourrait reposer (CE, 28 déc. 2016, M. et Mme Bréchet, requête numéro 401464, Rec., T.). Le Conseil d'Etat opère un contrôle de la qualification juridique sur les refus de transmission (CE, 4 oct. 2010, M. et Mme de Keguelin, requête numéro 328505, Rec., T., p. 940) et il est susceptible de procéder à une substitution de motifs pour confirmer le refus de transmettre (CE, 12 juill. 2017, Mme A., requête numéro 402042, Rec., T.).

Lorsqu'elle estime que les conditions sont réunies, la juridiction saisie de la question la transmet au Conseil d'Etat. Il n'appartient pas au Conseil d'Etat de statuer sur la régularité de cette décision de transmission (CE, 8 févr. 2017, Ciachir, requête numéro 404993, Rec., T.), mais seulement de se prononcer, dans un délai de trois mois, sur le renvoi de la question au Conseil constitutionnel. Passé ce délai, le Conseil constitutionnel est automatiquement saisi. La juridiction peut également décider de ne pas transmettre la question lorsque le Conseil d'Etat est déjà saisi d'une demande de renvoi dirigée contre la même disposition législative, et pour les mêmes motifs, par une autre juridiction (CJA, art. R. 771-6), le demandeur pouvant dans cette hypothèse régulièrement intervenir devant le Conseil d'Etat (CE, 4 avr. 2011, Mme Moussa, requête numéro 345661, Rec., p. 152). Dans un cas comme dans l'autre, il est sursis à statuer jusqu'à la décision du Conseil d'Etat de ne pas transmettre la question ou jusqu'à l'intervention de la décision du Conseil constitutionnel, sauf à ce que le litige au principal doive être jugé dans un délai fixé par la loi ou un règlement, ou si le sursis à statuer risquerait d'entraîner des conséquences irrémédiables ou manifestement excessives pour les droits d'une partie, la juridiction pouvant alors statuer sur les points qui doivent être immédiatement tranchés. En toute hypothèse, l'instruction n'est pas interrompue.

2. Les autres questions préjudicielles

642. La demande d'avis sur une question de droit nouvelle. Il n'existe pas, en principe, de questions préjudicielles entre juridictions administratives. Une juridiction administrative générale est compétente pour connaître de questions qui ressortissent, à titre principal, d'une juridiction administrative spécialisée (CE, Sect., 2 nov. 1957, Ministre des anciens combattants et Victimes de la guerre c. Dupont, requête numéro 36136, Rec., p. 576 ; RDP 1958, p. 523, concl. C. Mosset ; CE, Sect., 9 nov. 1966, Tombouros, requête numéro 58903, Rec., p. 593 ; D. 1967, p. 696, concl. G. Braibant). Inversement, une juridiction administrative spécialisée a compétence pour statuer sur la légalité d'un acte administratif si la solution du litige porté devant elle en dépend (CE, Sect., 1er juill. 1955, Caisse de compensation de l'Organic, requête numéro 23733, Rec., p. 381).

On doit cependant réserver ici l'hypothèse de l'article L. 113-1 du code de justice administrative relatif à l'avis sur une question de droit. Théoriquement limitée aux tribunaux administratifs et aux cours administratives d'appel, cette faculté peut également être reconnue par la loi à certaines juridictions administratives spécialisées. C'est ainsi que, par exemple, la Cour nationale de la tarification sanitaire et sociale et les tribunaux interrégionaux de la tarification sanitaire et sociale (CASF, art. L. 351-7) et la Commission du contentieux du stationnement payant (CGCT, art. L. 2333-87-9) peuvent faire application de l'article L. 113-1 du code de justice administrative.

La décision de transmettre l'affaire au Conseil d'Etat est insusceptible de recours (CJA, art. L. 113-1). Elle ne doit intervenir qu'à la condition que la solution du litige dépende de la résolution d'une question de droit nouvelle présentant une difficulté sérieuse et se posant dans de nombreux litiges. Cette question peut résulter, par exemple, du désaccord manifesté par des arrêts de deux cours administratives d'appel (CE, avis, 26 févr. 2003, Courson, requête numéro 251172, Rec., T., p. 950). En revanche, le doute d'une juridiction quant à la question de savoir si un moyen doit être soulevé d'office ou si, dans certaines situations, il est possible de procéder à une substitution de base légale ne sont pas des questions nouvelles au sens de l'article L. 113-1 du code de justice administrative (CE, avis, 5 juill. 2013,

Houeto, requête numéro 367908, Rec., T., p. 794). Toutes les fois où la demande d'avis est recevable, le Conseil d'Etat doit examiner la question posée dans un délai de trois mois durant lesquels il est sursis à statuer.

643. Le renvoi préjudiciel au juge de l'Union européenne. Le juge administratif est conduit à faire application de l'article 267 du Traité sur le fonctionnement de l'Union européenne lorsqu'il est confronté à une difficulté sérieuse relative à l'interprétation d'un acte de droit de l'Union européenne ou à l'appréciation de sa validité. Dans ce cas, il lui appartient de surseoir à statuer et d'adresser une question préjudicielle à la Cour de justice de l'Union européenne. Plus exactement, il s'agit d'une faculté pour les juridictions inférieures, l'obligation ne pesant que sur le Conseil d'Etat, étant rappelé :

- que cette obligation s'efface en cas d'acte clair, hypothèse qui, en dépit des apparences, consiste bien en une forme de collaboration avec la Cour de justice (en ce sens, J. Sirinelli, Les transformations du droit administratif par le droit de l'Union européenne. Une contribution à l'étude du droit administratif européen, Paris, LGDJ, 2011) ;

- que la question préjudicielle peut être retirée dès lors que le requérant se désiste de l'instance et que la question posée n'est par conséquent plus nécessaire à la résolution du litige (CE, 16 mars 2016, Association nationale des opérateurs détaillants en énergie, requête numéro 369417, Rec., T.) ;

- qu'il est encore possible au juge de se contenter de surseoir à statuer sans renvoyer la question à la juridiction de l'Union européenne lorsque la question a déjà été posée par une autre juridiction et qu'elle est en cours d'instruction (CE, 1er oct. 2015, Sté Melitta France et a., requête numéro 373018, Rec., T., p. 577).

644. Les questions préjudicielles au juge civil. La juridiction administrative doit encore saisir le juge civil de certaines questions préjudicielles, hors l'hypothèse où il apparaît manifestement, au vu d'une jurisprudence établie, que la contestation peut être accueillie par le juge saisi au principal (CE, Sect., 23 mars 2012, Fédération Sud Santé sociaux, requête numéro 331805, Rec., p. 102 ; RFDA 2012, p. 429, concl. C. Landais ; AJDA 2012, p. 1583, note E. Marc ; Dr. adm. 2012, comm. 56, note F. Melleray). Tel est le cas lorsque la question échappe, par nature, à la compétence de la juridiction administrative tout en étant indispensable à la résolution du litige. Il en va ainsi de l'état des personnes et notamment des questions de nationalité dont l'article 29 du code civil dispose qu'ils sont de la compétence de la seule juridiction civile (CE, Ass., 4 févr. 1966, Godek, requête numéro 58080, Rec., p. 79, concl. J. Fournier), ou de l'existence d'une servitude de droit privé, cette question touchant à l'existence d'un droit de propriété (CE, Sect., 16 nov. 1960, Commune du Bugue, requête numéro 44537, Rec., p. 627 ; AJDA 1960, I, p. 184, chron. J.-M. Galabert et M. Gentot ; D. 1961, p. 173, concl. J.-F. Henry). Lorsque le juge administratif est confronté à cette difficulté, il doit surseoir à statuer jusqu'à l'intervention du juge civil, sauf à ce qu'une expertise ordonnée par la juridiction administrative lui suffise à répondre par elle-même à la question (CE, 28 juill. 2017, M. D., requête numéro

392122, Rec. ; AJDA 2017, p. 2421, note C. Braud ; RDI 2018, p. 101, obs. N. Foulquier). Classiquement, c'était à la partie la plus diligente qu'il appartenait de saisir l'autre ordre de juridiction, le juge administratif n'adressant pas directement la question. Le décret n° 2015-233 du 27 février 2015 relatif au Tribunal des conflits et aux questions préjudicielles a heureusement modernisé la procédure et c'est depuis au juge administratif de transmettre la question à la juridiction judiciaire compétente (CJA, art. R. 771-2).

3. L'inscription de faux

645. L'article R. 633-1 du code de justice administrative. Formellement organisée aux articles 303 et suivants du code de procédure civile, la procédure d'inscription de faux est spécifiquement destinée à contester l'origine et la sincérité des actes authentiques. Elle peut avoir lieu à titre principal ou à titre incident. Le juge de droit commun de l'inscription de faux étant le tribunal de grande instance, l'inscription de faux devant le juge administratif ne peut avoir lieu qu'à titre incident. C'est ainsi que l'article R. 633-1 du code de justice administrative dispose que, si une demande d'inscription de faux est adressée au juge contre une pièce produite, celui-ci doit inviter la partie qui l'a produite à indiquer, dans un délai déterminé, si elle entend s'en servir. Dans la négative, ou dans le silence de l'intéressé, la pièce est rejetée. Dans l'affirmative, la juridiction doit surseoir à statuer sur l'instance principale jusqu'après le jugement du faux rendu par le tribunal compétent, sauf à ce que la solution du litige principal ne dépende pas de la pièce arguée de faux.

646. Une disposition largement neutralisée. Dans un premier temps de sa jurisprudence, le Conseil d'Etat admettait largement la procédure d'inscription de faux contre les actes administratifs (par ex., CE, 23 juin 1902, Olive, requête numéro 5127, Rec., 465 ; CE, 7 sept. 1945, Horrie, Rec., p. 186 ; CE, 26 févr. 1947, Jammes, requête numéro 85784, Rec., p. 82). La difficulté devait cependant survenir : en principe, l'inscription de faux doit indéniablement trouver à être mise en œuvre fréquemment devant les juridictions administratives, étant acquis que « les actes en forme administrative passés par les autorités publiques agissant dans le cadre de leur compétence » répondent à la définition des actes authentiques telle qu'elle découle de l'article 1369 du code civil (CE, avis, Section de l'Intérieur, 26 juin 1975, GACE, 1ère éd., 1997, T., p. 444). Et c'est certainement ce qui a pu poser une difficulté au Conseil d'Etat dès lors que toute contestation sur une pièce produite pouvait conduire au sursis à statuer. Mais, officiellement, l'objection du Conseil d'Etat s'est cristallisée sur une autre considération. Selon lui, la reconnaissance de la compétence du tribunal de grande instance pour connaître de l'authenticité des actes administratifs produits aux débats achoppe sur le principe des autorités administratives et judiciaires. Pour cette raison, la Haute assemblée refuse en principe d'appliquer l'article R. 633-1 du code de justice administrative aux décisions juridictionnelles de l'ordre administratif (CE, Ass., 4 mars 1955, Athias, requête numéro 22819 bis, Rec., p. 129 ; RDP 1955, p. 745, concl. A.

Jacomet), aux décisions prises par l'administration active (CE, 13 janv. 1954, Syndicat des pharmaciens du Gard, requête numéro 99320, Rec., p. 25 ; CE, Sect., 1er avr. 1955, Delarue, requête numéro 6051, Rec., p. 195 ; RDP 1955, p. 986, note M. Waline), aux contrats administratifs (CE, 2 févr. 1990, Weber, requête numéro 75541, Rec., T., p. 875), et même aux mentions apposées sur les documents postaux attestant l'acheminement des actes s'inscrivant dans une procédure juridictionnelle (CE, Sect., 30 nov. 2007, Pucci, requête numéro 266500, Rec., p. 462 ; RFDA 2008, p. 504, concl. C. Landais ; RJEP 2008, n° 650, p. 24, concl. C. Landais ; Dr. adm. 2008, n° 2, p. 36, note F. Melleray). Les mentions contenues dans ces actes ne font plus que foi jusqu'à preuve du contraire, dans le silence de la loi. Certains actes n'échappent cependant pas à la procédure d'inscription de faux. Il s'agit évidemment, en premier lieu, des actes de droit privé (CE, 22 févr. 1967, SARL X, requêtes numéros 63620 et 69075, Rec., p. IX). Il s'agit, en second lieu, des actes dont le législateur prévoit expressément qu'ils font foi jusqu'à inscription de faux comme, par exemple, les procès-verbaux établis conjointement par deux agents des douanes, des constatations matérielles qu'ils relatent (C. des douanes, art. 336).

647. L'équivalence du contrôle substitué. La neutralisation de l'article R. 633-1 du code de justice administrative – hypothèse statistiquement de très loin la plus fréquente – pourrait laisser croire en un affaiblissement du contrôle opéré par le juge administratif. Il n'en est rien. Celui-ci, en réalité, témoigne d'une rigueur équivalente à celle dont fait preuve le juge civil en matière d'inscription de faux (en ce sens, déjà à cette époque : P. Landron, concl. sur CE, Sect., 20 sept. 1955, Leroux, RDPA 1956, p. 84). Par exemple, la présomption de faux résultant de la comparaison d'écritures doit résulter d'une « différence significative » (CAA Nancy, 5 nov. 1998, SARL B.E.T.M., requête numéro 95NC00824). En outre, rien ne s'oppose à ce que le juge administratif ordonne une vérification d'écritures sur le fondement de l'article R. 624-1 du code de justice administrative.

4. La saisine du Tribunal des conflits

648. Les difficultés de compétence entre les deux ordres de juridiction. En application de l'article 45 du décret n° 2015-233 du 27 février 2015, « les difficultés de compétence entre la juridiction administrative et la juridiction judiciaire sont réglées par le Tribunal des conflits conformément aux dispositions de la loi du 24 mai 1872 relative au Tribunal des conflits et du décret n° 2015-233 du 27 février 2015 » (CJA, art. R. 771-1). Les hypothèses de prévention de conflit négatif sont les seules qui, ici, doivent retenir l'attention (pour les autres cas d'élévation du conflit, *supra* n°s 234 et s.) : soit la juridiction administrative est saisie en première intention et estime que se pose une question sérieuse mettant en cause le principe de séparation des autorités administratives et judiciaires, soit la juridiction est saisie à la suite d'une décision d'incompétence d'une juridiction judiciaire. Dans les deux cas, la juridiction administrative peut renvoyer cette question, par une décision motivée, au Tribunal des conflits afin qu'il statue sur la compétence (décret du 27 février

2015, art. 32 et 35). Le Tribunal des conflits détermine l'ordre de juridiction compétent et déclare nuls et non avenus les jugements et actes de procédure pris par la ou les juridictions de l'ordre incompétent (décret du 27 février 2015, art. 34). Le Tribunal des conflits se prononce dans les deux cas dans un délai de trois mois, lequel pourra être porté à cinq mois, en cas de nécessité ou en cas de réouverture des débats et de renvoi (décret du 27 février 2015, art. 36).

B. Le non-lieu en l'état

649. Il faudra attendre… Le non-lieu en l'état ne doit pas être confondu avec le non-lieu pur et simple. La juridiction prononçant un non-lieu en l'état ne fait qu'exprimer le fait que, en l'état de l'instruction, il ne lui est pas possible de poursuivre l'instance. Mais une fois la difficulté surmontée – si tant est qu'elle puisse l'être – l'instance pourra reprendre son cours et l'affaire être jugée. Il en va ainsi des cas de reprises d'instance et de constitutions de nouvel avocat (1), auxquels s'ajoutent ceux, encore plus rares, des dossiers adirés (2).

1. Les reprises d'instance et constitutions de nouvel avocat

650. L'article R. 634-1 du code de justice administrative. Même si les cas de figure ne se rencontrent pas fréquemment, ce dont on peut bien se satisfaire, l'article R. 634-1 du code de justice administrative dispose néanmoins que dans les affaires qui ne sont pas en état d'être jugées, la notification du décès de l'une des parties ou le décès, la démission, l'interdiction d'exercer ou la destitution de l'avocat de l'une d'elles ont pour effet de suspendre la procédure jusqu'à la mise en demeure de reprendre l'instance ou de constituer avocat. Deux hypothèses doivent donc ici être distinguées : la reprise d'instance (a) et la constitution de nouvel avocat (b).

a. la reprise d'instance

651. La disparition d'une des parties. Le décès d'une personne physique n'entraine le non-lieu pur et simple que pour autant que l'extinction du requérant entraine l'extinction de l'action, c'est-à-dire lorsque l'action a un caractère personnel. Tel est le cas, par exemple, dans le contentieux des poursuites (CE, 24 févr. 1989, Secrétaire d'Etat à la Mer c. Alix, requête numéro 92525, Rec., p. 677) ou en matière électorale (CE, 26 juin 1996, Elections municipales d'Anse, requête numéro 172002, Rec., p. 250). Dans un certain nombre de cas en revanche, le recours conserve son objet et le juge ne saurait aller au-delà du prononcé d'un non-lieu en l'état (CE, 22 nov. 1967, Balin, requête numéro 70581, Rec., T., p. 894). Contrairement à la disparition des personnes physiques, la disparition d'une personne morale peut procéder de plusieurs causes, lesquelles influent, le cas échéant, sur le sort à réserver à l'instance. Lorsque la disparition de la personne morale procède d'une dissolution forcée, les règles applicables aux personnes physiques s'appliquent également (CAA Lyon, 14 nov. 2002, SARL Hôtel de Paris, requête numéro 00LY01187, Rec., p. 882). Il en va différemment s'agissant des dissolutions volontaires, lesquelles ne conduisent jamais au non-lieu en l'état (CE,

Sect., 6 mai 1970, SCI Résidence « Reine Mathilde », requête numéro 72946, Rec., p. 308, concl. G. Guillaume ; RDP 1971, p. 232, note M. Waline).

652. L'information de la juridiction. Suivant l'article R. 634-1 du code de justice administrative, la disparition de l'une des parties ne suffit pas. Il est encore nécessaire que le décès ou la dissolution soient notifiés à la juridiction. La formulation du code ne rend pas parfaitement compte de la jurisprudence, laquelle se montre moins exigeante que le texte. Ainsi suffit-il que la juridiction ait été informée du décès de la partie, par le défendeur (CE, 29 déc. 2006, Szames, requête numéro 273546), ou par les services postaux (CE, 17 janv. 2007, Ministre de la défense, requête numéro 261274).

653. Le cas des affaires en état d'être jugées. Sauf en ce qui concerne les pourvois en cassation (CE, 10 oct. 2014, Ministre du Budget, des Comptes publics, de la Fonction publique et de la Réforme de l'Etat c. M. Bouzioux, requête numéro 356022, Rec., T., p. 803), il ne saurait y avoir de poursuite de l'instance en cas de disparition d'une des parties, lorsque le défendeur n'a pas produit de mémoire en défense (CE, 19 juin 1968, Berthollet, requête numéro 67345, Rec., T., p. 1060) ou lorsque le demandeur n'a pas eu le temps de répliquer (CAA Lyon, 19 nov. 1998, Saddier, requête numéro 95LY02264, Rec., T., p. 1105). Peu importe que l'affaire puisse, le cas échéant, être tranchée au bénéfice d'un moyen d'ordre public (TA Rennes, 7 févr. 1996, Jannet, requête numéro 91275, Rec., T., p. 1096). Dans tous les cas, le jugement de l'affaire ne peut intervenir au mépris du principe de la contradiction. Il n'y a en revanche pas matière à non-lieu en l'état lorsque le juge est suffisamment éclairé. La reprise de l'instance n'apporterait rien de plus. Dans ces conditions, la clôture de l'instruction et le règlement du litige peuvent intervenir (CE, 17 janv. 2011, Commune de Massels, requête numéro 334156) sauf à ce que la reprise d'instance s'accompagne d'un désistement pur et simple (CE, 30 mars 1966, Sieur Casati, requête numéro 57218, Rec., p. 256).

654. La durée de la suspension de l'instance. La durée de la suspension est indéterminée et peut être infinie. En effet, il est nécessaire qu'une reprise d'instance intervienne. Deux cas de figure sont possibles ici. Soit les ayants droit, de leur propre initiative, décident de reprendre l'instance. Soit une mise en demeure leur est adressée par la juridiction ou l'autre partie. En pratique cependant, la mise en demeure semble devoir être essentiellement l'affaire des parties (CE, 13 janv. 2003, Ministre de l'Emploi et de Solidarité c. Mme Chalvidal, requête numéro 244844, Rec., T., p. 938).

b. la constitution de nouvel avocat

655. Le changement de mandataire subi. Parce qu'il peut décéder, démissionner, être interdit d'exercice de la profession, ou encore être radié du barreau, un avocat peut ne plus être en mesure de défendre les intérêts de son client en cours d'instance. Pour l'essentiel, les règles applicables ici sont les mêmes que celles présidant à la reprise d'instance, à cette nuance près que la suspension de la procédure ne dépend pas ici de la notification de l'évènement à la juridiction (CJA, art. R. 634-1).

656. La question du changement voulu de mandataire. Le code de justice administrative reste incertain quant à la question de savoir si un changement d'avocat opéré en cours d'instance par le mandant est de nature à en interrompre le cours. La jurisprudence est étonnamment silencieuse sur cette question. Certains auteurs inclinent à dénier cet effet à un tel évènement (L. Boré, « La suspension de l'instance devant le juge administratif », Dr. adm. 2005, n°11, étude 17). Cette position repose sur des arguments convaincants, notamment celui tiré de ce que des considérations d'opportunité conduisent à exclure ce genre de comportement dilatoire. Mais c'est toutefois oublier qu'il est possible pour une partie de se défier, pour de bonnes raisons, de son avocat et le bon sens commande parfois de ne pas forcer le maintien d'un lien de confiance qui se délite. Le code de justice administrative n'ignore d'ailleurs pas cette hypothèse, reconnaissant la faculté à une partie de désavouer les actes ou procédures faits en son nom par son mandataire (CJA, art. R. 635-1). En outre, l'article R. 634-2 du code de justice administrative dispose clairement que l'acte de révocation d'un avocat par la partie qu'il représentait, devant le Conseil d'Etat, reste sans effet pour la partie adverse s'il ne contient pas la constitution d'un autre avocat, en sorte que la procédure ne saurait être suspendue. *A contrario*, il serait permis d'en déduire que le pouvoir réglementaire reconnait la possibilité de suspendre l'instance jusqu'à la constitution d'un nouvel avocat. Le Conseil d'Etat n'a pas retenu cette interprétation des textes, jugeant que lorsque la représentation est obligatoire, la révocation d'un avocat par sa partie ou la décision d'un avocat de mettre fin à son mandat est sans effet sur le déroulement de la procédure juridictionnelle. Il ne met un terme aux obligations incombant à cet avocat que lorsqu'un avocat s'est constitué pour le remplacer, le cas échéant après qu'une invitation en ce sens ait été adressée à la partie concernée par la juridiction (CE, Sect., 23 mars 2018, Sté Patrice Parmentier automobiles, requête numéro 406802, Rec.). Il s'agit ici d'une règle générale de procédure que le pouvoir réglementaire pourra donc contredire à l'avenir, même si, somme toute, ce ne serait pas souhaitable.

2. Les dossiers adirés

657. De l'intérêt pour chaque partie de conserver les pièces du dossier. Si, pour reprendre un mot fameux, « quand l'administration perd ses dossiers, elle perd ses procès » (M. Waline, note sous CE, 11 mai 1973, Sanglier, RDP 1973, p. 1747), quand la juridiction administrative perd un dossier, elle en retarde seulement le jugement. L'hypothèse n'est pas fréquente mais elle s'est déjà réalisée. La solution est simple quoique désagréable pour le requérant : le dossier doit être retrouvé ou reconstitué, au besoin avec le concours des parties (CE, 3 mars 1948, Mallet requête numéro 78247, Rec., p. 662), au moins sommairement (CE, 16 déc. 1959, Buza, requête numéro 45441, Rec., p. 1068). Mais lorsque les démarches entreprises restent infructueuses, le non-lieu en l'état est prononcé (CE, 23 nov. 1994,

Association culturelle arabe Al Ourwa Al Wouthka, requête numéro 54485), ce qui par ailleurs peut être de nature à engager la responsabilité de l'Etat (CE, Sect., 28 nov. 1958, Blondet, requête numéro 38638, Rec., p. 600 ; RDP 1959, p. 982, note M. Waline). Ceci rappelle néanmoins toute l'importance qu'il y a pour les parties de conserver des copies de l'ensemble des pièces qu'elles produisent à l'appui de leurs mémoires.

658. Bibliographie indicative.

F. Alhama, « Transaction et renonciation à l'exercice du recours pour excès de pouvoir », RFDA 2017, pp. 503 et s.

L. Boré, « La suspension de l'instance devant le juge administratif », Dr. adm. 2005, n°11, étude 17.

C. Bugnon, « L'*amicus curiae*, facteur de démocratisation du procès administratif », AJDA 2011, pp. 1608 et s.

D. Chabanol, « Le droit de l'expertise devant le juge administratif, une rénovation salutaire », JCP adm. 2010, étude 2227.

G. Chavrier, « Réflexions sur la transaction administrative », RFDA 2000, pp. 548 et s.

C. Eude, « Le désistement dans la procédure administrative contentieuse », AJDA 1984, pp. 4 et s.

J.-M. Le Gars, « Le sapiteur, ce faux ami ! », AJDA 2016, pp. 302 et s.

J.-M. Le Gars, « L'expert-médiateur, un Janus aux pieds d'argile », AJDA 2017, pp. 732 et s.

J. Lessi, « Les questions préjudicielles du juge administratif à l'autorité judiciaire », AJDA 2015, pp. 274 et s.

F. Melleray, « La réforme de l'expertise », AJDA 2014, pp. 1364 et s.

S. Platon, « La pratique du Conseil d'Etat en matière de questions préjudicielles à la Cour de justice de l'Union européenne », AJDA 2015, pp. 260 et s.

F. Roussel, « Le contentieux des obligations de l'expert », AJDA 2014, pp. 1370 et s.

J. Soulié, « Essai de définition du non-lieu dans le contentieux administratif », AJDA 2003, pp. 418 et s.

A. Zarca, « Questions sur l'annulation des transactions » AJDA 2015, pp. 506 et s.

CHAPITRE III - LA FIN DE L'INSTANCE

659. La fin de l'instance, étape postérieure à l'instruction. Comme cela a déjà été dit, il ne faut pas confondre instruction et instance, l'instruction n'étant qu'une étape de l'instance. L'instance prend fin avec la phase de jugement (Section 1) à l'issue de laquelle intervient la décision juridictionnelle (Section 2).

Section 1 - La phase du jugement

660. Un formalisme nécessaire. Toute décision juridictionnelle postule l'existence d'une formation de jugement régulière (Sous-section 1). Le contentieux administratif ne déroge pas à ce principe consubstantiel à la fonction de juger. Mais l'on connaît encore l'importance accrue que revêt le formalisme en matière juridictionnelle. Ici encore, le contentieux administratif s'inscrit dans une parfaite orthodoxie. Là où la procédure administrative non juridictionnelle se révèle nettement moins soumise aux conditions de forme, la procédure de jugement (Sous-section 2) doit être scrupuleusement respectée.

Sous-section 1 - La composition de la formation de jugement

661. Champ de l'observation. Les textes et la jurisprudence commandent les conditions dans lesquelles une décision juridictionnelle peut être régulièrement rendue, que ce soit au point de vue de l'organisation de la juridiction (§ 1), ou que ce soit, plus spécifiquement, au point de vue de son impartialité (§ 2).

§ 1 - L'organisation de la juridiction

662. La formation de jugement, mais pas seulement. L'idée de juridiction renvoie spontanément ici à celle des formations de jugements (I). Toutefois, eu égard à la tradition administrative, on ne saurait, sur la forme comme sur le fond, circonscrire la juridiction administrative à cette seule dimension. Il convient en effet, même s'il importe juridiquement de le distinguer, d'embrasser le rapporteur public (II).

I. Les formations de jugement

663. Une composition adaptée aux enjeux. Suivant la nature et la complexité de l'affaire, la formation de jugement peut différer. L'essentiel du contentieux administratif est réglé en formations collégiales (A). Toutefois, par souci d'efficacité, ou parce que rien ne justifie qu'il en soit autrement – les deux considérations n'étant pas exclusives l'une de l'autre – les hypothèses de juge unique (B) se développent.

A. Les formations collégiales

664. Le principe de la collégialité. Les vertus de la collégialité sont bien connues. Elle constitue notamment une garantie supplémentaire de ce que la décision juridictionnelle a été rendue à la suite d'un examen effectif du dossier, qui a donné lieu à la confrontation d'arguments de laquelle peut naître une décision plus juste. Dès lors, et même si la Constitution ne l'impose pas (Cons. const., décision numéro 75-56 DC du 23 juill. 1975, Loi modifiant et complétant certaines dispositions de procédure pénale, Rec. Cons. const., p. 22), on ne sera pas surpris que la collégialité soit le principe devant les juridictions administratives générales (CJA, art L. 3). La question de la collégialité doit être appréhendée en des termes équivalents concernant les juridictions spécialisées. C'est même l'un des critères sur lequel l'on peut s'adosser pour identifier le caractère juridictionnel d'un organe (CE, Ass., 7 févr. 1947, D'Aillières, requête numéro 79128, Rec., p. 50 ; RDP 1947, p. 68, concl. R. Odent et note M. Waline).

665. La question de l'imparité. Aucun principe général ne commande l'imparité des formations de jugement (CE, Sect., 23 janv. 1959, Derambure, requêtes numéros 21799 et 33152, Rec., p. 68, concl. G. Braibant) mais les textes peuvent en imposer le respect. L'article L. 222-1 du code de justice administrative dispose ainsi que, à peine d'irrégularité de la décision juridictionnelle rendue (CE, 7 sept. 2009, Ministre de l'Economie, des Finances et de l'Industrie c. SA Axa, requête numéro 305586, Rec., p. 350), les juges des tribunaux administratifs et des cours administratives d'appel délibèrent en nombre impair. La même règle est applicable à l'ensemble des formations de jugement du Conseil d'Etat (pour les chambres jugeant seules : CJA, art. R. 122-14 ; pour les chambres réunies : CJA, art. R. 122-16 ; pour la section du contentieux : CJA, art. R. 122-18 ; pour l'assemblée du contentieux : CJA, art. R. 122-20).

666. Le *quorum*. Si la composition de la formation de jugement doit être régulière, rien n'impose que tous les juges soient présents. Il importe en revanche que le *quorum* soit atteint (CE, Sect., 20 févr. 1953, Sté Intercopie, requête numéro 9772, Rec., p. 88). Le code de justice administrative organise ainsi le *quorum* pour chaque type de formation de jugement au sein des juridictions administratives générales. Conséquence minimale de la conjugaison des principes de collégialité et d'imparité, les jugements des tribunaux administratifs (CJA, art. R. 222-2) et les arrêts des cours administratives d'appel (CJA, art. R. 222-26) doivent être rendus par au moins trois membres. S'agissant du Conseil d'Etat, la présence au délibéré de trois membres au moins ayant voix délibérative est requise pour une chambre jugeant seule (CJA, art. R. 122-14). Cinq membres doivent être présents pour une formation de jugement à deux chambres réunies et le *quorum* est porté à sept lorsque les chambres réunies sont au nombre de trois ou quatre (CJA, art. R. 122-16). Neuf membres au moins doivent être présents lors des délibérés de la section et de l'assemblée du contentieux (CJA, art. R. 122-19 et R. 122-20). Le *quorum* concernant les juridictions administratives spécialisées est fréquemment déterminé par les textes. A défaut, le *quorum* équivaut à la majorité de l'effectif légal de la formation de jugement (CE, Sect., 24 mars 1933, Préfet de Maine-et-Loire, requête numéro 17421, Rec., p. 354).

667. La solennité de la formation de jugement. Comme cela a déjà été vu, il existe au sein de chaque juridiction administrative générale différentes formations de jugement dont le degré de solennité dépend de la complexité et/ou des enjeux de l'affaire. Le choix de recourir à une formation de jugement supérieure n'est soumis à aucun formalisme (CE, 3 avr. 1996, Traoré, requête numéro 156444, Rec., p. 113) et reste une mesure d'administration de la justice insusceptible d'être discutée devant le juge d'appel ou de cassation (CE, 6 nov. 2000, Kanoute, requête numéro 220825) et qui n'est pas plus susceptible, s'agissant du Conseil d'Etat, de recours en révision.

B. Le juge unique

668. Les hypothèses de juge unique au sein des juridictions administratives générales. Le recours au juge unique n'est pas une nouveauté en ce sens où il était déjà connu du contentieux administratif notamment en matière de référé, mais la volonté d'accélérer les procédures de jugement des affaires conduit le législateur à appliquer à certains types de contentieux la solution – s'agit-il seulement d'une solution, et s'agit-il d'une solution satisfaisante ? – du juge unique. Le phénomène s'aggrave cependant, et on ne peut que s'inquiéter de cette inflation des cas de juge unique, sauf à considérer que la collégialité ne concoure pas nécessairement à la qualité des décisions juridictionnelles. C'est donc bien une question de philosophie qui se pose ici. Pour certains observateurs, il semblerait que les textes ne pourraient élargir davantage le champ des domaines concernés par le juge unique (en ce sens, notamment, B. Seiller, « Le juge unique », AJDA 2012, pp. 1205 et s.). On partagera avec beaucoup de circonspection cette analyse optimiste et on soulignera que, en toute hypothèse, les affaires sont portées devant un juge unique dans *grosso modo* 66% des cas, ce qui n'est déjà pas rien…

Aux termes de l'article R. 222-13 du code de justice administrative, relèvent du juge unique :

- les litiges relatifs aux prestations, allocations ou droits attribués au titre de l'aide ou de l'action sociale, du logement ou en faveur des travailleurs privés d'emploi mentionnés à l'article R. 772-5 ;

- les litiges relatifs à la notation ou à l'évaluation professionnelle des fonctionnaires ou agents publics ainsi qu'aux sanctions disciplinaires prononcées à leur encontre qui ne requièrent pas l'intervention d'un organe disciplinaire collégial ;

- les litiges en matière de pensions ;

- les litiges en matière de consultation et de communication de documents administratifs ou d'archives publiques ;

- les litiges relatifs aux impôts locaux et à la contribution à l'audiovisuel public, à l'exception des litiges relatifs à la contribution économique territoriale ;

- les litiges relatifs aux refus de concours de la force publique pour exécuter une décision de justice ;

- les requêtes contestant les décisions prises en matière fiscale sur des demandes de remise gracieuse ;

- les litiges relatifs aux bâtiments menaçant ruine ou aux immeubles insalubres ;

- les litiges relatifs au permis de conduire ;

- sauf en matière de contrat de la commande publique (depuis le décret n° 2016-1480 du 2 novembre 2016), toute action indemnitaire, lorsque le montant des indemnités demandées n'excède pas la somme de 10 000 euros

669. Pour d'autres contentieux spécifiques, toujours au sein de la juridiction administrative générale. Certains contentieux spécifiques prévoient ponctuellement l'intervention d'un juge unique. C'est le cas, notamment, du contentieux de la contravention de grande voirie (CJA, art. L. 774-1), du contentieux du droit au logement (CJA, art. R. 778-3), du contentieux du stationnement des résidences mobiles des gens du voyage (CJA, art. R. 779-8), du contentieux du placement en rétention et de l'assignation à résidence des étrangers en situation irrégulière (CJA, art. R. 776-15).

670. S'agissant des juridictions administratives spécialisées. Les juridictions spécialisées sont souvent instituées pour faire face à des contentieux de masse et leur création passe pour être une alternative à la solution du juge unique. On comprend dans ces conditions que les juridictions administratives spécialisées aient vocation à statuer collégialement. Pour autant, elles n'échappent pas au phénomène du juge unique. Le président et les présidents de section, de chambre ou de formation de jugement de la Cour nationale du droit d'asile peuvent ainsi, par ordonnances, régler les affaires dont la nature ne justifie pas l'intervention d'une formation collégiale de jugement (CESEDA, art. L. 733-2). C'est ainsi que le président de la cour et les présidents qu'il désigne à cet effet peuvent donner acte des désistements ; rejeter les recours ne relevant pas de la compétence de la cour ; constater qu'il n'y a pas lieu de statuer sur un recours ; rejeter les recours entachés d'une irrecevabilité manifeste non susceptible d'être couverte en cours d'instance ou qui n'ont pas été régularisés à l'expiration du délai imparti par une demande adressée en ce sens ; rejeter les recours qui ne présentent aucun élément sérieux susceptible de remettre en cause la décision de l'Office français de protection des réfugiés et des apatrides (CESEDA, art. R 733-4).

671. De la faculté de renvoyer à une formation collégiale. La solitude n'est pas toujours réconfortante et certaines affaires méritent, compte tenu de leur complexité, d'être jugées collégialement, par exception à l'exception. La faculté conférée au juge, même sans texte (CE, Sect., 13 juill. 1956, Secrétaire d'Etat à la

Reconstruction et au Logement c. Piéton-Guibout, requête numéro 19496, Rec., p. 338, concl. J. Chardeau), de renvoyer l'affaire en formation collégiale est à cet égard la bienvenue. Il s'agit d'une mesure d'administration de la justice insusceptible de recours (CE, 1er févr. 2012, Commune d'Incarville c. Mme Crocfer, requête numéro 336362, Rec., p. 12).

II. Le rapporteur public

672. Le statut du rapporteur public. Trouvant ses origines dans une ordonnance du 12 mars 1831, le rapporteur public a pour fonction, devant les juridictions administratives générales, « d'exposer publiquement, devant les juridictions administratives générales, les questions que pose à juger le recours et de faire connaître, en formulant en toute indépendance et en toute impartialité ses conclusions, son appréciation sur les circonstances de fait de l'espèce et les règles de droit applicables, ainsi que son opinion sur les solutions qu'appelle, selon sa conscience, le litige soumis à la juridiction ». Cette définition jurisprudentielle (CE, 10 juill. 1957, Gervaise, requête numéro 26517, Rec., p. 466) est aujourd'hui contenue à l'article L. 7 du code de justice administrative. Le rapporteur public est membre de la juridiction sans que les modalités de son action ne heurtent, par principe, les stipulations de l'article 6 §1 de la Convention européenne de sauvegarde des droits de l'Homme et des libertés fondamentales, ni aux yeux du Conseil d'Etat (CE, 29 juill. 1998, Mme Esclatine, requêtes numéros 179635 et 180208, Rec., p. 320, concl. D. Chauvaux ; D. 1999, p. 85, concl. D. Chauvaux ; AJDA 1999, p. 69, note F. Rolin) ni à ceux de la Cour européenne des droits de l'Homme (CEDH, 7 juin 2001, Mme Kress c. France, affaire numéro 39594/98, AJDA 2001, p. 675, note F. Rolin ; D. 2001, p. 2619, note R. Drago). Par principe seulement… Le juge de Strasbourg a en effet estimé que certains aménagements relatifs au commissaire du gouvernement étaient nécessaires afin que l'institution soit résolument compatible avec les exigences du procès équitable.

673. Du commissaire du gouvernement au rapporteur public. Pour la Cour européenne des droits de l'Homme, le « titre trompeur » de commissaire du gouvernement – qui donne publiquement son opinion sur l'affaire – ne pouvait distraire tout doute dans l'esprit des requérants quant à son indépendance par rapport au gouvernement et donc à l'administration. Le reproche était pertinent car, après tout, les représentants du gouvernement devant les sections administratives du Conseil d'Etat, l'agent de l'administration chargé d'évaluer le montant des indemnités d'expropriation, ou encore le représentant du ministre devant certaines juridictions administratives spécialisées qui ont même la qualité de partie à l'instance (CE, 9 nov. 2011, Burlett, requête numéro 334047), sont également dénommés ainsi. Les apparences devaient ne plus être trompeuses et l'appellation devait être modifiée afin de lever la disjonction de la fonction supposée et de la fonction réelle. Plusieurs propositions ont été formulées que le respect dû aux efforts consentis défend de critiquer : « commissaire à la loi », « commissaire du droit », « avocat de la loi »… C'est finalement l'expression de rapporteur public qui a été retenue par le décret n° 2009-14 du 7 janvier 2009. C'est à croire que la confusion pimente la vie en contentieux administratif puisque l'on est passé d'une confusion à une autre, la confusion possible aujourd'hui étant celle que l'on peut commettre entre le rapporteur et le rapporteur public, seul le premier faisant partie à proprement parler de la formation de jugement. C'est à croire encore qu'il est difficile d'appréhender la juridiction administrative comme un tout. En effet, de manière parfaitement injustifiable, la jurisprudence européenne n'a pour l'heure entraîné un changement terminologique qu'en ce qui concerne la juridiction administrative générale et, par exemple, c'est toujours un commissaire du gouvernement qui conclue publiquement devant les tribunaux interrégionaux de la tarification sanitaire et sociale (CASF, art. L. 351-2) et devant la Cour nationale de la tarification sanitaire et sociale (CASF, art. L. 351-5). Il n'y a là rien que de très représentatif de la vision morcellée de la juridiction administrative. On ne peut s'en satisfaire…

674. Le rapporteur public, livré à la contradiction. Le rôle dévolu au rapporteur public est tel qu'il est tenu de motiver ses conclusions, et ne saurait s'en remettre à la sagesse de la formation de jugement (CE, Sect., 13 juin 1975, Sieur Adrassé, requête numéro 93747, Rec., p. 356, concl. S. Grévisse ; AJDA 1975, p. 456, chron. M. Franc et F. Boyon). Il ne saurait pas même se contenter de conclure sans motivation au rejet de la requête (CE, 11 févr. 2004, Mlle Pepiot, requête numéro 232755, Rec., T., p. 836). Mais alors, précisément, fût-il indépendant, le rapporteur public rend des conclusions qui exercent une influence certaine sur la solution, d'autant plus qu'il a accès à l'analyse du rapporteur et à son projet de décision sans que cela soit d'ailleurs contraire à l'article 6 §1 de la Convention européenne de sauvegarde des droits de l'Homme et des libertés fondamentales (CEDH, 4 juin 2013, Marc-Antoine c. France, affaire numéro 54984/09 ; AJDA 2013, p. 1580, note S. Platon ; AJDA 2013, p. 1794, chron. L. Burgorgue-Larsen). Le réflexe est souvent d'ailleurs celui de se reporter aux conclusions afin de mieux comprendre une décision rendue, quand bien même la motivation des décisions juridictionnelles est nettement moins lapidaire qu'autrefois. Le Conseil d'Etat s'est même résolu à mettre en ligne sur son site les conclusions rendues en assemblée et en section, sans préjudice des nombreuses conclusions publiées dans les revues spécialisées. Les conclusions contraires sont encore plus précieuses, qui ne manquent pas de mettre en exergue l'importance de la décision juridictionnelle en cause. On se réjouira à cet égard de la publication des Grandes conclusions au renfort des Grands arrêts (H. de Gaudemar et D. Mongouin, Les grandes conclusions de la jurisprudence administrative, Paris, LGDJ, 2015).

Compte tenu de l'importance incontestable du rôle joué par le rapporteur public, il devenait pressant d'appliquer la contradiction aux conclusions formulées par lui lors des audiences. C'est ainsi que le décret du 7 janvier 2009 a enfin donné la possibilité pour les parties d'y répondre oralement (devant les TA et les CAA : CJA, art. R. 732-1 ; devant le CE : CJA, art R. 733-1). Certes, les parties pouvaient déjà recourir à la note en délibéré pour ce faire (CE, 12 juill. 2002, Leniau, requête numéro 236125, Rec., p. 278 ; RFDA 2003, p. 307, concl. D. Piveteau). Cette réforme n'en constitue pas moins un indéniable progrès, même si elle n'épuise pas la question.

675. La communication du sens des conclusions du rapporteur public. Si l'on veut bien se satisfaire de l'avancée, encore faut-il que les parties disposent de la possibilité, à peine d'irrégularité, de prendre connaissance du sens des conclusions avant l'audience publique (CE, 5 mai 2006, Daubernard, requête numéro 265039, Rec., T., p. 1024), ce que prescrit formellement l'article R. 711-3 du code de justice administrative. La finalité de cette disposition est de mettre le justiciable en mesure d'apprécier l'opportunité d'assister à l'audience publique, d'y présenter des observations orales et, le cas échéant, de produire une note en délibéré (CE, 18 déc. 2009, Sté Sogedame, requête numéro 305568, Rec., p. 501). On insistera ici sur la portée de cette obligation : le rapporteur public n'est tenu de faire connaître que le sens de ses conclusions et non le contenu de celles-ci (CE, 8 avr. 2009, Centre hospitalier intercommunal de la Haute-Saône, requête numéro 312136). Et encore doit-on préciser que la contradiction est limitée aux seules conclusions principales formulées par les parties. S'il n'est donc pas tenu de faire connaître le sens de ses conclusions en ce qui concerne la mise en œuvre de l'article L. 761-1 du code de justice administrative (CE, Sect., 21 juin 2013, Communauté d'agglomération du pays de Martigues, requête numéro 352427, Rec., p. 167 ; AJDA 2013, p. 1276, chron. X. Domino et A. Bretonneau), il en va différemment des conclusions à fins d'injonction, lesquelles ne revêtent pas un caractère accessoire (CE, 20 oct. 2014, Commune de Rueil-Malmaison, requête numéro 371493, Rec., T., p. 805).

En pratique aujourd'hui, le sens des conclusions est indiqué quelques jours avant l'audience sur Sagace mais, en cas d'impossibilité d'y procéder par ce biais, la demande d'information au greffe constitue un vecteur d'information régulier (CE, 2 févr. 2011, Mme Marchesini, requête numéro 330641, Rec., T., p. 1088) qu'il convient d'épuiser (CE, 23 oct. 2015, M. Gargasi, requête numéro 372778, Rec., T., p. 817). Le principe du contradictoire suppose en outre que les parties soient informées avant l'audience des changements de position du rapporteur public (CE, Sect., 21 juin 2013, Communauté d'agglomération du pays de Martigues, requête numéro 352247, préc.). A défaut, cependant, il appartient à la partie lésée de s'en plaindre lors de la séance publique ou par le biais d'une note en délibéré (CE, 1er oct. 2015, M. et Mme Gauchot, requête numéro 366538, Rec., p. 325).

676. Le rapporteur public, distingué de la formation de jugement. Traditionnellement, les commissaires du gouvernement assistaient aux délibérés, ce qui leur permettait de mieux comprendre les évolutions de la jurisprudence et ainsi conclure de manière encore plus éclairée à l'occasion des affaires à venir. Il ne s'agit pas de réfuter une telle assertion. La faculté, par exemple, pour les professeurs et les maîtres de conférences des universités d'assister à certains délibérés rend compte de l'intérêt d'observer les débats. Cependant, pour la Cour européenne des droits de l'Homme, il y a un paradoxe porteur d'incompréhension pour les parties de soutenir que le rapporteur public assiste au délibéré sans y intervenir (CEDH, 12 avr. 2006, Martinie c. France, affaire numéro 58675/00 ; AJDA 2006, p. 986, note F. Rolin). Il est vrai que le commissaire du gouvernement ne pouvait théoriquement pas participer à l'adoption de la décision. Au demeurant, a été jugée irrégulière une décision laissant apparaître que le commissaire du gouvernement avait pu participer au vote (CE, 5 mai 1999, Freymuth, requête numéro 151820). Mais la simple présence du commissaire du gouvernement peut influer sur le sens de la décision, rien ne pouvant par ailleurs garantir qu'il ne donne pas son avis lors des débats. Depuis le décret n° 2006-964 du 1er août 2006, la décision est délibérée hors la présence du rapporteur public devant les tribunaux administratifs et les cours administratives d'appel (CJA, art. R. 732-2). Au Conseil d'Etat, conformément à l'article R. 733-3 du code, le rapporteur public continue d'assister au délibéré sauf à ce qu'une partie s'y oppose, ce qui, pour le Conseil d'Etat (CE, 25 mai 2007, M. Courty, requête numéro 296327, Rec., T., p. 852 ; AJDA 2007, p. 1424, concl. R. Keller) comme pour la Cour européenne des droits de l'Homme (CEDH, 15 sept. 2009, Mme Etienne c. France, affaire numéro 11396/08) garantit le respect des stipulations de l'article 6 §1 de la Convention. Le rapporteur public est donc, à présent, clairement distingué de la formation de jugement.

677. Les cas de dispense de conclusions. L'article L. 732-1 du code de justice administrative fonde le pouvoir réglementaire à prévoir les matières dans lesquelles le rapporteur public peut être dispensé de présenter des conclusions. Utile, le rapporteur public ne l'est en effet pas toujours : certaines catégories de contentieux ne nécessitent pas de conclusions du rapporteur public et certaines espèces dans les autres catégories de contentieux ne justifient pas non plus son intervention.

L'article R. 732-1-1 du code de justice administrative dispose qu'il est possible au président de la formation de jugement ou au magistrat statuant seul de dispenser le rapporteur public, sur sa proposition, de prononcer des conclusions à l'audience sur tout litige en matière de permis de conduire ; de refus de concours de la force publique pour exécuter une décision de justice ; de naturalisation ; d'entrée, de séjour et d'éloignement des étrangers à l'exception des expulsions ; de taxe d'habitation et de taxe foncière sur les propriétés bâties afférentes aux locaux d'habitation et à usage professionnel au sens de l'article 1496 du code général des impôts ainsi que de contribution à l'audiovisuel public ; de prestation, allocation ou droit attribués au titre de l'aide ou de l'action sociale, du logement ou en faveur des travailleurs privés d'emploi. Le Conseil d'Etat appréhende strictement le champ d'application de cette disposition. Ainsi, la circonstance que la taxe d'enlèvement des ordures ménagères soit perçue en même temps que la taxe foncière sur les propriétés bâties n'autorise pas la juridiction saisie d'une requête y afférente à mettre en œuvre l'article R. 732-1-1 du code de justice administrative (CE, 27 mars 2017, Sté Auchan France, requête numéro 401205, Rec., T.). La rigueur du Conseil d'Etat se manifeste également en ce qui concerne les modalités de mise en œuvre de la dispense d'instruction. Les parties doivent être informées de la décision d'appliquer l'article R. 732-1-1 du code de justice administrative avant l'audience, et ce à peine d'irrégularité de la procédure, et l'avis d'audience ne peut ainsi se borner à informer les parties de ce que l'état de l'instruction peut être consulté sur l'application Sagace, sans comporter les informations relatives aux conclusions du rapporteur public prévues par l'article R. 711-2 al. 2 du code de justice administrative (CE, 15 déc. 2015, Département de la Seine-Saint-Denis, requête numéro 380634, Rec., T., p. 818). La rigueur du Conseil d'Etat a cependant ses limites et reste régulière la procédure dans laquelle la décision de dispense de conclusions a été mise en ligne sur Sagace deux jours avant l'audience, sans qu'ait d'incidence la circonstance qu'une fiche d'audience interne à la juridiction porterait la mention d'une date ultérieure (CE, 26 juill. 2018, Association Sukyo Mahikari France, requête numéro 403389, Rec., T.).

Les juges d'appel et de cassation peuvent examiner le moyen, qui n'est au demeurant pas d'ordre public (CE, 15 oct. 2014, Sté Geciotel, requête numéro 365074, Rec., p. 310), tiré de ce que la dispense de conclusions est intervenue dans une matière autre que celle mentionnée à l'article R. 732-1-1 du code de justice administrative, mais ne peuvent contrôler l'appréciation faite par le juge des faits de l'espèce qui l'ont conduit à cette décision de dispense (CE, 1er avr. 2015, Eloku Mboyo, requête numéro 377318, Rec., T., p. 817).

L'enjeu est ici de renforcer l'efficacité de la juridiction administrative en allégeant la charge de travail pesant sur les rapporteurs publics et – les deux considérations étant liées en partie – d'accélérer le traitement des affaires par la juridiction. La solution n'est d'ailleurs pas inédite. Le décret du 27 octobre 1982, sur lequel reviendra la loi du 6 janvier 1986, prévoyait déjà que le commissaire du gouvernement pouvait apprécier la pertinence de conclure et, sur sa proposition, le président pouvait l'en dispenser par une décision insusceptible d'être contestée devant la juridiction d'appel (CE, 5 nov. 1984, SCI Les hameaux de la Buisse, requête numéro 57874).

§ 2 - Les garanties d'impartialité

678. Inévitablement. C'est un principe inhérent à la séparation des pouvoirs que celui de l'indépendance de la juridiction. Il ne saurait en être autrement, et la valeur constitutionnelle de l'indépendance de la juridiction administrative a été fort logiquement reconnue par le Conseil constitutionnel (Cons. const., décision numéro 80-119 DC du 22 juill. 1980, Validation d'actes administratifs, Rec. Cons. const., p. 46 ; AJDA 1980, p. 602, note G. Carcassonne ; RDP 1980, p. 1658, note L. Favoreu).

L'indépendance de la juridiction ne doit cependant pas être confondue avec son impartialité, même si une juridiction qui n'est pas indépendante a toutes les chances de ne pas être impartiale, et même si l'indépendance conférée à la juridiction est le moyen de garantir l'impartialité de ses membres. Il est résolument inconcevable que la justice puisse être rendue par une juridiction dont l'impartialité pourrait être mise en doute. Pour emprunter au Conseil constitutionnel, les principes d'indépendance et d'impartialité sont « indissociables de l'exercice des fonctions juridictionnelles »

(Cons. const., décision numéro 2010-110 QPC du 25 mars 2011, M. Jean-Pierre B., Rec. Cons. const., p. 160 ; AJDA 2011, p. 1214, note I. Crépin-Dehaene ; RFDC 2011, p. 820, note Le Quinio ; Cons. const., décision numéro 2011-199 QPC du 25 nov. 2011, M. Michel G., Rec. Cons. const., p. 555) et ceci explique notamment l'impossibilité de reconnaître à une juridiction, en principe, la faculté de s'autosaisir lorsque l'instance engagée doit conduire à l'adoption d'une décision revêtue de l'autorité de chose jugée (Cons. const., décision numéro 2012-286 QPC du 7 déc. 2012, Sté Pyrénées services et autres).

Le contentieux administratif n'a jamais ignoré la nécessaire impartialité qui doit caractériser le juge administratif, le Conseil d'Etat en ayant de longue date posé les jalons (par ex., CE, 20 déc. 1872, Ville de Reims, Rec., p. 476). Il est vrai que le doute quant à l'impartialité de la formation de jugement est toxique, qui attente à certains égards à l'autorité des décisions de justice.

Cependant, aussi important qu'il puisse paraître, le principe d'impartialité a tardivement pris la place qui devait être la sienne en contentieux administratif, pour n'être érigé en principe « applicable devant toutes les juridictions » qu'en 2001 (CE, Ass., 6 avr. 2001, SA Entreprise Razel frères et M. Le Leuch, requêtes numéros 206764 et 206767, Rec., p. 176 ; RFDA 2001, p. 1299, concl. A. Seban ; AJDA 2001, p. 453, chron. M. Guyomar et P. Collin) avant de se voir consacré comme un principe général du droit (CE, 20 avr. 2005, Karsenty et a., requêtes numéros 261706 et 261712, Rec., p. 151 ; AJDA 2005, p. 1732, note M. Lascombe et X. Vandendriessche). La loi n° 2016-483 du 20 avril 2016 relative à la déontologie et aux droits et obligations des fonctionnaires a consacré ce principe, disposant que les membres du Conseil d'Etat (CJA, art. L. 131-2) et les magistrats des tribunaux administratifs et des cours administratives d'appel (CJA, art. L. 231-1-1) « exercent leurs fonctions en toute indépendance, dignité, impartialité, intégrité et probité et se comportent de façon à prévenir tout doute légitime à cet égard ». C'est que, ici, l'article 6 §1 de la Convention européenne de sauvegarde des droits de l'Homme et des libertés fondamentales a impliqué une prise en compte renouvelée de la question de l'impartialité de la juridiction administrative, ce qui n'a d'ailleurs pas été sans influence sur l'élargissement de la notion (I). En tout état de cause, aujourd'hui, il n'y a plus lieu de douter de la qualité des mécanismes de protection du principe (II).

I. Les composantes du principe d'impartialité

679. Impartialité subjective et impartialité objective. L'impartialité revêt deux dimensions : subjective et objective. La notion d'impartialité subjective renvoie au juge en tant qu'individu, celle d'impartialité objective renvoie à l'organe ou à la fonction (E. Glaser, concl. sur CE, Sect., 12 mai 2004, Commune de Rogerville, RFDA 2004, p. 723).

680. L'impartialité subjective. Une fois cette distinction opérée, l'on comprend que la notion d'impartialité subjective ne pose pas réellement de difficulté d'appréhension. Un juge ne saurait en effet statuer sur une affaire dans laquelle il a des liens avec une partie ou des intérêts dans l'affaire à juger. Est irrégulière une décision rendue par une formation de jugement dans laquelle siège la fille d'un membre du conseil municipal de la commune requérante (CE, 2 oct. 1996, Commune de Sartrouville, requête numéro 158463, Rec., T., p. 1101). L'irrégularité de la décision juridictionnelle est encore moins douteuse, lorsqu'un membre d'une juridiction disciplinaire était notoirement connu pour entretenir une inimitié certaine envers la personne poursuivie (CE, 16 févr. 1979, Baillet, requête numéro 05928, Rec., T., p. 602). Il est incompréhensible, et bien évidemment irrégulier, qu'un juge des référés n'ait pas estimé nécessaire de s'abstenir de siéger dans une affaire lorsque l'avocat d'une des parties défendait également les intérêts de ce juge dans une procédure de divorce (CE, 28 déc. 2009, M. Sylvanise, requête numéro 322603, Rec., pp. 820, 889 et 902). Un jugement rendu sur recours dirigé contre les résultats d'un examen universitaire a pu être annulé compte tenu de la présence, au sein de la formation de jugement, d'un membre ayant assuré un des enseignements en lien avec le diplôme (CE, 6 mars 1998, Ravet, Mayereau-Lonne et Mlle Broisin, requêtes numéros 173546, 173549 et 173550, Rec., T., p. 1107).

Le juge ne doit pas être issu d'une personne morale partie à l'instance. Eu égard à la composition des juridictions administratives générales, c'est bien de la question de l'impartialité des membres des juridictions administratives spécialisées dont il s'agit ici et le Conseil constitutionnel n'hésite pas à censurer la composition de certaines juridictions administratives spécialisées comme cela a été le cas, par exemple, des commissions départementales d'aide sociale (Cons. const., décision numéro 2010-110 QPC du 25 mars 2011, M. Jean-Pierre B., préc.).

Le Conseil d'Etat considère toutefois que, par elle-même, la présence de fonctionnaires de l'Etat parmi les membres de la formation de jugement n'est pas de nature à faire naître un doute sur l'impartialité de la juridiction. Il peut en aller autrement soit lorsque le fonctionnaire relève du même ministère que l'autorité à l'origine de la plainte (CE, 8 déc. 2000, Mongauze, requête numéro 198372, Rec., T., p. 957), soit lorsque le fonctionnaire appelé à siéger participe à l'activité du service à l'origine de la procédure disciplinaire engagée (CE, 6 déc. 2012, Ficheux, requête numéro 352063, Rec., T., pp. 558, 757, 925 et 972 ; RJEP août 2013, comm. 37, concl. S. Von Coester). C'est le lien de subordination ou, si l'on préfère, le lien fonctionnel qui unit le juge au service (et non au ministère) qui est de nature à faire douter de l'impartialité subjective de la formation de jugement (Cons. const., décision numéro 2012-250 QPC du 8 juin 2012, M. Christian G., Rec. Cons. const., p. 281 ; RFDC 2012, p. 878, note A. Le Quinio).

Par exemple encore :

- un membre de la Commission centrale d'aide sociale ne saurait participer à l'activité des services en charge des questions soumises à la juridiction (CE, Ass., 6 déc. 2002, Trognon, requête numéro 240028, Rec., p. 427) ;

- un membre d'une commission départementale des travailleurs handicapés, des mutilés de guerre et assimilés, ne saurait statuer sur les contestations des décisions administratives prises par une commission technique d'orientation et de reclassement professionnel en étant, dans le même temps, responsable au niveau régional des services du ministère du travail qui participent au fonctionnement de cette commission notamment en préparant leurs décisions (CE, Sect., 6 déc. 2002, Aïn-Lhout, requête numéro 221319, Rec., p. 430) ;

- un membre de la Cour nationale de la tarification sanitaire et sociale ne saurait être membre de l'assemblée délibérante de la collectivité territoriale partie à l'instance (CE, 30 janv. 2008, Association orientation et rééducation des enfants et adolescents de la Gironde, requête numéro 274556, Rec., T., pp. 610, 746 et 868).

La jurisprudence européenne pousse très loin l'exigence d'impartialité. La Cour européenne des droits de l'Homme a ainsi estimé que la requérante pouvait émettre des doutes légitimes quant à l'impartialité de la formation de jugement quand un de ses membres a siégé alors qu'il était pressenti pour exercer des fonctions au sein du ministère à l'origine de l'acte litigieux. Dans cette affaire, la Cour européenne a jugé que la requérante pouvait nourrir des doutes, *a posteriori*, sur l'impartialité de la formation de jugement (CEDH, 9 nov. 2006, Sacilor-Lormines c. France, affaire numéro 65411-01 ; JCP adm. 2007, 2002, note F. Szymczak). Manifestation de la théorie des apparences – d'aucuns parlent plus volontiers de « tyrannie des apparences » –, cette forme d'impartialité doit être approuvée.

Tout appartenance passée ou future à une partie à l'instance n'achoppe pas nécessairement sur le principe d'impartialité. Ainsi, un commissaire du gouvernement a pu régulièrement conclure sur une affaire dans laquelle était en cause une commune dans laquelle il avait exercé les fonctions de secrétaire adjoint, dès lors qu'il avait quitté cette administration depuis plus de cinq années (CE, 7 août 2008, Aguilar, requête numéro 278769, Rec., T., p. 868). Ainsi encore, n'entache pas d'irrégularité l'arrêt la présidence à la formation de jugement d'un magistrat ayant été détaché dans la communauté urbaine partie au litige pour y exercer les fonctions d'inspecteur général des services lorsque les faits litigieux étaient « largement » antérieurs à la période de détachement, que les missions dévolues à ce magistrat ne l'ont pas mis en situation de connaître de ce contentieux, et que les conclusions de l'expertise diligentée à cette époque n'ont été rendues qu'après la fin de ce détachement (CE, 7 oct. 2016, Sté Lyonnaise des Eaux, requête numéro 392351).

681. L'impartialité objective. Les cas de partialité objective de la juridiction sont statistiquement les plus nombreux, les hypothèses étant à la fois diverses et plus ou moins évidentes.

En premier lieu, les membres de la juridiction ne doivent pas avoir contribué à l'édiction de l'acte (CE, Sect., 2 mars 1973, Dlle Arbousset, requête numéro 84740, Rec., p. 190 ; RDP 1973, p. 1066, concl. G. Braibant). Cette limite a permis au Conseil d'Etat de considérer que sa gestion du corps des tribunaux administratifs et des cours administratives d'appel et sa compétence pour connaître des litiges relatifs à la situation individuelle des membres de ce corps ne méconnait pas le droit à un procès équitable (CE, 26 mai 2010, M. Marc-Antoine, requêtes numéros 309503 et 320440, Rec., T., p. 698, 834 et 836).

En deuxième lieu, les membres de la juridiction ne doivent pas s'être prononcés sur l'acte dans leurs attributions consultatives. La Cour européenne des droits de l'Homme a ainsi estimé qu'une affaire jugée par le Conseil d'Etat luxembourgeois n'avait pu l'être de manière impartiale quand quatre des cinq membres de la formation de jugement avait déjà eu à connaître de l'acte litigieux en formation administrative (CEDH, 28 sept. 1995, Association Procola c. Luxembourg, affaire numéro 14570/89 ; AJDA 1996, p. 383, obs. J.-F. Flauss ; RFDA 1996, p. 777, note J.-L. Autin et F. Sudre). C'est dans le même esprit que la Cour européenne des droits de l'Homme a considéré que la mention d'une affaire par la Cour des comptes, dans un de ses rapports publics, la citation expresse, sans plus de précision, de l'association dont le requérant était le trésorier, et l'évocation de ce requérant dans des termes permettant son identification, ont privé la juridiction financière, au moment de la détermination ultérieure au rapport de la ligne de comptes, des garanties d'impartialité exigées par les stipulations de l'article 6 §1 de la Convention (CEDH, 6 oct. 2016, Beausoleil c. France, affaire numéro 63979/11).

En troisième lieu, les membres de juridiction ne doivent pas avoir eu à se prononcer sur l'acte dans le cadre d'une précédente procédure. Un juge ne peut ainsi pas statuer sur le fond du litige quand il s'était auparavant prononcé sur la demande d'autorisation de plaider (CE, 16 janv. 2004, Méry, requête numéro 254839, Rec., p. 9). Lorsque le juge des référés a rejeté pour tardiveté la requête qui lui a été adressée, il ne lui est ainsi pas permis de se prononcer ultérieurement comme juge au principal (CE, 30 janv. 2017, Colombo, requête numéro 394206, Rec., T.). Un juge de la chambre régionale des comptes ne saurait pas plus statuer sur une gestion de fait lorsqu'il a connu de la question dans le cadre de la procédure de vérification de la gestion d'un organisme aboutissant à un rapport d'observations se prononçant sur la présomption d'une gestion de fait et transmis au ministère public à fins de poursuite (CE, 25 juin 2014, M. Virapoullé, requête numéro 356725, Rec., T., pp. 590 et 806). Un juge ne saurait pas davantage statuer à l'occasion de deux instances différentes sur le même acte et, par exemple, est irrégulière la présence dans la formation d'appel d'un membre ayant déjà participé en première instance au jugement (CE, 30 nov. 1994, Pinto, requêtes numéros 123452 et 123453, Rec., T., p. 1125). Il peut en résulter des conséquences, certes rares, mais difficiles à appréhender : le vice-président du Conseil d'Etat a dû présider – avant que le décret n° 2010-164 du 22 février 2010 ne prévoit une telle possibilité – les chambres réunies chargées de statuer sur un recours en révision et un recours en rectification d'erreur matérielle dirigés contre une décision rendue par la section du contentieux, faute pour le président de la section du contentieux et ses présidents adjoints de pouvoir siéger lors de la seconde instance (CE, 7 sept.

2009, M. Serge Dassault, requêtes numéros 330040 et 330041 ; RFDA 2010, p. 288, concl. B. Bourgeois-Machureau et note B. Pacteau).

Les exigences en termes d'impartialité ont cependant leurs limites, et il est admis que le juge puisse statuer au principal sur l'acte dont il a eu à connaître initialement en référé suspension (CE, avis, 12 mai 2004, Commune de Rogerville, requête numéro 265184 , Rec., p. 223), à l'occasion de deux référés successifs dans le cadre d'un même litige (CE, 17 avr. 2008, Caisse des dépôts et consignations gérant la CNRACL, requête numéro 307866, Rec., T., p. 860), ou dans le cadre du sursis à exécution d'une décision juridictionnelle (CE, Sect., 26 nov. 2010, Sté Paris Tennis, requête numéro 344505, Rec., p. 464) toutes les fois où il n'aura pas préjugé de l'issue du litige au-delà de ce que son office commandait. Rien ne s'oppose encore à ce que les juges qui se sont prononcés sur une première demande d'amission au statut de réfugié ou au bénéfice de la protection subsidiaire délibèrent à nouveau sur une demande des mêmes personnes tendant au réexamen de leur demande initiale (CE, 23 oct. 2017, M. et Mme D., requête numéro 374106, Rec., T.).

S'agissant du rapporteur public, la jurisprudence est également nuancée. Est ainsi irrégulière une décision rendue par une formation de jugement dans laquelle siégeait un membre ayant eu l'occasion de conclure, en tant que commissaire du gouvernement, sur le jugement avant dire droit prononcé dans le même litige (CE, Sect., 21 oct. 1966, Sté française des Mines de Seintein, requête numéro 63077, Rec., p. 564) ou à l'occasion du jugement de première instance (CE, 30 nov. 1994, SARL « Étude Ravalement Constructions », requête numéro 126600, Rec., T., p. 1022). Il en va toutefois différemment si le rapporteur public n'a pas eu, initialement, l'occasion d'exprimer son opinion sur les questions de fait ou de droit de nature à exercer une influence sur l'appréciation du bien-fondé des prétentions des parties (CE, Sect., 6 févr. 1970, Entreprise de transport et de distribution d'électricité, requête numéro 68822, Rec., p. 99) ou si l'affaire n'était pas la même, en dépit de ce que la juridiction avait eu à se prononcer sur les mêmes faits (CE, 24 nov. 2010, Commune de Lyon, requête numéro 325195, Rec., T., pp. 834 et 913). Le principe d'impartialité ne fait pas davantage obstacle à ce qu'un rapporteur public conclue deux fois sur la même affaire si, postérieurement à cette première audience, l'instruction de cette affaire est rouverte et que l'affaire est réinscrite à une audience ultérieure (CE, 3 févr. 2016, Sté Microelectronics Grand Ouest, requête numéro 389223), ni qu'il conclue sur une affaire qu'il avait précédemment connue en qualité de rapporteur au sein de la formation de jugement si les juges ayant siégé lors des deux délibérés n'étaient pas les mêmes (CE, 30 déc. 2009, M. Eyraud, requête numéro 320346, Rec., T., p. 902), ou en qualité de juge du référé provision (CE, 5 juill. 2017, M. M., requête numéro 402481, Rec., T.).

II. Les modalités de protection du principe

682. La prévention des défauts d'impartialité. Une décision juridictionnelle entachée d'un défaut d'impartialité est irrégulière. On soulignera à cet égard que la formation de jugement doit être préservée de toute forme d'influence qui pourrait la conduire à manquer d'impartialité. Ainsi, le cas échéant, la circonstance que le rapporteur devant la chambre supérieure de discipline de l'ordre national des vétérinaires ne délibère pas sur l'affaire ne sauvegarde pas celle-ci, et l'existence d'une cause de récusation en sa personne entache d'irrégularité la décision prise sur son rapport (CE, 30 nov. 2016, M. D., requêtes numéros 381856 et 381857, Rec., T.). On admettra, cependant, que la juridiction ne soit pas tenue à l'impossible. Le Conseil d'Etat a ainsi jugé que, si la formation de jugement appelée à délibérer à nouveau sur une affaire à la suite d'une annulation par le Conseil d'Etat de la décision précédemment prise sur une même affaire ne peut comprendre aucun magistrat ayant participé au délibéré initial, ce n'est qu'à la condition qu'il n'existe pas d'impossibilité structurelle pour la juridiction à laquelle l'affaire a été renvoyée de statuer dans une formation de jugement ne comprenant aucun membre ayant déjà participé au jugement de l'affaire (CE, 26 mars 2018, M. B., requête numéro 402044, Rec., T.).

Tout manquement au principe d'impartialité pourra être censuré, suivant les cas, en appel, en cassation ou en révision. Il est cependant regrettable d'attendre l'issue d'une nouvelle instance pour rétablir l'impartialité de la juridiction, ce rétablissement devant intervenir le plus rapidement. Le principe d'une bonne administration de la justice suppose que soient organisées les conditions permettant de neutraliser au plus vite les situations dans lesquelles il est permis de douter de l'impartialité d'un ou de plusieurs juges. Ainsi, aux cas de récusation (B) s'ajoutent les hypothèses d'abstention de juger (A).

A. Les abstentions de juger

683. L'abstention individuelle. Suivant l'article L. 231-4-3 du code de justice administrative, le magistrat qui estime se trouver dans une situation de conflits d'intérêts s'abstient de participer au jugement de l'affaire concernée, et l'article R. 721-1 du code de justice administrative dispose que le membre de la juridiction estimant devoir s'abstenir, en conscience ou compte tenu de l'existence d'une cause de récusation, se fait remplacer par un autre membre que désigne le président de la juridiction ou, au Conseil d'Etat, le président de la section du contentieux. Il y a là une disposition reposant sur le bon sens qu'on ne peut qu'approuver, étant par ailleurs entendu que l'inertie du juge concerné peut être compensée par la décision prise à sa place par la juridiction (CE, 11 févr. 1953, Sté industrielle Bozel Malétrat, requête numéro 9685, Rec., p. 62).

684. L'abstention collective. Les articles R. 312-5 et R. 322-3 du code de justice administrative font obligation aux présidents des tribunaux administratifs et des cours administratives d'appel, à peine d'irrégularité du jugement ou de l'arrêt rendu (CE, 28 janv. 1970, Ministre de la Santé publique c. Heurté, requête numéro 78954, Rec., p. 57), de saisir le président de la section du contentieux du Conseil d'Etat qui sera chargé d'attribuer le jugement à une juridiction qu'il désigne, si l'un des membres du tribunal ou de la cour est en cause ou s'il existe une autre raison de mettre en cause l'impartialité de la juridiction initialement saisie.

B. Les récusations

685. La récusation d'un magistrat. L'article L. 721-1 du code de justice administrative dispose que « la récusation d'un membre de la juridiction est prononcée, à la demande d'une partie, s'il existe une raison sérieuse de mettre en doute son impartialité ». Par-delà le cas des juridictions administratives générales, il s'agit d'une règle générale de procédure que celle suivant laquelle tout justiciable est recevable à adresser à la juridiction une demande de récusation d'un de ses membres, sauf à ce qu'une telle faculté soit incompatible avec l'organisation de la juridiction (CE, 30 juin 2003, Murciano, requête numéro 222160). Cette faculté est ouverte non seulement à l'encontre des membres de la formation de jugement mais également à l'encontre du rapporteur public (CE, 17 juin 1998, Bady, requête numéro 47210, Rec., p. 247). Le schéma de la récusation se rapproche de celui qui préside à la récusation d'un expert (*supra* n° 579). La récusation peut être demandée par la partie elle-même ou son mandataire pourvu qu'il dispose d'un pouvoir spécial (CJA, art. R. 721-3). Cette demande, motivée, est adressée au greffe (CJA, art. R. 721-4) qui en communique copie au membre de la juridiction intéressé (CJA, art. R. 721-5), qui dispose d'un délai de huit jours pour faire savoir s'il acquiesce ou s'il s'oppose à cette demande (CJA, art. R. 721-7). Dans le cas où il s'y oppose, la juridiction se prononce sur la demande après avoir tenu audience, par une décision non motivée (CJA, art. R. 721-9). Jusqu'à l'intervention de cette décision, le juge visé doit s'abstenir (CJA, art. R. 721-6) mais les actes accomplis avant qu'il ait eu connaissance de la demande de récusation ne peuvent être remis en cause (CJA, art. R. 721-8). L'on précisera qu'un moyen relatif à l'irrégularité de la composition d'une formation de jugement peut être invoqué à l'encontre de la décision juridictionnelle rendue, en appel comme en cassation, y compris pour la première fois, sans que l'abstention du requérant de demander la récusation lors de l'instance initiale n'exerce d'incidence sur la recevabilité du moyen (CE, Sect., 12 oct. 2009, Petit, requête numéro 311641, Rec., p. 367, concl. M. Guyomar).

686. Le renvoi pour cause de suspicion légitime. Le doute quant à l'impartialité de la formation de jugement peut excéder le cas d'un de ses membres pour concerner la formation toute entière ou une part substantielle de ses membres (CE, 28 juill. 2000, Mme Feldman, requête numéro 204495). Devant être exercé avant que la juridiction compétemment saisie ait rendu une décision au fond (CE, 12 mai 1958, Demaret, requête numéro 25160, Rec., p. 271), le renvoi pour cause de suspicion légitime est organisé selon des règles toutes prétoriennes (CE, Sect., 3 mai 1957, Nemegyei, requête numéro 14054, Rec., p. 279) suivant lesquelles tout justiciable peut saisir la juridiction immédiatement supérieure afin de faire renvoyer l'affaire devant une autre juridiction de même nature. Il importe peu, à cet égard, qu'une cour administrative d'appel soit saisie d'une telle demande alors que le litige relève de ceux sur lesquels les tribunaux administratifs statuent en premier et dernier ressort (CE, 9 mai 2018, Mme Marin Lopez, requête numéro 416237, Rec., T.). Il n'est en revanche pas possible d'obtenir le renvoi devant une autre formation de jugement relevant de la même juridiction (CE, 11 déc. 1985, Bertin, requête numéro 52417, Rec., p. 374). Il en résulte que la demande de renvoi pour cause de suspicion légitime est irrecevable si l'affaire doit être jugée par le Conseil d'Etat (CE 16 juin 2004, Marc-Antoine et Lacau, requête numéro 246883, Rec., T., p. 832), seul le recours en révision restant alors ouvert au justiciable qui s'estime lésé.

Sous-section 2 - La procédure de jugement

687. La faculté de joindre des affaires. La jonction des affaires est une technique consacrée de longue date par le juge administratif (CE, 22 janv. 1849, David, Rec., p. 63). Elle n'a toutefois jamais été réceptionnée par les textes. En principe, chaque affaire donne lieu à un jugement séparé. Dans certaines circonstances cependant, il arrive que la juridiction soit saisie de plusieurs requêtes qui présentent un lien de connexité. Il est alors possible à la juridiction de joindre les affaires concernées, pour ne statuer que par une seule et même décision, y compris si les requêtes ne relèvent pas des mêmes voies de recours (CE, 30 déc. 2013, Mc Kenna, requêtes numéros 358535 et 359079). La décision de joindre des affaires reste une simple faculté pour le juge (CE, 31 janv. 1923, Préfet des Alpes-Maritimes, requêtes numéros 66294 et 66295, Rec., p. 108) et elle n'est pas susceptible d'exercer une influence sur la régularité de la décision rendue (CE, Sect., 23 oct. 2015, Ministre délégué auprès du ministre de l'Economie et des Finances, chargé du Budget, requête numéro 370251, Rec., p. 359, concl. E. Crépey ; AJDA 2015, p. 2499, concl. E. Crépey).

La seule limite à la liberté du juge, ici, réside dans l'impossibilité pour lui de joindre des affaires devant être jugées en séances non publiques (CE, 10 déc. 1958, Sieur Bernhard, requête numéro 42698, Rec., p. 635 ; CE, 4 déc. 1961, Dame veuve L., requête numéro 41355, Rec., p. 679). Par exception à l'exception, la faculté de joindre les affaires redevient possible si les parties sont les mêmes dans chaque affaire (CE, 20 oct. 1978, Brière, requête numéro 06302, Rec., p. 389) ou si les plaintes, dans un contentieux porté devant une juridiction disciplinaire, visent la même personne (CE, Sect., 30 mars 1990, Botazzi, requête numéro 76961, Rec., p. 86 ; RFDA, 1991, p. 101, chron. V. Berger, H. Labayle et F. Sudre ; RFDA 1991, p. 279, concl. C. de La Verpillière).

La jonction d'affaires procède du souci de bonne administration de la justice. Elle n'emporte pas la fusion des litiges et le principe est bien celui de la « neutralité » de la jonction. Ainsi, en principe, la jonction des requêtes ne peut avoir d'influence sur le sens des décisions à prendre sur chacune d'elles (CE, 28 janv. 1987, Comité de défense des espaces verts, requête numéro 39145). Le Conseil d'Etat déroge parfois à ce principe de neutralité de la jonction. Tel est le cas en matière électorale (CE, 12 mai 1978, Elections municipales de Notre-Dame-de-Gravenchon, requête numéro 08601). Tel est également le cas lorsque plusieurs requêtes sont jointes, dont certaines, eu égard au montant des dommages-intérêts réclamés, sont susceptibles d'appel, quand les autres ne peuvent faire l'objet que d'un pourvoi en cassation

(CE, 27 juill. 2005, Vivarelli, requête numéro 264992, Rec., T., pp. 804 et 806). Tel est encore le cas lorsque, après jonction de plusieurs requêtes en annulation, les énonciations du juge pour statuer sur l'une des requêtes conduit au non-lieu pour l'autre, ou les autres (CE, Sect., 5 mai 2017, Fiorentino, requête numéro 391925, Rec. ; AJDA 2017, p. 1213, chron. G. Odinet et S. Roussel).

688. En toute hypothèse, et très classiquement... A l'issue de l'audience (§ 1), l'affaire sera mise en délibéré (§ 2) durant lequel la décision juridictionnelle sera adoptée.

§ 1 - L'audience

689. Le souci de la contradiction. Afin que le principe du contradictoire soit préservé, lequel s'impose encore à ce stade de la procédure de jugement, et bien que la procédure administrative juridictionnelle soit essentiellement écrite, l'audience publique (II) est formellement un moment crucial de l'instance. Cette audience ne peut se tenir que pour autant que l'affaire ait été dûment enrôlée (I).

I. L'enrôlement de l'affaire

690. L'établissement du rôle. Un rôle, énumérant les affaires qui seront traitées lors de la séance publique, doit être établi et arrêté, suivant des modalités qui diffèrent selon le type de juridiction devant laquelle l'affaire est portée. Devant les tribunaux administratifs, le rôle est arrêté pour chaque audience par le président de la juridiction (CJA, art. R. 711-1 al. 1er). Devant les cours administratives d'appel, il est établi par le rapporteur public et arrêté par le président de la cour (CJA, art. R. 711-1 al. 2). Devant le Conseil d'Etat, il est préparé par le rapporteur public et arrêté par le président de la formation de jugement (CJA, art. R. 712-1). Les rôles font alors l'objet d'un affichage (CJA, art. R. 711-4 et R. 712-1).

691. L'avis d'audience. Un avis d'audience doit être notifié aux parties, ou à leurs mandataires régulièrement constitués (CE, 7 nov. 1969, Vidal, requête numéro 73698, Rec., p. 481) sauf s'ils n'ont pas la qualité d'avocats (CE, 15 oct. 2014, Sté Châteaudun, requête numéro 366429, Rec., T., pp. 610, 799 et 806), sept jours avant l'audience (CE, 28 oct. 1998, Mme Hazael-Massieux, requête numéro 176415). Il s'agit d'un délai franc (CE, 5 févr. 1906, Bérato, requête numéro 17970, Rec., p. 104). La règle de la notification de l'avis d'audience est prescrite à peine d'irrégularité de la procédure (CE, 7 mars 1986, Sté Constellation, requêtes numéros 63343 et 63856, Rec., T., p. 668) et la rigueur du Conseil d'Etat est telle qu'il a sanctionné l'arrêt d'une cour administrative d'appel dès lors que le mandataire n'avait pas reçu notification de l'avis d'audience dans le délai prescrit, alors même que cette omission résultait d'un changement d'adresse de l'avocat dont le greffe n'avait pas été informé, l'obligation pesant sur lui dans pareille hypothèse de prévenir la partie directement (CE, 29 oct. 2012, Mme Ozil, requête numéro 347199, Rec., T., p. 925).

La finalité de cette exigence est de préserver le caractère contradictoire de la procédure, ce qui explique que la procédure est viciée en cas de défaut de notification de l'avis d'audience, même si celui-ci ne résulte pas d'un manquement de la juridiction mais des services postaux (CE, 26 sept. 2001, SARL Espace Loisirs, requête numéro 208238). Il en va différemment, et pour les mêmes raisons, si les parties se sont présentées à l'audience en dépit de l'absence de notification (CE, 14 avr. 1999, Carcopino-Tusoli, requête numéro 147865). La notification est traditionnellement adressée aux parties par courrier recommandé avec accusé de réception mais il est également possible de procéder à une notification par voie administrative (CE, 16 nov. 1998, Sté LMB, requête numéro 168033). Le Conseil d'Etat admet également que, si les circonstances l'exigent, la notification emprunte des formes adaptées. Il est ainsi possible de notifier l'avis d'audience par téléphone en cas de perturbation du service de distribution du courrier (CE, 18 mars 1981, Sté fermière et de participations, requêtes numéros 93498, 00133 et 01179, Rec., p. 149). La dématérialisation de la procédure administrative juridictionnelle facilitera certainement le travail des greffes.

692. Les hypothèses de renvoi facultatif. La formation de jugement n'est pas indéfectiblement liée par l'enrôlement de l'affaire. Il lui est possible de renvoyer l'affaire et donc d'en différer le jugement lorsque, en application de l'article R. 613-4 al. 2 du code de justice administrative, elle considère qu'il y a lieu de rouvrir l'instruction ou si, en application des articles R. 222-19 et R. 222-29 du code de justice administrative, elle décide de la soumettre à une formation de jugement plus solennelle (CE, Sect., 21 déc. 2007, Mme Lipietz et a., requête numéro 305966, Rec., p. 540 ; RFDA 2008, p. 80, concl. E. Prada-Bordenave). Ce choix de rayer l'affaire du rôle est discrétionnaire (CE, 29 janv. 2001, Bensabat, requête numéro 192129, Rec., p. 39) et n'a pas à être motivé (CE, Sect., 16 juill. 2010, Colomb, requête numéro 294239, Rec., p. 298). Le juge, qui d'ailleurs n'est pas tenu de répondre à une demande de renvoi (CE, 11 févr. 2002, Mme Devaugerme, requête numéro 235093, Rec., T., p. 882), peut refuser de renvoyer l'affaire lorsque la demande qui lui est adressée en ce sens est tardive (notamment lorsqu'elle n'a pas été formulée avant l'ouverture de la séance : CE, Ass., 18 avr. 1980, Mac Nair, requête numéro 13914, Rec., p. 189 ; AJDA 1980, p. 609, concl. A. Bacquet) ou qu'elle se révèle purement et simplement dilatoire (CE, 29 janv. 2001, Bensabat, requête numéro 192129, préc.). Par ailleurs, et encore, le juge peut ne pas faire droit à la demande de l'avocat, lequel, nouvellement constitué, entendrait examiner sereinement les pièces du dossier (CE, 19 avr. 1989, Zimbris, requête numéro 80244, Rec., T., p. 769) ou lequel souhaiterait simplement être présent à l'audience (CE, 28 déc. 2012, Sté civile fermière du Château Lafon Rochet, requête numéro 345841). En toute hypothèse, le juge n'est pas tenu de faire droit à une demande qui lui est adressée par une partie et tendant à l'obtention d'un délai supplémentaire en vue de la production d'un mémoire (CE, 19 sept. 2016, Perron, requête numéro 383781, Rec., T.).

693. Les hypothèses de renvoi obligatoire. Le renvoi peut en revanche être obligatoire dans un certain nombre d'hypothèses. Le principe du contradictoire justifie que le renvoi soit prononcé lorsqu'une des parties n'a pas été régulièrement convoquée à l'audience (CE, Sect., 16 juill. 2010, Colomb, requête numéro 294239, préc.) ou lorsque le juge envisage de fonder sa décision sur un moyen non discuté par l'ensemble des parties. Tel est le cas, notamment, lorsqu'il s'agit d'un moyen soulevé par une des parties à un moment trop proche de la clôture de l'instruction pour être utilement débattu (CE, 24 juill. 2009, SCI 40 Servan, requête numéro 316694, Rec., T., p. 897). L'on comprend, dans ces conditions, que le renvoi ne s'impose pas lorsqu'un mémoire en défense a été communiqué juste avant la clôture dès lors que sa teneur n'était pas substantiellement différente de celle du mémoire d'un codéfendeur antérieurement livré à la contradiction (CE, 26 oct. 2011, Groupement agricole d'exploitation en commun Lefebvre et Fils, requête numéro 328241, Rec., T., p. 1084). La production d'un mémoire après la clôture (CE, Sect., 27 févr. 2004, Préfet des Pyrénées-Orientales c. Abounkhila, requête numéro 252988, Rec., p. 93), autant qu'une note en délibéré (CE, 12 juill. 2002, Leniau, requête numéro 236125, Rec., p. 278 ; RFDA 2003, p. 307, concl. D. Piveteau), peuvent de même justifier le renvoi et la réouverture de l'instruction lorsque la partie ne pouvait invoquer les faits plus tôt, dès lors que le juge ne peut se fonder sur des faits matériellement inexacts, ou encore une circonstance de droit nouvelle ou que le juge devrait relever d'office (CE, 30 mars 2015, Sté Eole-Res et Ministre de l'Egalité des Territoires et du Logement, requêtes numéros 369431 et 369637, Rec., T., pp. 811 et 927). Encore, en pleine juridiction, le juge devant apprécier la décision litigieuse au jour où il statue, il est normal qu'il renvoie l'affaire lorsque les faits ont changé entre la clôture et la lecture de la décision à rendre (CE, Sect., 19 nov. 1993, Mlle Brutus, requête numéro 100288, Rec., p. 321). En outre, la prescription quadriennale pouvant être soulevée jusqu'au jugement, le juge doit, s'il entend faire droit à une telle demande adressée après la clôture de l'instruction, rouvrir l'instruction (CE, 21 mars 2011, Commune des Saintes-Maries-de-la-Mer, requête numéro 339062). Le renvoi s'impose enfin lorsque l'avocat renonce au dernier moment à défendre les intérêts de son client, ce qui ne permet pas à ce dernier de trouver un nouvel avocat en temps utile (CE, 18 oct. 2010, Dossou, requête numéro 326020). Tel est encore le cas lorsque la juridiction, par exemple la Cour nationale du droit d'asile, a prévu la possibilité pour l'avocat de lui faire connaître un jour fixe hebdomadaire où il ne sera pas convoqué à l'audience et que, en dépit de ce dispositif, l'affaire est enrôlée ce jour. La cohérence autant que le principe d'une bonne administration de la justice commande alors que l'affaire soit renvoyée à la demande de la partie concernée (CE, 18 juin 2014, Mme Bochorishvili et M. Merkviladze, requête numéro 367725, Rec., T., pp. 527 et 805 ; AJDA 2014, p. 1615, concl. X. Domino).

II. L'audience publique

694. Le principe de la publicité des audiences. La tenue d'une audience est un principe fondamental consacré par l'article 6 §1 de la Convention européenne de sauvegarde des droits de l'Homme et des libertés fondamentales (CEDH, 23 nov. 2006, Jussila c. Finlande, affaire numéro 73053/01) qui admet cependant des tempéraments, que l'audience s'avère, au regard de l'espèce, inutile (CEDH, 21 févr. 1990, Hakanson et Sturesson c. Suède, affaire numéro 11855/85) ou qu'elle attente inutilement aux impératifs d'efficacité et d'économie (CEDH, 23 nov. 2006, Jussila c. Finlande, préc.). L'article L. 6 du code de justice administrative reconnait également l'existence d'un tel principe, disposant que « les débats ont lieu en audience publique ». Cette disposition ne vaut toutefois que pour les juridictions administratives générales, que la jurisprudence complète utilement s'agissant des juridictions ordinales et des juridictions disciplinaires, la publicité des audiences étant aujourd'hui requise aux fins de se conformer à l'article 6 §1 de la Convention (CE, Ass., 14 févr. 1996, requête numéro 132369, Maubleu, requête numéro 132369, Rec., p. 34, concl. M. Sanson ; AJDA 1996, p. 358, chron. J.-H. Stahl et D. Chauvaux ; RFDA 1996, p. 1186, concl. M. Sanson).

695. Les exceptions au principe. L'article L. 731-1 du code de justice administrative autorise le président de la formation de jugement, sous le contrôle des juges d'appel et de cassation (CE, 21 oct. 2009, Catalano, requêtes numéros 312928 et 314791, Rec., T., pp. 821 et 921), à déroger au principe de la publicité des audiences lorsque la sauvegarde de l'ordre public, le respect de l'intimité des personnes ou de secrets protégés par la loi l'exigent. L'article L. 773-4 du code de justice administrative ne laisse même pas le choix au président de la formation de jugement, celui-ci étant tenu d'ordonner le huis clos lorsque le secret de la défense nationale est en cause.

696. La police de la séance. L'article R. 731-1 du code de justice administrative confie au président de la formation de jugement la police de la séance. C'est à lui qu'il revient de s'assurer que les personnes assistant à l'audience observent « une attitude digne » et gardent « le respect dû à la justice », à peine de se faire expulser de la salle, sans préjudice des poursuites pénales ou disciplinaires qui pourraient être engagées (CJA, art. R. 731-2).

697. Un déroulement formel. Le déroulement de l'audience publique est régi par les articles R. 732-1 et R. 733-1 du code de justice administrative, concernant respectivement les juridictions inférieures et le Conseil d'Etat.

Une fois l'affaire appelée, les visas du projet de jugement sont lus par le rapporteur pour peu qu'une personne au moins soit présente dans le public. Il s'agit ici de rappeler les évènements de la procédure : dates d'enregistrement de la requête et des différents mémoires produits, conclusions et moyens des parties, incidents de l'instruction. La lecture des visas ne retrace rien d'autre que les éléments objectifs et ne consistent à aucun moment à exprimer une opinion de la formation de jugement ou d'un de ses membres. C'est ici le moyen offert aux parties de s'assurer, d'une part, que l'ensemble des éléments qu'elles ont produits a été pris en considération par la juridiction, d'autre part, que l'ensemble des éléments produits par la partie adverse leur a été communiqué. Il appartient même aux parties, à peine de ne plus être par la suite en mesure de se prévaloir du manquement, de signaler à la formation de jugement, au moyen d'une note en délibéré, que la lecture des visas révèle une irrégularité (CE, 5 mars 2009, Perrier, requête numéro 315084, Rec., T., p. 898).

A l'issue de cette lecture, la parole est donnée aux parties ou à leurs mandataires, et seulement eux, le président de la formation de jugement ne pouvant par exemple, à peine d'irrégularité, donner la parole à l'épouse du requérant afin de s'exprimer au nom de celui-ci (CE, 25 oct. 1996, Commune d'Olivet, requête numéro 128723, Rec., T., p. 1100), ni au collaborateur d'un avocat (CE, 28 nov. 2008, Caisse primaire d'assurance maladie de la Creuse et Meunier, requêtes numéros 283237 et 293930, Rec., T., p. 867). Les parties et mandataires peuvent alors formuler des observations orales à l'appui de leurs conclusions, et il est impératif que ces conclusions écrites aient été préalablement adressées à la juridiction (CE, 21 août 1996, Elections municipales de Noyon, requête numéro 176927, Rec., T., p. 1100). Au Conseil d'Etat, les seuls avocats au Conseil d'Etat et à la Cour de cassation peuvent prendre la parole (CJA, art. R. 733-1) sans que cela n'achoppe sur l'article 6 §1 de la Convention européenne de sauvegarde des droits de l'Homme et des libertés fondamentales (CE, 8 févr. 1999, Andas, requête numéro 164175, Rec., T., p. 960). Dès lors que, sauf devant le Conseil d'Etat, la clôture de l'instruction est intervenue avant l'audience, ces observations ne peuvent qu'expliciter les écritures sans jamais apporter de moyens nouveaux. Sans doute l'oralité progresse-t-elle dans le contentieux administratif. Il reste néanmoins plus sage de ne pas user – et encore plus de ne pas abuser – de la faculté de prendre la parole. Les requérants avertis s'en remettent classiquement ici à l'instruction écrite, tant ils redoutent de s'attirer les foudres de la formation de jugement. Sauf à ce qu'il en ait été dispensé en application de l'article R. 732-1-1 du code de justice administrative, la parole est ensuite donnée au rapporteur public qui rend ses conclusions. La parole est alors de nouveau donnée aux parties qui peuvent présenter de « brèves observations orales » ayant vocation à répondre aux conclusions du rapporteur public. La brièveté requise par le code de justice administrative traduit parfaitement la culture du juge administratif : pas d'effet de manche, pas de plaidoirie larmoyante, pas d'éloquence inutile. Il s'agit de répondre au rapporteur public avec concision et sobriété. L'affaire est alors mise en délibéré.

§ 2 - Le délibéré

698. L'adoption de la décision. Le délibéré est le moment durant lequel la décision sera adoptée par la formation de jugement. Pendant le déroulement du délibéré (I), une note en délibéré (II) peut intervenir, produite par l'une des parties.

I. Le déroulement du délibéré

699. Le caractère secret du délibéré. Aux termes de l'article L. 8 du code de justice administrative, « le délibéré des juges est secret ». La décision est ainsi délibérée « hors la présence des parties » (pour les TA et CAA : CJA, art. R. 732-2 ;

pour le CE : CJA, art. R. 733-2) et, comme cela a déjà été vu (*supra* n° 676), à l'exception en principe du Conseil d'Etat, hors la présence du rapporteur public. Mais encore la décision doit-elle taire, pour autant évidemment que la décision n'a pas été rendue par un juge unique, le fait que la décision a été prise à l'unanimité ou non (CE, 26 mars 2003, Doni Worou, requête numéro 225386, Rec., T., p. 939), unanimité que le pouvoir réglementaire ne saurait au demeurant légalement imposer (CE, 12 juill. 1969, Ville de Thionville, requête numéro 75300, Rec., T., p. 943). Cette permanence du secret achoppe sur le mouvement contemporain – et à certains égards dictatorial – de promotion de la transparence. La culture anglo-américaine témoigne sans doute de ce qu'il est tout à fait concevable que les membres d'une juridiction exposent, en marge de la décision rendue, leurs points de vue dissidents ou concordants. Mais faut-il qu'il en soit nécessairement ainsi ? Il n'y a là rien qui le commande… Sans doute le secret du délibéré n'est-il donc rien d'autre que le résultat d'un choix, mais ce choix n'est pas foncièrement critiquable, visant à préserver l'indépendance des membres de la formation de jugement et l'autorité des décisions rendues (CE, 17 nov. 1922, Légillon, requête numéro 75618, Rec., p. 849).

700. Le caractère relatif du secret. Le secret du délibéré ne fait pas obstacle à la présence, certes silencieuse, d'observateurs extérieurs à la formation de jugement. L'article R. 731-4 du code de justice administrative dispose ainsi que peuvent assister au délibéré, les membres de la juridiction et leurs collaborateurs, les juges, les avocats stagiaires, les professeurs et les maîtres de conférences des universités accomplissant auprès de celle-ci un stage ou admis, à titre exceptionnel, à suivre ses travaux. L'autorisation est délivrée par le chef de la juridiction après avis du président de la formation de jugement, et son refus est une décision discrétionnaire insusceptible de recours (CAA Versailles, 27 mars 2007, Catsiapis, requête numéro 07VE00202 ; AJDA 2007, p. 1467, note G. Pellissier). Les juges comme les personnes assistant au délibéré sont soumis au secret (CJA, art. R. 731-5). La même prohibition s'impose devant les juridictions administratives spécialisées et une sanction d'exclusion temporaire des fonctions d'un magistrat de chambre régionale des comptes pour une durée de douze mois a pu légalement être prise, pour avoir, par courriers adressés au Président de la République et au garde des sceaux, divulgué des commentaires faits par des membres de la juridiction pendant le délibéré d'affaires, même si, il est vrai, la sanction a également procédé des propos publics outrageants tenus par le contrevenant à l'encontre de certains de ses collègues (CE, 21 févr. 2013, Limery, requêtes numéros 344462 et 345662).

II. La note en délibéré

701. Le fruit d'une évolution. Dans un premier temps du contentieux administratif, la note en délibéré a été perçue comme une simple pratique, le juge en tolérant la production sans être contraint d'en tenir compte (J.-M. Auby et R. Drago, Traité de contentieux administratif, tome I, Paris, LGDJ, 1975, p. 869). Elle semble s'être imposée et ceci ne saurait pas surprendre dès lors qu'elle a été le moyen de pallier utilement l'impossibilité initiale de répondre oralement aux conclusions du commissaire du gouvernement (CEDH, 7 juin 2001, Mme Kress c. France, préc.). Il est clairement disposé aujourd'hui que, à l'issue de l'audience, toute partie peut adresser au président de la formation de jugement une note en délibéré (CJA, art. R. 731-3). La même faculté est organisée devant les juridictions administratives spécialisées (CE, 17 juill. 2013, Selafa Biopaj et a., requêtes numéros 351931 et 351932, Rec., T., pp. 772, 778, 818).

Cette note peut être adressée à la juridiction par voie électronique, sous réserve cependant de régularisation (CE, 13 juill. 2012, Latrasse, requête numéro 352116, Rec., T., p. 919). L'importance reconnue à la possibilité de produire une note en délibéré est telle que les parties doivent être averties, au plus tard lors de l'audience publique, de la lecture sur le siège de la décision (CE, Sect., 11 févr. 2005, Commune de Meudon, requête numéro 258102, Rec., p. 55). On notera que le principe du contradictoire a ses limites et le manquement au principe ne peut être soulevé ici que par la partie à qui le bénéfice de la note en délibéré a été dénié (CE, 2 déc. 2015, M. Vernet, requête numéro 382641, Rec., T., pp. 819 et 829).

702. Bibliographie indicative.

J. Bénéteau, « L'oralité dans la procédure administrative contentieuse », RRJ 2010, pp. 889 et s.

N. Boukheloua, « Le magistrat rapporteur dans le procès administratif », AJDA 2014, pp. 431 et s.

D. Boulard, « La place du rapporteur public », AJDA 2011, pp. 601 et s.

S. Caillet, « Le rapporteur public ou le dépérissement du commissaire du gouvernement », RDP 2010, pp. 1305 et s.

B. Chemin, « Le statut de l'oralité », AJDA 2011, pp. 604 et s.

A. Ciaudo, « Le huis-clos dans la juridiction administrative, JCP adm. 2010, étude 2019.

S. Gandreau, « La théorie de l'apparence en droit administratif : vertus et risques de l'importation d'une tradition de Common Law », RDP 2005, pp. 319 et s.

H. de Gaudemar et **D. Mongouin**, Les grandes conclusions de la jurisprudence administrative, Paris, LGDJ, 2015.

G. Jaehnert, « La jonction : le point sur une technique contentieuse », AJDA 2003, pp. 2363 et s.

F. Melleray et **B. Noyer**, « L'information des parties sur le sens des conclusions du rapporteur public », AJDA 2013, pp. 1839 et s.

L. Milano, « Douze ans après l'arrêt Kress, la reconnaissance de la spécificité du rapporteur public », RDP 2013, pp. 1123 et s.

B. Pacteau, « La récusation des juges administratifs », RDP 2012, pp. 543 et s.

B. Pacteau, « Le rapporteur public sauvé des eaux… », RFDA 2014, pp. 47 et s.

B. Seiller, « Le juge unique », AJDA 2012, pp. 1205 et s.

J.-H. Stahl, « Le rapporteur public en 2013 : après l'épreuve, ce qui change, ce qui demeure », RFDA 2014, pp. 51 et s.

Section 2 - La décision juridictionnelle

703. De la forme et du fond de la décision. Le droit processuel assigne une importance significative à la forme de la décision juridictionnelle (Sous-section 1), ce qui ne surprend pas lorsque l'on sait que la forme permet de déduire la régularité de la procédure ayant présidé à l'adoption de la décision autant qu'elle en assure la diffusion. En tant qu'il constitue le sens de la solution finalement rendue, l'importance du fond de la décision (Sous-section 2) est encore moins à démontrer.

Sous-section 1 - La forme de la décision juridictionnelle

704. La forme, vecteur de communication de la décision juridictionnelle. Ce serait une erreur bien regrettable de minimiser les questions liées à la forme de la décision juridictionnelle. L'exercice n'est pas simple pour le juge, qui se doit de formaliser ses décisions (§ 1) suivant des règles rigoureusement définies et dans le souci constant que ce qu'elles contiennent sera non seulement compris mais, dans la mesure du possible, admis. Bien qu'il ne s'agisse pas, à proprement parler, d'un élément de forme de la décision, mais parce qu'il est le prolongement impératif de cette formalisation, un examen particulier doit être porté sur la question de sa divulgation (§ 2).

§ 1 - La formalisation de la décision

705. Attester et énoncer. Les règles de forme qui président à l'adoption de la décision juridictionnelle procèdent de deux finalités distinctes. D'une part, les mentions de la décision (I) permettent d'attester la régularité de la procédure ayant conduit à la décision juridictionnelle. D'autre part, la rédaction de la décision juridictionnelle (II) constitue l'exercice par lequel le juge peut, plus ou moins suivant les cas, non seulement faire connaître le sens de sa décision, mais encore la faire comprendre à ses destinataires.

I. Les mentions de la décision

706. Les mentions obligatoires. L'article R. 741-2 du code de justice administrative énumère les mentions devant figurer sur la minute de la décision. La liste est limitative, sans préjudice d'une éventuelle règle générale de procédure, et les mentions de la convocation des parties à l'audience (CE, 17 sept. 2010, Commune de Saint-Baudille-de-la-Tour, requête numéro 316259, Rec., T., pp. 835 et 914) ni de ce que les parties ont eu la possibilité de reprendre la parole après le prononcé des conclusions du rapporteur public (CE, 16 déc. 2010, M. Ezelin, requête numéro 327619) pas plus que la demande de délai supplémentaire formulée par une partie pour produire un mémoire (CE, 19 sept. 2016, Perron, requête numéro 383781, Rec., T.) ne sont ainsi prescrites à peine d'irrégularité. La minute de la décision doit permettre d'identifier la juridiction qui l'a rendue, à peine d'irrégularité (CE, 12 déc. 1997, Elections municipales de Saint-Philippe, requête numéro 186917, Rec., T., p. 1013). Le code de justice administrative dispose encore que les minutes des jugements des tribunaux administratifs (CJA, art. R. 741-3), des arrêts des cours administratives d'appel (CJA, art. R. 741-4) et des décisions du Conseil d'Etat (CJA, art. R. 741-5) doivent rappeler qu'ils sont rendus « au nom du peuple français » et préciser en quelle formation de jugement la décision a été rendue. La minute doit également indiquer que l'audience a été publique, ou que l'audience n'a pas été publique par application de l'article L. 731-1 du code de justice administrative. Mention doit être faite de ce que le rapporteur et, s'il y a lieu, le rapporteur public, les parties, leurs mandataires, ont été entendus et une décision ne faisant pas mention dans ses visas des observations orales d'un avocat dont les pièces contenues dans le dossier établissent qu'elles ont été présentées est irrégulier (CE, 26 nov. 2008, Syndicat mixte de la Vallée de l'Oise, Commune de Fresnières et Communauté de communes du Pays des sources, requête numéro 301151, Rec., p. 439). La minute de la décision doit mentionner le nom des parties (il s'agit même d'une règle générale de procédure applicable devant l'ensemble des juridictions administratives : CE, 18 mars 2015, Mme Haapanen-Fouquet, requête numéro 374644, Rec., T., pp. 819, 837 et 855). La minute doit encore comporter l'analyse des conclusions et des mémoires. Le Conseil d'Etat a pu préciser que l'ensemble des moyens doit être visé, y compris les moyens inopérants (CE, 12 mai 2017, GAEC de l'Ouchette, requête numéro 391109, Rec., T.) sauf dans l'hypothèse de l'évocation quand le moyen inopérant a été soulevé seulement en première instance (CE, 6 juin 2018, Mme B., requête numéro 400042, Rec., T.). Le cas échéant, la production d'une note en délibéré doit être mentionnée. La minute de la décision doit également viser les dispositions législatives et réglementaires dont elle fait, effectivement (CE, 23 déc. 2010, Centre national de la Fonction publique territoriale, requête numéro 325144), application, et il s'agit là d'une règle générale de procédure que les juridictions administratives spécialisées doivent également respecter (CE, 18 févr. 2009, Belhachemi, requête numéro 313343, Rec., T., p. 902). A défaut d'être visés, les textes doivent être au moins contenus dans la motivation de la décision juridictionnelle (CE, 19 oct. 1979, Mme Thomas, requête numéro 12758). La décision doit encore faire apparaître la date de l'audience et la date à laquelle elle a été prononcée.

707. L'importance, aujourd'hui atténuée, des mentions apposées sur la décision. Le juge administratif a longtemps retenu une conception en apparence excessive mais en réalité très logique du formalisme présidant aux mentions apposées sur ses décisions. La présomption d'authenticité dont sont revêtues les décisions juridictionnelles (CE, Ass., 4 mars 1955, Athias, requête numéro 22819 bis, préc.) avait une conséquence simple : ce qui était mentionné sur la décision était réputé avoir été effectivement accompli et ce qui n'y figurait pas était réputé ne pas avoir été accompli. C'est ainsi que la minute d'une décision n'indiquant pas la production d'une note en délibéré traduisait un manquement au principe suivant lequel le juge doit répondre à l'ensemble de l'argumentation des parties (CE, 24 mars 1978, Commune de Saint-Brévin-les-Pins, requête numéro 01445, Rec., T., p. 916), sauf à ce que la requête ait été rejetée comme irrecevable (CE, 14 oct. 1987, SARL Atelier Helbe, requête numéro 71575, Rec., T., p. 887). C'est ainsi encore qu'une ordonnance du juge des référés mentionnant la date de l'audience sans préciser que celle-ci a été publique était entachée d'irrégularité parce que l'ordonnance était réputée avoir été rendue à la suite d'une audience qui n'avait pas été publique. La circonstance que la salle d'audience ait été pleine (ce que pouvaient corroborer des photographies) ne suffisait pas à établir qu'elle fût restée ouverte à tous (CE, 16 nov. 2009, Ministre de l'Immigration, de l'Intégration, de l'Identité nationale et du développement solidaire c. Cimade et autres, requête numéro 328826, Rec., T., p. 839). Il était certes possible de surmonter l'erreur lorsqu'elle se produit mais le degré d'exigence quant à la preuve du contraire était telle que l'irrégularité formelle entraîne le plus souvent l'annulation de la décision ou sa révision. Le formalisme du juge administratif avait malgré tout ses limites. Ainsi, il est jugé de longue date que l'absence dans les visas de l'analyse des moyens des parties n'affecte pas la régularité du jugement si les motifs du jugement répondent complètement à ces moyens (CE, Sect., 30 oct. 1964, Sieur Brunner, requête numéro 55878, Rec., p. 498). La circonstance qu'une base légale ne soit pas visée n'affecte pas davantage la décision si les motifs de la décision en reproduisent expressément le contenu (CE, 27 juin 2005, Commune de Chambéry, requête numéro 264667 ; BJDU 2005, p. 298, concl. J.-H. Stahl). En revanche, la jonction au dossier de documents mentionnant et analysant des mémoires, non signés par les personnes devant signer la minute, ne régularise pas la décision (CE, 9 juin 2010, Mme Dornel, requête numéro 313322, Rec., T., p. 914).

L'évolution récente de la jurisprudence atteste un affaissement de cette construction. Le Conseil d'Etat a en effet reconsidéré sa position, estimant à présent que la mention de ce que l'audience a été publique n'est pas prescrite par l'article R. 742-2 du code de justice administrative propre aux ordonnances, en conséquence de quoi le moyen tiré de ce qu'une ordonnance est intervenue au terme d'une procédure irrégulière faute de comporter la mention de la tenue d'une audience publique doit être à présent écarté (CE, 5 févr. 2018, Centre national d'études spatiales et a., requêtes numéros 414846, 414847, 414869, 414937 et 414938, Rec., T.). Seules donc, à présent, les mentions imposées par le code de justice administrative doivent figurer sur la minute de la décision. Une logique en chasse une autre, et l'on doit bien souscrire à cette jurisprudence, qui a pour elle de se conformer à l'énoncé contenu dans le code de justice administrative.

708. La rectification de certaines erreurs matérielles. Certaines erreurs matérielles peuvent être commises sans que celles-ci n'exercent d'influence sur le jugement de l'affaire. Dans cette hypothèse, l'article R. 741-11 du code de justice administrative donne la possibilité au président de la juridiction à l'origine de la décision d'apporter à la minute les « corrections que la raison commande », par une ordonnance rendue dans le délai d'un mois à compter de la notification aux parties. Il s'agit là d'une mesure d'administration de la justice. Un président de tribunal administratif qui statue par une décision juridictionnelle sur une telle demande excède ainsi les limites de sa compétence (CE, Sect., 26 juill. 1996, Mme Parrel, requête numéro 146448, Rec., p. 313), et son refus de faire droit à la demande est insusceptible de recours (CE, 1er avr. 2015, Cortal, requête numéro 384163, Rec., T., p. 817). La notification de l'ordonnance rectificative rouvre, le cas échéant, le délai d'appel ou de recours en cassation contre la décision ainsi corrigée. La simple circonstance qu'une partie signale au président l'existence d'une telle erreur n'a pas d'effet sur le délai de recours contre la décision. Reste à déterminer alors ce qui constitue une simple erreur matérielle n'ayant pas exercé une influence sur le sens de la décision et la jurisprudence n'est pas prolixe sur la question, qui ne permet pas même d'en donner une définition en creux.

709. La question de l'expédition. Seule la minute de la décision est concernée par les prescriptions du code de justice administrative en sorte que les irrégularités affectant certaines mentions sur l'expédition de la décision restent sans effet sur sa régularité, qu'il s'agisse par exemple de l'absence de mention des moyens (CE, 18 nov. 1983, Bastiat, requête numéro 32099, Rec., T., p. 681), du silence quant aux noms des magistrats ayant siégé dans la formation de jugement (CE, Sect., 5 nov. 1993, Époux Péan, requête numéro 146570, Rec., p. 308 ; RFDA 1994, p. 43, concl. R. Schwartz) ou encore de l'absence de signature (CE, 15 avr. 1996, requête numéro 106744). Evidemment, si une partie conteste la régularité de la minute en se fondant sur l'incomplétude de l'ampliation, il appartiendra – et c'est très classique – à la juridiction saisie de la contestation de s'assurer de la régularité formelle de la décision litigieuse (par ex., CE, 26 oct. 1962, Ville de Toulouse, requête numéro 51538, Rec., p. 273). Ce qui précède ne doit pas laisser croire en une absence totale de formalisme en matière d'expédition. Il importe en effet que la formule exécutoire (« la République mande et ordonne [au(x) ministre(s) ou au(x) préfet(s) ou tous autres représentants de l'Etat] en ce qui le(s) concerne ou à tous huissiers requis en ce qui concerne les voies de droit commun contre les parties privées, de pourvoir à l'exécution de la présente décision ») prévue à l'article R. 751-1 du code de justice administrative soit apposée sur l'expédition. A défaut, et en dépit de l'énoncé de l'article L. 11 du code de justice administrative suivant lequel « les jugements sont exécutoires », la décision ne pourra être exécutée (CE, 4 déc. 2009, Ministre de l'Intérieur, de l'outre-mer et des collectivités territoriales c. Sté Hoche Location, requête numéro 311645, Rec., T., pp. 905 et 944), bien que régulière (CE, 4 déc. 1959, Paisnel, requêtes numéros 47602 et 48449, Rec., p. 1071).

II. La rédaction de la décision

710. L'importance de la rédaction. La rédaction d'une décision de justice n'est pas chose facile. Elle suppose de ne pas laisser d'équivoque, tant en ce qui concerne les motifs que les implications de la solution, non seulement pour le cas d'espèce mais également pour les litiges à venir. Il faut encore que cette décision soit intelligible, étant admis par tous aujourd'hui que, être au service du public, « c'est, d'abord, s'efforcer de se faire comprendre de lui » (P. Escoubé, « Les homme dans l'administration » in J.-M. Auby, P. Bandet, L. Boulet et a., Traité de science administrative, Paris, Mouton, 1966, p. 346). Toute autant que l'administration active, la juridiction administrative est saisie par les impératifs d'accessibilité et d'intelligibilité de ses décisions. C'est ainsi que, à l'initiative du vice-président du Conseil d'Etat, un groupe de travail sur la rédaction des décisions de la juridiction administrative a été constitué, composé de membres du Conseil d'Etat et de magistrats des tribunaux administratifs et des cours administratives d'appel, et confié au président Philippe Martin (une réflexion similaire est d'ailleurs également entamée à la Cour de cassation. Sur cette question, P. Deumier, « Repenser la motivation des arrêts de la Cour de cassation ? Raisons, identification, réalisation », D. 2015, pp. 2022 et s.). Ce groupe de travail a rendu son rapport en avril 2012, lequel a immédiatement donné lieu à des expérimentations au sein de la juridiction administrative. Il y a sans doute à s'interroger sur l'issue de cette expérimentation et sur la généralisation de la réforme à court ou moyen terme. En tout état de cause, un soin tout particulier doit donc être consacré à cette rédaction. Le style retenu (A) doit être au service de la motivation (B) qui détermine le sens du dispositif (C).

A. Le style des décisions juridictionnelles

711. L'*imperatoria brevitas*. La juridiction administrative est réputée pour son aptitude à la concision. Ses décisions ont longtemps été pour le moins directes et souvent lapidaires. Il est vrai que les décisions sont aujourd'hui plus longues qu'elles pouvaient l'être par le passé, la tendance contemporaine étant pour la juridiction administrative de retenir un style rajeuni – c'est en fini des « sieurs » et des « dames » – et de nature à être compris des justiciables, au moins dans la mesure du possible. Il y a certainement là à redire, tant l'*imperatoria brevitas* de la juridiction administrative a longtemps constitué une limite insurmontable pour qui ne maîtrisait pas le langage requis. De nos jours, le juge administratif se montre davantage enclin à retenir un style plus accessible même si, car il ne faut pas se bercer de douces illusions, la technicité du droit constitue un seuil infranchissable.

712. Il faudra s'y habituer… C'était un usage que l'on pouvait croire immuable, les décisions rendues par les juridictions administratives étaient rédigées en une unique phrase, les considérants étant séparés par des points-virgules, avec cette exception toutefois des avis contentieux rendus sur le fondement de l'article L. 113-1 (cette exception n'en était d'ailleurs pas vraiment une, ces avis n'étant pas des décisions juridictionnelles) . Cette structure de la décision avait pour elle la rigueur syllogistique et les initiés n'éprouvaient que peu de difficultés à en saisir, par une lecture même rapide, le sens et la portée. Deux arguments militaient cependant en faveur d'un abandon de ces considérants. D'une part, il est vrai que, rendue au nom du peuple français, la justice administrative n'est pas l'affaire de ces seuls initiés, et la plus grande part des destinataires des décisions juridictionnelles s'accommode avec peine d'une technique rédactionnelle assez lointaine de leurs habitudes d'écriture. D'autre part, par l'alourdissement de la motivation qu'il constitue, le renoncement à l'*imperatoria brevitas* emporte à terme, et comme une fatalité, la mise à mort de cette structure traditionnelle de rédaction. Au demeurant, à la suite du rapport rédigé par le groupe de travail, l'expérimentation du style direct a été entreprise au sein de certaines juridictions. Les vieilles habitudes ont la vie dure et il faut laisser à chacun le temps de se faire au changement, le cas échéant en maugréant. Le choix ne lui sera, de toutes façons, pas donné, sauf peut-être à ce que la réforme se heurte à l'hostilité, non seulement des juridictions du fond mais également des membres du Palais-Royal.

B. La motivation de la décision

713. L'importance de la motivation. L'article L. 9 du code de justice administrative dispose que les jugements sont motivés. L'obligation pour les juridictions administratives de motiver leurs décisions trouve son origine dans le décret des 16 et 24 août 1790 sur l'organisation judiciaire et le Conseil d'Etat a très vite considéré que les conseils de préfecture devaient motiver leurs arrêtés comme les tribunaux judiciaires devaient motiver leurs jugements (CE, 12 déc. 1818, Fouquet et consorts c. Grasleuil, Rec., p. 434). Il s'agit là d'un principe général de procédure (CE, 8 juill. 1970, Sieur Doré, requête numéro 75362, Rec., p. 471). L'intérêt de la motivation est indiscutable à un double point de vue. D'une part, elle permet aux juges d'appel et de cassation d'exercer leur contrôle sur les décisions qui leurs sont déférées. D'autre part, la motivation est nécessaire au justiciable qui est ainsi mis en mesure de comprendre la décision et il importe, sauf texte autorisant le contraire, que les notifications du dispositif et des motifs s'opèrent simultanément (CE, 19 juill. 2010, Région de la Réunion, requêtes numéros 337071 et 338491, Rec., T. pp. 858 et 914). L'importance de la motivation est telle que celle-ci est autant un moyen d'identifier la nature juridictionnelle d'une instance administrative qu'une conséquence de cette nature juridictionnelle.

714. Les modalités de la motivation. La motivation de la décision doit être exempte de toute contrariété de motifs, à peine d'annulation (par ex., CE, 26 févr. 2001, Clinique chirurgicale de Calais, requête numéro 208922), et elle doit rendre la décision suffisamment explicite (CE, 16 mars 1998, Ruggiu, requête numéro 139738, Rec., p. 89). Mais le juge d'appel peut se borner à adopter les motifs retenus par les premiers juges lorsque le requérant n'a fait lui-même que se référer en appel aux moyens présentés en première instance (CE, 10 juin 1988, Ministre délégué auprès du ministre du redéploiement industriel et du commerce extérieur chargé des Postes, des Télécommunications et de la Télédiffusion c. Mlle Bruno, requête numéro 70304, Rec., T., p. 963). Il est même permis au juge d'appel, en cas de formulation différente d'un moyen examiné par le tribunal administratif, de se reporter à la motivation de la juridiction de première instance dès lors que celle-ci était suffisante et n'appelait pas de nouvelles précisions en appel (CE, 27 juin 2005, Consorts Godinat, requête numéro 267597, Rec., T., p. 1051). En revanche, la juridiction ne saurait, à peine d'irrégularité, motiver sa décision par référence à une autre décision rendue dans un autre litige, même si les parties étaient identiques (CE, 1er juill. 2009, Département du Nord, requête numéro 318960, Rec., T., p. 903).

715. L'économie de moyens. En accédant sur un moyen aux conclusions du requérant ou du défendeur, le juge met parfois un terme au litige, respectivement « sans qu'il soit besoin d'examiner les autres moyens de la requête » ou « sans qu'il soit besoin de statuer sur la fin de non-recevoir ». La technique de l'économie de moyens permet ainsi au juge de statuer vite. Mais encore, cette technique permet d'esquiver certaines difficultés : une juridiction administrative peut être confrontée à un problème de droit inédit sur lequel elle n'est pas certaine de la solution à apporter. L'existence d'un autre moyen justifiant l'annulation de la décision litigieuse la dispense de statuer sur ce problème, pour le même résultat. Des considérations d'opportunité peuvent légitimer cette pratique. Mais celle-ci n'est pas sans heurter l'intérêt général, au moins en ce que l'administration risque de reprendre la même décision, expurgée d'un vice, sans être certaine de ce que sa décision sera, cette fois, légale. En sens inverse, il est parfois préférable pour la juridiction de retenir plusieurs moyens afin de se prémunir contre l'erreur de raisonnement portée sur l'un d'entre eux. En ce cas, le juge surmotive sa décision en retenant des moyens surabondants et la décision juridictionnelle n'encourra pas l'annulation si l'un d'eux au moins est correctement traité (par ex., CE, 14 janv. 1994, Commune de Rayol-Canadel, requête numéro 127025, Rec., T., p. 1126).

716. L'exception du droit de l'urbanisme. On comprend dès lors que le législateur ait entendu, dans un souci évident de sécurité juridique, proscrire l'économie de moyens du contentieux de l'urbanisme. Ainsi l'article L. 600-4-1 du code de l'urbanisme contraint la juridiction administrative de premier ressort à statuer sur l'ensemble des moyens susceptibles de donner satisfaction au requérant (par ex., CE, 16 juin 2004, Sté Laboratoire de biologie végétale Yves Rocher, requête numéro 254172, Rec., T., p. 913), et elle est réputée avoir implicitement rejeté les moyens qu'elle n'a pas retenus pour annuler la décision (CE, Sect., 8 avr. 2009, Commune de Banon, requête numéro 307515, Rec., p. 156). L'article L. 600-4-1 du code de l'urbanisme prévoit en revanche que la juridiction d'appel peut recourir à l'économie de moyens. En cassation, si la décision juridictionnelle attaquée annule un acte administratif en se fondant sur plusieurs motifs dont l'un justifie le dispositif, le Conseil d'Etat peut rejeter le recours après avoir censuré les motifs erronés (CE, Sect., 22 avr. 2005, Commune du Barcarès, requête numéro 257877, Rec., p. 170, concl. J.-H. Stahl ; RFDA 2005, p. 557, concl. J.-H. Stahl ; AJDA 2005, p. 1621, chron. C. Landais et F. Lenica).

717. Les moyens inopérants. Le moyen inopérant ne doit pas être confondu avec le moyen non fondé. L'inopérance d'un moyen découle de ce que son examen serait sans incidence sur la résolution du litige. Le juge peut alors le rejeter par prétérition (CE, Sect., 25 mars 1960, Boileau, requête numéro 35805, Rec., p. 234 ; AJDA 1960, I, p. 96, chron. M. Combarnous et J.-M. Galabert) même s'ils doivent être visés (CE, 18 juin 1969, Giaume, requête numéro 69666, Rec., p. 321). Le rapport Martin a pu marquer un infléchissement en proposant que les juridictions administratives exposent le motif pour lequel un moyen était écarté comme inopérant (proposition n° 11). Cette proposition n'a pas, pour l'heure, été retenue même si certains juges ont acquis ce réflexe. On admettra que, pour formel qu'il pourrait être, l'exercice bénéficierait au requérant qui aurait davantage le sentiment que l'ensemble de ses prétentions aura été effectivement pris en considération.

L'exercice d'identification des moyens inopérants est malaisé. Peu ou prou, quatre séries d'hypothèses peuvent être distinguées.

En premier lieu, le moyen est inopérant lorsqu'il est sans rapport avec le litige, le requérant invoquant la violation, par la décision litigieuse, d'un texte ou d'un principe qui :

- n'est pas applicable, en raison du champ d'application de ce texte ou de ce principe, ce qui est par exemple le cas lorsque le requérant se fonde sur le principe de confiance légitime alors que la situation en cause n'est pas régie par le droit de l'Union européenne (par ex., CE, 24 mars 2006, Sté KPMG, requête numéro 288460, Rec., p. 154 ; AJDA 2006, p. 1028, chron. C. Landais et F. Lenica ; RFDA 2006, p. 463, concl. Y. Aguila ; BJCP 2006, p. 173, concl. Y. Aguila), ou qui n'est pas applicable en raison du principe d'indépendance des législations, ce qui explique que, dans l'hypothèse où la décision litigieuse est une autorisation unique en matière d'installations classées pour la protection de l'environnement valant notamment autorisation au titre de l'article L. 512-1 du code de l'environnement et permis de construire au titre de l'article L. 421-1 du code de l'urbanisme, le moyen tiré de l'erreur de droit commise par le juge des référés à n'avoir pas regardé la condition d'urgence comme en principe satisfaite dès lors que les travaux allaient commencé ou avaient déjà commencé, n'intéresse que le permis de construire et est inopérant à l'appui du pourvoi en tant qu'il concerne les autres parties de l'arrêté (CE, 11 avr. 2018, Confédération paysanne du Lot et a., requête numéro 412773, Rec., T.) ;

- n'est pas encore applicable, ce qui est le cas du moyen tiré de la violation d'un document d'urbanisme qui n'a pas encore été publié (CE, 18 mai 1984, Etablissements Prévost, requête numéro 02988, Rec., T., p. 715).

- n'est plus applicable, ce qui est le cas du moyen tiré de la violation d'un document d'urbanisme qui a cessé de produire ses effets (CE, 1er févr. 1980, Association des amis des sites de la baie de Bandol, requête numéro 13814, Rec., p. 61) ;

- n'a pas de portée normative suffisante, et ne peut par exemple être utilement invoqué, par voie d'exception, l'illégalité des passages de lignes directrices de l'Autorité de régulation des communications électroniques et des postes se bornant à décrire les caractéristiques principales du marché de la téléphonie mobile, à l'appui de la contestation d'une décision individuelle prise sur le fondement de ces lignes directrices (CE, 13 déc. 2017, Sté Bouygues Télécom et a., requêtes numéros 401799, 401830 et 401912, Rec.).

En deuxième lieu, le moyen est inopérant lorsqu'il achoppe sur une disposition constitutionnelle ou législative. Il n'entre pas dans l'office du juge administratif de contrôler la conformité des lois à la Constitution (CE, Sect., 6 nov. 1936, Arrighi, requête numéro 41221, Rec., p. 966) et le moyen tendant à ce qu'une loi soit ainsi contrôlée est inopérant. Il en va ainsi du moyen contestant la régularité de la composition, établie par la loi, d'une juridiction administrative spécialisée (CE, 10 janv. 2003, Ensaad, requête numéro 228947, Rec., T., p. 949). Par extension, ce qui ne saurait surprendre, la jurisprudence applique la même sanction à ces moyens, initialement opérants, en cas de validation législative partielle. Si, en effet, une validation législative totale conduit à un non-lieu législatif (*supra* n° 613), une validation partielle ne rend inopérants que les seuls moyens relevant de la validation (CE, 12 févr. 1997, Syndicat national des inspecteurs des affaires sanitaires et sociales, requête numéro 180780, Rec., p. 36 ; RFDA 1997, p. 471, concl. C. Maugüé).

En troisième lieu, le moyen est inopérant lorsque l'autorité administrative à l'origine de l'acte était en situation de compétence liée (CE, Sect., 3 févr. 1999, Montaignac, requêtes numéros 149722 et 152848, Rec., p. 6 ; AJDA 1999, p. 567, chron. F. Raynaud et P. Fombeur). Ainsi, parce qu'il ne peut opposer une impossibilité matérielle de procéder à une exhumation sans procéder à une appréciation des faits de l'espèce, le maire n'est alors pas en situation de compétence liée et les moyens dirigés contre un refus d'exhumation ne peuvent être vus comme inopérants (CE, 21 nov. 2016, Mme B., requête numéro 390298, Rec., T.). Ainsi encore, parce qu'un plan local d'urbanisme n'est pas pris pour l'application de la délibération initiale qui en a prescrit l'élaboration, le moyen tiré du non respect des modalités de concertation définies par cette délibération, soulevé à l'occasion d'un recours contre le plan approuvé ne saurait être inopérant (CE, Sect., 5 mai 2017, Commune de Saint-Bon-Tarantaise, requête numéro 388902, Rec., p. 150). En revanche, est inopérant le moyen tiré de la violation de l'article 3 §1 de la Convention internationale relative aux droits de l'enfant à l'encontre d'une demande d'expulsion d'occupants sans titre d'une dépendance du domaine public, quand bien même l'exécution de cette demande serait susceptible de concerner des enfants (CE, 28 juill. 2017, Mme P., requête numéro 395911, Rec., T.).

C. Le dispositif de la décision

718. La solution retenue. Le dispositif constitue le règlement du litige, en tirant les conséquences logiques de la motivation qui le précède. A cet égard, sera irrégulier le dispositif entrant en contradiction avec la motivation de la décision (CE, 12 avr. 1995, SCI Elisa, requête numéro 147167, Rec., T., p. 1006). Le dispositif se compose d'articles et est précédé du mot « décide » (CJA, art. R. 741-6). Le groupe de travail sur la rédaction des décisions de la juridiction administrative n'a pas remis en question ce dispositif par articles, estimant qu'il a la vertu de la clarté et de la précision.

III. L'achèvement de la décision juridictionnelle

719. La signature du jugement. Suivant les articles R. 741-7 et R. 741-9 du code de justice administrative, la minute de la décision est signée par le président de la formation de jugement, le rapporteur et le greffier d'audience ou, au Conseil d'Etat, le secrétaire. Ici encore, il s'agit d'une formalité substantielle, l'omission d'une signature sur la minute conduisant à l'irrégularité de la décision (pour la signature du président : CE, 8 févr. 1961, Charlin, requête numéro 51562, Rec., p. 100 ; pour la signature du greffier d'audience : CE, 27 juin 2005, Département de Charente-Maritime, requête numéro 257051, Rec., T., p. 1050).

720. La lecture du jugement. Suivant l'article L. 10 du code de justice administrative, « les jugements sont publics ». Et l'article R. 741-1 du code de justice administrative dispose que, « réserve faite des dispositions applicables aux ordonnances, la décision est prononcée en audience publique ». Il s'agit d'une formalité substantielle dont la méconnaissance entache la décision d'irrégularité (CE, Sect., 8 janv. 1982, Serban, requête numéro 22729, Rec., p. 8, concl. B. Genevois). Peu importe en revanche que la formation de jugement procédant à la lecture soit différente de celle qui a adopté la décision (CE, 13 nov. 1964, SA Lantrua et Olivier, requête numéro 56686, Rec., p. 549). Il n'est pas plus nécessaire que les parties aient été préalablement avisées de la date de la lecture (CE, 13 nov. 1985, Prempeh, requête numéro 56853, Rec., T., p. 677). L'usage consacré au sein des juridictions administratives tranche radicalement avec l'importance accordée à la publicité des jugements. En effet, il n'existe pas de lecture au sens communément admis des décisions, le juge se contentant d'énoncer, en début d'audience, que « les décisions sont lues ». Au mieux assiste-t-on à la lecture du dispositif. En réalité, l'intérêt de la lecture de la décision est ailleurs : contrairement aux décisions administratives, d'une part, aux ordonnances, d'autre part, c'est par sa lecture et non par sa signature que la décision accède à l'existence et c'est sa lecture qui confère à la décision l'autorité de la chose jugée (CE, Sect., 4 mars 1998, Courtois et a., requête numéro 193527, Rec., p. 69). Dès lors est-il possible, avant sa lecture, de la reconsidérer par une réinscription au rôle, notamment en vue de juger l'affaire dans une formation plus solennelle. En tout état de cause, les usages en vigueur au sein de la juridiction administrative ne sont pas suspects d'inconventionnalité, rien n'imposant, selon la Cour européenne des droits de l'Homme, que les décisions soient lues à haute voix (CEDH, 15 juill. 2003, Ernst et a. c. Belgique, affaire numéro 33400/96).

§ 2 - La divulgation de la décision juridictionnelle

721. Du droit à prendre connaissance des décisions. Une fois lue, la décision fait l'objet de mesures de publicité. Elle est notifiée aux parties, par courrier recommandé avec avis de réception à leur domicile réel (CJA, art. R. 751-3) ou par voie administrative (CJA, art. R. 751-4). Dans le contentieux des contraventions de grande voirie, la notification sera faite par les soins de l'autorité de poursuite et non par ceux du greffe (CJA, art. L. 774-6). Dans tous les cas, l'irrégularité de la notification fait obstacle au déclenchement du délai de recours (CE, 19 janv. 1998, SARL Armement frigorifique martiniquais, requête numéro 165164, Rec., T., p. 1132). La preuve de la notification peut donc se poser. En cas de retour au greffe de la juridiction du pli contenant la notification du jugement, la preuve que le requérant a reçu notification régulière de ce jugement peut résulter soit des mentions précises, claires et concordantes portées sur l'enveloppe, soit d'une attestation de l'administration postale ou d'autres éléments de preuve établissant la délivrance d'un avis d'instance prévenant le destinataire de ce que le pli était à sa disposition au bureau de poste. Ici encore, les moyens de preuve sont aussi nombreux qu'il est permis. Il a à cet égard été jugé qu'une copie d'écran d'un tableau de suivi fournie par les services postaux à partir de leur application informatique interne de suivi de courrier constitue un élément de preuve admissible (CE, 20 nov. 2017, M. P. et a., requête numéro 396637, Rec., T.).

L'expédition du jugement est revêtue de la formule exécutoire telle que prévue à l'article R. 751-1 du code de justice administrative (*supra* n° 709). Copie de la décision peut également, en application des articles R. 751-6 et suivants du code de justice administrative, être adressée aux autorités administratives ou juridictionnelles intéressées. Etant rendues au nom du peuple français et pouvant par ailleurs léser les droits des tiers, les décisions des juridictions administratives doivent également être portées à la connaissance de tous. La décision est donc en principe affichée dans les locaux de la juridiction sans qu'il s'agisse cependant d'une formalité substantielle affectant sa régularité (CE, 9 mars 1983, Association SOS Défense, requête numéro 43501, Rec., T., p. 827). Dans le prolongement de la jurisprudence qui énonçait que copie simple des décisions rendues à l'issue d'une audience publique devait également être délivrée aux tiers qui en formulaient la demande (CE, 1er déc. 1993, Association SOS Défense et Bertin, requête numéro 95048, Rec., T., p. 965), la loi n° 2016-1321 du 7 octobre 2016 a posé le principe de la mise à disposition du public à titre gratuit des jugements, dans le respect évident de la vie privée des personnes concernées (CJA, art. L. 10 al. 2).

722. La diffusion de la production juridictionnelle. On ne saurait taire ici la propension de la juridiction administrative à communiquer sur son activité juridictionnelle, même si ce phénomène n'est pas propre à la juridiction administrative. De très longue date, les décisions les plus importantes du Conseil d'Etat et du Tribunal des conflits, mais parfois aussi des tribunaux administratifs et des cours administratives d'appel, font l'objet d'une publication intégrale ou sont mentionnées dans les Tables du Recueil Lebon. A ce procédé de diffusion, s'ajoute aujourd'hui la publication anonymisée des décisions sur Légifrance et sur la version publique d'Ariane. On notera encore les sélections de décisions qui font l'objet d'une publication mensuelle. En outre, des commentaires sont publiés sur les sites internet de chaque juridiction, relatifs aux décisions considérées comme les plus intéressantes. L'ouverture au justiciable en est presque étourdissante...

En tant qu'elle met la justice administrative à la portée du plus grand nombre, cette ouverture doit être approuvée. On soulignera cependant l'influence qu'elle exerce sur l'évolution du droit administratif. Déjà doit-on ici rappeler ce que la sélection des Grands arrêts a pu avoir de déterminant. Et cette sélection a nécessairement été le fruit d'un choix à la dimension fatalement subjective. Car, après tout, qu'est-ce qu'un grand arrêt ? Le fichage des décisions, lequel conditionne par ailleurs les modalités de la publication au Lebon, est également un choix opéré par la troïka, épaulée par le Centre de recherches et de diffusion juridiques (anciennement le Centre de documentation du Conseil d'Etat), qui influe assurément sur le sens des décisions rendues par les juridictions du fond. Contrairement à ce qui est trop souvent cru, la publication intégrale d'une décision au Lebon n'emporte pas une importance accrue de l'ensemble des éléments contenus dans cette décision. C'est son fichage qui, en toute hypothèse, détermine les points qui font autorité dans la décision. Ainsi, sur un problème donné, une décision classée B (mentionnée aux Tables) peut avoir plus d'importance qu'une décision classée A (intégralement publiée). En outre, le fichage a la vertu de souligner les confirmations, les précisions, et les abandons de jurisprudence. Tout ceci reste classique et nécessaire à l'activité juridictionnelle. On l'approuvera en regrettant que le fichage puisse être parfois erroné (mais, après tout, personne n'est infaillible).

Sous-section 2 - Le fond de la décision juridictionnelle

723. Du principal et de l'accessoire. Sous réserve des éventuelles voies de recours ouvertes contre elle, la décision juridictionnelle met fin à la contestation. Le fond du litige est ainsi réglé par le juge, dont l'office (§ 1) est actuellement en profonde mutation. Le fond de la décision juridictionnelle ne se limite cependant pas à cette seule – même si essentielle – dimension. En effet, le litige comporte également des questions accessoires également réglées par la décision rendue (§ 2).

§ 1 - L'office du juge

724. « Ne désespérez pas »... Il y aurait sans doute quelque tristesse pour les descendants du Huron de constater tout le temps qu'il aura fallu à la juridiction administrative pour rénover son office, en sorte que leur ancêtre n'aura pas pu voir, de son vivant, se réaliser les prévisions du doyen Rivero (J. Rivero, « Le Huron au Palais-Royal ou réflexions naïves sur le recours pour excès de pouvoir », D. 1962, pp. 37 et s.). Le Huron tenait son analyse pour douteuse. Elle s'est pourtant avérée pertinente. L'office du juge a indéniablement évolué, et le juge de se conformer aujourd'hui à l'obligation qui lui est faite, intangible, de juger (I) en recourant à des pouvoirs (II) qui, pour partie, lui confèrent un rôle qu'il s'est longtemps défendu de jouer.

I. L'obligation de juger

725. Toutes les conclusions, rien que les conclusions. L'article 5 du code de procédure civile dispose que « le juge doit se prononcer sur tout ce qui est demandé et seulement sur ce qui est demandé ». L'on retrouve la même obligation en procédure administrative juridictionnelle. La juridiction administrative a l'obligation de juger et elle ne saurait ainsi se refuser à statuer sur une requête, quel que peut être le motif (CE, 6 oct. 1995, Hassini, requête numéro 157309, Rec., T., p. 994), sauf l'hypothèse du non-lieu ou du non-lieu en l'état. L'obligation de juger pèse autant sur les juridictions générales que sur les juridictions spécialisées en sorte que, par exemple, la section disciplinaire du conseil d'administration d'une université, saisie à l'encontre d'un enseignant-chercheur, ne peut se contenter d'émettre un avis mais doit rendre une véritable décision juridictionnelle (CE, 5 déc. 2016, Université de Nouvelle-Calédonie, requête numéro 380763, Rec., T.). En outre, la juridiction administrative est en principe enfermée dans le champ du débat contentieux fixé par les parties, en sorte qu'elle ne doit statuer ni *infra* (A), ni *ultra petita* (B). Ceci explique, par exemple, que les conclusions doivent être formulées de manière suffisamment précise, à peine d'irrecevabilité (CE, 22 oct. 1980, Ministre de l'Education c. Mme Moracchini, requête numéro 21355, Rec., T., p. 833), et que les conclusions indemnitaires doivent être chiffrées (CE, 26 nov. 1975, Sieur Riter, requête numéro 94124, Rec., p. 595).

A. La prohibition de l'*infra petita*

726. Toutes les conclusions. Il appartient au juge de statuer sur toutes les conclusions, à peine d'irrégularité de la décision juridictionnelle. Non seulement doit-il répondre à l'ensemble des conclusions principales qui lui sont adressées, mais encore la prohibition de l'*infra petita* s'oppose-t-elle à ce que le juge omette de se prononcer sur les conclusions subsidiaires en cas de rejet des conclusions principales (CE, 26 févr. 1988, Office HLM de Villeneuve-Saint-Georges, requête numéro 78530). La prohibition de l'*infra petita* explique également qu'il n'est pas possible au juge de surseoir à statuer sur le recours formé contre une décision jusqu'à ce soit jugé un autre recours contre une autre décision et indépendant de celui-ci (CE, 24 juin 2002, Terzout-Yettou, requête numéro 215400, Rec., T., p. 778). De la même manière, il n'est pas permis au juge de décider d'un rejet en l'état (CE, 17 mai 1961, Balaguer, requête numéro 46906, Rec., p. 333) sauf l'hypothèse de la disjonction régulière des conclusions (CE, 19 avr. 1991, Sté Construction, Restauration, Bâtiments industriels, requête numéro 80779, Rec., T., p. 1140). Malgré tout, le manquement à la prohibition de l'*infra petita* ne constitue pas un moyen d'ordre public. Il en résulte que le demandeur en appel ou en cassation doit soulever le moyen, faute de quoi il sera réputé avoir renoncé à cette partie de ses prétentions (CE, 17 juin 2005, Ministre de la Défense c. Marceron, requête numéro 263681, Rec., T., p. 1059).

B. La prohibition de l'*ultra petita*

727. Rien que les conclusions. Parce qu'il ne saurait s'autosaisir, il est de jurisprudence constante que le juge ne peut, en principe, statuer au-delà des conclusions dont il est saisi. Il ne s'agit cependant pas d'un moyen d'ordre public (CE, Sect., 13 oct. 1961, Ville de Marseille et ministre des P.T.T. c. Sté Marseillaise de trafic maritime, requête numéro 13265, Rec., p. 567). La prohibition de l'*ultra petita* s'oppose à ce que le juge prononce une condamnation au paiement de dommages-intérêts alors qu'aucune demande en ce sens n'a été formulée par le requérant (CE, Sect., 14 févr. 1958, Sté Thorrand et cie, requête numéro 36364, Rec., p. 104 ; AJDA 1958, 1, p. 13, concl. M. Long ; AJDA 1958, 2, p. 224, chron. J. Fournier et M. Combarnous) ou que son montant excède celui réclamé (CE, 6 mai 1988, Centre hospitalier de Beauvais c. Epoux Cozette, requêtes numéros 55385 et 69883, Rec., T., p. 969). Il ne saurait pas davantage prononcer d'office l'annulation d'une décision (CE, Sect., 17 juill. 1950, Mathieu, requête numéro 92045, Rec., p. 439) ni annuler l'ensemble d'une opération électorale quand la protestation ne visait que celle d'un seul conseiller (CE, 10 avr. 2009, Elections municipales de Valleraugue, requête numéro 317579, Rec., p. 161).

Si le principe de la prohibition de l'*ultra petita* n'est pas absolu, il n'en est pas moins particulièrement étendu. Les exceptions sont rares. Tel est le cas, par exemple, en matière électorale, en ce qui concerne les conséquences à tirer de la correction par le juge du décompte des voix (CE, 18 mai 1889, Elections de Béguey, Rec., p. 637). Tel est également les cas dans le contentieux des immeubles insalubres (CE, Sect., 19 juin 1959, Lemore, Rec., p. 387). Tel est le cas encore du contentieux des contrats. C'est en matière de référé précontractuel que l'exception a d'abord été consacrée (CE, 20 oct. 2006, Commune d'Andeville, requête numéro 289234, Rec., p. 434 ; AJDA 2006, p. 340, concl. D. Casas), avant d'être étendue au recours contractuel exercé par les parties (CE, Ass., 28 déc. 2009, Commune de Béziers, requête numéro 304802, Rec., p. 509, concl. E. Glaser ; AJDA 2010, p. 142, chron. S.-J. Lieber et D. Botteghi ; RFDA 2010, p. 506, concl. E. Glaser et p. 519, note D. Pouyaud ; RDI 2010, p. 265, obs. R. Noguellou) et au recours en contestation de validité des contrats par les tiers (CE, Ass., 4 avr. 2014, Département de Tarn-et-Garonne, requête numéro 358994, Rec., p. 70, concl. B. Dacosta ; AJDA 2014, p. 1035, chron. A. Bretonneau et J. Lessi ; RFDA 2014, p. 425, concl. B. Dacosta et note P. Delvolvé ; RJEP 2014, n° 721, p. 14, note J.-F. Lafaix).

II. Les pouvoirs du juge

728. Des pouvoirs différents suivant le contentieux. Même si les différences entre les branches du contentieux s'estompent et même si le contentieux de l'annulation tend à se subjectiviser au point de faire douter de l'intérêt qu'il y a encore à entretenir la frontière, les pouvoirs du juge diffèrent toujours suivant que le contentieux est de pleine juridiction (A) ou de l'excès de pouvoir (B).

A. Les pouvoirs du juge de pleine juridiction

729. Comme l'expression l'indique. L'expression de « pleine juridiction » évince le doute quant à la faculté que tient le juge d'annuler dans ce cadre l'acte litigieux (1). Mais il peut encore, en cette qualité, se livrer à sa réformation (2). En toute hypothèse, le juge de pleine juridiction doit épuiser sa compétence et la Cour nationale du droit d'asile ne peut par exemple surseoir à statuer afin de poser une question en lien avec la nationalité du demandeur d'asile à une tierce institution lorsque, eu égard à son office et compte tenu des faits de l'espèce, elle était en mesure de trancher par elle-même cette question (CE, 26 mai 2014, M. Gao, requête numéro 344265, Rec., p. 141 ; AJDA 2014, p. 1611, concl. E. Crépey).

1. L'annulation de l'acte

730. En pleine juridiction de légalité. Le juge de pleine juridiction de légalité a essentiellement vocation à juger la légalité de l'acte qui lui est déférée, même si théoriquement, à la différence de celui de l'excès de pouvoir, ce contentieux tend au rétablissement d'une situation juridique. Il n'en demeure pas moins que, dans l'hypothèse où l'acte litigieux est une décision défavorable (titre exécutoire, refus d'accorder l'asile, refus de pension, refus d'autorisation de plaider, etc…), le juge se limite à prononcer l'annulation. Et encore ne s'agit-il pas toujours d'une réelle annulation. En effet, le juge de pleine juridiction se place au jour où il se prononce pour examiner l'affaire. Il doit en conséquence tenir compte des éventuelles modifications de circonstances de fait et de droit intervenues entre l'édiction de l'acte et la décision juridictionnelle (CE, Sect., 8 janv. 1982, Aldana Barreña, requête numéro 24948, Rec., p. 9, concl. B. Genevois). Mais alors, la disparition de l'acte ne peut valoir que pour l'avenir et l'annulation équivaut, ici, à une abrogation.

731. En pleine juridiction intégrale. Le juge de la pleine juridiction intégrale n'est pas saisi de la seule question de la légalité des actes. Il lui revient de procéder à un réexamen de la situation du requérant. En tant qu'elle est l'issue logique du litige, la réformation prend le pas sur l'annulation. S'il conserve la faculté d'annuler, son office justifie que les moyens de légalité externe puissent s'avérer inopérants (CE, avis, 12 avr. 2013, Mme Fiot, requête numéro 364239, Rec., p. 93). Il en va cependant différemment si l'irrégularité procédurale a pu priver d'une garantie le destinataire de la décision (CE, 27 févr. 2015, OFPRA c. M. Zequiri, requête numéro 380489, Rec., T., p. 835).

2. La réformation de l'acte

732. L'expression d'un pouvoir de substitution. C'est l'office en principe reconnu au juge de pleine juridiction que de réformer les décisions qui lui sont déférées. En d'autres termes, le juge remplacera, le cas échéant, la décision administrative par la sienne (CE, 29 janv. 1986, Kodia, requête numéro 72021, Rec., p. 22), ce qui n'est d'ailleurs pas sans jeter le trouble chez le profane à qui on explique dans le même temps que le juge ne peut ni ne doit faire œuvre d'administrateur.

Le juge de pleine juridiction a ainsi la faculté :

- de réformer une amende en réduisant son montant (CE, 14 juin 2002, Ministre de l'Intérieur c. Cie nationale Air France, requête numéro 228549, Rec., p. 896) ;

- de modérer ou augmenter les pénalités de retard résultant de l'exécution d'un contrat dès lors que leur montant s'avèrerait manifestement excessif ou dérisoire en fonction du montant du marché (CE, 29 déc. 2008, Office public d'habitations à loyer modéré de Puteaux, requête numéro 296930, Rec., p. 479) ;

- de modifier la tarification sanitaire et sociale, initialement fixée par l'autorité administrative ou, à tout le moins, de déterminer les bases de modification à apporter au prix initial (CE, 7 févr. 1986, Caisse régionale d'assurance maladie Rhône-Alpes, requête numéro 27433, Rec., p. 396) ;

- de substituer lui-même les pénalités, résultant de l'évolution des textes, aux majorations établies par l'administration en matière fiscale (CE, Sect., avis, 5 avr. 1996, Houdmond, numéro 176611, Rec., p. 116) ;

- d'aggraver les prescriptions de fonctionnement d'une installation classée pour la protection de l'environnement, à la demande de tiers ou de l'administration (CE, 20 janv. 1989, Ministre de l'Environnement c. SIVOM pour l'équipement et l'expansion du canton de Sigean, requête numéro 61006).

B. Les pouvoirs du juge de l'excès de pouvoir

733. L'évolution de l'office du juge. Le contentieux de l'excès de pouvoir, dans son principe, repose sur une logique binaire : soit le juge décide de rejeter la requête, soit il annule la décision déférée (1). C'est du moins le principe… Et ce principe s'avère beaucoup moins rigoureux qu'il a pu l'être par le passé. En effet, le juge s'emploie aujourd'hui plus qu'hier à sauvegarder l'acte, en dépit des irrégularités qui l'entachent (2).

1. L'annulation de l'acte

734. Des annulations possibles. L'annulation peut être totale ou partielle. L'annulation partielle recouvre deux séries d'hypothèses :

- elle peut, d'une part, répondre aux conclusions du requérant qui ne demandait l'annulation que d'une partie de l'acte, pour peu cependant qu'il n'existe pas un lien d'invisibilité entre l'ensemble des dispositions contenues dans l'acte car, dans ce cas, l'ensemble de la demande sera jugé irrecevable (CE, Sect., 10 déc. 1971, Quetin, requête numéro 82205, Rec., p. 757) ;

- elle peut, d'autre part, consister dans une annulation « en tant que » (par ex., CE, Sect., 29 juill. 1994, Ribault et Clouet, requête numéro 95324, Rec., p. 399 :

annulation d'un tableau d'avancement en tant que certains agents y sont inscrits) ou « en tant que ne pas » (par ex., CE, 11 mai 1998, Mlle Aldige, requête numéro 185049, Rec., T., p. 974 ; RFDA 1998, p. 1011, concl. H. Savoie : annulation d'un arrêté de nomination, en tant qu'il ne mentionne pas le nom de la requérante ; CE, 23 déc. 2016, Cimade et a., requête numéro 394819, Rec., T. : annulation d'un décret en tant qu'il ne fixe pas un montant journalier additionnel suffisant pour permettre aux demandeurs d'asile adultes ayant accepté une offre de prise en charge et auxquels aucune place d'hébergement ne peut être proposée, de disposer d'un logement sur le marché privé de la location).

735. La modulation des effets de l'annulation en excès de pouvoir. L'office du juge de l'excès de pouvoir a subi des transformations à ce point importantes qu'il est permis de parler de subjectivisation du contentieux de l'excès de pouvoir. Le Conseil d'Etat a pu se reconnaitre la faculté de différer la date d'effet de l'annulation du refus d'abroger un acte réglementaire illégal (CE, 27 juill. 2001, Titran, requête numéro 222509, Rec., p. 411 ; AJDA 2001, p. 1046, chron. M. Guyomar et P. Collin) avant de s'autoriser à moduler les effets dans le temps de ses décisions d'annulation (CE, Ass., 11 mai 2004, Association AC ! et a., requêtes numéros 255886 à 255892, Rec., p. 197, concl. C. Devys ; AJDA 2004, p. 1183, chron. C. Landais et F. Lenica ; CE, 17 déc. 2010, Syndicat de l'industrie des technologies de l'information (SFIB), Association UFC Que Choisir et a., SA Rue du commerce, requêtes numéros 310195, 310543 et 310547). Le Conseil d'Etat s'arroge également la possibilité de procéder à une annulation différée tout en annulant immédiatement des dispositions illégales divisibles (CE, 5 oct. 2015, Association des amis des intermittents et précaires (AIP) et a., requêtes numéros 383956 à 383958, Rec., p. 334). La juridiction est encore susceptible d'opérer une annulation à géométrie variable, la non rétroactivité de l'annulation pouvant ne bénéficier qu'à certaines parties en cause et non à toutes, eu égard à la différence des intérêts en présence (CE, 23 juill. 2014, Sté Octapharma France, requête numéro 349717, Rec., p. 244 ; AJDA 2014, p. 2315, note O. Mamoudy).

Une telle entorse à un dogme du contentieux de l'excès de pouvoir n'intervient cependant pas sans conditions.

En premier lieu, le juge doit livrer l'idée de la modulation des effets de l'annulation à la contradiction et examiner l'ensemble des moyens susceptibles d'affecter la légalité de la décision.

En deuxième lieu, suivant un raisonnement classique en contentieux administratif, il appartient au juge de prendre en considération, d'une part, les conséquences de la rétroactivité de l'annulation pour les divers intérêts publics ou privés en présence, d'autre part, les inconvénients que présenterait, au regard du principe de légalité et du droit à un recours effectif, une limitation dans le temps des effets de l'annulation. La dérogation à la disparition rétroactive de l'acte ne peut intervenir sans raison valable et il importe que la modulation soit justifiée par un motif impérieux d'intérêt général.

Ce n'est pas le cas lorsque l'annulation de la décision litigieuse emporterait des conséquences négatives pour les finances publiques ou compliquerait le travail des services administratifs chargés de tirer les conséquences de cette annulation (CE, 11 juill. 2008, Syndicat de l'industrie des matériels audiovisuels électroniques, requête numéro 298779, Rec., p. 263).

En revanche, la modulation a été décidée en présence :

- de la nomination irrégulière d'un magistrat, de nature à entraîner la nullité de l'ensemble des jugements et procédures auxquels il avait concouru (CE, 12 déc. 2007, Sire, requête numéro 296072, Rec., p. 471) ;

- de la création irrégulière des pôles de l'instruction, en raison de la nullité des nombreuses informations déjà instruites au sein de ces pôles (CE, 19 déc. 2008, M. Kierzkowski-Chatal, requêtes numéros 312553 et a., Rec., p. 468) ;

- d'une annulation qui aurait pour effet de faire revivre le texte initial dont les implications pour l'année en cours compromettait la continuité du service public (CE, 1er juin 2012, Fédération des syndicats généraux de l'Education nationale et de la Recherche publique, Syndicat national des enseignements du second degré, Syndicat national de l'enseignement supérieur-FSU et Association Sauvons l'Université, requêtes numéros 341775, 343288, 343336, 343362) ;

- de la composition irrégulière d'un conseil d'administration découlant de l'annulation des textes régissant celle-ci, eu égard au nombre considérable de délibérations prises par ce conseil, ainsi qu'au nombre d'actes réglementaires pris après avis de ce conseil depuis la date de son installation (CE, 1er juill. 2016, Union nationale des professions libérales et a., requête numéro 388648) ;

- de la menace pesant sur des millions de situations contractuelles, découlant de l'annulation d'un décret relatif aux tarifs réglementés du gaz naturel (CE, Ass., 19 juill. 2017, Association nationale des opérateurs détaillants en énergie, requête numéro 370321, Rec.).

En troisième lieu, la modulation des effets d'une annulation n'est pas possible lorsque la Cour de justice de l'Union européenne s'y était opposée dans l'arrêt qu'elle avait rendu à la suite d'un renvoi préjudiciel dans la même affaire (CE, 28 mai 2014, Association Vent de colère ! Fédération nationale et a., requête numéro 324852, Rec., p. 150 ; AJDA 2014, p. 1784, note O. Mamoudy ; RFDA 2014, p. 783, concl. C. Legras ; Dr. adm. 2014, comm. 54, note M. Bazex). Il arrive que la Cour de justice de l'Union européenne autorise une juridiction nationale, lorsque le droit interne le permet, exceptionnellement et au cas par cas, à limiter dans le temps certains effets d'une déclaration d'illégalité d'un acte de transposition d'une directive (par ex., CJUE, affaire numéro C-379/15, 28 juill. 2016, Association France Nature Environnement). Dans pareille hypothèse, il appartient à la juridiction nationale de saisir, en principe, la Cour de justice à titre préjudiciel, afin que celle-ci détermine si les dispositions litigieuses peuvent être provisoirement maintenues dans l'ordre juridique. Cette obligation ne cède qu'au cas où aucun doute raisonnable n'existe quant à l'interprétation et à l'application des conditions de ce maintien provisoire, telles qu'elles résultent de la jurisprudence de la Cour de justice (CE, 3 nov. 2016, Association France Nature Environnement, requête numéro 360212, Rec.).

2. La sauvegarde de l'acte

736. La substitution de base légale. La décision administrative peut être adossée à une base légale inappropriée, ce qui l'entache *a priori* d'illégalité. Toutefois, lorsqu'il s'avère que la même décision aurait pu régulièrement reposer sur une autre base légale, le juge peut la substituer de sa propre initiative (CE, Sect., 3 déc. 2003, Préfet de la Seine-Maritime c. El Bahi, requête numéro 240267, Rec., 479, concl. J.-H. Stahl) ou à la demande de l'autorité à l'origine de l'acte. La mise en œuvre d'un tel pouvoir de substitution est néanmoins soumise au respect de certaines conditions.

En premier lieu, la base légale de substitution doit avoir une portée au moins équivalente à celle substituée. Une commune ne peut ainsi pas demander une substitution de base légale pour fonder sur les pouvoirs de police générale du maire une décision initialement prise sur un fondement de police spéciale (CE, 30 nov. 2007, Luneaut, requête numéro 294768, Rec., T., pp. 706, 979 et 1039).

En deuxième lieu, la base légale de substitution doit avoir été en vigueur au moment de l'adoption de l'acte.

En troisième lieu, la base légale de substitution doit donner le même pouvoir d'appréciation à l'autorité administrative et conférer les mêmes garanties procédurales à l'administré (par ex., CE, 25 sept. 2009, Vergereau, requête numéro 311597, Rec., T., p. 911).

Dans tous les cas, la substitution de base légale ne peut être décidée sans avoir été préalablement livrée à la contradiction (CE, 29 juin 2005, Charni, requête numéro 269125, Rec., T., pp. 913 et 1062).

737. La substitution de motifs. Hors le cas où l'administration était en situation de compétence liée (CE, Sect., 8 juin 1934, Augier, requête numéro 27035, Rec., p. 660), il est encore permis au juge de sauvegarder l'acte en procédant à une substitution de motifs, le motif erroné étant remplacé par un motif juridiquement pertinent, sauf à ce que la décision soit entachée d'un détournement de pouvoir ou de procédure (CE, 24 juin 1960, Sté Frampar, requête numéro 42289, Rec., p. 412 ; RDP 1960, concl. C. Heumann). La technique de la substitution de motifs est connue de longue date (par ex., CE, Sect., 26 mai 1950, Sté laitière provençale, requête numéro 76776, Rec., p. 314), avec une variante bien connue consistant dans la neutralisation de motifs surabondants (CE, Ass., 12 janv. 1968, Ministre de l'Economie et des Finances c. Dame Perrot, requête numéro 70951, Rec., p. 39). La technique de la substitution de motifs a été rénovée, dans un sens nettement plus libéral (CE, Sect., 6 févr. 2004, Hallal, requête numéro 240560, Rec., p. 48, concl. I. de Silva). Elle n'est cependant pas laissée à la discrétion du juge. Il appartient, d'abord, à l'administration de demander une telle substitution. Il revient, ensuite, au juge d'apprécier si le nouveau motif est de nature à justifier juridiquement la décision déférée et si la prise en compte initiale de ce motif aurait conduit l'autorité administrative à adopter la même décision. Ceci explique du reste qu'une substitution de motifs ne soit pas permise lorsque la décision litigieuse est entachée d'un vice de forme (CE, 31 mars 2010, Mme Delasara, requête numéro 306122, Rec., T., p. 923). Il importe, enfin, que le requérant soit mis à même de présenter ses observations sur la substitution de motifs demandée et qu'il ne soit pas privé d'une garantie procédurale liée au motif substitué, la substitution étant par exemple impossible si l'adoption de la décision aurait dû être précédée de l'avis d'un organisme (CE, 20 juin 2007, Ministre de l'Economie, des Finances et de l'Industrie c. SA Ferette, requête numéro 290554, Rec., T., pp. 788 et 1040).

738. La réécriture de l'acte. Dans certaines hypothèses, heureusement rares, le juge administratif peut décider de réécrire l'acte autant qu'il est nécessaire pour le rendre légal et éviter ainsi une annulation qui devrait pourtant être prononcée. C'est le cas lorsqu'une erreur s'est produite à l'occasion d'une codification. Le juge procède alors, dans sa décision, aux corrections du texte qui s'imposent et enjoint à l'autorité administrative de publier un extrait de sa décision au Journal officiel (CE, 25 mars 2002, Caisse d'assurance-accidents agricole du Bas-Rhin et a., requête numéro 224055, Rec., p. 110 ; CE, 4 déc. 2013, Association France Nature Environnement, Sté CBS Outdoor et Association Paysages de France, requêtes numéros 357839, 358128 et 358234, Rec., T., pp. 401 et 786).

739. Le choix laissé à l'administration. Le juge s'autorise encore à donner à l'administration un délai pour régulariser une décision entachée d'une irrégularité de forme susceptible de régularisation. Ce n'est alors que si l'administration ne se conforme pas à ses obligations dans le délai imparti que l'annulation prendra effet (CE, 11 janv. 2006, Association des familles victimes du saturnisme, requête numéro 267251, Rec., p. 11 ; CE, Sect., 1er juill. 2016, Commune d'Emerainville et Syndicat d'agglomération nouvelle de Marne-la-Vallée-Val-Maubuée, requêtes numéros 363047 et 363134, Rec., p. 291 ; AJDA 2016, p. 1859, chron. L. Dutheillet de Lamothe et G. Odinet).

740. L'article L. 600-5 du code de l'urbanisme. Comme si souvent, et pour des raisons trop connues pour être rappelées, le contentieux de l'urbanisme offre une hypothèse codifiée de faculté de sauvegarde de l'acte conférée à la juridiction administrative. L'article L. 600-5 du code de l'urbanisme dispose en effet que « le juge administratif qui, saisi de conclusions dirigées contre un permis de construire, de démolir ou d'aménager, estime, après avoir constaté que les autres moyens ne sont pas fondés, qu'un vice n'affectant qu'une partie du projet peut être régularisée par un permis modificatif, peut limiter à cette partie la portée de l'annulation qu'il prononce et, le cas échéant, fixer le délai dans lequel le titulaire du permis pourra en demander la régularisation ». La notion de partie du projet est plus large que celle de divisibilité (CE, avis, 18 juin 2014, SCI Mounou et a., requête numéro 376113, Rec., p. 163) mais ne recouvre cependant pas l'hypothèse dans laquelle un permis de construire a été illégalement délivré pour un projet de neuf habitations quand le terrain d'assiette ne pouvait en supporter que sept (CE, 9 avr. 2014, Commune de Saint-Martin-le-Vinoux, requête numéro 338363, Rec., T., p. 829 ; RDI 2014, p. 364, obs. P. Soler-Couteaux ; BJDU 2014, p. 221, concl. C. Legras). En toute hypothèse, et très classiquement, le permis modificatif ne peut être délivré si la construction est achevée ni si les modifications doivent être regardées, compte tenu de leur nature ou de leur ampleur, comme remettant en cause le projet initial (CE, 1er oct. 2015, Commune de Toulouse, requête numéro 374338, Rec., p. 327).

§ 2 - Les conséquences accessoires de la décision juridictionnelle

741. Accessoires mais importantes. Les conséquences accessoires de la décision juridictionnelle ne sont pas toujours négligeables puisqu'elles sont relatives aux frais exposés en cours d'instance (I), sans préjudice des éventuelles amendes pour recours abusif (II).

I. Le sort des frais exposés en cours d'instance

742. Malheur au perdant. Les parties sont conduites à engager des frais en cours d'instance, dont le paiement sera le plus souvent mis à la charge de la partie perdante, ce qui constitue déjà une invitation à ne pas faire preuve de légèreté avant d'entamer une action devant la juridiction. Ces frais sont de deux ordres, dont la mise à la charge d'une partie peut d'ailleurs être prononcée par la détermination d'une somme globale (CE, 10 juin 2013, Association Union des Agents Sportifs du Football, requête numéro 361327, Rec., T., p. 780). Il s'agit, d'une part, des dépens, correspondant aux mesures d'instruction diligentées nécessaires à la résolution du litige (A), d'autre part, des frais exposés et non compris dans les dépens (B).

A. Les dépens

743. Le principe des dépens. Certains contentieux excluent la condamnation aux dépens. C'est le cas par exemple en matière électorale (CJA, art. R. 773-3). Le principe reste cependant bien celui de la condamnation aux dépens, dont l'article R. 761-1 du code de justice administrative dispose qu'il s'agit des frais d'expertise, d'enquête et de toute autre mesure d'instruction dont les frais ne sont pas à la charge de l'Etat, à l'exclusion donc des frais d'envoi de lettres de notification de décisions juridictionnelles et de convocation à l'audience par exemple (CE, 17 juin 2009, Conseil départemental de l'ordre des médecins des Bouches-du-Rhône, requête numéro 318372, Rec., T., p. 903).

Mais il peut encore s'agir de frais d'instance engagés devant une juridiction autre qu'administrative à l'occasion de l'affaire à juger. Tel est le cas des frais exposés devant la juridiction judiciaire jusqu'à son dessaisissement au profit de la juridiction administrative (CE, 6 févr. 1987, Epoux Babin, requête numéro 64509, Rec., p. 37 ; AJDA 1987, p. 557, note J. Moreau) ou de ceux résultant d'un renvoi préjudiciel à la Cour de justice de l'Union européenne (CE, 27 janv. 1971, Syndicat national du commerce extérieur des céréales et a., requête numéro 76643, Rec., p. 69). Le Conseil d'Etat a pu préciser que la décision par laquelle la juridiction met les dépens à la charge d'une partie à l'instance a le caractère d'une condamnation à une indemnité au sens de l'article 1153 du code civil, dans sa version alors en vigueur, et d'une condamnation pécuniaire au sens de l'article L. 313-3 du code monétaire et financier (CE, 23 mai 2012, Sté SPIE SCGPM, requête numéro 346352, Rec., T., pp. 927, 928 et 930). Il en résulte que les intérêts commencent à courir à compter du jour de notification du jugement.

744. La charge des dépens. Il peut donc s'agir de sommes importantes dont la charge pèsera en principe sur la partie perdante (CJA, art. R. 761-1). Le juge, en effet, ne peut en principe condamner une partie qui n'est pas perdante (CE, 20 janv. 1992, Ministre de l'Education nationale c. Ariano et Arnaud, requête numéro 86956, Rec., p. 32), ni celle bénéficiant d'une situation constitutive d'un non-lieu ni encore celle conduite à se désister après avoir obtenu satisfaction (CJA, art. R. 761-2). Il n'est pas prévu que la condamnation au paiement des dépens doive nécessairement être prononcée à l'encontre d'une seule partie. L'article R. 761-1 du code de justice administrative prévoit en effet que, dans des circonstances particulières, le juge peut les mettre à la charge d'une autre partie ou les répartir (CE, Sect., 13 déc. 1961, Ville de Marseille et ministre des P.T.T. c. Sté Marseillaise de trafic maritime, requête numéro 13265, préc.). En tout état de cause, le juge n'est tenu de statuer sur la charge définitive que pour autant qu'il est saisi de conclusions en ce sens (CE, 16 nov. 2011, Union des syndicats de l'immobilier (UNISi), requête numéro 353541, Rec., T., p. 1088). Conformément à l'article R. 761-4 du code de justice administrative, la liquidation des dépens est faite par le président de la juridiction après consultation du président de la formation de jugement ou du magistrat délégué ayant statué en référé. Au Conseil d'Etat, la liquidation est ordonnée par le président de la section du contentieux.

B. Les frais non compris dans les dépens

745. L'article L. 761-1 du code de justice administrative. L'article 700 du code de procédure civile a son équivalent en contentieux administratif. Aux termes de l'article L. 761-1 du code de justice administrative, « dans toutes les instances, le juge condamne la partie tenue aux dépens ou, à défaut, la partie perdante, à payer à l'autre partie la somme qu'il détermine, au titre des frais exposés et non compris dans les dépens. Le juge tient compte de l'équité ou de la situation économique de la partie condamnée. Il peut, même d'office, pour des raisons tirées des mêmes considérations, dire qu'il n'y a pas lieu à cette condamnation ». La formulation de l'article L. 761-1 du code ne manque pas de surprendre en ce qu'elle évoque une « condamnation » là où, précisément, il ne s'agit pas d'une condamnation. Le juge administratif lui préfère l'expression plus juste de « mise à la charge ».

746. Les frais remboursables. Les frais exposés et non compris dans les dépens – autrefois qualifiés d'« irrépétibles » – représentent notamment les honoraires d'avocat, que son ministère ait été obligatoire ou non. Mais pas seulement… Peuvent ainsi être également inclus les frais d'huissier et de géomètre utilement engagés pour la résolution du litige (CE, 13 mars 1998, Grundisch, requête numéro 157081). Le terme même de « frais » prête à malentendu. Ainsi, l'avocat intervenu au titre de l'aide juridictionnelle est fondé à réclamer le montant des honoraires qu'il aurait pu percevoir si son client n'avait précisément pas bénéficié de l'aide juridictionnelle (CE, 10 janv. 2000, Boualaoui, requête numéro 197591, Rec., p. 18). Ainsi encore, si une personne publique ne peut arguer d'un surcroit de travail de ses services, elle peut néanmoins demander au juge l'application de cet article au titre des frais spécifiques exposés par elle à l'occasion de l'instance (CE, 3 oct. 2012, Ministre de la Défense et des Anciens combattants c. Sté Arx, requête numéro 357248, Rec., p. 344 ; AJDA 2012, p. 2178, concl. B. Dacosta, note J.-F. Finon).

747. Les conditions du remboursement. Seules les parties à l'instance peuvent prétendre au bénéfice de l'article L. 761-1 du code de justice administrative, ce qui exclut notamment les intervenants (CE, 19 janv. 1994, Portel, requête numéro 143421, Rec., T., p. 1120) et les personnes appelées à produire des observations (CE, Sect., 28 juill. 1999, Le Goff, requête numéro 165523, Rec., p. 275). Le juge ne saurait décider d'office la mise en œuvre de l'article L. 761-1 du code de justice administrative. Il est nécessaire qu'une demande chiffrée lui ait été adressée en ce sens (CE, 19 juill. 1991, Commune de Famars et Bouton, requêtes numéros 121741 et 121909, Rec., T., p. 1137), et ce en cours d'instance (CE, 13 mars 1991, Dousset, requête numéro 120260, Rec., p. 91). Peu importe en revanche que le litige se soit soldé par un non-lieu (CE, 25 oct. 2006, Sté AGDE Distribution, requête numéro 273954, Rec., T., pp. 1023 et 1027) ou par un désistement (CE, Sect., 9 juin 1995, Confédération de l'artisanat et des petites entreprises du bâtiment et syndicat des artisans et des petites entreprises de la Vendée, requêtes numéros 106732 à 106736, Rec., p. 237). Le Conseil d'Etat a même pu préciser que la circonstance que la demande ait été postérieure à la date d'enregistrement du mémoire à fin de désistement (CE, 3 déc. 2014, Mme S., requête numéro 363846, Rec., p. 359) ou de l'intervention du désistement d'office (CE, 9 mars 2018, Mme E., requête numéro 402378, Rec., T.) ne fait pas obstacle à ce que le juge y fasse droit. Il faut encore que la demande soit bien dirigée, en sorte que les conclusions tendant à ce qu'une somme soit mise à la charge de l'Agence française de sécurité sanitaire des produits de santé (CE, 27 juin 2008, Sté Coating Industries, requête numéro 299284, Rec., T., p. 870.), ou aujourd'hui l'Agence nationale de sécurité du médicament et des produits de santé (CE, 9 févr. 2018, Agence nationale de sécurité du médicament et des produits de santé, requête numéro 414845, Rec., T.) doivent être rejetées dès lors que les décisions prises par son directeur le sont au nom de l'Etat. Il n'est en revanche pas nécessaire, en principe, de produire les pièces justificatives à l'appui de la demande (CE, 13 mars 1991, Ministre des Affaires sociales c. Conate, requête numéro 121636, préc.). Cela ne présenterait au fond que peu d'intérêt. En effet, le juge fait preuve d'une remarquable liberté – qui confine parfois à l'arbitraire – au moment de décider du montant des frais irrépétibles, pour peu qu'il décide de les mettre à la charge d'une partie. L'invitation qui lui est faite par le texte de tenir compte de l'équité n'y est pas étrangère, laquelle suffit, en termes de motivation, pour justifier du montant ou de l'exemption (CE, 21 juin 1993, Entreprise Plouzennec, requête numéro 112774, Rec., T., p. 969). Et de là à considérer, en certaines espèces, que le montant décidé traduit une forme de sanction dissimilée, il n'y a qu'un pas…

II. L'amende pour recours abusif

748. Une menace relativement dissuasive. Certaines requêtes sont indéniablement une perte de temps pour tous, sauf peut-être pour leurs auteurs qui trouvent à travers elles le moyen d'exister ou de se distraire. La juridiction administrative ayant autre chose de plus sérieux à faire, notamment régler les litiges qui le méritent, l'article R. 741-12 du code de justice administrative dispose que « le juge peut infliger à l'auteur d'une requête qu'il estime abusive une amende dont le montant ne peut excéder 10 000 € ». L'amende pour recours abusif, qui ne peut être infligée à l'Etat (CE, Ass., 27 avr. 1979, Ministre délégué à l'Economie et aux Finances c. Mme Lestrade, requête numéro 11485, Rec., p. 172, concl. J.-F. Théry ; RDP 1980, p. 1163, note M. Waline), ne doit pas être confondue avec la condamnation à réparer le préjudice subi par une partie pour citation abusive. Ici, c'est bien d'une sanction dont il s'agit, et plus précisément d'une amende civile (CE, Ass., 31 oct. 1980, Fédération nationale des unions de jeunes avocats et a., requêtes numéros 11629, 11692, 11733 et 11739, Rec., p. 394), dont le montant reste à la fois raisonnable et dissuasif, sauf en ce qui concerne quelques requérants dont l'insolvabilité rend l'amende platonique.

749. L'affaire du juge. La décision d'infliger une amende pour recours abusif est une prérogative du juge. De tous les juges administratifs pourrait-on même dire ici puisque le juge des référés peut également procéder à une telle condamnation (CE, 10 mai 1989, SA des Etablissements Laurent, requête numéro 96810, Rec., T., p. 863). Les parties ne sauraient conclure à fins de condamnation et des conclusions en ce sens sont irrecevables (CE, 2 avr. 1971, Ministre de l'Equipement et du logement et sieur Rousseau et Sté Strudel, requêtes numéros 79245 et 79389, Rec., T., p. 1158) autant qu'une intervention enregistrée à cette seule fin (CE, 21 oct. 1994, Comité de défense intercommunal de Maisons Mesnil-le-Pecq, requête numéro 144617, Rec., T., p. 1131). Sans doute une partie peut-elle inviter le juge administratif à décider de la prononcer, mais le juge n'est pas tenu de statuer expressément sur cette question (CE, 20 avr. 1977, Le Pelletier, requête numéro 98914). Et la décision d'infliger une amende pour recours abusif n'est pas soumise à une obligation de motivation particulière (CE, Sect., 9 nov. 2007, Mme Pollart, requête numéro 293987). La circonstance que la décision d'infliger une telle amende relève des pouvoirs propres du juge ne s'oppose pas à ce que l'Etat soit regardé comme partie perdante dans l'instance, lorsque la décision d'infliger cette amende est annulée (CE, 18 juin 2018, M. S., requête numéro 413619, Rec., T.).

750. La mauvaise foi sanctionnée. C'est la mauvaise foi du requérant, et potentiellement de chaque requérant en cas de requête collective (CE, 14 oct. 2009, Kemin et a., requête numéro 322164, Rec., T., p. 904), qui est sanctionnée, à l'exclusion des parties ayant formulé des recours incidents (CE, 15 mars 1988, Commune de Lompnieu, requête numéro 69315, Rec., T., p. 964). Ainsi, la tierce opposition exercée par une personne contre une décision née d'un litige au cours duquel la juridiction l'avait régulièrement invitée à présenter ses observations a été jugée abusive, justifiant sa condamnation (CE, 15 févr. 1980, SCI du 73 avenue du commandant Barré à Viry-Chatillon, requête numéro 12709, Rec., T., p. 841). Ainsi encore, a été jugée abusive la requête prétendument présentée par une personne physique au nom d'une personne morale (CE, 21 juill. 1989, Bertin, requête numéro 39196, Rec., T., p. 863). Le désistement du requérant ne lui permet pas d'échapper à une amende pour recours abusif (CAA Lyon, 25 mai 1993, Sté BP France, requête numéro 92LY00861, Rec., T., p. 969) ni la circonstance qu'il a fallu une instruction pour découvrir l'inanité de la requête (CE, 23 janv. 2008, M. et Mme Mazo, requête numéro 308591). Il est même possible de condamner à une amende pour recours abusif un requérant ayant obtenu partiellement satisfaction. Il en va ainsi d'un appelant ayant obtenu l'annulation du jugement de première instance mais qui voit ses conclusions rejetées par le juge ayant évoqué l'affaire (CE, 28 juin 1993, Padritge, requête numéro 66031, Rec., T., p. 969). Il n'est en revanche pas possible, et c'est heureux, de condamner une partie qui obtient entière satisfaction (CE, 21 oct. 1994, Comité de défense de Maisons Mesnil-le-Pecq, requête numéro 144617, préc.).

751. Bibliographie indicative.

A.-C. Bezzina, « 2004-2014 : les dix ans de la jurisprudence AC ! », RFDA 2014, pp. 735 et s.

C. Cantié, « Les visas apposés sur les décisions des juridictions administratives. Point de vue sur une justice créative », JCP adm. 2013, 2098.

P. Cassia, « Une autre manière de dire le droit administratif : le « fichage » des décisions du Conseil d'Etat au Recueil Lebon », RFDA 2001, pp. 830 et s.

B. Delzangles, « Le contrôle du Conseil d'Etat sur l'amende pour recours abusif », AJDA 2008, pp. 821 et s.

P. Fraissex, « Droit au juge et amende pour recours abusif », AJDA 2000, pp. 20 et s.

V. Haïm, « Les frais irrépétibles devant le juge administratif », AJDA 1997, pp. 487 et s.

L. Janicot, « Les silences du jugement », RDP 2012, pp. 1064 et s.

D. Labetoulle, « Remarques sur l'élaboration des décisions du Conseil d'Etat statuant au contentieux » in Mélanges R. Chapus, Paris, Montchrestien, 1992, pp. 333 et s.

E. Langelier et **A. Virot-Landais**, « Mérites et limites du recours à la régularisation des actes viciés », JCP adm. 2015, 2245.

M. Le Coq, « Annulation partielle des autorisations d'urbanisme », AJDA 2014, pp. 1191 et s.

C. Maugüé et **J.-H. Stahl**, « Sur la sélection des arrêts au Recueil Lebon », RFDA 1998, pp. 768 et s.

J.-P. Negrin, « Enquête sur un arrêt fantôme. A propos de la « lecture » des décisions juridictionnelles », RFDA 2017, pp. 118 et s.

G. Pellissier, « Quatre ans d'application de la jurisprudence Association AC ! Une nouvelle dimension de l'office du juge », RJEP août 2008, étude 7.

J.-M. Peyrical, « Le juge administratif et la sauvegarde des actes de l'annulation : étude sur la neutralisation et la substitution des motifs », AJDA 1996, pp. 22 et s.

M. Revert, « Les moyens inopérants sont-ils vraiment tous inoffensifs ? », AJDA 2011, pp. 771 et s.

TITRE II - LES PROCEDURES DE REFERE

752. « En référé » et « en la forme des référés ». L'intitulé du livre V du code de justice administrative (« Le référé ») est doublement abusif. D'une part, le contentieux administratif n'organise pas un référé mais une pluralité. D'autre part, les recours organisés par ce titre ne consistent pas tous en de véritables référés. Une distinction doit en effet être faite entre les procédures de référé et les procédures en la forme des référés. Les référés en la forme n'ont de commun avec les référés que la procédure. Sur le fond, la différence est de taille dès lors que les ordonnances rendues en référé sont provisoires alors que celles rendues en la forme des référés tranchent le litige. Tel est précisément le cas des référés précontractuel (CJA, art. L. 551-3 et L. 551-8) et contractuel (CJA, art. L. 551-23), pour lesquels le code de justice administrative dispose expressément que le juge statue en la forme des référés. Puisqu'il s'agit toutefois d'examiner la procédure et non le fond, l'ensemble des procédures de référé et en la forme des référés pourront être utilement étudiées à l'occasion du présent titre.

753. Deux siècles pour y parvenir. Les procédures de référé ne sont pas apparues en un temps dans le contentieux administratif. Elles sont le fruit d'une lente maturation qui a permis d'éviter l'écueil de l'acculturation. Si l'on veut bien admettre que la perfection n'est pas atteinte – pourrait-elle l'être ? – il serait injuste de prétendre que la justice administrative n'a pas fait d'énormes progrès. Ceux-ci sont indéniables, au point que l'économie générale des procédures de référé apparaît globalement satisfaisante aujourd'hui. Les référés sont organisés en deux directions. D'une part, il s'agit de permettre que certaines mesures soient prises en urgence, dans le souci de prévenir la survenance ou la permanence d'une situation excessivement préjudiciable à l'administré (CHAPITRE I). D'autre part, il s'agit de permettre au juge, au terme d'une procédure plus souple, de prendre certaines mesures que l'intérêt d'une bonne administration de la justice commande (CHAPITRE II).

CHAPITRE I - LES REFERES URGENCE

754. Un progrès pour la justice administrative. La justice administrative a longtemps été critiquée pour l'insuffisance de ses procédures d'urgence. Cette situation a sensiblement changé avec l'adoption de la loi n° 2000-597 du 30 juin 2000 relative au référé devant les juridictions administratives. Cette loi a effectivement constitué une avancée majeure qui, combinée à la loi n° 95-125 du 8 février 1995 reconnaissant des pouvoirs d'injonction au juge administratif, a conduit à l'avènement d'une justice administrative nettement plus satisfaisante parce que plus efficace. Trois référés urgence sont aujourd'hui organisés par le code de justice administrative : le référé suspension (section 1), le référé liberté (section 2) et le référé mesures utiles (section 3). On précisera que ces référés urgence ne sont pas les seuls existant en contentieux administratif. D'autres, spéciaux, peuvent être organisés par les textes. C'est notamment le cas des procédures prévues aux I et III de l'article L. 512-1 du code de l'entrée et du séjour des étrangers et du droit d'asile qui, en principe, sont exclusives des procédures prévues au livre V du code de justice administrative (CE, 8 mars 2016, Mme Lahrouati, requête numéro 397206, Rec., T.).

Section 1 - Le référé suspension

755. Le caractère exécutoire des décisions administratives. Le privilège du préalable est l'une des pierres angulaires du droit administratif français, qui suppose que les destinataires des décisions administratives se conforment à celles-ci jusqu'à leur disparition de l'ordre juridique. Dans le droit fil, il serait contraire à l'intérêt général de concevoir un système dans lequel toute requête tendant à l'annulation ou à la réformation d'une décision administrative s'accompagnerait d'une suspension automatique des effets de la décision litigieuse jusqu'à ce que le juge ait statué. Une telle solution conduirait à la paralysie de l'action administrative et on ne saurait dès lors se surprendre de ce que le caractère exécutoire des actes administratifs ait été qualifié de « règle fondamentale du droit public » par le Conseil d'Etat (CE, Ass., 2 juill. 1982, Huglo et autres, requêtes numéros 25288 et 25323, Rec., p. 257 ; AJDA 1982, p. 257, concl. J. Biancarelli et note B. Lukaszewicz ; D. 1983, p. 327, note O. Dugrip).

756. L'évolution de la faculté de surseoir à l'exécution des décisions administratives. Il est également vrai que les décisions administratives – le constat vaut également pour les décisions juridictionnelles – ont toujours pu être de nature à compromettre gravement la situation de leurs destinataires alors même que leur légalité était grandement douteuse.

En certaines matières, les textes pouvaient bien octroyer un effet suspensif aux requêtes en annulation. Ces matières étaient rares cependant et, somme toute, elles le restent aujourd'hui. Dans le même temps, la nécessaire garantie des droits – mais le bon sens aurait pu suffire – a conduit à la reconnaissance, au profit du juge administratif, de la faculté de surseoir à l'exécution tant des décisions de l'administration active que de celles de la juridiction administrative. Conférée au Conseil d'Etat dès 1806 et aux tribunaux administratifs dès 1953, cette prérogative permettait au juge administratif de tenir provisoirement en échec l'exécution de certaines décisions.

Il faut bien admettre cependant que la conciliation de ces préoccupations n'était pas aménagée dans un sens résolument favorable à l'administré. En effet, celui-ci ne pouvait en principe obtenir le sursis à exécution d'une décision administrative qu'à la double condition que son exécution risquât d'entrainer un préjudice difficilement réparable et que les moyens soulevés à son encontre parussent sérieux en l'état de l'instruction. L'influence conjuguée des droits constitutionnel et européen a eu raison de cette rigueur, le Conseil constitutionnel ayant rappelé toute l'importance du droit au sursis à exécution, en tant qu'il constitue « une garantie essentielle des droits de la défense » (Cons. const., décision numéro 86-224 DC du 23 janv. 1987, Loi transférant à la juridiction judiciaire le contentieux des décisions du Conseil de la concurrence, Rec. Cons. const., p. 8 ; AJDA 1987, p. 345, note J. Chevallier ; D. 1988, p. 117, note F. Luchaire ; RDP 1987, p. 1341, note Y. Gaudemet ; RFDA 1987, p. 287, note B. Genevois) et la Convention européenne de sauvegarde des droits de l'Homme et des libertés fondamentales garantissant, comme on le sait, le droit à un recours effectif, notamment dans son article 13. L'intervention du législateur était donc inévitable, qui a substitué le référé suspension au sursis à exécution.

757. De l'existence de régimes spéciaux de suspension. Le code de justice administrative aménage des régimes spéciaux de suspension qui ne sauraient être confondus avec le référé suspension. Il existe ainsi les suspensions sur déféré préfectoral (CJA, art. L. 554-1 et s.), les suspensions en matière d'urbanisme (CJA, art. L. 554-10) et de protection de la nature ou de l'environnement (CJA, art. L. 554-11 et s.). Eu égard à leurs spécificités, ils ne seront pas étudiés ici.

758. L'article L. 521-1 du code de justice administrative. Issu de la loi du 30 juin 2000, l'article L. 521-1 du code de justice administrative dispose que « quand une décision administrative, même de rejet, fait l'objet d'une requête en annulation ou en réformation, le juge des référés, saisi d'une demande en ce sens, peut ordonner la suspension de l'exécution de cette décision, ou de certains de ses effets, lorsque l'urgence le justifie et qu'il est fait état d'un moyen propre à créer, en l'état de l'instruction, un doute sérieux quant à la légalité de la décision ». Cette rédaction constitue un indéniable progrès et le succès du référé suspension n'est plus à démontrer aujourd'hui. Suffisamment contraignantes, les conditions d'exercice du référé suspension (Sous-section 1), autant que ses conséquences (Sous-section 2), ménagent un juste équilibre entre le besoin d'effectivité de l'action administrative et la nécessaire sauvegarde de la situation du justiciable jusqu'au jugement.

Sous-section 1 - Les conditions d'admission du référé suspension

759. Trois séries de conditions. L'exercice du référé suspension suppose que son auteur s'assure de la compétence du juge pour en connaître (§ 1), du respect des conditions de recevabilité (§ 2) et de la satisfaction des conditions de fond posées par le code de justice administrative (§ 3).

§ 1 - La compétence du juge du référé suspension

760. La compétence externe. La juridiction compétente pour connaitre d'une demande de suspension d'une décision administrative est celle compétente pour en connaître au principal. Suivant ce raisonnement, le référé ne saurait prospérer lorsqu'il tend à la suspension d'une décision dont il est manifeste qu'il s'agit d'un acte de gouvernement (CE, 10 avr. 2003, Comité contre la guerre en Irak et a., requête numéro 255905, Rec., T., p. 914). Doit également être rejeté le référé suspension dirigé contre une décision dont il n'appartient manifestement qu'à la juridiction judiciaire de connaître. Ainsi, le juge des référés est compétent pour connaître de la demande de suspension de l'exécution d'un acte pris par un organisme qui n'est pas manifestement insusceptible d'être qualifié d'organisme chargé d'une mission de service public (CE, 21 mai 2003, Sté Logirep, requête numéro 256160). En revanche, les juge des référés n'est pas compétent pour connaître d'une demande de suspension dirigée contre une délibération d'un institut d'études judiciaires qui arrête la liste des candidats admis dans un centre de formation professionnelle des avocats (CE, 29 juill. 2002, Alésio, requête numéro 240806, Rec., T., p. 851) ni pour connaître d'une décision s'inscrivant dans les rapports de droit privé entre une commune et un service public industriel et commercial (CE, 4 nov. 2005, Ville de Dijon, requête numéro 278895, Rec., T., p. 1023). Il résulte de ce qui précède que le juge des référés n'est plus le juge de l'évidence et il peut être conduit, dans certaines hypothèses, à suspendre les effets d'une décision sur laquelle il n'appartiendra finalement pas à la juridiction administrative de statuer.

761. L'hypothèse de l'incompétence interne de la juridiction saisie. Il en va d'une requête en référé suspension comme d'une requête en annulation ou en réformation : celle-ci peut être adressée à une juridiction matériellement ou territorialement incompétente. La différence tient à ce que, en référé urgence, la requête ne sera pas transmise à la juridiction compétente. Il avait certes été jugé dans un premier temps que le président d'un tribunal administratif saisi d'une demande de suspension d'une décision dont le contentieux relevait du Conseil d'Etat avait le choix de la lui transmettre ou de la rejeter comme étant portée devant une juridiction incompétente pour en connaître (CE, 19 juin 2001, Mme

Barège, requête numéro 234360, Rec., p. 273). Toutefois, l'intervention du décret n° 2002-547 du 19 avril 2002 modifiant certaines dispositions de la partie réglementaire du code de justice administrative a eu pour effet de rendre inapplicable le droit commun aux référés urgence et a donc rendu obsolète la jurisprudence antérieure. Aux termes de l'article R. 522-8-1 du code de justice administrative, le juge indûment saisi d'une demande de suspension n'a plus d'autre possibilité que de la rejeter par voie d'ordonnance. Il n'y a là rien de grave dès lors qu'un nouveau référé suspension pourra être adressé à la juridiction compétente, alors même que la demande au principal n'aura pas été encore transmise. Ce ne sont donc que quelques jours de perdus pour le requérant mais, précisément, la modification du code de justice administrative participe de l'idée que le droit commun de la transmission lui en aurait coûté plus encore.

§ 2 - Les conditions de recevabilité du référé suspension

762. Des conditions adaptées. Le référé suspension n'est recevable qu'à la condition qu'il accompagne un recours au principal (I). Les autres conditions de recevabilité ne sont pas sans rappeler celles qui président à la recevabilité des recours dans la procédure ordinaire. Cependant, les exigences de l'urgence justifient les particularités qui concernent l'introduction de la requête en référé (II).

I. Le référé suspension, accessoire d'un recours au principal

763. L'exigence d'une requête en annulation ou en réformation. Suivant la lettre de l'article L. 521-1 du code de justice administrative, un référé suspension n'est recevable qu'à la condition d'être l'accessoire d'une requête en annulation ou en réformation d'une décision administrative. Il en résulte deux conséquences. D'une part, le référé suspension ne peut être dirigé contre autre chose qu'une décision administrative (A). D'autre part, une requête au principal, recevable, doit avoir été enregistrée par la juridiction administrative (B).

A. L'exigence d'une décision attaquable

764. L'existence d'une décision. Le référé suspension doit être exercé contre une décision administrative susceptible de recours. A la différence du référé liberté donc, le référé suspension ne peut pas être exercé contre un comportement de l'administration, sauf à ce que ce comportement révèle une décision, auquel cas ce sera celle-ci qu'il faudrait viser. Il ne peut pas non plus être dirigé contre une décision matériellement inexistante et il appartient au requérant de démontrer l'existence d'une décision expresse ou implicite (CE, 31 janv. 2001, Association « Promouvoir », requête numéro 229484, Rec., T., p. 525). En revanche, sont recevables les conclusions à fins de suspension dirigées contre une décision faisant par ailleurs l'objet d'un recours en déclaration d'inexistence juridique (CE, 26 janv. 2007, Commune de Neuville-sur-Escaut, requête numéro 297969, Rec., T., p. 1009 ; JCP adm. 5 mars 2007, p. 16, note P. Caille). Le concurrent évincé peut exercer un référé suspension à l'appui de sa requête en contestation de validité du contrat (CE, Ass., 16 juill. 2007, Société Tropic travaux signalisation, requête numéro 291545, Rec., p. 360 ; RFDA 2007, p. 696, concl. D. Casas ; AJDA 2007, p. 1577, chron. F. Lenica et J. Boucher ; JCP gén. 2007, II, 10156, note M. Ubaud-Bergeron et 10160, note B. Seiller ; JCP adm. 2007, 2212, note F. Linditch et 2221, note M.-C. Rouault ; CE, Ass., 4 avr. 2014, Département de Tarn-et-Garonne, requête numéro 358994, Rec., p. 70, concl. B. Dacosta ; AJDA 2014, p. 1035, chron. A. Bretonneau et J. Lessi ; RFDA 2014, p. 425, concl. B. Dacosta et note P. Delvolvé ; RJEP 2014, n° 721, p. 14, note J.-F. Lafaix). Le référé suspension est également recevable lorsqu'il est intenté par le cocontractant à l'encontre de la décision de résiliation du contrat (CE, Sect., 21 mars 2011, Commune de Béziers, requête numéro 304806, Rec., p. 117, concl. E. Cortot-Boucher ; AJDA 2011, p. 665, chron. A. Lallet et X. Domino ; RFDA 2011, p. 170, note E. Cortot-Bouchet ; JCP adm. 2011, 2171, note F. Linditch ; JCP gén 2011, 1094, note M. Ubaud-Bergeron ; RJEP 2011, p. 26, note Ph. Cossalter).

765. Le cas des décisions de rejet. Avant la loi du 30 juin 2000, il était de jurisprudence constante que le juge des référés ne pouvait pas ordonner le sursis à exécution d'une décision de rejet (CE, Ass., 23 janv. 1970, Ministre d'Etat chargé des Affaires sociales c. Sieur Amoros et a., requête numéro 77861, Rec., p. 51 ; AJDA 1970, p. 174, note X. Delcros ; AJDA 1970, p. 609, chron. D. Labetoulle et P. Cabanes ; RDP 1970, p. 1035, note M. Waline). Cette répugnance à surseoir à l'exécution d'une décision de rejet s'expliquait par le fait que le juge administratif ne disposait pas de pouvoirs d'injonction à l'égard de l'administration. Justification au demeurant peu convaincante, dès lors que le sursis à exécution d'une décision de rejet – pas plus que son annulation – n'aurait pas fait naître, même provisoirement, une décision d'acceptation ni n'aurait emporté l'obligation pour l'administration d'en adopter une. Il était bien temps de faire évoluer l'état du droit, et la loi du 8 février 1995 l'a permis, en reconnaissant au juge administratif un pouvoir d'injonction. On ne se surprendra donc pas de ce que la loi du 30 juin 2000 ait pu enfin disposer clairement que les effets d'une décision de rejet pouvaient être suspendus. Comme pour signifier qu'il souscrivait à cette évolution, comme pour montrer même qu'il conservait la maitrise de sa jurisprudence, le Conseil d'Etat a reviré sa jurisprudence quelques jours seulement avant l'entrée en vigueur de la loi (CE, Sect., 20 déc. 2000, Ouatah, requête numéro 206745, Rec., p. 643, concl. F. Lamy ; RFDA 2001, p. 371, concl. F. Lamy ; AJDA 2001, p. 146, chron. M. Guyomar et P. Collin).

B. L'existence d'une requête au principal

766. Pas de référé suspension sans action au fond. Le référé suspension ne peut pas être exercé de manière autonome : il est nécessairement l'accessoire d'une requête préalablement ou concomitamment enregistrée au principal, et l'exigence d'une requête introduite au principal est prescrite à peine d'irrecevabilité du référé (CE, 29 avr. 2002, Commune de Montsapey c. Prallet, requête numéro 236633, Rec., T., p. 869). Ce principe vaut tant pour le demandeur que pour l'intervenant.

En effet, l'intervention en référé suspension est possible. Toutefois, l'intervenant doit justifier, d'une part, de son intérêt propre à obtenir la suspension de la décision, d'autre part, qu'il a lui-même introduit une requête en annulation ou en réformation de la décision ou qu'il s'est associé aux conclusions en ce sens formulées par le demandeur (CE, 11 oct. 2007, Belbachir, requête numéro 309369, Rec., T., p. 1009).

767. Le cas des recours en appel ou en cassation. Pour les mêmes raisons, la juridiction d'appel et le Conseil d'Etat en tant que juge de cassation sont compétents pour connaître d'une demande de suspension de la décision litigieuse, qui serait arrimée à un recours en appel ou en cassation (CE, 20 avr. 2005, Ville de Lille, requête numéro 278186).

768. L'« exception de suspension parallèle ». Certains recours emportent, en eux-mêmes, suspension des décisions litigieuses. C'est le cas, par exemple, de l'opposition à un titre exécutoire (CE, 28 nov. 2003, Centre Hospitalier Félix-Guyon, requête numéro 249737, Rec., T., p. 917) ou de l'action exercée à l'encontre d'un ordre de reversement émis par l'administration contre un de ses agents (CE, 18 août 2006, Bénassy, requête numéro 295334, Rec., T., p. 801). Dans le cas donc où un recours suspend l'exécution de la décision litigieuse, la décision ne saurait entrainer de préjudice avant que le juge saisi de la requête au principal ne se soit prononcé. La saisine du juge des référés n'est dès lors pas recevable (par ex., CE, 26 janv. 2001, Gunes, requête numéro 229565, Rec., p. 38).

769. Le cas des recours administratifs préalables obligatoires. Selon le Conseil d'Etat, le recours administratif préalable obligatoire est l'occasion donnée à l'autorité compétente « d'arrêter définitivement la position de l'administration » (par ex., CE, Sect., 18 nov. 2005, Houlbreque, requête numéro 270075, Rec., p. 513 ; RFDA 2006, p. 543, concl. T.-X. Girardot ; AJDA 2005, p. 2453, concl. C. Landais et F. Lenica). A ce titre, il ne constitue pas un recours juridictionnel. Mais il faut également admettre que ce recours conduit à un « préjugement » de l'affaire (R. Chapus, Droit du contentieux administratif, 12ème éd., Paris, Montchrestien, 2008, p. 397) en tant notamment qu'il conduit à la cristallisation du débat contentieux. En outre, et surtout, la recevabilité du recours juridictionnel est subordonnée à l'exercice préalable de ce recours administratif, en sorte que la décision administrative produit ses effets au moins – sauf l'hypothèse du retrait – jusqu'à ce que l'autorité administrative compétente se soit prononcée sur le recours. L'on ne peut dès lors qu'approuver le Conseil d'Etat d'avoir jugé qu'un référé suspension puisse être introduit lorsque le requérant prouve qu'il a exercé un recours administratif préalable obligatoire (CE, Sect., 12 oct. 2001, Sté Produits Roche, requête numéro 237376, Rec., p. 463 ; RFDA 2002, p. 324, concl. P. Fombeur ; AJDA 2002, p. 123, chron. M. Guyomar et P. Collin). Mais alors doit-on prendre garde : la décision rendue sur recours administratif préalable obligatoire se substituant à la décision initiale, la suspension de celle-ci prend fin une fois la décision rendue sur recours (CE, 24 nov. 2005, Mounir Jeddi, requêtes numéros

286733 et 287100, Rec., T., p. 1023). Il est alors nécessaire de saisir le juge des référés d'une nouvelle demande de suspension, adossée cette fois à une requête introduite devant la juridiction administrative (CE, 20 juill. 2006, Ndobo Leng, requête numéro 294741, Rec., T., p. 895). Pour les raisons qui précèdent, ce qui vaut pour les cas de recours préalables obligatoires ne vaut pas pour les recours administratifs facultatifs. Ceux-ci interrompent certes, en principe, le délai de recours mais ne sauraient autoriser un référé suspension.

770. La condition d'un recours au principal recevable. Il serait inopportun de laisser au juge la possibilité de suspendre les effets d'une décision dont on sait déjà qu'elle ne sera pas annulée ou réformée. C'est d'ailleurs en ce sens que l'article L. 521-1 du code de justice administrative pose l'exigence d'un moyen propre à faire naitre un doute sérieux quant à la légalité de la décision. C'est encore suivant cette même considération que le juge des référés doit rejeter la requête, même d'office, lorsqu'il apparaît que le recours au principal est entaché d'une irrecevabilité insusceptible d'être couverte en cours d'instance (CE, 1er mars 2004, Socquet-Juglard, requête numéro 258505, Rec., T., p. 818). L'appréciation, par le juge, de l'irrecevabilité de la requête au principal est souveraine, et le juge de cassation limite son contrôle aux cas de dénaturation (CE, 7 mai 2003, Commune d'Esparron-de-Verdon, requête numéro 248431, Rec., T., p. 925).

II. L'introduction de la requête en référé

771. L'exigence d'une requête distincte. Aux termes de l'article R. 522-1 al. 2 du code de justice administrative, « à peine d'irrecevabilité, les conclusions tendant à la suspension d'une décision administrative ou de certains de ses effets doivent être présentées par requête distincte de la requête afin d'annulation ou de réformation et accompagnées d'une copie de cette dernière ». Il appartient donc au requérant d'adresser à la juridiction administrative une requête distincte. Le juge n'a pas le pouvoir, à peine d'irrégularité, d'enregistrer une requête unique sous deux numéros distincts (CE, 26 janv. 2007, Association La Providence, requête numéro 297991, Rec., T., p. 1009). Distincte, la requête à fins de suspension doit également l'être par rapport à un éventuel référé liberté (CE, Sect., 28 févr. 2001, Philippart et Lesage, requêtes numéros 230050 et 230112, Rec., p. 111 ; RFDA 2001, p. 390, concl. D. Chauvaux) ou un référé mesures utiles qui seraient concomitamment introduits.

772. La production de la requête en annulation ou en réformation. Suivant l'article R. 522-1 al. 2 du code de justice administrative, le demandeur doit joindre à sa requête en référé une copie de la requête en annulation ou en réformation qu'il a adressée à la juridiction administrative. Cette exigence est prescrite à peine d'irrecevabilité. Toutefois, d'une part, cette irrecevabilité peut être couverte en cours d'instance, y compris à l'audience de référé (CE, 30 juin 2004, Commune de Bertrange, requête numéro 264295, Rec., T., p. 818). D'autre part, il a été admis que le juge des référés puisse ne pas opposer d'irrecevabilité à la demande de référé suspension dès lors qu'il constate lui-même que la requête au fond a été adressée au greffe. Dans pareille hypothèse, il doit verser cette requête au dossier afin que le caractère contradictoire de l'instruction soit respecté (CE, 12 févr. 2003, Centre communal d'action sociale de la Commune de Castanet-Tolosan et Commune de Castanet-Tolosan, requête numéro 249205, Rec., T., p. 918). En outre, le juge des référés ne peut opposer cette irrecevabilité s'il a visé la requête au principal dans son ordonnance (CE, 17 févr. 2006, Sté Valco et a., requêtes numéros 277166 et 277363, Rec., T., p. 1011).

773. Le contenu de la requête. La requête en référé doit contenir « l'exposé au moins sommaire des faits et moyens et justifier de l'urgence de l'affaire » (CJA, art. R. 522-1 al. 1er). En pratique, le requérant doit surtout s'attarder sur la justification de l'urgence car les faits et moyens dont il a à faire état ont déjà été développés dans la requête en annulation ou en réformation, en sorte que, au prix de quelques adaptations de rédaction, la technique du copier-coller suffit, le juge administratif pas plus que le code de justice administrative n'exigeant une rédaction différente dans les deux requêtes.

774. Le ministère d'avocat. L'obligation ou la dispense de ministère d'avocat suit le même régime que celui de l'action au principal. Si donc la requête au fond peut être présentée sans avocat, il en ira également ainsi en ce qui concerne le référé suspension.

775. S'agissant de Télérecours. Lorsqu'elle est exercée par un avocat, la requête doit, en référé suspension, être adressée à la juridiction par Télérecours, seuls les mandataires non encore inscrits dans cette application en étant dispensés (CE, 17 nov. 2017, M. A., requête numéro 415439, Rec., T.).

§ 3 - Les conditions de fond du référé suspension

776. Deux conditions. L'article L. 521-1 du code de justice administrative prévoit deux conditions de fond : l'urgence à suspendre (I) et l'existence d'un moyen propre à créer, en l'état de l'instruction, un doute sérieux quant à la légalité de la décision (II).

I. L'urgence à suspendre

777. Les cas de présomption d'urgence. En principe, c'est au demandeur de convaincre le juge de l'urgence à suspendre les effets de la décision administrative déférée. Toutefois, l'urgence est présumée dans un certain nombre de cas dont on ne saurait cependant dresser un inventaire exhaustif. A grands traits, il est permis de dire que l'hypothèse se rencontre lorsque l'exécution de la décision est, par nature, propre à créer une situation difficilement réversible.

C'est le cas notamment dans le contentieux de l'urbanisme. Ainsi, la présomption d'urgence est reconnue lorsque la demande de suspension émane d'un voisin contestant la délivrance d'un permis de construire, eu égard à la situation fâcheuse, si elle devait se réaliser, de l'existence finalement irrégulière de la construction (CE, 27 juill. 2001, Commune de Tulle c. Consorts Dufour, requête numéro 230231, Rec., T., p. 1115). On comprend l'importance ici de l'instauration de la présomption, qui explique que, en revanche, elle ne soit pas appliquée lorsque la construction est achevée (CE, 26 mai 2004, Sté Alsatia, requête numéro 260462), ou quasiment achevée, ne nécessitant plus que l'application de l'enduit extérieur (CE, 26 juin 2002, Mlle Demblas et Ministre de l'Equipement, des Transports et du Logement, requête numéro 240487, Rec., T., p. 863), quand bien même le permis contesté aurait été obtenu par fraude (CE, 29 nov. 2004, M. et Mme Duceau, requête numéro 266415). La même logique préside à la suspension des effets d'une autorisation de construire qui suppose préalablement l'abattage d'arbres, la nature s'accordant mal avec la fiction de la disparition rétroactive de la décision annulée (CE, 9 juin 2004, Epoux Magniez, requête numéro 265457, Rec., T., p. 821). Par-delà la seule question des autorisations de construire, il y a encore présomption d'urgence lorsque la demande de suspension d'une décision de préemption émane de l'acquéreur évincé (CE, 13 nov. 2002, M. Hourdin, requête numéro 248851, Rec., p. 396) et il en va très logiquement en sens contraire lorsque la demande de suspension est formulée par le vendeur (CE, 14 nov. 2003, Mlle Colladant, requête numéro 258248, Rec., T., p. 924).

Le contentieux des étrangers est un autre terrain propice à la reconnaissance de présomptions d'urgence. Celle-ci est en principe admise en cas de non-renouvellement ou en cas de retrait d'un titre de séjour (CE, Sect., 14 mars 2001, Ministre de l'Intérieur c. Mme Ameur, requête numéro 229773, Rec., p. 124 ; RFDA 2001, p. 673, concl. I. de Silva). La même présomption existe en cas d'expulsion d'un étranger du territoire national (CE, 26 sept. 2001, Ministre de l'Intérieur c. M. Abd Nasser Mesbahi, requête numéro 231204, Rec., p. 428). Il n'y a en revanche pas de présomption d'urgence pour le placement à l'isolement d'un détenu (CE, 1er févr. 2012, M. Khider, requête numéro 350899, Rec., T., p. 912 ; AJDA 2012, p. 1177, note J.-F. Calmette) pas plus que pour la prolongation de celui-ci (CE, 29 déc. 2004, Ministre de la Justice c. Attou, requête numéro 268826, Rec., T., p. 821).

778. Le caractère en principe réfragable des présomptions d'urgence. Les présomptions d'urgence ne sont que des présomptions simples. Elles peuvent, à ce titre, être renversées. Somme toute, l'intérêt de la présomption est essentiellement de renverser la charge de la preuve : dans le cas où il existe une présomption d'urgence, il appartient à l'administration de démontrer que la situation n'est pas de nature à constituer une telle situation, les conditions posées par la jurisprudence à la détermination de l'urgence n'étant pas réunies (CE, 7 mai 2002, Ministre de l'Intérieur c. Ouakid, requête numéro 245659, Rec., T., p. 870).

779. En cas de mise en œuvre d'une médiation. La lettre de l'article L. 213-7 du code de justice administrative n'exclut pas la possibilité, pour le juge des référés, d'organiser, avec l'accord des parties, une médiation. Le juge des référés du tribunal administratif de Strasbourg a pu ainsi mettre en œuvre cette disposition, dans le cadre du référé suspension, en suspendant la délibération litigieuse, pour une durée de médiation maximale de 6 mois, estimant qu'il n'y avait pas lieu, dans pareille hypothèse, de statuer sur la condition d'urgence (TA Strasbourg, 6 mars 2018, Groupement forestier du Herrenstein, requête numéro 1800945, AJDA 2018, p. 1253).

780. La nécessaire définition de l'urgence. Il était sans doute tentant de souscrire à cette idée que « l'urgence ne se définit pas, elle se constate et elle s'affirme » (S. Grévisse, concl. sur CE, Sect., 14 mars 1958, Secrétaire d'Etat à la Reconstruction et au Logement c. Consorts Hué, AJDA 1958, II, p. 188). Mais il fallait malgré tout préciser les choses : l'urgence est une notion trop subjective et trop incertaine, dont la reconnaissance ne pouvait être laissée à la discrétion – pour ne pas dire l'arbitraire – des juges des référés. Cette condition devait donc être délimitée et le Conseil d'Etat s'y est immédiatement employé. En deux mois à compter de l'entrée en vigueur de la loi du 30 juin 2000, la Haute juridiction a utilement déterminé dans quelle mesure la condition de l'urgence au sens du référé suspension pouvait être satisfaite, le juge des référés devant se livrer à une appréciation concrète (A) et globale (B) de l'urgence.

A. L'appréciation concrète de l'urgence

781. La décision Confédération nationale des radios libres. C'est par sa décision Confédération nationale des radios libres du 19 janvier 2001 que le Conseil d'Etat a énoncé comment la notion d'urgence devait être appréhendée. Aux termes de cette décision, « la condition d'urgence à laquelle est subordonné le prononcé d'une mesure de suspension doit être regardée comme remplie lorsque la décision administrative contestée préjudicie de manière suffisamment grave et immédiate à un intérêt public, à la situation du requérant ou aux intérêts qu'il entend défendre » (CE, Sect., 19 janv. 2001, Confédération nationale des radios libres, requête numéro 228815, Rec., p. 29, concl. L. Touvet ; RFDA 2001, p. 378, concl. L. Touvet ; AJDA 2001, p. 150, chron. M. Guyomar et P. Collin).

Cette définition de l'urgence au sens de l'article L. 521-1 du code de justice administrative n'est pas exclusive de définitions adaptées à des contentieux spécifiques. Par exemple, il appartient au juge du référé saisi de conclusions tendant à la suspension d'une mesure de résiliation d'un contrat, de prendre en compte, pour déterminer si la condition d'urgence est satisfaite, « d'une part les atteintes graves et immédiates que la résiliation litigieuse est susceptible de porter à un intérêt public ou aux intérêts du requérant, notamment à la situation financière de ce dernier ou à l'exercice même de son activité, d'autre part l'intérêt général ou l'intérêt de tiers, notamment du titulaire d'un nouveau contrat dont la conclusion aurait été rendue nécessaire par la résiliation litigieuse, qui peut s'attacher à l'exécution immédiate de la mesure de résiliation » (CE, Sect., 21 mars 2011, Commune de Béziers, requête numéro 304806, préc.).

Pareille appréhension de l'urgence ne remet cependant pas en cause l'énoncé général de la décision Confédération nationale des radios libres. En principe donc, la reconnaissance de l'urgence en référé suspension suppose donc la lésion d'un intérêt (1) et l'existence d'un préjudice suffisamment grave et immédiat (2).

1. La lésion d'un intérêt

782. Le triptyque consacré. Trois types de lésion sont susceptibles d'être invoqués par le requérant : la décision peut porter atteinte à un intérêt public, à la situation du requérant ou aux intérêts qu'il entend défendre. Il n'est d'ailleurs pas exclu que plusieurs intérêts soient contrariés par la même décision.

783. L'intérêt public. L'intérêt public est certainement celui le plus difficile à invoquer devant le juge du référé suspension. Pour dire les choses autrement, le juge se laissera rarement convaincre de l'existence d'une urgence qui découlerait de l'atteinte à un intérêt public. On peut le comprendre. Il serait en effet trop simple de laisser le requérant se présenter comme un défenseur des intérêts publics car, après tout, toute illégalité préjudicie en elle-même à un intérêt public. Il peut néanmoins arriver au juge des référés de reconnaître qu'une décision litigieuse préjudicie à un intérêt public. La décision Biomérieux de 2009 du Conseil d'Etat en est une illustration. Dans cette affaire, l'AP-HP de Marseille avait signé un marché public au mépris de l'ordonnance du juge du référé précontractuel l'enjoignant de différer la signature de ce marché jusqu'à ce qu'il ait statué. Le Conseil d'Etat a considéré que la méconnaissance de l'injonction de surseoir à la signature du marché portait une atteinte grave et immédiate à un intérêt public attaché au respect d'une décision de justice et à l'effectivité du référé précontractuel, qui justifiait la suspension de l'exécution du marché litigieux sur le fondement de la jurisprudence Tropic (CE, 6 mars 2009, Sté Biomérieux, requête numéro 324064, Rec., p. 97 ; BJCP 2009, p. 231, concl. N. Boulouis). Pour un autre exemple, le Conseil d'Etat a jugé que, eu égard à l'intérêt qui s'attache à la couverture du territoire national par le réseau de téléphonie mobile, l'urgence justifiait la suspension de la décision du maire s'opposant à une déclaration de travaux de cette société en vue d'installer une station radioélectrique de téléphonie mobile sur le toit terrasse d'un immeuble (CE, 13 nov. 2002, Sté française de radiotéléphonie, requête numéro 244773). En revanche, ne saurait préjudicier à un intérêt public le risque que la décision litigieuse occasionne un contentieux récurrent (CE, 4 déc. 2002, Cormont, requête numéro 249091, Rec., p. 862) ni qu'elle porterait atteinte au droit de l'Union européenne (CE, 2 juill. 2010, Sté Air France, requête numéro 340699, Rec., T., pp. 672 et 898).

784. La situation du requérant. L'atteinte à la situation du requérant est l'hypothèse la plus évidente. Le requérant dont la décision administrative préjudicie à la situation doit être mis en mesure d'en demander la suspension, étant précisé que, contrairement à l'état du droit antérieur à la loi du 30 juin 2000 (CE, Sect., 18 juin 1954, Préfet du Var, requête numéro 32420, Rec., p. 365), il n'importe désormais plus au Conseil d'Etat que la décision ait ou non un objet ou des répercussions exclusivement financiers ni que ses effets, en cas d'annulation, puissent être ou non effacés par une réparation pécuniaire (CE, Sect., 19 janv. 2001, Confédération nationale des radios libres, requête numéro 228815, préc.).

Le préjudice allégué peut être matériel. Une décision emportant des effets anti-concurrentiels (CE, 19 janv. 2004, Sté T-Online France, requête numéro 263012, Rec., T., p. 822 ; AJDA 2004, p. 1876, note S. Nicinski) ou impactant de manière substantielle le chiffre d'affaire d'une entreprise (CE, 19 oct. 2001, Sté Capral, requête numéro 238204) peut être vue comme préjudiciant à la situation du requérant. Cette dernière hypothèse mérite d'être précisée. Dans le cadre du contentieux de la validité du contrat, on peut être frappé de la rigueur du juge qui ne retient que très occasionnellement que le manque à gagner pour le concurrent évincé comme fondant l'existence d'une situation d'urgence (sur ce point, par ex., F. Linditch, « Recours Tropic : la condition tenant à l'urgence, obstacle insurmontable à l'obtention du référé-suspension », note sous TA Besançon, réf., 12 févr. 2008, Sté CBS, JCP adm. 2008, 2075). La faute, probablement, à la possibilité ultérieure d'obtenir réparation pécuniaire de ce préjudice, raisonnement qui s'inscrit à rebours pourtant de l'énoncé de la décision Confédération nationale des radios libres.

Le préjudice allégué peut être moral. La rétention d'un tel préjudice par le juge des référés est cependant moins fréquente. Surtout, il renforce un autre préjudice plutôt qu'il ne détermine en lui-même l'existence d'une situation d'urgence, faute de gravité suffisante. Ainsi, si la situation du requérant est atteinte par la décision de suspendre l'activité du service où il exerce en tant que chirurgien en lui refusant par ailleurs de poursuivre son activité dans un autre service, c'est surtout en ce que cette décision le prive de la possibilité d'exercer son activité chirurgicale conformément à son statut (CE, 19 oct. 2001, Bail, requête numéro 234352, Rec., p. 474). Si la décision d'affecter un brigadier chef principal de la police municipale à des tâches de surveillance de la circulation routière et de l'entrée et de la sortie des écoles lui cause un préjudice moral, elle n'entraine pour celui-ci aucune perte de rémunération et ne porte pas atteinte à ses droits statutaires et ne caractérise donc pas une situation d'urgence (CE, 3 nov. 2003, Commune de Vendargues, requête numéro 252373). Il arrive cependant que le préjudice moral puisse jouer à lui seul le rôle qu'on souhaite lui assigner. Ainsi en est-il allé de la décision du président d'Université refusant à un maître de conférences le bénéfice de la protection juridique instituée par l'article 11 de la loi du 13 juillet 1983 (CE, 14 déc. 2007, Juan, requête numéro 307950, Rec., T., pp. 873, 912 et 1005 ; AJFP 2008, p. 136, concl. C. Landais). Par exemple encore, est constitutif d'une situation d'urgence le préjudice moral né de la décision d'abattre deux éléphants d'un parc zoologique, même si le préjudice économique n'était, ici encore, pas totalement absent (CE, 27 févr. 2013, Sté Promogil, requête numéro 364751 ; AJDA 2013, p. 1870, note F. Blanco).

785. Les intérêts que le requérant entend défendre. La troisième hypothèse concerne essentiellement les organisations syndicales ou professionnelles et les associations engagées dans la défense d'intérêts collectifs. Une association de défense de l'environnement est ainsi fondée à demander la suspension d'un arrêté relatif à l'ouverture de la chasse (CE, 1er août 2002, Association France Nature Environnement, requête numéro 248988, Rec., T., p. 861 ; AJDA 2002, p. 1140, obs. L. Fontbaustier) et un syndicat national des horlogers l'est également à l'encontre d'une ordonnance non ratifiée limitant l'usage des cartes de crédit (CE, 20 mars 2001, Syndicat national des horlogers, bijoutiers, joailliers, orfèvres et spécialistes de l'art de la table Saint-Eloi, requête numéro 230462, Rec., T., p. 802).

2. Un préjudice suffisamment grave et immédiat

786. L'immédiateté du préjudice. Il résulte de la définition donnée de l'urgence que cette condition n'est pas remplie lorsque la décision ne produit pas encore ses effets. Une demande de suspension serait donc prématurée. Logiquement, le juge des référés refuse d'ordonner la suspension de l'exécution de la décision, la légalité de celle-ci pouvant, le cas échéant, être examinée au principal en temps utile pour éviter la survenance d'un préjudice (CE, 10 févr. 2017, Sté Pimiento Music, requête numéro 404291, Rec., T.). Le juge du référé suspension n'exige cependant pas de la décision qu'elle produise concrètement ses effets. Ceux-ci peuvent être imminents, suffisamment en tout cas pour justifier la suspension. L'urgence s'observant non à la date de l'introduction de la requête à fins de suspension mais à la date à laquelle il se prononce (CE, 30 mars 2001, Schoettl, requête numéro 231963), le juge des référés apprécie souverainement si la proximité entre l'intervention de son ordonnance et la production des effets est suffisante.

787. Le cas des décisions totalement exécutées. Lorsque la décision a déjà produit tous ses effets, il n'y a pas non plus lieu d'ordonner la suspension de la décision. La requête est tardive. Ce principe, qui existait déjà sous l'empire du sursis à exécution, se justifie sans difficulté : la mesure ordonnée par le juge doit être utile, ce qui ne serait pas le cas dans une telle hypothèse. Ainsi, la demande est privée d'objet lorsqu'elle tend à la suspension de la décision d'une personne publique de céder une dépendance de son domaine privé alors que l'acte de vente emportant transfert de propriété a déjà été conclu (CE, 29 avr. 2013, Syndicat d'agglomération nouvelle du Val d'Europe et Commune de Chessy, requête numéro 364058 ; BJCL 2013, p. 532, concl. N. Escaut et note J. Martin ; RDI 2013, p. 478, obs. N. Foulquier). En revanche, l'intervention d'un accord amiable entre les parties sur le prix du bien à préempter n'épuisant pas les effets de la décision de préemption, sa suspension pourra être ordonnée (CE, 23 juill. 2003, Sté Atlantiques terrains, requêtes numéros 254837 et 256162, Rec., T., pp. 915 et 925).

788. Une gravité suffisante. Si les répercussions de l'acte litigieux ne sont pas suffisamment graves, il ne saurait y avoir urgence à en suspendre les effets. Une simple gêne qui résulterait de l'exécution de l'acte ne saurait suffire à caractériser l'urgence (CE, 10 avr. 2002, Araye, requête numéro 238471) ni les effets d'un acte qui n'affecte pas la situation du requérant (CE, 22 juin 2001, Creurer, requête numéro 234434, Rec., T., p. 1018). Il y a là un degré d'exigence du juge administratif qui ne conçoit logiquement pas que le virage opéré par la loi du 30 juin 2000 fût de 180 degrés. Ainsi peut-on encore comprendre la différence faite par le juge, suivant qu'une décision a pour effet de priver le requérant du droit d'exercer son activité professionnelle ou qu'elle le prive de la possibilité d'exercer une activité de loisirs, l'urgence étant normalement réservée à la première catégorie d'activités, et non à la seconde (CE, 19 sept. 2001, Jeandot, requête numéro 237328, Rec., T., p. 1112).

789. Le poids du comportement du requérant. Le requérant est susceptible, par son comportement, d'induire la solution : lorsque le préjudice suffisamment grave et immédiat lui est « exclusivement imputable », il ne saurait en principe obtenir la suspension de l'acte. Tel est le cas lorsque la demande ayant donné naissance à la décision litigieuse a été tardivement adressée à l'administration (CE, 23 avr. 2003, Ministre de l'Economie, des Finances et de l'Industrie c. Theate, requête numéro 252755). Le temps écoulé entre la date d'enregistrement de la requête au principal et celle du référé suspension peut également être un indice dont le juge des référés peut s'emparer pour conclure au défaut d'urgence (par ex., CE, 14 sept. 2001, M. Van de Walle, requête numéro 238110, Rec., T., p. 1111 ; CE, 13 oct. 2003, Sté Ekima International, requête numéro 257365, Rec., T., p. 918). Il ne s'agit ici que d'éléments parmi d'autres permettant au juge de se prononcer et les circonstances de l'espèce peuvent expliquer qu'il soit malgré tout statué dans un sens favorable au demandeur.

B. L'appréciation globale de l'urgence

790. L'obligation de mettre en balance les intérêts en présence. L'urgence à suspendre les effets d'une décision ne saurait être appréciée au regard de la seule argumentation du requérant. L'appréciation de l'urgence doit être globale et c'est à un bilan que le Conseil d'Etat invite le juge du référé suspension (CE, Sect., 28 févr. 2001, Préfet des Alpes-Maritimes et Sté Sud-Est Assainissement, requêtes numéros 229562, 229563 et 229721, Rec., p. 109 ; AJDA 2001, p. 461, chron. M. Guyomar et P. Collin ; RDP 2001, p. 758, note C. Guettier), en prenant non seulement en considération les éléments apportés par le requérant mais également ceux soulevés en défense, et le juge peut même s'extraire de l'argumentation des parties.

791. La prise en compte de l'intérêt général. L'obligation faite au juge du référé suspension d'apprécier globalement l'urgence participe de cette conception qui présidait initialement au sursis à exécution. En effet, jusqu'en 1869, le sursis à exécution n'était possible que pour autant qu'il n'y avait pas urgence à exécuter la décision (par ex., CE, 28 nov. 1821, Hall et a., Rec., p. 535 ; CE, 23 févr. 1850, Cie du Canal de Beaucaire, Rec., p. 200 ; CE, 5 août 1869, Peyrieux, Rec., p. 738). L'obligation d'apprécier globalement l'urgence reste aujourd'hui ancrée dans cette idée que la suspension d'une décision administrative « n'est pour le juge qu'une simple faculté » (CE, Ass., 2 juill. 1982, Huglo et a., requêtes numéros 25288 et 25323, préc.). La prise en considération par le juge de l'argumentation de la défense ou des pièces du dossier peut le conduire à estimer que l'atteinte suffisamment grave et immédiate à un intérêt public, à la situation du requérant ou aux intérêts qu'il entend défendre, se trouve contrebalancée par un autre intérêt, au point qu'il n'y a pas urgence à prononcer la suspension. Par exemple, le Conseil d'Etat a conclu au défaut d'urgence à suspendre une délibération du conseil municipal approuvant la création d'une aire d'accueil des gens du voyage sur une parcelle boisée, compte tenu de ce que la délibération avait pour but de mettre la commune en conformité avec la loi et de prévenir les atteintes à la salubrité publique et les conflits de voisinage (CE, 10 déc. 2001, Commune de Saint-Jean-de-Luz, requête numéro 235818, Rec., T., p. 1110 ; BJDU 2001, p. 469, concl. F. Séners). Mais il est également possible qu'un intérêt public ne soit pas suffisant pour justifier le maintien, au moins provisoire, des effets de la décision litigieuse (par ex., CE, 25 mai 2005, Sté Resimmo, requête numéro 275864, Rec., p. 210 ; AJDA 2005, p. 2125, note F. Bouyssou ; RDI 2005, p. 272, obs. F. Donnat). C'est donc bien à une appréciation *in concreto* que se livre ici encore le juge des référés.

792. Une solution admissible. On peut ajouter, pour conclure sur ce point, que cette mise en balance des intérêts ne conduit pas à sacrifier les droits des requérants. Elle conduit simplement à envisager la situation suivant un schéma déjà connu sous l'empire du sursis à exécution : la plupart des préjudices peut trouver à être compensée par une réparation pécuniaire. La circonstance que certaines décisions ne soient pas suspendues pour satisfaire l'intérêt général est donc d'autant plus admissible que le requérant trouvera une forme de compensation dans l'hypothèse où l'illégalité sera ultérieurement sanctionnée par le juge.

II. Le doute sérieux quant à la légalité de la décision

793. La notion de doute sérieux. La substitution du moyen propre à créer un doute sérieux au moyen sérieux auparavant exigé n'est pas neutre. Elle traduit cette idée neuve suivant laquelle le juge du référé suspension ne doit plus être un juge de l'évidence mais un juge de la « vraisemblance » (D. Chauvaux, concl. sur CE, Sect., 28 févr. 2001, Philippart et Lesage, requête numéro 230112, RFDA 2001, p. 390). Il est mis à présent en mesure de suspendre les effets d'une décision sans avoir de certitude quant à l'illégalité de celle-ci. Ce doute doit découler des moyens développés devant le juge des référés et il n'appartient pas au juge de se reporter à la requête au principal (CE, 19 févr. 2003, Cave coopérative Les remparts, requête numéro 251495). Le juge des référés doit se déterminer en l'état de la jurisprudence (CE, 9 mai 2001, Soussan, requête numéro 232496) et ne saurait, dès lors, sauf à commettre une erreur de droit, découvrir un nouveau principe général du droit (CE, 21 oct. 2005, Association Aides et autres, requête numéro 285577, Rec., p. 438) ni statuer en sens contraire d'une jurisprudence clairement établie (CE, 9 déc. 2005, Ministre des Transports, de l'Equipement, du Tourisme et de la Mer c.

Vidot, requête numéro 282525, Rec., T., p. 704). Pour le reste, le pouvoir d'appréciation du juge des référés est important, et le juge de cassation ne contrôle théoriquement pas la qualification juridique des faits (CE, 20 nov. 2002, Commune de Sète, requête numéro 242856, Rec., T., p. 858).

794. Les moyens non soulevés au principal. Il n'est pas nécessaire que le moyen ait été soulevé dans la requête au principal pour créer un doute sérieux quant à la légalité de la décision. Il importe cependant que ce moyen soit susceptible d'être invoqué dans l'instance au principal. Autrement dit, un moyen soulevé devant le juge des référés sans l'avoir été au principal ne peut être pris en compte que pour autant qu'il relève d'une cause juridique déjà ouverte dans le délai du recours contentieux, sauf s'il constitue un moyen d'ordre public (CE, 30 déc. 2002, Sté Cottage Wood, requête numéro 249860, Rec., T., p. 856 ; BJDU 2003, p. 122, concl. D. Chauvaux), que le juge des référés est d'ailleurs tenu de soulever d'office (CE, Sect., 16 mai 2001, Epoux Duffaut, requête numéro 230631, Rec., p. 241) à condition qu'il ressorte des pièces du dossier (CE, 27 mars 2006, Dauga, requête numéro 284853).

795. L'application évidente du droit constitutionnel. Il est évident qu'un acte administratif peut être contrôlé en référé par rapport à la Constitution. La question devient cependant sensiblement différente lorsque l'acte fait application d'une loi, laquelle pourrait faire écran. Tel n'est plus le cas depuis l'avènement de la question prioritaire de constitutionnalité, celle-ci pouvant être soulevée devant le juge du référé suspension. Dans ce cas, sauf à rejeter la requête pour défaut d'urgence ou pour irrecevabilité, le juge des référés doit examiner la question prioritaire de constitutionnalité qui lui est posée et se prononcer sur sa transmission (CE, 21 oct. 2010, Conférence nationale des présidents des unions régionales des médecins libéraux, requête numéro 343527, Rec., p. 392). Suivant un raisonnement qui confine à certains égards au sophisme, lorsque le juge des référés n'a pas examiné une question prioritaire de constitutionnalité, au motif de l'absence d'urgence, il est réputé avoir refusé de la transmettre (CE, 29 avr. 2013, M. Agopian, requête numéro 366058). On précisera que, même si le juge des référés du Conseil d'Etat décide de transmettre la question prioritaire de constitutionnalité, il lui est possible d'ordonner, dans l'attente de la décision du Conseil constitutionnel, la suspension de la décision litigieuse (CE, 22 juill. 2016, Mme S., requête numéro 400913, Rec., T.).

796. L'application incertaine du droit conventionnel. Compte tenu de son office, et en lien avec ce qui vient d'être dit, il n'appartient pas au juge des référés de suspendre les effets d'une décision administrative en retenant un moyen selon lequel la loi dont il est fait application serait contraire à une stipulation de la Convention européenne de sauvegarde des droits de l'Homme et des libertés fondamentales (CE, 30 déc. 2002, Ministre de l'Aménagement du territoire et de l'Environnement c. Carminati, requête numéro 240430, Rec., p. 510 ; AJDA 2003, p. 1065, note O. Le Bot), sauf à ce que la juridiction saisie, ou celle saisie à titre préjudiciel, se soit déjà prononcée au fond sur ce moyen (CE, 21 oct. 2005, Association Aides et a., requête numéro 240430, Rec., p. 438 ; AJDA 2006, p. 944, note H. Rihal ; AJDA 2006, p. 1875, note T.-X. Girardot). En dépit des critiques essuyées par cette jurisprudence (notamment, R. Abraham, « L'application des traités internationaux et l'office du juge des référés administratifs » in Mélanges en l'honneur de Daniel Labetoulle, Paris, Dalloz, 2007, pp. 1 et s.), le principe de la loi-écran demeure (CE, 27 août 2012, GISTI et a., requête numéro 361402, Rec., T., p. 911). Toutefois, timidement, l'état du droit progresse : il relève à présent de l'office du juge des référés d'examiner la conventionnalité des règlements (CE, 18 déc. 2015, Sté Routière Chambard, requête numéro 389238, Rec., T., pp. 798 et 801).

797. L'application inévitable du droit de l'Union européenne. Si la théorie de la loi-écran a ainsi trouvé le moyen de renaitre de ses cendres, il ne saurait en être exactement ainsi lorsque le droit de l'Union européenne est en cause, la Cour de justice de l'Union européenne ayant déjà invité les juridictions des Etats membres à suspendre l'application d'une disposition nationale qui violerait le droit de l'Union (CJCE, affaire numéro C-213/89, 19 juin 1990, Factortame, AJDA 1990, p. 832, note P. Le Mire ; RFDA 1990, p. 912, note J.-C. Bonichot). La juridiction européenne a par ailleurs autorisé les juridictions nationales à suspendre un acte interne d'application du droit communautaire dont la validité serait contestée devant la Cour par le jeu du renvoi préjudiciel (CJCE, affaires numéros C-143/88 et C-92/89, 21 avr. 1991, Süderdithmarschen et Zuckerfabrik Soest, AJDA 1991, p. 237, note P. Le Mire). La jurisprudence Carminati n'aura pas pu résister longtemps au principe de primauté du droit de l'Union européenne, et dans le droit fil d'une décision rendue en référé liberté (CE, 16 juin 2010, Mme Diakité, requête numéro 340250, Rec., p. 205 ; AJDA 2010, p. 1662, note O. Le Bot), le Conseil d'Etat a levé toute ambiguïté en énonçant que l'incompatibilité – « manifeste » toutefois – de dispositions législatives avec les règles du droit de l'Union européenne est de nature à justifier la suspension d'une décision administrative sur le fondement de l'article L. 521-1 du code de justice administrative (CE, 27 août 2012, GISTI et a., requête numéro 361402, préc.). Le Conseil d'Etat considère par ailleurs qu'il appartient au juge des référés d'apprécier les contestations relatives à la conformité de dispositions réglementaires avec les engagements internationaux, notamment les règles de droit de l'Union européenne (CE, 18 déc. 2015, Sté routière Chambard, requête numéro 389238, préc.).

Sous-section 2 - Les conséquences de l'admission du référé suspension

798. Une adaptation à l'urgence. Le référé suspension est destiné à obtenir, à bref délai, la suspension de la décision litigieuse, sans jamais préjudicier au principal. Il existe donc ici une triple contrainte de célérité, de souplesse et d'efficacité, à laquelle le code de justice administrative parvient à répondre en organisant une procédure adaptée à l'urgence (§ 1), en octroyant des pouvoirs effectifs au juge (§ 2) soumis à des voies de recours appropriées (§ 3).

§ 1 - La procédure

799. La communication de la requête et le délai pour produire des observations. L'article L. 522-3 du code de justice administrative autorise le juge des référés à rejeter la demande, sans instruction préalable, par une ordonnance motivée, lorsque celle-ci « ne présente pas un caractère d'urgence ou lorsqu'il apparaît manifeste, au vu de la demande, que celle-ci ne relève pas de la compétence de la juridiction administrative, qu'elle n'est pas recevable ou qu'elle est mal fondée », sans d'ailleurs qu'il soit besoin de mettre en œuvre l'article R. 611-7 du code de justice administrative (CE, 23 nov. 2005, Boisset, requête numéro 280208). Cette disposition accorde un pouvoir important au juge des référés qui n'hésite pas à en user et même parfois à en abuser, mais qui n'est en revanche pas applicable aux demandes de suspension des préfets formulées sur le fondement de l'article L. 554-1 du code de justice administrative (CE, 11 mars 2005, Ministre de l'Intérieur, de la Sécurité intérieure et des Libertés locales c. Commune d'Avion et a., requête numéro 276181, Rec., p. 101). Lorsque l'article L. 522-3 ne trouve pas à être appliqué, la procédure est contradictoire. Et lorsque l'instruction a été mise en œuvre, il n'est plus possible de faire application de l'article L. 522-3 du code de justice administrative (CE, Sect., 26 févr. 2003, Sté Les Belles demeures de Cap-Ferrat, requête numéro 249264, Rec., p. 65 ; AJDA 2003, p. 498, chron. F. Donnat et D. Casas). Le référé suspension étant un référé urgence, et les exigences de la contradiction étant adaptées à celles de l'urgence (CJA, art. L. 5), il est logique que la procédure soit organisée de telle manière qu'il soit statué dans les plus brefs sur la demande. Ainsi l'article R. 522-4 du code de justice administrative dispose-t-il que, une fois la requête faite aux défendeurs, « les délais les plus brefs sont donnés aux parties pour produire leurs observations. Ils doivent être rigoureusement observés, faute de quoi il est passé outre sans mise en demeure ».

800. La question de l'intervention. Il est loisible à un tiers d'intervenir à l'instance. Toutefois, une intervention tant en demande qu'en défense n'est recevable que pour autant que l'intervenant est également intervenu dans le cadre de l'instance principale (CE, 10 avr. 2013, Fédération Réseau Sortir du Nucléaire et a., requête numéro 367014, Rec., T., p. 763).

801. La convocation à l'audience. Suivant l'article R. 522-6 du code de justice administrative, lorsque le juge est saisi d'un référé suspension, « les parties sont convoquées sans délai et par tous moyens à l'audience ». A peine d'irrégularité, mention doit être faite dans l'ordonnance ou dans le procès-verbal de l'audience de ce que la convocation a bien eu lieu (CE, 5 déc. 2001, Thomas, requête numéro 233604, Rec., T., p. 1119), sauf à ce que les parties ou leurs représentants aient bien été entendus lors de l'audience (CE, 15 mars 2006, Commune de Trelans c. Reversat, requête numéro 283475, Rec., T., p. 1009).

802. La tenue de l'audience. L'article L. 522-1 du code de justice administrative dispose que « le juge des référés statue au terme d'une procédure contradictoire ou orale ». L'alternative qui semble être laissée au juge des référés ne doit cependant pas tromper, en ce qui concerne notamment le référé suspension. La loi du 30 juin 2000 a indéniablement permis l'épanouissement de l'oralité dans ce contentieux. L'audience tenue en matière de référé suspension doit être publique (CE, 16 nov. 2009, Ministre de l'Immigration, de l'Intégration, de l'Identité nationale et du développement solidaire c. Cimade et autres, requête numéro 328826, Rec., T., p. 839). Pour autant, il n'existe pas de formalisme particulier en ce qui concerne la tenue de cette audience. L'audience est l'occasion d'un échange entre le juge des référés et les parties, échange d'autant plus important que l'instruction se poursuit au cours de la séance publique. Il est à ce titre possible aux parties de produire de nouvelles pièces au cours de l'audience, sous la réserve évidente que le principe du contradictoire soit préservé (CE, 26 mars 2002, Sté Route Logistique Transports, requête numéro 244426, Rec., p. 114). Il est également possible aux parties de soulever de nouveaux moyens, pour peu qu'ils soient consignés dans le procès-verbal d'audience (CE, 26 oct. 2001, M. et Mme Aiguebonne et a., requête numéro 234300, Rec., T., p. 1119), comme au juge de soulever d'office des moyens d'ordre public (CJA, art. R. 522-9).

803. La clôture de l'instruction. A l'issue de l'audience, intervient en principe la clôture de l'instruction (CJA, art. R. 522-8). Mais il est loisible au juge de différer cette clôture (CJA, art. R. 522-8), notamment en renvoyant l'affaire à une formation collégiale (CJA, art. L. 522-1), ou dans le but de permettre la production de pièces complémentaires. Dans ce cas, ces pièces pourront être adressées directement aux autres parties, à condition pour celle qui les produit d'être en mesure d'en apporter la preuve (CJA, art. R. 522-8). A l'issue de la clôture de l'instruction, il reste possible aux parties d'adresser au juge une note en délibéré.

804. La réouverture de l'instruction. Le juge des référés a toujours la faculté de rouvrir l'instruction et il en a même l'obligation lorsqu'une pièce nouvelle est produite, que la partie n'était pas en mesure de produire plus tôt, et qui expose une circonstance de fait déterminante, une circonstance de droit nouvelle ou que le juge était tenu de soulever d'office (CE, 14 nov. 2003, Mme Rouger-Pelatan, requête numéro 258519, Rec., T., p. 913).

805. L'ordonnance. L'ordonnance est notifiée sans délai et par tous moyens aux parties (CJA, art. R. 522-12). Elle est fréquemment notifiée dans un premier temps par voie électronique ou, sans doute moins aujourd'hui, par voie de télécopie, dont le rapport d'émission d'ailleurs, s'il n'est pas contesté, fait courir le délai de recours contre l'ordonnance rendue (CE, 18 déc. 2002, Ministre de l'Intérieur, de la Sécurité et des Libertés locales c. SARL « Le Méditerranée », requête numéro 249887, Rec.,

T., p. 851). Cette ordonnance doit être motivée mais le formalisme qui préside à son adoption est moins rigoureux que celui pesant sur le juge statuant au principal. L'article R. 742-2 du code de justice administrative fait obligation au juge de faire figurer dans son ordonnance le nom des parties, l'analyse des conclusions ainsi que les visas des dispositions législatives et réglementaires dont elle fait application et la date à laquelle elle a été signée. Dès lors, le juge du référé n'a pas l'obligation de viser l'ensemble des moyens soulevés par les parties (CE, 4 oct. 2004, Roels, requête numéro 265162, Rec., T., p. 816 ; AJDA 2005, p. 271, note L. Givord). Enfin, l'ordonnance, qui n'a pas à être lue en audience publique (CJA, art. R. 742-6), doit être signée du seul magistrat qui l'a rendue (CJA, art. R. 742-5).

§ 2 - Les pouvoirs du juge

806. Des mesures provisoires. L'article L. 511-1 du code de justice administrative dispose que « le juge des référés statue par des mesures qui présentent un caractère provisoire ». Le juge du référé suspension ne saurait ainsi, pas plus que les autres juges des référés :

- annuler une décision administrative (CE, 24 janv. 2001, Université Paris VIII Vincennes-Saint-Denis, requête numéro 229501, Rec., p. 37) ;

- enjoindre à l'administration de la retirer (CE, 3 juill. 2003, Commune de Colioure, requête numéro 257971, Rec., T., p. 933) ;

- enjoindre à l'administration de faire procéder, dans un délai de huit jours, à une enquête prévue par un texte (CE, 23 oct. 2015, Ministre du Travail, de l'Emploi, de la Formation professionnelle et du Dialogue social c. Syndicat départemental CGT des agents Dirrecte 76 et a., requête numéro 386649, Rec., T., p. 803).

Sans préjudice de la possibilité d'ordonner une médiation (*supra* n° 779), le juge du référé suspension n'a pas, en principe, le pouvoir d'ordonner autre chose que la suspension de la décision litigieuse. Rien ne lui impose en revanche de suspendre la totalité des effets d'une décision administrative (par ex., CE, 29 avr. 2010, Matelly, requête numéro 338462, Rec., T., p. 889). La jurisprudence reconnait également au juge le pouvoir de prononcer des suspensions pour une durée limitée (CE, 15 juin 2001, Tonguino, requête numéro 230623, Rec., p. 267). Tel est notamment le cas lorsque le juge des référés décide de transmettre une question prioritaire de constitutionnalité, la suspension pouvant alors être ordonnée jusqu'à ce que la réponse à cette question soit rendue (CE, 22 juill. 2016, Mme S., requête numéro 400913, Rec., T.). Les mesures de suspension peuvent également avoir une prise d'effet différée (CE, 2 févr. 2009, Association pour la protection des animaux sauvages et a., requêtes numéros 324321, 324353, 324355, 324363, 324365, 324464 et 324491, Rec., p. 15). Les mesures ordonnées ne peuvent cependant pas avoir d'effet rétroactif (CE, 8 juill. 2011, Botella, requête numéro 342113, Rec., p. 323 ; CE, 13 juin 2003, Mlle Chakir, requêtes numéros 243615 et 247293, Rec., p. 253).

807. Les pouvoirs d'injonction du juge des référés. Le progrès tient à la combinaison des pouvoirs que le juge des référés tire des dispositions issues de la loi du 30 juin 2000 et celles figurant aux articles L. 911-1 et suivants du code de justice administrative. En effet, l'ordonnance prononçant la suspension des effets d'une décision administrative peut être assortie, par exemple, d'une injonction faite à l'autorité administrative de réexaminer la situation du requérant (CE, 1er févr. 2002, Frehel, requête numéro 241204, Rec., T., pp. 866 et 868), de délivrer une autorisation provisoire, jusqu'à ce qu'il soit statué au principal (CE, Sect., 28 févr. 2001, Philippart et Lesage, requête numéro 230112, préc.), ou encore d'ordonner la reprise, à titre provisoire, des relations contractuelles auxquelles la décision de résiliation du contrat avait mis fin, sauf à ce que cette reprise porte une atteinte excessive à l'intérêt général ou, eu égard à la nature du contrat en cause, aux droits du titulaire d'un nouveau contrat dont la conclusion aurait été rendue nécessaire par la résiliation (CE, 16 nov. 2016, Commune d'Erstein, requête numéro 401321, Rec., T.).

L'injonction ne saurait, en revanche, emporter de conséquences autres que provisoires. Est ainsi irrégulière l'injonction faite de titulariser un agent public (CE, 13 févr. 2006, Commune de Fontenay-le-Comte c. Delage, requête numéro 285184). Ceci explique encore que, si la suspension d'un refus de délivrance de permis de construire peut conduire à la délivrance d'un permis de construire, celui-ci ne sera que provisoire et, dans pareille hypothèse, l'administration pourra le retirer une fois que la juridiction se sera prononcée au principal, si le demandeur se désiste de son action au principal, ou encore si le juge des référés met fin à la suspension (CE, Sect., 7 oct. 2016, Commune de Bordeaux, requête numéro 395211, Rec., p. 409), sans que ne soient opposables les dispositions de l'article L. 424-5 du code de l'urbanisme suivant lequel, passé un délai de trois mois, le permis de construire, d'aménager ou de démolir ne peut plus être retiré que sur la demande explicite de son bénéficiaire.

Il est encore loisible au juge (CE, 14 oct. 2002, Commune du Lavandou, requête numéro 244714, Rec., T., pp. 868 et 899), voire imposé si des conclusions tendent en ce sens (CE, Sect., 20 déc. 2000, Ouatah, requête numéro 206745, préc.), d'indiquer à l'administration les obligations provisoires pesant sur elle qui découlent de la mesure de suspension d'une décision de rejet.

Les injonctions prononcées par le juge du référé suspension peuvent très logiquement être assorties d'une astreinte ordonnée sur le fondement de l'article L. 911-3 du code de justice administrative. Cette astreinte est privée, pour l'avenir, de base légale à compter de l'intervention du jugement au principal, ce qui signifie que ledit jugement n'a pas pour effet de priver d'objet la demande de liquidation, en cas de non-exécution ou d'exécution tradive, de l'astreinte pour la période comprise en la fin du délai imparti pour exécuter la mesure ordonnée et la notification à la personne soumise à l'astreinte du jugement (CE, 24 mai 2017, Sté Investaq énergie, requête numéro 403569, Rec., T.).

808. L'autorité de l'ordonnance. Parce qu'elles sont provisoires et qu'elles ne peuvent préjudicier au principal, les mesures ordonnées par le juge du référé suspension ne sont pas revêtues de l'autorité de la chose jugée. Il ne faut toutefois pas confondre autorité de la chose jugée et caractère exécutoire d'une décision de justice. Dès lors qu'elle est revêtue de la formule exécutoire, une ordonnance du juge des référés doit être exécutée. L'administration ne saurait ainsi contourner l'obligation qui lui est faite de suspendre l'exécution d'une décision administrative en adoptant par la suite une même décision sans qu'il ait été remédié au vice que le juge des référés avait pris en considération pour prononcer la suspension (CE, Sect., 5 nov. 2003, Association Convention vie et nature pour une écologie radicale et Association pour la protection des animaux sauvages, requêtes numéros 259339, 253706 et 25975, Rec., p. 444). Ces règles sont notamment applicables aux décisions portant refus de permis de construire (CE, Sect., 7 oct. 2016, Commune de Bordeaux, requête numéro 395211, préc.). En principe, l'ordonnance prend effet à compter de sa notification aux parties (CJA, art. R. 522-13 al. 1er) mais il est possible pour le juge des référés de décider qu'elle sera exécutoire à compter de sa signature (CJA, art. R. 522-13 al. 2). En outre, si l'urgence le commande, le seul dispositif de l'ordonnance accompagné de la formule exécutoire peut être communiqué sur place aux parties qui en accusent réception (CJA, art. R. 522-13 al. 3), hypothèse dite du juge « statuant sur le siège » qui ne se présente que rarement en pratique.

809. En cas de rejet de la demande de suspension. C'était l'une des préconisations contenues dans le rapport Maugüé, le 11 janvier 2018 (« Propositions pour un contentieux des autorisations d'urbanisme plus rapide et plus efficace », rapport présenté au ministre de la cohésion des territoires par le groupe de travail présidé par Christine Maugüé, p. 15). Il faut croire que l'idée était séduisante puisque le pouvoir réglementaire l'a appliquée à l'ensemble du contentieux administratif. En effet, aux termes du décret n° 2018-617 du 17 juillet 2018 portant modification du code de justice administrative et du code de l'urbanisme, un article R. 612-5-2 a été inséré dans le code de justice administrative, disposant que, en cas de rejet d'une demande de suspension pour défaut, en l'état de l'instruction, de moyen propre à faire naître un doute sérieux quant à la légalité de la décision, et toutes les fois où un pourvoi en cassation n'a pas été exercé contre l'ordonnance, le requérant doit, à peine de désistement d'office, confirmer le maintien de sa requête à fin d'annulation ou de réformation de l'acte litigieux dans un délai d'un mois à compter de la notification de l'ordonnance de rejet. Pourquoi pas… Cette disposition s'inscrit dans l'ère du temps et elle ne prête pas fondamentalement le flanc à la critique dès lors que la même disposition prévoit que la notification de l'ordonnance de rejet doit alerter le requérant des conséquences de son silence éventuel.

§ 3 - Les voies de recours

810. Deux recours possibles. Deux voies de recours sont ouvertes contre une ordonnance rendue sur le fondement de l'article L. 521-1 du code de justice administrative : le recours en cassation (I) et le référé réexamen (II).

I. Le recours en cassation

811. L'exercice du recours en cassation. Il résulte de l'article L. 523-1 du code de justice administrative que les ordonnances rendues par le juge du référé suspension le sont en premier et dernier ressort. Seul le recours en cassation est possible, dans un délai de 15 jours à compter de la notification de l'ordonnance aux parties (CJA, art. R. 523-1). Il s'agit d'un délai franc (CE, 28 mai 2001, Sté Codiam, requête numéro 230692). Une cour administrative d'appel indûment saisie d'un appel contre une ordonnance rendue sur le fondement de l'article L. 521-1 du code de justice administrative est tenue de transmettre la requête au Conseil d'Etat (CE, 21 déc. 2001, EPAD, requête numéro 232084, Rec., p. 654). Le recours en cassation contre l'ordonnance suspendant la première décision n'est, en principe, pas privé d'objet lorsque l'administration a pris une nouvelle décision, notamment en raison de l'injonction en ce sens qui lui a été faite par le juge des référés (CE, 28 déc. 2017, Ministre de l'Environnement, de l'Energie et de la Mer c. Sté Gazonor, requête numéro 406147, Rec., T.).

812. L'étendue du contrôle de cassation. Le contrôle de la condition de l'urgence par le juge de cassation est un contrôle de la dénaturation, le juge des référés disposant d'un pouvoir souverain d'appréciation (CE, 6 avr. 2001, France Télécom, requête numéro 230338, Rec., T., p. 1114 ; CE, Sect., 22 févr. 2002, Sté des pétroles Shell, requête numéro 235345, Rec., p. 59). Le contrôle du Conseil d'Etat est également limité à l'erreur de droit en ce qui concerne le doute sérieux. L'ordonnance de suspension encourt ainsi la cassation lorsqu'elle a été fondée sur un moyen inopérant (CE, 5 mars 2003, Lepoutre, requête numéro 252422, Rec., p. 116 ; BJDU 2003, p. 13, concl. J.-H. Stahl) ou en méconnaissance du champ d'application de la loi (CE, 28 mai 2003, Ministre de l'Equipement c. Association de défense du littoral de la Plaine de Grimaud, requête numéro 252617, Rec., T., p. 926). Les erreurs manifestes commises par le juge des référés dans l'interprétation de la règle de droit sont également censurées (par ex., CE, 14 mai 2003, SCI Florine, requête numéro 251370 ; BJDU 2003, p. 383, concl. G. Le Chatelier) y compris lorsque la jurisprudence postérieure à l'ordonnance a définitivement précisé l'état du droit (CE, 12 oct. 2005, Sté Placoplâtre, requête numéro 277300, Rec., T., p. 1032 ; AJDA 2005, p. 2474, concl. Y. Aguila). Le Conseil d'Etat se refuse en revanche à exercer, en principe, un contrôle sur la qualification juridique des faits retenus par le juge des référés (CE, 20 nov. 2002, Commune de Sète, requête numéro 242856, préc.). Mais le Conseil d'Etat sait parfois – ici comme ailleurs – déroger à sa propre jurisprudence, en s'autorisant à contrôler la qualification juridique des faits (par ex., CE, 15 févr. 2006, Association Ban Asbestos France, requêtes numéros 288801 et 288811, Rec., p. 78 ; AJDA 2006, p. 761, note J.-M. Pontier).

II. Le référé réexamen

813. Un référé dirigé contre une ordonnance de suspension. L'article L. 521-4 du code de justice administrative dispose que « saisi par toute personne intéressée, le juge des référés peut à tout moment, au vu d'un élément nouveau, modifier les mesures qu'il avait ordonnées ou y mettre fin ». La lettre de l'article L. 521-4 du code de justice administrative indique clairement que le juge des référés doit avoir initialement ordonné une suspension. Si une première demande a été purement et simplement rejetée, un second référé reposant sur un élément nouveau doit être qualifié de nouvelle demande de suspension (CE, 13 oct. 2004, Hoffer, requête numéro 273046, Rec., T., p. 816). Rien n'empêche en revanche le requérant initial de saisir le juge sur le fondement de l'article L. 521-4 du code de justice administrative dans l'hypothèse d'une suspension partielle de l'acte, là où était demandée la suspension totale par exemple. Rien ne s'oppose encore à ce que le requérant initial saisisse le juge sur ce fondement afin d'obtenir l'exécution des mesures ordonnées demeurées sans effet, par de nouvelles injonctions et une astreinte (CE, 27 juill. 2015, Assistance Publique – Hôpitaux de Paris, requête numéro 389007, Rec., p. 304). Mais c'est surtout à l'administration ou aux tiers intéressés que le référé réexamen profite essentiellement.

814. L'exigence d'un élément nouveau. Le référé réexamen est le moyen d'obtenir du juge des référés qu'il reconsidère les mesures qu'il avait ordonnées, non seulement en raison d'un changement de circonstances de fait ou de droit mais également dans le cas où une pièce (CE, 24 févr. 2003, Perrier, requête numéro 251928, Rec., p. 50 ; BJDU 2003, p. 271, concl. L. Vallée) ou un moyen (CE, 10 avr. 2002, Mlle Réby, requête numéro 241039, Rec., p. 133) n'avait pas été porté à sa connaissance dans l'instance initiale. Le libéralisme du juge est large en la matière. Il n'importe notamment pas ici que le moyen ait été connu de la personne intéressée lors de la demande de suspension et qu'il aurait pu être soumis au juge lors de l'instance initiale (CE, 26 juin 2002, Ministre de l'Education nationale c. Mme Charlois-Duménil, requête numéro 242703, Rec., p. 226).

815. Les conséquences de l'exercice d'un référé réexamen. Lorsque la demande est favorablement reçue, le juge des référés peut décider de mettre fin à la suspension initialement ordonnée ou de modifier la portée de la mesure prononcée. Dans tous les cas, les mesures ordonnées doivent également conserver un caractère provisoire (CE, 20 oct. 2004, Ministre de l'Agriculture, de l'Alimentation, de la Pêche et des Affaires rurales c. Consorts Jaboulet, requête numéro 266724, Rec., T., pp. 824, 840 et 853).

816. Bibliographie indicative.

R. Abraham, « L'application des traités internationaux et l'office du juge des référés administratifs » in Mélanges en l'honneur de Daniel Labetoulle, Paris, Dalloz, 2007, pp. 1 et s.

A. Bourrel, « Le pouvoir d'injonction du juge des référés d'urgence », RDP 2010, pp. 927 et s.

A. Bretonneau et **X. Domino**, « Dix ans d'urgence », AJDA 2011, pp. 1329 et s.

C. Broyelle, « Les mesures ordonnées en référé », RFDA 2007, pp. 73 et s.

B. Caviglioli, « Le recours au bilan dans l'appréciation de l'urgence », AJDA 2003, pp. 642 et s.

P. Delvolvé, « Glissements », RFDA 2014, pp. 702 et s.

T.-X. Girardot, « Le retour de la loi écran devant le juge des référés », AJDA 2006, pp. 1875 et s.

G. Gondouin, « L'oralité dans la procédure de référé », RFDA 2007, pp. 68 et s.

C. Paillard, « Le référé suspension », JCP adm. 2016, 2336.

Section 2 - Le référé liberté

817. Il était temps... Le référé liberté est la grande innovation de la loi du 30 juin 2000. Quelque chose manquait jusqu'alors en contentieux administratif. En effet, il n'était pour ainsi dire pas possible d'obtenir du juge administratif son intervention en urgence afin de garantir la sauvegarde des libertés fondamentales. Certes, le juge civil était compétent pour connaître des voies de fait. Mais le palliatif restait insatisfaisant, au moins pour deux raisons. D'une part, toute décision manifestement illégale et portant gravement atteinte à une liberté fondamentale n'est pas toujours insusceptible de se rattacher à un pouvoir dont dispose l'administration (par ex., TC, 27 mars 1952, Dame de la Murette, requête numéro 1339, Rec., p. 626 ; RDP 1952, p. 757, note M. Waline ; TC, 12 mai 1997, Préfet de police de Paris c. Tribunal de grande instance de Paris, requête numéro 3056, Rec., p. 528 ; RFDA 1997, p. 514, concl. J. Arrighi de Casanova ; AJDA 1997, p. 635, note D. Chauvaux et T.-X. Girardot ; D. 1997, p. 567, note A. Legrand), ce qui a en principe pour effet de dessaisir le juge civil de sa compétence. D'autre part, il y avait quelque chose de regrettable à priver le juge administratif de la faculté d'empêcher de telles atteintes, au prétexte éculé que le juge administratif ne disposait pas du pouvoir d'adresser des injonctions à l'administration. Car, après tout, il n'appartient pas plus à l'administration d'attenter gravement aux droits et libertés fondamentaux, au point de ne plus agir comme une administration (ce qui, au reste, justifie la notion même de voie de fait). En outre, l'argument était fragilisé par l'adoption de la loi du 8 février 1995. Et même si la loi du 30 juin 2000 est allée encore plus loin, en conférant au juge administratif un pouvoir d'injonction disjoint de l'autorité de la chose jugée, la loi de 1995 a assurément favorisé la consécration de l'article L. 521-2 du code de justice administrative (D. Labetoulle, « Le projet de réforme des procédures d'urgence devant le juge administratif », AJDA 1999, n° spéc., pp. 79 et s.). Sans doute l'avènement du référé liberté n'est-il pas la solution à toutes les situations, la Cour européenne des droits de l'Homme ayant pu lui dénier le caractère de recours effectif au sens de l'article 13 de la Convention (CEDH, 26 avr. 2007, G. c. France, affaire numéro 25389/05 ; D. 2007, p. 2780, note J.-P. Marguénaud). Reste qu'il s'agit là d'un progrès du contentieux administratif dont on ne saurait taire l'importance.

818. L'article L. 521-2 du code de justice administrative. Aux termes de l'article L. 521-2 du code de justice administrative, « saisi d'une requête en ce sens justifiée par l'urgence, le juge des référés peut ordonner toutes mesures nécessaires à la sauvegarde d'une liberté fondamentale à laquelle une personne morale de droit public ou un organisme de droit privé chargé de la gestion d'un service public aurait porté, dans l'exercice d'un de ses pouvoirs, une atteinte grave et manifestement illégale. Le juge des référés se prononce dans un délai de quarante-huit heures ». Cette disposition est à rapprocher de l'article L. 2131-6 du code général des collectivités territoriales auquel renvoie l'article L. 554-3 du code de justice administrative qui permet la suspension sous 48 heures d'un acte déféré au tribunal par le préfet et qui attenterait gravement à une liberté publique ou individuelle. Mais l'article L. 521-2 du code de justice administrative va nettement plus loin et se place comme le moyen le plus simple et le plus efficace pour assurer la sauvegarde des libertés fondamentales, ce qui se vérifie eu égard, respectivement, aux conditions d'admission (Sous-section 1) et aux conséquences du référé liberté (Sous-section 2).

Sous-section 1 - Les conditions d'admission du référé liberté

819. Trois séries de conditions. Comme en matière de référé suspension, l'exercice du référé liberté suppose, de la part de son auteur, qu'il s'assure de la compétence du juge des référés pour en connaître (§ 1), du respect des conditions de recevabilité (§ 2) et de la satisfaction des conditions de fond (§ 3).

§ 1 - La compétence du juge du référé liberté

820. La compétence externe. Comme en référé suspension, le juge des référés n'est compétent pour connaitre d'un référé liberté que pour autant que le litige est susceptible de se rattacher à une matière n'échappant pas manifestement à la compétence de la juridiction administrative (CE, 29 oct. 2001, Raust, requête numéro 237132, Rec., T., p. 872). Après une période raisonnable d'affirmation du référé liberté, le Conseil d'Etat a pu montrer une plus grande audace, en jugeant expressément qu'il appartenait au juge, sur le fondement de l'article L. 521-2 du code de justice administrative, d'enjoindre à l'administration de faire cesser une atteinte grave et manifestement illégale à une liberté fondamentale, quand bien même cette atteinte aurait le caractère d'une voie de fait (CE, 23 janv. 2013, Commune de Chirongui, requête numéro 365262, Rec., p. 6 ; AJDA 2013, p. 788, chron. X. Domino et A. Bretonneau ; RFDA 2013, p. 299, note P. Delvolvé). Nul ne songe sérieusement à décrier une solution toute tournée vers la défense des libertés fondamentales. Il n'en demeure pas moins que cette jurisprudence met en exergue, de manière éclatante, l'aptitude du Conseil d'Etat à s'écarter de la loi. Sans doute la définition de la voie de fait n'est-elle pas législative. Pour autant, l'inclusion par le législateur, dans l'article L. 521-2 du code de justice administrative, de la condition suivant laquelle l'atteinte à la liberté par son auteur doit procéder de l'exercice d'un de ses pouvoirs traduisait, la volonté du législateur d'exclure la voie de fait du champ d'application. Le Conseil d'Etat ne l'ignorait pas et c'est donc de manière parfaitement assumée qu'il en a fait fi. Quelque chose a décidément bien changé en contentieux administratif...

821. Tribunal administratif et Conseil d'Etat, seuls juges du référé liberté. Le référé liberté est autonome et peut à ce titre être valablement exercé indépendamment de toute contestation au fond. Par un souci évident et bienvenu de simplification, il a été jugé que, dans ces conditions, seuls les tribunaux administratifs et le Conseil d'Etat peuvent être saisis en premier ressort, et ce alors même qu'une instance non dépourvue de tout lien avec l'objet du litige serait pendante devant une juridiction d'appel (CE, 29 mars 2002, Bonny, requête numéro 244523).

822. L'hypothèse de l'incompétence interne de la juridiction saisie. Lorsque le juge, saisi de conclusions sur le fondement de l'article L. 521-2 du code de justice administrative, constate que celles-ci relèvent d'un autre tribunal administratif ou du Conseil d'Etat, il doit décliner sa compétence, sans pouvoir transmettre la demande à la juridiction compétente, conformément à l'article R. 522-8-1 du code de justice administrative. Cependant, eu égard aux pouvoirs généraux de régulation de l'ordre juridictionnel administratif dont il est investi, le Conseil d'Etat peut déroger aux dispositions de l'article R. 522-8-1 du code de justice administrative, et attribuer le jugement au juge des référés d'une autre juridiction administrative générale (CE, 30 déc. 2009, Commune de Sucy-en-Brie, requête numéro 333704, Rec., T., p. 673).

§ 2 - Les conditions de recevabilité

823. L'exception de référé urgence parallèle. Les textes peuvent organiser une voie de droit en urgence dont les effets seraient équivalents à ceux du référé liberté. C'est le cas, par exemple, du recours contre le placement en rétention en vue d'une remise à un autre Etat membre de l'Union européenne (CESEDA, art. L. 512-1). Dans pareille hypothèse, l'action devant le juge du référé liberté est entachée d'une irrecevabilité manifeste (CE, Sect., 30 déc. 2013, M. Bashardost, requête numéro 367533, Rec., p. 364). C'est également le cas du recours tendant à rendre effectif le droit à l'hébergement (CCH, art. L. 441-2-3-1) qui n'est pas susceptible d'être exercé devant le juge du référé liberté, sauf à ce que le jugement du tribunal administratif ayant ordonné l'accueil du demandeur reconnu comme prioritaire soit resté inexécuté et que le référé intenté tende à obtenir du juge qu'il enjoigne à l'administration de prendre toutes mesures afin d'assurer l'hébergement dans les plus brefs délais (CE, 11 janv. 2017, M. B., requête numéro 406154).

824. La dispense de décision préalable. Il résulte des termes de l'article L. 521-2 du code de justice administrative que la recevabilité du référé liberté ne dépend pas, contrairement au référé suspension, de l'existence d'une décision administrative. Un simple comportement de l'administration suffit à justifier l'intervention du juge, pour peu que ce fait porte une atteinte grave et manifestement illégale à une liberté fondamentale. Cependant, lorsqu'il existe une décision administrative, le requérant doit prendre garde de ne pas se trouver en situation de forclusion : un référé liberté sera irrecevable si la décision litigieuse est devenue définitive et il est donc impératif de contester par la voie de l'excès de pouvoir la décision dont on entend obtenir la suspension (CE, 21 nov. 2001, Zhary, requête numéro 238214, Rec., p. 563).

825. La présentation de la requête. C'est une règle commune aux différents référés urgence, la requête doit contenir « l'exposé au moins sommaire des faits et moyens et justifier de l'urgence de l'affaire » (CJA, art. R. 522-1 al. 1er). Mais le juge du référé liberté s'emploie à endiguer le risque d'encombrement de la juridiction qu'une interprétation trop libérale de l'article L. 521-2 du code de justice administrative pourrait entraîner. Cette rigueur rejaillit sur l'admission des référés libertés. Le requérant doit donc, afin d'éviter l'intervention d'une ordonnance de tri sur le fondement de l'article L. 522-3 du même code, apporter un soin particulier à démontrer que les conditions de fond sont réunies.

826. La question de l'intervention en référé liberté. Des conclusions présentées par un intervenant à l'occasion d'un référé liberté sont recevables, mais l'intervenant ne peut en principe formuler de conclusions différentes de celles des parties (CE, 3 janv. 2003, Mme Belminar et a., requête numéro 253045, Rec., T., p. 927 ; AJDA 2003, p. 953, note J.-L. Markus).

827. La dispense du ministère d'avocat. Conformément à l'article R. 522-5 du code de justice administrative, l'exercice d'un référé liberté est dispensé de ministère d'avocat. La règle vaut également pour la présentation de la défense.

828. S'agissant de Télérecours. Ce qui vaut en référé suspension (CE, 17 nov. 2017, M. A., requête numéro 415439, Rec., T.) vaut en référé liberté et, lorsqu'elle est exercée par un avocat, la requête doit être adressée à la juridiction par Télérecours.

§ 3 - Les conditions de fond

829. Le cadre nécessairement contraignant du référé liberté. On ne confère pas au juge des référés des pouvoirs importants, qui seront mis en œuvre dans un délai particulièrement bref, sans délimiter rigoureusement le champ d'application du référé liberté. Au moment d'exercer un référé liberté, le requérant doit donc apprécier si une liberté fondamentale est en cause (I), si l'urgence justifie le recours à cette voie de droit (II), si sa liberté a été l'objet d'une atteinte grave et manifestement illégale (III) et si l'origine de cette atteinte est bien administrative (IV).

I. L'atteinte à une liberté fondamentale

830. La notion de liberté fondamentale au sens du référé liberté. Toute liberté, fût-elle qualifiée de fondamentale, n'est pas susceptible d'être garantie par le juge du référé liberté. Par exemple, le droit à la sécurité, dont l'article 1er de la loi n° 95-73 du 21 janvier 1995 énonce pourtant qu'il est fondamental, n'est pas invocable en référé liberté (CE, 20 juill. 2001, Commune de Mandelieu-la-Napoule, requête numéro 236196, Rec., p. 388). Seules les libertés constitutionnellement et conventionnellement consacrées intéressent le référé liberté.

Au nombre de ces libertés, sans prétendre à l'exhaustivité, l'on peut citer :

- le principe de libre administration des collectivités territoriales (CE, Sect., 18 janv. 2001, Commune de Venelles et Morbelli, requête numéro 229247, Rec., p. 18, concl. L. Touvet ; RFDA 2001, p. 378, concl. L. Touvet et p. 681, note M. Verpeaux ; AJDA 2001, p. 153, chron. M. Guyomar et P. Collin) ;

- le droit de propriété privée (CE, 31 mai 2001, Commune d'Hyères-les-Palmiers, requête numéro 234226, Rec., p. 253) ;

- le droit de propriété publique (CE, 9 oct. 2015, Commune de Chambourcy, requête numéro 393895, Rec. ; AJDA 2015, p. 2388, note N. Foulquier) ;

- le droit d'asile (CE, 12 janv. 2001, Mme Hyacinthe, requête numéro 229039, Rec., p. 12 ; AJDA 2001, p. 589, note J. Morri et S. Slama) ;

- la liberté d'aller et venir (CE, 9 janv. 2001, Deperthes, requête numéro 228928, Rec., p. 1) ;

- la liberté de réunion (CE, 30 mars 2007, Ville de Lyon, requête numéro 304053, Rec., T., pp. 1013 et 1016) ;

- la liberté d'expression (CE, 9 janv. 2014, Ministre de l'Intérieur c. Sté Les Productions de la Plume et M'Bala M'Bala, requête numéro 374508) ;

- la liberté de culte (CE, 16 févr. 2004, Benaissa, requête numéro 264314, Rec., T., p. 826 ; AJDA 2004, p. 822, note P. Guglielmi et G. Koubi) ;

- le droit de se marier (CE, 9 juill. 2014, Mbaye c. Consul général de France à Casablanca requête numéro 382145, Rec., T., p. 659 ; AJDA 2014, p. 2141, note E. Aubin) ;

- la liberté du commerce et de l'industrie en tant que composante de la liberté contractuelle (CE, 12 nov. 2001, Commune de Montreuil-Bellay, requête numéro 239840, Rec., p. 551) ;

- le droit de grève (CE, 9 déc. 2003, Mme Aguillon, requête numéro 262186, Rec., p. 497 ; AJDA 2004, p. 1138, note O. Le Bot ; RFDA 2004, p. 306, concl. J.-H. Stahl ; JCP adm. 2004, 1054, note J. Moreau) ;

- la liberté syndicale (CE, 18 oct. 2001, Syndicat départemental Interco 33 CFDT, requête numéro 239082) ;

- le droit à un recours effectif (CE, 13 mars 2006, Bayrou et a., requête numéro 291118, Rec., T., p. 1017) ;

- la présomption d'innocence (CE, 14 mars 2005, Gollnisch, requête numéro 278435, Rec., p. 103 ; AJDA 2005, p. 1633, note L. Burgorgue-Larsen) ;

- le droit à mener une vie familiale normale (CE, Sect., 30 oct. 2001, Ministre de l'Intérieur c. Mme Tliba, requête numéro 238211, Rec., p. 523 ; RFDA 2002, p. 324, concl. I. de Silva ; AJDA 2001, p. 1054, chron. M. Guyomar et P. Collin) ;

- l'égal accès à l'instruction (CE, 15 déc. 2010, Ministre de l'Education nationale, de la Jeunesse et de la Vie associative c. M. et Mme Peyrilhe, requête numéro 344729, Rec., p. 500 ; AJDA 2011, p. 858, note P.-H. Prélot) ;

- le droit à ne pas être soumis à un harcèlement moral (CE, 19 juin 2014, Commune du Castellet, requête numéro 381061, Rec., T., pp. 712 et 794) ;

- le droit à la vie (CE, Sect., 16 nov. 2011, Ville de Paris et Sté d'économie mixte Pariseine, requêtes numéros 353172 et 353173, Rec., p. 552, concl. D. Botteghi ; Dr. adm. 2012, n° 5, étude 10, note S. Bellier) ;

- le droit au respect de la dignité humaine (CE, 22 déc. 2012, Section française de l'observatoire international des prisons et a., requêtes numéros 364584, 364620, 364621, 364647, Rec., p. 496) ;

- le droit du patient de consentir à un traitement médical et de ne pas subir un traitement qui serait le résultat d'une obstination déraisonnable (CE, Ass., 14 févr. 2014, Mme Lambert et a., requêtes numéros 375081, 375090 et 375091, Rec., p. 175, concl. R. Keller ; AJDA 2014, p. 790, chron. A. Bretonneau et J. Lessi ; RFDA 2014, p. 255, concl. R. Keller).

Mais tout ne serait être considéré comme une liberté fondamentale au sens du référé liberté. Le Conseil d'Etat manifeste en effet une forme de prudence en refusant aux requérants la faculté de se prévaloir de certains droits qui entretiennent pourtant un rapport étroit avec un principe de valeur constitutionnelle. Le but ici est de ne pas trop ouvrir le référé liberté, afin de ne pas en faciliter à l'excès l'exercice.

Ainsi, n'est pas une liberté fondamentale au sens de l'article L. 521-2 du code de justice administrative :

- le droit à la santé (CE, 8 sept. 2005, Garde des sceaux c. B., requête numéro 284803, Rec., p. 388 ; AJDA 2006, p. 376, note M. Laudijois) ;

- le droit au logement (CE, 3 mai 2002, Association de réinsertion sociale du Limousin et a., requête numéro 245697 ; AJDA 2002, p. 818, note E. Deschamps) ;

- le droit à l'égalité des usagers devant le service public (CE, 31 janv. 2001, Commune de Saint-Laurent-du-Var, requête numéro 229644, Rec., T., p. 1129).

831. De l'intérêt de viser correctement la liberté dont on veut obtenir la sauvegarde. Le référé liberté pourra ou non prospérer suivant qu'il vise ou non une liberté fondamentale parmi celles reconnues comme entrant dans le champ d'application de l'article L. 521-2 du code de justice administrative. Un référé liberté tendant à la sauvegarde du droit à la sécurité sera donc rejeté (CE, 20 juill. 2001, Commune de Mandelieu-la-Napoule, requête numéro 236196, préc.), mais le même référé, pour les mêmes faits, pourra être admis s'il vise à la sauvegarde du droit à la vie tel que garanti à l'article 2 de la Convention européenne de sauvegarde des droits de l'Homme et des libertés fondamentales (CE, Sect., 16 nov. 2011, Ville de Paris et Sté d'économie mixte Pariseine, requêtes numéros 353172 et 353173, préc.).

II. L'urgence

832. La notion spécifique de l'urgence en référé liberté. L'urgence au sens du référé liberté est une notion distincte de celle du référé suspension et du référé mesures utiles (CE, 4 févr. 2004, Commune d'Yvrac, requête numéro 263930, Rec., p. 828). De la jurisprudence du Conseil d'Etat, il ressort que la condition d'urgence posée à l'article L. 521-2 du code de justice administrative n'est remplie qu'à partir du moment où les faits justifient que le juge des référés se prononce en 48 heures (CE, 28 févr. 2003, Commune de Pertuis, requête numéro 254411, Rec., p. 68 ; AJDA 2003, p. 1171, note P. Cassia et A. Béal). Là encore, il s'agit de restreindre les conditions d'exercice du référé liberté en sorte que toutes les requêtes ne soient pas nécessairement recevables. C'est encore en partie au moins pour cette raison que le requérant ne peut se prévaloir d'une situation d'urgence imputable à sa propre attitude (CE, 9 janv. 2001, Deperthes, requête numéro 228928, préc.). Il y a là une solution logique : si le requérant disposait de plus de temps pour attaquer l'acte que l'urgence de l'espèce le laisse penser, il lui aurait été loisible – et avec des chances de succès plus importantes encore – de saisir le juge en référé suspension ou en référé mesures utiles. La saisine du juge du référé liberté ne doit pas être une planche de salut pour les négligents. Mais il est vrai aussi que les circonstances de chaque espèce peuvent expliquer le temps mis à réagir. Aussi bien, le temps écoulé entre la décision litigieuse et la saisine du juge des référés n'est pas susceptible de fonder, en lui-même, le défaut d'urgence (CE, 17 mars 2010, Larkhawi, requête numéro 332585, Rec., T., p. 903). Il est difficile ici de systématiser la jurisprudence : l'appréciation de l'urgence reste concrète et globale.

833. L'appréciation de l'urgence. L'urgence s'apprécie globalement. Le juge des référés prend d'abord en considération les conséquences que l'acte ou le fait est susceptible d'emporter.

Il peut même exister des présomptions irréfragables d'urgence qui justifient, dans pareils cas, qu'un effet suspensif puisse être reconnu à la requête jusqu'à ce qu'il soit statué sur celle-ci. C'est le cas, notamment, lorsque le droit à la vie est menacé (CE, Ass., 14 févr. 2014, Mme Lambert et a., requêtes numéros 375081, 375090 et 375091, Rec., p. 31, concl. R. Keller ; AJDA 2014, p. 790, chron. A. Bretonneau et J. Lessi).

Par-delà, et par exemple, il y a urgence à remettre les requérants en possession de leurs documents d'identité retirés par le préfet afin de leur permettre d'effectuer les actes de la vie courante (CE, 2 avr. 2001, Ministre de l'Intérieur c. Consorts Marcel, requête numéro 231965, Rec., p. 167). Il y a en principe urgence à enregistrer une demande d'asile permettant de séjourner sur le territoire jusqu'à ce qu'il ait été statué sur la demande (CE, 15 janv. 2002, Hadda, requête numéro 238547) ou en cas d'extradition (CE, 29 juill. 2003, Peqini, requête numéro 258900, Rec., p. 344). Il y a encore une présomption d'urgence en cas d'assignation à résidence sous le régime de l'état d'urgence (CE, Sect., 11 déc. 2015, M. Domenjoud, requête numéro 395009, Rec., p. 437, concl. X. Domino ; AJDA 2016, p. 247, chron. L. Dutheillet de Lamothe et G. Odinet ; RFDA 2016, p. 105, concl. X. Domino et p. 123, étude A. Roblot-Troizier).

Cependant, parce qu'il serait déraisonnable de priver par principe le juge des référés du pouvoir d'apprécier *in concreto* l'existence de l'urgence, le Conseil d'Etat s'emploie à limiter le champ de cette présomption. Ainsi, sauf circonstances particulières, il n'y a pas urgence en cas de refus de renouvellement d'un titre de séjour (CE, 23 janv. 2004, Koffi, requête numéro 257106, Rec., T., p. 827) ou de délivrance d'un visa d'entrée sur le territoire (CE, 12 févr. 2007, Qudaih, requête numéro 301352) ni en cas d'obligation de quitter le territoire français (CE, 7 juin 2011, Malonga, requête numéro 349817, Rec., T., p. 1080).

Il y a donc généralement lieu pour le requérant de consacrer beaucoup de soin à démontrer au juge que sa demande ne souffre aucune attente et que les autres voies de droit qui lui sont offertes ne rétabliraient pas utilement sa situation. Mais il arrive également au juge de se contenter, si l'on peut dire, de la gravité et de l'illégalité de l'atteinte, lesquelles emportent une forme de présomption d'urgence (CE, 22 mai 2003, Commune de Théoule-sur-Mer, requête numéro 256848, Rec., p. 232), au point que certaines décisions rendues ne règlent même pas la question de l'urgence, comme pour signifier qu'elle participe nécessairement de cette gravité de l'atteinte (par ex., CE, 14 janv. 2005, Luzeyido Bondo, requête numéro 276123, Rec., T., p. 915 ; AJDA 2005, p. 1360, note O. Lecucq).

III. Une atteinte grave et manifestement illégale

834. Une double condition. Il peut être tentant de confondre les conditions de gravité (A) et d'illégalité manifeste (B), tant la gravité peut procéder de l'illégalité manifeste. En réalité, il s'agit de deux conditions bien distinctes qui doivent toujours être appréhendées successivement.

A. La gravité de l'atteinte

835. Une condition *a priori* surprenante. La condition de gravité posée à l'article L. 521-2 du code de justice administrative peut bien laisser perplexe. Comment concevoir, en effet, qu'une atteinte manifestement illégale à une liberté fondamentale puisse ne pas être grave ? C'est d'ailleurs le raisonnement retenu par le Conseil d'Etat pour certaines atteintes. Ainsi en a-t-il été jugé d'une décision d'expulsion du territoire français, compte tenu de ce que la mesure était susceptible d'exécution d'office, que le recours pour excès de pouvoir n'était pas suspensif et qu'elle faisait obstacle à la poursuite de la vie en commun des membres d'une famille (CE, Sect., 30 oct. 2001, Ministre de l'Intérieur c. Mme Tliba, requête numéro 238211, préc.). Cependant, l'illégalité manifeste à une liberté fondamentale ne présente pas toujours les mêmes traits de gravité et c'est en ce sens qu'il est permis de lire l'article L. 521-2 du code de justice administrative comme exigeant une atteinte suffisamment grave et manifestement illégale.

836. L'établissement d'une échelle de gravité. Toutes les atteintes à une liberté fondamentale ne se valent pas. En premier lieu, dans le droit fil de l'esprit qui a toujours animé sa jurisprudence, la juridiction administrative considère que les illégalités externes ne sont pas, en principe, susceptibles de constituer une atteinte grave à une liberté fondamentale au sens de l'article L. 521-2 du code de justice administrative. Ainsi, les vices de procédure (CE, 30 mai 2002, Commune de Gély-du-Fesc, requête numéro 247273) et de forme (CE, 26 nov. 2004, Commune de Wingles, requête numéro 274226) ne sont pas en principe de nature à justifier l'intervention du juge du référé liberté. On ne saurait cependant être aussi catégorique en ce qui concerne l'incompétence, compte tenu de l'importance que le juge administratif a toujours assigné au respect des règles de compétence. Toutefois, si l'incompétence traduit une illégalité manifeste, elle n'est pas nécessairement grave au sens qui doit être retenu ici. Certaines solutions laissent penser que le Conseil d'Etat reconnaît la possibilité de retenir ce moyen de légalité externe en référé liberté (par ex., CE, 9 mars 2005, Moinuddin, requête numéro 274509, Rec., T., p. 805 et 921 ; AJDA 2005, p. 1302, concl. F. Donnat) sans qu'il soit permis de soutenir qu'une telle illégalité serait toujours vue comme grave. En second lieu, le Conseil d'Etat admet que des restrictions soient apportées, par application de la loi, à l'exercice d'une liberté fondamentale, celles-ci n'étant alors pas vues comme constitutives d'une atteinte grave. Par exemple, l'atteinte à la liberté d'entreprendre n'est pas suffisamment grave en cas d'exercice du droit de préemption par une commune, ce droit de préemption lui étant conféré par la loi en matière d'urbanisme (CE, 12 nov. 2001, Commune de Montreuil-Bellay, requête numéro 239840, préc.).

837. La prise en compte de tous les intérêts en présence. Le juge administratif se refuse à faire primer en toute hypothèse la situation du requérant sur les autres intérêts en présence, même si l'une des libertés fondamentales qui le protègent est sévèrement atteinte. Ainsi, en dépit des atteintes au droit de propriété et à la liberté d'entreprendre que comporte un tel acte, le Conseil d'Etat a jugé que la découverte d'un important dépôt de munitions en sous-sol justifie le retrait d'un arrêté autorisant la commercialisation des lots d'un lotissement et prévoyant la délivrance de permis de construire sur ces lots (CE, 6 avr. 2001, Ministre de l'Intérieur c. SARL « Le Vivier », requête numéro 232124, Rec., p. 186). C'est encore en ce sens que n'est pas suffisamment grave le refus de procéder à l'exécution d'une décision de justice ordonnant l'expulsion de l'occupante d'un local, compte tenu du risque de trouble à l'ordre public qu'une telle exécution était susceptible de susciter (CE, 27 juin 2002, M. et Mme Frullani et SCI Marcflore, requête numéro 247973).

B. Le caractère manifestement illégal de l'atteinte

838. Le juge du référé liberté, juge de l'évidence. La mise en œuvre des pouvoirs dont dispose le juge du référé liberté suppose qu'il n'y ait pas de doute quant à l'illégalité de l'atteinte à la liberté fondamentale. Un simple doute ne saurait suffire. L'illégalité manifeste n'est caractérisée que dans l'hypothèse où l'acte ou le comportement litigieux est « dépourvu de fondement raisonnable et objectif » (CE, 11 oct. 2001, Hauchemaille, requête numéro 238849, Rec., p. 460). L'ambiguïté de la disposition législative dont il est fait application n'est ainsi pas suffisante à caractériser l'illégalité manifeste de la décision litigieuse (CE, 18 mars 2002, GIE Sport libre et a., requête numéro 244081, Rec., p. 106). Si donc l'application de l'article L. 521-1 du code de justice administrative postule l'existence d'un doute sérieux quant à la légalité de la décision, l'application de l'article L. 521-2 exige qu'il n'y ait pas de doute. Le juge du référé liberté a pu juger manifestement illégaux la décision préfectorale prescrivant la réquisition de l'ensemble d'un service en vue de permettre la poursuite d'une activité complète dans les conditions existant avant le mouvement de grève (CE, 9 déc. 2003, Mme Aguillon, requête numéro 262186, Rec., p. 497 ; AJDA 2004, p. 1138, note O. Le Bot ; Dr. soc. 2004, p. 172, concl. J.-H. Stahl ; JCP adm. 2004, 1054, note J. Moreau), le refus du préfet de faire usage de son pouvoir hiérarchique dans des domaines où le maire agit au nom de l'Etat, lorsque celui-ci refuse de se conformer à une ordonnance du juge du référé liberté (CE, 19 janv. 2016, Association musulmane El Fath, requête numéro 396003, Rec., p. 1), ou encore la décision par laquelle un office public de l'habitat suspend les mandats représentatifs et syndicaux d'un agent public faisant l'objet d'une exclusion temporaire de fonctions et qui lui fait défense d'accéder aux locaux professionnels pour l'exercice de ces mandats (CE, 5 févr. 2016, Mme A, requête numéro 396431, Rec., T.).

839. A l'impossible, nul n'est tenu… Par une décision récente, le Conseil d'Etat a assurément rappelé que le référé liberté n'est pas l'universelle panacée et que certains problèmes, dont il ne s'agit pas ici de nier la gravité, ne peuvent être réglés par une simple injonction du juge. Relative aux conditions de détention au sein de la prison de Fresnes, cette décision énonce que le caractère manifestement illégal de l'atteinte à une liberté fondamentale doit s'apprécier en tenant compte des moyens dont dispose l'administration et des mesures qu'elle a déjà prises pour faire cesser le trouble (CE, 28 juill. 2017, Section française de l'Observatoire international des prisons, requête numéro 410677, Rec.). En l'espèce, le requérant n'avait obtenu que partiellement satisfaction en première instance et avait interjeté appel. A l'évidence, les conditions de détention dans l'établissement pénitentiaire concerné attentent à l'idée que l'on peut se faire de l'Etat de droit. Mais cette circonstance ne peut, en elle-même, justifier toutes les injonctions. Le juge des référés du Conseil d'Etat a constaté, d'une part, que l'administration pénitentiaire n'avait pas la maîtrise de la densité de la population carcérale, étant tenue d'accepter la totalité des personnes mises sous écrou, d'autre part, qu'elle avait déjà entrepris de nombreuses démarches afin d'améliorer les conditions de détention. Il serait déraisonnable d'enjoindre à une autorité administrative de réaliser l'impossible, sauf à la condamner à la carence. Tel aurait été le cas en l'espèce, eu égard à la lourdeur des travaux requis et à la difficulté pour l'administration pénitentiaire de se voir allouer des moyens supplémentaires. L'appel a été rejeté.

840. L'admission de la question prioritaire de constitutionnalité en référé liberté. Même garant des libertés fondamentales, même dans une situation d'évidence, le juge des référés ne saurait directement statuer sur la conformité d'une loi à la Constitution. En revanche, comme en référé suspension, le juge du référé liberté peut être saisi d'une question prioritaire de constitutionnalité et il lui est loisible de la transmettre et prendre toutes les mesures conservatoires qui lui apparaissent nécessaires à la sauvegarde de la liberté fondamentale concernée (CE, 16 juin 2010, Mme Diakité, requête numéro 340250, préc.), mais l'organisation de telles mesures n'est qu'une faculté pour le juge (CE, Sect., 11 déc. 2015, M. Domenjoud, requête numéro 395009, préc.). Dans son office, le juge du référé liberté se doit d'examiner la question prioritaire de constitutionnalité qui lui est adressée avant de rejeter la requête au tri au motif qu'il est manifeste qu'elle est mal fondée (CE, 16 janv. 2015, Mme Lehuédé, requête numéro 374070, Rec., T., pp. 802 et 847).

841. La question de la loi-écran. L'idée suivant laquelle le juge du référé liberté pourrait ne pas appliquer la loi par rapport à la Convention européenne de sauvegarde des droits de l'Homme et des libertés fondamentales est conceptuellement insoutenable. L'on comprend que la rigueur du principe contenu dans la décision Carminati (CE, 30 déc. 2002, Ministre de l'Aménagement du territoire et de l'Environnement c. Carminati, requête numéro 240430, préc.) ait été atténuée en référé liberté, le Conseil d'Etat ayant par ailleurs admis qu'un moyen tiré, en référé liberté, de l'incompatibilité de dispositions législatives avec les règles du droit de l'Union européenne est de nature à être retenu en cas de « méconnaissance manifeste des exigences qui découlent du droit de l'Union » (CE, 16 juin 2010, Mme Diakité, requête numéro 340250, préc.). A bien observer les critiques récurrentes formulées, y compris au Palais-Royal, contre cette résurgence de la loi-écran, il n'est guère besoin d'audace pour prédire son abandon à brève échéance.

IV. L'origine administrative de l'atteinte

842. Le fait de l'administration active. Toutes les décisions et tous les comportements ne sont pas susceptibles d'être sanctionnés par le juge du référé liberté. En limitant le champ d'application du référé liberté aux atteintes à une liberté fondamentale commises par une personne morale de droit public ou un organisme de droit privé chargé de la gestion d'un service public, le législateur a entendu exclure deux catégories d'auteur. En premier lieu, sont exclues les personnes morales de droit privé qui ne sont pas chargées de la gestion d'un service public (CE, 6 juin 2005, M. Mathey, requête numéro 281137). En second lieu, seule l'administration active est concernée et le référé liberté ne saurait être mis en œuvre à l'encontre des agissements des juridictions, même spécialisées. Le juge des référés ne peut ainsi connaitre, par exemple, d'une décision rendue par la section disciplinaire du conseil national de l'ordre des chirurgiens-dentistes ayant prononcé une interdiction d'exercer (CE, 5 nov. 2002, Rousselle, requête numéro 251202).

Sous-section 2 - Les conséquences de l'admission du référé liberté

843. Une adaptation à l'extrême urgence. Le référé liberté est destiné à permettre, à très bref délai, qu'il soit mis fin à l'atteinte, sans jamais préjudicier, comme en référé suspension, au principal. Il existe donc, ici également, une triple contrainte de célérité, de souplesse et d'efficacité, en autorisant une procédure adaptée à l'extrême urgence de la situation (§ 1), en octroyant des pouvoirs particulièrement importants au juge (§ 2) soumis à des voies de recours appropriées (§ 3).

§ 1 - La procédure

844. Une procédure commune dans ses principes avec le référé suspension. Les procédures des différents référés urgence présentent des points communs, qu'il s'agisse notamment de la communication de la requête, de la convocation à l'audience, de la tenue de celle-ci, et de la clôture de l'instruction. Cependant, on ne saurait trop souligner les particularités du référé liberté. Au reste, ces particularités expliquent qu'une requête ne peut, à peine d'irrecevabilité, contenir des conclusions tendant concomitamment à l'application des articles L. 521-1 et L. 521-2 (CE, Sect., 28 févr. 2001, Philippart et Lesage, requêtes numéros 230050 et 230112, préc.), pas plus qu'elle ne peut d'ailleurs contenir des conclusions tendant concomitamment à l'application des articles L. 521-2 et L. 521-3 du code de justice administrative (CE, 6 mars 2002, Sté des pétroles Shell, requête numéro 241534 , Rec., T., p. 852).

845. Une part plus importante encore reconnue à l'oralité, eu égard à l'urgence. Le juge du référé liberté doit se prononcer dans les 48 heures suivant sa saisine (CJA, art. L. 521-2). Il s'agit certes d'un délai indicatif dont le dépassement reste sans conséquence, sauf s'il devait révéler une méconnaissance, par le juge du référé liberté, de son office de juge de l'urgence eu égard à l'ensemble des circonstances de l'espèce (CE, 10 déc. 2013, M. D., requête numéro 373686). Mais le juge du référé liberté s'emploie à le respecter en pratique, ce qui explique qu'un juge est d'astreinte auprès de chaque juridiction lors des jours non ouvrés. La brièveté des délais explique que, quand bien même la requête est transmise à la partie adverse, peu nombreuses sont les espèces où l'administration peut utilement présenter une défense écrite (surtout lorsque la requête a été introduite un vendredi soir, ce qui, au reste, n'est pas toujours le meilleur moyen pour le requérant d'assurer le juge de sa bonne foi…). L'audience publique joue donc, en référé liberté, un rôle encore plus important qu'en référé suspension, sans que la brièveté du délai laissé aux parties pour se préparer à cette audience ne soit attentatoire au principe de la contradiction (CE, 23 janv. 2013, Commune de Chirongui, requête numéro 365262, préc.). Il y a toutefois ici des limites. La rapidité de l'intervention du juge du référé liberté ne doit pas sacrifier à l'excès la qualité du procès et la juridiction ne peut faire droit à un référé liberté qui ne pourrait pas matériellement être jugé conformément au principe du contradictoire dans un délai utile (CE, 27 mars 2014, Ministre de l'Intérieur c. Association Falun Gong France, requête numéro 376726, Rec., T., p. 792).

§ 2 - Les pouvoirs du juge

846. Des pouvoirs étendus. Le juge des référés statuant sur le fondement de l'article L. 521-2 du code de justice administrative dispose de pouvoirs excédant de loin ceux dont disposent les juges du référé suspension et du référé mesures utiles. Rien de plus normal à cela. Il ne s'agit ni plus ni moins ici – on s'excusera du peu – que de sauvegarder une liberté fondamentale à laquelle il a été gravement et illégalement porté atteinte. Le juge du référé liberté peut, comme en référé suspension, suspendre les effets d'une décision administrative sous cette réserve déjà évoquée que la décision litigieuse ait une chance d'être ultérieurement annulée par la juridiction (CE, 21 nov. 2001, Zhary, requête numéro 238214, préc.). Ce pouvoir de suspension s'accompagne très logiquement de la faculté de mettre en œuvre les pouvoirs d'injonction tirés des articles L. 911-1 à L. 911-3 du code de justice administrative. Mais ce pouvoir d'injonction va plus loin que ceux dont il bénéficie au titre de la loi du 8 février 1995. Le juge des référés s'est vu reconnaître, suivant la lettre de l'article L. 521-2 du code de justice administrative, le droit d'« ordonner toutes mesures nécessaires à la sauvegarde d'une liberté fondamentale ».

A ce titre, le juge des référés peut ordonner à l'administration :

- de restituer leurs documents d'identité aux demandeurs (CE, 2 avr. 2001, Ministre de l'Intérieur c. Consorts Marcel, requête numéro 231965, préc.), d'instruire sans délai, dès la présentation d'un dossier complet, la demande de passeport de l'intéressé (CE, 4 déc. 2002, du Couëdic de Kenérant, requête numéro 252051) ;

- de procéder – on croit toujours rêver en l'écrivant – aux travaux de dératisation d'une prison (CE, 22 déc. 2012, Section française de l'observatoire international des prisons et a., requêtes numéros 364584, 364620, 364621 et 364647, préc.) et plus largement de mise en sécurité et d'amélioration dans l'attente d'une situation pérenne, des conditions matérielles d'installation des détenus durant la nuit (CE, 30 juill. 2015, Section française de l'Observatoire international des prisons, requête numéro 392043, Rec., p. 305 ; AJDA 2015, p. 2216, note O. Le Bot) ;

- de vérifier qu'une information suffisante est assurée sur les mesures d'interdiction de baignade et de certaines activités nautiques, et les risques encourus par le non-respect de ces interdictions, en raison du danger que constituent les requins alentour pour la sécurité des personnes (CE, 13 juill. 2013, Ministre de l'intérieur c. Commune de Saint-Leu, requête numéro 370902 ; AJDA 2013, p. 2104, note O. Le Bot).

847. Les limites aux pouvoirs du juge. Les pouvoirs du juge du référé liberté ne sont cependant pas sans limite. A la lecture de l'article L. 511-1 du code de justice administrative, qui lui est applicable, les mesures qu'il adopte doivent présenter un caractère provisoire. En sorte qu'il ne peut prononcer l'annulation d'une décision administrative (CE, 24 janv. 2001, Université Paris VIII Vincennes Saint-Denis, requête numéro 229501) ni enjoindre à l'administration d'en prononcer le retrait (CE, 3 juill. 2003, Commune de Colioure, requête numéro 257971, préc.). Le juge du référé liberté ne saurait pas plus ordonner des mesures qui auraient des effets en tous points identiques à ceux qui résulteraient de l'exécution d'une décision juridictionnelle d'annulation (CE, 15 déc. 2005, Marcon, requête numéro 288024, Rec., p. 565).

Le Conseil d'Etat a toutefois précisé que, dans l'hypothèse où une mesure de caractère provisoire n'est pas susceptible de faire disparaître l'atteinte grave et manifestement illégale à une liberté fondamentale, en particulier lorsque les délais dans lesquels il est saisi ou lorsque la nature de l'atteinte y fait obstacle, le juge des référés peut enjoindre à la personne qui est l'auteur de l'atteinte de prendre toute disposition de nature à sauvegarder l'exercice effectif de la liberté fondamentale en cause (CE, 30 mars 2007, Ville de Lyon c. Association locale pour le culte des témoins de Jéhovah de Lyon, requête numéro 304053, Rec., T., p. 1013 ; AJDA 2007, p. 1242, note S. Damarey).

Le juge du référé liberté n'est cependant pas sans rappeler les limites de son office. Etant un juge de l'urgence, les mesures qu'il ordonne doivent être susceptibles d'être exécutées par l'administration à très brève échéance. Il a ainsi été jugé que les demandes tendant à ce que l'administration pénitentiaire soit enjointe de réaliser des travaux lourds à la maison d'arrêt de Fresnes, que des moyens financiers, humains et matériels supplémentaires soient alloués aux services judiciaires et pénitentiaires, et que des mesures de réorganisation des services ainsi qu'une circulaire de politique pénales soient prises, portent sur des mesures d'ordre structurel reposant sur des choix de politique publique insusceptibles d'être mises en œuvre à très bref délai et ne sont donc pas au nombre de celles auxquelles le juge du référé liberté est susceptible de faire droit (CE, 28 juill. 2017, Section française de l'Observatoire international des prisons, requête numéro 410677, préc.).

§ 3 - Les voies de recours

848. La volonté de préserver un double degré de juridiction. Contrairement aux autres référés urgence, les ordonnances rendues en référé liberté le sont en premier ressort, sauf évidemment si le Conseil d'Etat est compétent en premier et dernier ressort. Conformément à l'article L. 523-1 du code de justice administrative, elles sont susceptibles d'appel devant le Conseil d'Etat dans le délai franc de 15 jours à compter de leur notification. L'appel est réservé aux personnes présentes ou représentées en première instance et qui avaient, dès lors, la qualité de parties (CE, 6 déc. 2016, Syndicat SATM et Syndicat CGTM-FMS-CTM, requête numéro 405605, Rec., T.). Le président de la section du contentieux ou l'un des conseillers qu'il délègue statue sur l'appel dans les 48 heures suivant sa saisine et exerce, le cas échéant les pouvoirs prévus à l'article L. 521-4. C'est une conséquence logique de l'effet dévolutif de l'appel. On regrettera toutefois que, en ce qui concerne les ordonnances de tri, celles-ci restent soumises à un contrôle de cassation, en application de l'article L. 523-1 du code de justice administrative.

849. Le référé réexamen. On rappellera ici, pour mémoire (*supra* n° 813), que l'article L. 521-4 du code de justice administrative dispose que « saisi par toute personne intéressée, le juge des référés peut à tout moment, au vu d'un élément nouveau, modifier les mesures qu'il avait ordonnées ou y mettre fin ». La faculté d'interjeter appel et de faire jouer à cette occasion les dispositions de l'article L. 521-4 du code de justice administrative peut laisser penser qu'il n'y a pas d'intérêt à adresser un référé réexamen au juge ayant prononcé les mesures en première instance. Ce serait une erreur pourtant de le croire. Il est toujours possible aux parties d'introduire, à tout moment, une telle demande, et cela devient même précieux quand aucun appel n'a été interjeté. On précisera encore que, comme en matière de référé suspensions, il est possible au requérant ayant obtenu initialement satisfaction de saisir le juge d'un référé réexament afin d'obtenir l'exécution des mesures ordonnées demeurées sans effet, par de nouvelles injonctions et une astreinte, en dépit de l'existence par ailleurs des injonctions coercitives auxquelles le justiciable peut prétendre en application des articles L. 911-4 et L. 911-5 du code de justice administrative (CE, 28 juill. 2017, Section française de l'Observatoire international des prisons, requête numéro 410677, Rec.).

850. Bibliographie indicative.

R. Abraham, « L'application des traités internationaux et l'office du juge des référés administratifs » in Mélanges en l'honneur de Daniel Labetoulle, Paris, Dalloz, 2007, pp. 1 et s.

A. Bourrel, « Le pouvoir d'injonction du juge des référés d'urgence », RDP 2010, pp. 927 et s.

A. Bretonneau et **X. Domino**, « Dix ans d'urgence », AJDA 2011, pp. 1329 et s.

C. Broyelle, « Les mesures ordonnées en référé », RFDA 2007, pp. 73 et s.

B. Caviglioli, « Le recours au bilan dans l'appréciation de l'urgence », AJDA 2003, pp. 642 et s.

P. Delvolvé, « Glissements », RFDA 2014, pp. 702 et s.

G. Eveillard, « 15 ans de mise en œuvre du référé-liberté », JCP adm. 2016, 2337.

T.-X. Girardot, « Le retour de la loi écran devant le juge des référés », AJDA 2006, pp. 1875 et s.

G. Gondouin, « L'oralité dans la procédure de référé », RFDA 2007, pp. 68 et s.

J. Schmitz, « Le juge du référé-liberté à la croisée des contentieux de l'urgence et du fond », RFDA 2014, pp. 502 et s.

Section 3 - Le référé mesures utiles

851. L'article L. 521-3 du code de justice administrative. Aux termes de l'article L. 521-3 du code de justice administrative, « en cas d'urgence et sur simple requête qui sera recevable même en l'absence de décision administrative préalable, le juge des référés peut ordonner toutes autres mesures utiles sans faire obstacle à l'exécution d'aucune décision administrative ». Le référé mesures utiles est le troisième référé urgence organisé par le code de justice administrative. Il ne trouve pas ses origines dans la loi du 30 juin 2000. En effet, le référé conservatoire – autre dénomination de ce référé – existe depuis l'ordonnance du 31 juillet 1945 en ce qui concerne le Conseil d'Etat et depuis la loi du 28 novembre 1955 instituant le référé administratif pour les tribunaux administratifs. Ce référé souffre d'un manque de reconnaissance qui s'explique, d'une part, par le succès des référés suspension et liberté, d'autre part, par les pouvoirs très particuliers dont bénéficie son juge qui, notamment, ne peuvent pas préjudicier à l'exécution d'aucune décision administrative. Pour autant, dans certains domaines, le référé mesures utiles se révèle particulièrement efficace (Sous-section 2), ce qui contrebalance la rigueur des conditions de son admission (Sous-section 1).

Sous-section 1 - Les conditions d'admission du référé mesures utiles

852. Des conditions exigeantes. Le référé mesures utiles ne doit pas concurrencer les référés suspension et liberté, mais doit au contraire les compléter. C'est au demeurant en cela qu'il mériterait d'être plus couramment qualifié de référé « autres mesures utiles ». On ne saurait dès lors se surprendre de ce que les conditions d'admission du référé mesures utiles soient, somme toute, relativement contraignantes. En effet, si les questions préalables à l'admission du référé mesures utiles ne sont pas difficiles à satisfaire (§ 1), les conditions de fond témoignent d'un certain degré d'exigence (§ 2).

§ 1 - Les questions préalables à l'admission du référé mesures utiles

853. La compétence du juge du référé mesures utiles. A l'instar des autres référés urgence, les mesures sollicitées en application de l'article L. 521-3 du code de justice administrative ne doivent pas être manifestement insusceptibles de se rattacher à un litige relevant de la compétence de la juridiction administrative. Le juge du référé mesures utiles est ainsi incompétent pour prononcer des injonctions à l'occasion d'un litige qui oppose deux personnes privées et qui ne met en cause aucune activité de service public ni aucune prérogative de puissance publique (CE, 16 févr. 1996, SARL Bretagne Decosse, requête numéro 165537, Rec., p. 44 ; CE, 10 mars 2005, Fonds de garantie des dépôts, requête numéro 278035, Rec., p. 99). Il est en revanche compétent pour connaître d'une demande tendant à l'expulsion de dépendances qui ne sont pas manifestement insusceptibles d'être qualifiées de dépendances du domaine public dont le contentieux relève de la compétence de la juridiction administrative (CE, 22 oct. 2010, M. Putswo, requête numéro 335051, Rec., p. 420 ; AJDA 2011, p. 562, note P. Caille ; JCP adm. 2011, n° 20, p. 31, note H. de Gaudemar). Au point de vue de la compétence interne, le juge des référés du Conseil d'Etat est compétent en premier et dernier ressort pour connaître d'un litige se rattachant à une instance soumise au Conseil d'Etat (CE, 20 janv. 2005, Hoffer, requête numéro 276625, Rec., T., p. 1039). Ici encore, l'article R. 522-8-1 du code de justice administrative fait obstacle à toute transmission en cas d'incompétence interne.

854. Les conditions de recevabilité du référé mesures utiles. La requête en référé mesures utiles peut être introduite en l'absence même de décision administrative préalable. Compte tenu des spécificités procédurales qui lui sont applicables, ce référé doit être exercé par requête distincte d'un référé liberté (CE, 8 oct. 2001, Sanches Cardoso, requête numéro 233638, Rec., T., p. 1091) ou provision (CE, 21 mai 2003, SARL Pico, requête numéro 249541, Rec., T., p. 911) notamment. Il s'agit d'une règle d'ordre public (CE, 17 mars 2008, Najjar, requête numéro 306461).

§ 2 - Les conditions de fond du référé mesures utiles

855. Quatre conditions. L'exercice du référé mesures utiles suppose la satisfaction de quatre conditions : il doit y avoir urgence (I) et utilité (II) à ce que le juge des référés intervienne, sans faire obstacle à l'exécution d'une décision administrative (III) ni que la demande se heurte à une contestation sérieuse (IV).

I. L'urgence de la mesure sollicitée

856. Une appréciation concrète et globale de l'urgence. Il en va de l'urgence au sens de l'article L. 521-3 comme de l'article L. 521-1 du code de justice administrative. Celle-ci s'apprécie objectivement et compte tenu des faits de chaque espèce (P. Collin, concl. sur CE, 8 juill. 2002, Commune de Cogolin c. SA Port Cogolin Carenage, BJCL 2002, p. 489). Sous réserve qu'il fasse clairement état dans son ordonnance des éléments qu'il retient pour la déduire, le juge des référés apprécie souverainement l'existence d'une situation d'urgence. A cet égard, une fois précisé que le juge des référés ne peut subordonner sa décision de reconnaitre l'urgence au caractère irréversible de la situation pour le demandeur (CE, 26 oct. 2005, Sté des crématoriums de France, requête numéro 279441, Rec., p. 447), il est impossible d'établir une recension des cas d'urgence. Mais si l'on veut tenter une systématisation de la jurisprudence, l'on se rend compte alors de la relation étroite entretenue par les conditions d'urgence et d'utilité.

L'urgence est ainsi admise lorsque la demande tend :

- à la production de documents administratifs nécessaires à l'introduction en temps utile d'une requête devant la juridiction (CE, 26 mars 1982, Aboudou Mzé, requête numéro 34200, Rec., p. 137) ;

- à garantir la sécurité des biens (CE, Sect., 18 juill. 2006, Mme Elissondo Labat, requête numéro 283474, Rec., p. 369 ; RFDA 2007, p. 314, concl. D. Chauvaux ; AJDA 2006, p. 1839, chron. C. Landais et F. Lenica ; RDP 2006, p. 1267, note C. Guettier) ;

- à garantir la sécurité des personnes (CE, Sect., 16 nov. 2011, Ville de Paris et Sté d'économie mixte Pariseine, requêtes numéros 353172 et 353173, Rec., p. 552, concl. D. Botteghi ; Dr. adm. 2012, n° 5, étude 10, note S. Bellier) ;

- à faire cesser les atteintes au bon fonctionnement du service public (CE, 23 juin 1986, Muséum d'histoire naturelle, requête numéro 68261, Rec., p. 174) ;

- à la restauration de l'égalité de traitement entre les usagers du service public (CE, 3 févr. 2010, Commune de Cannes, requête numéro 330184, Rec., T., p. 905 ; BJCP 2010, p. 213, concl. N. Boulouis ; AJDA 2010, p. 1591, note P. Caille) ;

- à mettre fin aux atteintes à l'ordre public (CE, 9 févr. 2000, Région de Bourgogne, requête numéro 188954, Rec., T., p. 1156) ;

- à permettre la conduite de travaux d'intérêt général (CE, 30 déc. 2003, Eurl Sochana, requête numéro 260429).

857. Pour un cas de dispense de la condition d'urgence. La loi n° 2010-788 du 12 juillet 2010 portant engagement national pour l'environnement a introduit, dans le code de justice administrative, un article L. 521-3-1 dont l'alinéa 1er dispose que « la condition d'urgence prévue à l'article L. 521-3 n'est pas requise en cas de requête relative à une occupation non autorisée de la zone des cinquante pas géométriques ». Il importe que la zone concernée soit effectivement incluse dans la zone des cinquante pas, en sorte que si la parcelle n'est que partiellement incluse, la partie non comprise dans cette zone reste soumise à la condition d'urgence (CE, 3 déc. 2014, Province Sud de Nouvelle-Calédonie, requête numéro 375364, Rec., T., pp. 656, 761 et 796).

II. L'utilité de la mesure

858. Une condition autonome. Bien que parfois confondues par le juge – notamment en matière d'expulsion des occupants sans titre du domaine public – les conditions d'urgence et d'utilité ne doivent pas être tenues pour équivalentes. Le Conseil d'Etat l'a d'ailleurs rappelé, jugeant que le juge des référés doit, à peine d'irrégularité de son ordonnance, se prononcer sur l'utilité de la mesure sollicitée, alors même que la condition d'urgence n'est pas requise en vertu des dispositions de l'article L. 521-3-1 du code de justice administrative (CE, 4 mai 2018, M. et Mme Morlet, requête numéro 415002, Rec., T.). Ici encore, le juge apprécie concrètement si la mesure sollicitée présente une utilité justifiant qu'elle soit ordonnée en référé. Il est ainsi de jurisprudence constante que la condition d'utilité n'est pas remplie lorsqu'il est demandé au juge des référés qu'il ordonne la communication d'un document en vue de sa production à une instance déjà ouverte, la juridiction saisie du recours disposant des pouvoirs d'injonction nécessaires à cette fin (CE, 3 mars 2008, Ministre de la Défense c. Commune d'Aiguines, requête numéro 308275). La condition d'utilité n'est pas davantage satisfaite lorsqu'une expertise contradictoire avait déjà été diligentée et régulièrement conduite dans le cadre d'une procédure de règlement amiable (CE, 4 oct. 2010, M. et Mme Jeljeli, requête numéro 332836, Rec., T., p. 896 et 975).

III. L'absence d'obstacle à l'exécution d'aucune décision administrative

859. Le principe. La demande adressée au juge du référé mesures utiles ne saurait, en principe, faire obstacle à l'exécution d'une décision administrative, sauf en cas de péril grave (CE, Sect., 5 févr. 2016, Mme A, requête numéro 393540, Rec., p. 13). Il n'y a là rien de surprenant, compte tenu de l'existence, par ailleurs, des référés suspension et liberté qui peuvent utilement prospérer et entrainer la suspension, le cas échéant, de la décision litigieuse. C'est d'ailleurs bien en ce sens qu'il faut comprendre la décision du Conseil d'Etat jugeant que, dès lors que l'article L. 723-3-1 du code de l'entrée et du séjour des étrangers et du droit d'asile fait obstacle à la naissance implicite d'une décision de rejet par l'OFPRA d'une demande d'asile, la demande tendant à ce qu'il soit ordonné à l'OFPRA de se prononcer expressément ne peut préjudicier à l'exécution d'aucune décision administrative et le référé mesures utiles constitue alors la seule alternative au référé suspension qui, en l'absence de décision, ne serait pas recevable (CE, 18 juill. 2011, M. Fathi, requête numéro 343901, Rec., p. 366). Dans le prolongement de ce qui vient d'être dit, et de manière encore plus logique dès lors que le référé suspension leur est applicable (CE, 26 janv. 2007, Commune de Neuville-sur-Escaut, requête numéro 297969, préc.), il n'est pas possible au juge du référé mesures utiles de s'opposer à l'exécution de décisions juridiquement inexistantes (par ex., CE, 21 févr. 1986, Cie des architectes en chef des monuments historiques et a., requête numéro 74477, Rec., p. 45 ; AJDA 1986, p. 394, note L. Richer ; RDP 1986, p. 605, concl. J. Massot). Il n'appartient pas davantage au juge du référé mesures utiles d'ordonner l'interruption des travaux de démolition entamés par une commune sur son domaine public, une telle mesure devant être considérée comme faisant obstacle à l'exécution d'une décision administrative révélée par l'engagement des travaux (CE, 30 déc. 2002, Commune de Pont-Audemer c. Association de sauvegarde des patrimoines de la Basse-Seine, requête numéro 248787). Il ne saurait pas plus être ordonné par le juge des référés, sur le fondement de l'article L. 521-3 du code de justice administrative, de prendre un arrêté suspendant l'ouverture d'un crématorium autorisé par arrêté préfectoral (CE, 26 oct. 2005, Sté des crématoriums de France, requête numéro 279441, préc.). Très logiquement encore, le juge du référé mesures utiles n'a pas le pouvoir de suspendre l'exécution d'un marché public (CE, 8 juill. 2009, Sté Eurelec Aquitaine, requête numéro 320143, Rec., T., pp. 842 et 896).

860. Par extension : l'impossibilité de faire obstacle à la prise d'une décision. Les termes de l'article L. 521-3 du code de justice administrative n'ont pas pour seul objet de garantir l'exécution des décisions administratives. Suivant la jurisprudence, ils tendent à la sauvegarde de la continuité de l'action administrative. Ainsi a-t-il été jugé que le juge des référés ne peut prescrire l'interruption de la procédure d'élaboration d'une décision administrative (CE, 2 juin 1995, Revol, requête numéro 152773, Rec., T., p. 967).

861. Par extension encore : l'impossibilité d'enjoindre de prendre une décision. L'article L. 521-3 du code de justice administrative ne fonde pas le juge des référés à contraindre l'autorité administrative à adopter une décision réglementaire (CE, Sect., 20 mars 2015, Section française de l'observatoire international des prisons, requête numéro 385332, Rec. ; AJDA 2015, p. 979, chron. J. Lessi et L. Dutheillet de Lamothe ; RFDA 2015, p. 491, concl. E. Crépey).

862. Les dérogations admises. A l'examen de la jurisprudence, il apparait que la décision au sens de l'article L. 521-3 du code de justice administrative ne recouvre pas tout à fait la même acception que celle retenue à l'article R. 421-1 du même code. En effet, en dépit de leur existence, certaines décisions ne font pas obstacle à la mise en œuvre du référé mesures utiles. Il s'agit notamment des décisions recognitives. Il est ainsi possible de demander l'expulsion du domaine public d'un pharmacien alors même que sa déclaration préalable se proposant d'exploiter une officine avait été dûment enregistrée par le préfet, le Conseil d'Etat jugeant que, dans cette hypothèse, le préfet se borne à constater que le déclarant remplit les conditions prescrites par le code de la santé publique mais n'autorise pas, par là même, l'exploitation de l'office (CE, 2 juin 2006, Chambre de commerce et d'industrie Marseille-Provence, requête numéro 286465, Rec., T., p. 862 ; BJCL 2006, p. 494, concl. P. Collin ; AJDA 2006, p. 1559, concl. P. Collin).

IV. L'absence de contestation sérieuse

863. Une condition issue de la jurisprudence. L'article R. 130 du code des tribunaux administratifs disposait que le référé conservatoire n'était pas recevable s'il avait pour effet de « faire préjudice au principal ». La jurisprudence en avait déduit que les mesures ordonnées ne devaient se heurter à aucune contestation sérieuse (CE, Ass., 3 mars 1978, Lecoq, requête numéro 06079, Rec., p. 116 ; AJDA 1978, p. 581, concl. D. Labetoulle). L'abandon de la condition textuelle aurait logiquement dû s'accompagner de l'abandon de son corollaire jurisprudentiel. Cela n'a pas été le cas. Le maintien de la condition de l'absence de contestation sérieuse s'est opéré en deux temps.

864. Le premier temps du maintien de la condition : la décision Société Icomatex du 16 mai 2003. Dans un premier temps, c'est en matière d'expulsion des occupants sans titre du domaine public que le Conseil d'Etat a réaffirmé, postérieurement à l'entrée en vigueur de l'article L. 521-3 du code de justice administrative, la condition de l'absence de contestation sérieuse. Il avait été jugé que, en matière d'expulsion du domaine public, l'absence de contestation sérieuse était présumée alors même que l'occupant avait introduit une requête en annulation contre la décision de retrait ou de non-renouvellement du titre d'occupation (CE, Sect., 2 mars 1990, Mme Peugnez, requête numéro 91687, Rec., p. 59 ; AJDA 1990, p. 384, chron. E. Honorat et E. Baptiste). Assurément trop favorable aux gestionnaires des domaines publics, cette jurisprudence fut finalement vite abandonnée. Par sa décision Sté Icomatex du 16 mai 2003, le Conseil d'Etat a considéré qu'il appartient au juge d'apprécier, en fonction de la nature et du bien-fondé des moyens invoqués, la légalité de la décision, pour peu qu'elle ne soit pas devenue définitive (CE, Sect., 16 mai 2003, Sté Icomatex, requête numéro 249880 ; Rec., p. 228 ; BJCL 2003, p. 579, concl. G. Bachelier ; AJDA 2003, p. 1156, chron. F. Donnat et D. Casas ; JCP adm 2003, 1674, note J. Moreau ; LPA 2003, n° 164, p. 13, note F. Melleray ; LPA 2004, n° 60, p. 4, concl. G. Bachelier ; RDP 2004, p. 185, note C. Guettier).

865. Le second temps du maintien : la généralisation de la condition. Il eût été concevable que la condition de l'absence de contestation sérieuse fût cantonnée à la matière très spécifique de l'expulsion du domaine public, compte tenu du caractère difficilement réversible de l'expulsion. Il n'en a rien été. Par sa décision Elissondo Labat du 18 juillet 2006 (CE, Sect., 18 juill. 2006, Mme Elissondo Labat, requête numéro 283474, préc.), le Conseil d'Etat a entériné le mouvement de généralisation de cette condition à l'ensemble du contentieux du référé mesures utiles amorcé depuis la décision Sté Icomatex (notamment, CE, Sect., 6 févr. 2004, Masier, requête numéro 256719, Rec., p. 45 ; BJDU 2004, p. 139, concl. J.-H.

Stahl ; RFDA 2004, p. 1170, concl. J.-H. Stahl ; RDI 2004, p. 221, note P. Soler-Couteaux).

866. Illustrations. Le moyen tiré de l'irrégularité de la procédure d'attribution d'une convention domaniale ne saurait constituer une contestation sérieuse faisant obstacle à l'expulsion de l'occupant sans titre qui avait candidaté à cette procédure d'attribution (CE, 23 juill. 2010, Régie autonome des transports parisiens et SA Promo Métro, requête numéro 335132, Rec., T., pp. 764 et 904 ; RDI 2010, p. 614, obs. P. Caille). N'est pas davantage de nature à caractériser une contestation sérieuse l'existence d'un pourvoi en cassation dirigé contre l'ordonnance rejetant la demande de suspension de l'exécution de la délibération ayant autorisé la résiliation d'une délégation de service public, laquelle résiliation s'accompagnait d'une obligation de remise en état des lieux, pas plus que le recours en annulation dirigé contre cette délibération (CE, 23 sept. 2015, Commune de La Guérinière, requête numéro 389844). En revanche, en raison du droit de rétrocession reconnu à l'exproprié en cas de disparition d'une base légale de l'expropriation, constitue une contestation sérieuse l'annulation par la juridiction administrative de la déclaration d'utilité publique postérieure à l'ordonnance d'expropriation, cette contestation sérieuse faisant obstacle à ce que un exproprié soit enjoint à ne consentir aucun bail ni aucune autre autorisation d'occuper le bien (CE, 30 déc. 2013, Sté Cofinfo, requête numéro 361613).

Sous-section 2 - Les conséquences de l'admission du référé mesures utiles

867. Des conséquences classiques. Il n'y a ici que peu de traits à souligner qui dérogeraient aux autres référés urgence. Seront donc observés succinctement, et en tant que besoin, les particularismes liés à l'instance (§ 1) et aux voies de recours (§ 2).

§ 1 - L'instance

868. Des particularités liées à la finalité même du référé mesures utiles. Le référé mesures utiles ne présente d'intérêt que dans l'hypothèse où le référé suspension et le référé liberté ne seraient pas admissibles. Et dans le même temps, il convient de rappeler que ce référé répond à des situations d'urgence où le demandeur a besoin d'obtenir une décision qui lui sera utile. C'est donc logiquement que le référé mesures utiles se caractérise par un allègement des contraintes procédurales, plus important encore que celui bénéficiant aux autres référés urgence (I), et par la particularité des injonctions qui peuvent être prononcées (II).

I. La procédure

869. Une procédure en principe écrite. Le juge des référés saisi sur le fondement de l'article L. 521-3 du code de justice administrative n'est en principe pas tenu de convoquer les parties à une audience publique. La procédure peut donc rester exclusivement écrite, ce qui signifie que la requête adressée au juge ne doit pas rester si sommairement motivée que l'autorise l'article R. 522-1 du code de justice administrative.

Le principe de l'écrit n'est toutefois pas absolu. En effet, compte tenu des conséquences difficilement réversibles qui peuvent résulter de sa décision, le juge du référé mesures utiles doit convoquer les parties à une audience publique lorsqu'il statue sur une demande d'expulsion du domaine public (CE, 24 nov. 2006, Wuister, requête numéro 291294, Rec., p. 494). Au-delà de cette exception, rien n'empêche le juge des référés de convoquer spontanément les parties à une audience publique, sous réserve que cette convocation respecte le caractère contradictoire de la procédure (CE, 15 mars 2004, Sté Dauphin Adshel, requête numéro 259803, Rec., T., p. 829). Cette faculté est la bienvenue, qui permet au juge d'être utilement éclairé sur les points lui posant des difficultés. Il lui est encore loisible de renvoyer l'affaire à une formation collégiale (CE, Sect., 13 juill. 1956, Secrétaire d'Etat à la Reconstruction et au Logement c. Piéton-Guibout, requête numéro 19496, Rec., p. 338, concl. J. Chardeau).

II. Les mesures susceptibles d'être ordonnées à l'issue de l'instance

870. Les injonctions aux personnes privées. Le succès statistique des injonctions adressées aux personnes privées tient d'abord à ce que le contentieux de l'expulsion des occupants sans titre du domaine public – même s'il est vrai que l'occupant peut être une personne publique – est un terrain propice à la mise en œuvre du référé mesures utiles. C'est dire ici à quel point la jurisprudence Préfet de l'Eure concourt à éviter l'engorgement de la juridiction administrative ! Le juge des référés peut donc ordonner la libération du domaine public en cause (CAA Lyon, 5 oct. 2004, Association Les amis de la batellerie du Rhône, requête numéro 04LY00212), sans toutefois pouvoir aller jusqu'à autoriser la collectivité à demander à l'Etat, sur le fondement des dispositions du code des procédures d'exécution, le concours de la force publique (CE, 5 oct. 2016, Association Atelier d'architecture autogérée, requête numéro 396143, Rec., T.). Le juge des référés peut encore ordonner à un concessionnaire défaillant de reprendre son activité (CE, 30 oct. 1963, SARL Sonetra, requête numéro 59403, Rec., p. 520) ou, l'hypothèse est plus rare, de conférer à un acte administratif une force exécutoire dont il n'est jusque là pas revêtu (CE, Ass., 1er mars 1991, Sté des bourses françaises, requête numéro 118382, Rec., p. 78 ; RFDA 1991, p. 613, concl. M. de Saint-Pulgent ; AJDA 1991, p. 262, chron. C. Maugüé et R. Schwartz).

871. Les injonctions aux personnes publiques. L'administré peut obtenir du juge qu'il enjoigne à l'administration de lui communiquer un document lui permettant d'introduire une requête devant le juge de l'excès de pouvoir (CE, 9 avr. 1998, Crédit commercial de France, requête numéro 195453, Rec., p. 176), sans même que la commission d'accès aux documents administratifs ait été préalablement saisie (CE, 29 avr. 2002, Sté Baggerbedrijf de Boer, requête numéro 239466, Rec., p. 877), ce qui est logique si l'on se souvient que l'une des conditions de fond de ce référé est l'urgence. Il est encore possible d'obtenir du juge qu'il enjoigne à l'administration de diligenter toutes mesures utiles, sans préjudicier à l'exécution d'aucune décision administration, afin de s'assurer que des travaux publics puissent être continués sans risque pour la vie des personnes (CE, Sect., 16 nov. 2011, Ville de Paris et Sté d'économie mixte Pariseine, requêtes numéros 353172 et 353173, préc.).

872. Le prononcé d'astreintes. L'ordonnance du juge du référé mesures utiles peut être assortie d'une astreinte si le requérant en a formulé la demande dans ses conclusions. Il appartient au juge des référés d'en prononcer la liquidation (CE, 14 nov. 1997, Communauté urbaine de Lyon, requête numéro 165540, Rec., p. 421 ; AJDA 1998, p. 60, concl. J. Arrighi de Casanova).

§ 2 - Les voies de recours

873. Le recours en cassation. Conformément à l'article L. 523-1 du code de justice administrative, les ordonnances rendues par le juge du référé mesures utiles peuvent faire l'objet d'un recours en cassation dans un délai de 15 jours à compter de leur notification. Cette voie de recours profite essentiellement au requérant dont le référé a été rejeté. Le Conseil d'Etat exerce un contrôle de l'erreur de droit tant sur la question de la contestation sérieuse que sur celles de l'utilité et de l'urgence (par ex., CE, Sect., 22 avr. 2005, Commune du Barcarès, requête numéro 257877, Rec., p. 170, concl. J.-H. Stahl ; RFDA 2005, p. 557, concl. J.-H. Stahl ; AJDA 2005, p. 1621, chron. C. Landais et F. Lenica).

874. Le référé réexamen. Comme en matière de référé suspension et de référé liberté, les ordonnances rendues par le juge du référé mesures utiles autres que de rejet peuvent faire l'objet d'un référé réexamen en application de l'article L. 521-4 du code de justice administrative. Ceci étant, dans un certain nombre de cas, une telle faculté présente un intérêt bien maigre. Il est même parfois inexistant. Certaines mesures ne peuvent utilement être revues par le juge qui les a prononcées. On ne voit pas trop, par exemple, ce que l'administration gagnerait à obtenir la restitution d'un document qu'elle aurait communiqué à la partie adverse. On ne voit guère plus comment une personne expulsée du domaine public pourrait obtenir d'y retourner, d'où les précautions de procédure et de fond théoriquement organisées pour contrebalancer les effets difficilement réversibles de l'expulsion.

875. Bibliographie indicative.

A. Bourrel, « Le pouvoir d'injonction du juge des référés d'urgence », RDP 2010, pp. 927 et s.

S. Boussard, « 15 ans de mise en œuvre du référé mesures utiles », JCP adm. 2016, 2338.

C. Broyelle, « Les mesures ordonnées en référé », RFDA 2007, pp. 73 et s.

L. Dutheillet de Lamothe et **G. Odinet**, « Référé mesures utiles : la quadrature du cercle », AJDA 2016, pp. 474 et s.

CHAPITRE II - LES REFERES ORDINAIRES

876. La distinction du général et du particulier. Tous les référés ne sont pas des référés urgence. Toutefois, l'idée de célérité qui procède de celle d'efficacité de la juridiction est commune à tous les référés. Les référés urgence ne sont à cet égard qu'une catégorie de référés qui ne remettent pas en cause, par leur existence, l'intérêt des référés ordinaires. Les référés ordinaires sont dits généraux lorsqu'ils ne visent aucune matière en particulier (Section 1). D'autres sont dits spéciaux parce qu'ils visent à la résolution, fût-elle provisoire, d'un litige dans une matière précise (Section 2).

Section 1 - Les référés ordinaires généraux

877. Des outils précieux. L'ensemble des référés ordinaires généraux gagnerait à être mieux connu tant ceux-ci peuvent être utiles, en permettant à leur auteur de se prémunir des lenteurs et des difficultés inhérentes au déroulement d'une instance au fond. Il s'agit du référé constat (Sous-section 1), du référé instruction (Sous-section 2) et du référé provision (Sous-section 3).

Sous-section 1 - Le référé constat

878. Le plus ancien des référés en contentieux administratif. Institué par la loi du 22 juillet 1889 – on parlait alors de constat d'urgence – le référé constat passe pour être la doyenne des procédures de référé existant en contentieux administratif. Et encore doit-on souligner ici que cette loi n'a fait que consacrer textuellement une pratique déjà admise au sein des conseils de préfecture, avec l'assentiment du Conseil d'Etat (CE, 26 déc. 1873, Ville d'Alger, Rec., p. 966). Il est aujourd'hui organisé à l'article R. 531-1 du code de justice administrative.

879. L'article R. 531-1 du code de justice administrative. Le référé constat est essentiellement régi par une disposition. Aux termes de R. 531-1 al. 1er du code de justice administrative, « s'il n'est rien demandé de plus que la constatation de faits, le juge des référés peut, sur simple requête qui peut être présenté sans ministère d'avocat et même en l'absence d'une décision administrative préalable, désigner un expert pour constater sans délai les faits qui seraient susceptibles de donner lieu à un litige devant la juridiction ». Ce référé a pour seule fonction d'établir la matérialité de certains faits, ce qui ne l'empêche d'ailleurs pas d'interrompre le cours de la prescription quadriennale (CE, 8 déc. 1995, Sté Sogéa, requête numéro 138873, Rec., p. 434). Ce n'est déjà pas si mal. Et l'intérêt de ce référé est encore plus net dès lors que les conditions qui président à son admission sont relativement faciles à satisfaire (§ 1) et que la procédure n'est pas contraignante (§ 2). L'ordonnance rendue en référé constat est évidemment susceptible de recours (§ 3).

§ 1 - Les conditions d'admission du référé constat

880. L'objet de la demande. Le référé constat ne permet rien d'autre que la constatation des faits. Ainsi, est recevable une demande tendant à ce qu'il soit constaté l'état matériel d'un lieu ou d'un bien (CE, 18 nov. 1959, Département de Constantine, requête numéro 32892, Rec., p. 610), de constater les conditions d'hospitalisation d'un malade (CE, Sect., 7 févr. 1969, M'Barek, requête numéro 67774, Rec., p. 87 ; AJDA 1969, p. 163, chron. J.-L. Dewost et R. Denoix de Saint Marc) ou encore de décrire les conditions de vie dans un établissement pénitentiaire (CE, 28 sept 2011, Garde des sceaux, Ministre de la Justice et des Libertés c. Gallois et Lévêque, requêtes numéros 345309 et 347585, Rec., T., pp. 998, 1076 et 1110). Est en revanche irrecevable la demande tendant à ce que soient déterminées les conséquences qui pourraient, par exemple, résulter de l'existence d'un barrage (CE, 6 juill. 1966, Ministre de l'Equipement c. Sté Soustre et Cie, requête numéro 69782, Rec., p. 453).

Mais il y a plus, en ce que les faits concernés doivent être susceptibles de donner lieu à un litige devant la juridiction saisie. Il en résulte que le requérant n'est pas fondé à demander que des faits soient constatés lorsqu'il est manifeste que ces faits ne peuvent pas donner lieu à un litige devant la juridiction administrative (CE, 31 oct. 1986, Roland, requête numéro 74378). Il en va différemment si la juridiction administrative est compétente pour connaître d'un litige éventuel en lien avec l'objet du référé constat (CAA Lyon, 14 oct. 2004, Institut de formation Rhône-Alpes, requête numéro 04LY00494). Le lien entretenu par les questions de compétence et d'utilité de la demande est assez net ici.

881. L'utilité de la demande. Si l'article R. 531-1 du code de justice administrative n'énonce pas cette condition, il n'en demeure pas moins que la jurisprudence conditionne le prononcé d'une mesure à son utilité. Ainsi, l'existence de documents attestant la matérialité des faits rend la demande superflue, conduisant à son rejet (CE, 8 déc. 1954, Sté des établissements Thibout, Rec., T., p. 867). La faculté pour le demandeur de recourir à un huissier de justice afin de faire constater les faits peut également suffire à priver la demande de toute utilité (CE, 26 juill. 1982, SA Sous-traitants associés de l'électronique, requête numéro 40701, Rec., p. 312). Une demande se rapportant à des faits dont les conséquences ne peuvent plus être appréciées à la date du constat est encore privée de toute utilité (CE, 28 sept. 2011, Garde des sceaux, ministre de la Justice et des Libertés c. Gallois, préc.). En revanche, et contrairement à la logique présidant au référé mesures utiles, la circonstance que le juge du fond ait été saisi du litige ne fait pas obstacle à l'exercice d'un référé constat (CE, 21 mars 1962, Vivien, requête numéro 53339, Rec., T., p. 1065). Et, preuve qu'urgence et utilité sont deux notions bien distinctes, il n'y a plus de condition d'urgence à l'exercice du référé constat depuis le décret du 22 novembre 2000.

882. Les autres questions de recevabilité. Les conditions de recevabilité du référé constat sont réduites à leur plus strict minimum. Le ministère d'avocat n'est pas obligatoire, pas plus qu'il n'est imposé l'existence d'une décision préalable.

§ 2 - La procédure du référé constat

883. Une contradiction tempérée. L'article R. 531-1 al. 2 dispose que avis de l'enregistrement de la requête doit être immédiatement donné aux « éventuels défendeurs ». A bien lire cette disposition, les personnes intéressées sont certes informées de l'existence du référé mais elles ne sont pas mises en mesure d'y répondre. Il n'y a en outre pas, en principe, d'audience publique en référé constat. Il en résulte que le juge est fondé par le pouvoir réglementaire à statuer sur la demande sans débat contradictoire préalable. Rien n'empêche cependant le juge des référés d'organiser la contradiction (CE, 9 janv. 1985, Sté manufacture du Val de Vienne, requête numéro 58067, Rec., p. 8 ; AJDA 2005, p. 235, note J. Moreau ; JCP gén. 1986, 20549, note O. Gohin). On ne saurait se surprendre de ce que le souci de la contradiction soit si peu pris en considération. En effet, comme cela vient d'être esquissé, l'objet du référé constat est la désignation d'un expert afin de constater certains faits. Rares sont finalement les hypothèses qui nécessitent ou même qui méritent qu'une défense soit produite au débat. Au surplus, on doit souligner que toutes les personnes intéressées peuvent assister à l'expertise et formuler des observations à l'expert qui doit alors les consigner au dossier (CE, 21 déc. 1979, Commune d'Arnouville-les-Gonesse c. Miny et Morin, requête numéro 17362, Rec., p. 497).

§ 3 - Les voies de recours

884. Les voies de réformation ordinaires. Les ordonnances rendues en référé constat sont susceptibles d'appel dans les 15 jours suivant leur notification (CJA, art. R. 533-1). La faculté d'interjeter appel est reconnue au bénéfice de celui dont la demande a été rejetée et, mais le cas est fatalement moins fréquent compte tenu de ce que la procédure est rarement contradictoire, à celui du défendeur, c'est-à-dire celui invité à présenter ses observations (CE, 21 mars 2012, Garde des sceaux, ministre de la Justice et des Libertés c. Assafar, requête numéro 353511). L'appel est interjeté devant la cour administrative d'appel, quelle que soit la nature du litige auquel la mesure demandée peut se rattacher (CE, 16 juin 2004, Sté Sumo, requête numéro 266378, Rec., T., p. 812). Les ordonnances rendues par le juge d'appel sont susceptibles d'un recours en cassation, également dans la quinzaine de leur notification (CJA, art. R. 533-3).

885. La tierce opposition. L'article R. 531-1 al. 3 du code de justice administrative prévoit expressément la possibilité de former tierce opposition contre l'ordonnance prescrivant le constat, sous quinzaine. Il est ainsi jugé qu'une personne tierce à l'instance peut former tierce opposition contre l'ordonnance dès lors que, à la suite de l'exécution de celle-ci, sa responsabilité peut être mise en jeu (CE, 28 sept. 2011, Garde des sceaux, ministre de la Justice et des Libertés c. Gallois et Lévêque, requêtes numéros 345309 et 347585, préc.).

Sous-section 2 - Le référé instruction

886. Un référé récent. Le référé instruction n'existe formellement que depuis le décret n° 88-907 du 2 septembre 1988. Auparavant, la demande tendant à ce qu'il soit ordonné une mesure d'instruction relevait du référé administratif. Il est aujourd'hui régi par les articles R. 532-1 et suivants du code de justice administrative. Aux termes de l'article R. 532-1 al. 1er du code de justice administrative, « le juge des référés peut, sur simple requête et même en l'absence de décision administrative préalable, prescrire toute mesure utile d'expertise ou d'instruction ». Deux types de mesures peuvent donc être ordonnés par le juge des référés sur ce fondement : d'expertise ou d'instruction. Ce référé se présente donc comme une voie de droit complémentaire à la fois du référé constat mais également du référé mesures utiles, que les conditions d'admission (§ 1) ne contrarient pas. Pour leur part, la mise en œuvre du référé instruction (§ 2), les pouvoirs du juge (§ 3) et les voies de recours (§ 4) sont classiques.

§ 1 - Les conditions d'admission du référé instruction

887. La compétence. Le référé instruction ne tendant qu'à voir une mesure d'instruction ordonnée avant tout procès, et avant même que puisse être nécessairement déterminé l'ordre de juridiction compétent sur le fond du litige, le juge des référés est compétent si le fond du litige est de nature à relever, au moins pour partie, de la compétence de la juridiction administrative (TC, 17 oct. 1988, SA Entreprise Niay, requête numéro 2530, Rec., p. 494 ; CE, 30 oct. 1989, Sté Omnium technique d'études et de coordination (OTHEC), requête numéro 55571, Rec., T., p. 543). Il en va autrement si le litige ne relève manifestement pas de la compétence de la juridiction administrative (TC, 23 oct. 2000, Sté Capraro et a., requête numéro 3220, Rec., p. 774). En outre, le juge des référés devra rejeter la demande d'expertise qui lui est adressée si celle-ci concerne un litige dont le fond sera de la compétence d'une juridiction administrative spécialisée pour en connaître (CE, 18 févr. 1987, Ministre de la Défense c. Bales, requête numéro 81238, Rec., p. 62). S'agissant de la compétence territoriale, et bien que la jurisprudence soit pour le moins elliptique sur la question, il semble que le juge des référés territorialement compétent soit celui compétent pour statuer sur le fond du litige (en ce sens, CE, 30 nov. 2001, Ville de Chelles, requête numéro 231492).

888. L'utilité de la demande. L'article R. 532-1 du code de justice administrative prévoit expressément que l'intervention du juge du référé instruction n'est possible que pour autant que la mesure qu'il ordonne soit utile. On pourrait presque dire ici qu'elle doit être indispensable. Ainsi, suivant un raisonnement également tenu en référé constat, cette demande est inutile lorsque son auteur dispose d'autres moyens pour obtenir les informations attendues (CE, Sect., 11 févr. 2005, Organisme de gestion du cours du Sacré-Cœur et a., requête numéro 259290, Rec., p. 65 ; RFDA 2005, p. 546, concl. E. Glaser ; AJDA 2005, p. 652, chron. C. Landais et F. Lenica ; AJDA 2005, p. 1932, note N. Ach ; RJEP 2006, p. 21, note E. Crépey). Mais il faut aller plus loin encore et constater que l'utilité de la mesure est appréciée par le juge par rapport au litige susceptible d'être introduit.

Aux termes d'un considérant de principe légèrement plus libéral que celui consacré par sa jurisprudence antérieure (CE, 30 déc. 2002, Office public d'habitations de Nice et des Alpes-Maritimes, requête numéro 241793, Rec., p. 509), le Conseil d'Etat énonce que l'utilité d'une mesure d'instruction ou d'expertise « doit être appréciée (...) au regard de l'intérêt que la mesure est présente dans la perspective d'un litige principal, actuel ou éventuel, auquel elle est susceptible de se rattacher ; qu'à ce (...) titre, [le juge] ne peut faire droit à une demande d'expertise lorsque, en particulier, elle est formulée à l'appui de prétentions qui ne relèvent manifestement pas de la compétence de la juridiction administrative, qui sont irrecevables ou qui se heurtent à la prescription ; (...) de même, il ne peut faire droit à une demande d'expertise permettant d'évaluer un préjudice en vue d'engager la responsabilité d'une personne publique, en l'absence manifeste de lien de causalité entre le préjudice à évaluer et la faute alléguée de cette personne » (CE, 14 févr. 2017, Mme B., requête numéro 401514, Rec., T.).

Dès lors, la demande en référé sera inutile si l'action au principal n'a plus aucune chance de prospérer, en raison par exemple de la forclusion du requérant (CE, 7 juin 2004, Assistance publique à Marseille, requête numéro 252869, Rec., T., p. 810) ou en raison de l'expiration du délai de garantie décennale (CE, 30 déc. 2002, Office public d'habitations de Nice et des Alpes-Maritimes, requête numéro 241793, préc.), et le juge des référés ne peut considérer que la question devra être résolue par le juge du fond (CE, 19 déc. 2008, M. et Mme Marina, requête numéro 314505, Rec., T., p. 854). Pourra également être considérée inutile une demande d'expertise quand une expertise amiable a déjà été réalisée à l'initiative de l'assureur, sauf à ce qu'il soit démontré que cette expertise n'a pas présenté les garanties requises d'impartialité (CE, 23 déc. 2016, Davillé, requête numéro 401066, Rec., T.).

En revanche, le rejet définitif d'un recours indemnitaire dirigé contre un centre hospitalier ne prive pas d'utilité la mesure d'expertise ordonnée par le juge des référés dès lors que le requérant conserve la possibilité de saisir la commission régionale de conciliation et d'indemnisation (CE, 7 avr. 2010, Centre hospitalier régional et universitaire de Rouen c. M. et Mme Chéret, requête numéro 331551, Rec., T., p. 896). On notera encore que, si une affaire est en cours d'instruction au principal, il appartient au requérant de justifier devant le juge des référés de la nécessité qu'il ordonne une mesure avant que la juridiction saisie au principal ne se soit prononcée sur l'utilité d'une telle mesure (CE, 27 nov. 2014, Commune de Saint-André de Boëge et Commune de Boëge, requêtes numéros 385843 et 385844, Rec., T., p. 788).

889. Les questions de recevabilité du référé. Les conditions de recevabilité du référé instruction sont autant limitées en référé instruction qu'elles peuvent l'être en matière de référé constat. Le ministère d'avocat n'est pas obligatoire si l'objet du référé se rattache à des litiges dispensés de ce ministère (CJA, art. R. 532-1 al. 3). Comme en référé constat, l'existence d'une décision préalable n'est pas imposée.

§ 2 - La mise en œuvre du référé instruction

890. Une procédure contradictoire. Conformément à l'article R. 532-2 du code de justice administrative, la requête présentée au juge des référés doit être immédiatement notifiée au défendeur éventuel, avec fixation d'un délai de réponse. Contrairement donc au référé constat, le référé instruction suppose que la décision du juge soit précédée d'un débat contradictoire.

891. Une procédure écrite. Si la contradiction doit avoir été organisée, comme en référé mesures utiles, le juge du référé instruction n'est pas tenu de statuer à la suite d'une audience publique (CE, 30 déc. 2002, Office public d'habitations de Nice et des Alpes-Maritimes, requête numéro 241793, préc.). La procédure est donc essentiellement écrite.

§ 3 - Les pouvoirs du juge

892. Instruction et expertise. Les mesures ordonnées par le juge doivent rester cantonnées à l'instruction et à l'expertise. S'agissant de l'instruction, le juge des référés dispose ici de l'ensemble des pouvoirs dont dispose le juge pour instruire une affaire, et contenus au livre VI du code de justice administrative (vérification administrative, enquête, visite des lieux…). S'agissant de l'expertise – spécifiquement mentionnée mais qui n'est pourtant rien d'autre qu'une mesure particulière d'instruction – le juge des référés est compétent pour admettre la demande et définir l'étendue de la mission de l'expert, sans jamais lui confier comme il se doit le soin de régler des questions de droit. Il ne peut le désigner lui-même, cette prérogative étant dévolue au chef de juridiction (CE, Sect., 11 févr. 2005, Organisme de gestion du cours du Sacré-Cœur et a., requête numéro 259290, préc.). Le juge des référés peut encore appeler à l'expertise en qualité de sachant toute personne dont la présence est susceptible de l'éclairer (CE, 26 sept. 2008, Robert, requête numéro 312140, Rec., T., p. 854).

893. De la conciliation à la médiation. Suivant la jurisprudence administrative, le juge des référés pouvait ordonner à l'expert, même d'office, de concilier les parties si cela était possible (CE, Sect., 11 févr. 2005, Organisme de gestion du cours du Sacré-Cœur et a., requête numéro 259290, préc.). Cette nouvelle position jurisprudentielle procédait du mouvement contemporain tendant au développement des modes alternatifs de règlement des litiges et prévue à l'article R. 621-1 du code de justice administrative dont on rappellera cependant qu'ils peinent à s'épanouir en contentieux administratif. Depuis le décret n° 2016-1480 du 2 novembre 2016, l'article R. 621-1 du code de justice administrative dispose que « l'expert peut se voir confier une mission de médiation. Il peut prendre également l'initiative, avec l'accord des parties, d'une telle médiation » (*supra* n° 576). Une mission de médiateur peut donc être aujourd'hui confiée à l'expert dans le cadre d'un référé instruction (CJA, art. R. 532-5).

894. La modification de la mission de l'expert. Suivant l'article 33 du décret n° 2010-164 du 22 février 2010, le juge des référés peut, à la demande de l'une des parties formée dans le délai de deux mois qui suit la première réunion d'expertise, ou à la demande de l'expert à tout moment, étendre l'expertise à de nouvelles personnes ou en mettre hors de cause certaines déjà désignées (CJA, art. R. 432-3). En outre, et dans les mêmes conditions, le juge des référés peut décider d'étendre ou de réduire l'étendue de la mission de l'expert, suivant les nécessités de la cause. De telles décisions doivent être précédées d'un débat contradictoire (CJA, art. R. 532-4).

§ 4 - Les voies de recours

895. Des voies de réformation ordinaire. Comme en référé constat, les ordonnances rendues en référé constat sont susceptibles d'appel devant la cour administrative d'appel dans les 15 jours suivant leur notification (CJA, art. R. 533-1). Mais, particularité du référé instruction, le président de la cour administrative d'appel ou le magistrat qu'il a désigné peut « immédiatement et à titre provisoire suspendre l'exécution de cette ordonnance si celle-ci est de nature à préjudicier gravement à un intérêt public ou aux droits de l'appelant » (CJA, art. R. 533-2). Les ordonnances rendues par le juge d'appel sont susceptibles d'un recours en cassation, également dans la quinzaine de leur notification (CJA, art. R. 533-3).

Sous-section 3 - Le référé provision

896. Un référé transposé de la procédure civile. Le référé provision a d'abord été consacré en procédure civile par un décret du 17 décembre 1973. Son succès a incité certains juges des référés, sur le fondement de l'article R. 102 du code des tribunaux administratifs, à ordonner le versement de provisions aux demandeurs en tant qu'il s'agissait de « mesures utiles ». L'opposition du Conseil d'Etat a été sans nuance, lequel estimait qu'une telle application du référé conservatoire n'était pas possible parce que préjudiciant au principal (CE, Sect., 20 juin 1980, Sté Gaz de France, requête numéro 22496, Rec., p. 280, concl. M. Rougevin-Baville ; AJDA 1980, p. 555, chron. M.-A. Feffer et M. Pinault). Un texte s'avérait donc nécessaire si l'on voulait doter le juge administratif d'un tel pouvoir. C'est le décret n° 88-907 du 2 septembre 1988 qui a enfin permis aux créanciers d'obtenir une avance sur les sommes qu'ils réclament à l'administration, en attendant que le montant définitif de la créance ne soit fixé par un jugement au fond. En supprimant l'existence d'une demande au fond comme condition de recevabilité du référé provision le décret du 22 novembre 2000 a renforcé l'intérêt pratique du référé provision, organisé depuis lors à l'article R. 541-1 du code de justice administrative.

897. L'article R. 541-1 du code de justice administrative. Aux termes de l'article R. 541-1 du code de justice administrative, « le juge des référés peut, même en l'absence d'une demande au fond, accorder une provision au créancier qui l'a saisi lorsque l'existence de l'obligation n'est pas sérieusement contestable. Il peut, même d'office, subordonner le versement de la provision à la constitution d'une garantie ». L'intérêt du référé provision n'est plus à démontrer, des pans entiers de la pratique se prêtant réellement à la mise en œuvre de cette disposition en attendant que le litige soit réglé au fond, qu'il s'agisse par exemple du contentieux contractuel, du contentieux de la responsabilité, ou encore du contentieux de la fonction publique. Les conditions d'admission du référé provision (§ 1) ne compromettent pas une issue (§ 2) qui se veut rapide et la moins sévère qui puisse être pour le requérant.

§ 1 - Les conditions d'admission du référé provision

898. Trois conditions. Doivent être examinées la compétence du juge du référé provision (I), la recevabilité de la demande (II) et la condition de fond du référé provision (III).

I. La compétence du juge du référé provision

899. La compétence externe. Cela ne surprendra pas, le juge du référé provision n'est pas compétent pour connaître des demandes de provision qui ne ressortissent pas à la compétence de la juridiction administrative. Par exemple, le juge des référés doit décliner sa compétence lorsque la demande tend à l'allocation d'une provision sur une indemnité réclamée dans le cadre d'une action en réparation de préjudices imputés à des décisions prises par les juridictions de l'ordre judiciaire ou à des agissements de la police ou de la gendarmerie qui ne sont pas détachables de procédures judiciaires (CE, 30 mai 2003, Mathey, requête numéro 257309). C'est encore le cas lorsque le litige a trait aux rapports entre les agents publics et leurs employeurs, relatif à un régime complémentaire ou supplémentaire de retraite géré par une institution de prévoyance, ces rapports étant de droit privé (CE, 30 janv. 2008, Samson, requête numéro 304218, Rec., T., pp. 645, 854 et 942).

900. L'incompétence des juridictions administratives spécialisées. Le juge des référés ne peut allouer une provision au demandeur que pour autant que le litige sur lequel se fonde la demande soit de la compétence d'une juridiction administrative générale. Autrement dit, si le préjudice se rattache à un litige ressortissant à la compétence d'une juridiction spécialisée, le juge du référé provision sera incompétent et ce alors même qu'aucune procédure de référé provision n'existe devant cette juridiction spécialisée (CE, 11 janv. 2008, Association Les Parenteles, requête numéro 304476).

901. La compétence au sein des juridictions administratives générales. Le Conseil d'Etat peut être juge de premier et dernier ressort d'une demande de provision si le litige principal ressortit lui-même à sa compétence. Dans le cas contraire, c'est le juge des référés du tribunal administratif en premier ressort ou de la cour administrative d'appel si l'on se situe au stade de l'appel, qui est compétent pour connaître de la demande en référé. Compte tenu de la répartition des compétences entre les différents degrés de juridiction, une incompétence est toujours possible. Celle-ci se règle suivant le droit commun : la juridiction incompétente est tenue à une obligation de transmission, en application de l'article R. 351-1 du code de justice administrative (CE, 20 mai 2003, Jouandon, requête numéro 256744, Rec., T., p. 908).

II. La recevabilité du référé provision

902. Un référé autonome. Dès lors qu'il est présenté, instruit, et susceptible de recours suivant des règles différentes des référés urgence, le référé provision ne saurait être introduit dans une même requête que celle tendant à la suspension des effets d'une décision administrative (CE, 12 août 2004, Appiah, requête numéro 274877, Rec., T., p. 810) ou au prononcé d'une mesure utile (CE, 21 mai 2003, SARL Pico, requête numéro 249541, Rec., T., p. 911).

903. L'existence d'un litige. Une demande indemnitaire préalable adressée à l'administration est nécessaire à l'obtention de la somme réclamée. Par-delà la simple hypothèse d'un litige indemnitaire, lorsqu'une procédure préalable devant l'administration est obligatoire, la demande de provision reste irrecevable tant que cette procédure n'a pas été entamée (CE, Sect., 10 juill. 2002, SARL Grey Diffusion, requête numéro 244411, Rec., p. 271 ; CJEG 2002, p. 670, concl. J. Courtial). Dans le même sens, il a été également jugé que la procédure, prévue au contrat, de recours préalable à la saisine du juge doit être mise en œuvre avant l'exercice d'un référé provision, sans toutefois qu'il soit nécessaire d'attendre son issue (CE, 10 juin 2009, Sté de cogénération et de production de Boe, requête numéro 322242, Rec., T., pp. 842 et 889).

904. L'absence de décision préalable. Si un litige doit déjà exister, il n'existe plus depuis le décret du 22 novembre 2000 d'obligation de faire précéder l'exercice du référé provision d'un recours juridictionnel au principal. Cet assouplissement des conditions de recevabilité est bienvenu en ce qu'il facilite l'exercice du référé provision. Mais il signifie également qu'une provision peut être accordée au demandeur sans certitude qu'il exerce un recours au fond. D'où la possibilité reconnue au défendeur de saisir le juge, par la suite, d'une demande tendant à ce qu'il soit statué au fond sur l'étendue de la créance (*infra* n° 917).

905. Les autres conditions de recevabilité. Le référé provision n'est pas dispensé du ministère d'avocat (CE, 11 oct. 2005, Linder, requête numéro 278283) sauf si la matière dans laquelle l'action s'inscrit écarte une telle obligation.

906. Les demandes de provision émanant des personnes publiques. Les personnes publiques ne sauraient recourir au référé provision pour contourner les règles qui président au recouvrement des créances qu'elles tiennent sur leurs débiteurs. Ainsi, la personne publique peut former un référé provision au titre d'une créance d'origine contractuelle (CE, 24 févr. 2016, Département de l'Eure, requête numéro 395194, Rec., p. 44). En revanche, le référé provision est irrecevable lorsque la personne publique a décidé, préalablement à cette saisine, d'émettre des titres exécutoires en vue de recouvrer les sommes en litige (CE, 15 déc. 2017, Sté Ryanair Designated Activity Company et Sté Airport Marketing Services Limited, requête numéro 408550, Rec., T.). En outre, et en application de la jurisprudence Préfet de l'Eure, est irrecevable une demande présentée par une personne publique tenue par ailleurs d'établir un état exécutoire susceptible de recouvrement forcé contre un usager avec qui elle n'était pas dans une situation contractuelle (CE, 3 févr. 2016, Hôpital de Prades, requête numéro 388643, Rec., T.). Est également irrecevable la demande de provision destinée à tenir en échec l'effet suspensif de l'opposition à un état exécutoire (CE, 1er oct. 1993, Office national interprofessionnel du lait et des produits laitiers, requête numéro 124987, Rec., T., p. 952). Mais lorsque la collectivité a émis un titre exécutoire et qu'aucune opposition n'a été formée contre ce titre, le référé provision est alors recevable (CE, 11 mars 2011, Syndicat mixte pour la valorisation touristique du Pic du midi, requête numéro 337428, Rec., T., p. 1075).

III. La condition de fond du référé provision

907. Une obligation non sérieusement contestable dans son principe. La seule condition posée par l'article R. 541-1 du code de justice administrative est finalement celle de l'existence d'une obligation non sérieusement contestable, étant immédiatement précisé que la seule circonstance que l'obligation est contestée ne la rend pas nécessairement sérieusement contestable (CE, 10 avr. 1992, Centre hospitalier général d'Hyères, requête numéro 108294, Rec., p. 169 ; RFDA 1993, p. 88, concl. D. Tabuteau). Cette condition de l'obligation non sérieusement contestable est de taille, qui conditionne les chances de succès du référé provision à la certitude que le demandeur détient réellement une créance sur l'administration, ce qui explique que l'exercice d'un référé provision soit admissible en cas de contestation du décompte général d'un marché public (CE, 27 janv. 2017, Sté Tahitienne de construction, requête numéro 396404, Rec., T.).

Non sérieusement contestable, l'obligation doit l'être dans son principe. Le juge des référés fait ici montre d'un degré certain d'exigence au point que probabilité de l'existence d'une telle obligation « doit confiner à la certitude » (L. Vallée, concl. sur CE, Sect., 29 janv. 2003, Commune d'Annecy, AJDA 2003, p. 615), ce que confirme le Conseil d'Etat qui exige un « degré suffisant de certitude » (CE, Sect., 6 déc. 2013, Thévenot, requête numéro 363290, Rec., p. 309 ; AJDA 2014, p. 237, concl. D. Hedary). L'on comprend dans ces conditions que le juge du référé provision ne puisse adresser au Conseil d'Etat une demande d'avis contentieux (CE, 3 oct. 2012, Sté Colas Nord Picardie, requête numéro 360840, Rec., T., p. 907), une difficulté sérieuse traduisant l'existence d'une obligation contestable.

Il faut cependant distinguer question sérieuse et question nouvelle. En effet, l'existence d'une question nouvelle n'est pas, en elle-même, constitutive d'une contestation sérieuse (par ex., CE, 8 mars 2006, Bertein, requête numéro 273352, Rec., T., p. 1007). On précisera encore ici que, s'il apprécie le caractère non sérieusement contestable au jour où il statue, le juge doit également s'assurer que la situation restera inchangée par la suite, en prenant en compte une évolution prévisible des droits et obligations des parties (par ex., CE, 2 avr. 2004, Sté Imhoff, requête numéro 257392, Rec., p. 149). L'appréciation du juge des référés sur l'existence d'une obligation contestable est souveraine et le contrôle opéré par le juge de cassation est limité à la dénaturation (CE, Sect., 6 déc. 2013, Thévenot, requête numéro 363290, préc.), mais l'appréciation qu'il porte sur le caractère non sérieusement contestable de cette obligation fait l'objet d'un contrôle de la qualification juridique (CE, 26 mars 2014, Communauté d'agglomération Côte Basque-Adour, requête numéro 374287, Rec., T., pp. 789, 790 et 832).

908. Illustrations jurisprudentielles. Se heurte à une contestation sérieuse au sens de l'article R. 541-1 du code de justice administrative :

- l'obligation dont se prévaut un agent public évincé du service par une décision annulée pour vice de forme mais néanmoins susceptible d'être justifiée au fond (CE, 4 avr. 1997, Ville de Marseille, requête numéro 171969, Rec., T., p. 1001) ;

- l'éventuelle inconventionnalité d'une loi validant une pratique administrative à l'origine du préjudice (CE, Sect., 29 janv. 2003, Commune d'Annecy, requête numéro 247909, Rec., p. 4 ; AJDA 2003, p. 613, concl. L. Vallée ; RFDA 2003, p. 972, note A. Potteau) ;

- la demande de provision formulée par le créancier quand l'accord donné par la commune à la conclusion d'un contrat d'association à durée indéterminée entre l'Etat et une école privée a été dénoncé par elle alors que le contrat d'association n'a été résilié par aucune des parties (CE, 22 oct. 2008, Commune de Plestin-les-Grèves, requête numéro 309956, Rec., T., p. 855).

N'est en revanche pas sérieusement contestable une demande tendant :

- au versement d'une provision sur la créance résultant du retrait d'un arrêté de détachement et replaçant rétroactivement l'agent dans son service initial, indépendamment des doutes quant à la légalité de l'arrêté prononçant le retrait de l'arrêté de détachement (CE, Sect., 16 déc. 2005, Lacroix, requête numéro 274545, Rec., p. 584 ; RFDA 2005, p. 513, concl. S. Verclytte ; AJDA 2006, p. 582, chron. C. Landais et F. Lenica ; Dr. adm. 2006, n° 5, p. 84, note P. Cassia ; JCP 2006, I, 12027, note C. Boiteau) ;

- à la mise en œuvre de la responsabilité du fait d'une transfusion sanguine (CE, 5 déc. 2005, Etablissement français du sang c. Lehongre veuve Benamou, requête numéro 275616, Rec., p. 549) ;

- à la réparation des conséquences du refus de concours de la force publique (CE, 21 janv. 2011, Sté nationale immobilière, requête numéro 339647).

La circonstance que l'obligation soit solidaire et qu'il ne soit pas encore possible de déterminer la répartition finale de la dette n'est également pas constitutive d'une obligation sérieusement contestable (CE, 19 nov. 1993, Port autonome de Marseille, requête numéro 135772, Rec., p. 324), pas plus que l'éventuelle créance distincte que le défendeur détiendrait sur le demandeur (CE, 18 juin 2014, Electricité de France, requête numéro 372803, Rec., T., p. 789).

909. La question de l'étendue de la créance. Contestable, l'obligation peut l'être sur son quantum, sans que le référé provision ne soit rejeté. Certains préjudices ne sont pas susceptibles, en l'état de l'instruction, d'être fidèlement évalués et, à cet égard, peu importe notamment qu'une expertise soit nécessaire pour la détermination finale de l'étendue du préjudice (CE, 15 févr. 2008, Héliot, requête numéro 303863, Rec., T., pp. 855 et 936). Lorsqu'il est certain que le préjudice existe, et qu'il ne fait pas de doute que celui-ci excède un certain seuil, le juge du référé provision sera tenu d'allouer la provision demandée, à tout le moins la fraction du montant de la créance qui revêt un caractère de certitude suffisant (CE, Sect., 6 déc. 2013, Thévenot, requête numéro 363290, préc.). Mais il faut cependant prendre garde aux hésitations du juge. Le doute quant au montant de la créance peut faire naitre une difficulté, et il a déjà été jugé, en certaines espèces, que l'incertitude quant au montant de l'obligation pouvait rendre celle-ci sérieusement contestable (TA Lyon, réf., 24 févr. 2005, Compagnie nationale du Rhône, AJDA 2005, p. 1678, note P. Subra de Bieusses). Le requérant ne doit donc nullement sous-estimer l'importance qu'il y a à minimiser le doute quant au quantum de la créance.

§ 2 - L'issue du référé provision

910. Quatre questions à observer. S'interroger sur l'issue du référé provision conduit à appréhender chronologiquement quatre questions complémentaires : la procédure du référé provision (I), les pouvoirs du juge (II), les voies de recours (III) et les conséquences de l'allocation d'une provision (IV).

I. La procédure du référé provision

911. Une procédure essentiellement écrite. La requête en référé provision doit être immédiatement notifiée par le greffe au défendeur éventuel, avec fixation d'un délai de réponse (CJA, art. R. 541-2). Très classiquement, à l'image de ce que permet l'article L. 522-3 du code de justice administrative qui ne lui est cependant pas applicable, le juge du référé provision peut décider de rejeter, sans instruction contradictoire, les conclusions qui lui ont été adressées dès lors qu'il n'existe pas d'obligation non sérieusement contestable (sol. impl. : CE, 26 févr. 2007, Riche, requête numéro 301893, Rec., T., p. 1006). Lorsque l'instruction a été mise en œuvre, le juge du référé n'est pas tenu d'entendre les parties à l'occasion d'une audience publique avant de statuer (CE, 25 oct. 2002, Centre hospitalier de Colson, requête numéro 244729, Rec., p. 849 ; AJDA 2003, p. 183, concl. C. Maugüé).

912. Une procédure réputée contradictoire. Si le principe de la contradiction doit être respecté en référé provision, il y a lieu de souligner que le juge l'appréhende avec une certaine souplesse et que le poids du principe varie suivant qu'il bénéficie au demandeur ou au défendeur. Ainsi, les exigences de la contradiction emportent obligation, avant de faire droit à la demande, de communiquer la requête au défendeur (CE, 15 sept. 2004, Sté Téléservice santé, requête numéro 258117, Rec., T., p. 811) autant que de communiquer au défendeur un mémoire en réplique qui contiendrait une demande nouvelle (CE, 16 nov. 2005, M. Auguste et commune de Nogent-sur-Marne, requêtes numéros 262360 et 263709, Rec., p. 507 ; JCP adm. 2006, p. 1038, note F. Linditch). Par-delà, dès lors que le litige présente les traits de gravité à laquelle l'article L. 1142-1-1 du code de la santé publique subordonne le droit à réparation au titre de la solidarité nationale, il appartient au juge des référés d'appeler dans la cause l'Office national d'indemnisation des accidents médicaux, des affections iatrogènes et des infections nosocomiales, au besoin d'office (CE, 5 févr. 2014, Centre hospitalier de Cambrai, requête numéro 362351, Rec., T., pp. 789, 855 et 861). Mais le juge n'est pas tenu de communiquer au demandeur le mémoire en défense produit à l'instance et, s'il décide néanmoins de le faire, le délai de réponse peut alors être bref, sans que cela n'entache la procédure (CE, 22 mars 1999, Soudain, requête numéro 186336, Rec., p. 87). Rien ne s'oppose, par principe, à ce que le juge du référé provision statue sur la demande trois jours seulement après avoir communiqué ce mémoire au demandeur (CE, Sect., 29 janv. 2003, Commune d'Annecy, requête numéro 247909, préc.). Il y a là matière à réflexion. Sans doute l'article L. 5 du code de justice administrative dispose que les exigences de la contradiction sont adaptées à celles de l'urgence. Pour autant, le référé provision n'est précisément pas un référé urgence. On imagine mal ici l'urgence qui peut justifier qu'il soit statué sur la demande, en urgence et donc dans l'intérêt du demandeur, sans que celui-ci ne soit mis en mesure de formuler, dans un délai raisonnable, ses observations en réplique, sauf à ce que l'issue du litige lui soit favorable. Mais alors, à quoi bon lui communiquer le mémoire en défense ?

II. Les pouvoirs du juge du référé provision

913. L'étendue de l'allocation. Le juge des référés peut, c'est l'évidence, rejeter la demande qui lui est adressée en tant que celle-ci concerne une obligation sérieusement contestable. Mais il peut également, cela est tout aussi évident, faire droit à la demande. Dans ce cas, c'est à lui de déterminer le montant de la provision qui ne saurait excéder celui de la créance dont se prévaut le requérant. Il peut être ordonné le versement de tout ou partie de ce qui a été demandé. Sans doute est-il possible de concevoir que l'allocation de tout ou presque de ce qui a été demandé est un moyen d'éteindre certains contentieux, le requérant ayant obtenu satisfaction et le défendeur pouvant avoir été convaincu par le raisonnement du juge. En soi, une telle solution peut être approuvée et le juge peut être enclin à la retenir. Mais rien ne l'oblige à le faire, les textes autant que la jurisprudence restant muets sur ce point. Sauf à concevoir une extension du contrôle de cassation à la qualification juridique des faits, le juge du référé provision reste souverain quant au montant de l'allocation. En toute hypothèse, le juge des référés peut assortir le paiement d'une provision d'intérêts moratoires (CE, 2 avr. 2004, Sté Alstom power turbomachines, requête numéro 256504, Rec., p. 150).

914. La constitution de garanties. Il est concevable que le juge saisi de l'affaire au principal retienne une solution différente, voire contraire, de celle du juge des référés. Dans ce cas, le bénéficiaire de la provision devra reverser toute ou partie de la somme qui lui aura été allouée par provision. Il y a un risque ici que l'administration se trouve confrontée à une personne insolvable et ne puisse recouvrer la somme dont elle avait été initialement contrainte au paiement. Pour éviter une telle situation, l'article R. 541-1 du code de justice administrative autorise le juge des référés à subordonner le versement de la provision à la constitution d'une garantie. Le juge peut ordonner cette garantie même d'office, à condition toutefois qu'elle soit justifiée par le montant de la provision et qu'il existe des éléments sur lesquels se fonder pour douter de la solvabilité du demandeur (CAA Nantes, 18 mai 1995, Renoult, requête numéro 94NT01278, Rec., T., p. 970).

915. La motivation de l'ordonnance du juge du référé provision. Suivant que l'ordonnance fait droit ou non à la demande de provision, l'obligation de motiver diffère. Lorsqu'il alloue une provision, le juge doit indiquer dans son ordonnance les motifs de fait et de droit sur lesquels il se fonde pour en déduire que l'obligation n'est pas sérieusement contestable (CE, 27 juin 1997, Centre hospitalier de Lagny, requête numéro 163496, Rec., p. 266). Cela conduit, en référé-provision, à une motivation en général plus importante que dans les autres référés. Ceci ne saurait surprendre pour deux raisons :

- d'une part, il revient au juge de démontrer que la créance n'est pas sérieusement contestable, ce qui le conduit en pratique à opérer un contrôle de légalité qui s'apparente à celui mis en œuvre par le juge du fond ;

- d'autre part, l'allocation d'une provision n'est pas neutre. Elle emporte des conséquences parfois importantes pour le défendeur qui va être logiquement conduit à engager une action au fond là où il devrait ne pas avoir l'initiative. Il est dès lors normal que le juge de cassation soit mis en mesure de contrôler la régularité de l'ordonnance.

Ces arguments ne sauraient jouer dans les hypothèses de rejet et c'est en partie ce qui peut expliquer que, alors, le Conseil d'Etat se contente d'une motivation succincte, voire stéréotypée. Il suffit au juge des référés d'indiquer dans sa décision que l'obligation dont se prévaut le demandeur est « sérieusement contestable » (CE, 20 déc. 2000, Sté des Autoroutes du sud de la France, requête numéro 212293). Il n'est pas certain qu'une telle jurisprudence – qui diffère de celle auparavant en vigueur (CE, 22 mars 1999, Soudain, requête numéro 186336, préc.) – doive être approuvée. Le rejet ne modifie certes pas la situation des parties, mais il préjudicie au demandeur en tant qu'il ne lui permet pas d'obtenir, à titre provisoire, une somme dont il peut avoir besoin (de là notamment l'intérêt de montrer au juge l'existence d'une situation d'urgence alors même qu'elle n'est pas dictée par les textes). En outre, il y a une inconséquence à organiser dans tous les cas le même contrôle de l'erreur de droit sans permettre au juge de cassation de disposer, en tout litige, de la même motivation pour se forger sa conviction.

III. Les voies de recours

916. Un ou deux degrés de juridiction. Sauf à ce quelle soit rendue en dernier ressort, l'ordonnance rendue par le président du tribunal administratif est susceptible d'appel devant la cour administrative d'appel dans les 15 jours suivants sa notification (CJA, art. R. 541-3).

L'ordonnance est rendue en dernier ressort lorsqu'elle porte sur un litige relevant des cas prévus aux 1° à 7° de l'article R. 811-1 du code de justice administrative (*infra* n°s 1076 et s.). En dehors de ces hypothèses, le montant de l'obligation en cause doit être regardé comme excédant celui au dessus duquel l'appel est possible, lorsque les conclusions adressées au juge du référé-provision tendent au versement d'une somme supérieure à 10 000 euros. Dans le cas contraire, l'étendue de l'obligation doit être appréciée au vu de ce qui est contenu dans la requête et, le cas échéant, de l'existence d'une demande d'expertise. Notamment, lorsque le requérant se réserve la faculté de fixer le montant de la provision qu'il réclame en considération des conclusions de l'expert, le montant doit être tenu pour supérieur au seuil des 10 000 euros et l'ordonnance à intervenir sera dès lors susceptible d'appel (CE, 9 déc. 2015, Commune du Cannet et Cie Areas Dommages, requête numéro 391626, Rec., p. 434).

L'ordonnance rendue en dernier ressort est susceptible d'un recours en cassation, dans les 15 jours qui suivent sa notification (CJA, art. R. 541-5). Il y a cependant non lieu à statuer si, postérieurement à l'introduction du pourvoi, la juridiction s'est prononcée sur la demande indemnitaire et ce alors même que le jugement serait frappé d'appel. L'intervention du jugement est considérée comme ayant privé l'ordonnance de son caractère exécutoire (CE, 4 avr. 2005, Commune de Sainte-Geneviève-des-Bois, requête numéro 267325, Rec., T., p. 1020). Si le pourvoi est admis, et s'il conserve son objet, le Conseil d'Etat exercera un contrôle de la qualification juridique sur l'appréciation du caractère non contestable de l'obligation (CE, Sect., 6 déc. 2013, Thévenot, requête numéro 363290, préc.).

IV. Les conséquences de l'allocation d'une provision

917. Du provisoire pouvant durer… Le décret n° 2000-1115 du 22 novembre 2000 pris pour l'application de la loi du 30 juin 2000 a supprimé la condition suivant laquelle l'introduction d'un référé provision devait être précédée ou au moins accompagnée d'une demande au principal. La conséquence de cette suppression est d'autoriser des situations où l'allocation d'une provision au demandeur restera sans réponse au fond. Ceci explique l'article R. 541-4 du code de justice administrative, aux termes duquel, « si le créancier n'a pas introduit de demande au fond dans les conditions de droit commun, la personne condamnée au paiement d'une provision peut saisir le juge du fond d'une requête tendant à la fixation définitive du montant de sa dette, dans un délai de deux mois à partir de la notification de la décision de provision rendue en première instance ou en appel ». Ainsi formulé, l'article R. 541-4 laisse le choix à la personne condamnée au paiement de la provision de saisir ou de ne pas saisir le juge au fond. C'est la faiblesse de cette disposition qui s'accorde mal avec le principe suivant lequel l'administration ne doit jamais être condamnée au paiement d'une somme qu'elle ne doit pas (CE, Sect., 19 mars 1971, Mergui, requête numéro 79962, Rec., p. 235, concl. M. Rougevin-Baville ; AJDA 1971, p. 274, chron. D. Labetoulle et P. Cabanes ; RDP 1972, p. 234, note M. Waline). L'ordonnance du juge des référés n'emportant que des effets provisoires, et n'étant pas à ce titre revêtu de l'autorité de la chose jugée, ce que rappelle le Conseil d'Etat (CE, 11 déc. 2015, Commune de Colmar, requête numéro 383625, Rec., p. 462), on ne peut se satisfaire de ce qu'une personne publique puisse, en opportunité, ne pas saisir le juge alors même qu'elle le devrait. Il serait nettement plus satisfaisant que la saisine du juge au fond procède automatiquement de la condamnation au paiement prononcée par le juge du référé provision.

918. Bibliographie indicative.

L. Abramowitch, « Un Janus procédural : le référé-constat », AJDA 2013, pp. 448 et s.

H. Belrhali, « Référé-provision : quand la responsabilité de l'administration est « non sérieusement contestable », AJDA 2017, pp. 1833 et s.

Ph. Delelis, « Les insuffisances des procédures de référé », AJDA 2011, pp. 320 et s.

C.-A. Dubreuil, « Le référé-provision, référé administratif au fond ?, RFDA 2007, pp. 1005 et s.

S. Platon, « Le référé-provision administratif », Dr. adm. 2008, étude 1.

Y. Strickler, « Regard d'un privatiste sur le référé administratif », RFDA 2007, pp. 86 et s.

Section 2 - Les référés ordinaires spécifiques

919. Un succès inégal suivant les matières. Certains référés ordinaires sont spécifiques en ce qu'ils sont organisés pour des matières déterminées. Les référés en matière de passation des contrats (Sous-section 1) sont de loin ceux qui connaissent le succès le plus important. D'autres existent, dont la rareté de leur mise en œuvre ne justifierait cependant pas qu'on les ignore (Sous-section 2).

Sous-section 1 - Les référés en matière de passation de contrats

920. L'influence du droit de l'Union européenne. Le droit de l'Union européenne repose sur l'idée que les contrats d'une certaine ampleur visant la satisfaction des besoins des personnes publiques doivent être passés suivant des procédures non discriminatoires garantissant les principes de transparence et de mise en concurrence. Ces principes doivent être respectés même en dehors du champ d'application des directives régissant la matière (CJCE, aff. C-324/98, 7 déc. 2000, Telaustria Verlags GmbH ; Contrats-March. pub. 2001, n° 2, p. 24, note F. Llorens ; LPA 2001, n° 85, p. 13, note B. Cantier et A. Troizier ; Europe 2001, n° 2, p. 20, note F. Kauff-Gazin). Cette contrainte serait illusoire si les procédures de passation devaient rester à l'abri de toute contestation efficace de la part des concurrents non retenus. Les directives du 21 décembre 1989 (directive 89/665/CEE du Conseil du 21 sept. 1989 portant coordination des dispositions législatives, réglementaires et administratives relatives à l'application des procédures de recours en matière de passation des marchés publics de fournitures et de travaux, JOCE L 395 du 30 déc. 1989) et du 25 février 1992 (directive 92/13/CEE du Conseil du 25 févr. 1992 portant coordination des dispositions législatives, réglementaires et administratives relatives à l'application des règles communautaires sur les procédures de passation des marchés des entités opérant dans les secteurs de l'eau, de l'énergie, des transports et des télécommunications, JOCE L 76 du 23 mars 1992) ont ainsi eu pour effet de contraindre les Etats membres de la communauté européenne à organiser des mécanismes de recours propres à garantir le respect des règles de passation des marchés publics telles qu'organisées par le droit communautaire. De là l'avènement du référé précontractuel en contentieux administratif français (loi n° 92-10 du 4 janvier 1992 relative aux recours en matière de contrats et marchés, JORF 7 janv. 1992). Les insuffisances constatées dans les droits internes ont incité le législateur communautaire à adopter une directive, dite « recours », renforçant l'efficacité des procédures de recours en la matière (directive

2007/66/CE du 11 déc. 2007 modifiant les directives 89/665/CEE et 92/13/CEE du Conseil en ce qui concerne l'amélioration de l'efficacité des procédures de recours en matière de passation des marchés publics, JOUE L335/31 du 20 déc. 2007).

921. L'essor d'un droit interne de la commande publique. Par un phénomène remarquable d'assimilation et à certains égards même d'acculturation, les juridictions nationales ont totalement intégré les exigences du droit de l'Union européenne, au point même qu'il y a parfois lieu de se demander si celui-ci n'est pas devenu accessoire. Le Conseil constitutionnel n'a pas hésité à reconnaître la valeur constitutionnelle des principes directeurs de la commande publique (Cons. const., décision numéro 2003-473 DC du 26 juin 2003, Loi habilitant le Gouvernement à simplifier le droit, Rec. Cons. const., p. 382 ; AJDA 2003, p. 2348, note E. Fatôme et L. Richer ; RFDC 2003, p. 772, note E. Fatôme et L. Richer ; JCP adm. 2004, n° 14, p. 449, note F. Linditch), et le Conseil d'Etat d'en prendre acte sans difficulté au point de censurer certaines tentatives du pouvoir réglementaire de desserrer l'étau procédural, notamment celle ayant été porté de 4000 euros à 20000 euros le seuil en dessous duquel les marchés publics pouvaient être conclus de gré à gré (CE, 10 févr. 2010, M. Perez, requête numéro 329100, Rec., p. 17). Une telle rigueur n'a pas été sans générer des difficultés, notamment pour les acheteurs publics. En effet, la jurisprudence administrative était sans nuance, qui sanctionnait toute atteinte aux obligations de transparence et de mise en concurrence, alors même que celle-ci n'aurait pas affecté la situation du requérant.

922. Un contentieux de la passation rationalisé. Cette jurisprudence est révolue, la décision Smirgeones du Conseil d'Etat du 3 octobre 2008 ayant contribué à la subjectivisation du contentieux précontractuel (CE, Sect., 3 oct. 2008, Syndicat mixte intercommunal de réalisation et de gestion pour l'élimination des ordures ménagères du secteur Est de la Sarthe, requête numéro 305420, Rec., p. 324, concl. B. Dacosta ; AJDA 2008, p. 2161, chron. E. Geffray et S.-J. Liéber ; JCP adm. 2008, n° 47, p. 27, note F. Linditch ; RDI 2008, n° 10, p. 499, note S. Braconnier ; RFDA 2008, p. 1128, concl. B. Dacosta et note P. Delvolvé). En outre, la directive recours n'a pas seulement incité le Conseil d'Etat, par anticipation, à adopter sa jurisprudence Tropic (CE, Ass., 16 juill. 2007, Société Tropic travaux signalisation, requête numéro 291545, Rec., p. 360 ; RFDA 2007, p. 696, concl. D. Casas ; AJDA 2007, p. 1577, chron. F. Lenica et J. Boucher ; JCP gén. 2007, II, 10156, note M. Ubaud-Bergeron et 10160, note B. Seiller ; JCP adm. 2007, 2212, note F. Linditch et 2221, note M.-C. Rouault). Elle a également conduit, avec l'ordonnance du 7 mai 2009 (ordonnance n° 2009-515 du 7 mai 2009 relative aux procédures de recours applicables aux contrats de la commande publique, JORF 8 mai 2009, p. 7796 ; Dr. adm. juin 2009, note T. Pez ; Contrats.-March. pub. juill. 2009, note J.-F. Lafaix), à la réécriture partielle des règles présidant au référé précontractuel (§ 1) et à la création du référé contractuel (§ 2).

§ 1 - Le référé précontractuel

923. Les articles L. 551-1 et L. 551-5 du code de justice administrative. Le référé précontractuel est la voie de recours permettant d'obtenir la sanction de la passation d'un contrat – et seulement d'un contrat (CE, 6 mars 2017, SARL Dépannage Remorquage Manrique, requête numéro 404873) – dont la procédure se déroule ou s'est déroulée au mépris des obligations de publicité et de mise en concurrence. Il doit être exercé avant la conclusion du contrat. Le code de justice administrative distingue deux référés précontractuels : ceux relatifs aux contrats conclus par un pouvoir adjudicateur (CJA, art. L. 551-1) et ceux relatifs aux contrats conclus par une entité adjudicatrice (CJA, art. L. 551-5). Cette distinction procède de la distinction faite par le droit de l'Union européenne en fonction de l'activité donnant lieu à la conclusion du contrat. Mais la définition du référé précontractuel reste la même. Aux termes de l'article L. 551-1 du code de justice administrative, « le président du tribunal administratif, ou le magistrat qu'il délègue, peut être saisi en cas de manquement aux obligations de publicité et de mise en concurrence auxquelles est soumise la passation par les pouvoirs adjudicateurs de contrats administratifs ayant pour objet l'exécution de travaux, la livraison de fournitures ou la prestation de services, avec une contrepartie économique constituée par un prix ou un droit d'exploitation, la délégation d'un service public ou la sélection d'un actionnaire opérateur économique d'une société d'économie mixte à opération unique ». L'article L. 551-5 du code de justice administrative prévoit les mêmes dispositions pour les contrats passés par les entités adjudicatrices. L'article L. 551-1 du code dispose encore, en son deuxième alinéa, que le juge des référés peut également être saisi « en cas de manquement aux mêmes obligations auxquelles sont soumises, en application de l'article L. 521-20 du code de l'énergie, la sélection de l'actionnaire opérateur d'une société d'économie mixte hydroélectrique et la désignation de l'attributaire de la concession ». Peu ou prou, les conditions d'admission du référé précontractuel (I), la procédure (II), les pouvoirs du juge (III) et les voies de recours (IV) sont les mêmes.

I. Les conditions d'admission du référé précontractuel

924. Des conditions d'admission contraignantes. Le requérant doit prendre garde. Le référé précontractuel n'est pas ouvert à l'encontre de toute procédure de passation (A) et sa requête ne peut se contenter d'être sommaire. Même si, en effet, il s'agit d'une procédure de référé, un grand soin doit être apporté par le requérant à démontrer que les conditions d'admission du référé précontractuel qu'il intente sont réunies (B), la tendance contemporaine de la juridiction administrative étant de durcir son degré d'exigence.

A. Les procédures concernées

925. Les procédures prévues par un texte. La passation de certaines catégories de contrats est plus ou moins formalisée par un texte. C'est le cas des marchés publics et des délégations de service public mais également, lorsqu'ils répondent à la définition donnée aux articles L. 551-1 ou L 551-5 du code de justice administrative, les baux emphytéotiques administratifs et les sous-concessions de plage par exemple. Le juge du référé précontractuel est compétent pour connaître des manquements aux règles de publicité et de mise en concurrence affectant la procédure de passation de ces contrats, même si, compte tenu des modalités de la procédure choisie, il n'est pas certain qu'un contrat de ce type soit finalement conclu (CE, 10 juin 2009, Port autonome de Marseille, requête numéro 317671, Rec., T., p. 840 ; RJEP 2010, comm. 7, note C. Chamard-Heim).

926. A propos des marchés publics passés des personnes privées. Tous les marchés publics ne sont pas connus du juge administratif. Aux termes de l'article 3 de l'ordonnance n° 2015-899 du 23 juillet 2015 relative aux marchés publics, « les marchés publics relevant de la présente ordonnance passés par des personnes morales de droit public sont des contrats administratifs ». *A contrario*, les marchés publics passés par des personnes privées – l'hypothèse n'est pas d'école – restent des contrats de droit privé sauf s'ils remplissent les critères jurisprudentiels du contrat administratif, comme c'était déjà le cas sous l'empire de l'ordonnance n° 2005-649 du 6 juin 2005. Lorsque ces marchés sont des contrats de droit privé, c'est alors au juge civil de connaître de leur passation en application de l'article 1441-1 du code de procédure civile. Sans doute peut-on se satisfaire de ce qu'il a été mis fin, depuis quelques années déjà, à la concurrence de compétence entre juridictions civiles et juridictions commerciales, au profit d'une douzaine de tribunaux de grande instance (décret n° 2009-1455 du 27 novembre 2009 relatif à la spécialisation des juridictions en matière de contestations concernant les obligations de publicité et de mise en concurrence des contrats de droit privé relevant de la commande publique). Il n'en demeure pas moins regrettable que le législateur délégué mis fin, une bonne fois pour toutes, à ce dualisme juridictionnel, facteur sans raison convaincante de complications, quand on sait le bénéfice qui pourrait être tiré de l'organisation d'un bloc de compétence au profit du juge administratif, bloc qui faciliterait la vie des requérants et qui éviterait notamment les divergences de jurisprudences entre les deux ordres de juridiction (sur cette question, P. Caille, « Les particularités contentieuses des marchés de droit privé de l'administration en France », Dr. et ville 2010, pp. 253 et s.).

927. Sur les contrats innommés. L'imagination féconde des acheteurs publics peut être sans limite lorsqu'il s'agit d'éviter les contraintes procédurales. Certains montages échappaient ainsi au contrôle du juge des référés parce que n'entrant pas précisément dans l'une des catégories de contrats nommés. C'est la raison pour laquelle les articles L. 551-1 et L. 551-5 du code de justice administrative prévoient une formule plus large depuis l'ordonnance du 7 mai 2009 : lorsque le contrat vise la satisfaction d'un besoin de l'administration en matière de travaux, de fournitures ou de services avec un droit d'exploitation pour contrepartie, celui-ci peut faire l'objet d'un référé précontractuel.

928. Le cas des conventions domaniales. La question de la soumission des conventions portant occupation du domaine public aux règles de publicité et de mise en concurrence s'est longtemps posée. Palliant le silence des textes, le Conseil d'Etat avait finalement pris le parti de trancher, en jugeant que si l'autorité gestionnaire d'une dépendance domaniale était libre de mettre en concurrence la délivrance du titre d'occupation, elle n'était jamais tenue de le faire (CE, Sect., 3 déc. 2010, Ville de Paris et Association Paris Jean Bouin, requêtes numéros 338272 et 338527, Rec., p. 472 ; AJDA 2010, p. 2011, p. 18, étude S. Nicinski et E. Glaser ; AJCT 2011, p. 37, obs. J.-D. Dreyfus ; Contrats-Marchés publ. 2011, comm. n° 25, note G. Eckert ; Dr. adm. 2011, comm. n° 17, note F. Brenet et F. Melleray ; RDI 2011, p. 162, obs. S. Braconnier et R. Noguellou), sauf à ce que la convention eût été également constitutive d'un contrat dont la passation est soumise à une procédure de mise en concurrence prévue par un texte, qu'il se fût agi d'un marché public (CE, Ass., 4 nov. 2005, Sté J-C. Decaux, requêtes numéros 247298 et 247299, Rec., p. 476 ; AJDA 2006, p. 120, note A. Ménéménis ; BJCP 2006, n° 44, p. 27, concl. D. Casas ; JCP adm. 2005, n° 50, p. 1825, note F. Linditch) ou d'une concession de service public (CE, 20 déc. 2000, CCI du Var, requête numéro 217639) par exemple. En dehors de cette hypothèse, la soumission volontaire à une procédure de passation n'ouvrait pas la faculté aux concurrents évincés de mettre en œuvre le référé précontractuel (CE, 19 janv. 2011, CCI Pointe-à-Pitre, requête numéro 341669, Rec., T., p. 1021 ; BJCP 2011, p. 101, concl. N. Boulouis ; AJDA 2011, p. 1330, note P. Caille ; Contrats-March. publ. mars 2011, comm. 86), même si la personne publique avait expressément fait application du code des marchés publics (CE, 3 déc. 2014, Établissement public Tisséo et Société Métrobus, requête numéro 384170, Rec., T., p. 748 ; BJCP 2015, p. 128, concl. G. Pellissier).

Sous l'effet de la jurisprudence de la Cour de justice de l'Union européenne (CJUE, aff. C-458/14 et C-67/15, 14 juill. 2016, Promoimpresa Srl, Mario Melis c/ Consorzio dei comuni della sponda bresciana del lago di Garda e del lago di Idro c/ Regione Lombardia c/ Comune di loiri porto San Paolo c/ Provincia di Olbia Tempio, AJDA 2016, p. 2176, note R. Noguellou), les choses devaient changer. Le législateur délégué est intervenu pour soumettre, de manière différenciée suivant la nature et l'ampleur de l'occupation, les autorités gestionnaires du domaine public à des obligations de publicité et de mise en concurrence (ordonnance n° 2017-562 du 19 avril 2017 relative à la propriété des personnes publiques, JORF 20 avril 2017, texte n° 8). Il serait tentant d'inférer de ce mouvement que le juge du référé préocntractuel devrait à présent connaître des actions dirigées contre la délivrance des titres d'occupation entrant dans le champ d'application de l'ordonnance, à peine de contrevenir aux exigences du droit de l'Union européenne. Mais ce serait une erreur. En effet, la rédaction des articles L. 551-1 et L. 551-5 du code de justice administrative est inchangée et la passation des conventions domaniales soumises à des obligations de publicité et de mise en concurrence n'entre pas dans leur champ d'application.

B. La requête

929. Le juge compétent. Le juge compétent pour connaître du référé précontractuel est le président du tribunal administratif, ou un magistrat qu'il délègue, compétent pour connaître du litige au fond, c'est-à-dire celui dans le ressort duquel le contrat doit être exécuté (CJA, art. R. 312-11). Dans l'hypothèse où l'exécution du contrat a vocation à excéder le ressort d'un seul tribunal ou si le lieu d'exécution n'est pas précisé, il s'agira du tribunal administratif dans le ressort duquel l'autorité publique contractante ou la première dénommée parmi elles se situe (CJA, art. R. 312-11). Conformément à l'article R. 312-19 du code de justice administrative, le tribunal administratif de Paris est compétent dans le cas d'un marché public passé et exécuté à l'étranger (CE, 29 juin 2012, Sté Pro 2C, requête numéro 357976, Rec., p. 258).

930. L'enregistrement de la requête. Le référé précontractuel ne peut prospérer que si le contrat n'a pas encore été signé. De jurisprudence constante, la requête doit ainsi être enregistrée avant la signature du contrat (CE, Sect., 3 nov. 1995, CCI de Tarbes et des Hautes-Pyrénées, requête numéro 157304, Rec., p. 394, concl. C. Chantepy ; RFDA 1995, p. 1077, concl. C. Chantepy ; AJDA 1995, p. 888, chron. J.-H. Stahl et D. Chauvaux). Conséquence de la directive recours, l'enregistrement de la requête emporte automatiquement suspension de la signature jusqu'à la notification au pouvoir adjudicateur ou de l'entité adjudicatrice de la décision juridictionnelle (CJA, art. L. 551-4 et L. 551-9).

931. La notification de la requête. Afin d'éviter que l'acheteur public signe de bonne foi le contrat alors que le juge des référés aurait déjà été saisi, les articles R. 551-1 et R. 551-2 du code de justice administrative font obligation à l'auteur du recours de notifier celui-ci, respectivement au pouvoir adjudicateur ou à l'entité adjudicatrice. Cette obligation faite de notifier le recours n'emporte cependant pas les mêmes effets qu'en contentieux de l'urbanisme (*supra* n° 450). Il ne s'agit ici que d'une mesure permettant de prémunir le requérant d'une situation de non-lieu, dans le cas où le contrat serait signé. Un contrat signé alors que le référé précontractuel a été notifié n'est pas illégal de ce fait, mais il sera alors susceptible de référé contractuel (*infra* n° 948). C'est la raison pour laquelle cette notification n'est pas organisée à peine d'irrecevabilité de la requête (CE, 10 nov. 2010, Ministre de la Défense, requête numéro 341132, Rec., T., p. 885 ; Contrats-March. publ. 2011, n° 1, p. 43, note F. Llorens). Mais à défaut de notification, la signature du contrat n'est pas fautive (CE, 30 sept. 2011, Commune de Maizières-Les-Metz, requête numéro 350148, Rec., p. 450 ; BJCP 2011, p. 465, concl. B. Dacosta), sauf à ce que le greffe de la juridiction ait pallié la carence du requérant en communiquant la requête au pouvoir adjudicateur avant la signature du contrat (CE, 1er mars 2012, OPAC du Rhône, requête numéro 355560, Rec., T., p. 859). Par une lecture pour le moins rigoureuse des textes en vigueur, le Conseil d'Etat a pu considérer que, en matière précontractuelle, la notification au pouvoir adjudicateur de la requête par Télérecours est réputée accomplie dès sa mise à disposition sur l'application. Ainsi, la signature du contrat le même jour mais à une heure plus tardive constitue une méconnaissance de l'article L. 551-4 du code de justice administrative (CE, 17 oct. 2016, Ministre de la Défense, requête numéro 400791, Rec., T.). Dans le prolongement de cette jurisprudence, le Conseil d'Etat a jugé que la notification du référé par courrier électronique oblige la personne publique à suspendre la signature du contrat, alors même que cette notification aurait été faite en dehors des horaires d'ouverture des services compétents de la collectivité (CE, 14 févr. 2017, Sté des eaux de Marseille, requête numéro 403614, Rec., T.).

932. L'intérêt à agir. Aux termes de l'article L. 551-10 du code de justice administrative, les personnes habilitées à engager un référé précontractuel « sont celles qui ont un intérêt à conclure le contrat et qui sont susceptibles d'être lésées par le manquement invoqué, ainsi que le représentant de l'Etat dans le cas où le contrat doit être conclu par une collectivité territoriale ou un établissement public local ». Il en résulte que les personnes n'ayant pas vocation à conclure le contrat ne sont pas recevables à le contester par la voie du référé précontractuel. La spécialité d'une société suffit à établir son intérêt à conclure le contrat et la rend donc recevable en référé précontractuel (CE, 8 août 2008, Région de Bourgogne, requête numéro 307143, Rec., T., p. 819 ; JCP adm. 2008, n° 40, p. 24, note F. Linditch ; RDI 2008, p. 503, note R. Noguellou). Mais encore faut-il rappeler ici que l'intérêt du requérant doit être lésé. Ainsi, revenant sur sa jurisprudence antérieure (CE, 19 sept. 2007, Communauté d'agglomération de Saint-Etienne métropole, requête numéro 296192, Rec., T., p. 952), le Conseil d'Etat a jugé que l'attributaire du marché n'a pas d'intérêt à agir devant le juge du référé précontractuel (CE, 23 déc. 2011, Département de la Guadeloupe, requête numéro 350231, Rec., T., p. 1021 ; AJDA 2012, p. 442, note P. Cassia). Le requérant n'est par ailleurs recevable à intenter un référé que pour autant qu'il a été régulièrement candidat (CE, 11 avr. 2012, Syndicat Ody 1218 Newline du Lloyd's de Londres et Bureau européen d'assurance hospitalière, requêtes numéros 354652 et 354709, Rec., T., p. 858 ; JCP adm 2012, 2327, concl. N. Boulouis) ou qu'il a été dissuadé, voire empêché, de candidater en raison des manquements aux obligations de publicité et de mise en concurrence (CE, 29 avr. 2015, Syndicat de valorisation des déchets de la Guadeloupe, requête numéro 386748, Rec., T., p. 759).

933. Un contentieux initialement objectif. La question des moyens invocables a été l'une de celles qui a fait l'objet d'une profonde rénovation ces dernières années. Dans son état initial, la jurisprudence admettait que tout moyen pouvait être soulevé, même si le manquement allégué avait préjudicié à d'autres personnes que le requérant (CE, 19 oct. 2001, Sté Alsthom Transport SA, requête numéro 233173, Rec., T., p. 868 ; RDI 2002, p. 65, obs. M. Degoffe). Il en a découlé un contentieux résolument objectif, avec cette sinistre conséquence que de nombreuses procédures ont été censurées alors même que les requérants n'auraient pas eu plus de chance d'emporter les contrats si les vices n'avaient pas existé. L'insécurité juridique qui en résultait était décriée, même si cette jurisprudence avait le mérite de contraindre les personnes publiques à plus de rigueur dans l'établissement des documents de la consultation et dans la conduite des procédures.

934. La décision Smirgeomes de 2008. Sous la pression des acheteurs publics et de la doctrine, le Conseil d'Etat a dû reconsidérer l'économie générale de ce contentieux. Le revirement de jurisprudence est intervenu avec la décision Smirgeomes du 3 octobre 2008 aux termes de laquelle le juge des référés doit « rechercher si l'entreprise qui le saisit se prévaut de manquements qui, eu égard à leur portée et au stade de la procédure auquel ils se rapportent, sont susceptibles de l'avoir lésée ou risquent de la léser, fût-ce de façon indirecte en avantageant une entreprise concurrente » (CE, Sect., 3 oct. 2008, Syndicat mixte intercommunal de réalisation et de gestion pour l'élimination des ordures ménagères du secteur Est de la Sarthe, requête numéro 305420, préc.). Tout moyen n'est donc plus de nature à justifier la censure du juge, à un double titre. D'une part, il appartient au requérant de saisir le juge des référés au moment opportun, un moyen risquant d'être rejeté si le référé est introduit trop tardivement par rapport au moment où le manquement a exercé une influence sur le déroulement de la procédure. D'autre part, le requérant devra démontrer qu'il est lésé par le manquement allégué.

935. Les moyens invocables. Toutes les atteintes aux principes directeurs de la commande publique, que traduisent les obligations de publicité et de mise en concurrence, sont susceptibles d'être invoquées à l'appui du référé.

Il s'agit en premier lieu de s'assurer que l'accès à la commande publique n'a pas été entravé par des prescriptions techniques excessivement ou illicitement restrictives. Le juge des référés peut, par exemple, vérifier :

- que les prescriptions imposées dans les documents de la consultation par le pouvoir adjudicateur ne méconnaissent pas la réglementation technique applicable à l'attribution d'un marché public (CE, 4 févr. 2009, Commune de Toulon, requête numéro 311344, Rec., T., p. 190) ;

- que le choix de recourir à une procédure de dialogue compétitif était justifié par les circonstances (CE, 11 mars 2013, Assemblée des chambres françaises de commerce et d'industrie et Mutuelle des chambres de commerce et d'industrie, requêtes numéros 364551 et 364603, Rec., T., p. 691) ;

- que les niveaux minimaux de capacité imposés aux candidats ne sont pas manifestement dépourvus de tout lien avec l'objet du marché et qu'ils ne sont pas manifestement disproportionnés (CE, 7 mai 2013, Sté Segex et Sté Aximum, requête numéro 365706, Rec., T., p. 702 ; BJCP 2013, p. 366, concl. B. Dacosta).

Il s'agit, en deuxième lieu, de s'assurer que l'obligation de transparence des procédures n'a pas été méconnue, notamment qu'est suffisante :

- la diffusion de l'avis d'appel public à la concurrence (CE, 4 févr. 2009, Communauté d'agglomération du bassin de Thau, requête numéro 311949, Rec., T., p. 828) ;

- la détermination de ses besoins par le pouvoir adjudicateur ou l'entité adjudicatrice (CE, 24 oct. 2008, Communauté d'agglomération de l'Artois, requête numéro 313600, Rec., T., p. 643) ;

- la précision des critères de sélection des offres (CE, 26 sept. 2012, GIE « Groupement des poursuites extérieures », requête numéro 359389, Rec., T., p. 829).

Il s'agit en troisième lieu de s'assurer que l'égalité de traitement entre les candidats a bien été respectée. Le juge des référés peut ainsi :

- apprécier les motifs de l'exclusion ou de l'admission d'une candidature dans le cadre de l'attribution d'une délégation de service public (CE, 6 oct. 2004, Sté La Communication hospitalière et Assistance publique – Hôpitaux de Paris, requêtes numéros 263083 et 263182, Rec., T., p. 849 ; AJDA 2004, p. 2338, note S. Hul), mais il limite à l'erreur manifeste d'appréciation son contrôle sur les capacités professionnelles et techniques des candidats (CE, 17 sept. 2014, Sté Delta Process, requête numéro 378722, Rec., T., pp. 748 et 823) ;

- s'assurer qu'aucun critère de choix de l'offre n'a été illégalement retenu (CE, 2 août 2011, Parc naturel régional des grands causses, requête numéro 348254, Rec., T., p. 1007 ; BJCP 2011, p. 430, concl. B. Dacosta) ;

- vérifier que l'exécution du contrat en cause entre dans le champ de compétence de la personne publique et, s'il s'agit d'un établissement public, s'assurer que le principe de spécialité n'est pas méconnu (CE, 18 sept. 2015, Association de gestion du conservatoire national des arts et métiers des pays de la Loire et a., requête numéro 390041, Rec., T., pp. 757 et 800).

936. Les moyens ne pouvant être invoqués. Parce qu'ils ne sont pas tournés vers le respect des principes directeurs de la commande publique, certains moyens ne sont pas, par principe, susceptibles d'être invoqués en référé précontractuel.

Par exemple, il n'appartient pas au juge des référés de se prononcer :

- sur les répercussions que la conclusion du contrat emporterait sur un contrat déjà en cours d'exécution (CE, 28 juill. 1999, SA Bouygues et a., requête numéro 206749, Rec., p. 266) ;

- sur les distorsions de concurrence générées par le contrat projeté (CE, 24 oct. 2001, Collectivité territoriale de Corse et a., requête numéro 236293, Rec., p. 485 ; BJCP 2002, p. 139, concl. C. Bergeal) ;

- sur l'appréciation portée sur la valeur d'une offre ou sur les mérites respectifs des différentes offres (CE, 29 juill. 1998, Syndicat mixte des transports en commun de l'agglomération clermontoise et Stés Spie Batignolles et ANF Industries, requête numéro 194412, Rec., T., p. 1098 ; RDI 1999, p. 86, obs. F. Llorens), même s'il doit par ailleurs, saisi d'un moyen en ce sens, s'assurer que le pouvoir adjudicateur n'a pas dénaturé le contenu de l'offre en méconnaissant ou en altérant manifestement son contenu (CE, 20 janv. 2016, Sté Derichebourg Polyurbaine, requête numéro 394133, Rec., T.) ;

- sur la méthode de notation, sauf à ce que celle-ci procède d'une erreur de droit ou révèle une discrimination illicite (CE, 11 mars 2013, Assemblée des chambres françaises de commerce et d'industrie et Mutuelle des chambres de commerce et d'industrie, requêtes numéros 364551 et 364603, Rec., T., p. 703).

II. La procédure du référé précontractuel

937. L'encadrement du délai imparti au juge pour statuer. Le juge des référés doit statuer dans un délai de vingt jours à compter de sa saisine (CJA, art. R. 551-5), même si le délai n'est qu'indicatif (CE, 28 juill. 1999, SA Bouygues et a., requête numéro 206749, Rec., p. 266 ; RDI 1999, p. 647, obs. F. Llorens et P. Soler-Couteaux ; CJEG 1999, p. 357, concl. C. Bergeal). En outre, lorsque l'attributaire du contrat a déjà été choisi, le juge ne peut statuer avant le seizième jour à compter de la date d'envoi de la décision d'attribution du contrat aux opérateurs économiques ayant présenté une candidature ou une offre, délai qui est ramené à onze jours lorsque cet envoi a été fait par voie électronique (CJA, art. R. 551-5). Il s'agit ici de concilier deux impératifs : d'une part, celui de permettre au plus vite la conclusion du contrat (pour peu qu'il ait été régulièrement passé), d'autre part, de garantir l'effet utile du référé, les requérants potentiels devant être mis en mesure de saisir effectivement le juge (ce qui suppose de leur laisser le temps de le faire en respectant le délai qui leur est imparti).

938. Une procédure classique. La procédure du référé précontractuel est contradictoire. La difficulté procède de ce que les documents portés à la connaissance du juge sont parfois couverts par le secret industriel et commercial. Même dans cette hypothèse, le juge ne saurait se fonder sur ces éléments sans que la partie adverse ait été mise en mesure d'y répondre (CE, 10 juin 2009, Sté Baudin Châteauneuf, requête numéro 320037, Rec., T., p. 841). L'urgence ici ne saurait pas plus justifier les entorses au principe du contradictoire. Une exception cependant, qui ne diffère pas de ce que l'on connait en procédure de droit commun, réside dans ce que le juge des référés peut rejeter le référé sans instruction préalable sur le fondement de l'article R. 222-1 du code de justice administrative (CE, 7 mars 2005, Sté Grandjouan-Saco, requête numéro 270778, Rec., p. 96).

939. La place importante assignée à l'oralité. La clôture de l'instruction intervient à l'issue de l'audience publique. L'obligation de tenir une audience publique (CE, Ass., 10 juin 1994, Commune de Cabourg, requête numéro 141633, Rec., p. 300 ; RFDA 1994, p. 728, concl. S. Lasvignes ; AJDA 1994, p. 560, chron. C. Maugüé et L. Touvet) se pose comme la contrepartie des pouvoirs importants détenus par le juge du référé précontractuel et de l'exclusion de toute faculté d'appel. Les parties doivent être mises en mesure de formuler des observations orales. En pratique, il est indéniable que l'audience publique revêt une grande importance en référé précontractuel. Elle est l'occasion de développer des arguments qui, sur des points parfois très techniques, sont particulièrement utiles au juge qui doit se forger sa conviction.

III. Les pouvoirs du juge du référé précontractuel

940. Un juge de pleine juridiction. Les pouvoirs du juge du référé précontractuel sont particulièrement importants. En tant que juge de pleine juridiction, le juge du référé précontractuel se place au jour où il statue pour décider des mesures à prendre (CE, 16 oct. 2000, Cie méditerranéenne d'exploitation des services d'eau, requête numéro 212054). Conformément à l'article L. 551-12 du code de justice administrative, il peut également aller au-delà des conclusions du requérant et notamment annuler la procédure là où seule sa suspension était demandée (CE, 20 oct. 2006, Commune d'Andeville, requête numéro 289234, Rec., p. 434 ; AJDA 2006, p. 2340, note D. Casas ; JCP adm. 2006, 1301, note F. Linditch ; JCP gén. 2006, I, 201, obs. B. Plessix). Les pouvoirs du juge diffèrent cependant en partie suivant que le contrat est passé par un pouvoir adjudicateur ou une entité adjudicatrice.

Concernant les contrats passés par les pouvoirs adjudicateurs, le juge des référés peut, sur le fondement de l'article L. 551-2-I al. 1er du code de justice administrative, ordonner à l'auteur du manquement de se conformer à ses obligations et suspendre l'exécution de toute décision qui se rapporte à la passation du contrat. Mais, suivant la même disposition, le juge du référé précontractuel met en balance les intérêts en présence, notamment l'intérêt public, et peut décider de ne pas mettre en œuvre ses pouvoirs si les conséquences graves résultant des mesures ordonnées devaient l'emporter sur ses avantages. L'article L. 551-2-I al. 1er du code de justice administrative n'est cependant pas applicable, en application du II, aux contrats passés dans les domaines de la défense ou de la sécurité au sens de l'article 6 de l'ordonnance n° 2015-899 du 23 juillet 2015 relative aux marchés publics. Pour ces contrats, il est fait application des articles L. 551-6 et L. 551-7 du code de justice administrative. Suivant l'alinéa 2, le juge des référés peut également annuler les décisions qui se rapportent à la passation du contrat et supprimer les clauses ou prescriptions contenues dans les pièces du contrat et qui méconnaissent les obligations auxquelles est soumis le pouvoir adjudicateur.

Concernant les contrats passés par les entités adjudicatrices, et en application de l'article L. 551-6 du code de justice administrative, le juge des référés peut ordonner à l'auteur du manquement de se conformer à ses obligations en lui fixant un délai à cette fin. Il lui est également possible d'enjoindre à l'entité adjudicatrice de suspendre l'exécution de toute décision se rapportant à la passation du contrat. Ces mesures ordonnées peuvent être assorties – et c'est là l'une des spécificités par rapport à l'article L. 551-2 – d'une astreinte. Suivant les mêmes termes que ceux contenus à l'article L. 551-2 du code de justice administrative, l'article L. 551-7 du code autorise le juge des référés à ne pas ordonner des mesures dont les conséquences négatives seraient plus importantes que les avantages. Le pouvoir d'annuler les décisions se rapportant à la passation du contrat et celui de supprimer les clauses et prescriptions qui méconnaissent les obligations du pouvoir adjudicateur ne sont pas reconnus au juge des référés ici. C'est une autre différence, essentielle, entre les articles L. 551-2 et L. 551-6.

941. Un contrôle à géométrie variable. Le juge du référé précontractuel exerce en principe un contrôle normal. Toutefois, ce contrôle est limité à l'erreur manifeste d'appréciation sur certains points. Il en va ainsi du contrôle exercé sur la définition de ses besoins par le pouvoir adjudicateur (CE, 2 oct. 2013, Département de l'Oise, requête numéro 368846, Rec., T., p. 702 ; BJCP 2014, p. 43, concl. B. Dacosta), sur les modalités de l'allotissement auquel s'est livré le pouvoir adjudicateur (CE, 21 mai 2010, Commune d'Ajaccio, requête numéro 333737, Rec., T., p. 849), sur la détermination des niveaux minimaux de capacité (CE, 7 mai 2013, Sté Segex et Sté Aximum, requête numéro 365706, préc.), ou encore sur l'appréciation du caractère anormalement bas de l'offre (CE, 29 mai 2013, Ministre de l'Intérieur c. Sté Artéis, requête numéro 366606, Rec., T., pp. 602 et 703).

IV. Les voies de recours

942. Le recours en cassation. Le président du tribunal administratif ou son délégué statue en premier et dernier ressort (CJA, art. L. 551-3 et L. 551-8). L'ordonnance rendue n'est donc susceptible que d'un recours en cassation, dans la quinzaine de sa notification (CJA, art. R. 551-6). Ce recours ne présente souvent d'intérêt, en pratique, que dans le cas où le juge des référés a fait droit au demandeur. En effet, lorsqu'il s'agit d'une ordonnance de rejet, le juge de cassation devra déclarer le pourvoi irrecevable lorsque le contrat a été signé avant l'enregistrement de ce pourvoi (CE, 2 juin 2004, SARL Grammatico TP, requête numéro 263761) ou prononcer un non-lieu si le contrat a été signé postérieurement à cet enregistrement (CE, Sect., 3 nov. 1995, Sté Stentofon Communications, requête numéro 152650, Rec., p. 393, concl. C. Chantepy ; RFDA 1995, p. 1077, concl. C. Chantepy ; CJEG 1996, p. 67, concl. C. Chantepy ; AJDA 1995, p. 888, chron. J.-H. Stahl et D. Chauvaux).

943. La tierce opposition. L'attributaire du contrat est très logiquement recevable à former tierce opposition contre l'ordonnance du juge des référés (par ex., CE, 15 juin 2001, Syndicat intercommunal d'assainissement de Saint-Martin-de-Ré et de la Flotte-en-Ré, requête numéro 228857).

§ 2 - Le référé contractuel

944. Un avènement tardif. L'existence du référé précontractuel a certes permis d'obtenir la censure de nombre d'atteintes aux règles de publicité et de mise en concurrence et rappeler ainsi les acheteurs publics à leurs obligations en la matière. Mais le dispositif ne suffisait pas, notamment en ce que la signature du contrat rendait le référé précontractuel sans objet. Par l'ordonnance n° 2009-515 du 7 mai 2009, le législateur délégué est intervenu pour transposer la directive recours du 11 décembre 2007, en instituant en particulier le référé contractuel dont il convient d'examiner les conditions d'admission (I), la procédure (II), les pouvoirs du juge (III) et les voies de recours (IV).

I. Les conditions d'admission du référé contractuel

945. La compétence. Le juge des référés compétent pour connaître de la demande est le même que celui compétent en référé précontractuel. Il s'agit donc du président du tribunal administratif, ou d'un magistrat qu'il délègue, dans le ressort duquel l'autorité administrative signataire a son siège (CJA, art. R. 312-11) ou, en cas de pluralité de ressorts ou en cas d'indétermination du lieu d'exécution, celui dans le ressort duquel siège l'autorité publique signataire ou la première des autorités publiques signataires dénommées dans l'acte. De la même manière qu'en référé précontractuel, les contrats passés et exécutés à l'étranger sont de la compétence du juge des référés du tribunal administratif de Paris (CJA, art. R. 312-19).

946. Les contrats concernés. Le référé contractuel ne peut être exercé qu'à l'encontre d'un contrat déjà conclu et précédemment susceptible de référé précontractuel (CJA, art. L. 551-13). Le Conseil d'Etat admet qu'un référé précontractuel et un référé contractuel soient contenus dans une seule et même requête (CE, 10 nov. 2010, Etablissement public national des produits de la mer (France Agrimer), requête numéro 340944, Rec., T., p. 858 ; JCP adm. 2010, 2379, note F. Linditch). Ceci ne signifie pas, en réalité, qu'un contrat non signé puisse faire l'objet d'un référé contractuel. Cette faculté offerte au requérant procède de la double considération de ce que, d'une part, il y a identité de juges pour connaître des deux litiges, d'autre part, de ce que, en cas de signature du contrat, le référé contractuel peut alors prendre au plus vite le relai du référé précontractuel.

947. Le délai pour agir. Le juge du référé contractuel doit être saisi au plus tard le trente et unième jour suivant la publication d'un avis d'attribution du contrat ou, pour les marchés fondés sur un accord-cadre ou un système d'acquisition dynamique, à compter de la notification de la conclusion du contrat (CJA, art. R. 551-7). Il peut néanmoins arriver qu'aucune mesure de publicité n'ait été accomplie par le pouvoir adjudicateur ou l'entité adjudicatrice. Dans ce cas, le délai pour saisir la juridiction est de six mois à compter de la conclusion du contrat (CJA, art. R. 551-7).

948. L'intérêt pour agir. Suivant l'article L. 551-14 du code de justice administrative, peuvent exercer un référé contractuel les personnes ayant préalablement intenté un référé précontractuel en ayant eu qualité pour ce faire, à la condition supplémentaire que le pouvoir adjudicateur ou l'entité adjudicatrice n'ait pas respecté son obligation de suspendre la signature ou ne se soit pas conformé à la décision juridictionnelle rendue sur ce référé précontractuel.

Ne sont donc pas recevables à exercer un référé contractuel, d'une part, les candidats dont le référé précontractuel a été rejeté.

Ne sont pas recevables, d'autre part, les candidats qui n'ont pas saisi le juge du référé précontractuel (CE, 2 août 2011, Sté Clean Garden, requête numéro 347526, Rec., T., p. 1021). Concernant cette seconde catégorie, cependant, les candidats ne doivent pas avoir été empêchés d'exercer un tel référé, notamment par un manquement du pouvoir adjudicateur ou de l'entité adjudicatrice à son obligation de communiquer la décision d'attribution aux candidats non retenus (CE, 10 nov. 2010, Etablissement public national des produits de la mer (France Agrimer), requête numéro 340944, préc.) ou en raison de non respect du délai de stand still, pour peu, dans cette hypothèse, que le requérant n'ayant pas eu connaissance de cette signature ait lui-même introduit un référé précontractuel entre la date de la signature du contrat et la date d'expiration du délai de stand still (CE, 24 mai 2017, Ville de Paris, requête numéro 407047, Rec., T.). Et encore faut-il, lorsque le délai de stand still a été respecté, que les candidats évincés aient été dûment informés de ce délai (CE, 24 juin 2011, Office public de l'habitat interdépartemental de l'Essonne, du Val-d'Oise et des Yvelines et Sté Seni, requête numéro 346665, Rec., T., p. 1024). Lorsque la passation d'un contrat n'est pas soumise à une telle obligation de publicité (c'est le cas des marchés à procédure adaptée), conformément à l'article L. 551-15 du code de justice administrative, l'acheteur public doit néanmoins rendre publique son intention de conclure le contrat et respecter le délai de stand still à peine de rendre recevable le référé contractuel (CE, 19 janv. 2011, Grand port maritime du Havre, requête numéro 343435, Rec., p. 11 ; AJDA 2011, p. 800, note J.-D. Dreyfus; BJCP 2011, p. 125, concl. N. Boulouis ; Contrats-March. publ. 2011, n° 3, comm. 92, note G. Eckert). Ainsi, est recevable un référé contractuel exercé par un concurrent évincé, alors que ce dernier aurait reçu notification du choix de l'attributaire et ait disposé d'un délai même supérieur à onze jours, dès lors que l'intention de conclure le contrat n'a pas été rendue publique (CE, 23 janv. 2017, Sté Decremps BTP, requête numéro 401400, Rec., T.).

Dans tous les cas, la signature du contrat au mépris de l'obligation de suspension résultant de l'enregistrement d'un référé précontractuel rend recevable le référé contractuel, sauf à ce que le référé précontractuel n'ait pas été notifié (CE, 30 sept. 2011, Commune de Maizières-Les-Metz, requête numéro 350148, préc.) ni communiqué au signataire par le greffe (CE, 1er mars 2012, OPAC du Rhône, requête numéro 355560, préc.). Il ne s'agit pas là d'une appréciation subjective à porter. Le juge du référé contractuel ne doit pas rechercher si, eu égard à l'ensemble des circonstances de l'espèce, le pouvoir adjudicateur doit être regardé comme ayant eu ou non connaissance de l'existence du référé précontractuel. Il lui incombe uniquement de rechercher si le référé a été communiqué au pouvoir adjudicateur par le greffe ou s'il lui a été notifié par le requérant dans les conditions prévues à l'article R. 551-1 du code de justice administrative (CE, 5 mars 2014, Sté Eiffage TP, requêtes numéros 374048 et 374049, Rec., T., pp. 748 et 749).

949. Les moyens invocables. Tous les manquements ne sont pas susceptibles d'être contestés devant le juge du référé contractuel. Il ne peut s'agir que de ceux énumérés aux articles L. 551-18 et L. 551-20 du code de justice administrative (CE,

19 janv. 2011, Grand port maritime du Havre, requête numéro 343435, préc.). Il s'agit donc de l'absence des mesures de publicité prescrites par les textes applicables, la méconnaissance des modalités de remise en concurrence prévues pour la passation des contrats subséquents dans le cadre d'un accord-cadre ou d'un système d'acquisition dynamique ou encore du non respect du délai de stand still ou de la suspension due à l'exercice d'un référé précontractuel, si ce manquement a privé le requérant de sa faculté d'exercer un référé précontractuel et si les obligations de publicité et de mise en concurrence auxquelles la passation du contrat était soumise ont été méconnues d'une manière affectant les chances de l'auteur du recours d'obtenir le contrat (CJA, art. L. 551-18). Le Conseil d'Etat a pu encore préciser que les candidats à l'attribution d'une délégation de service public peuvent utilement invoquer les seuls manquements de l'autorité délégante à ses obligations de publicité visées au premier alinéa de l'article L. 551-18 du code de justice administrative (CE, 25 oct. 2013, Commune de La Seyne-sur-Mer, requête numéro 370393, Rec., T., p. 704 ; BJCP 2014, p. 47, concl. G. Pellissier).

950. Pas d'action en réparation en principe. La question des dommages-intérêts peut se poser en référé contractuel. Conformément à l'article L. 551-16 du code de justice administrative, à l'exception des demandes reconventionnelles en dommages-intérêts fondées exclusivement sur l'instance initiale, aucune demande en réparation ne peut être formulée dans le cadre de cette procédure.

II. La procédure

951. Une procédure semblable à celle du référé précontractuel. Pour l'essentiel, la procédure en référé contractuel est la même que celle qui préside au référé précontractuel. Ainsi, la procédure est contradictoire sauf à ce que le juge rejette le référé sans instruction préalable sur le fondement de l'article R. 222-1 du code de justice administrative. L'oralité occupe la même place qu'en référé précontractuel et pour les mêmes raisons.

952. L'existence de quelques particularités. Par la force des choses, la procédure du référé contractuel diffère sur certains points de celle du référé précontractuel. Ainsi, l'enregistrement du référé ne suspend pas l'exécution du contrat, sauf à ce que le juge des référés en décide autrement (CJA, art. L. 551-17) et celui-ci statue dans un délai d'un mois à compter de sa saisine (CJA, art. R. 551-9).

III. Les pouvoirs du juge du référé contractuel

953. La nullité du contrat, sanction de principe. A la lecture de l'article L. 551-18 du code de justice administrative, il ressort que la nullité du contrat doit sanctionner les manquements constatés. Le juge admet cependant que les effets de l'annulation puissent être différés (CE, 1er juin 2011, Sté Koné, requête numéro 346405, Dr. adm. 2011, comm. 85, note F. Brenet ; CE, 23 nov. 2011, Sté GIHP Transports Lorraine, requête numéro 349746, Rec., T., p. 1002 ; BJCP 2011, n° 79, concl. N. Boulouis ; Contrats-March. publ. 2012, comm. 9, note W. Zimmer). Il est également remarquable que l'ensemble des motifs d'annulation est d'ordre public et le juge peut, à ce titre, les soulever d'office même s'il doit très logiquement alors mettre les parties en mesure d'y répondre, par écrit ou à l'audience publique (CJA, art. L. 551-21 et R. 551-8).

954. La modulation possible des sanctions. Il eût été surprenant – car pourquoi se priver de ce qui constitue le charme du contentieux contractuel rénové ? – que les textes ne prévoient pas la possibilité pour le juge de moduler la sanction au regard des circonstances. On ne sera donc pas surpris ici. Ainsi, suivant l'article L. 551-19 al. 1er du code de justice administrative, si le prononcé de la mesure d'annulation se heurte à une raison impérieuse d'intérêt général, le juge peut limiter la sanction en décidant alternativement la résiliation du contrat, la réduction de sa durée, le prononcé d'une pénalité financière imposée au pouvoir adjudicateur ou à l'entité adjudicatrice. Cette sanction modérée, comme l'annulation, peut être décidée d'office par le juge (CJA, art. L. 551-21 et R. 551-8). La notion de raison impérieuse d'intérêt général n'étant pas explicitée, il appartient aux juges des référés, sous le contrôle du Conseil d'Etat, d'apprécier souverainement ce qui en relève. Tout au plus peut-on souligner que le juge des référés « peut prendre en compte, notamment, la nature et l'ampleur de la méconnaissance constatée, ses conséquences pour l'auteur, le montant et la durée du contrat en cause et le comportement du pouvoir adjudicateur » (CE, 30 nov. 2011, Sté DPM Protection, requête numéro 350788, Rec., p. 597 ; AJDA 2012, p. 270, note J.-D. Dreifuss ; Dr. adm. 2012, comm. 15, note E. Langelier). En outre, la loi n° 2011-702 du 22 juin 2011, codifiée sur ce point à l'article L. 551-19 al. 2 du code de justice administrative, dispose dans ses articles 6-2° et 9-III que cette raison impérieuse d'intérêt général « ne peut être constituée par la prise en compte d'un intérêt économique que si la nullité du contrat entraîne des conséquences disproportionnées et que l'intérêt économique atteint n'est pas directement lié au contrat, ou si le contrat porte sur une délégation de service public ou encore si la nullité du contrat menace sérieusement l'existence même d'un programme de défense ou de sécurité plus large qui est essentiel pour les intérêts de sécurité de l'Etat ». Et encore cette limite n'est-elle pas imposée lorsque le manquement consiste dans la méconnaissance du délai de stand still ou de la suspension prévue en cas de saisine du juge du référé précontractuel (CJA, art. L. 551-20). Il résulte nécessairement de ce qui précède que l'appréciation du juge du référé précontractuel sera, ici encore, concrète et globale.

955. Les pénalités financières, pénalités dissuasives. L'article L. 551-22 du code de justice administrative dispose que le montant des pénalités financières, qui seront versées au Trésor public, doit tenir compte de manière proportionnée de leur objet dissuasif, sans toutefois excéder 20% du montant hors taxe du contrat. Il y a là une sanction qui peut effectivement inciter les acheteurs publics au respect des principes directeurs de la commande publique. La question reste toutefois posée de la propension du juge à infliger de telles sanctions.

IV. Les voies de recours

956. Le recours en cassation. Le président du tribunal administratif ou son délégué statue en premier et dernier ressort (CJA, art. L. 551-23). L'ordonnance rendue n'est donc susceptible que d'un recours en cassation, dans la quinzaine de leur notification (CJA, art. R. 551-10).

Sous-section 2 - Les autres référés ordinaires spécifiques

957. En dehors du code de justice administrative. Il est loisible au législateur d'organiser des voies de recours spécifiques dans certaines lois particulières, et le code de justice administrative ne joue alors que le rôle de code suiveur. C'est le cas, notamment, du référé fiscal (§ 1) et du référé en matière de communications audiovisuelle et électroniques (§ 2).

§ 1 - Le référé fiscal

958. Deux référés en un. Le référé fiscal est prévu aux articles L. 552-1 à L. 552-3 du code de justice administrative. Il trouve ses origines dans la loi du 28 décembre 1959 portant réforme du contentieux fiscal. La procédure sera, par touches impressionnistes, améliorée, jusqu'à la clarification en 2008 de l'article L. 277 du livre des procédures fiscales (loi du 30 décembre 2008 de finances rectificative pour 2008). Au demeurant, le code de justice administrative ne détaille nullement les modalités de cette voie de recours, se bornant à reproduire les dispositions des articles L. 279 et L. 277 du livre des procédures fiscales. Le référé fiscal se décline en deux branches : le référé-garanties (I) et le référé mesures-conservatoires (II).

I. Le référé-garanties

959. Les conditions de recevabilité du référé-garanties. Les conditions de recevabilité de la requête sont classiques. La requête doit être enregistrée dans les quinze jours de la réception de la lettre recommandée adressée par le comptable et doit être signée du contribuable ou de son mandataire. Elle doit être, au moins sommairement, motivée en fait et en droit. Produite en quatre exemplaires, elle doit être accompagnée de la décision litigieuse et des éléments justifiant la consignation du dixième des impositions contestées telle qu'imposée par l'article L. 279 du livre des procédures fiscales, à peine d'irrecevabilité non régularisable à l'expiration du délai de saisine (CE 17 mai 1989, Bion, requête numéro 93182, RJF 1989, n° 901). Par ailleurs, le référé n'est recevable qu'à la condition que le comptable soit effectivement averti de l'existence d'un engagement de caution dans le délai de saisine (CE 23 avr. 1997, Mieg de Boofzheim, requête numéro 162322, RJF 1997, n° 625), étant précisé que les mesures d'exécution mises en œuvre par l'administration fiscale avant l'enregistrement de la demande de sursis de paiement (CE, Sect., 25 avr. 2001, Sté Parfival, requête numéro 213460, Rec., p. 209) autant que les versements en espèces sur un compte d'attente du Trésor présentés à titre de garanties (CE, 20 févr. 2002, SA France Nord Logistique, requête numéro 233783, RJF 2002, n° 573, concl. E. Mignon) valent consignation. En revanche, la détention d'une créance sur l'Etat ne saurait valoir consignation au sens de l'article L. 279 du livre des procédures fiscales et ne saurait rendre à ce titre la demande recevable (CE, 5 juin 2015, Sté MCE 5 Development, requête numéro 386793, Rec., T., pp. 628 et 799).

960. Une procédure contradictoire adaptée à l'urgence. Un membre de la juridiction est désigné par le président du tribunal administratif. La procédure étant contradictoire, la requête est notifiée à l'administration chargée du recouvrement. Le juge du référé devant statuer dans le mois suivant sa saisine, le délai imparti à l'administration pour présenter ses observations sera nécessairement bref et cette brièveté explique encore que le respect du contradictoire puisse être limité à ce que le principe commande. Ainsi, la communication des observations en défense de l'administration n'est pas obligatoire (CE, 22 mai 2002, Benamou, requête numéro 224591, Rec., T., p. 849).

961. La décision du juge du référé. Le choix, discrétionnaire, est laissé au juge, qui peut prendre sa décision à la suite d'une audience publique sans toutefois que celle-ci ne soit obligatoire (CE, 18 juill. 2011, Sté Omni Metal Service, requête numéro 346935). La décision du juge doit être expresse, et son ordonnance, motivée, doit statuer sur la question de savoir si les garanties offertes satisfont les conditions légales et si, par voie de conséquence, le comptable est tenu ou non de les accepter. Dans l'affirmative, les sommes ou valeurs consignées doivent être restituées, sans intérêt moratoire (CE, 3 juin 1992, SA BEM, requête numéro 107563, RJF 1992, n° 1264). Dans la négative, le comptable peut conserver les sommes consignées et réclamer des garanties supplémentaires dans la limite des 9/10ème de l'impôt à garantir.

962. Les voies de recours. Un appel peut être interjeté dans les huit jours à compter de la notification de l'ordonnance (CE, 6 juin 1984, requête numéro 47853, RJF 1984, n° 1100). Le président de la cour administrative d'appel compétente ou son délégué statue seul, dans le délai d'un mois, à la suite ou non d'une audience publique (CAA Versailles, 21 févr. 2012, Didelon, requête numéro 12-00424, Rev. fisc. patr. juill. 2012, comm. 53, note S. Rudeaux). Son appréciation est souveraine. Un pourvoi en cassation peut être formé, dans le délai de deux mois à compter de la notification de la décision de rejet du juge d'appel. A l'exception de l'Etat, le ministère d'avocat est alors obligatoire.

II. Le référé-mesures conservatoires

963. Les mesures conservatoires prises par le comptable. Le contribuable peut avoir demandé le sursis de paiement sans offrir des garanties suffisantes. Dans un tel cas, le comptable peut prendre des mesures conservatoires, de nature à sauvegarder les droits du Trésor.

Pour l'essentiel, il s'agit :

- d'une saisie-attribution pour les créances portant sur des sommes d'argent détenues par des tiers, à l'exception des rémunérations ;
- d'une saisie-vente pour les biens meubles corporels ;
- d'une saisie conservatoire pour les biens mobiliers, corporels ou incorporels.

964. La saisine du juge du référé. Lorsque le comptable a fait procéder à une saisie conservatoire en application du quatrième alinéa, le contribuable peut demander au juge du référé de prononcer la limitation ou l'abandon de cette mesure si elle comporte des conséquences difficilement réparables (LPF, art. L. 277 al. 5), c'est-à-dire celles qui ont pour effet d'empêcher le contribuable de subvenir aux exigences de la vie quotidienne pour une personne physique ou de compromettre la pérennité de l'activité d'une personne morale. Une réclamation assortie d'une demande de sursis de paiement doit avoir été préalablement présentée et le contribuable doit avoir reçu notification des actes de poursuite qu'il conteste, tout référé introduit avant la signification de l'ordonnance autorisant la saisie étant prématuré. Le référé-mesures conservatoires n'est cependant, et à la différence du référé garanties, soumis à aucun délai, et ne suppose pas une consignation préalable d'un pourcentage des impositions contestées.

965. La décision du juge du référé et ses suites. L'appréciation portée par les juges du fond sur l'existence de conséquences difficilement réparables est souveraine, le Conseil d'Etat limitant son contrôle à la dénaturation. Le juge peut prononcer, dans le mois suivant sa saisine, le rejet de la demande, la limitation ou l'abandon des mesures conservatoires litigieuses, l'administration devant alors procéder à la main levée, partielle ou totale suivant les cas, de ces mesures. L'ordonnance rendue, ici encore, est susceptible d'appel dans les huit jours, la décision rendue sur l'appel pouvant faire l'objet d'un recours en cassation.

§ 2 - Le référé en matière de communications audiovisuelle et électroniques

966. L'objet du référé audiovisuel. L'article L. 553-1 du code de justice administrative renvoie à l'article 42-10 de la loi n° 86-1067 du 30 septembre 1986 relative à la liberté audiovisuelle, lequel permet au président du Conseil supérieur de l'audiovisuel de saisir le président de la section du contentieux du Conseil d'Etat d'une demande tendant à ce qu'il soit mis fin aux manquements aux obligations résultant des dispositions de cette loi. Il peut s'agir de faire respecter les obligations légales et réglementaires (CE, ord., 21 juin 1988, CNCL c. Sté d'exploitation de la cinquième chaine « La Cinq », requête numéro 97234, Rec., p. 250), les engagements souscrits (CE, ord., 7 déc. 1988, CNCL c. Sté La Cinq, requête numéro 103064, Rec., p. 997), une sanction du CSA (CE, ord., 27 mars 2003, Conseil supérieur de l'audiovisuel, requête numéro 254736, Rec., p. 153). Depuis la loi n° 2004-669 du 9 juillet 2004, il est encore possible au juge de statuer sur des manquements commis par des chaines non européennes utilisant la capacité satellitaire des opérateurs de satellite relevant de la France (CE, ord. 20 août 2004, Conseil supérieur de l'audiovisuel, requête numéro 269813, Rec., p. 357).

967. La recevabilité de la requête. Le président du CSA est seul titulaire du droit de saisir le président de la section du contentieux. Sa décision de ne pas le faire est d'ailleurs susceptible d'être déférée au juge administratif (CE, 19 mars 2003, Sté Métropole Télévision M6, requête numéro 204515, Rec., T., p. 976). Il ne lui est en revanche pas nécessaire de produire, à l'appui de sa requête, une délibération l'habilitant à agir (CE, 21 juin 1988, CNCL c. Sté d'exploitation de la cinquième chaine « La Cinq », requête numéro 97234, préc.). La circonstance que le CSA a engagé une procédure de sanction parallèlement à l'introduction d'un référé est sans influence sur la recevabilité de celui-ci (CE, 13 déc. 2004, CSA c. Sté Eutelstat, requête numéro 274757, Rec., p. 456).

968. La procédure. Si le président du CSA est seul titulaire du droit de saisir le président de la section du contentieux, le principe de l'intervention est admis (CE, 13 déc. 2004, CSA c. Sté Eutelstat, requête numéro 274757, préc.). Il doit être statué dans les meilleurs délais sur la demande, comme cela doit être le cas en référé. Rien ne s'oppose cependant à ce que l'affaire soit renvoyée à la section du contentieux (CE, 20 janv. 1989, CNCL c. Sté La Cinq, requête numéro 102993, Rec., p. 124). En toute hypothèse, eu égard à la nature des pouvoirs que le président de la section du contentieux peut exercer en la matière, une audience publique doit se tenir préalablement au règlement du litige (CE, 25 nov. 1994, Sté La Cinq, requête numéro 110810, Rec., p. 511).

969. Les pouvoirs du juge. Le président de la section du contentieux peut constater l'existence des manquements et enjoindre au titulaire de l'autorisation de se conformer à ses obligations, sous astreinte (CE, 16 mars 1988, CNCL c. Sté TF1, requête numéro 92256, Rec., p. 124). Mais il ne saurait enjoindre par anticipation ce titulaire à se conformer à ses obligations. En d'autres termes, les manquements doivent être avérés et non seulement imminents (CE, 19 juill. 2006, CSA c. Sté Saprodif, requête numéro 294663). Il est possible pour le juge de tenir compte des difficultés qu'il y aura, pour l'exercice en cours, à se conformer aux obligations légales, et il peut alors imposer des mesures de programmation avec des échéances intermédiaires (CE, 21 juin 1988, CNCL c. Sté d'exploitation de la cinquième chaine « La Cinq », requête numéro 97234, préc.). En revanche, il n'est pas possible d'obtenir du juge du référé audiovisuel qu'il inflige une sanction ou qu'il condamne pécuniairement l'auteur du manquement en réparation du préjudice subi par des tiers (CE, 21 juin 1988, CNCL c. Sté d'exploitation de la cinquième chaine « La Cinq », requête numéro 97234, préc.).

970. Bibliographie indicative.

G. Berthon, « La suspension juridictionnelle du contrat administratif entre référé suspension et référé contractuel », RFDA 2009, pp. 1215 et s.

P. Caille, « Les particularités contentieuses des marchés de droit privé de l'administration en France », Dr. et ville 2010, pp. 253 et s.

J. Gourdou et **Ph. Terneyre**, « Peut-on améliorer les référés en matière contractuelle ? », AJDA 2014, pp. 2055 et s.

C. Louit, « Procédures d'urgence : les référés en matière fiscale », Dr. fisc. 2015, n° 23, 394.

T. Rombauts-Chabrol, « Le renouveau au long cours du référé précontractuel », AJDA 2016, pp. 1928 et s.

J.-C. Rotoullié, « Le juge du référé contractuel et la dématérialisation des procédures », AJDA 2017, pp. 57 et s.

TROISIEME PARTIE : L'ISSUE DE LA PROCEDURE ADMINISTRATIVE JURIDICTIONNELLE

971. Une issue très classique. Comme cela a été vu, les décisions juridictionnelles ne tranchent pas nécessairement une contestation. Il en résulte qu'elles ne sauraient emporter toujours les mêmes effets (TITRE I). Les décisions juridictionnelles n'en revêtent pas moins une importance déterminante dans tous les cas, en tant qu'elles prescrivent, au nom du peuple français. La soumission qui leur est due n'est cependant pas sans limite. Plus précisément, dans l'intérêt général autant que dans celui des parties et des tiers, des voies de contestation doivent être organisées (TITRE II), qui permettent de les parfaire.

TITRE I - LES EFFETS DE LA DECISION JURIDICTIONNELLE

972. Entre autorité et opposabilité. Les décisions juridictionnelles n'ont pas toutes le même effet. Certaines sont revêtues de l'autorité de la chose jugée (CHAPITRE I), mais certaines seulement. En revanche, et l'article L. 11 du code de justice administrative l'énonce clairement, elles sont exécutoires et doivent donc être exécutées (CHAPITRE II).

CHAPITRE I - L'AUTORITE DE LA CHOSE JUGEE

973. De la nécessaire précision. Les conséquences de l'autorité de la chose jugée (Section 2) ne peuvent être correctement cernées qu'à la condition de comprendre le sens qui doit être assigné à cette notion (Section 1).

Section 1 - Le sens de l'autorité de la chose jugée

974. Autorité de la chose jugée et autres notions connexes. L'autorité de la chose jugée est parfois l'objet de confusion regrettable parce que nuisibles à la compréhension de l'économie générale du contentieux administratif. Bien qu'elles soient liées les unes aux autres, on ne saurait tenir les notions d'autorité de la chose jugée, de force de chose jugée, de force exécutoire, notamment. Appréhender à sa juste mesure l'autorité de la chose jugée suppose donc de comprendre, en premier lieu, sa signification (Sous-section 1) et, en second lieu, les conditions (Sous-section 2).

Sous-section 1 - La signification de l'autorité de la chose jugée

975. De la poule et de l'œuf. L'autorité de la chose jugée remplit deux fonctions. Elle est, d'une part, consubstantielle à la fonction de juger (§ 1) et concourt donc à l'accomplissement de sa fonction par la juridiction administrative. Elle est, d'autre part, la condition autant que la conséquence de la séparation des pouvoirs (§ 2).

§ 1 - Autorité de la chose jugée et fonction juridictionnelle

976. Une autorité communément admise. L'autorité de la chose jugée est une notion aussi ancienne que nécessaire. Elle n'en est pas moins permise, eu égard aux « formes solennelles qui président à l'élaboration de la décision juridictionnelle [et qui] garantissent ainsi la stricte application de la loi » (R.-G. Schwartzenberg, L'autorité de chose décidée, Paris, LGDJ, 1969, p. 11). La chose est tellement admise que la doctrine administrative contemporaine reste passablement laconique sur la question, préférant pour l'essentiel souligner les effets de l'autorité de la chose jugée plutôt qu'en expliciter les causes. Ce n'est pourtant qu'une fois que cette autorité de la décision est comprise et acceptée qu'il est permis d'en tirer les enseignements. Avant toute chose, il importe donc de rappeler que l'autorité de la chose jugée est un attribut de l'acte juridictionnel. La décision revêtue de l'autorité de la chose jugée ne doit pas être confondue avec la décision passée en force de chose jugée. En effet, l'autorité de la chose jugée bénéficie à toute décision rendue au principal quand la force de chose jugée concerne les décisions que certains qualifient abusivement de « définitives », qui embrassent en réalité l'ensemble des décisions qui ont été rendues en dernier ressort. Par-delà cette précision, il convient de souligner que l'autorité de la chose jugée revêt deux dimensions, l'une formelle, l'autre matérielle.

977. L'autorité formelle de la chose jugée. La première dimension de l'autorité de la chose jugée est formelle, et c'est celle la plus communément retenue. En tant qu'il tend à mettre fin à une contestation, l'acte juridictionnel doit être revêtu d'une telle autorité, qui lui accorde une force de vérité légale, fiction que l'intérêt général commande. Contrairement à la décision administrative, l'acte juridictionnel doit être pérenne, pour ne pas dire intangible. Il en résulte que le jugement, après l'expiration des délais ou l'épuisement des voies de recours, n'est plus susceptible d'être remis en cause. La notion d'autorité de chose jugée se confond alors avec la notion de force de chose jugée. C'est l'autorité négative de la chose jugée. L'exception de chose jugée emporte irrecevabilité de la nouvelle demande. Adopter une solution inverse conduirait, peu ou prou, à permettre la contestation de la décision juridictionnelle par d'autres voies que celles des recours organisés. Or, et c'est inhérent à toute justice, l'intérêt général postule qu'une décision juridictionnelle ne soit pas éternellement contestable : « le besoin social de stabilité (...) est à la base de la force de chose jugée » (G. Jèze, « De la force de vérité légale attachée par la loi à l'acte juridictionnel », RDP 1913, pp. 439-441).

978. L'autorité matérielle de la chose jugée. La seconde dimension de l'autorité de la chose jugée est matérielle. Ce que le jugement contient doit être respecté à l'occasion des procès ultérieurs. Ainsi appréhendée, l'autorité de la chose jugée tend à éviter la contradiction de jugements, préoccupation non moins tournée vers l'intérêt général.

§ 2 - Autorité de la chose jugée et séparation des pouvoirs

979. Le respect de la chose jugée. La question du respect de l'autorité de la chose jugée est une question en lien avec celle de la séparation des pouvoirs. Il serait en effet attentatoire à l'article 16 de la Déclaration des droits de l'Homme et du citoyen du 26 août 1789 que d'autoriser les pouvoirs exécutif et législatif à priver les décisions juridictionnelles de leur autorité, par leurs actes ou leurs comportements. On ne saurait à cet égard se surprendre de ce que les lois de validation aient endossé les qualificatifs les plus sévères par la doctrine. Elles ne sont pourtant pas sans utilité ni légitimité, qui permettent notamment de mettre un terme à des situations anormales génératrices d'insécurité juridique.

La position du Conseil constitutionnel passe pour être à cet égard conciliatrice. Le principe est bien celui suivant lequel les pouvoirs constitués ne peuvent censurer, enjoindre, ni se substituer aux juridictions dans ce qui relève de leur champ de compétence. Cependant, rien ne s'oppose à ce que, à l'exception bien comprise de la matière pénale, le législateur intervienne rétroactivement pour modifier les règles qui doivent être appliquées. La circonstance que la loi intervienne dans une matière ayant donné lieu à des recours actuellement pendants devant la juridiction n'est pas de nature à faire regarder cette loi comme non conforme à la Constitution (Cons. const., décision numéro 80-119 DC du 22 juill. 1980, Validation d'actes administratifs, Rec. Cons. const., p. 46 ; AJDA 1980, p. 602, note G. Carcassonne ; RDP 1980, p. 1658, note L. Favoreu), sauf à ce que les modifications aux droits des personnes soient excessives (Cons. const., décision numéro 2010-2 QPC du 11 juin 2010, Mme Viviane L., Rec. Cons. const., p. 105 ; RFDC 2011, p. 869, note X. Magnon).

La Cour européenne des droits de l'Homme se montre plus exigeante, ce qui est logique dès lors que son raisonnement ne se fonde pas sur la séparation des pouvoirs mais sur le droit à un procès équitable au sens de l'article 6 §1 de la Convention. Ainsi, « si, en principe, le pouvoir législatif n'est pas empêché de réglementer en matière civile, par de nouvelles dispositions à portée rétroactive, des droits découlant de lois en vigueur, le principe de la prééminence du droit et la notion de procès équitable consacré par l'article 6 §1 s'opposent, sauf pour d'impérieux motifs d'intérêt général, à l'ingérence du pouvoir législatif dans l'administration de la justice dans le but d'influer sur le dénouement judiciaire du litige » (CEDH, 28 oct. 1999, Zielenski et a. c. France ; AJDA 2000, p. 533, chron. J.-F. Flauss). Cette jurisprudence n'a pas manqué d'influencer celle du Conseil d'Etat, lequel exige également, aujourd'hui, que la validation législative soit justifiée par d'impérieux motifs d'intérêt général (CE, 23 juin 2004, Sté Laboratoires Genevrier, requête numéro 257797, Rec., p. 256 ; CE, Ass., avis, 27 mai 2005, Provin, requête numéro 277975, Rec., p. 213, concl. C. Devys ; AJDA 2005, p. 1455, chron. C. Landais et F. Lenica), condition à laquelle le Conseil constitutionnel s'est finalement rallié (Cons. const., décision numéro 2013-366 QPC du 14 févr. 2014, SELARL PJA, ès qualités de liquidateur de la société Maflow France ; AJDA 2012, p. 1204, note J. Roux).

Sous-section 2 - Les conditions de l'autorité de la chose jugée

980. L'étendue de la chose jugée. L'autorité de la chose jugée est circonscrite par le dispositif de la décision juridictionnelle. Il convient cependant de ne pas écarter trop brutalement les motifs qui président à la décision. En effet, le Conseil d'Etat ne se démarque pas de son homologue judiciaire en énonçant que, si l'autorité de la chose jugée ne s'adosse normalement pas sur les motifs (CE, 26 janv. 1940, Courajoux, Le Gall et Guédon, requêtes numéros 65218, 65187 et 65188, Rec., p. 33 ; CE, 9 mai 2005, Sté nouvelle de construction et de travaux publics, requête numéro 256912, Rec., T., p. 1055), elle s'étend néanmoins à ceux qui constituent le « support nécessaire » du dispositif (CE, Sect., 28 déc. 1949, Sté des Automobiles Berliet, requête numéro 4162, Rec., p. 579 ; CE, 6 janv. 1995, Assemblée territoriale de la Polynésie française, requête numéro 152654, Rec., p. 10 ; CE, 28 déc. 2001, Syndicat CNT des PTE de Paris et autres, requête numéro 205369, Rec., p. 673). L'étude de l'autorité de la chose jugée fait apparaître, d'une part, une constante en ce qu'il doit exister une chose jugée (§ 1), d'autre part, une variable, dès lors que l'autorité peut être absolue ou relative (§ 2).

§ 1 - La constante : la chose jugée

981. De la nécessité d'une chose jugée. Certaines décisions prises par la juridiction administrative restent des décisions administratives. Elles échappent alors à toute possibilité de se voir reconnaître une autorité de la chose jugée. C'est le cas, par exemple, de la décision d'un tribunal administratif désignant un commissaire-enquêteur en vue de mener l'enquête publique préalable à l'adoption d'un document d'urbanisme (CE, 1er mars 1989, Association syndicale des arrosants de la Foux, requête numéro 99317). C'est le cas encore de l'autorisation de plaider (CE, Ass., 26 juin 1992, Pezet et San Marco, requêtes numéros 134980 à 134985, Rec., p. 247, concl. G. Le Chatelier ; AJDA 1992, p. 477, chron. C. Maugüé et R. Schwartz et p. 506, concl. G. Le Chatelier). Par-delà, certains actes s'inscrivent dans l'activité juridictionnelle sans constituer des jugements (I) et ne seront pas plus revêtus d'une telle autorité. Seules les décisions ayant le caractère de jugement sont revêtues de l'autorité de la chose jugée (II).

I. Les actes non constitutifs de jugements

982. Les mesures d'administration de la justice. Ne sont pas revêtues de l'autorité de la chose jugée les mesures d'administration de la justice, en tant précisément qu'elles n'ont pas la qualité de décision juridictionnelle. Il en va ainsi des décisions de saisir le Conseil d'Etat pour avis, sur le fondement de l'article L. 113-1 du code de justice administrative (CE, 7 juill. 2000, Clinique chirurgicale du Coudon, requête numéro 199324, Rec., p. 313) autant que de l'avis rendu par le Conseil d'Etat à la suite de cette saisine (CE, 17 nov. 1997, Doukouré, requête numéro 188163, Rec., p. 426). Il en va encore ainsi des ordonnances rendues par le président de la section du contentieux du Conseil d'Etat, sur le fondement des articles R. 351-1 et suivants du code de justice administrative (CE, 24 juin 2002, Office public d'aménagement et de construction de Saône-et-Loire, requête numéro 242647, Rec., T., p. 887).

983. Les actes ne tranchant pas un litige au fond. Ne sont pas davantage revêtus de l'autorité de la chose jugée les actes juridictionnels ne tranchant pas un litige au fond.

Il en va ainsi, en premier lieu, des ordonnances rendues en référé, dont il est classiquement admis qu'elles ne sont pas revêtues de l'autorité de la chose jugée (pour une ordonnance rendue en référé suspension, CE, Sect., 5 nov. 2003, Association Convention vie et nature pour une écologie radicale et Association pour la protection des animaux sauvages, requête numéro 259339, Rec., p. 444 ; pour une ordonnance rendue en référé provision, CE, 11 déc. 2015, Commune de Colmar, requête numéro 383625, Rec., p. 462). L'article L. 511-1 du code de justice administrative le rappelle, en énonçant que ces ordonnances n'ont qu'un effet provisoire (CE, 14 sept. 2007, Ministre de la Jeunesse et de la vie association c. Sté Vacances éducatives, requête numéro 300911 ; AJDA 2008, p. 51, note A. Ciaudo). Il en résulte, d'une part, que le juge des référés n'est pas indéfectiblement lié par ce qu'il a ordonné, et peut dès lors modifier ou mettre fin aux mesures ordonnées (CE, 7 nov. 2003, SA d'Habitations à loyer modéré Trois vallées, requête numéro 261475, Rec., T., p. 911). Il en résulte, d'autre part, qu'une nouvelle demande de suspension, par exemple, puisse être formulée après un rejet initial (CE, 10 oct. 2007, Barbero, requête numéro 304184). Bien que la solution nécessite confirmation, il semble qu'une nuance doive être apportée à ce qui vient d'être exposé : l'absence d'autorité de la chose jugée en référé ne s'étend pas à ce qui constitue en lui-même un jugement dans l'ordonnance, comme ce peut être le cas de la mise à la charge de la partie perdante des frais exposés et non compris dans les dépens (TA Rennes, 6 nov. 2014, Préfet des Côtes-d'Armor, requête numéro 134850, AJDA 2015, p. 285, concl. P. Report).

Il en va ainsi, en deuxième lieu, des jugements avant dire droit (CE, 8 nov. 1940, Administration des chemins de fer d'Alsace et de Lorraine, requête numéro 56070, Rec., p. 201), sauf en ce qui concerne les jugements mixtes, hypothèse dans laquelle la part tranchée du litige est revêtue de l'autorité de la chose jugée (par ex. CE, 12 nov. 1969, Administration générale de l'Assistance publique à Paris c. dame veuve Benoît, requête numéro 76323, Rec., p. 497).

Il en va ainsi, en troisième lieu, du sursis à statuer (CE, sect., 9 déc. 1977, Ministre de la Défense c. Malmenaide, requête numéro 03452, Rec., p. 490), ou de la décision de non-lieu (CE, Sect., 19 mars 1948, Dame Ventura, requête numéro 83152, Rec., p. 137), sauf à ce qu'il contienne des dispositions sur le fond. En effet, un jugement de non-lieu fondé sur la disparition de l'objet de la demande fait obstacle à une nouvelle demande ayant le même objet (CE, sect., 23 déc. 1988, SA des techniciens et ouvriers du bâtiment, requête numéro 40591, Rec., p. 473).

II. Les actes constitutifs de jugements

984. Les décisions rendues au principal. Les décisions revêtues de l'autorité de la chose jugée sont d'abord, et c'est l'évidence, les décisions juridictionnelles qui règlent une contestation sur le fond. Il y a plus, dès lors que le Conseil d'Etat a conféré la même autorité aux mesures d'exécution. En effet, il a été jugé que, si le juge de l'exécution peut préciser la portée des mesures initialement édictées sur le fondement de l'article L. 911-1 du code de justice administrative, et éventuellement les compléter en fixant notamment un délai d'exécution et en assortissant ces mesures d'une astreinte, il ne saurait en revanche les remettre en cause (CE, 29 juin 2011, SCI La Lauzière et a., requêtes numéros 327080, 327256 et 327332, Rec., p. 308).

985. Le donné acte d'un désistement d'action. Le donné acte d'un désistement est une décision juridictionnelle. Il est donc revêtu de l'autorité de la chose jugée (CE, 12 déc. 1928, Clause, requêtes numéros 80866, 80867 et 81460, Rec., p. 1296). Encore doit-on préciser ici que seuls les désistements d'action sont concernés, le désistement d'instance ne fermant pas la voie à une nouvelle saisine de la juridiction. L'évolution de la jurisprudence administrative a eu pour effet de limiter le nombre d'hypothèses de désistements d'action puisque, par défaut, le désistement reste à présent un désistement d'instance (CE, Sect., 1er oct. 2010, M. et Mme Rigat, requête numéro 314297, Rec., p. 352 ; AJDA 2010, p. 2202, chron. D. Botteghi et A. Lallet). Evidemment, le principe ne vaut pas pour une ordonnance par laquelle le juge des référés a donné acte d'un désistement (CE, 28 déc. 2012, Mme Chakour, requête numéro 353459, Rec., T., p. 908).

986. L'homologation d'une transaction. Le jugement statuant sur une demande d'homologation d'une transaction est une décision juridictionnelle (CE, avis, 4 avr. 2005, Sté Cabinet JPR Ingenierie, requête numéro 273517, Rec., p. 139) et elle est, à ce titre, revêtue de l'autorité de la chose jugée.

987. La décision de non-admission d'un pourvoi en cassation. La décision de non-admission d'un pourvoi en cassation est dotée de l'autorité de la chose jugée et fait donc obstacle à la répétition de la demande, pour une cause juridique identique, par voie de pourvoi principal, incident ou provoqué (CE, 16 mai 1994, Sté Arcus Air Logistic, requête numéro 120893, Rec., T., p. 1131). A tout prendre, il en va de même de l'ordonnance par laquelle le président de la juridiction rejette une demande pour défaut de motivation. Si en effet, dans pareil cas, une seconde requête enregistrée à la suite de cette ordonnance est recevable, c'est parce qu'elle ne repose pas sur la même cause juridique (CE, 11 juin 1999, Grabias, requête numéro 185169, Rec., T., p. 945), ce qui signifie implicitement mais nécessairement que l'ordonnance est revêtue de l'autorité de la chose jugée.

§ 2 - La variable : autorité absolue et autorité relative

988. De la nécessité de distinguer. L'autorité des décisions rendues par la juridiction administrative est variable. Suivant les contentieux dans lesquels elles surviennent, les décisions juridictionnelles ne seront pas revêtues de l'autorité de la chose jugée dans les mêmes conditions. Il convient donc de distinguer clairement l'autorité absolue (I) et l'autorité relative (II) de la chose jugée.

I. L'autorité absolue de la chose jugée

989. Dans le cadre du contentieux de l'excès de pouvoir. L'autorité absolue de la chose jugée se manifeste essentiellement dans le contentieux de l'annulation et donc, au premier chef, dans le contentieux de l'excès de pouvoir, contentieux objectif s'il en est. Les conséquences de l'annulation sont simples : l'acte annulé disparait rétroactivement de l'ordonnancement juridique et il est réputé n'avoir jamais existé à compter de la lecture de la décision d'annulation (CE, 26 déc. 1925, Rodière, requête numéro 88369, Rec., p. 1065 ; RDP 1926, p. 32, concl. Cahen-Salvador). La faculté reconnue au juge de différer la date d'effet de l'annulation du refus d'abroger un acte réglementaire illégal (CE, 27 juill. 2001, Titran, requête numéro 222509, Rec., p. 411 ; AJDA 2001, p. 1046, chron. M. Guyomar et P. Collin) et, plus largement, de moduler les effets de l'annulation dans le temps (CE, Ass., 11 mai 2004, Association AC ! et a., requêtes numéros 255886 à 255892, Rec., p. 197, concl. C. Devys ; AJDA 2004, p. 1183, chron. C. Landais et F. Lenica) reste ici indifférente. L'effet de cette disparition est radical : contrairement aux déclarations d'illégalité sans annulation (CE, 3 juill. 1996, Min. de l'Équipement, du logement, des transports et du tourisme c. Sté ABC Ingineering, requête numéro 112171, Rec., p. 259), distinction que la Cour de cassation ne retient d'ailleurs pas (Cass. civ. 1ère, 19 juin 1985, Bull. civ. I, n° 200 ; Cass. soc., 18 juin 1986, Bull. civ. V, n° 316), la décision d'annulation vaut *erga omnes* (CE, 4 oct. 1972, Sté civile immobilière de construction des 5 et 5 bis rue des Chalets à Bourges et Ministre de l'Équipement et du Logement c. Guillaumin et a., requêtes numéros 81445 et 81469, Rec., p. 598) ou, si l'on préfère, à l'égard de tous. L'autorité absolue de la chose jugée semble bien réfuter la notion de parties. Il n'y a là rien que de très conciliable avec la nature même du recours pour excès de pouvoir puisque, suivant le dogme, il s'agit d'un procès fait à un acte (CE, Ass., 21 avr. 1944, Sté Dockès Frères, requête numéro 72642, Rec., p. 120).

En revanche, traduction de l'asymétrie qui s'impose suivant le sens de la décision rendue, le rejet d'un recours pour excès de pouvoir n'a une autorité que relative (CE, 27 oct. 1965, Blagny, requêtes numéros 46007 et 46740, Rec., p. 559). Il n'est donc pas opposable aux autres requérants, lesquels, hors l'hypothèse de la jonction des requêtes, verront leur affaire jugée à l'occasion d'une autre instance avec, potentiellement, la rétention d'un moyen propre à faire prospérer le recours. Il n'est pas même opposable au même requérant qui pourra, le cas échéant, soulever de nouveaux moyens à l'occasion d'une nouvelle instance, procédant cependant sur une cause juridique distincte. Seule l'annulation est donc revêtue de l'autorité absolue de la chose jugée.

990. En dehors du contentieux de l'excès de pouvoir. Au regard de ce qui précède, l'affirmation ne surprendra pas : c'est moins la nature particulière du recours pour excès de pouvoir que les effets de l'annulation qui impose l'autorité absolue de la chose jugée. Le contentieux électoral en est une manifestation : si, en la matière, une décision de rejet n'a qu'une autorité relative (CE, 30 janv. 1931,

Élections municipales de Saint-Pierre-Azif, requête numéro 12414, Rec., p. 122), les décisions d'annulation ont un effet *erga omnes* (CE, 29 avr. 1938, Jeanpierre, requête numéro 58570, Rec., p. 386) et on ne peut, dès lors, renoncer à se prévaloir d'un jugement d'annulation (CE, 12 mai 1978, Élections municipales de Zonza, requêtes numéros 08771 et 08814, Rec., T., p. 826). Le contentieux électoral n'est pas le seul à rendre compte de ce que la pleine juridiction ne s'oppose pas à l'autorité absolue de la chose jugée dans ce cadre. Le contentieux des décrets d'extradition en témoigne, puisque le Conseil d'Etat tient pour acquise à l'égard de tous la reconnaissance la qualité de réfugié décidée par la commission de recours des réfugiés (CE, Ass., 1er avr. 1988, Bereciartua Echarri, requête numéro 85234, Rec., p. 135). Il en va encore ainsi du contentieux de la grande voirie (CE, 27 juill. 1988, Bellay, requête numéro 68672, Rec., p. 301 ; AJDA 1988, p. 763, obs. J.-B. Auby).

II. L'autorité relative de la chose jugée

991. « *Res inter alios judicata aliis neque nocet neque prodest* ». L'article 1355 du code civil, dont fait application la juridiction administrative (CE, Sect., 26 févr. 1937, Société des ciments Portland de Lorraine, requête numéro 29606, Rec., p. 254), dispose que « l'autorité de la chose jugée n'a lieu qu'à l'égard de ce qui a fait l'objet du jugement. Il faut que la chose demandée soit la même ; que la demande soit fondée sur la même cause ; que la demande soit entre les mêmes parties et formée par elles et contre elles en la même qualité ». L'autorité relative de la chose jugée suppose donc, cumulativement, identité de cause (A), de parties (B) et d'objet (C).

A. La cause

992. Définition de la cause. La cause permet de mesurer l'étendue de la chose jugée « à partir d'un rapprochement entre la cause juridique invoquée par les parties dans une première demande et sur laquelle le juge s'est prononcé et celle d'une nouvelle demande présentée par les mêmes parties avec le même objet. La cause juridique telle qu'elle a été tranchée avec autorité de chose jugée par une décision de justice comprend tout ce qui, dans l'argumentation des parties, a été expressément retenu ou écarté pour concourir à l'adoption du dispositif, ou des motifs qui sont le soutien nécessaire de celui-ci » (Bertrand, concl. sur CE, Sect., 29 nov. 1974, Épx Gevrey, requête numéro 89756, Rec., p. 600). Lorsque les conditions d'identité de parties et d'objet sont remplies, l'autorité de la chose jugée attachée au jugement ayant statué sur la première demande fait obstacle à ce qu'il soit fait droit à la nouvelle demande du requérant, si celle-ci repose sur la même cause (CE, 10 févr. 2014, M. Boerlen, requête numéro 356657, Rec., T., pp. 728 et 809).

993. La question des moyens d'ordre public. La cause a pu ne pas toujours être ouverte par le demandeur lors de la première action. Très logiquement, une nouvelle demande pourrait alors reposer sur celle-ci. Mais alors faut-il distinguer suivant que le moyen sur lequel cette cause aurait pu être ouverte était ou non d'ordre public. En effet, c'est une obligation pour le juge de le soulever d'office. Et c'est alors que survient la fiction : si le juge ne l'a pas fait expressément, c'est que le moyen ne pouvait prospérer, celui-ci étant réputé avoir été examiné. Ainsi peut-on considérer que la décision juridictionnelle a implicitement, mais nécessairement, répondu à ce moyen. Une nouvelle demande, fondée sur cette cause, ne serait pas distincte (par ex., CE, Sect., 29 nov. 1974, Épx Gevrey, requête numéro 89756, Rec., p. 600, concl. Bertrand). Ceci appelle deux observations : d'une part, le demandeur débouté n'est pas à proprement parler sacrifié, puisqu'un tel moyen, non soulevé lors de l'instance initiale, pourra l'être en appel ou en cassation ; d'autre part, la méthode du jugement implicite n'a pas toujours été retenue (CE, Sect., 12 juill. 1955, Grunberg, requête numéro 7811, Rec., p. 407, concl. Guionin), ce qui ne facilite pas la compréhension de l'ensemble…

994. Identification des causes. Le contentieux de l'excès de pouvoir ne connaît que deux causes : la légalité interne et la légalité externe. En pleine juridiction, les causes sont plus nombreuses et leur recensement s'avère périlleux. Le contentieux contractuel connaît ainsi plusieurs causes juridiques distinctes. Ne reposent pas sur une identité de cause :

- la demande d'annulation de la résiliation d'un contrat tirée de la violation de ses clauses par l'administration et la même demande, fondée sur la nullité du marché (CE, 16 mai 1924, Jourda de Vaux c. Ministre de la Guerre, requêtes numéros 60400 et 60401, Rec., p. 483) ;

- la demande indemnitaire fondée sur les clauses du contrat et celle formulée au titre de l'imprévision (CE, Sect., 10 févr. 1950, Ville de Commercy, requête numéro 82824, Rec., p. 96) ;

- la demande indemnitaire reposant sur la violation d'un traité de concession et celle invoquant l'existence de charges extracontractuelles (CE 3 mars 1937, Sté de distribution d'électricité de l'Ouest, requête numéro 30189, Rec., p. 266) ;

En revanche, il y a identité de cause pour deux demandes indemnitaires successives invoquant toutes deux la responsabilité décennale des constructeurs (CE, 25 mai 1970, Sté Flamia Frères, requête numéro 75435, AJDA 1970, p. 570, concl. M. Rougevin-Baville). Il y a encore identité de cause lorsque les deux demandes sont fondées sur la responsabilité contractuelle, alors que la seconde demande indemnitaire a été formée pour demander un complément d'indemnisation en raison de l'intervention d'une circulaire explicitant les modalités du règlement transactionnel des contentieux encore en cours et dont le requérant n'a pu profiter (CE, 10 févr. 2014, M. Boerlen, requête numéro 356657, préc.).

Dans le contentieux extracontractuel, deux actions indemnitaires reposent sur des causes distinctes dès lors que l'une se fonde sur la responsabilité pour faute et l'autre sur la responsabilité sans faute (CE, 7 nov. 1969, Dame veuve Agussol, requête numéro 73378, Rec., p. 482). Les choses peuvent s'avérer moins simples lorsque les deux demandes reposent sur la responsabilité pour faute ou sur la responsabilité sans faute. Des demandes d'indemnisation successives causées par un même événement relèvent d'une même cause juridique si elles sont fondées sur la faute (CE, 29 nov. 2006, Marseille, requête numéro 273877, Rec., T., p. 1028). En revanche, la demande d'indemnité formée sur le fondement de la tardiveté d'une décision régularisant la situation d'un fonctionnaire à la suite de sa révocation a une cause différente de la demande fondée sur l'illégalité d'une décision le révoquant à nouveau (CE, 16 mai 1958, Commune de Marnia c. Mekkidèche, requête numéro 36507, Rec., p. 274). La question ne se posera pas s'agissant de la succession de deux actions indemnitaires fondées sur la responsabilité sans faute : la responsabilité sans faute étant d'ordre public, le juge est tenu de la soulever d'office. Peu importe ici qu'elle repose sur le risque ou sur la rupture d'égalité devant les charges publiques... Ainsi, une seconde action sera appréhendée par le juge comme procédant nécessairement de la même cause, quand bien même le moyen n'aurait pas été soulevé dans la première instance.

B. Les parties

995. Définition de l'identité de parties. Une décision isolée du Conseil d'Etat a retenu une conception singulière de l'identité de parties, en exigeant identité de demandeur et identité de défendeur (CE, 21 mai 1948, Ministre des Travaux publics c. Commune de Thun-l'Evêque, requête numéro 85981, Rec., p. 228). Cette solution n'a pas prospéré, le Conseil d'Etat s'étant finalement rallié à l'approche traditionnellement retenue par la Cour de cassation (CE, Sect., 10 mars 1995, Chambre de commerce et d'industrie de Lille-Roubaix-Tourcoing, requête numéro 112439, Rec., p. 127). Il y a identité de parties lorsque celles-ci se sont déjà opposées dans une autre instance. Eu égard aux liens qu'ils entretiennent juridiquement, l'on doit considérer que la partie est dans une telle situation lorsqu'un codébiteur solidaire était présent dans la précédente instance (CE, Sect., 4 mai 1973, Entreprise Matière, requêtes numéros 78110 et 81364, Rec., p. 324) ou un ayant cause (CE, 18 janv. 1963, Truffaut et a., requête numéro 51288, Rec., p. 32). En revanche, il n'y a pas identité de parties entre deux coïndivisaires, la chose jugée à l'égard de l'un ne concernant que ses droits dans l'indivision (CE, Sect., 13 juill. 1965, Arbez-Gindre, requête numéro 60133, Rec., p. 442).

996. Identité de mandant et identité de mandataire. Comme on peut s'en douter sans trop de difficultés, l'autorité de la chose jugée dépend de la seule identité de mandant et non de l'identité de mandataire. Il n'y aura donc pas identité de parties en présence initiale du représentant légal d'un mineur (CE, Sect., 29 nov. 1974, Épx Gevrey, requête numéro 89756, préc.) ou du syndic d'une société en faillite (CE, Sect., 11 juill. 1969, Syndicat intercommunal d'assainissement de l'agglomération bordelaise c. Entreprise Ussel Frères et Cts Ferradou, requête numéro 69604, Rec., p. 376).

C. L'objet

997. Les prétentions du demandeur. Pour dire les choses simplement ici, l'objet correspond aux prétentions du demandeur. L'identité d'objet peut dès lors se réaliser entre deux instances, parce que les prétentions du demandeur seront les mêmes. L'identité d'objet ici n'est pas sans rappeler l'identité de litige en matière d'appel incident, avec des effets diamétralement opposés puisque, dans le premier cas, le recours devra potentiellement être rejeté en raison de l'autorité relative de la chose jugée, dans le second cas, l'appel incident ne pourra être accueilli qu'à la seule condition d'une telle identité (par ex., en matière de contestation de validité du contrat et de recours indemnitaire y afférent : CE, 21 oct. 2015, Région Provence-Alpes-Côte d'Azur, requête numéro 384787, Rec., p. 349 ; AJDA 2016, p. 552, note M. Crespy-De Coninck).

998. L'impossible identité d'objet entre un recours pour excès de pouvoir et un recours de pleine juridiction. Eu égard à l'exception de recours parallèle, il n'est pas permis de concevoir, en présence d'un recours pour excès de pouvoir et d'un recours de pleine juridiction, une identité d'objet et, partant, l'opposabilité de l'autorité de la chose jugée (CE, Sect., 3 mai 1963, Alaux, requête numéro 56932, Rec., p. 261, concl. M. Combarnous). Tout au plus peut-on envisager une identité d'objet partielle en présence, pour l'une des deux instances, d'une requête mixte comportant également des conclusions à fins d'annulation, identité d'objet qui est au demeurant une condition de la combinaison des recours (Par ex., CE, Sect., 6 déc. 2013, Commune d'Ajaccio, requête numéro 365155, Rec., p. 306 ; AJDA 2014, p. 219, chron. A. Bretonneau et J. Lessi ; RFDA 2014, p. 276, concl. B. Dacosta). Alors l'autorité relative de la chose jugée pourra-t-elle, le cas échéant, être partiellement constatée.

999. Objets distincts entre deux recours pour excès de pouvoir. Deux recours pour excès de pouvoir peuvent être dirigés contre le même acte sans pour autant reposer sur le même objet.

Tel est le cas, par exemple :

- de deux demandes d'annulation partielle portant sur deux parties distinctes de l'acte ;

- de deux recours exercés contre des dispositions identiques contenues dans deux décisions distinctes, aux champs d'application différents (CE, 22 nov. 1968, Syndicat chrétien de l'administration centrale des Affaires sociales, requête numéro 72940, Rec., p. 583) ;

- de deux recours dirigés contre deux refus d'abroger un décret pour incompatibilité avec une directive de l'Union européenne, l'un ayant été formé avant, l'autre après l'expiration du délai de transposition (CE, 27 juill. 2001, Coopérative de consommation des adhérents de la mutuelle assurances des instituteurs de France - CAMIF, requête numéro 218067, Rec., p. 401).

1000. Objets distincts entre deux recours de pleine juridiction. Le contentieux de pleine juridiction offre un panel de possibilités bien plus grand que ne l'autorise le contentieux de l'excès de pouvoir. Les choses sont parfois simples, elles le sont parfois moins…

Sont distinctes :

- la réclamation en matière d'impôt sur le revenu et la réclamation en matière d'impôt sur les sociétés (CE, 6 déc. 1995, Navon, requête numéro 90914, Rec., p. 426) ;

- deux demandes indemnitaires portant sur des préjudices intervenus durant deux périodes différentes (CE, Sect., 17 mars 1961, Ducout c. Commune du Mont-Dore, requête numéro 34127, Rec., p. 189), sauf à ce que la première condamnation ait porté indemnisation globale et définitive de l'ensemble des conséquences dommageables de l'acte (CE, Sect., 16 nov. 1960, Ducousso, requête numéro 32586, Rec., p. 623) ;

- deux demandes indemnitaires portant sur des préjudices résultant de la même cause, à des endroits toutefois différents (CE, 25 mai 1970, Sté Flamia frères, requête numéro 75435, préc.) ;

- deux demandes indemnitaires, dont la seconde tend à obtenir réparation pour l'aggravation du préjudice (CE, Sect., 8 juill. 1998, Département de l'Isère, requête numéro 132302, Rec., p. 308, concl. J.-D. Combrexelle).

1001. Bibliographie indicative.

D. de Béchillon, « Sur l'identification de la chose jugée par le Conseil d'Etat », RDP 1994, pp. 1793 et s.

C. Groulier, « Remarques sur la notion de mesure d'administration de la justice », RDP 2011, pp. 405 et s.

G. Jèze, « De la force de vérité légale attachée par la loi à l'acte juridictionnel », RDP 1913, pp. 437 et s.

P. Mayer, « Réflexions sur l'autorité négative de chose jugée » in Mélanges dédiés à la mémoire du Doyen Jacques Héron, Paris, LGDJ, 2009, pp. 331 et s.

F. Melleray, « L'étendue de l'autorité de la chose jugée des déclarations d'illégalité d'actes administratifs opérées par le juge administratif », AJDA 2004, pp. 138 et s.

F. Miatti, « L'autorité de la chose jugée en matière électorale : absolue ou relative ? », RFDA 1995, pp. 552 et s.

Section 2 - Les conséquences de l'autorité de la chose jugée

1002. Des conséquences à l'égard de tous. L'autorité de la chose jugée emporte des conséquences, non seulement à l'égard des juridictions (Sous-section 1) mais également à l'égard des autres pouvoirs (Sous-section 2).

Sous-section 1 - Les conséquences à l'égard des juridictions

1003. Le juge administratif n'étant pas le seul… L'autorité de la chose jugée s'impose à l'ensemble des juridictions, y compris d'ailleurs au Tribunal des conflits (TC, 18 oct. 2010, Commune de Draveil c. Sté Unifergie et Sté Avenance Enseignement et Santé, requête numéro 3762, Rec., p. 585). Mais on ne saurait appréhender la question d'une manière parfaitement équivalente suivant qu'on se situe au sein de la juridiction administrative (§ 1) ou en dehors d'elle (§ 2).

§ 1 - Au sein de la juridiction administrative

1004. Autorité de la chose jugée et autorité de la jurisprudence. Une confusion est à ne pas commettre entre autorité de la chose jugée et autorité de la jurisprudence. L'autorité de la jurisprudence se manifeste de deux manières.

En premier lieu, il n'est plus besoin de souligner l'existence d'une hiérarchie, à tout le moins de fait, entre les décisions du Conseil d'Etat, suivant le degré de solennité de la formation de jugement. Et encore faut-il préciser que l'autorité de la décision juridictionnelle se limite à ce que contient le « fichage ». Pour dire les choses autrement, l'autorité d'une décision du Conseil d'Etat est variable suivant son classement en A (publication au Recueil Lebon), B (mention aux Tables du Recueil Lebon) ou C (inédit au Recueil Lebon), étant entendu que les décisions rendues en section ou en assemblée sont généralement classées en A. Mais encore importe-t-il de préciser que tout ce que contient une décision n'a pas la même autorité. Ce sont seulement les points faisant l'objet d'un fichage qui s'imposent véritablement.

En second lieu, il est indéniable que les juridictions inférieures se soumettent logiquement, dans la quasi-totalité des cas, aux interprétations du droit retenues par les juridictions supérieures. Se placer à contrecourant de ce qui a été décidé par les juridictions susceptibles de contrôler la décision juridictionnelle à rendre présente le risque d'une invalidation à l'occasion d'un appel ou d'un pourvoi en cassation. Mais encore peut-on considérer que c'est surtout moralement que la discipline verticale oblige (D. Chabanol, « Le dialogue des juges administratifs entre eux : discipline contentieuse et indépendance » in Mélanges en l'honneur du président Genevois, Paris, Dalloz, 2009, p. 171).

Pour autant, en cas de résistance, il n'y aura pas atteinte à l'autorité de la chose jugée. L'exemple des avis contentieux rendus par le Conseil d'Etat sur le fondement de l'article L. 113-1 du code de justice est à cet égard très éclairant : ces avis contentieux ont vocation à être suivis par les juridictions inférieures, qu'importent qu'ils ne soient pas revêtus de l'autorité de la chose jugée (CE, 17 nov. 1997, Doukouré, requête numéro 188163, Rec., p. 426).

Qu'elle soit absolue ou relative, l'autorité de la chose jugée doit en revanche, et en toute hypothèse, être respectée par les autres juridictions administratives, autant que par la juridiction qui a rendu la décision (CE, 14 déc. 1979, Mme Pointe, requête numéro 10755, Rec., T., p. 845) ou qui s'est prononcé sur la compétence de la juridiction à l'occasion d'un jugement avant-dire-droit (CE, 19 oct. 1979, Sté d'économie mixte d'équipement de la ville d'Aix-en-Provence, requête numéro 02434, Rec., T., p. 857), étant précisé que, dans tous les cas, seule l'autorité absolue de la chose jugée est d'ordre public (CE, 6 juin 1958, Chambre de commerce d'Orléans et a., requête numéro 39829, Rec., p. 315 ; AJDA 1958, II, p. 261, concl. M. Long), le juge ne pouvant soulever d'office l'autorité relative (CE, Sect., 2 mai 1947, Vaudrey, requête numéro 62213, Rec., p. 175). En revanche, la place que la juridiction occupe dans la hiérarchie, n'importe pas, et l'annulation d'un acte par un tribunal administratif, par exemple, s'impose à l'ensemble des juridictions administratives. Il en résulte que l'illégalité d'un licenciement constatée par un jugement passé en force de chose jugée, même si elle a pu procéder d'une simple erreur d'appréciation, s'impose à la juridiction saisie d'une demande d'indemnisation fondée sur le préjudice résultant de ce licenciement jugé illégal (CE, 9 juin 1995, Ministre des Affaires sociales et de l'Emploi c. Lesprit, requête numéro 90504, Rec., p. 239). On précisera cependant qu'un recours dirigé contre une décision administrative annulée par un jugement contre lequel il a été interjeté appel reste recevable (CE, 21 févr. 2011, Sté Véolia-propreté et a., requêtes numéros 335306 et 335480). On mentionnera encore un cas intéressant dans lequel le juge du référé liberté a pu régulièrement suspendre la décision d'expulsion du territoire national d'un étranger qui avait pourtant été jugée légale. A première vue, il y avait bien eu une atteinte à l'autorité de la chose jugée. En réalité, il n'en était rien. En effet, le juge des référés a pu considérer que la durée anormalement longue mise par le préfet à exécuter l'arrêté d'expulsion révélait l'exécution d'une nouvelle décision (CE, 10 avr. 2009, Ministre de l'Intérieur, de l'Outre-mer et des Collectivités territoriales c. M. Beddiaf, requête numéro 326863, Rec., T., pp. 781, 896 et 904).

1005. Le règlement de juges. L'autorité dont est revêtue la décision juridictionnelle à l'égard des juridictions, y compris supérieures, s'exerce sans préjudice de l'hypothèse du règlement de juges. Des divergences peuvent se manifester entre différentes décisions juridictionnelles, qu'il s'agisse de l'appréciation de certains faits ou de l'application d'une règle de droit. Il n'y a là rien de surprenant ni d'anormal : ces divergences sont inhérentes à la fonction de juger et se nivellent à la faveur des voies de l'appel et de la cassation. L'inadmissible survient lorsque deux décisions interviennent, l'une étant mal fondée et devenue définitive, conduisant à ce que le litige ne puisse pas être tranché ou à ce qu'il soit mal tranché. Pour contrecarrer ces situations plus que regrettables, le Conseil d'Etat a, de manière prétorienne, consacré la technique du règlement de juges, en s'inspirant de ce qui existait déjà en procédure civile (CE, Sect., 15 janv. 1932, Rambaud, requête numéro 12648, Rec., p. 61 ; S. 1932, 3, p. 83, concl. Rouchon-Mazerat).

Les hypothèses ne sont pas nombreuses mais elles existent. On prendra ici trois exemples.

Premier exemple : un premier jugement d'incompétence est rendu par une juridiction pourtant compétente. Le requérant se heurtant à un second jugement d'incompétence rendu par la juridiction qu'il a saisie en second lieu, son affaire nécessite un règlement de juges (CE, 10 nov. 1999, Sté coopérative agricole de Brienon, requête numéro 208119, Rec., p. 351).

Deuxième exemple : un premier jugement intervient, qui reconnaît la responsabilité d'une personne publique. Un second jugement fixe le montant des dommages-intérêts ainsi que la condamnation solidaire d'une seconde personne publique. Le premier jugement est annulé en appel. Le second l'est également, mais seulement en ce qu'il a condamné solidairement la seconde personne publique. Reste alors la condamnation au paiement de dommages-intérêts alors que le jugement établissant la responsabilité a été annulé. Ici encore, le règlement de juges permet de mettre un terme à cette situation regrettable, en dépit de l'autorité de la chose jugée (CE, 14 mars 1986, Consorts Lornet, requête numéro 53176, Rec., p. 72).

Troisième exemple : la commission départementale d'aménagement commercial autorise la création d'un ensemble commercial. Cette décision est attaquée devant la juridiction administrative par un tiers. Dans le même temps, deux membres de la commission départementale saisissent la commission nationale d'aménagement commercial afin qu'elle prenne une décision devant se substituer à la première, décision que prend effectivement la commission nationale. Le tribunal administratif saisi par le tiers prend acte et rejette le recours porté devant lui en tant que la décision attaquée n'existe plus. Saisi en premier et dernier ressort contre la décision de la commission nationale, le Conseil d'Etat (qui était compétent au moment des faits) l'annule en tant que la commission nationale n'était pas compétente pour connaître de la demande sur laquelle elle s'était prononcée. Tout en annulant, le Conseil d'Etat est contraint ici, à peine d'entretenir un déni de justice, de déclarer nul et non avenu le jugement du tribunal administratif et de rejuger (CE, 7 oct. 2009, Sté Distribution du Bourget et Association pour la défense et la promotion des commerçants du Bourget, requêtes numéros 314763 et 314777, Rec., T., p. 927).

Il appartient à la juridiction immédiatement supérieure d'intervenir et régler le problème : une cour administrative d'appel sera ainsi compétente pour déclarer « nul et non avenu » le jugement intervenu en contradiction avec d'autres jugements rendus par les juridictions de son ressort ; le Conseil Etat sera compétent pour régler les conflits entre les arrêts rendus par les cours administratives d'appel ; chaque juridiction ordinale d'appel connaîtra des décisions rendues par les juridictions ordinales de premier degré.

§ 2 - En dehors de la juridiction administrative

1006. Autorité de la chose jugée et pluralité des ordres juridiques. Il serait presque trop simple de ne devoir cantonner la question de l'autorité de la chose jugée à l'égard du seul juge judiciaire (I). La difficulté s'accroit lorsque l'on prend en considération les juridictions européennes (II). En effet, la confrontation des ordres juridiques est susceptible de générer des difficultés, tant la chose jugée en droit interne peut achopper sur les règles de droit supranationales.

I. A l'égard du juge judiciaire

1007. Suivant la nature du contentieux. L'autorité de la chose jugée par la juridiction administrative à l'égard du juge judiciaire diffère suivant que la décision juridictionnelle a été rendue en pleine juridiction (A) ou en excès de pouvoir (B).

A. L'autorité des décisions rendues en pleine juridiction

1008. Une autorité logiquement relative. Le juge civil (Cass. civ. 2ème, 18 janv. 1962, Bull. civ. II, n° 78) comme le juge pénal (Cass. crim., 14 juin 1961, Bull. crim., n° 294) considèrent que la chose jugée en pleine juridiction n'est revêtue d'une autorité que relative. Il en résulte que le moyen tiré de l'autorité de la décision de la juridiction administrative n'est pas d'ordre public, et ne peut être présenté pour la première fois devant la Cour de cassation (Cass. civ. 2ème, 10 janv. 1968, Bull. civ. II, n° 9). Il en résulte encore que, eu égard à la condition de l'identité de parties, de cause et d'objet, l'autorité de la chose jugée n'est pas fréquemment – loin s'en faut – reconnue par la juridiction civile aux décisions des juridictions administratives. Ce fût le cas, par exemple, dans une affaire où Gaz de France avait été reconnu responsable des dommages causés par une explosion et dans laquelle l'entrepreneur appelé en garantie avait été condamné à hauteur des deux tiers (CE, 26 juin 1970, Gaz de France c. Lambert et Poignant et c. Sté de Belly Frères, requêtes numéros 69532 et 69533, Rec., T., p. 1231). Une action de l'assureur, subrogé dans les droits de Gaz de France, contre l'entrepreneur, a été intentée par la suite devant la juridiction civile et tendant au remboursement des sommes versées à la victime. Le juge civil s'est alors déclaré lié par la décision rendue par la juridiction administrative relativement, d'une part, au partage des responsabilités, d'autre part, à la détermination des indemnités (Cass. civ. 1ère, 9 juill. 1975, Bull. civ. I, n° 232).

B. L'autorité des décisions rendues en excès de pouvoir

1009. Les décisions de rejet. La décision de rejet n'est revêtue d'une autorité, ici encore, que relative. Ainsi, alors même que l'acte servant de fondement aux poursuites aurait échappé à la censure du juge de l'excès de pouvoir, il est loisible au juge pénal, dans son office, de le contrôler à son tour et, le cas échéant, d'en écarter l'application (Cass. crim., 18 juill. 1957, Bull. crim., n° 564 ; Cass. crim., 10 oct. 1978, Bull. crim., n° 266 ; Cass. crim., 18 juin 1998, Bull. crim., n° 201). Il en ira également ainsi devant le juge civil et les aménagements de la jurisprudence Septfonds (TC, 17 oct. 2011, Préfet de la Région Bretagne, Préfet d'Ille et Vilaine, SCEA du Chéneau c. INAPORC c. Cherel c. CNIEL, requêtes numéros 3828 et 3829, Rec., p. 698, concl. J.-D. Sarcelet ; AJDA 2012, p. 27, chron. M. Guyomar et X. Domino) rendent le cas de figure plus fréquent : le juge civil peut aujourd'hui connaître de la légalité de certains actes administratifs (*supra* n° 220). Les décisions de rejet seront revêtues de l'autorité de la chose jugée mais, si l'on se souvient qu'il appartient au juge civil de ne statuer qu'au vu d'une jurisprudence administrative établie, il y a lieu de soutenir ici que le résultat équivaudra souvent, en fait, à une forme d'autorité absolue de la chose jugée.

1010. Les décisions d'annulation et déclarations d'illégalité. Il n'y a pas à douter de la pertinence de la solution dès lors que l'acte disparait alors rétroactivement de l'ordre juridique : la juridiction judiciaire reconnaît aux décisions d'annulation une autorité absolue de la chose jugée (Cass. com., 19 mai 1953, Sté La Ruche Picarde, S. 1954, I, p. 1. note R. Drago ; Cass. civ. 1ère, 23 oct. 1962, Bull. civ. I, n° 439). En revanche, la juridiction civile va plus loin que le Conseil d'Etat s'agissant, des déclarations d'illégalité. En effet, contrairement au juge administratif (CE, 3 juill. 1996, Min. de l'Équipement, du logement, des transports et du tourisme c. Sté ABC Ingineering, requête numéro 112171, Rec., p. 259), le juge civil reconnait également une autorité absolue de la chose jugée aux déclarations d'illégalité du juge administratif (Cass. civ. 1ère, 19 juill. 1985, Bull. civ. I, n° 200 ; Cass. soc., 18 juin 1986, Bull. civ. V, n° 316).

II. A l'égard des juridictions européennes

1011. Le respect par la Cour de justice de l'autorité de la chose jugée par les juridictions internes. L'autorité de la chose jugée par la juridiction administrative est également respectée par le juge de l'Union européenne. Si, indéniablement aujourd'hui, la violation du droit de l'Union européenne par une juridiction d'un Etat membre est susceptible de justifier une condamnation en manquement de l'Etat sur le fondement du Traité sur l'Union européenne, la Cour de justice de l'Union européenne considère qu'il « importe que des décisions juridictionnelles devenues définitives après épuisement des voies de recours disponibles ou après expiration des délais prévus pour ces recours ne puissent plus être remises en cause » (CJCE, affaire numéro C-224/01, 30 sept. 2003, Köbler, Rec., p. 10239) et que « l'importance que revêt, tant dans l'ordre juridique communautaire que dans les ordres juridiques nationaux, le principe de l'autorité de la chose jugée (…) en vue de garantir aussi bien la stabilité du droit et des relations juridiques qu'une bonne administration de la justice » l'emporte sur le principe de primauté du droit communautaire (CJCE, affaire numéro C-234/04, 16 mars 2006, Kapferer, Rec., p. 2585). Lorsque l'on sait l'importance assignée par la Cour de justice de l'Union européenne au principe de primauté, l'on mesure l'ampleur du respect qu'elle témoigne ici à l'égard de l'autorité de la chose jugée…

1012. La Cour européenne des droits de l'Homme encore tenue en respect. Sans réfuter à proprement parler l'autorité de la chose jugée par les juridictions nationales, la Cour européenne des droits de l'Homme souligne toute l'importance qu'il y a à respecter les stipulations de la Convention européenne de sauvegarde des droits de l'Homme et des libertés fondamentales. Elle a pu ainsi recommander la réouverture d'une procédure en cas de violation constatée de l'article 6 §1 (CEDH, 12 mai 2005, Ocalan c. Turquie, affaire numéro 46221/99). Une telle démarche ne prête pas foncièrement le flanc à la critique. Elle alerte cependant sur la nécessité de cantonner la juridiction de Strasbourg à la place qui doit rester la sienne. En effet, concevoir les effets des décisions rendues par elle pour autre chose que déclaratoires en ferait un nouveau degré de juridiction qu'on ne saurait approuver. Sans doute ce mécanisme de réexamen existe-t-il déjà en matière pénale. C'est déjà bien et cela suffira. Confirmant une jurisprudence déjà établie (CE, 11 févr. 2004, Chevrol, requête numéro 257682, Rec., p. 67 ; AJDA 2004, p. 439, chron. F. Donnat et D. Casas ; RFDA 2005, p. 163, note J. Andriantsimbazovina), le Conseil d'Etat a ainsi pu rappeler qu'une condamnation prononcée par la Cour européenne ne saurait avoir pour effet de remettre en cause l'autorité de la chose jugée par une juridiction administrative (CE, Sect., 4 oct. 2012, Baumet, requête numéro 328502, Rec., p. 347 ; JCP adm 2013, n° 9, 2060, note F. Hoffmann). On y souscrira… On précisera cependant que l'absence d'effet des arrêts de la Cour européenne des droits de l'Homme sur l'autorité de la chose jugée par les juridictions administratives s'accompagne de l'obligation faite à l'autorité administrative ayant prononcé une sanction toujours en cours d'exécution, dans pareils cas, d'apprécier si la poursuite de l'exécution de la sanction méconnaît les exigences de la Convention et, le cas échéant, d'en tirer les conséquences en y mettant fin en tout ou partie, eu égard aux intérêts dont elle a la charge, aux motifs de la sanction et à la gravité de ses effets ainsi qu'à la nature et à la gravité des manquements constatés par la Cour (CE, Ass., 30 juill. 2014, M. Vernes, requête numéro 358564, Rec., p. 260, concl. S. Von Coster ; AJDA 2014, p. 1929, chron. J. Lessi et L. Dutheillet de Lamothe ; RFDA 2014, p. 945, concl. S. Von Coster). On y souscrira également…

Sous-section 2 - Les conséquences à l'égard des autres pouvoirs

1013. La séparation des pouvoirs l'imposant. Parce qu'elle est notamment l'expression de la séparation des pouvoirs, l'autorité de la chose jugée s'impose autant à l'égard de l'administration (§ 1) qu'à l'égard du législateur (§ 2).

§ 1 - A l'égard de l'administration

1014. La violation de la chose jugée comme cas d'ouverture d'un nouveau recours. En cas d'annulation d'un acte, et parce que la décision juridictionnelle est revêtue de l'autorité absolue de la chose jugée, l'administration doit s'y soumettre, et s'y soumettre réellement. Ainsi, les effets de la disparition rétroactive de l'acte ne doivent pas être contrecarrés par des agissements administratifs qui viendraient réduire à néant l'autorité de la décision juridictionnelle. Les conclusions du commissaire du gouvernement Romieu n'ont à cet égard laissé aucune place à l'ambiguïté : « lorsqu'un acte ou un jugement a été annulé par le Conseil d'État pour violation de la loi, cet acte ne peut être recommencé immédiatement dans les mêmes conditions, ce jugement ne peut être reproduit dans l'instance avec les moyens de droit qui ont été condamnés, sous peine d'annulation qui, cette fois, sera exclusivement fondée sur la violation de la chose jugée » (J. Romieu, concl. sur CE, 8 juill. 1904, Botta, requête numéro 11574, Rec., p. 557). La contrainte sur l'administration de respecter l'autorité de la chose jugée est telle qu'elle ne saurait justifier la méconnaissance de cette obligation par le caractère transitoire de l'acte litigieux (CE, 18 juin 2010, Syndicat national des professionnels de la santé au travail, requête numéro 326369, Rec., p. 620). L'autorité de la chose jugée contraint même parfois l'administration à déroger à certaines règles qui s'imposent normalement à elle. Le principe de non-rétroactivité des actes administratifs cède ainsi en cas d'annulation d'un acte réglementaire, l'administration se devant faire rétroagir l'acte pris en lieu et place de celui annulé, afin de se conformer à l'autorité de la chose jugée, lorsque le précédent acte ne pouvait pas revivre en raison de son illégalité (CE, Sect., 28 avr. 2014, Mme Anchling et a., requête numéro 357090, Rec., T., p. 538 ; AJDA 2014, p. 1264, chron. A. Bretonneau et J. Lessi ; RFDA 2014, p. 512, concl. M.-A. de Barmon ; Dr. adm. 2014, n° 53, note G. Eveillard).

Il serait hâtif de considérer que toute annulation lie totalement l'administration. Il a été ainsi jugé que l'annulation d'une mesure de suspension pour absence de service fait ne fait pas obstacle à ce que l'administration prononce à nouveau une telle mesure en se fondant sur un autre motif, en l'occurrence en raison de l'exercice irrégulier d'une activité privée durant cette période de suspension (CE, 6 mars 2015, Centre hospitalier Henri Guérin, requête numéro 369857, Rec., T., pp. 821 et 824).

1015. La renonciation à la chose jugée. Il faut distinguer suivant que l'autorité de la chose jugée est relative ou absolue. S'il est possible de renoncer totalement (CE, 26 juin 1974, Sté « La maison des Isolants-France », requête numéro 80940, Rec., p. 365) ou partiellement (CE, 7 oct. 1970, Ministre de la Défense nationale c. Hanriot-Colin, requête numéro 78496, Rec., p. 556) à la chose jugée dont l'autorité ne serait que relative, cette faculté est exclue s'agissant des décisions juridictionnelles revêtues de l'autorité absolue de la chose jugée (CE, Sect., 13 juill. 1967, Ecole privée de filles de Pradelles, requête numéro 70777, Rec., p. 339 ; RDP 1968, p. 187, concl. Bernard). On notera toutefois qu'une évolution se dessine en la matière, qui s'inscrit dans un mouvement plus large de remise en cause de cette distinction traditionnelle et à certains égards surannée qui oppose contentieux de l'excès de pouvoir et contentieux de pleine juridiction. Ainsi, dans le sillon creusé par certains rapporteurs publics (notamment, A. Courrèges, concl. sur CE, 30 janv. 2008, Ville de Paris, requête numéro 299675, Rec., p. 21), certaines juridictions du fond osent considérer aujourd'hui qu'une transaction puisse valablement porter sur un recours pour excès de pouvoir (TA Cergy-Pontoise, 8 janv. 2015, Sté Multi Dévelopment France, requête numéro 1209831, AJDA 2015, p. 993, note S. Merenne). Sans doute, dans cette espèce, s'agissait-il d'une transaction conclue en cours d'instance. Mais la question peut bien se poser de déterminer dans quelle mesure une renonciation à l'autorité de la chose jugée en excès de pouvoir ne finira pas par être sérieusement envisagée par la juridiction administrative…

§ 2 - A l'égard du législateur

1016. Les conditions de régularité des lois de validation. La loi de validation ne doit porter atteinte à aucun principe de valeur constitutionnelle et ne doit aucunement attenter à l'exécution des décisions juridictionnelles passées en force de chose jugée (Cons. const., décision numéro 80-119 DC du 22 juill. 1980, Validation d'actes administratifs, préc.) ni valider des actes qui ont été annulés (Cons. const., décision numéro 94-357 DC du 25 janv. 1995, Dispositions d'ordre social, Rec. Cons. const., p. 179). Aussi bien, si l'on ne doit pas confondre les décisions revêtues de l'autorité de la chose jugée et les décisions passées en force de chose jugée, l'autorité absolue de la chose jugée s'impose au législateur. La loi ne saurait, « en l'absence de dispositions expresses en ce sens » faire échec à cette autorité (CE, 24 mars 1982, Boyer, requête numéro 05336, Rec., p. 129), sauf à engager la responsabilité de l'Etat sur le fondement de la rupture d'égalité des citoyens devant les charges publiques (CE, Ass., 1er déc. 1961, Lacombe, requête numéro 41584, Rec., p. 674).

1017. La loi de validation, soumise à un contrôle concret du juge administratif. Le juge administratif contrôle très logiquement la loi de validation au regard, non seulement des stipulations de la Convention européenne de sauvegarde des droits de l'Homme et des libertés fondamentales, mais également au regard du droit de l'Union européenne. A cet égard, il convient de souligner que le contrôle abstrait tend à faire place à un contrôle concret (CE, Sect., 10 nov. 2010, Commune de Palavas-les-Flots et Commune de Lattes, requêtes numéros 314449 et 314580, Rec., p. 429 ; RFDA 2011, p. 124, concl. N. Boulouis ; AJDA 2010, p. 2416, chron. D. Botteghi et A. Lallet), ce qui signifie que la loi de validation peut être écartée ou non suivant l'objet du contentieux soumis à la juridiction administrative.

1018. Bibliographie indicative.

D. Chabanol, « Le dialogue des juges administratifs entre eux : discipline contentieuse et indépendance » in Mélanges en l'honneur du président Genevois, Paris, Dalloz, 2009, pp. 167 et s.

F. Miatti, « L'autorité de la chose jugée en matière électorale : absolue ou relative ? », RFDA 1995, pp. 522 et s.

S. Perdu, « Vers un réexamen d'une décision définitive du juge administratif français après une condamnation européenne ? », RTDH 2004, pp. 175 et s.

B. Seiller, « Les effets de la déclaration d'illégalité sur l'ordonnancement juridique », RFDA 2014, pp. 721 et s.

CHAPITRE II - L'EXECUTION DE LA DECISION JURIDICTIONNELLE

1019. Caractère exécutoire de la décision et autorité de la chose jugée. Aux termes de l'article L. 11 du code de justice administrative, les jugements « sont exécutoires ». Il ne peut en être autrement. Le Conseil constitutionnel considère à cet égard que l'exécution des décisions de justice est le corollaire du droit à un recours juridictionnel effectif (Cons. const., décision numéro 2014-455 QPC du 6 mars 2015, M. Jean de M.). Pour la Cour européenne des droits de l'Homme, l'exécution d'une décision de justice fait partie intégrante du procès équitable au sens de l'article 6 §1 de la Convention européenne de sauvegarde des droits de l'Homme et des libertés fondamentales (CEDH, 19 mars 1997, Hornsby c. Grèce). Conséquence inévitable, un délai excessif d'exécution d'une décision juridictionnelle engage la responsabilité de l'Etat (CE, 23 juin 2014, M. Wespelaere et a., requête numéro 369946, Rec., T., p. 734), sans par exemple qu'un délai de grâce accordé par le juge judiciaire à un occupant irrégulier ne puisse emporter un effet suspensif quant à l'obligation pour l'administration de prêter son concours à l'exécution de la décision juridictionnelle (CE, 11 avr. 2014, Ministre de l'Intérieur c. Mme Oppici, requête numéro 359575, Rec., T., p. 732, 849 et 860). Eu égard encore au caractère exécutoire des décisions rendues, le justiciable dont la créance résulte d'un jugement doit pouvoir la recouvrer sans avoir à accomplir le moindre acte, et l'abstention de l'administration de se conformer au dispositif de la décision est fautive (CE, 13 juill. 1966, Préfet de police c. Dame Ximay, Rec., T., p. 1094). Une confusion ne doit cependant pas être commise entre, d'une part, le caractère exécutoire commun à l'ensemble des décisions et ordonnances rendues par les juridictions administratives, d'autre part, l'autorité de la chose jugée qui ne concerne que les décisions à l'exclusion donc des ordonnances de référé dont les effets restent provisoires.

1020. Des mécanismes aujourd'hui aboutis. Le temps est sans doute lointain où un maire pouvait prendre à sept reprises un arrêté, sept fois annulé par le Conseil d'Etat, emportant suspension du même garde champêtre (CE, 23 juill. 1909, Fabrègue, requêtes numéros 33151 et a., Rec., p. 727). Les administrations ont largement acquis ce degré de maturité apte à les conformer à l'autorité de la chose jugée. Dira-t-on qu'une commune est parfois dans l'impossibilité de se conformer financièrement à une condamnation pécuniaire ? Le préfet se chargera légalement de procéder à la vente des biens du domaine privé de la commune afin de dégager les fonds propres à assurer un début d'exécution de la décision (CE, 18 nov. 2005, Sté fermière de Campoloro, requête numéro 271898, Rec., p. 515), et son inaction pourra être constitutive d'une faute lourde de l'Etat dans l'exercice du pouvoir de tutelle, ouvrant droit à réparation (CE, 29 mars 1946, Caisse départementale d'assurances sociales de Meurthe-et-Moselle, requête numéro 41916, Rec., p. 100). Dira-t-on que des considérations tirées de l'ordre public peuvent justifier l'inexécution d'une décision juridictionnelle ? Le préjudice pourra être réparé au titre de la responsabilité sans faute pour rupture d'égalité devant les charges publiques (CE, 30 nov. 1923, Couitéas, requêtes numéros 38284 et 48688, Rec., p. 789). Dira-t-on que les implications de la décision juridictionnelle sont si complexes que l'administration serait en peine d'en tirer les justes conséquences ? Des mécanismes existent qui permettent d'assister l'exécution (Section 1), voire de la contraindre (Section 2).

Section 1 - L'exécution assistée

1021. L'intérêt de la pédagogie. La difficulté est donc moins souvent de surmonter la mauvaise volonté de l'administration que de lui donner les clés de compréhension nécessaires à la correcte exécution de la décision. L'administration n'est pas toujours en mesure d'identifier l'ensemble des implications d'une décision rendue par la juridiction administrative, en raison de sa complexité ou de sa nouveauté. Nul ne saurait s'en satisfaire : ni l'administration, au moins celle de bonne foi, qui ne parvient pas à se conformer à la chose jugée ; ni le justiciable qui reste dans l'insatisfaction. En définitive, c'est l'intérêt général qui est atteint. Indéniablement, la faculté est la bienvenue pour l'administration de s'adresser à la juridiction administrative afin qu'elle explicite les modalités d'exécution d'une décision juridictionnelle (Sous-section 2). Par ailleurs, et même si elle est susceptible de constituer parfois une injonction dissimulée, déguisée, ou encore détournée (les qualificatifs ne manquent pas…), l'explicitation spontanée doit être approuvée (Sous-section 1).

Sous-section 1 - L'explicitation spontanée

1022. Une pratique connue en jurisprudence. A bien y regarder, le juge administratif a depuis fort longtemps manifesté son souci de garantir, par-delà la seule autorité de ses décisions, leur exécution concrète, soit avant toute difficulté (CE, 19 juin 1903, Colonel Ledochowski, requête numéro 8124, Rec., p. 452 ; CE, Sect., 24 févr. 1961, Sieur Zimmet, requête numéro 41382, Rec., p. p. 144), soit après une première violation de la chose jugée (par ex., CE, 9 juin 1899, Sieur Toutain, Rec., p. 421 ; CE, 17 juin 1921, Sieur Robert, requête numéro 70391, Rec., p. 603 ; CE, 12 mai 1950, Sieur Lhomme, requête numéro 1117, Rec., p. 284 ; CE, Ass., 11 mai 1959, Sieur Miret, requête numéro 34884, Rec., p. 295 ; S. 1959, p. 146, concl. A. Bernard ; CE, 8 juin 1977, Perroux, requête numéro 01442, Rec., p. 259). L'arrêt Rodière de 1925 en est un exemple topique, le Conseil d'Etat n'ayant pas répugné à indiquer les conséquences de l'annulation d'une décision administrative et les modalités de la reconstitution de carrière (CE, 26 déc. 1925,

Rodière, requête numéro 88369, Rec., p. 1065 ; RDP 1926, p. 32, concl. Cahen-Salvador).

1023. Le renforcement de la pratique. L'avènement d'un véritable pouvoir d'injonction au profit de la juridiction administrative a nécessairement influé sur l'office du juge (J. Arrighi de Casanova, « Les habits neufs du juge administratif » in Mélanges en l'honneur de Daniel Labetoulle, Paris, Dalloz, 2007, pp. 11 et s.) et la jurisprudence la plus récente montre que l'évolution n'est pas achevée. Fort logiquement, ni le contentieux de pleine juridiction, ni le contentieux de l'excès de pouvoir ne sont restés à l'écart de ces transformations. Les explicitations spontanées du juge, en direction de l'administration, quant aux conséquences à tirer de ses décisions ne pouvaient devenir que plus ambitieuses. En témoignent certaines décisions qui, si elles ne constituent pas la majorité du genre, n'en représentent pas moins des manifestations éclatantes.

Le Conseil d'Etat a pu ainsi :

- énoncer, dans les motifs de sa décision, les obligations de faire découlant de l'annulation prononcée, en indiquant, par exemple, à la commission d'organisation des compétitions de la Ligue nationale de football les modalités à respecter pour homologuer de nouveau le classement final du championnat de France professionnel de première division (CE, Sect., 25 juin 2001, Sté Toulouse Football Club, requête numéro 234363, Rec., p. 281) ;

- indiquer à l'autorité administrative compétente que, à la suite de l'annulation d'un arrêté et en vue de l'attribution de cartes professionnelles, elle avait l'obligation d'organiser un système d'équivalence au bénéfice des ressortissants communautaires et d'attribuer les cartes professionnelles en décidant, au cas par cas et jusqu'à l'adoption de la nouvelle réglementation, si les titres ou diplômes présentés pouvaient être considérés comme offrant du point de vue des intérêts généraux, des garanties équivalentes à celles résultant de la possession des titres et diplômes français (CE, Ass., 29 juin 2001, Vassilikiotis, requête numéro 213229, Rec., p. 303, concl. F. Lamy ;

- préciser, à la suite d'une annulation différée, pour incompétence, d'un arrêté relatif à la mise en accessibilité des véhicules de transport public guidé urbain aux personnes handicapées et à mobilité réduite, que le ministre chargé des transports et des personnes handicapées devait prendre, avant l'entrée en vigueur de l'annulation, à nouveau les mêmes dispositions ou, les cas échéant après consultation du Conseil national consultatif des personnes handicapées, une réglementation différente (CE, 3 mars 2009, Association française contre les myopathies, requête numéro 314792, Rec., p. 69) ;

Par exemple encore, le Conseil d'Etat a considéré qu'une même personne ne saurait disposer de plus d'un permis de conduire. Dans ces conditions, lorsqu'une décision constatant la perte de validité d'un permis de conduire a été annulé et que, dans l'intervalle, l'intéressé s'est vu délivrer un nouveau permis, celui-ci ne saurait prétendre à la restitution du permis initial, sauf à restituer lui-même le second permis. Le jugement prononçant l'annulation de la décision litigieuse doit en informer le requérant, en précisant que, s'il souhaite qu'il soit procédé à l'échange, il doit le faire savoir à l'administration dans un délai déterminé et que, à défaut, l'intéressé sera considéré comme ayant définitivement opté pour la conservation du nouveau permis (CE, 22 juill. 2016, Ministre de l'Intérieur, requête numéro 382251, Rec. T. ; JCP adm. 2017, 2053, obs. O. Le Bot).

Il est encore possible au Conseil d'Etat d'indiquer à l'administration ce qu'elle ne peut pas faire sauf à commettre une illégalité, au moment d'exécuter une décision administrative dont il a été vainement demandé l'annulation (CE, 21 mars 2001, Mme Mathio Emma Essaka, requête numéro 208541, Rec., p. 150). Le pas n'est pas grand à franchir pour y voir une « injonction prétorienne » (C. Broyelle, « De l'injonction légale à l'injonction prétorienne : le retour du juge administrateur », Dr. adm. 2004, n° 3, pp. 8 et s.)…

Sous-section 2 - L'explicitation provoquée

1024. L'« aide à l'exécution » a vécu. Dans sa version antérieure au décret n° 2017-463 du 6 avril 2017, l'article R. 931-2 du code de justice administrative disposait que les parties intéressées pouvaient signaler à la section du rapport et des études du Conseil d'Etat les difficultés qu'elles rencontraient pour obtenir l'exécution d'une décision rendue par le Conseil d'Etat ou par une juridiction administrative spécialisée. Le traitement des difficultés d'exécution était donc différent de celui réservé aux difficultés d'exécution nées des jugements des tribunaux administratifs et des arrêts des cours administratives d'appel, lesquelles n'étaient pas susceptibles d'être réglées par la mise en œuvre de l'article R. 931-2 du code de justice administrative. Cela n'était pas surprenant, le pouvoir réglementaire ayant tiré les conséquences des pouvoirs dévolus aux présidents des tribunaux administratifs et des cours administratives d'appel. Il était sans doute temps de mettre fin à cette différence de traitement.

1025. L'explicitation des décisions des tribunaux administratifs et des cours administratifs d'appel. L'article R. 921-1 du code de justice administrative dispose que « lorsqu'un tribunal administratif ou une cour administrative d'appel a annulé pour excès de pouvoir un acte administratif ou, dans un litige de pleine juridiction, a rejeté tout ou partie des conclusions présentées en défense par une collectivité publique, l'autorité intéressée a la faculté de demander au président de la juridiction d'éclairer l'administration sur les modalités d'exécution de la décision de justice ».

1026. Les décisions susceptibles de donner lieu à demande d'éclaircissements. Suivant la lettre de l'article R. 921-1 du code de justice administrative, la demande d'éclaircissements ne peut intervenir que lorsque la collectivité publique a perdu le procès, que l'acte administratif ait été annulé pour excès de pouvoir ou que, en pleine juridiction, tout ou partie des conclusions en défense formulées par une collectivité ait été rejeté. Encore doit-on souligner ici que la demande ne peut être instruite que pour autant que la question n'est pas pendante devant la juridiction. La demande ne peut donc être instruite, d'une part, si un recours en appel ou un pourvoi en cassation est formé contre le jugement ou l'arrêt objet de la difficulté, d'autre part, si une demande a par ailleurs été formée sur le fondement de l'article L. 911-4 du code de justice administrative.

1027. L'explicitation des décisions du Conseil d'Etat et des juridictions administratives spécialisées. L'article R. 931-1 du code de justice administrative dispose que « lorsque le Conseil d'Etat ou une juridiction administrative spéciale a annulé pour excès de pouvoir un acte administratif ou, dans un litige de pleine juridiction, a rejeté tout ou partie des conclusions présentées en défense par une collectivité publique, l'autorité intéressée a la faculté de demander au Conseil d'Etat d'éclairer l'administration sur les modalités d'exécution de la décision de justice ». Il en va également ainsi lorsque, en application de l'article R. 921-1 du code de justice administrative, la demande d'éclaircissement a été transmise au Conseil d'Etat par le président d'un tribunal administratif ou d'une cour administrative d'appel. Ces demandes donnent lieu à la désignation d'un rapporteur dont la mission auprès de l'administration s'exerce sous l'autorité du président de la Section du rapport et des études. Le cas échéant, il est fait mention de l'affaire dans le rapport annuel du Conseil d'État ».

1028. Bibliographie indicative.

J. Arrighi de Casanova, « Les habits neufs du juge administratif » in Mélanges en l'honneur de Daniel Labetoulle, Paris, Dalloz, 2007, pp. 11 et s.

F. Blanco, « Du juge censeur au juge correcteur. La réfection-interprétation dans le contentieux de l'excès de pouvoir », AJDA 2014, pp. 1722 et s.

C. Broyelle, « De l'injonction légale à l'injonction prétorienne : le retour du juge administrateur », Dr. adm. 2004, n° 3, pp. 8 et s.

Section 2 - L'exécution contrainte

1029. Les pouvoirs ne font plus défaut au juge administratif. Le contentieux administratif a longtemps souffert de ce que les décisions de la juridiction administrative pouvaient rester lettre morte. Le procès en indignité qui lui était fait à cet égard n'était cependant pas foncièrement mérité. Le président Odent, par exemple, s'inscrivait en faux contre cette idée suivant laquelle l'administration faisait fi des décisions juridictionnelles parce que placée à l'abri de toute sanction (R. Odent, Contentieux administratif, tome 1, Paris, Dalloz, 2007 (rééd.), pp. 1034 et s.). La situation n'en restait pas moins insatisfaisante parce que les outils entre les mains du juge n'existaient pas ou restaient insuffisants. L'efficacité des décisions juridictionnelles ne peut pas dépendre du bon vouloir de l'administration, et le statut constitutionnel de la juridiction administrative s'oppose à ce que l'on se contente de procédés équivalents à « l'appel éloquent à la moralité administrative » (M. Hauriou, note sous 26 juin 1908, Daraux, S. 1909, III, p. 130). Il fallait donc créer les conditions d'une contrainte juridiquement organisée. Le législateur s'y est employé. Déjà l'article L. 313-3 du code monétaire et financier prévoit-il l'augmentation de cinq points du taux des intérêts légaux en cas d'inexécution d'une décision de justice passé un délai de deux mois à compter du jour où la décision est devenue exécutoire, le juge de l'exécution pouvant cependant prononcer l'exonération totale ou partielle de cette majoration (CE, 16 déc. 2009, Commune de Saint-Paul en Pared, requête numéro 309774, Rec., T., p. 905). Par délà, et surtout ici, le législateur a pu reconnaître, en 1980, de réels pouvoirs d'astreinte (Sous-section 2) et, en 1995, de réels pouvoirs d'injonction (Sous-section 1) au bénéfice de la juridiction administrative.

Sous-section 1 - Les pouvoirs d'injonction de la juridiction administrative

1030. En amont ou en aval. A la faveur de la loi du 8 février 1995, la juridiction administrative dispose de moyens de contraindre avec plus d'efficacité l'administration à se conformer à la chose jugée en tirant toutes les conséquences de la décision juridictionnelle. L'intervention du juge peut s'exercer *a priori*, l'injonction pouvant alors être qualifiée de préventive (§ 1). Le juge peut encore agir *a posteriori*. En effet, parce que le requérant n'aurait pas ou mal saisi le juge d'une demande en ce sens, ou parce que l'administration resterait encline à ne pas se conformer à la chose jugée, le juge peut prononcer des injonctions coercitives (§ 2).

§ 1 - L'injonction préventive

1031. La révolution de 1995. Il est de longue date admis que la juridiction administrative dispose, même sans texte, du droit d'adresser des injonctions aux personnes privées (CE, 13 juill. 1956, OPHLM du Département de la Seine c. Revert, requête numéro 37656, Rec., p. 338, concl. J. Chardeau), sauf lorsque le litige concerne l'utilisation de prérogatives de puissance publique (CE, 4 nov. 1983, Noulard, requête numéro 41775, Rec., p. 451). En revanche l'obstination du juge administratif a été tenace, qui se refusait, officiellement au moins, toute faculté de prononcer des injonctions à l'administration (J. Chevallier, « L'interdiction pour le juge administratif de faire acte d'administrateur », AJDA 1972, pp. 67 et s.). La loi du 8 février 1995 a donc constitué un immense progrès. Deux dispositions sont aujourd'hui codifiées, qui permettent aux seules juridictions administratives générales (CE, 28 avr. 2004, Foyer-logement Maurice-Villatte, requête numéro 255932, Rec., p. 177 ; AJDA 2004, p. 1541, note J.-P. Markus) de prévenir les manquements de l'administration à l'autorité des décisions rendues. Il peut s'agir d'enjoindre à l'administration de satisfaire la demande de l'administré (I) ou de réexaminer sa situation (II).

I. L'injonction d'agir dans un sens déterminé

1032. L'article L. 911-1 du code de justice administrative. Aux termes de l'article L. 911-1 du code de justice administrative, « lorsque sa décision implique nécessairement qu'une personne morale de droit public ou un organisme de droit privé chargé de la gestion d'un service public prenne une mesure d'exécution dans un sens déterminé, la juridiction, saisie de conclusions en ce sens, prescrit, par la même décision, cette mesure assortie, le cas échéant, d'un délai d'exécution ». Que le litige principal relève de l'excès de pouvoir ou de la pleine juridiction, la demande d'injonction est invariablement jugée en pleine juridiction (CE, 4 juill. 1997, Leveau, requête numéro 161105, Rec., p. 282 ; RFDA 1997, p. 819, concl. J.-H. Stahl ; AJDA 1997, p. 584, chron. D. Chauvaux et T.-X. Girardot). Cependant, il faut bien admettre que la réforme a essentiellement bénéficié au contentieux de l'excès de pouvoir, le juge de pleine juridiction disposant du pouvoir de réformer les décisions qui lui sont déférées. Certains pans du contentieux de l'annulation, en tout cas, se voient revêtus d'un intérêt qui jusqu'alors leur échappait compte tenu du caractère platonique des décisions d'annulation.

Ainsi en est-il :

- du contentieux des ouvrages publics irrégulièrement implantés, dont le juge peut à présent ordonner la destruction si aucune mesure de régularisation n'est possible (CE, Sect., 29 janv. 2003, Syndicat départemental de l'électricité et du gaz des Alpes-Maritimes et commune de Clans, requête numéro 245239, Rec., p. 21, concl. C. Maugüé ; RFDA 2003, p. 477, concl. C. Maugüé et note C. Lavialle) ;

- du contentieux de la fonction publique, le refus de nommer un candidat inscrit par le jury sur la liste d'admission pouvant justifier une injonction en vue de sa nomination (CE, 11 mai 1998, Mlle Aldige, requête numéro 185049, RFDA 1998, p. 1011, concl. H. Savoie), et l'annulation de la révocation ou du licenciement justifiant l'injonction à fins de réintégration et de reconstitution de carrière (CE, 29 déc. 1995, Kavvadias, requête numéro 129659, Rec., p. 477 ; AJDA 1996, p. 115, chron. J.-H. Stahl et D. Chauvaux) ;

- du contentieux des refus de prendre (CE, Sect., 26 juill. 1996, Association lyonnaise de protection des locataires (ALPL), requête numéro 160515, Rec., p. 293, concl. C. Maugüé), d'abroger (CE, 7 févr. 2003, GISTI, requête numéro 243634, Rec., p. 30 ; AJDA 2003, p. 996, note F. Julien-Laferrière) ou de publier un règlement (CE, 12 déc. 2003, Syndicat des commissaires de la police nationale, requête numéro 243430, Rec., p. 506).

Il n'y a pas plus à distinguer suivant que la question a été posée au juge saisi du principal ou en référé, ni suivant que les saisies et autres mesures conservatoires relèveraient ou non de la compétence de la juridiction administrative (CE, 27 avr. 2011, Fedida, requête numéro 314577, Rec., p. 176). Il n'importe pas davantage de distinguer suivant que la formation de jugement est collégiale ou qu'il s'agit d'un juge unique (CE, avis, 29 déc. 2000, Clouzeau, requête numéro 257411, Rec., p. 669).

1033. L'article L. 911-1-1 du code de justice administrative. Issu de la loi n° 2016-1691 du 9 décembre 2016, l'article L. 911-1-1 du code de justice administrative autorise la juridiction, en faisant application de l'article L. 911-1, à prescrire la réintégration d'un agent public ou un salarié d'un organisme de droit privé chargé de la gestion d'un service public, sanctionné pour avoir lancé une alerte éthique.

1034. Les conditions au prononcé d'une injonction. Le principe de la prohibition des injonctions à l'administration n'a pas été renversé (CE, 16 nov. 1998, Ferly, requête numéro 190200, Rec., p. 417). Des conditions doivent dès lors être satisfaites.

Suivant l'article L. 911-1 du code de justice administrative, l'injonction de faire ne peut intervenir que lorsque la décision rendue par le juge « implique nécessairement » une mesure d'exécution dans un sens déterminé. Le juge se place au jour de sa décision pour déterminer s'il y a lieu ou non de mettre en œuvre ses pouvoirs d'injonction (CE, 4 juill. 1997, Epoux Bouzerak, requête numéro 156298, Rec., p. 278 ; AJDA 1997, p. 584, chron. D. Chauvaux et T.-X. Girardot ; RFDA 1997, p. 815, concl. R. Abraham). La demande d'injonction doit être utile. Ainsi, eu égard à la procédure de mandatement et d'inscription d'office à laquelle il peut prétendre, le requérant n'est pas recevable à formuler une demande d'injonction de payer sur le fondement de l'article L. 911-1 du code de justice administrative (CE, 6 mai 1998, Lother, requêtes numéros 141236 et 190092, Rec., T., p. 968). En outre, et la réserve est des plus classiques en contentieux administratif, le juge doit s'assurer que l'injonction qu'il prescrit ne porte pas, par le résultat qu'elle viserait, une atteinte excessive à l'intérêt général (CE, 19 juill. 2010, Centre hospitalier de Béziers, requête numéro 327155, Rec., p. 934). C'est ainsi que le juge peut rejeter les conclusions tendant à ce qu'il soit enjoint à la personne publique de détruire des données illégalement recueillies, lorsqu'un décret est intervenu depuis l'enregistrement de la requête et qu'il organise les conditions de la collecte, et eu égard à l'intérêt éminent qui s'attache à la conservation des données litigieuses (CE, 4 juin 2012, Section française de l'Observatoire international des prisons, requête numéro 334777, Rec., T., pp. 765 et 932).

L'injonction ne doit être prononcée par le juge que pour autant qu'elle s'avère nécessaire, ce qui n'est pas le cas lorsque le justiciable dispose déjà d'une voie d'exécution organisée par un texte. Ainsi, et par exemple, dès lors que les dispositions du II de l'article 1er de la loi du 16 juillet 1980, reproduites à l'article L. 911-9 du code de justice administrative, permettent à la partie gagnante, en cas d'inexécution d'une décision juridictionnelle passée en force de chose jugée dans le délai prescrit, d'obtenir le mandatement d'office de la somme que la partie perdante est condamnée à lui verser par cette même décision, il n'y a pas lieu de faire droit aux conclusions de la première tendant à ce qu'il soit enjoint à celle-ci, sur le fondement des articles L. 911-1 et L. 911-3 du code de justice administrative, de payer cette somme sous astreinte (CE, 24 nov. 2003, Sté la Cadoret, requête numéro 250436, Rec., T., p. 945).

Lorsque les conditions sont réunies, et que rien ne s'y oppose, le juge est tenu de prescrire les mesures d'exécution appropriées (CE, Sect., avis, 30 nov. 1998, Berrad, requête numéro 188350, Rec., p. 452 ; RFDA 1999, p. 511, concl. F. Lamy). Encore faut-il que le juge ait été régulièrement saisi, même après l'expiration du délai de recours (CE, 29 oct. 2012, Mme Jarry, requête numéro 332387), d'une demande en ce sens. On soulignera ici l'inclination du juge à accueillir favorablement les demandes d'injonction, y compris celles qui seraient mal ou trop peu formulées (par ex., CE, 3 mars 2008, Garde des sceaux, Ministre de la Justice c. Lemaître, requêtes numéros 300009 et 302081, Rec., T., p. 873), permettant ainsi une mise en œuvre la plus appropriée des pouvoirs conférés au juge par la loi du 8 février 1995 (en ce sens, C. Maugüé, « Les injonctions pour exécution de la chose jugée » in Mélanges en l'honneur de Daniel Labetoulle, Paris, Dalloz, 2007, pp. 593-594). Il y a lieu toutefois de se montrer prudent. En effet, le juge peut faire montre de plus d'intransigeance en déclarant irrecevables des conclusions fondées sur l'article L. 911-1 du code de justice administrative quand l'administration aurait pour seule obligation de réexaminer la situation du requérant (par ex., CE, 27 mai 2005, Département de l'Essonne, requête numéro 268564, Rec., p. 229 ; AJDA 2005, p. 1450, chron. C. Landais et F. Lenica).

1035. La teneur de l'injonction. Conformément à l'article L. 911-1 du code de justice administrative, l'injonction peut être assortie d'un délai d'exécution. C'est ainsi que le Conseil d'Etat a pu laisser à l'autorité administrative compétente :

- un délai de quinze jours pour procéder à l'instruction d'une déclaration de travaux en vue de l'installation d'une station radioélectrique de téléphonie mobile (CE, 13 nov. 2002, Sté française de radiotéléphonie, requête numéro 244773) ;

- un délai d'un mois pour prendre un nouvel arrêté fixant une évolution des tarifs conforme aux principes énoncés par la décision juridictionnelle d'annulation (CE, 10 juill. 2012, SA GDF Suez et association nationale des opérateurs détaillants en énergie, requêtes numéros 353356 et 353555, Rec., p. 272) ;

- un délai de trois mois pour prendre un nouvel arrêté fixant les tarifs réglementés de vente de l'électricité pour la période déterminée (CE, 22 oct. 2012, Syndicat intercommunal de la périphérie de Paris pour l'électricité et les réseaux de communication, requête numéro 332641 ; AJDA 2012, p. 2373, chron. X. Domino et A. Bretonneau ; AJDA 2013, p. 126, note F. Lafaille).

Les mesures ordonnées par le juge peuvent être très classiques en ce qu'elles se limiteront à ce que la décision rendue au fond commande. Ainsi le juge peut-il prescrire le remplacement provisoire d'un maire démissionnaire d'office par un adjoint (CE, Ass., 26 mai 1995, Etna et Ministre des Territoires et Départements d'outre-mer, requêtes numéros 167914 et 168932, Rec., p. 212), la réintégration et la reconstitution de carrière (CE, 29 déc. 1995, Kavvadias, requête numéro 129659, préc.), le redécoupage des circonscriptions cantonales (CE, Ass., 21 janv. 2004, Mme Boulanger, requête numéro 254645, Rec., p. 14), la délivrance d'un agrément en vue de l'adoption (CE, 26 juill. 2006, Département des Yvelines, requête numéro 289621)…

En outre, le juge peut assortir son injonction de certaines précisions. Il lui est loisible, par exemple, d'indiquer le contenu de l'acte réglementaire à prendre (CE, 30 juill. 2003, Syndicat des avocats de France, requête numéro 247940, Rec., p. 358). Le juge peut également prononcer des injonctions conditionnelles. La pratique est connue de longue date et ne trouve ici qu'un nouveau cadre d'épanouissement : le juge ordonnera, le cas échéant, qu'une mesure déterminée soit adoptée « si mieux n'aime ». Par exemple, le Conseil d'Etat a pu enjoindre à Aéroports de Paris, s'il ne pouvait obtenir des sociétés concernées qu'elles acceptent la résolution des conventions d'occupation du domaine public conclues avec elles, de saisir le juge du contrat dans le délai de deux mois à compter de la notification de la décision juridictionnelle aux fins de voir prononcer la résolution desdites conventions (CE, Sect., 26 mars 1999, Sté HERTZ France et a., requêtes numéros 202256, 202258, 202259 et 202262, Rec., p. 107, concl. J.-H. Stahl ; RFDA 1999, p. 977, note D. Pouyaud). L'injonction de restituer une subvention irrégulièrement versée peut être subordonnée à l'absence de régularisation du versement dans un délai déterminé par le juge (CE, Sect., 1er juill. 2016, Commune d'Emerainville et Syndicat d'agglomération nouvelle de Marne-la-Vallée-Val-Maubuée, requêtes numéros 363047 et 363134, Rec.).

1036. Les limites aux pouvoirs du juge. Le cadre dans lequel les pouvoirs d'injonction se déploient n'est pas sans limite.

En premier lieu, de jurisprudence constante, le juge ne peut assortir sa décision d'une mesure d'injonction toutes les fois où sa décision au principal est de rejet (CE, 7 avr. 1995, Surry, requête numéro 154129, Rec., p. 158), même lorsque qu'un changement de circonstances de fait ou de droit serait intervenu entre le jour d'adoption de la décision et le jour du jugement (CE, 20 juin 2012, Ministre de l'Intérieur, requête numéro 346073, Rec., T., p. 797). Il y a là une solution logique, qui permet de ne pas dénaturer davantage le recours pour excès de pouvoir mais qui, une fois de plus, montre les perturbations qu'occasionne cette dualité des branches du contentieux administratif.

En second lieu, toute annulation n'emporte pas l'obligation d'adopter, par voie de conséquence, une décision favorable à l'administré. Tout dépendra, le cas échéant, du moyen qui aura prospéré (CE, 21 févr. 2011, Sté Véolia Propreté, requête numéro 335306, Rec., T., p. 1091). En effet, non seulement une décision annulée pour une illégalité externe pourra-t-elle être reprise dans le même sens, sans que le juge ne puisse s'y opposer par le prononcé d'une injonction, alors même que la décision continuerait de reposer sur une illégalité interne que le juge n'aura pas eu à censurer. C'est tout le problème ici de l'économie de moyens dont il s'agit. Mais encore faut-il rappeler que toutes les annulations intervenues sur le terrain de la légalité interne n'ont pas la même portée. Seules, finalement, se prêtent à une telle injonction, les hypothèses où l'acte a été annulé en raison du manquement, par l'autorité administrative, à une situation de compétence liée.

1037. Les conséquences de l'injonction. Le Conseil d'Etat a précisé que lorsque l'exécution d'un jugement suppose la délivrance d'un acte créateur de droits, cet acte pourra être régulièrement abrogé en cas d'annulation ultérieure du jugement dont il était fait application (CE, 19 déc. 2014, Ministre des Finances et des Comptes public c. H&M et Maurice SARL, requête numéro 384144, Rec., p. 408 ; AJDA 2015, p. 345, concl. A. Bretonneau).

II. L'injonction de prendre une nouvelle décision

1038. L'article L. 911-2 du code de justice administrative. Aux termes de l'article L. 911-2 du code de justice administrative, « lorsque sa implique nécessairement qu'une personne morale de droit public ou un organisme de droit privé chargé de la gestion d'un service public prenne à nouveau une décision après une nouvelle instruction, la juridiction, saisie de conclusions en ce sens, prescrit, par la même décision juridictionnelle, que cette nouvelle décision doit intervenir dans un délai déterminé ». Il s'agit d'une disposition *a priori* moins violente à l'égard de l'administration mais dont l'importance ne doit pas être sous-estimée. Elle permet de contraindre l'administration à agir, le cas échéant dans un délai déterminé, sans la priver de son pouvoir d'appréciation.

1039. Les pouvoirs du juge. Il n'y a là, au vrai, rien de novateur. Le Conseil d'Etat a, par exemple, admis de longue date que l'annulation d'un refus d'autorisation n'implique pas la délivrance d'une autorisation mais fait pour seule obligation à l'administration de réexaminer la situation dont elle avait été initialement saisie (CE, Sect., 7 déc. 1973, Ministre de l'Agriculture et du Développement rural c. Sté civile agricole des Nigritelles, requête numéro 88252, Rec., p. 699). Les dispositions de l'article L. 911-2 du code de justice administrative prévoient expressément ce seul cas de figure. C'est ainsi que le juge peut enjoindre à l'administration de réexaminer une demande de mutation (CE, 6 août 2002, Ozoux, requête numéro 248393, RDP 2003, p. 663), de procéder au réexamen de la situation du demandeur d'un titre de séjour (CE, 17 nov. 2000, Mersni, requête numéro 208664, Rec., p. 521), ou encore de statuer à nouveau sur la demande d'autorisation d'implantation d'une salle de spectacles cinématographiques (CE, 17 mars 2004, SARL Loisirs 2000 et SA Cinémas Forum, requête numéro 227000, Rec., p. 839).

§ 2 - L'injonction coercitive

1040. Le champ d'application. Aux termes de l'article L. 911-4 al. 1er du code de justice administrative, « en cas d'inexécution d'un jugement ou d'un arrêt, la partie intéressée peut demander au tribunal administratif ou à la cour administrative d'appel qui a rendu la décision d'en assurer l'exécution ». Ne peuvent faire donc l'objet d'une injonction en vue de leur exécution que les décisions juridictionnelles exécutoires rendues par les juridictions administratives, à l'exclusion des décisions de rejet (CE, 18 déc. 1991, Peyrichou, requête numéro 120359, Rec., T., pp. 1139 et 1141) et les décisions d'annulation en appel rejetant la demande de première instance (CE, 19 juill. 2017, Ville de Paris, requête numéro 388403, Rec., T.). Par ailleurs, le Conseil d'Etat n'a pas manqué de relever que cette procédure se rattache à la même instance que celle ayant donné naissance à la décision juridictionnelle dont il est demandé l'exécution (CE, 29 oct. 2003, Van Bentum-Plasse et Plasse, requête numéro 259440, Rec., T., p. 943).

Ceci signifie, en premier lieu, que ne sont pas susceptibles d'injonction d'exécution, par exemple, les mesures d'administration de la justice (CE, 10 avr. 1996, Nestour, requête numéro 161057) ou les décisions de non-lieu (CAA Lyon, 15 juill. 2005, Ministre de l'Economie, des Finances et de l'Industrie c. Gabolde, requête numéro 03LY00618, Rec., p. 1056). Il n'importe pas, en revanche, que la décision soit revêtue de la chose jugée. En conséquence, une demande peut valablement tendre à l'exécution d'une ordonnance rendue par le juge des référés (CE, 11 juin 2002, Ait Oubba, requête numéro 247669, Rec., T., p. 888), même si le requérant peut également, et alternativement, rechercher l'exécution de l'ordonnance par le biais du référé réexamen prévu à l'article L. 521-4 du code de justice administrative (pour le référé suspension, CE, 27 juill. 2015, Assistance publique – Hôpitaux de Paris, requête numéro 389007, Rec., p. 304 ; pour le référé liberté, CE, 26 juill. 2018, M. et Mme K., requête numéro 417826, Rec., T.).

Ceci signifie, en second lieu, que l'article L. 911-4 du code de justice administrative ne peut pas être mis en œuvre pour l'exécution des décisions rendues par les juridictions de l'ordre judiciaire (CE, 27 juill. 2009, Mme Giard, requête numéro 302110), lesquelles ne relèvent que des seules voies d'exécution de droit commun (CE, 10 févr. 1992, Commune de Charbonnières-les-Varennes c. Echandard, requête numéro 128690, Rec., T., p. 1233).

1041. Le cas des condamnations au paiement d'une somme d'argent. Lorsqu'une décision passée en force de chose jugée a prononcé la condamnation d'une personne publique au paiement d'une somme d'argent dont elle a fixé le montant, cette somme doit être mandatée ou ordonnancée dans un délai de deux mois à compter de la notification de la décision de justice, faute de quoi le représentant de l'Etat dans le département ou l'autorité de tutelle procède au mandatement d'office (CJA, art. L. 911-9). Alors même qu'elle a la faculté de solliciter ce mandatement d'office et même dans l'hypothèse où elle ne l'aurait pas sollicité, une partie est recevable à saisir la juridiction, sur le fondement de l'article L. 911-5 du code de justice administrative, à demander, le cas échéant sous astreinte, le versement de la somme due, lorsque la décision juridictionnelle inexécutée ne fixe pas précisément le montant de la somme due ou lorsque le calcul de cette somme soulève une difficulté sérieuse (CE, 25 oct. 2017, Sté JC Decaux France, requêtes numéros 399407 et 404049, Rec., T.).

1042. La juridiction compétente. Suivant l'article L. 911-4 du code de justice administrative, il appartient en principe au tribunal administratif ou à la cour administrative d'appel de mettre en œuvre leurs pouvoirs afin de parvenir à l'exécution de la décision. Mais ceci fait appel à cinq précisions.

En premier lieu, si le jugement est frappé d'appel, la demande doit être adressée à la juridiction d'appel (CE, Sect., avis, 13 mars 1998, Mme Vindevogel, requête numéro 190751, Rec., p. 78 ; AJDA 1998, chron. F. Raynaud et P. Fombeur) qui devient seule compétente, même s'il a été donné acte du désistement de l'appelant principal (CE, 30 janv. 2002, Haouas, requête numéro 199854, Rec., T., p. 888) ou si l'appel a déjà été rejeté (CE, Sect., avis, 13 mars 1998, Mme Vindevogel, requête numéro 190751, préc.). Au demeurant, l'instance ouverte en vue de l'exécution se rattache à la décision juridictionnelle à exécuter, en sorte que les voies de recours ouvertes contre la décision à rendre sont les mêmes que celles dont le jugement peut faire l'objet (CE, 29 oct. 2003, Mme Van Bentum Plasse, requête numéro 259440, préc.).

En deuxième lieu, par ordonnance du président de la juridiction, qui n'a pas à être motivée (CE, 28 oct. 2002, Walter et a., requête numéro 240088, Rec., T., p. 889), la demande peut être renvoyée au Conseil d'Etat, sauf lorsque l'article R. 921-6 du code de justice administrative a déjà été mis en œuvre (CE, 19 juin 2009, Coatleven, requête numéro 318341, Rec., T., p. 905).

En troisième lieu, le Conseil d'Etat est seul compétent, sauf dispositions particulières, pour connaître des demandes tendant à l'exécution des décisions des juridictions administratives spécialisées (CE, Sect., 5 mai 1995, Mme Berthaux, requêtes numéros 162283 et 162283, Rec., p. 200 ; CE, 28 avr. 2004, Foyer-logement Maurice-Villatte, requête numéro 255932, Rec., p. 177 ; AJDA 2004, p. 1541, note J.-P. Markus).

En quatrième lieu, le Conseil d'Etat est compétent pour statuer sur la demande d'exécution lorsqu'un jugement ou un arrêt a fait l'objet d'un pourvoi en cassation et qu'il a réglé l'affaire au fond, y compris lorsque le jugement n'a fait l'objet que d'une annulation partielle (CE, 11 juill. 2018, Commune d'Isola et Syndicat mixte pour l'aménagement et l'exploitation de la station d'Isola 2000, requête numéro 407865, Rec.).

En cinquième lieu, le Conseil d'Etat est évidemment compétent pour assurer l'exécution les décisions qu'il a rendues en premier et dernier ressort.

1043. Le demandeur de l'exécution. Il s'agit d'abord de définir la notion de « partie intéressée » à laquelle renvoie l'article L. 911-4 du code de justice administrative. La partie intéressée est, comme on peut s'en douter, celle qui a obtenu totalement ou partiellement gain de cause devant la juridiction et qui, à ce titre, est légitime à demander que la décision juridictionnelle soit exécutée. Il en va, à ce titre, de l'assuré comme de l'assureur subrogé dans ses droits (CE, 10 févr. 1997, Union des Assurances de Paris, requête numéro 160756, Rec., T., p. 1021). Il peut cependant arriver que les choses soient un peu plus complexes, le lien entre le demandeur et la décision étant plus lâche. Une personne sera recevable à demander l'exécution de la décision si elle peut en tirer un bénéfice direct et immédiat. Il a été ainsi jugé qu'un conseiller municipal peut demander l'exécution d'une condamnation pécuniaire au profit de la commune rendue sur recours d'un autre conseiller, décédé en cours d'instance (CAA Paris, plén., 28 janv. 2005, Mme le Métayer, requête numéro 02PA02416, Rec., p. 607 ; AJDA 2005, p. 1524, concl. O. Coiffet).

1044. Le débiteur de l'obligation d'exécuter. Il résulte de l'économie générale du livre IX du code de justice administrative que les seules personnes morales de droit public et organismes de droit privé chargés de la gestion d'un service public peuvent être débiteurs de l'obligation d'exécuter. Mais il ne s'agira pas nécessairement d'une partie à l'instance initiale (par ex., CE, Sect., 7 janv. 1994, Epoux Ledoux, requête numéro 120263, Rec., p. 11, concl. H. Toutée). On précisera encore que si le concours de la force publique peut être utilement requis pour parvenir à l'exécution de l'injonction prononcée par le juge, c'est à la condition que son ordonnance soit revêtue de la formule exécutoire (CE, 4 déc. 2009, Ministre de l'Intérieur, de l'Outre-mer et des Collectivités territoriales c. Sté Hoche Location, requête numéro 311645, Rec., T., pp. 905 et 944).

1045. Le moment de la demande. On ne saurait exiger de l'administration qu'elle se conforme immédiatement et entièrement à la chose jugée dès réception de la notification de la décision juridictionnelle. Un délai de carence de trois mois est ainsi organisé avant l'exercice de toute demande à fins d'exécution des décisions rendues par les tribunaux administratifs et les cours administratives d'appel, sauf en ce qui concerne les décisions ordonnant une mesure d'urgence (CJA, art. R. 921-1-1). Comme on peut s'en douter, ce délai ne joue pas lorsque la décision juridictionnelle initiale a elle-même déterminé le délai d'exécution (CE, 28 févr. 2001, Union des métiers et des industries de l'hôtellerie, requête numéro 225740). En toute hypothèse, une fois expiré le délai d'attente, la demande d'exécution peut être introduite à tout moment et certaines espèces montrent que l'action peut être exercée bien longtemps après. On notera que le non respect du délai d'attente n'emporte pas irrecevabilité de la demande. Celle-ci sera prématurée mais régularisée par l'échéance du terme (CE, Sect., 5 mai 1995, Mme Berthaux, requêtes numéros 162283 et 162283, préc.). Par ailleurs, la prescription quadriennale ne saurait être opposée aux décisions juridictionnelles (loi n° 68-1250 du 31 décembre 1968 relative à la prescription des créances sur l'Etat, les départements, les communes et les établissements publics, art. 7).

1046. La procédure. Les conditions d'enregistrement de la demande ne sont pas précisées par le code de justice administrative. Il y a donc lieu de considérer que la requête est enregistrée suivant les règles de droit commun. Devant les tribunaux administratifs et les cours administratives d'appel, le président de la juridiction ou un rapporteur qu'il désigne instruit la demande (CJA, art. R. 921-5). Devant le Conseil d'Etat, la demande est en principe transmise à la section du rapport et des études (CJA, art. R. 931-4). Cette partie de la procédure consiste en réalité en une phase administrative durant laquelle le juge joue un rôle de médiateur, lors des échanges de toutes natures qu'il peut avoir avec les parties, et notamment avec le débiteur de l'obligation d'exécuter. A l'issue de cette phase, la demande peut faire l'objet d'une décision de classement, soit que la demande n'était pas fondée, soit que la décision a été exécutée. Le classement n'est évidemment pas la seule hypothèse envisageable, la phase juridictionnelle pouvant être enclenchée, et ce de deux manières. Elle peut être engagée à l'initiative du demandeur qui aura contesté la décision de classement dans le mois suivant sa notification (CE, avis, 25 avr. 2007, Guerirem, requête numéro 299850, Rec., p. 179 ; AJDA 2007, p. 1199, concl. Y. Struillou). Elle peut l'être par le président de la juridiction, au plus tard six mois après sa saisine, parce que la décision n'a pas été exécutée. L'article R. 931-4 du code de justice administrative prévoit cependant que, lorsque le président de la section du rapport et des études estime que les diligences accomplies sont susceptibles de permettre l'exécution de la décision à court terme, la procédure juridictionnelle pourra n'être ouverte qu'à l'expiration d'un délai supplémentaire de quatre mois. Le demandeur en est informé. La procédure juridictionnelle qui en découle ne se distingue pas de la procédure de droit commun, sinon qu'elle est « instruite et jugée en urgence » (CJA, art. R. 921-6).

1047. Les pouvoirs du juge. Le juge de l'exécution dispose de pouvoirs limités. Déjà doit-on souligner qu'il ne lui est pas possible de remettre en cause (CE, 3 mai 2004, Magnat, requête numéro 250730, Rec., T., p. 838) ni de rectifier (CE, 23 nov. 2005, Sté Eiffage TP, requête numéro 271329, Rec., p. 529) la décision juridictionnelle dont il lui est demandé d'assurer l'exécution. C'est à peine s'il lui est loisible de l'interpréter. Ce pouvoir d'interprétation, en effet, est limité à ce qui est nécessaire à la définition des mesures d'exécution opportunes (CE, 23 mars 2015, Mme Veysset, requête numéro 366813, Rec., p. 112, concl. E. Crépey).

Dans son office, le juge de l'exécution peut d'abord rejeter la demande, parce que la décision juridictionnelle n'appelle en réalité aucune mesure d'exécution (CE, 26 mai 1995, Minvielle, requête numéro 141810, Rec., p. 220) ou qu'elle a été annulée (CE, 27 nov. 1985, Gindre, requête numéro 65904, Rec., T., p. 738). Il peut encore rejeter la demande parce que les mesures d'exécution initialement décidées étaient suffisantes (CE, 16 juin 1997, Boerlen, requête numéro 167410, Rec., T., p. 1021), que l'exécution n'est plus possible en raison de la survenance d'un changement de circonstances de fait (CE, 6 mai 1988, Bellot, requêtes numéros 76779 et 83720, Rec., T., p. 884) ou de droit (CE, 7 janv. 1983, Raveau, requête numéro 39076, Rec., T., p. 830), en raison de l'exécution déjà effective (CE, 17 mars 1993, Organisme de gestion de l'enseignement catholique Saint-Joseph et Notre-Dame de Toutes-joies et a., requête numéro 95404, Rec., T., p. 972) ou en cours d'exécution et que rien ne laisse penser qu'elle ne sera pas effective à terme (CE, 15 nov. 1985, Proust, requête numéro 60393, Rec., p. 738).

Il n'est pas davantage permis au juge de l'exécution de statuer sur une demande qui, en réalité, porte sur un litige distinct, seules les demandes visant à tirer les conséquences directes et nécessaires de la décision juridictionnelle pouvant être favorablement accueillies (CE, 7 janv. 1994, Epoux Ledoux, requête numéro 120263, Rec., p. 11). Ainsi ne lui est-il pas possible de se prononcer sur le montant des indemnités à verser en réparation du préjudice né de l'illégalité fautive de l'acte administratif annulé, quand bien même cette réparation est la conséquence de cette annulation par le juge de l'excès de pouvoir (CE, 22 avr. 1992, Mlle Iban, requête numéro 108058, Rec., T., p. 1094). Il en va évidemment autrement lorsque l'annulation initiale a donné lieu dans le même temps à une condamnation à des dommages-intérêts, et que cette condamnation est l'objet de la demande d'exécution (CE, 4 nov. 1996, Mlle Kerbache, requête numéro 173691, Rec., p. 436).

Ainsi encore, l'exécution d'un jugement d'annulation n'implique pas en principe que le juge, saisi sur le fondement de l'article L. 911-5 du code de justice administrative, enjoigne à l'administration de revenir sur les mesures individuelles prises en application de cet acte, sauf notamment lorsque la juridiction administrative officie en tant que juge de droit commun de l'Union européenne et que le Traité sur le fonctionnement de l'Union européenne fasse obligation à l'Etat, au cas d'espèce, de recouvrer des aides indûment perçues, ceci afin de garantir la pleine effectivité du droit de l'Union (CE, 15 avr. 2016, Association Vent de colère ! Fédération nationale, requête numéro 393721, Rec., p. 138 ; AJDA 2016, p. 1159, étude P. Idoux, S. Nicinski et E. Glaser ; AJDA 2016, p. 1178, chron. L. Dutheillet de Lamothe et G. Odinet).

Si l'on excepte cette longue liste d'hypothèses dans lesquelles il n'a d'autre possibilité que de décevoir le demandeur, le juge – et c'est heureux – peut ordonner l'exécution de la chose jugée et il en va de l'injonction coercitive comme de l'injonction préventive : elle sera d'autant plus efficace qu'elle sera assortie d'une astreinte.

Sous-section 2 - Les pouvoirs d'astreinte de la juridiction administrative

1048. De la nécessité de pouvoirs d'astreinte. Le Conseil d'Etat a pu rappeler qu'il existe un principe général permettant à la juridiction administrative de prononcer, en dehors de tout texte, des astreintes à l'encontre des personnes privées (CE, 5 févr. 2014, Voies navigables de France, requête numéro 364561, Rec., p. 19 ; AJDA 2014, p. 1170, note N. Ach). Il en va différemment des astreintes dirigées contre les personnes publiques. Le respect de la chose jugée et donc l'efficacité des décisions juridictionnelles prononcées à l'encontre des personnes publiques commandaient ainsi que fût aménagé un régime juridique adapté. L'organisation d'un régime d'astreinte propre aux personnes publiques était d'autant plus importante que les voies d'exécution du droit commun leur sont inapplicables (TC, 9 déc. 1899, Association syndicale du canal de Gignac, requête numéro 515, Rec., p. 731). La loi n° 80-539 du 16 juillet 1980 a dès lors constitué un progrès considérable, en permettant le prononcé d'astreintes à l'encontre des personnes publiques en vue de l'exécution des décisions juridictionnelles – et des seules décisions juridictionnelles (CE, 1er févr. 1984, Sté de promotion et de réalisations hospitalières, requête numéro 49583, Rec., p. 32) de l'ordre administratif (CE, 23 févr. 1990, Mme Martinat, requête numéro 109748, Rec., T., p. 933) rendues à leur encontre (§ 1). La loi n° 95-125 du 8 février 1995 en a déconcentré, pour plus d'efficacité, l'exercice. La liquidation de l'astreinte (§ 2) permet de maintenir un juste équilibre entre tous les intérêts en présence.

§ 1 - Le prononcé de l'astreinte

1049. L'astreinte, accessoire de l'injonction préventive. L'article L. 911-3 du code de justice administrative dispose que « saisie de conclusions en ce sens, la juridiction peut assortir, dans la même décision, l'injonction prescrite en application des articles L. 911-1 et L. 911-2 d'une astreinte ». Contrairement à ce qui est de l'injonction, qui est de droit lorsqu'elle est demandée et que les conditions sont satisfaites, la juridiction n'est jamais tenue de prononcer une astreinte (CE, 29 déc. 1995, Kavvadias, requête numéro 129659, préc.). Mais si elle y consent, l'astreinte ne saurait excéder le montant auquel ont conclu les parties (CE, 19 mai 2006, Syndicat national des ostéopathes de France (SNOF) et Registre des ostéopathes de France, requête numéro 280702, Rec., T., p. 1031).

1050. L'astreinte, instrument de l'injonction coercitive. L'administration peut ne pas être encline à se conformer à la décision juridictionnelle. Dans ce cas, l'article L. 911-5 du code de justice administrative fonde le Conseil d'Etat, même d'office (CE, 28 mai 2001, Bandesapt, requête numéro 230537, Rec., p. 251), à prononcer une astreinte contre la personne morale de droit public ou l'organisme de droit privé chargé de la gestion d'un service public, afin qu'ils assurent l'exécution de cette décision. Il résulte de cette disposition que l'exécution des seules décisions prononcées par les juridictions administratives peut être contrainte par le prononcé d'une astreinte. Sont dès lors exclus les cas d'inexécution des transactions, alors même que celles-ci auraient été conclues pour prévenir un contentieux (CE, 1er févr. 1984, Sté de promotion et de réalisations hospitalières, requête numéro 49583, Rec., p. 32). Ne sont pas plus susceptibles de donner lieu à l'application de l'article L. 911-5 du code de justice administrative les cas d'inexécution de décisions rendues par les juridictions de l'ordre judiciaire, quand bien même elles auraient condamné des personnes publiques (CE, 23 févr. 1990, Mme Martinat, requête numéro 109748, Rec., T., p. 933). Il découle en revanche de cette disposition que l'administration visée par l'astreinte peut ne pas être celle à l'origine de l'acte annulé (CE, Sect., 7 janv. 1994, Epoux Ledoux, requête numéro 120263, préc.).

1051. Les bénéficiaires de l'astreinte. Il résulte de la jurisprudence que toute personne directement concernée par la décision juridictionnelle, et non seulement les parties à l'instance initiale, a qualité pour présenter une demande d'astreinte tendant à l'exécution du jugement (CE, Sect., 13 nov. 1987, Mme Tusques et Marcaillou, requête numéro 75473, Rec., p. 360, concl. M. Roux ; AJDA 1987, p. 715, chron. M. Azibert et M. Boisdeffre). Chaque personne concernée est susceptible de s'adresser à la juridiction, en sorte que plusieurs astreintes peuvent être prononcées contre un seul et même cas d'inexécution (CE, Sect., 27 janv. 1995, Melot, requête numéro 155647, Rec., p. 52 ; AJDA 1995, p. 104, chron. L. Touvet et J.-H. Stahl ; RDP 1995, p. 535, concl. F. Scanvic).

1052. La compétence pour prononcer une astreinte. Le juge compétent pour ordonner une astreinte est celui qui enjoint à l'administration en application des articles L. 911-1 et 911-2 du code de justice administrative (CJA, art. L. 911-3), ou celui qui est saisi d'une demande d'exécution en application de l'article L. 911-4 du même code (CJA, art. L. 911-5). On précisera ici que l'astreinte ne peut pas être ordonnée sur ces fondements lorsqu'un régime spécifique existe. Tel est le cas, notamment, du régime d'astreinte applicable à la procédure de mise en œuvre du droit au logement opposable (CCH, art. L. 441-2-3-1) qui dessaisit le juge de la faculté de prononcer, dans pareil cas, une astreinte sur le fondement de l'article L. 911-4 du code de justice administrative (CE, 10 févr. 2014, Ministre de l'Egalité des Territoires et du Logement c. M. Vandeven, requête numéro 361426, Rec., T., pp. 736 et 812).

1053. La décision d'astreinte. La décision par laquelle la juridiction prononce une astreinte est une décision juridictionnelle. Elle doit donc être motivée (CJA, art. L. 9) et indiquer, à peine de ne pouvoir être liquidée, son point de départ (CE, 3 juin 2009, M. Huet, requête numéro 313198, Rec., T., p. 907). Le juge n'est pas tenu de faire droit à la demande d'astreinte qui lui est adressée. Il peut même, et c'est logique, être tenu de la rejeter pour les mêmes raisons que celles fondant le rejet d'une demande d'injonction. Lorsqu'il décide une astreinte, le juge fixe librement le taux de celle-ci, en fonction des circonstances de l'espèce.

1054. Astreinte provisoire et astreinte définitive. L'astreinte est provisoire ou définitive, et elle n'est définitive que si la juridiction en a expressément décidé ainsi (CJA, art. L. 911-6). Le caractère – rarement – définitif de l'astreinte a pour conséquence d'en figer le taux, sauf à ce qu'il soit établi que l'inexécution de la décision procède d'un cas fortuit ou de force majeure (CJA, art. L. 911-7 al. 2). En cas d'astreinte provisoire, le juge pourra procéder à une majoration du taux de l'astreinte, au moment de la liquidation provisoire, en cas d'inexécution persistante (CE, 22 mars 1999, Bergeron, requête numéro 145048) ou à sa modération, notamment en cas de survenance d'une disposition législative qui met fin à la situation de droit qui était à l'origine de la décision prononçant l'astreinte (CE, 22 janv. 2003, Fédération nationale des masseurs-kinésithérapeutes-rééducateurs et a., requête numéro 205476, Rec., T., p. 945 ; AJDA 2003, p. 1664, note L. Ayrault).

§ 2 - La liquidation de l'astreinte

1055. La compétence pour prononcer la liquidation. En cas d'inexécution totale ou partielle, ou en cas d'exécution tardive, la juridiction procède, même d'office (CE, 11 janv. 2006, Département de la Haute-Corse, requête numéro 262621), à la liquidation de l'astreinte (CJA, art. L. 911-7 al. 1er). Le juge compétent est en principe celui qui a prononcé l'astreinte (CJA, art. R. 921-7) y compris en matière de référé (par ex., CE, 19 févr. 2009, Syndicat autonome de la fonction publique territoriale de la Réunion, requête numéro 324864, Rec., T., p. 896). Mais la décision dont il est demandé l'exécution peut avoir été frappée d'appel. Il faut alors distinguer. Si l'astreinte est adossée à une injonction préventive, la juridiction de premier ressort reste compétente pour procéder à la liquidation (CE, avis, 30 avr. 1997, Marchal, requête numéro 185322, Rec., T., p. 1022). *A contrario*, si l'astreinte est adossée à une injonction coercitive, la juridiction d'appel est alors compétente.

1056. Liquidation provisoire et liquidation définitive. La liquidation est définitive lorsque l'exécution a eu lieu, quoique tardivement. Lorsque l'exécution de la décision supposait l'adoption d'un acte réglementaire, celle-ci est réputée accomplie à compter de la publication (CE, 24 oct. 1997, Soulat, requête numéro 144575, Rec., T., p. 1023). Lorsque la décision juridictionnelle impliquait l'adoption d'une décision individuelle, l'obligation est réputée exécutée à compter de sa notification au requérant (CE, 17 mai 2000, Consorts Lechêne, requête numéro 160215, Rec., T., p. 1178). La renonciation du demandeur à obtenir le versement de la somme devant résulter de la liquidation définitive ne s'oppose pas à ce que le juge procède néanmoins à la liquidation (CE, 16 févr. 2000, Viscontini, requête numéro 147650, Rec., T., p. 1178).

La liquidation est provisoire en cas d'inexécution persistante, mais le juge peut malgré tout la modérer ou la supprimer (CJA, art. L. 911-7 al. 3). Le juge ne peut cependant pas aller jusqu'à revenir sur les mesures ordonnées et dont l'exécution est demandée (CE, 5 sept. 2011, Ministre de l'Outre-mer, des Collectivités territoriales et de l'Immigration c. Medina Bermudez, requêtes numéros 351170 à 351726 et 351728 à 351732 ; AJDA 2012, p. 115, note K.-H. Voizard). Mais lorsqu'elle est intervenue, cette liquidation provisoire n'est pas susceptible d'être ultérieurement remise en cause, notamment à l'occasion de la liquidation définitive (CE, 23 oct. 2009, Bodier, requête numéro 310379). Les difficultés d'exécution, mais également la bonne foi de la partie visée par l'astreinte sont prises en compte par le juge au moment de décider du montant de la liquidation. Ainsi, le Conseil d'Etat a-t-il jugé que l'obligation faite à un occupant sans titre de libérer le domaine public n'était pas exécutée lorsque celui-ci, après avoir initialement démonté ses installations, les a remontés quelques temps plus tard, l'astreinte devant alors être calculée sans tenir compte des différentes périodes (CE, 26 mars 2008, Commune de Carcans, requête numéro 300894 ; RDI 2008, p. 340, obs. P. Caille). Ainsi encore le Conseil d'Etat a-t-il liquidé l'astreinte prononcée contre une administration refusant de produire des documents dont elle avait laissé croire à tort à l'existence, une telle circonstance n'étant dès lors pas un cas de force majeure exonérant le défendeur (CE, 15 déc. 2010, Commune de Douai, requête numéro 331148). En revanche, lorsque la publication attendue d'un acte est intervenue quinze jours après l'expiration du délai imparti, le juge peut considérer qu'il n'y pas lieu de liquider l'astreinte (CE, 12 déc. 2012, Escalas et a., requêtes numéros 332082 et 336634, Rec., T., p. 933). La décision de ne pas liquider l'astreinte en raison de l'exécution constatée des mesures prescrites peut être prise par ordonnance (CE, 16 juill. 2014, Talbaux, requête numéro 362230, Rec., T., pp. 806, 812 et 816).

1057. La procédure présidant à la liquidation. En tant qu'elle constitue le prolongement procédural de l'instance qui avait donné lieu à son prononcé, la demande de liquidation de l'astreinte doit être notifiée à l'avocat et non à son mandant (CE, 24 févr. 2017, M. Chantemesse, requête numéro 401656, Rec., T.). En l'absence de tout élément nouveau versé au dossier, la juridiction n'est pas tenue de consulter les parties préalablement à l'audience publique qui, elle, doit nécessairement se tenir (CE, 11 janv. 2006, Département de la Haute-Corse, requête numéro 262621, Rec., T., p. 1031). La décision par laquelle le juge procède à la liquidation d'une astreinte provisoire doit être motivée (CE, 6 oct. 2010, Commune du Castellet, requête numéro 307683, Rec., p. 368).

1058. Le sort de l'astreinte. Le juge peut décider qu'une part de l'astreinte ne sera pas versée au requérant mais affectée au budget de l'Etat (CJA, art. L. 911-8), étant précisé que la clé de répartition entre la liquidation provisoire et la liquidation définitive doit être la même (CE, 23 oct. 2009, M. Bodier, requête numéro 310379, préc.). La finalité de cette disposition est de faire obstacle à l'enrichissement sans cause des justiciables. Il est vrai que l'astreinte vise à l'exécution de la chose jugée et ne consiste pas en une forme corrompue de réparation d'un quelconque préjudice. Dans le cas cependant où c'est l'Etat qui est condamné, la logique commande que l'astreinte soit intégralement versée au requérant (CE, 28 févr. 2001, Fédération nationale des masseurs-kinésithérapeutes-rééducateurs et Aupetit et a., requêtes numéros 205476 et 209474, Rec., T., p. 1148), sauf à ce que le juge décide qu'une part de l'astreinte ne soit tout simplement pas versée (CE, 30 mars 2001, Epoux Ribstein, requête numéro 185107, Rec., T., p. 1148) et l'on peut raisonnablement penser qu'il en sera fréquemment ainsi, sauf pour le juge à verser dans une forme d'incohérence puisque, ici encore, il s'agit de ne pas favoriser l'enrichissement indu des justiciables. Le Conseil constitutionnel n'y voit là aucune atteinte au droit à un recours effectif tel que garanti par l'article 16 de la Déclaration des droits de l'Homme et du citoyen de 1789, d'autant qu'il est toujours loisible au justiciable de mettre en cause la responsabilité de l'Etat pour l'exécution tardive d'une décision de justice (Cons. const., décision numéro 2014-455 QPC du 6 mars 2015, M. Jean de M., préc.), ce que la juridiction administrative admet encore, et classiquement (CE, Ass., 27 nov. 1964, Ministre des Affaires économiques et des Finances c. Veuve Renard, requête numéro 59068, Rec., p. 590).

1059. Bibliographie indicative.

D. Bailleul, « L'exécution des décisions administratives par le juge » AJDA 2008, pp. 391 et s.

G. Bardou, « Pouvoir d'injonction et exécution des décisions de justice », RFDA 2015, pp. 452 et s.

F. Blanco, « L'injonction avant l'injonction ? L'histoire des techniques juridictionnelles apparentées à l'injonction », RFDA 2015, pp. 444 et s.

P. Bon, « Un progrès de l'Etat de droit. La loi du 16 juillet 1980 relative aux astreintes en matière administrative et à l'exécution des jugements par la puissance publique », RDP 1981, pp. 5 et s.

C. Broyelle, « De l'injonction légale à l'injonction prétorienne : le retour du juge administrateur », Dr. adm. 2004, n° 3, pp. 8 et s.

J. Chevallier, « L'interdiction pour le juge administratif de faire acte d'administrateur », AJDA 1972, pp. 67 et s.

J.-P. Costa, « L'exécution des décisions de justice » AJDA 1995, pp. 227 et s.

F. Dieu, « La règle de l'économie de moyens doit-elle paralyser le pouvoir d'injonction du juge administratif ? », AJDA 2009, pp. 1082 et s.

J.-M. Galabert, « L'application par le Conseil d'Etat des dispositions de la loi du 16 juillet 1980 relatives aux astreintes » in Mélanges en l'honneur du professeur G. Peiser, Grenoble, PUG, 1995, pp. 241 et s.

B. Hachem, « Pour la fin de l'inhibition du pouvoir d'injonction au juge administratif », AJDA 2014, pp. 197 et s.

C. Jeangirard-Dufal, « Le juge administratif et l'injonction : expérience de vingt années d'application », RFDA 2015, pp. 461 et s.

D. Labetoulle, « De l'astreinte à l'injonction. Retour sur une évolution », RFDA 2015, pp. 456 et s.

C. Maugüé, « Les injonctions pour exécution de la chose jugée » in Mélanges en l'honneur de Daniel Labetoulle, Paris, Dalloz, 2007, pp. 591 et s.

F. Moderne, « Sur le nouveau pouvoir d'injonction du juge administratif », RFDA 1996, pp. 43 et s.

A. Perrin, « Au-delà du cadre législatif initial : le pouvoir d'injonction en dehors de la loi du 8 février 1995 », RFDA 2015, pp. 643 et s.

B. Seiller, « Le juge administratif et la loi du 8 février 1995 : entre rupture et continuité » in Mélanges en l'honneur de Marceau Long, Paris, Dalloz, 2016, pp.441 et s.

A. Zarca, « Les limites du pouvoir d'injonction », RFDA 2015, pp. 650 et s.

TITRE II - LA CONTESTATION DE LA DECISION JURIDICTIONNELLE

1060. Deux catégories de recours. Peu ou prou, le contentieux administratif emprunte la même terminologie que celle retenue en procédure civile. On ne saurait cependant considérer les deux procédures comme équivalentes. Des différences existent, qui justifient que l'on insiste sur l'autonomie du contentieux administratif. En témoigne le recours en cassation, qui est ouvert sans texte devant le Conseil d'Etat (CE, Ass., 7 févr. 1947, D'Aillières, requête numéro 79128, Rec., p. 50 ; RDP 1947, p. 68, concl. R. Odent et note M. Waline). Si l'on veut opérer une classification des recours en contentieux administratif, l'on peut distinguer les voies de recours ordinaires (CHAPITRE I) et le voies de recours spéciales (CHAPITRE II).

CHAPITRE I - LES VOIES DE RECOURS ORDINAIRES

1061. Même le juge étant faillible… Le crédit devant être reconnu aux décisions de justice ne doit pas confiner à l'aveuglement. Une juridiction, même statuant en formation collégiale, peut rendre une décision entachée d'irrégularité, en raison d'un manquement d'ordre procédural ou d'une erreur d'appréciation. Les voies de réformation ordinaires, qui n'ont au demeurant rien de spécifique au contentieux administratif, et qui ont chacune leur finalité propre, participent de cette considération. En principe, l'appel (Section 1) autorise, lorsqu'il est possible de l'exercer, un rejugement de l'affaire. La cassation (Section 2), dont l'exercice est toujours permis, garantit que la décision rendue en dernier ressort n'est entachée d'aucune illégalité.

Section 1 - L'appel

1062. Le caractère facultatif du double degré de juridiction. L'appel est la voie de recours ordinaire organisée contre les décisions juridictionnelles rendues en premier ressort. L'intérêt de l'appel n'est pas négligeable, qui permet, sans pour autant la suspendre en principe, le contrôle de la régularité de la décision juridictionnelle rendue en premier ressort et autorise, toutes les fois où celle-ci est régulière, un rejugement de l'affaire pouvant éventuellement conduire à la réformation de cette décision (Sous-section 2). L'intérêt de l'appel ne conduit cependant pas à sa généralisation en contentieux administratif. Rien, d'une part, n'en prescrit juridiquement l'existence. Ni la Constitution (Cons. const., décision numéro 2004-491 DC du 12 févr. 2004, Loi complétant de statut d'autonomie de la

Polynésie française, Rec. Cons. const., p. 60) ni autre texte de rang législatif n'exige un double degré de juridiction, pas plus que la Convention européenne de sauvegarde des droits de l'Homme et des libertés fondamentales, l'article 6 §1 restant indifférent à cette question (CE, 9 févr. 2000, Comparois, requête numéro 185667, Rec., p. 38) et l'article 2 du protocole n° 7 limitant cette contrainte du double degré de juridiction au seul champ – ce qui est déjà important – des sanctions. Il ne s'agit pas même d'un principe général du droit (CE, 6 juin 1949, Faveret, requête numéro 98261, Rec., p. 288), en sorte que le pouvoir réglementaire peut distraire certains contentieux du champ de l'appel (CE, 17 déc. 2003, Meyet et a, requête numéro 258253). Certaines considérations tirées de la bonne administration de la justice justifient même que le double degré de juridiction puisse être exclu, soit que l'importance limitée de certains litiges ne mérite pas qu'un appel soit examiné au prix d'un encombrement supplémentaire des juridictions, soit que l'importance accrue du litige justifie qu'il prenne définitivement fin dans les meilleurs délais. C'est donc, ici encore, un juste équilibre entre les garanties accordées au justiciable et celles accordées à l'intérêt général que le contentieux administratif s'emploie à trouver. L'on comprend encore que, et pour les mêmes raisons, lorsqu'il existe, les conditions d'exercice de l'appel soient encadrées (Sous-section 1).

Sous-section 1 - Les conditions de l'appel

1063. Etendue des conditions. L'exercice de l'appel principal doit satisfaire un certain de nombre de conditions (§ 1). Un sort particulier doit être réservé aux contre-appels (§ 2).

§ 1 - L'appel principal

1064. Des conditions d'admission classiques. L'appel doit être dirigé devant la juridiction compétente (I) contre une décision juridictionnelle susceptible d'appel (II) et satisfaire aux autres et néanmoins classiques conditions de recevabilité (III).

I. La compétence en appel

1065. L'importance accrue, en appel, des règles de compétence. Contrairement à ce qui prévaut en première instance, la compétence d'appel s'apprécie nécessairement au jour où les juges de premier ressort se sont prononcés, indépendamment de la modification ultérieure des règles de compétence (CE, 28 juill. 1993, Département de l'Allier c. Boivin, requête numéro 123857, Rec., T., p. 863). Il n'en demeure pas moins que, au regard de la pluralité de juridictions d'appel qui caractérise le contentieux administratif, les questions, d'ordre public, de la compétence matérielle (A) et territoriale (B) d'appel peuvent être épineuses.

A. La compétence en raison de la matière

1066. En fonction de qui a jugé. La compétence est réglée différemment suivant que l'appel est dirigé contre un jugement rendu par un tribunal administratif (1) ou par une autre juridiction (2).

1. L'appel contre les jugements rendus par les tribunaux administratifs

1067. La compétence de principe des cours administratives d'appel. Suivant l'article L. 321-1 du code de justice administrative, « les cours administratives d'appel connaissent des jugements rendus en premier ressort par les tribunaux administratifs ». Conformément à l'article R. 322-1 du code de justice administrative, la cour territorialement compétente est celle dans le ressort de laquelle le tribunal à son siège. Cette compétence territoriale est d'ordre public (CJA, art. R. 322-2).

1068. Les compétences par exception du Conseil d'Etat. L'article L. 321-1 du code de justice administrative réserve des hypothèses de dérogation au principe, le Conseil d'Etat pouvant être compétent lorsque l'intérêt d'une bonne administration de la justice le commande. Il en va ainsi, d'une part, en matière de référé liberté (CJA, art. L. 523-1 al. 2) et en matière de déféré préfectoral dirigé contre l'acte d'une collectivité territoriale qui menacerait une liberté publique ou individuelle (CJA, art. L. 554-3) ou de suspension des délibérations des conseils d'arrondissement sur contestations des maires des villes de Paris, Marseille et Lyon (CJA, art. L. 554-9). Il en va ainsi, d'autre part, s'agissant des litiges relatifs aux élections municipales et cantonales (CJA, art. R. 321-1). La nécessité d'une décision définitive rapide explique ici la compétence du Conseil d'Etat en appel. L'exception s'étend à l'élection des organes exécutifs et des bureaux des assemblées autant qu'à l'élection des représentants aux établissements de coopération intercommunale et interdépartementale (CE, 20 juin 1990, Philippe, requête numéro 109618, Rec., p. 166). Est encore de la compétence du Conseil d'Etat en appel le contentieux de la démission d'office des élus locaux (CE, 23 juill. 2010, Merigot, requête numéro 338499 ; AJDA 2010, p. 2053, note M. Verpeaux).

1069. Plénitude de compétence. Le principe est bien encore celui de la plénitude de compétence du juge d'appel. En application de l'article R. 312-3 du code de justice administrative, le tribunal administratif compétent pour connaître de la demande principale l'est encore pour connaître de « toute demande accessoire, incidente ou reconventionnelle ressortissant à la compétence des tribunaux administratifs ; il est également compétent pour connaître des exceptions relevant de la compétence d'une juridiction administrative ». Compte tenu de l'effet dévolutif de l'appel (*infra* n°s 1120 et s.), le juge d'appel est compétent pour connaître de l'ensemble du litige porté devant la juridiction de première instance et donc tout autant compétent que le juge de première instance pour connaître de l'ensemble de ces demandes.

1070. Le règlement des cas d'incompétence. Lorsqu'elle survient, l'incompétence matérielle ou territoriale de la cour administrative d'appel est sans gravité : sauf l'hypothèse du désistement dont elle est tenue de donner acte (CE, 10 mai 1996, Epoux Gorron, requête numéro 174277, Rec., T., p. 1091), la juridiction indûment saisie est tenue à une obligation de transmission de la requête vers le Conseil d'Etat (CJA, art. R. 351-2) ou vers la cour administrative d'appel territorialement compétente (CJA, art. R. 351-3). Une précision toutefois : lorsque le jugement attaqué émane d'un tribunal administratif du ressort de la cour administrative d'appel saisie, alors que le Conseil d'Etat était compétent en premier et dernier ressort, la cour administrative d'appel n'a pas d'autre choix que de statuer sur l'appel interjeté (CE, ord. prés. sect., 25 mai 1998, Ministre de l'Emploi et de la Solidarité c. Maillot, requête numéro 196498).

1071. Les hypothèses de connexité. Le code de justice administrative s'emploie à neutraliser les règles de compétence toutes les fois où celles-ci conduiraient à morceler un contentieux qui, eu égard à la connexité des demandes, doit trouver à être réglé par une seule juridiction. L'article R. 344-1 du code de justice administrative dispose ainsi que « la cour administrative d'appel saisie d'une demande relevant de sa compétence territoriale est également compétente pour connaître d'une demande connexe à la précédente et relevant normalement de la compétence territoriale d'une autre cour ». En cas de simultanéité de saisines de deux cours administratives d'appel de demandes distinctes mais connexes, il appartient alors au président de la section du contentieux du Conseil d'Etat, saisi par les présidents des cours intéressées (CJA, art. R. 344-2) de se prononcer sur l'existence d'un lien de connexité et de déterminer la juridiction compétente pour connaître de la demande (CJA, art. R. 344-3).

2. L'appel contre les décisions rendues par les autres juridictions administratives

1072. La compétence de principe du Conseil d'Etat ? Conformément à l'article L. 321-2 du code de justice administrative, le Conseil d'Etat connaît en principe des appels formés contre les décisions rendues en premier ressort par les juridictions administratives autres que les tribunaux administratifs.

C'est ainsi encore que le Conseil d'Etat est compétent pour connaître des sentences arbitrales relatives à des litiges nés de l'exécution ou de la rupture de marchés publics, lesquels relèvent d'un régime administratif d'ordre public, impliquant le contrôle de leur conformité aux règles impératives du droit public français (CE, 19 avr. 2013, Syndicat mixte des aéroports de Charente, requête numéro 352750, Rec., p. 102 ; AJDA 2013, p. 1271, chron. X. Domino et A. Bretonneau ; RDI 2013, p. 362, obs. S. Braconnier). On précisera ici que le Conseil d'Etat s'était cependant déclaré incompétent pour statuer la validité d'une sentence rendue par une juridiction siégeant à l'étranger. Le Tribunal des conflits a infirmé cette position, considérant que, dans pareille hypothèse, la juridiction administrative est compétente pour connaître également du recours dirigé contre la sentence (TC, 24 avr. 2017, Syndicat mixte des aéroports de Charente, requête numéro 4075, Rec.).

C'est ainsi enfin que certaines des juridictions administratives spécialisées peuvent voir leurs décisions jugées en appel par le Conseil d'Etat. Mais cette compétence est loin d'être systématique aujourd'hui, au point que l'on peut s'interroger sur le principe et l'exception. En effet, la plupart des décisions rendues par les juridictions administratives spécialisées est aujourd'hui de la compétence d'une juridiction d'appel autre que le Conseil d'Etat. C'est le cas, par exemple, des jugements rendus par les sections disciplinaires des universités qui peuvent être portés en appel devant le Conseil national de l'enseignement supérieur et de la recherche (C. éduc., art. L. 232-2 et L. 712-4), des juridictions des ordres médicaux, connus par les chambres disciplinaires nationales, ou encore de la commission départementale d'aide sociale dont le contentieux en appel relève de la Commission centrale d'aide sociale (CASF, art. L. 134-1).

B. La compétence territoriale

1073. Une répartition des compétences d'ordre public. Les décisions rendues par les juridictions spécialisées étant dévolues en appel à une juridiction en principe unique, la question de la compétence territoriale n'intéresse finalement ici que celle des cours administratives d'appel. L'article R. 322-1 du code de justice administrative dispose à cet égard que la cour administrative d'appel territorialement compétente pour connaître d'un appel formé contre un jugement d'un tribunal administratif est celle dans le ressort de laquelle ce tribunal a son siège. Il en résulte, et au regard de l'article R. 221-7 du code de justice administrative, que :

- la cour administrative d'appel de Bordeaux est compétente pour connaître des jugements rendus par les tribunaux administratifs de Bordeaux, Limoges, Pau, Poitiers, Toulouse, la Guadeloupe, la Guyane, la Martinique, la Réunion, Mayotte, Saint-Barthélemy, Saint-Martin et Saint-Pierre-et-Miquelon ;

- la cour administrative de Douai est compétente pour connaître des jugements rendus par les tribunaux administratifs d'Amiens, Lille et Rouen ;

- la cour administrative d'appel de Lyon est compétente pour connaître des jugements rendus par les tribunaux administratifs de Clermont-Ferrand, Dijon, Grenoble et Lyon ;

- la cour administrative d'appel de Marseille est compétente pour connaître des jugements rendus par les tribunaux administratifs de Bastia, Marseille, Montpellier, Nice, Nîmes et Toulon ;

- la cour administrative d'appel de Nancy est compétente pour connaître des jugements rendus par les tribunaux administratifs de Besançon, Châlons-en-Champagne, Nancy et Strasbourg ;

- la cour administrative d'appel de Nantes est compétente pour connaître des jugements rendus par les tribunaux administratifs de Caen, Nantes, Orléans et Rennes ;

- la cour administrative d'appel de Paris est compétente pour connaître des jugements rendus par les tribunaux administratifs de Melun, Paris, Wallis-et-Futuna, Nouvelle-Calédonie et Polynésie française ;

- la cour administrative d'appel de Versailles est compétente pour connaître des jugements rendus par les tribunaux administratifs de Cergy-Pontoise, Montreuil et Versailles.

La règle est d'ordre public (CJA, art. R. 322-2), ce qui signifie que la cour indûment saisie devra relever d'office son incompétence et un arrêt rendu par une cour administrative territorialement incompétente sera annulé en cassation.

II. Les décisions susceptibles d'appel

1074. Pas d'appel sans texte. Le double degré de juridiction n'étant pas même un principe général de procédure (CE, 6 juin 1949, Faveret, requête numéro 98261, Rec., p. 288), l'appel n'est ouvert contre une décision juridictionnelle que pour autant qu'un texte le prévoie expressément, et le principe se déploie différemment suivant que l'on se situe dans le champ de la juridiction administrative générale (A) ou dans celui des juridictions administratives spécialisées (B).

A. Au sein de la juridiction administrative générale

1075. Le champ de l'appel défini en creux. A rebours de l'idée suivant laquelle le double degré de juridiction n'est pas le principe, le code de justice administrative est ainsi rédigé que le champ des hypothèses d'appel s'observe en creux. En effet, le principe est bien celui de l'appel (1), lequel est néanmoins assorti d'un certain nombre d'exceptions (2).

1. Le principe

1076. La soumission de l'essentiel du contentieux administratif au double degré de juridiction. L'article R. 811-1 al. 1er du code de justice administrative dispose que « toute partie présente dans une instance devant le tribunal administratif ou qui y a été régulièrement appelée (...) peut interjeter appel contre toute décision juridictionnelle rendue dans cette instance ». Il n'y a pas lieu ici de distinguer entre les jugements au fond et les jugements avant dire droit. Il n'y a pas davantage à distinguer les jugements rendus au principal et les ordonnances rendues par les juges des référés. Il n'y a pas à exclure les ordonnances de tri du champ de l'appel (par ex., CE, 30 sept. 2010, SAS Sifru, requête numéro 329825, Rec., T., pp. 921 et 929). Il convient en revanche d'insister sur le fait que seules les décisions juridictionnelles peuvent être susceptibles d'appel. Sont dès lors exclues de cette faculté les simples mesures d'administration de la justice dont on rappellera qu'il s'agit de mesures ne tranchant aucune contestation et qui ne sont pas revêtues de l'autorité de la chose jugée (CE, 21 févr. 1968, Ordre des avocats près la cour d'appel de Paris, requête numéro 68615, Rec., p. 123, concl. L. Dutheillet de Lamothe). Sont donc insusceptibles d'appel, notamment, les décisions rendues sur les demandes de récusation (CJA, art. R. 721-9), les ordonnances de renvoi à une autre juridiction (CJA, art. R. 351-6), les ordonnances d'allocation provisionnelle à l'expert (CJA, art. R. 621-12), les transmissions au Conseil d'Etat de demandes d'avis contentieux (CE, 7 juill. 2000, Polyclinique les Fleurs, requête numéro 199323), ou encore la décision de dispense d'instruction (CE, 14 déc. 2005, Der Agobian, requête numéro 285647, préc.). En revanche, en tant qu'il peut signifier une méconnaissance par le juge de l'étendue de sa compétence, l'acte par lequel le greffe d'un tribunal administratif raye une affaire de ses registres est susceptible d'appel (CAA Marseille, 12 déc. 2014, Association Avenir d'Alet, requête numéro 14MA03525).

2. Les exceptions

1077. Pour certaines ordonnances. L'appel est écarté pour les ordonnances de tri prises sur le fondement de l'article L. 522-3 du code de justice administrative et pour les ordonnances rendues en référés suspension, mesures-utiles, et réexamen (CJA, art. L. 523-1), précontractuel (CJA, art. R. 551-6) et contractuel (CJA, art. R. 551-10).

1078. La liste de l'article R. 811-1 du code de justice administrative. Là où il renvoyait aux hypothèses dans lesquelles il était statué par un juge unique, l'article R. 811-1 du code de justice administrative, dans sa rédaction issue du décret n° 2015-233 du 27 février 2015 relatif au Tribunal des conflits et aux questions préjudicielles, énumère à présent les contentieux échappant au double degré de juridiction.

Il s'agit des litiges :

- relatifs aux prestations, allocations ou droits attribués au titre de l'aide ou de l'action sociale, du logement ou en faveur des travailleurs privés d'emploi ;

- relevant des contentieux sociaux mentionnés à l'article R. 772-5 du code de justice administrative, et le contentieux du droit au logement défini à l'article R. 778-1 ;

- en matière de consultation et de communication de documents administratifs ou d'archives publiques ;

- relatifs aux refus de concours de la force publique pour exécuter une décision de justice ;

- relatifs aux impôts locaux et à la contribution à l'audiovisuel public, à l'exception des litiges relatifs à la contribution économique territoriale, le Conseil d'Etat ayant en outre exclu de ce champ les litiges relatifs à la redevance d'archéologie préventive (CE, 23 déc. 2010, Ministre de l'Ecologie, du Développement durable et de l'Aménagement durables c. SCI des Vernes, requête numéro 307984, Rec., T., p. 697) ;

- relatifs aux requêtes contestant les décisions prises en matière fiscale sur des demandes de remise gracieuse ;

- relatifs au permis de conduire ;

- en matière de pensions ;

- sauf en matière de contrat de la commande publique, sur toute action indemnitaire, lorsque le montant des indemnités demandées est inférieur à 10 000 euros, ce qui inclue les demandes que le requérant n'a pas chiffrées en première instance, et pour lesquelles il n'a pas sollicité une expertise afin d'établir le montant du préjudice dont il demandait l'indemnisation (CE, Sect., 5 mai 2006, Bisson, requête numéro numéro 280223, Rec., p. 231 ; AJDA 2006, p. 1368, chron. C. Landais et F. Lenica ; RFDA 2006. 1137, concl. D. Chauvaux ; CE, 28 mars 2011, Chambre régionale des métiers de Champagne-Ardenne, requêtes numéros 312658 et 319927, Rec., T., pp. 850 et 993).

1079. Par exception à l'exception... L'article R. 811-1 al. 3 du code de justice administrative réserve cependant l'hypothèse où, par dérogation, les demandes indemnitaires mentionnées à l'alinéa 1er dont le montant est inférieur à 10 000 euros présentent un lien de connexité avec un litige susceptible lui-même d'appel (par ex., CE, 27 juill. 2005, Vivarelli, requête numéro 264992, Rec., T., p. 804). Par ailleurs, suivant la même disposition, peuvent également être portés devant un second degré de juridiction les jugements rendus en matière de taxe foncière lorsqu'ils se prononcent sur des conclusions relatives à la taxe professionnelle, à la demande du même contribuable, et que les deux impositions reposent, en tout ou partie, sur la valeur des mêmes biens appréciée la même année. Un litige contractuel est susceptible d'appel quel que soit son montant, car les conclusions qui demandent la condamnation d'une partie au règlement de sommes dues en vertu d'un contrat ne revêtent pas un caractère indemnitaire au sens de l'article R. 222-13 du code de justice administrative (CE, 8 juin 2011, Sté Ateliers de constructions métalliques Gibard, requête numéro 331982, Rec., T., p. 885).

1080. Par exception à l'exception encore... Par dérogation à l'article R. 811-1 du code de justice administrative, l'appel est toujours possible contre un jugement rendu par un tribunal administratif sur une action de groupe (CJA, art. R. 77-10-9) ou sur une action en reconnaissance de droit (CJA, art. R. 77-12-10).

1081. En contentieux de l'urbanisme. Issu du décret n° 2013-879 du 1er octobre 2013 relatif au contentieux de l'urbanisme, l'article R. 811-1-1 du code de justice administrative dispose que les jugements rendus par les tribunaux administratifs contre les permis de construire ou de démolir un bâtiment à usage principal d'habitation ou contre les permis d'aménager un lotissement lorsque le bâtiment ou le lotissement est implanté en tout ou partie sur le territoire d'une des communes mentionnées à l'article 232 du code général des impôts et son décret d'application, le sont en premier et dernier ressort. Le principe vaut également en matière de déféré préfectoral (CE 29 déc. 2014, SCI Mica, requête numéro 375744, Rec., T., pp. 537, 587 et 909). Les dispositions de l'article R. 811-1-1 du code de justice administrative ne vont pas jusqu'à s'appliquer aux jugements statuant sur des recours contre les refus de délivrer ces autorisations (CE, 25 nov. 2015, Commune de Montreuil et SCI La Capsulerie, requêtes numéros 390370 et 390371, Rec., T., p. 924).

B. Au sein des juridictions administratives spécialisées

1082. L'application du principe. Compte tenu de ce qu'un texte doit prévoir la faculté de relever appel d'une décision juridictionnelle, et parce qu'il n'existe pas un corpus de règles codifiées propre aux juridictions spécialisées, il n'est pas surprenant que les décisions prononcées par les juridictions spécialisées, lorsqu'elles sont uniques, puissent être de premier et dernier ressort. C'est ainsi que, par exemple, les décisions juridictionnelles rendues par la cour de discipline budgétaire et financière (CJF, art. L. 311-1) ou la chambre de discipline des conseils en propriété industrielle (C. propr. intell., art. R. 422-56 et s.) ne sont susceptibles que d'un recours en cassation. Le principe n'est cependant pas absolu et certaines juridictions spécialisées statuent en premier ressort.

III. Les autres conditions de recevabilité de l'appel

1083. Très classiquement. Aux conditions tenant à l'appelant (A), s'ajoutent celles tenant à l'appel (B).

A. Les conditions tenant à l'appelant

1084. Deux ou trois conditions. L'appel doit être exercé par une personne ayant qualité (1) et intérêt (2) à faire appel. En certaines hypothèses, il doit être représenté (3).

1. La qualité pour faire appel

1085. La continuation, en principe, du débat contentieux initial. L'appel doit se comprendre comme la faculté reconnue aux parties d'obtenir de la juridiction qu'elle reconsidère la décision rendue en première instance. L'on comprend aisément, dans ces conditions, que l'appel ne soit en principe (a) ouvert qu'aux parties à l'instance initiale. Mais, comme souvent, ce principe est assorti d'exceptions (b).

a. le principe

1086. L'appel est réservé aux parties de première instance. Suivant l'article R. 811-1 al. 1er du code de justice administrative, « toute partie présente dans une instance devant le tribunal administratif ou qui y a été régulièrement appelée, alors même qu'elle n'aurait produit aucune défense, peut interjeter appel contre toute décision juridictionnelle rendue dans cette instance ». En principe donc, l'appel ne peut être interjeté que par les personnes ayant eu la qualité de parties en première instance. Une difficulté peut ici intervenir en cas de jonction d'affaires. Dans cette hypothèse, chaque partie ne peut faire appel que du fond du jugement le concernant (CE, 5 juill. 1995, Sté Cie Financière de la Beauce, requête numéro 138734, Rec., T., p. 1002). Il n'y a en revanche pas lieu de distinguer suivant que le jugement a été rendu contradictoirement ou par défaut : la circonstance qu'une des parties n'ait produit aucune défense en première instance ne fait pas obstacle à ce qu'elle saisisse le juge d'appel.

1087. L'exclusion de l'appel pour les tiers à la première instance. Une personne restée totalement tierce à la première instance n'a pas d'intérêt à faire appel, alors même qu'elle aurait dû être présente dans l'instance (CE, 15 oct. 1990, Ministre de l'Equipement et du Logement c. Papin-Bricaud, requête numéro 102669). Ceci n'exclut pas pour elle toute faculté d'obtenir du juge qu'il reconsidère la décision rendue. Il lui appartient seulement d'opter pour la tierce opposition, à la condition toutefois que le jugement préjudicie à ses droits (CJA, art. R. 832-1).

b. les exceptions

1088. En certaines matières. Par exception, l'appel peut être ouvert aux tiers à l'instance initiale. Ainsi, en matière électorale, toute personne intéressée peut faire appel d'une décision d'annulation ou de modification des résultats d'un scrutin (CE, 26 déc. 1896, Elections municipales de Bessons, Rec., p. 879). Ainsi encore, si son action tend à l'aggravation d'une sanction prononcée par les conseils régionaux statuant en matière disciplinaire, le ministre chargé de la santé publique a qualité pour faire appel devant la section disciplinaire du Conseil national de l'ordre des médecins des décisions rendues, conformément à l'article L. 4122-3 du code de la santé publique, et ce alors même qu'il n'était pas l'auteur de la saisine en première instance (CE, 4 oct. 1991, Milhaud, requête numéro 103045, Rec., p. 320).

1089. Le cas des intervenants volontaires en première instance. L'intervenant en premier ressort a qualité pour interjeter appel du jugement rendu dont le dispositif est contraire aux conclusions de son intervention, lorsqu'il aurait eu qualité pour être demandeur ou défendeur en première instance, c'est-à-dire pour introduire lui-même le recours ou pour former tierce opposition contre le jugement faisant droit au recours (CE, Sect., 9 janv. 1959, de Harenne, requête numéro 41383, Rec., p. 24 ; CE, 23 févr. 2011, SNC Lidl, requête numéro 322924, Rec., T., p. 1104). Ces solutions ne se limitent pas aux cas d'intervention volontaire. Elles valent également pour les appelés en cause pour observations : la personne invitée par le tribunal administratif à présenter des observations n'a pas qualité pour interjeter appel, sauf si elle aurait eu qualité pour former tierce opposition contre le jugement à intervenir (CE, 26 janv. 2011, Association de défense contre la déviation au nord de Maisse et Commune de Courdimanche-sur-Essonne, requête numéro 307317, Rec., T., p. 1110). Dans l'hypothèse où l'intervenant n'est pas recevable à faire appel, il lui loisible – mais encore faut-il qu'un appel soit interjeté –

d'intervenir à nouveau en appel (CE, 12 oct. 1977, Préfet des Hauts-de-Seine c. Leclerc, requête numéro 01366, Rec., T., p. 929).

2. L'intérêt à faire appel

1090. Les conditions de l'intérêt à faire appel. L'intérêt à faire appel s'apprécie au regard du dispositif du jugement litigieux. La notion d'intérêt à faire appel ne saurait se confondre avec celle d'intérêt à agir : il ne s'agit plus de faire obstacle à ce que certains ne plaident par procureur ; il s'agit – la préoccupation n'en est pas moins légitime – de prémunir les juridictions du « fol appel ». L'appel doit présenter un caractère suffisant d'utilité. Ainsi, n'est pas recevable à faire appel celui qui a obtenu entièrement satisfaction en première instance (CE, Sect., 28 janv. 1966, Sté « La Purfina française », requête numéro 60273, Rec., p. 68) ni celui qui se limite à contester les motifs et non le dispositif du jugement (CE, Sect., 21 oct. 1988, Sté d'aménagement des marais de Noirmoutiers, requête numéro 76319, Rec., p. 373). N'est pas plus susceptible d'appel l'annulation de certaines dispositions d'un arrêté municipal retirées par la commune entre la clôture de l'instruction et le jugement (CE, 27 mars 1976, Commune de Bouc-Bel-Air, requête numéro 97163, Rec., T., p. 754).

1091. Les cas d'acquiescement au jugement ou de renonciation à interjeter appel. Un cas de figure particulier doit encore être évoqué ici : celui où, en raison son acquiescement au jugement de première instance ou de sa renonciation à exercer son droit à interjeter appel, l'appelant n'est plus recevable à saisir le juge d'appel. Cette hypothèse ne peut, en réalité, se rencontrer que dans le contentieux de la pleine juridiction intégrale. En excès de pouvoir comme en pleine juridiction de légalité, en effet, pas plus qu'elles n'ont la possibilité de renoncer conventionnellement au droit d'exercer un recours en annulation (CE, 13 févr. 1948, Louarn, requête numéro 85152, Rec., p. 79 ; CE, 17 mai 1999, Commune de Montreuil-sous-Bois, requête numéro 191292) ni de renoncer au bénéfice de la chose jugée (CE, Sect., 13 juill. 1967, Ecole privée de filles de Pradelles, requête numéro 70777, Rec., p. 339 ; RDP 1968, p. 187, concl. A. Bernard), pas plus les parties ne peuvent renoncer au droit qu'elles tiennent des textes de faire appel d'un jugement qui leur est défavorable.

3. La représentation de l'appelant

1092. Le principe : le ministère d'avocat. Conformément à l'article R. 811-7 du code de justice administrative, « les appels ainsi que les mémoires déposés devant la cour administrative d'appel doivent être présentés, à peine d'irrecevabilité, par l'un des mandataires mentionnés à l'article R. 431-2 ». Il s'agit d'une hypothèse d'irrecevabilité régularisable. Mais la juridiction ne sera tenue d'inviter à la régularisation que pour autant que la notification du jugement n'ait pas fait mention d'une telle obligation (CE, 13 déc. 2005, Sté civile des canadiens, requête numéro 261718, Rec., T., p. 1018), ce qui est le cas lorsque la notification du jugement s'est bornée à reproduire l'énoncé de l'article R. 811-7 du code de justice administrative

(CE, 27 févr. 2006, Casseron, requête numéro 269589). On rappellera encore que le juge n'est pas tenu d'attendre l'expiration du délai d'appel pour rejeter la requête comme irrecevable (CE, 17 déc. 2013, Mme Bois, requête numéro 363690, Rec., T., pp. 756, 757 et 802) et que, suivant l'article R. 612-1 du code de justice administrative, la juridiction ne peut rejeter une requête entachée d'une irrecevabilité susceptible d'être couverte en cours d'instance qu'après avoir invité l'auteur de la requête à la régulariser, et la fin de non recevoir opposée par la partie adverse ne peut tenir lieu d'invitation à régulariser, en sorte qu'elle ne permet pas le rejet de la requête par voie d'ordonnance (CE, 14 oct. 2015, M. et Mme Godrant, requête numéro 374850, Rec., T. ; JCP adm. 2016, n° 2057, note B. Hachem ; RDI 2016, p. 303, note P. Soler-Couteaux).

1093. Les cas de dispense. Sont néanmoins dispensées de ministère d'avocat les requêtes dirigées contre les décisions des tribunaux administratifs statuant les litiges en matière de contraventions de grande voirie et aux demandes d'exécution d'un arrêt de la cour administrative d'appel ou d'un jugement rendu par un tribunal administratif situé dans le ressort de la cour (CJA, art. R. 811-7). Dans ces cas, et dans tous autres où le ministère d'avocat n'est pas obligatoire, l'appelant peut néanmoins avoir recours à un mandataire mentionné à l'article R. 431-2 ou à une association agréée au titre de l'article L. 252-1 du code rural et de la pêche maritime dès lors que les conditions posées à l'article L. 252-5 du même code sont réunies (CJA, art. R. 811-8).

1094. S'agissant de l'Etat. L'Etat est toujours dispensé de ministère d'avocat en appel, l'action étant alors exercée par le ministre intéressé, lequel peut déléguer sa signature afin de représenter l'Etat (CJA, art. R. 811-10). Par ailleurs, l'Etat est représenté par le préfet, en matière d'entrée et séjour des étrangers en France ; d'expulsion des ressortissants étrangers ; de mise en jeu de la responsabilité de l'Etat du fait des dommages causés par les attroupements et rassemblements ; d'agrément et armement des agents de police municipale ; d'exercice des activités de surveillance, de gardiennage ou de transport de fonds ; de réglementation des armes ; d'exercice de l'activité de conducteur et de la profession d'exploitant de taxi ; de police des débits de boisson ; d'hospitalisation sous contrainte ; de mise en demeure de quitter les lieux en application de l'article 9 de la loi n° 2000-614 du 5 juillet 2000 relative à l'accueil et à l'habitat des gens du voyage (CJA, art. R. 811-10-1). Par dérogation toujours à l'article R. 811-10, « le trésorier-payeur général présente les mémoires et observations devant la cour administrative d'appel en réponse aux requêtes relatives au recouvrement des impôts directs et taxes assimilées dont le recouvrement est assuré par les comptables du Trésor, des amendes et condamnations pécuniaires, et des créances de l'Etat étrangères à l'impôt et au domaine » (CJA, art. R. 811-10-2), et le directeur général du Centre national de gestion des praticiens hospitaliers et des personnels de direction de la fonction publique hospitalière présente devant la cour administrative d'appel les mémoires et observations produits au nom de l'Etat, lorsque le litige est né d'une décision prise par le directeur (CJA, art. R. 811-10-3).

B. Les conditions tenant à l'appel

1095. Deux conditions. L'appelant doit, au risque d'être irrecevable, apporter un soin particulier à la motivation de sa requête (2) qu'il doit introduire dans le délai d'appel (1).

1. Le délai d'appel

1096. Le principe. Le litige a déjà été jugé une première fois et il importe que le jugement ne puisse éternellement être susceptible d'annulation ou de réformation. L'exercice de l'appel doit nécessairement être encadré dans le temps. Conformément à l'article R. 811-2 du code de justice administrative, le délai d'appel est, sauf disposition contraire, de deux mois – il s'agit d'un délai franc (CE, 19 avr. 2000, Mothero, requête numéro 200043, Rec., T. p. 934) – à compter de la notification (al. 1er), de la signification (al. 2) ou, même si la pratique reste rare, de la notification en la forme administrative (CJA, art. R. 611-4) sous réserve de la transmission immédiate du récépissé ou du procès-verbal de délivrance de la notification au greffe (CAA Paris, 1er févr. 1994, Rabreau, requête numéro 92PA00174), du jugement aux parties.

Il importe que l'avis de réception du pli contenant le jugement indique, non seulement la date à laquelle été présenté à l'adresse de l'appelant, mais encore la date de distribution ou de réexpédition, à peine pour le jugement de ne pas avoir été régulièrement notifié (CE, 31 mars 2017, M. Serria, requête numéro 398943, Rec., T.). Le décret n° 2012-1437 du 21 décembre 2012 relatif aux communications électroniques devant le Conseil d'Etat, les cours administratives d'appel et les tribunaux administratifs, prévoit que la décision peut également être notifiée par voie électronique (CJA, art. R. 751-4). Le délai commence alors à courir à compter de la consultation de la notification. A défaut de consultation dans les 8 jours à compter de la transmission, le délai d'appel commence alors à courir. Aucun autre procédé qui aurait pour conséquence de porter la décision à la connaissance des parties n'est susceptible de faire courir le délai (CE, 21 févr. 1992, Bastard, requête numéro 78320). Au surplus, la notification de la décision doit être adressée aux parties elles-mêmes et non à leurs éventuels mandataires (CE, 14 juin 2000, Commune de Staffelfelden, requête numéro 184722, Rec., p. 227 ; CJEG 2000, p. 473, concl. C. Bergeal) ni à leurs représentants légaux (pour une notification faite au domicile du gérant de l'entreprise requérante en première instance : CE, Sect., 11 juill. 1998, SCI 1, rue de la Fraternité, requête numéro 52639, Rec., p. 296). Suivant la même logique, une partie incarcérée doit recevoir notification en mains propres, la notification ne pouvant être considérée comme accomplie par la seule remise à l'administration pénitentiaire (CE, 8 juin 2011, Farinotti, requête numéro 330051, Rec., T., p. 1105). Il convient d'ajouter que le point de départ du délai opposable à une partie est celui de la notification qui lui a été faite, indépendamment de la date à laquelle la ou les autres parties ont eu notification en ce qui les concerne (CE, 26 nov. 2007, Sté Il Palazzo, requête numéro 288085). En outre, et cela ne surprendra pas davantage, la notification doit être complète, et ne fait pas courir le délai la seule notification des visas et du jugement de première instance (CE, 3 avr. 2002, Caisse primaire d'assurance maladie de la Seine-Saint-Denis, requête numéro 223712, Rec., T., p. 898). En cas de pluralité de notifications à une même personne, le délai se déclenche à compter de la première d'entre celles régulières (CE, 25 janv. 1967, Endewell, requête numéro 65323, Rec., p. 39).

1097. En matière de contravention de grande voirie. Par dérogation à ce qui précède, en matière de contravention de grande voirie, le délai de recours ne commence à courir qu'à compter d'une notification en la forme administrative accomplie par l'autorité de poursuite ou par acte d'huissier (CJA, art. L. 774-6).

1098. La notification des voies et délais de recours. A la différence du contentieux de première instance, le déclenchement du délai d'appel ne suppose pas la notification des voies et délais de recours contre la décision juridictionnelle (CE, Ass., 5 avr. 1996, Syndicats des avocats de France, requête numéro 116594, Rec., p. 118 ; RFDA 1996, p. 1195, concl. J.-C. Bonichot). Toutefois, dans une telle hypothèse, le délai de deux mois, qui est le délai de droit commun, s'applique y compris si le délai de recours était, en l'espèce, inférieur (CJA, art. R. 811-3). Suivant la même logique, l'erreur dans la notification du délai de recours profite aux destinataires de la notification (CE, Sect., 26 mars 1993, Mlle Bourgeois, requête numéro 117557, Rec., p. 86, concl. J. Arrighi de Casanova). Le libéralisme du juge a ses limites, la notification des voies et délais de recours l'emportant sur toute autre indication. Ainsi, une mauvaise information relative aux délais de recours communiquée à l'appelant par le greffe, « pour regrettable qu'elle soit », ne fait pas obstacle à la tardiveté de l'appel, le cas échéant (CE, 16 avr. 2010, Mme Gadras-Feron, requête numéro 322216, Rec., T. p. 930). Toutefois, la notification du jugement indiquant par erreur qu'il n'était susceptible que d'un recours en cassation ne fait pas courir le délai d'appel (CE, 22 févr. 2017, Mme C., requête numéro 395184, Rec., T.).

1099. L'appel contre les jugements avant dire droit. Par dérogation à la règle précédemment explicitée, « le délai d'appel contre un jugement avant-dire-droit, qu'il tranche ou non une question au principal, court jusqu'à l'expiration du délai d'appel contre le jugement qui règle définitivement le fond du litige » (CJA, art. R. 811-6). Dans le silence des textes, toutefois, l'appel commence à courir à compter de la notification de la décision avant dire droit (CE, Sect., 10 avr. 1964, Raboni, requête numéro 57044, Rec., p. 214 ; AJDA 1964, p. 295, chron. J. Fourré et M. Puybasset ; RDP 1964, p. 1204, note M. Waline).

1100. Les délais raccourcis. Le délai d'appel peut être plus court. Par exemple, en matière de référé liberté, le délai est de 15 jours par application de l'article L. 523-1 du code de justice administrative ; en matière électorale, le délai est d'un mois pour ce qui concerne les élections municipales et départementales en application des articles R. 116 et R. 123 du code électoral ; en matière d'obligation de quitter le territoire et de reconduite à la frontière, le délai est également d'un mois aux termes de l'article R. 776-9 du code de justice administrative.

1101. Les délais rallongés. Le délai d'appel peut également être plus long. Ainsi, le ministre des Finances dispose d'un délai d'appel pouvant aller, suivant les circonstances de l'espèce, de deux à quatre mois en matière fiscale, conformément à l'article R. 200-18 du livre des procédures fiscales.

1102. L'application à l'appel des délais de distance. Suivant l'article R. 811-5 du code de justice administrative, les délais de distance organisés à l'article R. 421-7 sont applicables à l'appel (par ex., CE, Sect., 5 mai 1995, Chacot, requête numéro 145925, Rec., p. 199) et, en application de l'article R. 811-4 du code, « à Mayotte, en Polynésie française, dans les îles Wallis et Futuna et en Nouvelle-Calédonie, le délai d'appel de deux mois est porté à trois mois ».

1103. L'effet d'une demande d'aide juridictionnelle. A la condition que celle-ci ait été présentée durant ce délai, une demande d'aide juridictionnelle interrompt le délai d'appel (CE, 13 juill. 1965, Dlle Maudet, requête numéro 57652, Rec., p. 461 ; CE, 26 juill. 2006, Sté générale de la Ferme, requête numéro 285622). Ce délai peut être plusieurs fois interrompu lorsque l'avocat désigné par le bureau d'aide juridictionnelle a refusé de défendre les intérêts de l'appelant (CE, 8 févr. 1999, Tafani, requête numéro 196045).

2. La motivation de la requête

1104. L'exigence d'une motivation distincte de la requête en appel. On peut bien souscrire à cette considération suivant laquelle le double degré de juridiction, « lorsqu'il existe, ne doit pas être conçu par les justiciables comme une loterie qui offrirait une double chance avec le même bulletin » (C. Bergeal, concl. sur CE, Sect., 11 juin 1999, Office public d'habitations à loyer modéré de la Ville de Caen, RFDA 2000, p. 335) et admettre, par conséquent, que la motivation de la requête d'appel repose sur des règles qui lui son propres. Il en résulte fort logiquement une obligation de motivation de la requête d'appel distincte de celle de première instance. Reste à déterminer ce qu'il convient d'entendre par motivation distincte. Le contentieux administratif retenait initialement la notion de moyen d'appel (CE, Sect., 11 juin 1999, Office public d'habitations à loyer modéré de la Ville de Caen, requêtes numéros 173972 à 173974, Rec., p. 178 ; RFDA 2000, p. 331, concl. C. Bergeal), dont la délimitation n'a pas été sans poser des difficultés. En effet, si elle a conduit à écarter les simples reproductions de la requête de première instance, les changements apportés à l'entête ne faisant pas illusion (CE, 24 mars 2004, Riff, requêtes numéros 252129 à 252131), il était cependant difficile de tracer plus précisément les contours de la notion. Les juridictions se sont montrées hésitantes et, surtout, plus ou moins exigeantes, certaines allant même jusqu'à exclure la reproduction des mêmes moyens suivant une formulation différente. Mais, plus encore, la recevabilité de l'appel dépendait de ce qu'il eût été fait référence à la motivation du jugement litigieux. Or, surtout en pleine juridiction, cette exigence conduisait à obscurcir la différence entre appel et cassation. En outre, une telle exigence jurisprudentielle pouvait constituer un piège pour les appelants n'ayant pas jugé utile, comme les textes pouvaient les y fonder, de recourir à un avocat (la question peut même se poser de l'aptitude de certains avocats à éviter l'écueil...). Il est donc heureux que la jurisprudence ait évolué. Désormais, il importe seulement qu'il existe une différence de rédaction entre la requête de première instance et la requête d'appel (CE, 27 juin 2005, Mahdi, requête numéro 259446, Rec., p. 257 ; CE, 27 juin 2005, Sté « Les techniques de communication », requête numéro 263754, Rec., p. 1068, concl. D. Chauvaux). La reproduction littérale de la première dans la seconde ne sera donc pas admise, le juge d'appel se montrant guère plus sévère... On précisera toutefois que, admise aujourd'hui, la motivation équivalente à celle de la requête de première instance autorise le juge d'appel à statuer par adoption de motifs (CE, 30 déc. 2011, Gourhand, requête numéro 332915). Par ailleurs, lorsque l'appelant indique reprendre ses moyens de première instance sans les exposer ni joindre la requête adressée à la juridiction de premier ressort, la juridiction d'appel ne commet pas d'irrégularité en ne répondant pas à ces moyens (CE, 12 févr. 2014, M. de Latour, requête numéro 352878, Rec., T., pp. 808, 816 et 826).

1105. Concernant les appels formés devant les juridictions administratives spécialisées. Le caractère essentiellement écrit de la procédure administrative juridictionnelle (*supra* n°s 519 et s.) explique que l'appel soit, à peine d'irrecevabilité, être assorti d'un exposé écrit des moyens invoqués. Aucun texte ni aucun principe n'impose cependant que la formalisation de ces moyens n'intervienne dans le délai d'appel. Il en résulte que, en l'absence de texte précisant les modalités de saisine de la juridiction d'appel ou prévoyant l'applicabilité du code de justice administrative, la motivation de la requête peut être régulièrement exposée après le délai de recours (en ce sens, et par exemple, pour un appel formé devant la commission supérieure des soins gratuits, CE, 3 déc. 2003, Pharmacie du soleil, requête numéro 246315, Rec., T., pp. 846, 880, 940 et 957 ; devant la juridiction des pensions, CE, 11 déc. 2007, Poulet, requête numéro 299982, Rec., T., p. 972 ; devant le Conseil national de l'ordre des pharmaciens, CE, 18 déc. 2017, M. G., requête numéro 403734, Rec. T.).

§ 2 - Les contre-appels

1106. L'existence possible de contre-appels. L'exercice d'un ou de plusieurs appels principaux n'est pas le seul cas de figure concevable. Dans certaines hypothèses, un intimé peut réagir en cours d'instance et prendre l'initiative d'une action, liée à l'appel principal, et tendant à son tour à influer sur l'issue du litige porté devant le juge d'appel. Les contre-appels sont de deux types : l'appel incident (I) et l'appel provoqué (II).

I. L'appel incident

1107. Définition. L'appel incident consiste en une riposte à l'appel principal. Il s'apparente, à certains égards, aux conclusions reconventionnelles que l'on rencontre en première instance. Certains types de contentieux excluent cependant la possibilité d'enregistrer un tel appel. C'est le cas, par exemple, en matière électorale (CE, Sect., 21 oct. 1966, Elections municipales de Chassenard, requête numéro 67188, Rec., p. 563), en matière de contravention de grande voirie (CE, Sect., 5 déc. 1957, Ministre des Travaux publics c. Carthelax et Cico Lazo, requête numéro 21653, Rec., p. 247, concl. C. Lasry) ou, sauf disposition contraire, en matière disciplinaire (CE, Sect., 6 févr. 1981, Lebard, requête numéro 14331, Rec., p. 74, concl. P. Dondoux ; AJDA 1981, p. 350, chron. M.-A. Feffer et F. Tieberghien ; D. 1982, p. 114, note C. Debbasch), sauf si l'action est exercée devant une juridiction spécialisée (CE, Sect., 6 juin 2008, Conseil départemental de l'ordre des chirurgiens-dentistes de Paris c. Banon, requête numéro 283141, Rec., p. 204 ; RFDA 2008, p. 689, concl. J.-P. Thiellay ; RFDA 2008, p. 964, note B. Pacteau ; Dr. adm. août 2008, comm. 118, note F. Melleray). Toutes les fois où il est autorisé, l'appel incident peut être exercé sans condition de délai. Ce principe procèderait du souci de la bonne administration de la justice. Le professeur Chapus considérait ainsi que « la technique de l'appel incident est liée à la considération que, si une partie ne fait pas appel principal contre un jugement qui la satisfait pas entièrement, c'est avec la pensée ou bien à la condition que son adversaire (…) accepte aussi le jugement. Or, s'il fait appel, elle n'en aura généralement connaissance qu'après l'expiration du délai ; de plus, si l'appel incident était assujetti à une condition de délai, il serait aisé d'en empêcher l'exercice en faisant appel à l'extrême fin du délai légal » (R. Chapus, Droit du contentieux administratif, 12ème éd., Paris, Montchrestien, 2008, n° 1349). Cette analyse n'emporte pas totalement la conviction, pour deux raisons. D'une part, le souci d'une bonne administration de la justice suppose également que des recours, même incidents, ne puissent pas venir troubler le bon déroulement de la procédure en arrivant tardivement. D'autre part, et surtout, la préoccupation de la situation de l'intimé ne fait pas obstacle à ce qu'il puisse être lui-même lié par un délai. Au demeurant, même s'il ne constitue pas un cas d'appel incident, on soulignera l'exemple du recours incident formé en cas de recours de pleine juridiction exercé contre une décision d'une commission régionale de discipline ou du Haut conseil du commissariat aux comptes, le président du Haut conseil ou la personne sanctionnée pouvant former un recours incident dans un délai de deux mois à compter de la notification qui lui est faite du recours initial (C. commerce, art. R. 824-23)…

1108. Le lien entre l'appel incident et l'appel principal. Lorsque l'appel incident est possible, le lien entre les deux appels est étroit.

En premier lieu, l'appel incident ne peut soulever un litige distinct de l'appel principal. A titre d'exemples, il y a identité de litige, et donc recevabilité de l'appel incident, dans le contentieux de l'annulation, quand l'appel principal vise une mesure de reconduite à la frontière alors que l'appel incident du préfet est dirigé contre le jugement en tant qu'il a annulé la décision fixant le pays de destination (CE, 30 nov. 1994, Préfet du Rhône, requête numéro 138725, Rec., T., p. 949). Il y a encore identité de litige, en pleine juridiction, en présence d'un appel principal d'un jugement condamnant à réparer le préjudice né d'un licenciement irrégulier et d'un appel incident tendant au versement des indemnités de préavis et de licenciement (CE, 19 janv. 1983, Ville de Mulhouse, requête numéro 26144, Rec., T., p. 838). On évoquera encore ici, tant la solution ne s'imposait pas d'elle-même, la décision par laquelle le Conseil d'Etat a admis l'unicité de litige en présence de conclusions à fins d'annulation d'un contrat et de conclusions indemnitaires en réparation du préjudice subi par le concurrent évincé (CE, 21 oct. 2015, Région Provence-Alpes-Côte d'Azur, requête numéro 384787, Rec., p. 349 ; AJDA 2016, p. 552, note M. Crespy-De Coninck). En revanche, constituent des litiges distincts l'appel principal contestant le jugement annulant un article d'un arrêté préfectoral interdisant la publicité sur le territoire d'un département et l'appel incident dirigé contre deux autres articles de cet arrêté fixant les conditions d'exploitation de dispositifs publicitaires dans certaines communes (CE, 13 oct. 1976, Secrétaire d'État à la culture c. Société publicité routière française, requête numéro 99697, Rec., p. 407). Sont encore des litiges distincts l'appel principal contestant les modalités de calcul des intérêts et l'appel incident contestant le principe de l'indemnité (CE, 27 juin 1979, Ville d'Aix-en-Provence, requête numéro 12212, Rec., T., p. 857).

En second lieu, l'appel incident n'est recevable que pour autant que l'appel principal l'est lui-même (CE, 4 mai 1956, Ville de Chartres, Rec., T., p. 736). En outre, l'appel incident ne sera pas admis si son enregistrement est intervenu postérieurement au donné acte du désistement de l'appelant principal (CE, Sect., 5 mars 1971, Ville de Toulouse c. Roumengou, requête numéro 71834, Rec., p. 196) ou après l'acceptation par l'intimé de ce désistement (CE, Sect., 30 mars 1981, Cie des fours d'incinération-procédé Muller, requête numéro 19668, Rec., p. 176). Mais le lien entre ces deux appels a ses limites. Notamment, le désistement de l'appelant principal ne met pas fin à l'instance lorsque l'appel incident a été enregistré antérieurement au donné acte du désistement, le juge d'appel devant statuer sur l'appel incident (CE, 1er juill. 1931, Ministre des Travaux publics c. Estrade, requêtes numéros 80046, 95003 et 3385, Rec., 714), sauf à ce que l'appelant incident ait accepté le désistement de l'appel principal (CE, Sect., 6 mars 1981, Sté Bastide et cie, requête numéro 18150, Rec., p. 129, concl. D. Labetoulle).

II. L'appel provoqué

1109. Définition. L'appel provoqué – autrement dénommé appel « d'intimé à intimé » – n'est pas une riposte à l'appel principal. Suivant la définition qui en a été donnée par le Conseil d'Etat, il y a appel provoqué « lorsque l'appel principal découvre à un intimé un intérêt nouveau à mettre en cause devant [la juridiction d'appel] l'un quelconque de ses adversaires de l'instance » autre que l'appelant principal (CE, Ass., 9 juin 1972, Sté l'électricité pour la lumière et la force, requête numéro 77814, Rec., p. 428, concl. J. Kahn ; AJDA 1972, p. 416, concl. J. Kahn et chron. D. Labetoulle et P. Cabannes). Il prospère particulièrement dans le contentieux indemnitaire où il peut s'avérer utile d'obtenir une condamnation solidaire.

1110. L'évolution de l'admission, par le juge, de l'appel provoqué. L'appel provoqué n'a pas toujours reçu les faveurs du Conseil d'Etat. Il était initialement cantonné à deux hypothèses. D'une part, en cas d'action en responsabilité dirigée par la victime contre deux personnes, dont l'une seule avait été condamnée en première instance, la victime devenue intimée en appel ayant alors la faculté d'exercer un appel provoqué contre celle ayant échappé à la condamnation en première instance (CE, 21 janv. 1927, Cie générale des Eaux c. Dame de Zuylen de Nyevelt et ville de Paris, requête numéro 70897, Rec., p. 96). D'autre part, en cas d'action en responsabilité ayant donné lieu à appel en garantie de la part de la personne poursuivie qui avait obtenu, par le jugement, son exonération, cette personne pouvant alors, en appel, de nouveau présenter sa défense contre celui qui était son garant en première instance (CE, Sect., 17 nov. 1967, Sté des ateliers Nicou et Cie, requête numéro 60938, Rec., p. 42 ; AJDA 1968, p. 308, concl. A. Dutheillet de Lamothe).

Ce n'est qu'avec sa décision Société d'électricité pour la lumière et la force du 9 juin 1972 que le Conseil d'Etat étendra à l'ensemble du contentieux administratif le principe de l'appel provoqué (CE, Ass., 9 juin 1972, Sté d'électricité pour la lumière et la force, requête numéro 77814, préc.). La jurisprudence montre que l'appel provoqué est recevable toutes les fois où la situation de l'intimé risque d'être aggravée par la décision d'appel (CE, 6 mai 1983, Entreprise Barbé et autres, requête numéro 11882, Rec., T., pp. 785, 788, 838 et 839). Dans le cas contraire, l'appel provoqué sera irrecevable parce que concernant un litige distinct du litige principal (CE, 23 juill. 1993, Marin, requête numéro 118963). Par ailleurs, sans surprendre, la recevabilité d'un appel provoqué dépend de celle de l'appel principal et un appel principal enregistré après l'expiration du délai d'appel ne permet pas de former un appel provoqué (CE, 29 avr. 2009, Sté Arkema, requête numéro 296756).

Sous-section 2 - Les effets de l'appel

1111. Un double effet. L'exercice de l'appel se caractérise par deux effets : l'effet non suspensif (§ 1) et l'effet dévolutif (§ 2).

§ 1 - L'effet non suspensif de l'appel

1112. Le principe de l'effet non suspensif de l'appel. C'est une règle générale de procédure contentieuse applicable en l'absence de texte contraire (CE, 30 juill.

2003, Djelida, requête numéro 256600, Rec., p. 362), confirmée à l'article R. 811-14 du code de justice administrative : l'appel interjeté ne suspend pas, en principe, les effets du jugement de première instance litigieux. Le caractère suspensif de l'appel est toutefois reconnu dans certains contentieux. Tel est le cas, notamment, des appels portés devant le Conseil d'Etat contre l'élection des conseillers municipaux (code élect., art. L. 223 et L. 223-1) ou départementaux (Code élect., L. 250 et L. 250-1). Tel est le cas encore des appels formés contre un certain nombre de sanctions disciplinaires (par ex., pour les sanctions infligées par les conseils régionaux de l'Ordre des médecins : CSP, art. L. 4122-3). L'ordonnance n° 2017-303 du 9 mars 2017 a encore disposé, en son article 10, que « l'exécution de l'ordonnance enjoignant la communication ou la production d'une pièce ou d'une catégorie de pièces dont il est allégué qu'elle est couverte par le secret des affaires est suspendue (…) jusqu'à ce qu'il ait été statué sur l'appel » (CJA, art. L. 775-1). Dans un souci évident de sécurité juridique, le législateur a encore décidé que l'appel formé contre un jugement sur la responsabilité rendu à la suite d'une action de groupe (CJA, art. L. 77-10-25) ou faisant droit à une action en reconnaissance de droits (CJA, art. L. 77-12-4) a également, de plein droit, un effet suspensif.

Le caractère non suspensif de l'appel en contentieux administratif ne saurait surprendre, tant on ne comprendrait pas en quoi la contestation d'un jugement emporterait un tel effet, alors que le recours exercé en première instance contre une décision administrative n'est pas, en principe, suspensif.

1113. La faculté d'obtenir la suspension des effets du jugement attaqué. On ne saurait pas plus – et pour les mêmes raisons – se surprendre de la faculté laissée au juge d'appel de suspendre les effets du jugement litigieux jusqu'à ce qu'il soit statué sur l'affaire. Il appartient même à la juridiction saisie d'une demande de sursis à exécution de se prononcer sur celle-ci dans un délai raisonnable (CE, 13 févr. 2012, M. Barellon, requête numéro 346549, Rec., T., p. 908 et 988). Pas moins de trois articles du code de justice administrative règlent la question des hypothèses de sursis à exécution des jugements des tribunaux administratifs.

1114. Le sursis à l'exécution des jugements d'annulation. D'abord, l'article R. 811-15 du code de justice administrative dispose que « lorsqu'il est fait appel d'un jugement de tribunal administratif prononçant l'annulation d'une décision administrative, la juridiction d'appel peut, à la demande de l'appelant, ordonner qu'il soit sursis à l'exécution de ce jugement si les moyens invoqués par l'appelant paraissent, en l'état de l'instruction, sérieux et de nature à justifier, outre l'annulation ou la réformation du jugement attaqué, le rejet des conclusions à fin d'annulation accueillies par ce jugement ». Cette disposition doit être entendue comme s'appliquant aussi bien à un jugement prononçant l'annulation d'un acte unilatéral qu'à un jugement prononçant, sur recours de tiers, l'annulation totale ou partielle d'un contrat ainsi que sa résiliation (CE, 11 mars 2009, Sté Meuse Compost, requête numéro 314788, Rec., T., p. 838). Il appartient au juge avant de se prononcer sur la demande, de prendre également en considération, dans son office, les arguments des parties défenderesses ainsi que les moyens que la juridiction d'appel devra, le cas échéant, soulever d'office (CE, 26 mars 2014, Commission de protection des eaux de Franche-Comté, requête numéro 370300, Rec., p. 57 ; JCP adm. 2014, 2316, note S. Mérenne). Le moyen sérieux doit se comprendre comme celui permettant de remettre en cause, non seulement le jugement litigieux, mais encore la requête en annulation initiale. Ainsi, le moyen tiré de l'irrégularité externe du jugement d'annulation ne suffit pas à obtenir le sursis à exécution de celui-ci (CE, 6 juill. 2007, Ville de Paris, requête numéro 298032, Rec., T., p. 1006).

1115. Le sursis à l'exécution des jugements portant condamnation pécuniaire. Ensuite, l'article R. 811-16 du code de justice administrative énonce que « lorsqu'il est fait appel par une personne autre que le demandeur en première instance, la juridiction peut, à la demande de l'appelant, ordonner sous réserve des dispositions des articles R. 533-2 et R. 541-6 qu'il soit sursis à l'exécution du jugement déféré si cette exécution risque d'exposer l'appelant à la perte définitive d'une somme qui ne devrait pas rester à sa charge dans le cas où ses conclusions d'appel seraient accueillies ». Trois conditions cumulatives doivent donc être satisfaites : l'appel doit être dirigé contre une condamnation à caractère pécuniaire ; il doit pouvoir aboutir à l'annulation de la condamnation ; la répétition des sommes concernées, en cas de succès de l'appel, doit être compromise. C'est bien le problème de la solvabilité de la partie adverse qui peut se poser (CE, Ass., 1er déc. 1961, Commune de Mirecourt, requête numéro 53178, Rec., p. 677).

1116. Le sursis à exécution « balai ». Enfin, l'article R. 811-17 du code de justice administrative prévoit que « dans les autres cas, le sursis peut être ordonné à la demande du requérant si l'exécution de la décision de première instance attaquée risque d'entraîner des conséquences difficilement réparables et si les moyens énoncés dans la requête paraissent sérieux en l'état de l'instruction ». Il s'agit là d'une disposition destinée à régler l'ensemble des difficultés non envisagées par les articles R. 811-15 et R. 811-16 du code de justice administrative. Par exemple, il a été jugé que la communication de documents à un requérant, en exécution d'un jugement, dont le refus est l'objet même du litige, revêtirait un caractère irréversible, et la condition du préjudice difficilement réparable qui préside à cette hypothèse de sursis à exécution doit être vue comme remplie (CE, 22 juill. 2016, Sté Eoliennes en mer îles d'Yeu et de Noirmoutier, requête numéro 399942, Rec., T.). A peine de commettre une erreur de droit, il appartient à la juridiction appelée à se prononcer sur une demande de sursis à exécution fondée sur l'existence d'un préjudice difficilement réparable résultant d'une obligation de payer, de procéder à un examen concret de la situation et de prendre ainsi en compte, non seulement le montant de la condamnation en cause, mais également la situation de la société concernée (CE, Sect., 2 juin 2017, Communauté de communes Auray Quiberon Atlantique, requête numéro 397571, Rec.). La précision apportée ici par le Conseil d'Etat est d'autant plus importante que la jurisprudence avait posé le principe suivant lequel une partie n'est pas fondée à réclamer la réparation, sous la forme d'intérêts au taux légal, du préjudice subi par elle en raison du versement de la somme à laquelle elle avait été condamnée avant d'obtenir l'annulation ou la réformation du jugement de condamnation (CE, Sect., 4 mai 1984, Maternité régionale c. Pinard, requête numéro 26283, Rec., p. 165).

1117. L'assouplissement des conditions du sursis à exécution. La terminologie retenue ici n'est pas sans rappeler le régime du sursis à exécution des décisions administratives antérieur à la loi du 30 juin 2000. L'on pourrait croire, à ce titre, que les conditions relatives à la suspension des effets du jugement sont restées plus contraignantes que celles présidant à la suspension des effets d'une décision administrative. Il n'en est rien. A la lecture de la jurisprudence, en dépit des termes différents contenus dans les articles L. 521-1 et R. 811-14 et suivants du code de justice administrative, il ressort clairement que le régime du sursis à exécution des jugements a suivi la même évolution que celle du régime de la suspension des décisions administratives.

1118. La présentation de la demande de sursis à exécution. La demande de sursis à exécution d'un jugement doit, à peine d'irrecevabilité, être présentée par requête distincte (CJA, art. R. 811-17-1). Le cumul d'actions tendant au sursis à exécution d'un jugement est possible. Etant soumises aux mêmes procédures d'instruction et de jugement et étant susceptibles des mêmes voies de recours, ces actions fondées sur les articles R. 811-15 à R. 811-17 du code de justice administrative peuvent dès lors être présentées dans une requête unique (CE, 19 juin 2006, Monsieur, requête numéro 270472, Rec., T., p. 1040). Lorsque l'appel interjeté n'est pas dispensé du ministère d'avocat, les conclusions à fins de sursis à exécution ne le sont pas davantage (CE, 17 mai 2017, M. B., requête numéro 404261, Rec., T.).

1119. Le caractère provisoire du sursis à exécution. Comme il se doit, le sursis à exécution du jugement emporte des effets nécessairement provisoires. Il peut à ce titre y être mis fin à tout moment (CJA, art. R. 811-18).

§ 2 - L'effet dévolutif de l'appel

1120. Définition de l'effet dévolutif. Par l'effet dévolutif de l'appel, la juridiction d'appel est saisie des éléments de fait et de droit portés devant le juge de première instance et il lui appartient de trancher une seconde fois le litige, dans la limite toutefois des conclusions qui lui sont adressées. Si le principe est bien celui de l'effet dévolutif (I), il s'accompagne d'une exception : l'évocation (II).

I. Le principe de l'effet dévolutif de l'appel

1121. Le cadre de l'effet dévolutif. L'effet dévolutif de l'appel est « l'expression même du double degré de juridiction » (M. Deguergue, « Le double degré de juridiction », AJDA 2006, p. 1308). La faculté de rejugement dévolue au juge d'appel trouve ses limites, contenues dans l'adage : « il n'est dévolu qu'autant qu'il est jugé ; il n'est dévolu qu'autant qu'il a été appelé ». Il en résulte une série de conséquences logiques : d'abord, un appelant ne saurait contester autre chose que le jugement litigieux ; ensuite, l'appelant ne contestant que la régularité du jugement litigieux ne saurait obtenir la réformation de celui-ci ; enfin, l'appelant ne demandant que la réformation du jugement ne saurait obtenir l'annulation du jugement rendu en première instance.

1122. Du maintien nécessaire du jugement de première instance. L'effet dévolutif de l'appel suppose que le jugement de première instance ne soit pas annulé d'office ou à la demande de l'appelant. En cas d'annulation, en effet, il ne saurait être question de rejugement de l'affaire. Lorsque le jugement est censuré, la juridiction d'appel doit, en principe, renvoyer l'affaire devant la juridiction de première instance afin qu'un jugement intervienne régulièrement. Il s'agit ici de sauvegarder le double degré de juridiction.

1123. Les conclusions recevables en appel. Parce qu'il s'agit d'un second degré de jugement, le juge d'appel ne saurait être saisi de conclusions nouvelles. Ainsi, les conclusions principales – ce qui évincent les conclusions à fins d'injonction, en tant qu'il s'agit de conclusions accessoires (CE, 10 oct. 2012, Office public de l'habitat de Châtillon c. Mme Hamet, requête numéro 347128) – doivent avoir été soumises au juge de première instance, à peine d'irrecevabilité. Sont ainsi irrecevables les conclusions dirigées contre une personne autre que celle mise en cause en première instance (CE, 6 févr. 1957, Pourrey, RDP 1957, p. 554), qui demandent pour la première fois l'annulation d'une décision (CE, 23 janv. 1970, Epoux Neel, requête numéro 68324, Rec., p. 44, concl. J. Baudouin) ou qui réclament pour la première fois l'indemnisation d'un préjudice (CE, 1er oct. 1990, Bourreil, requête numéro 77030, Rec., p. 262 ; AJDA 1990, p. 864, chron. E. Honorat et R. Schwartz). Doit également être considérée comme une demande nouvelle le chiffrage des conclusions pour la première fois en appel (CE, 23 avr. 2003, Petit, requête numéro 233365, Rec., p. 174) sauf à ce que le juge de première instance n'ait pas invité le requérant à régulariser sa requête (CE, 6 janv. 1989, Guerrault, requête numéro 79873, Rec., p. 1). Doit encore être considérée comme une demande nouvelle l'aggravation en appel de conclusions présentées en première instance, sauf en cas d'aggravation du préjudice (CE, 14 mai 1956, Ville de Paris et Urbach, requêtes numéros 15872 et 17188, Rec., p. 207), d'apparition de préjudices procédant de la même cause (CE, 17 févr. 1978, Commune de Saint-Nicolas d'Aliermont, requête numéro 01702, Rec., p. 93), ou encore, en cas de dommage continu, de la survenance de préjudices supplémentaires entre les deux instances (CE, Sect., 8 juill. 1998, Département de l'Isère, requête numéro 132302, Rec., p. 308 ; AJDA 1998, p. 797, chron. F. Raynaud et P. Fombeur ; RDP 1998, p. 1225, concl. J.-D. Combrexelle). Les chefs de préjudice peuvent avoir été ou non invoqués devant les premiers juges, pour peu toutefois que les nouveaux chefs de préjudice se rattachent au même fait générateur (CE, 18 déc. 2017, M. G., requête numéro 401314, Rec., T.). Ne doivent pas davantage être considérées comme nouvelles en appel, les conclusions portant sur des éléments de rémunération différents de ceux initialement invoqués mais présentant un lien suffisant avec la demande initiale

(CE, 21 mars 2011, Commune des Saintes-Maries-de-la-Mer, requête numéro 339062, Rec., T., p. 1094). Sont également recevables en appel les conclusions formulées au titre du caractère abusif de la procédure engagée devant la juridiction de première instance (CE, 16 oct. 2017, Office public de l'habitat de la ville d'Avignon, requête numéro 396494, Rec., T.).

1124. Les moyens recevables en appel. Compte tenu de l'effet dévolutif de l'appel, le débat contentieux doit être considéré comme cristallisé, et ce à compter de l'expiration du délai de recours de première instance. Il en résulte que le juge d'appel ne peut connaître de moyens procédant d'une cause juridique nouvelle (CE, Sect., 26 juin 1959, Syndicat algérien de l'éducation surveillée, requête numéro 38299, Rec., p. 399, concl. J. Fournier ; AJDA 1959, p. 157, chron. M. Combarnous et J.-M. Galabert). On doit cependant réserver ici le cas où les conclusions tendent à l'annulation du jugement de première instance. Fatalement nouveaux, les moyens sont alors, et très logiquement, recevables. D'une part, l'appelant peut contester la régularité externe du jugement. A ce titre, le moyen tiré de l'omission d'une mention devant figurer sur la décision peut être soulevé par l'appelant (par ex., l'omission de certains visas : CE, 18 juin 1969, Giaume, requête numéro 69666, Rec., p. 321). Un vice affectant la procédure qui a présidé à l'adoption de la décision peut encore être invoqué (par ex., pour une entorse au principe du contradictoire : CE, Sect., 22 mai 1981, Dlle Bloc'h, requête numéro 15397, Rec., p. 236), à la condition cependant que l'appelant n'ait pas pu utilement discuter ces vices de procédure devant la juridiction de première instance (par ex., pour les irrégularités affectant une mesure d'instruction : CE, 19 mai 1983, Policardo, requête numéro 31820, Rec., p. 839). Une composition irrégulière de la formation de jugement peut également motiver la requête d'appel (CE, Ass., 16 déc. 1955, Dame Bourokba, requête numéro 36478, Rec., p. 590), sans toutefois que le défaut de récusation au cours de l'instance initiale n'exerce une influence sur la recevabilité du moyen (CE, Sect., 12 oct. 2009, Petit, requête numéro 311641, Rec., p. 367, concl. M. Guyomar). D'autre part, l'appelant peut contester la régularité interne de la décision, celle-ci pouvant notamment avoir été rendue *infra petita* (CE, 21 juill. 1972, Cts Brocas, requête numéro 81121, Rec., p. 590) ou *ultra petita*, hypothèse dans laquelle le jugement est entaché d'une erreur de droit (CE, 8 nov. 1968, Commune de Mounes-Prohencoux, requête numéro 68823, Rec., p. 563), celle-ci pouvant encore avoir été rendue en retenant un moyen inopérant (CE, 3 août 2011, Mme Béatrice Craeye, requête numéro 326754, Rec., T., pp. 876 et 1095).

Bien évidemment, les moyens procédant de ces deux causes juridiques doivent être soulevés dans le délai d'appel. Si l'on excepte l'hypothèse de la régularité du jugement, les moyens ne sont recevables que pour autant qu'ils procèdent d'une cause juridique ouverte en première instance. Ainsi, dans le contentieux de l'excès de pouvoir, il n'est pas loisible à l'appelant de mettre en cause, pour la première fois en appel, la légalité externe (CE, Ass., 23 avr. 1965, Veuve Ducroux, requête numéro 60721, Rec., p. 231 ; RDP 1965, p. 1148, concl. J.-M. Galabert) ou la légalité interne (CE, Sect., 30 oct. 1970, Deboise, requêtes numéros 79147 et 79148,

Rec., p. 630) de la décision administrative litigieuse. Ainsi encore, en matière électorale, et parce que chaque grief doit être vu comme une cause juridique autonome, le Conseil d'Etat juge que les griefs, qui ne sont pas d'ordre public, n'ayant pas été soulevés en première instance ou n'ayant pas été repris en appel avant l'expiration du délai d'appel, sont irrecevables en appel (CE, 21 oct. 2009, Elections municipales de Cannes, requête numéro 322287, Rec., p. 398). Ainsi enfin, et toujours par exemple, dans le contentieux contractuel, l'appelant peut soulever à tout moment des moyens relatifs à l'exécution d'un même contrat, ces moyens procédant de la même cause juridique (CE, 16 déc. 2015, Sté Ruiz, requête numéro 373509, Rec., p. 471 ; BJCP 2016, p. 157, concl. Henrard). Il est encore possible à l'appelant d'invoquer la garantie de parfait achèvement là où il avait initialement invoqué la responsabilité contractuelle des constructeurs (CE, 9 juill. 2010, Commune de Lorry-lès-Metz, requête numéro 310032, Rec., T., p. 854 ; RDI 2011, p. 172, obs. B. Delaunay). En revanche, il en va différemment, et pour les mêmes raisons, lorsque la demande reposant sur la responsabilité décennale succède à celle reposant sur la responsabilité contractuelle, ou inversement (CE, 19 mai 1976, Sté Sainrapt et Brice, requête numéro 94863, Rec., p. 263).

1125. Par exception. La prohibition en appel des moyens procédant d'une cause juridique nouvelle cède lorsque le moyen est d'ordre public. Pour rappel, il pourra par exemple s'agir, en excès de pouvoir, de l'incompétence de l'auteur de l'acte litigieux (CE, 15 févr. 1961, Alfred-Joseph, requête numéro 45572, Rec., p. 114), de l'erreur sur le champ d'application de la loi (CE, Sect., 30 avr. 1976, Lacorne, requête numéro 95995, Rec., p. 224), de la rétroactivité de l'acte administratif (CE, 6 mai 1983, Coz, requête numéro 36858, Rec., p. 175), de l'inexistence juridique de l'acte (CE, Ass., 15 mai 1981, Maurice, requête numéro 33041, Rec., p. 221), de la méconnaissance de l'autorité absolue de la chose jugée (CE, 26 nov. 1997, Laulhere et Guerrier, requête numéro 157069). En pleine juridiction, la responsabilité sans faute pourra être invoquée pour la première fois en appel (CE, Sect., 24 juin 1961, Chevalier, requête numéro 46136, Rec., p. 431). La nullité d'un contrat est également d'ordre public (CE, 6 mai 1985, Association Eurolat et Crédit Foncier de France, requêtes numéros 41589 et 41699, Rec., p. 141 ; RFDA 1986, concl. B. Genevois), autant que l'incompétence de l'autorité ayant opposé la prescription quadriennale (CE, 17 mai 1974, Herque, requête numéro 86173). L'on doit encore souligner le libéralisme de la juridiction administrative qui tire les conséquences logiques de son activité juridictionnelle. Ainsi, lorsque la juridiction a constaté, en première instance, la nullité du contrat dans le cadre d'un litige engagé sur le terrain de la responsabilité contractuelle, l'appelant est recevable à fonder sa demande, pour la première fois en appel, à condition que celle-ci soit formulée dans le délai d'appel (CE, 9 déc. 2011, Commune d'Alès, requête numéro 342283, Rec., T., p. 1026), sur le terrain de l'enrichissement sans cause (CE, 20 oct. 2000, Sté Citécâble Est, requête numéro 196553, Rec., p. 457 ; RFDA 2001, p. 359, concl. H. Savoie) ou de la responsabilité quasi-délictuelle (CAA Marseille, 7 juill. 2008, Assistance publique des hôpitaux de Marseille, requête numéro 06MA00792). Le Conseil d'Etat a encore considéré que, prononcée par le juge du contrat saisi par un des cocontractants sur injonction du juge de l'exécution, la résolution du contrat autorise les parties, y compris pour la première fois en appel, à se placer sur le terrain de l'enrichissement sans cause alors que les moyens qui procèdent de cette cause juridique ne sont pas d'ordre public (CE, 19 juill. 2017, Aéroports de Paris, requête numéro 401426, Rec., T.).

1126. Le sort des moyens non repris en appel. Evidemment, le cadre du litige en appel est déterminé par les écritures des parties. La formation de jugement ne saurait donc statuer sur des moyens qui n'auraient pas été repris en appel, à l'exception des moyens d'ordre public. Il convient toutefois de préciser que, saisi par l'effet dévolutif de l'appel, le juge d'appel doit répondre aux moyens non inopérants invoqués en première instance par le défendeur, alors même que ce dernier ne les aurait pas expressément repris dans un mémoire en défense devant lui (CE, 8 févr. 2002, M. X., requête numéro 209819, Rec., T., p. 898). En revanche, l'effet dévolutif ne joue pas à l'égard de conclusions à fin de dommages et intérêts pour procédure abusive, lesquelles ne peuvent être présentées, à titre reconventionnel, que dans l'instance ouverte par l'action principale, dont elles ne sont pas détachables. Si de telles conclusions peuvent donc être présentées devant le juge d'appel, au titre du caractère abusif de l'appel, elles ne peuvent l'être pour la première fois devant lui pour obtenir la réparation du préjudice résultant d'un usage abusif du droit de saisir la juridiction de première instance (CE 22 févr. 2012, Mme A., requête numéro 333713, Rec., p. 56).

1127. La décision du juge d'appel. Lorsque le jugement est régulier, la juridiction d'appel peut alors s'emparer du litige, et trois possibilités s'offrent à elle.

D'abord, la juridiction d'appel peut confirmer le jugement en tous points, en adoptant les motifs retenus par les premiers juges (par ex., CE, 25 nov. 1983, Elections municipales de Jau-Dignac-et-Loirac, requête numéro 51352, Rec., p. 463), par substitution de motifs (CE, Sect., 11 oct. 1963, Ponson et a., requête numéro 51112, Rec., p. 479) ou par substitution de bases légales (CE, 17 sept. 1999, Sté Cannon Immobilière, requête numéro 167265, Rec., p. 972). On précisera ici que, dans le cadre d'un pourvoi contre un arrêt ayant donné satisfaction au requérant au motif que la loi était inconventionnelle, une question prioritaire de constitutionnalité a été renvoyée au Conseil constitutionnel. A l'issue de son contrôle, la loi a été partiellement censurée. Cette censure justifiant, au cas d'espèce, le dispositif de l'arrêt attaqué, ce motif doit être substitué au motif d'inconventionnalité retenu par les juges d'appel (CE, 22 juill. 2016, Ministre de la Défense, requête numéro 387277, Rec. T.). *Mutatis mutandis*, une telle substitution de motifs s'impose également dans le cadre de l'appel.

Ensuite, la juridiction d'appel peut réformer en partie le jugement, sous réserve de la prohibition de la *reformo in pejus*. En effet, la faculté pour la juridiction d'appel de réformer une décision juridictionnelle ne saurait, en principe, avoir pour effet d'aggraver la peine de la partie condamnée en première instance si l'appel émane de cette seule partie. La règle s'impose dans le contentieux des contraventions de grande voirie (CE, 11 juin 1909, Colman, requêtes numéros 24908 et 26675, Rec., p. 567), de l'aide sociale (CE, 19 déc. 1973, Capomazza, requête numéro 90002, Rec., T., p. 901), des décisions rendues par les juridictions ordinales, qu'il s'agisse par exemple de l'ordre des pharmaciens (CE, 19 févr. 1964, Plainemaison, requête numéro 59193, Rec., p. 117), des chirurgiens-dentistes (CE, Sect., 6 févr. 1981, Lebard, requête numéro 14331, préc.), des architectes (CE, 14 mars 1994, Yousri, requête numéro 115915, Rec., T., p. 1166), des géomètres-experts (CE, 6 juin 1984, SCI Minet-Lechêne-Guerenneur, requête numéro 41610, Rec., T., p. 726), ou encore des vétérinaires (CE, 1er févr. 2017, M. A., requête numéro 384483, Rec., T.). La même règle préside aux appels formés contre les condamnations à des dommages-intérêts (CE, Sect., 4 mai 1973, Entreprise Matière, requête numéro 78110, Rec., p. 324) et contre les sanctions disciplinaires (CE, 17 juill. 2013, Dioum, requête numéro 362481, Rec., p. 223 ; RFDA 2013, p. 1143, concl. R. Keller).

Enfin, la juridiction d'appel peut adopter une décision dont le sens sera diamétralement opposé à celui de la décision rendue en premier ressort. Mais la juridiction d'appel doit épuiser sa compétence. Ainsi, est entachée d'irrégularité une décision de la Cour des comptes qui, après avoir infirmé un jugement de décharge, a renvoyé à la chambre régionale le jugement des comptes (CE, 27 juill. 2009, Maugery, requêtes numéros 313555 et 313556, Rec., T., p. 920).

1128. En cas de changement de circonstances. Les circonstances de fait ou de droit ayant conduit au jugement frappé d'appel peuvent avoir évolué. Dans pareille hypothèse, l'office du juge peut être affecté. Tel est le cas, par exemple, en matière d'expulsion du domaine public. Lorsque le tribunal administratif a rejeté la demande d'expulsion qui lui avait été adressée, le déclassement de la dépendance au cours de l'instance d'appel conduit le juge d'appel à rejeter la requête en tant qu'elle ne relève plus de la compétence de la juridiction administrative. Lorsque le tribunal administratif a fait droit à la demande d'expulsion, il convient de distinguer. Soit le jugement n'a pas été exécuté, et la requête en appel doit alors être vue comme dépourvue d'objet. Soit le jugement a été exécuté, et le juge d'appel doit alors apprécier le bien-fondé du jugement au regard de la situation de droit et de fait qui existait à la date à laquelle il a été rendu (CE, 28 juill. 2017, Ministre de l'Intérieur c. Mme P., requête numéro 395911, Rec., T.).

II. Les hypothèses d'évocation

1129. La dérogation au double degré de juridiction. L'effet dévolutif de l'appel ne doit pas être confondu avec l'évocation, laquelle tient lieu d'exception au principe. Par souci de régler le litige une première fois et dans les meilleurs délais, la juridiction saisie en appel peut déroger au double degré de juridiction et évoquer l'affaire. Elle statue alors comme une juridiction de premier et dernier ressort.

1130. Les conditions de l'évocation. Deux conditions cumulatives doivent être satisfaites pour que l'évocation soit possible.

Il faut, d'une part, que la décision rendue en premier ressort ait été entachée d'une irrégularité externe. C'est le cas, d'abord, lorsque la juridiction de premier ressort s'est déclarée à tort compétente (CE, Sect., 28 févr. 1958, Caisse primaire de Sécurité sociale d'Ille-et-Vilaine, requête numéro 40275, Rec., p. 137) ou incompétente (CE, 12 janv. 1987, Ville de la Ferte-Bernard, requête numéro 39452, Rec., T., p. 903). C'est le cas, ensuite, des irrecevabilités opposées à tort par les juges en première instance à la requête (CE, 12 juin 1998, Lemaire, requête numéro 157642, Rec., p. 229) à l'exclusion de celles opposées aux moyens (CE, Sect., 16 mai 2003, Mlle Maltseva, requête numéro 242875, Rec., p. 230 ; AJDA 2003, p. 1154, chron. F. Donnat et D. Casas). C'est le cas, enfin, lorsque la procédure suivie en première instance a été entachée d'une quelconque irrégularité (par ex., CE, 19 mai 1983, Policardo, requête numéro 31820, préc.) ou que le juge de premier ressort a méconnu son office, par exemple en prononçant un non-lieu à tort (CE, 10 nov. 1989, Moutardier, requête numéro 75422, Rec., p. 152), en soulevant d'office un moyen qui n'était pas d'ordre public (CE, 18 déc. 1991, Jelmoni, requête numéro 104761, Rec., p. 452) ou en omettant de soulever d'office un moyen d'ordre public (CE, 13 oct. 1997, Ricoup, requête numéro 125918, Rec., T., p. 1037).

Il faut, d'autre part, que la juridiction d'appel ait été saisie de conclusions tendant à ce qu'il soit statué sur le fond (CE, Ass., 24 juin 1960, SARL Frampar, requête numéro 42289, Rec., p. 412), cette condition étant écartée en matière disciplinaire (CE, 21 févr. 1973, Bonello, requête numéro 76331, Rec., p. 173).

1131. Entre faculté, obligation et interdiction d'évoquer. Pour peu que les conditions requises soient remplies, le juge d'appel a, en principe, la simple faculté d'évoquer l'affaire (CE, Sect., 11 févr. 2005, Commune de Meudon, requête numéro 258102, Rec., p. 55 ; AJDA 2005, p. 660, chron. C. Landais et F. Lenica ; RFDA 2005, p. 760, concl. I. de Silva) et il lui est normalement possible de renvoyer l'affaire devant la juridiction de premier ressort. Le principe de la liberté conférée au juge d'appel est assorti d'exceptions de deux ordres. En premier lieu, il existe des hypothèses – rares – dans lesquelles le juge a l'obligation d'évoquer. C'est le cas notamment en matière de contravention de grande voirie (CE, 14 juin 1967, Nouveau syndicat intercommunal de la vallée d'Orge, requête numéro 62609, Rec., T., p. 905). C'est le cas encore en matière électorale dès lors que le délai imparti à la juridiction de premier ressort pour statuer est expiré (CE, 19 janv. 1972, Elections municipales de Dolancourt, requête numéro 83209, Rec., p. 62). En second lieu, il existe des hypothèses où l'évocation n'est pas permise. Il n'est ainsi pas possible à la juridiction d'appel d'évoquer l'affaire lorsque la juridiction ayant statué en premier ressort était territorialement incompétente (CE, 17 déc. 1990, Ministre de l'Economie, des Finances et du Budget, requête numéro 118494).

1132. Les conséquences toutes relatives de l'évocation. Le juge statuant sur évocation se comporte comme un juge de premier et dernier ressort. Cependant, les conséquences de l'évocation ne doivent pas être exagérées. L'évocation ne conduit pas à gommer les règles présidant au double degré de juridiction. Ainsi, dans le cadre des contraventions de grande voirie, l'annulation du jugement n'a pas pour effet de priver celui-ci de son effet interruptif de prescription de l'action publique (CAA Paris, 27 nov. 2008, Wagner, requête numéro 06PA02533, Rec., T., p. 737 ; AJDA 2009, p. 421, concl. B. Bachini ; RDI 2009, p. 543, note P. Caille). De manière encore plus édifiante, le Conseil d'Etat a pu juger que les conclusions présentées pour la première fois en cause d'appel sont irrecevables, alors même que le juge d'appel statue sur le litige par la voie de l'évocation (CE, 21 mars 2011, SCI Les Thermes marins, requête numéro 332281, Rec., p. 135). Dans le contentieux disciplinaire, l'appel interjeté par la seule personne condamnée en première instance ne peut conduire à l'aggravation de la sanction, y compris en cas d'évocation (CE, 17 juill. 2013, Dioum, requête numéro 362481, préc.).

1133. Bibliographie indicative.

J. Alfonsi, « Effet dévolutif et évocation, le métier des juges d'appel : quelles marges de manœuvre ? », AJDA 2006, pp. 1320 et s.

J. Benetti, « La définition de l'office du juge d'appel par le Conseil d'Etat, le juge administratif face au principe de réalisme », AJDA 2008, pp. 2206 et s.

M. Deguergue, « Le double degré de juridiction », AJDA 2006, pp. 1308 et s.

R. Drago, « L'évocation dans la procédure administrative » RDP 1957, pp. 453 et s.

D. Giltard, « L'office du juge d'appel et le double degré de juridiction » in Mélanges en l'honneur de Daniel Labetoulle, Paris, Dalloz, 2007, pp. 425 et s.

A. Met-Domestici, « L'appréciation par le juge d'appel de l'erreur des premiers juges », AJDA 2006, pp. 858 et s.

Y. Pittard, « L'exécution de la décision frappée d'appel : difficultés pratiques », AJDA 2006, pp. 1324 et s.

J.-L. Rey, « Les moyens d'ordre public en appel », AJDA 2003, pp. 11 et s.

R. Vandermeeren, « La procédure d'appel, vingt ans après » in Mélanges en l'honneur de Daniel Labetoulle, Paris, Dalloz, 2007, pp. 809 et s.

C.-L. Vier, « La stratégie des parties en appel », AJDA 2006, pp. 1323 et s.

Section 2 - La cassation

1134. Un droit nécessairement encadré. L'article L. 821-1 du code de justice administrative dispose que « les arrêts rendus par les cours administratives d'appel et, de manière générale, toutes les décisions rendues en dernier ressort par les juridictions administratives peuvent être déférés au Conseil d'Etat par la voie du recours en cassation », le Conseil d'Etat étant le seul juge de cassation (CJA, art. L. 331-1). Plus largement, il s'agit là d'un principe général de procédure (CE, Ass.,

7 févr. 1947, D'Aillières, requête numéro 79128, Rec., p. 50 ; RDP 1947, p. 68, concl. R. Odent et note M. Waline). Il ne saurait en être réellement autrement, le droit de se pourvoir en cassation étant considéré comme découlant du droit à un recours effectif tel que garanti par l'article 16 de la Déclaration des droits de l'Homme et du citoyen (Cons. const., décision numéro 2013-314 QPC du 14 juin 2013, M. Jeremy F., Rec. Cons. const., p. 824 ; RDP 2013, p. 1229, note B. Bonnet ; RFDA 2013, p. 691, note R. Mehdi et H. Labayle). La loi du 31 décembre 1987 l'ayant dessaisi de sa compétence de juge d'appel de principe, le Conseil d'Etat doit d'abord être vu aujourd'hui comme le juge de cassation. Mais il s'agit là, et pour des raisons encore historiques, d'un juge de cassation original qui, s'il se rapproche progressivement de son homologue judiciaire, n'en reste pas moins encore différent. Les conditions d'admission (Sous-section 1) autant que les conséquences (Sous-section 2) du pourvoi en cassation, en contentieux administratif, en témoignent.

Sous-section 1 - Les conditions d'admission du pourvoi en cassation

1135. La cassation étant une instance sérieuse... L'admission du pourvoi en cassation suppose, comme toute action juridictionnelle, qu'il soit recevable (§ 1). La volonté de limiter le flux des requêtes portées devant le Conseil d'Etat et – les considérations sont liées – le souci de concentrer les efforts du juge de cassation sur les affaires méritant de s'y attarder expliquent qu'une procédure préalable d'admission des pourvois en cassation ait été instituée (§ 2).

§ 1 - Les conditions de recevabilité

1136. Les décisions susceptibles de pourvois. Seules les décisions juridictionnelles rendues en dernier ressort peuvent faire l'objet d'un recours en cassation. Il en va ainsi, non seulement des décisions statuant au principal et sur le fond, mais également des décisions avant dire droit (par ex., CE, Sect., 5 juill. 1991, Sté de fait Couderc, requête numéro 109605, Rec., p. 273), des ordonnances rendues en référé suspension et en référé mesures utiles (CJA, art. R. 523-1), précontractuel (CJA, art. R. 551-6) et contractuel (CJA, art. R. 551-10), des ordonnances rendues en appel en tous référés par les présidents des cours administratives d'appel. Il en va encore des ordonnances de tri prises sur le fondement des articles R. 222-1 et L. 521-3 du code de justice administrative.

Ne sont pas susceptibles de pourvoi en cassation les mesures d'administration de la justice non détachables de la procédure dans laquelle elles sont prises. Tel est le cas, par exemple, de la décision du président de la formation de jugement ordonnant le huis clos (CE, 26 juill. 1996, Ezelin, requête numéro 164157, Rec., p. 305). Ces décisions pourront seulement être discutées devant le juge de cassation à l'occasion du pourvoi dirigé contre la décision juridictionnelle rendue à l'issue de la procédure dans laquelle elles s'inscrivent.

1137. Le délai pour se pourvoir. En cassation comme en excès de pouvoir, le délai pour se pourvoir importe à un double titre. D'une part, il est prescrit à peine d'irrecevabilité du pourvoi. L'intervention formée en cassation par les personnes qui avaient intérêt pour se pourvoir ne saurait contourner efficacement la règle des délais (CE, 19 mars 2003, Conseil supérieur de l'ordre des experts-comptables, requête numéro 239590, Rec., T., p. 959). D'autre part, l'expiration de ce délai emporte cristallisation du débat contentieux, les causes juridiques devant avoir été ouvertes et les moyens qui n'en procèdent pas ne pouvant plus être soulevés, sauf l'hypothèse des moyens d'ordre public (CE, Sect., 20 févr. 1953, Sté Intercopie, requête numéro 9772, Rec., p. 88). En principe, le pourvoi en cassation doit être introduit dans les deux mois suivant la notification de la décision juridictionnelle (CJA, art. R. 821-1 al. 1er). Un texte peut prévoir un délai plus court, la notification devant alors le mentionner, à défaut de quoi le délai est porté à deux mois (CJA, art. R. 821-1 al. 2).

Deux précisions s'imposent ici :

- d'une part, il importe que la décision ne soit plus susceptible d'opposition ou de tierce opposition (CE, Sect., 21 juin 1949, SA Entreprise Aichinger, Rec., p. 305) car, dans pareille hypothèse, le pourvoi serait irrecevable, sauf à ce que le délai d'opposition ou de tierce opposition expire, ce qui a pour effet de régulariser le pourvoi (CE, Sect., 20 nov. 1992, Joseph, requête numéro 114667, Rec., p. 417 ; AJDA 1993, p. 130, concl. J. Arrighi de Casanova) ;

- d'autre part, par dérogation à ce qui précède, le recours en cassation contre une décision avant dire droit, qu'elle tranche ou non une question au principal, court jusqu'à l'expiration du délai de recours en cassation contre la décision réglant définitivement le fond du litige (CJA, art. R. 821-1-1).

1138. L'auteur du pourvoi. Seules les parties en cause (CE, Sect., 6 févr. 1931, Syndicat normand de la filature du coton et a., requêtes numéros 99352 et 99353, Rec., p. 154) et les intervenants (CE, 3 juill. 2000, Syndicat des pharmaciens du Nord, requête numéro 196259, Rec., T., p. 1194) lors de l'instance ayant donné lieu à la décision rendue en dernier ressort ont qualité pour se pourvoir en cassation. Les autres personnes qui ont un intérêt à obtenir l'annulation de la décision juridictionnelle conservent la possibilité de former tierce opposition, y compris celles qui n'ont pas eu la qualité de parties à l'appel parce que n'ayant pas été régulièrement mises en cause dans cette instance (CE, 16 mars 2016, M. Stambouli, requête numéro 378675, Rec.). Les juridictions de premier ressort n'ont pas qualité pour se pourvoir contre la décision d'infirmation rendue en appel (CE, Sect., 10 févr. 1950, Conseil régional de l'Ordre des pharmaciens de la 18e région sanitaire, requête numéro 91792, Rec., 98), ni l'un des membres de la juridiction ayant rendu la décision (CE, 4 mai 1917, Manguin, requête numéro 55778, Rec., p. 349), à l'exception notable des décisions rendues par les sections disciplinaires des conseils académiques des universités (CE, 17 janv. 1992, Université de Dijon, requêtes numéros 68756 et 68757, Rec., p. 24).

1139. L'intérêt pour se pourvoir. L'auteur du pourvoi doit encore avoir intérêt à se pourvoir, étant précisé que l'intérêt s'apprécie par rapport au dispositif de la décision juridictionnelle contestée. L'auteur du pourvoi n'est pas recevable à critiquer les motifs retenus par la décision (CE, 7 juin 1950, Rougier, requêtes numéros 92058 et 94387, Rec., p. 347), sauf s'ils constituent le soutien nécessaire du dispositif lui faisant grief (CE, 26 nov. 1958, Lot, requêtes numéros 31245 et 41253, Rec., p. 588 ; AJDA 1958, II, p. 464, concl. G. Braibant). Le principe ne surprendra pas, les parties ayant eu pleine satisfaction ne peuvent se pourvoir (CE, 29 avr. 1960, Bouvier Lapierre, requête numéro 49592, Rec., p. 288). Ainsi, une décision de non-lieu ne fait pas grief (CE, 26 nov. 1958, Lot, requêtes numéros 31245 et 41253, préc.). Le Conseil d'Etat a cependant considéré que le défendeur a intérêt à se pourvoir contre un arrêt rejetant les conclusions du demandeur comme étant portées devant un ordre de juridiction incompétent pour en connaître (CE, Sect., 17 juill. 2009, Ministre de l'Economie, des Finances et de l'Industrie c. Becker, requête numéro 288559, Rec., p. 283 ; AJDA 2009, p. 2407, concl. J.-F. Thiellay). En revanche, doit être considéré comme ayant obtenu satisfaction le demandeur dont l'appel a conduit à l'annulation du jugement et celui-ci ne peut, dès lors, se pourvoir contre le refus de la juridiction d'appel d'évoquer l'affaire (CE, 1er mars 2013, Lablanchetais, requête numéro 352152, Rec., T., p. 804).

1140. La représentation de l'auteur du pourvoi. Le ministère d'un avocat au Conseil d'Etat et à la Cour de cassation est obligatoire en cassation, à l'exception des pourvois présentés au nom de l'Etat par les ministres (CE, 7 juin 1961, Ministre des Armées c. Bernard, requête numéro 52444, Rec., T., p. 1132) et de ceux dirigés contre les décisions de la Commission centrale d'aide sociale et des juridictions de pension (CJA, art. R. 821-3). Suivant que la notification de la décision rendue en dernier ressort mentionnait ou non cette obligation, le greffe sera tenu d'inviter à régulariser ou non le défaut de ministère d'avocat au Conseil d'Etat (CE, 29 déc. 2004, Theureau, requête numéro 272320, Rec., T., p. 638).

§ 2 - La procédure préalable d'admission des pourvois en cassation

1141. Le filtrage des pourvois. Aux termes de l'article L. 822-1 du code de justice administrative, « le pourvoi en cassation devant le Conseil d'Etat fait l'objet d'une procédure préalable d'admission. L'admission est refusée par décision juridictionnelle si le pourvoi est irrecevable ou n'est fondé sur aucun moyen sérieux ». La procédure d'admission a été mise en place par la loi du 31 décembre 1987. Il s'agit d'un filtre contre lequel la Cour européenne des droits de l'Homme ne trouve rien à redire (CEDH, SA Immeuble Groupe Kosser c. France, affaire numéro 38748/97). Cette procédure s'applique à l'ensemble des pourvois en cassation (par ex., CE, 28 juill. 1999, Plessier, requête numéro 199227).

1142. L'examen du pourvoi. A compter de son enregistrement, le pourvoi est affecté à une chambre par le président de la section du contentieux (CJA, art. R. 822-1). Si l'instruction a commencé en raison d'une méprise quant à la nature du recours intenté, il n'est alors plus possible de revenir à la procédure préalable d'admission (CE, 29 janv. 2007, Batteau, requête numéro 284113, Rec., T., p. 1048 ; CE, 4 avr. 2016, M. Delalande, requête numéro 394900, Rec., T.). En dehors de ce cas de figure, la procédure préalable d'admission est mise en œuvre, étant précisé que sur le fondement de l'article R. 822-5 du code de justice administrative, le président de la chambre à laquelle l'instruction a été confiée peut notamment, par ordonnance :

- donner acte des désistements intervenus avant l'admission du pourvoi et des désistements d'office ;

- constater le non-lieu à statuer ;

- ne pas admettre un pourvoi en raison de l'irrecevabilité manifeste non susceptible d'être couverte en cours d'instance ou pour défaut de ministère d'avocat ;

- ne pas admettre un pourvoi dirigé contre une décision rendue en appel lorsque ce pourvoi est manifestement dépourvu de fondement ;

- ne pas admettre un pourvoi dirigé contre une décision rendue en premier et dernier ressort relevant d'une série qui, sans appeler de nouvelle appréciation ou qualification de faits, présente à juger en droit des questions identiques à celles que le Conseil d'Etat a déjà tranchées par une décision juridictionnelle ou un avis rendu sur le fondement de l'article L. 113-1 du code de justice administrative ;

- ne pas admettre un pourvoi manifestement dépourvu de fondement dirigé contre les ordonnances de tri rendues sur le fondement de l'article R. 222-1 du code de justice administrative ;

- ne pas admettre un pourvoi manifestement dépourvu de fondement dirigée contre une ordonnance rendue par le juge des référés ;

- ne pas admettre un pourvoi dirigé contre une décision rendue en premier et dernier ressort qui ne soulève que des moyens irrecevables, inopérants ou dépourvus des précisions permettant d'en apprécier le bien-fondé, des moyens de régularité dénués de fondement et des moyens revenant à contester l'appréciation des faits à laquelle se sont souverainement livrés les juges du fond.

Réserve faite de ces hypothèses, il appartient au président de la chambre de décider de la suite à donner. Ainsi, s'il apparaît que l'admission du pourvoi peut être refusée, le président de la chambre transmet le dossier au rapporteur public en vue de son inscription au rôle, le requérant ou son mandataire étant alors averti du jour de la séance (CJA, art. R. 822-2, al. 1er). Dans le cas contraire, le président de la chambre décide qu'il sera procédé à l'instruction du pourvoi dans les conditions ordinaires (CJA, art. R. 822 al. 2). Il convient de souligner que l'article R. 771-17 du code de justice administrative prévoit expressément que, lorsqu'une question prioritaire de constitutionnalité est posée à l'appui d'un pourvoi, le Conseil d'Etat est, dans ce cas, libre des modalités d'examen des moyens de cassation et de la question prioritaire de constitutionnalité. Il peut, dans pareille hypothèse, statuer sur la question prioritaire de constitutionnalité sans statuer préalablement sur l'admission (CE, 2 mars 2011, Sté Soutiran et Cie, requête numéro 342099, Rec., T., p. 1109).

1143. La formation de jugement. L'admission est examinée en formation de jugement par la chambre chargée de l'instruction. Celle-ci peut refuser l'admission, sa décision étant alors notifiée au requérant ou à son mandataire et susceptible des seuls recours en révision et en rectification d'erreur matérielle (CJA, art. R. 822-3 al. 1er). La chambre peut également admettre le pourvoi. L'instruction de l'affaire commence alors, dans les formes ordinaires (CJA, art. R. 822-3 al. 2). On précisera encore que l'admission peut n'être que partielle (par ex., CE, 15 févr. 2012, Commune de Castres, requête numéro 351752).

Sous-section 2 - Les conséquences de l'admission du pourvoi en cassation

1144. Le caractère non suspensif du pourvoi. Comme l'appel, le pourvoi en cassation ne suspend pas les effets de la décision juridictionnelle attaquée. Mais comme en appel également, il peut être sursis, même partiellement (CE, 28 mars 2007, Mme Lajoie et a., requête numéro 299286, Rec., T., p. 1006) à son exécution, à la demande de l'auteur du pourvoi (CJA, art. R. 821-5). Les conclusions en ce sens doivent, à peine d'irrecevabilité, être présentées par requête distincte et accompagnée d'une copie du pourvoi (CJA, art. R. 821-5-1). La formation de jugement pourra donner satisfaction au demandeur si la décision juridictionnelle risque d'entraîner des conséquences difficilement réparables et si les moyens invoqués paraissent, en l'état de l'instruction, sérieux et de nature à justifier, outre l'annulation de la décision juridictionnelle rendue en dernier ressort, l'infirmation de la solution retenue par les juges du fond (CJA, art. R. 821-5). Lorsque la décision objet d'un pourvoi a rejeté des conclusions tendant à l'annulation pour excès de pouvoir d'une décision administrative, le sursis à exécution ne pourra être prononcé que pour autant que le rejet a modifié la situation de droit ou de fait du requérant (CE, 16 juin 2008, Kerogant, requête numéro 304503, Rec., p. 225).

1145. Le déroulement de l'instruction. Bien que l'on se situe en cassation, la procédure ne retient aucun trait d'originalité. Une fois admis, le pourvoi fait l'objet d'une instruction durant laquelle les moyens seront examinés contradictoirement (§ 1) étant précisé que, bien que l'on se situe dans le contentieux de l'annulation, les pourvois incidents (CE, 3 mai 1967, Commissaire du gouvernement près la Commission des dommages de guerre de Paris c. Sté Luterma-français, requête numéro 68690, Rec., p. 186) et les pourvois provoqués (CE, 19 avr. 1991, SARL Cartigny, requête numéro 109322, Rec., p. 163, concl. G.

Le Chatelier ; RFDA 1991, p. 957, concl. G. Le Chatelier) sont recevables suivant les mêmes règles que celles connues en appel. A l'issue de l'instruction, le juge de cassation rendra sa décision (§ 2).

§ 1 - Les moyens

1146. L'inopérance des moyens nouveaux. La cassation n'est pas un second ni un troisième degré de juridiction. Il importe donc que, dans son office, le juge de cassation statue au vu des éléments de fait et de droit portés à la connaissance des juges du fond. Pendant longtemps, la jurisprudence posait donc le principe de l'irrecevabilité des moyens nouveaux contenus dans le recours en cassation (CE, 27 juin 1919, Viallat et fils, requête numéro 65751, Rec., p. 561 ; CE, 15 déc. 1965, Ville de Calais, requête numéro 65944, Rec., p. 692 ; CE, 26 janv. 1994, Panas, requête numéro 118900, Rec., p. 32). En droit positif, de tels moyens sont considérés comme inopérants (CE, 24 nov. 2010, Commune de Lyon, requête numéro 325195, Rec., T., p. 932). Ce principe est opposable autant au demandeur qu'au défendeur devant les juges du fond, celui-ci ne pouvant en cassation se prévaloir d'un moyen qu'il n'aurait pas soulevé en appel (CE, Sect., 6 déc. 1974, Ministre des Anciens combattants et Victimes de Guerre c. Rondot, requête numéro 95428, Rec., p. 618) ou dont le juge n'aurait pas eu à connaître en conséquence de l'effet dévolutif de l'appel (CE, Sect., 18 mars 1994, Caisse nationale d'assurance maladie des travailleurs salariés c. Cohen, requête numéro 107231, Rec., p. 149). Prolongement logique de ce qui précède, les pièces nouvelles seront également écartées (CE, 4 mars 1964, Mellinger, requête numéro 5348, Rec., p. 157). Il n'y a là rien de contraire aux stipulations de la Convention européenne de sauvegarde des droits de l'Homme et des libertés fondamentales (CEDH, 16 févr. 2012, Tourisme d'affaires c. France, affaire numéro 17814/10).

1147. Les moyens d'ordre public. En cassation comme ailleurs (ou presque), les moyens d'ordre public peuvent être soulevés d'office par la juridiction (CE, 21 oct. 1959, Korsec, requête numéro 39618, Rec., p. 533), à condition toutefois que la requête soit recevable (CE, 15 mai 2012, Sté du Bourdeau c. Commune de Crégy-les-Meaux, requête numéro 331362), que le moyen ne comporte aucune appréciation de fait (CE, 8 janv. 1982, Devillechaise, requêtes numéros 19875 et 21978, Rec., T., p. 728), qu'il n'ait pu être invoqué devant les juges du fond ni relevé d'office par eux (CE, 21 oct. 1959, Korsec, requête numéro 39618, Rec., p. 533) pour peu, dans cette dernière hypothèse, que l'illégalité soit ressortie des pièces du dossier qui leur était soumis (Par ex., CE, Sect., 26 juin 1992, Commune de Béthoncourt, requête numéro …, Rec., p. 268, concl. G. Le Chatelier ; AJDA 1992, p. 650, chron. C. Maugüé et R. Schwartz ; RFDA 1993, p. 71, concl. G. Le Chatelier ; CJEG 1993, p. 519, note M. Degoffe). On soulignera ici le cas spécifique du moyen tiré de la méconnaissance de l'autorité de la chose jugée s'attachant à la constatation matérielle des faits mentionnés dans une décision du juge pénal devenue définitive et qui sont le support nécessaire du dispositif. Pareil moyen peut être invoqué pour la première fois en cassation, y compris lorsque le jugement pénal est intervenu postérieurement à la décision frappée de pourvoi (CE, Sect., 16 févr. 2018, Mme T., requête numéro 395371, Rec.).

1148. Les moyens nés de la décision attaquée. Le recours en cassation vise à l'annulation de la décision rendue en dernier ressort par les juges du fond. On comprend, dans ces conditions, que les moyens nés de la décision (CE, Sect., 14 mars 1975, Rousseau, requête numéro 91756, Rec., p. 195 ; RDP 1975, p. 823, concl. P. Dondoux), ou révélés par elle (CE, Ass., 4 mars 1955, Athias, requête numéro 22819, Rec., p. 129 ; RDP 1955, p. 745, concl. A. Jacomet), soient opérants. Encore faut-il, réserve faite de l'hypothèse de la question de l'impartialité d'un membre de la juridiction (CE, Sect., 12 oct. 2009, Petit, requête numéro 311641, Rec., p. 367, concl. M. Guyomar), que l'auteur du pourvoi ait contesté les irrégularités devant la juridiction du fond toutes les fois où il en a eu la possibilité. Dans le cas contraire, le moyen ne sera pas admis par le Conseil d'Etat. On précisera encore que le requérant qui, par suite d'informations erronées portées sur la notification du jugement rendu en premier et dernier ressort, a formé un appel motivé devant la cour administrative d'appel, doit être regardé comme ayant régulièrement formé un pourvoi en cassation et il est recevable à développer tout moyen de moyen de cassation devant le Conseil d'Etat jusqu'à la clôture de l'instruction (CE, 30 avr. 2009, M. Bouvier d'Yvoire, requête numéro 316389, Rec., p. 178).

1149. S'agissant des personnes initialement intervenues à l'instance. Comme cela a été dit, toute personne intervenue lors de l'instance ayant donné lieu à la décision rendue en dernier ressort a qualité pour se pourvoir en cassation contre cette décision rendue contre les conclusions de son intervention. Sur les moyens invocables par elles, le Conseil d'Etat distingue. Celle qui aurait eu qualité, à défaut d'intervention de sa part, pour former tierce opposition peut contester tant la régularité que le bien-fondé de la décision attaquée. Celle qui n'aurait pas eu une telle qualité ne peut invoquer que des moyens portant sur la régularité de la décision attaquée relatifs à la recevabilité de son intervention ou à la prise en compte des moyens qu'elle comporte, tout autre moyen devant être écarté par le juge de cassation dans le cadre de son office (CE, 16 mars 2018, Mme B., requête numéro 401182, Rec., T.).

1150. La jurisprudence Intercopie. C'est en cassation que la jurisprudence relative à l'ouverture des causes juridiques et à la cristallisation du débat contentieux a été appliquée, pour la première fois, au contentieux de l'annulation (CE, Sect., 20 févr. 1953, Sté Intercopie, requête numéro 9772, Rec., p. 88). Il existe deux causes juridiques distinctes : la régularité externe (I) et la régularité interne (II) de la décision.

I. La régularité externe de la décision

1151. Des cas d'ouverture connus. La régularité externe de la décision en cassation embrasse les mêmes cas d'ouverture que ceux déjà observés en matière de recours pour excès de pouvoir. Il s'agit de l'incompétence de la juridiction (A), du vice de procédure (B) et du vice de forme (C) entachant la décision juridictionnelle rendue en dernier ressort.

A. L'incompétence de la juridiction

1152. Un moyen d'ordre public. L'on connaît l'attachement du juge administratif aux règles de compétence et on ne sera pas surpris de ce que l'incompétence de la juridiction du fond soit au nombre des moyens pouvant être soulevés à l'encontre de la décision juridictionnelle attaquée. C'est – on ne s'en surprendra pas plus - un moyen d'ordre public en cassation (CE, Sect., 31 mai 1963, Kraemer, requête numéro 55600, Rec., p. 337). Il est remarquable que, alors qu'il s'agit d'une erreur de droit en excès de pouvoir (CE, 21 oct. 2005, Préfet de la Seine-et-Marne, requête numéro 274904), l'incompétence négative est un cas effectif d'incompétence en cassation, que la juridiction du fond ait, par exemple, décliné à tort sa compétence (CE, 8 févr. 1985, Caisse primaire centrale d'assurance-maladie de la région parisienne, requête numéro 31561, Rec., p. 30) ou qu'il n'ait pas épuisé celle-ci (CE, Sect., 19 nov. 1999, Ministre du Budget c. SARL Occases, requête numéro 184318, Rec., p. 360).

B. Le vice de procédure

1153. La composition irrégulière de la juridiction. Même si l'auteur du pourvoi n'a pas jugé utile de demander la récusation d'un membre de la juridiction du fond (CE, Sect., 12 oct. 2009, Petit, requête numéro 311641, préc.), la composition irrégulière de la juridiction est au nombre des moyens pouvant être soulevés en cassation. Il s'agit au demeurant d'un moyen d'ordre public (CE, 19 mai 1961, Gianotti, requête numéro 40930, Rec., p. 346).

1154. L'atteinte au principe de la contradiction. L'importance du principe du contradictoire n'a pas besoin d'être rappelée ici. Il est normal que le juge de cassation s'assure que la décision n'ait pas été rendue au fond au mépris de ce principe. Peuvent ainsi entraîner l'annulation de la décision des juges du fond, par exemple, la décision rendue à la suite d'une dispense d'instruction, et défavorable au défendeur (CE, Ass., 5 avr. 1996, Syndicats des avocats de France, requête numéro 116594, Rec., p. 118 ; RFDA 1996, p. 1195, concl. J.-C. Bonichot), la communication non complète, par la juridiction, des productions de la partie adverse (CE, 18 avr. 1969, Fondation « Santé des Etudiants de France », requêtes numéros 74019 à 74023, Rec., p. 217), le délai insuffisant laissé à une partie pour répliquer utilement (CE, Sect., 13 janv. 1988, Abina, requête numéro 65856, Rec., p. 5 ; AJDA 1988, p. 225, concl. O. Schrameck), la non communication du sens des conclusions du rapporteur public avant l'audience (CE, 5 mai 2006, Daubernard, requête numéro 265039, Rec., T., p. 1004).

1155. L'entorse au principe de la publicité des audiences. Une audience qui ne se serait pas tenue publiquement est irrégulière et entache la décision des juges du fond d'irrégularité de nature à justifier son annulation. Puisque cette faculté est donnée par les textes au président de la formation de jugement, le huis clos peut avoir été décidé. Mais alors le juge de cassation de vérifier la pertinence de recourir à cette faculté (CE, 21 oct. 2009, Catalano, requête numéro 312928, Rec., T., p. 921).

C. Le vice de forme

1156. La régularité formelle de l'acte. La décision rendue par la juridiction du fond doit comprendre un ensemble de mentions, pour les raisons que l'on sait (*supra* n°s 706 et s.), et ce qui ne figure pas sur la minute de la décision est réputé ne pas avoir eu lieu. Une décision ne visant pas un texte dont il est fait application est irrégulière parce que réputée rendue sans que toutes les bases légales pertinentes aient été prises en considération (CJA, art. R. 741-2), à moins que les motifs de la décision en reproduisent expressément le contenu (CE, 27 juin 2005, Commune de Chambéry, requête numéro 264667 ; BJDU 2005, p. 298, concl. J.-H. Stahl). La minute d'une décision n'indiquant pas la production d'une note en délibéré traduit également un manquement au principe suivant lequel le juge doit répondre à l'ensemble de l'argumentation des parties (CE, 24 mars 1978, Commune de Saint-Brévin-les-Pins, requête numéro 01445, Rec., T., p. 916), qui ne préjudicie qu'à la partie l'ayant produite et qui peut seule soulever ce moyen (CE, 2 déc. 2015, M. Vernet, requête numéro 382641, Rec., T., pp. 819 et 829). Sans doute l'instruction peut-elle établir, en cassation, que l'omission traduit une erreur purement matérielle qui ne justifie pas l'annulation de la décision (CE, 14 oct. 2011, Sté Ocreal, requête numéro 323257, Rec., T., p. 1108) mais il faut se méfier du degré d'exigence – pour ne pas dire de sévérité – du juge de cassation dans l'examen des preuves produites.

1157. La motivation. L'exigence d'une motivation suffisante de la décision rendue au fond procède de deux considérations : d'une part, cette motivation atteste que la décision a été rendue au vu de l'ensemble des éléments de fait et de droit pertinents, d'autre part, elle permet « au Conseil d'Etat d'être à même d'exercer son contrôle de légalité » (CE, Ass., 20 févr. 1948, Dubois, requête numéro 83045, Rec., p. 87). Si les juges du fond doivent également prendre garde à ne pas commettre de contradiction de motifs (CE, 8 juill. 1983, Association gestionnaire de l'école Violet, requête numéro 31170, Rec., p. 305), ni de contradiction entre les motifs et le dispositif (CE, 12 avr. 1995, SCI Elisa, requête numéro 147167, Rec., T., p. 1006), le problème n'est plus cependant ici un problème de motivation mais une question de raisonnement et de tels moyens relèveront, le cas échéant, de la régularité interne de la décision. La rigueur du Conseil d'Etat a ses limites. Ainsi n'est-il pas besoin aux juges du fond de motiver le rejet des moyens inopérants (CE, Sect., 25 mars 1960, Boileau, requête numéro 35805, Rec., p. 234 ; AJDA 1960, I, p. 96, chron. M. Combarnous et J.-M. Galabert). Ainsi encore est-il possible aux juges du fond, mais par exception, de recourir à des motivations stéréotypées. Tel est le cas, notamment, lorsque le juge d'appel a adopté les motifs retenus par les premiers juges, lorsque la motivation de première instance suffit à répondre au moyen de l'appelant (CE, 27 juin 2005, Consorts Godinat, requête numéro 267597, Rec., T., p. 1070). Ceci ne choquera pas. Plus discutable est la relative mansuétude du Conseil d'Etat à l'égard des motivations lapidaires des ordonnances de rejet en référé suspension par exemple, les juges des référés se contentant souvent d'énoncer qu'aucun des moyens ne fait naître un doute sérieux quant à la légalité de la décision. Il n'y a pourtant pas là, pour le juge de cassation, insuffisance de motivation (CE, 14 mars 2001, Mme Aalilouch, requête numéro 230268, Rec., p. 128).

II. La régularité interne de la décision

1158. Du bien-fondé de la décision attaquée. Il est pour le moins souhaitable qu'une décision juridictionnelle ne soit pas entachée d'une erreur de droit, qu'il s'agisse notamment de la rétention de la règle de droit applicable, son champ d'application, ou encore son interprétation (A). Il est tout aussi important que la décision rendue par les juges du fond repose sur des faits exacts et faisant l'objet d'une juste qualification juridique (B). Ce sont là les cas d'ouverture du recours en cassation au titre de la régularité interne de la décision juridictionnelle, dont on soulignera d'ailleurs qu'ils sont apparus plus tardivement que ceux relevant de la régularité externe (CE, 20 juin 1913, Tery, requête numéro 41854, Rec., p. 736, concl. L. Corneille). L'idée prédominait jusqu'alors que les décisions juridictionnelles étaient moins suspectes d'erreurs juridiques que ne pouvaient l'être les décisions administratives. C'était une autre époque...

1159. L'exclusion du détournement de pouvoir des juges du fond comme cas d'ouverture. Il serait concevable que la moralité de la juridiction administrative soit contrôlée au même titre que celle de l'administration. Il n'en est rien : de jurisprudence constante, le moyen tiré du détournement de pouvoir – il faut là ajouter le détournement de procédure – commis par les juges du fond est irrecevable (CE, Sect., 6 mars 1953, Abbé Giloteaux, requête numéro 91913, Rec., p. 117, concl. J. Chardeau).

A. L'erreur de droit

1160. Le champ d'application de la règle de droit. Il s'agit, ici encore, d'un moyen d'ordre public. Deux hypothèses d'erreur dans le champ d'application de la règle de droit peuvent survenir. C'est le cas, en premier lieu, lorsque les juges du fond ont fait application d'une règle qui ne trouvait pas à s'appliquer au litige qui leur était soumis (CE, Sect., 24 janv. 1992, ANIFOM c. Aknin et ANIFOM c. Scotto d'Abusco, requête numéro 117562, Rec., p. 37). C'est le cas, en second lieu, lorsque les juges du fond n'ont pas fait application d'une règle qui aurait dû être retenue (CE, 5 déc. 2005, Shingara Mann Singh, requête numéro 278133, Rec., p. 545 ; AJDA 2006, p. 211, concl. D. Chauvaux).

1161. L'interprétation de la règle de droit. L'interprétation de la règle de droit influe sur son application. La décision des juges du fond peut ainsi être entachée d'une erreur de droit pour avoir mal interprété les implications de la Constitution (CE, Sect., 14 mars 1975, Rousseau, requête numéro 91756, préc.), d'une loi (CE, 18 févr. 1994, Lacote, requête numéro 135397 ; AJDA 1994, p. 220, concl. M. Denis-Linton), d'un règlement (CE, 25 sept. 2009, Torre, requête numéro 301909, Rec., T., p. 922), d'une convention internationale (CE, 30 déc. 2011, M. A., requête numéro 343252) ou d'une disposition du droit de l'Union européenne (CE, 9 nov. 1994, Sté des saumons Pierre Chevance, requête numéro 136761, Rec., p. 251), mais encore d'une jurisprudence, administrative (CE, 16 févr. 2004, De Witasse Thezy, requête numéro 219516, Rec., p. 79), constitutionnelle (CE, 7 déc. 2015, Ministre délégué chargé du budget c. Sté Frutas y Hortalizas Murcia SL, requête numéro 368227) ou de l'Union européenne (CE, 23 nov. 2015, SCI JM5 SAR, requête numéro 375055).

1162. La méconnaissance de leur office par les juges du fond. Les juridictions sont tenues de se conformer à l'autorité de la chose jugée par les juridictions non seulement administratives (CE, 22 juill. 1953, Ministre des pensions c. Pauly, requête numéro 11999, Rec., T., p. 733) mais également pénales (CE, Sect., 12 juill. 1929, Vesin, requête numéro 81701, Rec., p. 716, concl. R. Latournerie). Par-delà, les juges du fond doivent soulever d'office tout moyen d'ordre public et commet une erreur de droit la juridiction qui omet de le faire (CE, 15 avr. 2011, Neveu, requête numéro 320073, Rec., p. 200).

B. L'erreur sur les faits

1163. L'exactitude matérielle des faits. Le Conseil d'Etat accepte de contrôler, dans son office de juge de cassation, la réalité et l'exactitude matérielle des faits (CE, 9 août 1924, Sté Henri et Maurice Farman, requête numéro 76823, Rec., p. 829), dans la limite cependant des pièces qui ont été examinées par les juges du fond (CE, 4 mars 1964, Mellinger, requête numéro 5348, Rec., p. 157). Tout ceci est logique et on doit l'approuver, qui diffère de la jurisprudence judiciaire (Cass. réun., 2 févr. 1808, S. 1808, 1, p. 183). En effet, la finalité d'un tel contrôle est de s'assurer que le raisonnement emprunté par le juge n'a pas été faussé par la rétention de faits matériellement inexacts.

1164. L'appréciation et la qualification juridique des faits. La qualification juridique des faits est également contrôlée en cassation (CE, Sect., 2 févr. 1945, Moineau, requête numéro 76127, Rec., p. 27). Généralement, il s'agit d'un contrôle normal. Un tel contrôle ne doit cependant pas achopper sur le principe suivant lequel les juges du fond apprécient souverainement les faits (CE, 2 févr. 1945, Moineau, requête numéro 76127, préc.). Il n'appartient pas, par exemple, au Conseil d'Etat, juge de cassation, de substituer son appréciation à celle des juges du fond sur la question de savoir si un terrain constitue une voie privée ouverte à la circulation publique au sens de l'article L. 318-3 du code de l'urbanisme (CE, 19 sept. 2016, M. Infosino, requête numéro 386950, Rec., T.). Le contrôle en cassation ne peut conduire à l'invalidation de cette appréciation, sauf l'hypothèse de la dénaturation (par ex., CE, Ass., 4 janv. 1952, Docteur Simon, requête numéro 9329, Rec., p. 13, concl. M. Letourneur ; CE, 10 juin 2015, Sté Les Hauts de Martignas, requête numéro 380810).

Les contours de l'appréciation souveraine des faits par rapport à la qualification juridique ne sont pas toujours aisés à tracer. Si l'on veut illustrer la différence : relève de la qualification juridique des faits la question de savoir si une perfusion sanguine est un acte de laboratoire ou un acte médical (CE, 7 oct. 1960, Moy, requête numéro 47373, Rec., p. 523) mais relève de l'appréciation des faits la question de savoir si une personne a agi sciemment ou non (CE, 4 juin 1958, Auzerais, requête numéro 33715, Rec., p. 309). On inclinera volontiers à penser ici que l'appréciation souveraine des juges du fond est une notion fonctionnelle qui permet au Conseil d'Etat d'exercer ou non, suivant les cas, son contrôle sur l'appréciation des faits portée par les juges du fond par le truchement du contrôle de la qualification juridique.

§ 2 - La décision du juge de cassation

1165. Suivant le sens de la décision… La décision du juge de cassation n'emporte évidemment pas les mêmes conséquences suivant qu'elle rejette le pourvoi (I) ou qu'elle annule la décision litigieuse (II).

I. Le rejet du pourvoi

1166. La régularité du jugement. Il n'y a rien de plus normal que de rejeter le recours qui ne repose sur aucun moyen de nature à fonder l'annulation de la décision juridictionnelle litigieuse, que les moyens soulevés aient été irrecevables, inopérants, ou non fondés.

1167. La sauvegarde du jugement. Bien qu'entaché d'irrégularités, la décision peut ne pas être annulée. Tel est le cas dans deux hypothèses. D'une part, la décision peut reposer sur des motifs qui, bien que irréguliers, n'en sont pas moins surabondants (CE, 2 avr. 1954, Vitte, requête numéro 95634, Rec., p. 215) ou qui peuvent être écartés sans que le dispositif ne perde toute justification régulière, que ce soit en excès de pouvoir (CE, Sect., 22 avr. 2005, Commune du Barcarès, requête numéro 257877, Rec., p. 170, concl. J.-H. Stahl ; RFDA 2005, p. 557, concl. J.-H. Stahl ; AJDA 2005, p. 1621, chron. C. Landais et F. Lenica), en pleine juridiction fiscale de l'assiette (CE, 26 déc. 2008, Min. du Budget, des Comptes publics et de la Fonction publique c. SCI Mirabeau, requête numéro 308039) ou du recouvrement (CE 5 mai 2010, Ministre de l'Economie, des Finances et de l'Industrie c. Mme Bachet, requête numéro 293915, Rec., T., p. 752), ou encore en référé précontractuel (CE, 8 août 2008, Centre hospitalier Edmond-Garcin, requête numéro 309652, Rec., T., p. 857). D'autre part, le rejet du pourvoi peut intervenir à la suite d'une substitution de motifs, à la double condition cependant qu'elle ne procède pas d'un moyen nouveau et que sa rétention n'exige l'appréciation d'aucune circonstance de fait (CE, 9 janv. 1929, Poiré, requête numéro 589, Rec.,

p. 38). Un sort particulier doit être réservé à la question prioritaire de constitutionnalité renvoyée au Conseil constitutionnel dans le cadre d'un pourvoi contre un arrêt ayant donné satisfaction au requérant au motif que la loi était constitutionnelle. En cas de censure de la loi par le Conseil constitutionnel, et si cette censure justifie, au cas d'espèce, le dispositif de l'arrêt attaqué, ce motif doit être substitué au motif d'inconventionnalité retenu par les juges d'appel (CE, 22 juill. 2016, Ministre de la Défense, requête numéro 387277, Rec. T.).

II. L'annulation de la décision

1168. La cassation sans renvoi. En certaines espèces, la décision de cassation se suffit à elle-même. Tel est le cas lorsque la juridiction du fond avait à tort admis la compétence de l'ordre administratif (CE, 24 févr. 1995, Commune de Cilaos et Cie préservatrice foncière, requête numéro 125424), déclaré la requête recevable (CE, 4 déc. 2009, Ministre de la Défense, requête numéro 306663) ou refusé de prononcer un non-lieu (CE, 17 déc. 2014, Ministre de l'Ecologie, du Développement durable et de l'Energie, requête numéro 364779, Rec., T., p. 803). Tel est encore le cas, et toujours par exemple, lorsque le tribunal administratif a prononcé la décharge de la totalité des cotisations de taxe foncière auxquelles la société a été assujettie, alors que celle-ci n'avait contesté ces cotisations que dans une certaine limite (CE, 6 janv. 2016, SCI Sofimel, requête numéro 386235). Une fois le Conseil d'Etat intervenu, il ne reste plus rien à juger. La cassation intervient alors sans renvoi.

1169. Le règlement de l'affaire au fond. L'article L. 821-2 du code de justice administrative autorise également le Conseil d'Etat à régler l'affaire au fond si l'intérêt d'une bonne administration de la justice le justifie. Il s'agit même d'une obligation pour lui si l'affaire fait l'objet d'un second pourvoi. En cas de règlement de l'affaire au fond, le Conseil d'Etat se substitue, suivant les cas, au juge d'appel ou au juge statuant en premier et dernier ressort. Mais en statuant en tant que juge d'appel, il peut être conduit à annuler le jugement objet de l'appel et, par évocation, devenir le juge de première instance. La bonne administration de la justice y gagne en limitant la durée de rejugement de l'affaire, mais seulement dans cette mesure, le double degré de juridiction étant écorné…

1170. En cas de renvoi. Conformément à l'article L. 821-2 du code de justice administrative, en cas d'annulation de la décision litigieuse, le Conseil d'Etat a la faculté de renvoyer l'affaire. C'est même devenu la tendance naturelle, le Conseil d'Etat répugnant à présent à régler le litige au fond. Le renvoi à la juridiction d'appel est régulier, quand bien même la juridiction de première instance n'aurait pas statué au fond de la demande (CE, 23 nov. 2011, Destal, requête numéro 352628). L'affaire peut, en premier lieu, être renvoyée devant la même juridiction, sauf impossibilité tenant à la nature de la juridiction. L'affaire peut, en second lieu, être renvoyée devant une autre juridiction de même nature. En cas de renvoi, la juridiction chargée de statuer de nouveau sur le fond reste saisie de l'ensemble des moyens soulevés depuis le début de la procédure à l'exception de ceux qui ont été expressément abandonnés (CE, 25 mars 2013, Ministre du Budget, des Comptes publics et de la Réforme de l'État, porte-parole du gouvernement c. Amar, requête numéro 351822, Rec., T., p. 788). Toutefois, rien n'impose à la juridiction de renvoi de répondre aux moyens d'appel présentés en cassation dans l'hypothèse où le Conseil d'État déciderait de faire usage de la faculté de régler l'affaire au fond (CE, 29 oct. 2013, M. Jeannin, requête numéro 348682, Rec., T., p. 808), ni de prendre en considération les moyens que l'auteur du pourvoi a implicitement abandonnés en ne reprenant, en prévision d'une annulation de l'arrêt suivie d'un règlement au fond, que certains des moyens qu'il avait présentés devant les juges du fond, sans se référer pour le surplus à ses autres moyens de première instance et d'appel (CE, 13 févr. 2013, Ministre du Budget, de la Fonction publique et de la Réforme de l'État c. Barlow, requête numéro 342085, Rec., T., p. 801).

1171. Précision complémentaire : les questions prioritaires de constitutionnalité sont prioritaires. Alors même que l'un des moyens soulevés permet de faire droit à un pourvoi, le juge de cassation est tenu, avant d'y faire droit, d'écarter expressément le moyen infondé par lequel le requérant conteste le refus de transmission d'une question prioritaire de constitutionnalité (CE, 8 déc. 2017, M. W., requête numéro 409429, Rec., T.).

1172. Bibliographie indicative

J. Arrighi de Casanova, « Le contentieux de la légalité à l'épreuve du contrôle de cassation : l'exemple du contentieux fiscal », RFDA 1994, pp. 916 et s.

J. Boucher et **E. Crépey**, « Le Conseil d'Etat juge de cassation et la qualification juridique des faits » in Mélanges en l'honneur de Daniel Labetoulle, Paris, Dalloz, 2007, pp. 97 et s.

S. Boussard, L'étendue du contrôle de cassation devant le Conseil d'Etat. Un contrôle tributaire de l'excès de pouvoir, Paris, Dalloz, 2002.

R. Denoix de Saint Marc, « Les constatations des faits devant le Conseil d'Etat juge de cassation » in Mélanges J. Boré, Paris, Dalloz, 2007, pp. 135 et s.

J. Massot, « La cassation », AJDA 1995, pp. 200 et s.

B. Odent, « Cassation civile et cassation administrative » in Mélanges en l'honneur de Daniel Labetoulle, Paris, Dalloz, 2007, pp. 683 et s.

D. Pouyaud, « La recevabilité des moyens en cassation », RFDA 2004, pp. 156 et s.

CHAPITRE II - LES VOIES DE RECOURS SPECIALES

1173. Le recours en interprétation. Les soucis d'intelligibilité et d'accessibilité que nourrit la juridiction administrative ne suffisent pas toujours à permettre d'appréhender avec certitude les implications de ses décisions. Un recours en interprétation existe afin de lever la difficulté. Outre l'autorité judiciaire (CE, 12 avr. 1855, Grellet et Affre, Rec., p. 268), les – seules – parties à l'instance ayant donné lieu à la décision (CE, 4 juill. 2001, Marza, requête numéro 235295, Rec., T., p. 1087) disposent de la faculté de saisir, sans condition de délai, la juridiction – il peut s'agir d'une juridiction spécialisée (CE, 13 mars 2013, Département de Tarn-et-Garonne, requête numéro 339943, Rec., T., pp. 759, 788 et 805) – ayant statué (CE, Sect., 28 janv. 1966, Sté « La Purfina française », requête numéro 60273, Rec., p. 68). A l'exception des recours en interprétation sur renvoi de l'autorité judiciaire (CE, 11 oct. 2017, Me R., agissant en qualité de liquidateur judiciaire de la SARL Lezeau, requête numéro 397604, Rec.), il importe logiquement que la décision à exécuter soit ambiguë ou obscure, à peine d'irrecevabilité du recours (CE, 13 mars 2013, Département du Tarn-et-Garonne, requête numéro 339943, préc. ; CE, 27 juill. 2016, Centre hospitalier universitaire de Grenoble, requête numéro 388098, Rec., T.), le Conseil d'Etat ayant pris soin par ailleurs de préciser que le recours en interprétation ne permet pas la correction d'une erreur contenue dans la décision juridictionnelle (CE, 27 juill. 2016, Centre hospitalier universitaire de Grenoble, requête numéro 388098, préc.) ni, plus largement, remettre en question un point définitivement tranché par le précédent jugement (CE, 11 oct. 2017, Me R., agissant en qualité de liquidateur judiciaire de la SARL Lezeau, requête numéro 397604, préc.).

1174. Le recours dans l'intérêt de la loi. Le recours dans l'intérêt de la loi existe depuis fort longtemps (notamment, CE, 1er août 1884, Ministre du Commerce c. Tourseiller, Rec., p. 690) et on doit reconnaître son utilité. Il arrive qu'une décision juridictionnelle soit entachée d'une irrégularité qui, bien que n'ayant pas été remise en cause par les parties, mérite néanmoins d'être condamnée. Il en va ainsi, par exemple, lorsque la décision repose sur l'interprétation erronée d'un texte, même pertinent, dont le juge devait faire application (CE, 23 juin 2000, Ministre de l'Equipement, des Transports et du Logement, requête numéro 201780, Rec., p. 238) ou lorsque la décision fait une application, même pertinente, d'un texte inapproprié (CE, 23 juill. 1976, Secrétaire d'État aux PTT c. Dame Ruffenach, requête numéro 99520, Rec., p. 361). A cet égard, seul un moyen de pur droit est opérant dans le cadre de ce recours (CE, 25 févr. 2015, Ministre de la Défense c. M. Marhic, requête numéro 383015, Rec., T., pp. 829 et 844). La finalité du recours dans l'intérêt de la loi est de permettre que la décision définitive (CE, 26 juill. 1978, Ministre de l'Economie et des Finances, et ministre de la Défense c. Veuve Pons, requêtes numéros 100091 et 11364, Rec., T., p. 925) ne soit pas considérée comme un précédent et ne soit pas prise en considération dans les affaires à venir. On comprendra aisément, dès lors, que ce recours soit ouvert à chaque ministre juridiquement intéressé (CE, 3 déc. 1965, Secrétaire d'Etat au Budget c. Mourgues, requête numéro 63669, Rec., p. 656), sans condition de délai et même sans texte, devant toutes les juridictions souveraines (CE, 1er oct. 1997, Ministre de la Défense c. Martin, requête numéro 180661, Rec., p. 324), à l'encontre aussi bien du dispositif que des motifs (CE, Sect., 12 juin 1959, Ministre des Affaires économiques et financières c. Filaire, requête numéro 40007, Rec., p. 365 ; AJDA 1959, 2, p. 191, concl. H. Mayras) sans possibilité pour le juge de procéder à une substitution de motifs (CE, Sect., 19 mars 1971, Ministre d'Etat chargé de la Défense nationale, requête numéro 79460, Rec., p. 230). On comprendra encore que le jugement doive être devenu irrévocable, c'est-à-dire qu'il ne soit plus susceptible d'appel ou de cassation (CE, 18 juin 2018, Ministre de l'Intérieur c. Mme B., requête numéro 416325, Rec., T.). On comprendra tout autant que, eu égard à la finalité de ce recours, la sanction de l'irrégularité doive rester purement doctrinale et ne doive exercer d'influence sur la situation des parties à l'instance initiale, et que, dépourvues de l'autorité de la chose jugée, les ordonnances rendues en référé ne peuvent être ainsi contestées par les ministres (CE, 14 sept. 2007, Ministre de la Jeunesse, des Sports et de la Vie associative, requête numéro 300911, Rec., T., p. 1050). En revanche, se faut-il qu'il soit jaloux du crédit à donner à ses propres décisions que le Conseil d'Etat admette la recevabilité de ce recours devant lui, mais non à l'encontre de ses propres décisions (CE, 31 janv. 1996, Ministre de l'Equipement, requête numéro 160446, Rec., p. 26) sauf si ce recours porte sur un point qui n'a pas été tranché par le Conseil d'Etat (CE, 11 avril 2018, Ministre de l'Intérieur c. M. D., requête numéro 409648, Rec.), s'il a été rejeté en raison de son irrecevabilité (CE, 28 mai 1880, Yvert et a., Rec., p. 501), s'il s'est soldé par un non-lieu (CE, 29 juill. 1998, Ministre de l'Equipement, des Transports et du Tourisme, requête numéro 161724) ou s'il a donné lieu à un désistement, y compris du ministre lui-même (CE, 5 mars 1930, Ministre des Travaux publics c. Sieur Nepper, Rec., p. 254) ? Lorsque l'on sait que les recours en révision et en rectification d'erreur matérielle sont ouverts contre les décisions du Conseil d'Etat (*infra* n°s 1195 et s.), on ne comprend pas en quoi le recours dans l'intérêt de la loi doit ainsi être écarté et la justification d'un tel principe mériterait – ce que le Conseil d'Etat n'a pas jugé utile de faire – d'être donnée. Sans doute la différence tient-elle à ce que, comme cela a été dit, seuls les moyens de pur droit sont opérants dans le cadre du recours dans l'intérêt de la loi et qu'il y aurait quelque chose de gênant à remettre en cause l'interprétation ou l'application du droit positif retenue par le Conseil d'Etat. Reste que le Conseil d'Etat aussi peut se tromper… L'admettre dans ce cadre n'affaiblirait pas l'autorité de ses décisions.

1175. Par-delà les recours en interprétation et dans l'intérêt de la loi. Même si leur existence méritait d'être rappelée, le recours en interprétation et le recours dans l'intérêt de la loi sont statistiquement les moins importants des voies de réformation spéciales, qui explique au demeurant qu'elles soient peu connues. D'autres voies de recours sont davantage utilisées, le requérant pouvant avoir été absent à l'instance initiale (Section 1), cette instance initiale pouvant par ailleurs s'être déroulée dans des conditions irrégulières (Section 2).

Section 1 - Les voies de recours pour absence à l'instance initiale

1176. L'influence du principe de la contradiction. Une personne à qui une décision juridictionnelle préjudicie sans qu'elle ait préalablement fait valoir ses observations est, en principe, en droit d'en demander le rejugement par la voie de l'opposition (Sous-section 1) ou de la tierce opposition (Sous-section 2) suivant qu'elle a ou non effectivement été attraite à l'instance.

Sous-section 1 - L'opposition

1177. Définition. Il est parfois superflu, pour expliciter une notion, de trouver d'autres termes que ceux retenus par le code de justice administrative. C'est le cas de l'opposition : aux termes de l'article R. 831-1 du code de justice administrative, « toute personne qui, mise en cause par la cour administrative d'appel ou le Conseil d'Etat, n'a pas produit de défense en forme régulière est admise à former opposition à la décision rendue par défaut, sauf si celle-ci a été rendue contradictoirement avec une partie qui a le même intérêt que la partie défaillante ». Tout est dit ici, qui ne fait appel qu'à quelques précisions complémentaires, tant en ce qui concerne les décisions susceptibles d'opposition (§ 1) que l'exercice de cette voie de recours (§ 2).

§ 1 - Les décisions susceptibles d'opposition

1178. Une règle générale de procédure. Le droit de former opposition contre une décision juridictionnelle rendue par défaut (CE, Ass., 9 juin 1939, Caubet, requête numéro 66857, Rec., p. 382) est au nombre des règles générales de procédure (CE, 12 oct. 1956, Desseaux, requête numéro 813, Rec., p. 364 ; RDP 1957, p. 115, concl. C. Lasry). Aussi bien, l'opposition est recevable tant qu'une disposition législative ni réglementaire n'en décide pas autrement. C'est ainsi que l'opposition à l'encontre des jugements et ordonnances rendus par les tribunaux administratifs est exclue (CJA, art. R. 831-6). Il n'y a là d'ailleurs rien de choquant dès lors, d'une part, qu'il importe de ne pas favoriser les comportements dilatoires, d'autre part, qu'une partie défaillante devant le tribunal administratif peut, en principe, interjeter appel du jugement qui lui est défavorable sans préjudice, il est vrai, des cas dans lesquels les jugements sont rendus en premier et dernier ressort et pour lesquels la voie de l'opposition est tout simplement fermée (CE, 4 mai 2008, Métropole Aix-Marseille-Provence, requête numéro 408708, Rec., T.).

1179. Des décisions rendues par défaut. Le défaut suppose que la partie a été mise en cause et qu'elle n'a pas produit de défense en forme régulière. Une décision est ainsi rendue par défaut lorsque le défendeur n'a pas eu communication du dossier du recours et n'a donc pas été mis en mesure de présenter ses observations (CE, 29 juill. 1983, M. X., requête numéro 41836). Reste toute autant rendue par défaut et peut faire l'objet d'une opposition – ce qui peut davantage surprendre – une décision alors même que le défendeur a été invité à plusieurs reprises par la juridiction à présenter ses observations (CE, 9 janv. 1991, Aouad, requête numéro 115846, Rec., p. 9). Lorsque des observations ont été produites à l'instance, encore faut-il que celles-ci l'aient été en forme régulière, ce qui n'est pas le cas par un mandataire non fondé à représenter la défenderesse (CE, 29 mars 1957, Conseil national de l'Ordre des chirurgiens-dentistes, requêtes numéros 34077 et 34078, Rec., p. 227) ou encore une personne non habilitée par la personne morale qu'elle est réputée représenter (CE, 23 janv. 1959, Commune d'Huez, requêtes numéros 39532 et 39793, Rec., p. 67). En revanche, la circonstance qu'une commune n'ait produit qu'un mémoire, devant la cour administrative d'appel, tendant principalement à ce que cette juridiction décline sa compétence, avant que celle-ci ne transmette la requête au Conseil d'Etat ne constitue pas un cas de décision rendue par défaut (CE, 28 juill. 1999, Commune de Bonne-sur-Ménoge, requête numéro 189193, Rec., T., p. 991).

1180. Le cas de la décision contradictoire visant une partie ayant le même intérêt. A la lecture de l'article R. 831-1 du code de justice administrative, il ressort que la voie de l'opposition est fermée lorsque le jugement a été rendu contradictoirement à l'égard d'une autre partie ayant le même intérêt que la partie défaillante. Ainsi, si deux parties avaient déféré au tribunal le même acte, la décision de la juridiction statuant en appel rendue contradictoirement à l'égard de l'une ferme la voie de l'opposition à l'autre, les deux parties ayant eu le même intérêt à agir (CE, 20 févr. 1980, Schwetzoff, requête numéro 04509, Rec., p. 101). Il existe encore identité d'intérêt entre l'auteur d'une décision administrative et son bénéficiaire (CE, 22 juill. 1992, Cazaux, requête numéro 121041, Rec., T., p. 1265).

§ 2 - L'exercice de l'opposition

1181. Le délai pour former opposition. L'opposition est recevable dans un délai de deux mois à compter de la notification (CJA, art. R. 831-2 al. 2), ou – même si le code ne le précise pas – de la signification de la décision rendue par défaut. Les délais de distance organisés en matière d'appel sont applicables à l'opposition (CJA, art. R. 831-3).

1182. Les autres conditions de recevabilité. Les autres conditions de recevabilité ne dérogent pas au droit commun. L'article R. 831-4 du code de justice administrative renvoie aux dispositions applicables en matière d'introduction de l'instance d'appel ou de cassation, suivant la juridiction dont s'agit. Deux moyens au moins doivent figurer dans la requête : le premier démontrant que la décision initiale a bien été rendue par défaut ; le second étant soulevé à l'appui des conclusions tendant à la rétractation de cette décision (CE, 28 févr. 1990, Département de l'Ille-et-Vilaine, requête numéro 99831, Rec., T., p. 946). On soulignera que l'opposition tend au rejugement de la même affaire et ne saurait à ce titre excéder le cadre du débat initial. Il a ainsi été jugé que, en tant qu'elles sont étrangères à l'objet du recours en opposition, les conclusions relatives à la capitalisation des intérêts échus ne sont pas recevables (CE, 30 juin 1993, Syndicat des copropriétaires du 67 rue de la Convention à Paris 15, requête numéro 104469, Rec., T., p. 990). On soulignera encore que, en tant qu'elle défend le maintien de la décision juridictionnelle contre laquelle il a été fait opposition, la partie défenderesse ne saurait présenter des conclusions ou moyens autres que ceux sur lesquels la juridiction doit se prononcer à la demande de l'opposant (CAA Versailles, 5 janv. 2012, Sté nouvelle Issy Decor, requête numéro 10VE01089 ; JCP adm. 2012, 2095, note J.-P. Markus).

1183. La procédure et le jugement. Ici encore, la procédure à suivre reste celle du droit commun, l'article R. 831-4 du code de justice administrative renvoyant à l'application de ses livres 6 (procédure) et 7 (jugement). La procédure étant, dès lors, contradictoire, et pour peu que le recours soit recevable, il appartient à la juridiction saisie de communiquer au requérant qui en formule la demande, les pièces de la procédure ayant donné lieu à la décision dont la rétractation est demandée (CE, 18 déc. 2017, Sté Serenis, requête numéro 402011, Rec., T.). L'exercice de l'opposition n'emporte pas, en principe, le sursis à exécution de la décision rendue par défaut, l'article R. 831-2 du code de justice administrative disposant que « l'opposition n'est pas suspensive, à moins qu'il en soit autrement ordonné ».

1184. Les conséquences de l'opposition. L'article R. 831-5 du code de justice administrative énonce que « la décision qui admet l'opposition remet, s'il y a lieu, les parties dans le même état où elles étaient auparavant ». La décision litigieuse sera alors déclarée non avenue (CE, 9 janv. 1959, Ville de Nice, requête numéro 42631, Rec., p. 26) et le juge de retenir à la suite la même solution (CE, 12 juill. 1995, Commune de Margency, requête numéro 106882) ou de retenir une solution partiellement (CE, 29 déc. 1993, Soldaini, requête numéro 104774) ou totalement contraire (CE, 7 avr. 1995, Bernard, requête numéro 144624).

Sous-section 2 - La tierce opposition

1185. Définition. La tierce opposition est une voie de recours ouverte à ceux qui ont été ni parties ni intervenants dans une instance ayant donné lieu à une décision juridictionnelle préjudiciant à leurs droits. Elle est exercée devant la juridiction de laquelle émane la décision litigieuse (CE, 10 déc. 1975, Union des commerçants de Saint-Nazaire et a., requêtes numéros 99357 et 99362, Rec., p. 640). Les conditions de recevabilité (§ 1) et les conséquences de l'admission de la tierce opposition (§ 2) diffèrent partiellement de l'opposition.

§ 1 - Les conditions de recevabilité de la tierce opposition

1186. Un recours généralisé. L'article R. 832-1 du code de justice administrative dispose que « toute personne peut former tierce opposition à une décision juridictionnelle qui préjudicie à ses droits, dès lors que ni elle ni ceux qu'elle représente n'ont été présents ou régulièrement appelés dans l'instance ayant abouti à cette décision ». La tierce opposition n'est cependant pas ouverte que contre les seules décisions rendues par les juridictions administratives générales : contrairement à l'opposition, la voie de la tierce opposition est ouverte, sans texte, contre les décisions de toute juridiction administrative (CE, 3 nov. 1972, Dame de Talleyrand-Périgord, requêtes numéros 77508 et 77816, Rec., p. 707). Il importe même de préciser que ce recours est ouvert quel que soit le contentieux concerné. En effet, revenant sur sa jurisprudence antérieure (CE, 8 déc. 1899, Ville d'Avignon, Rec., p. 719, concl. H. Jagerschmidt), le Conseil d'Etat a étendu cette faculté de former tierce opposition aux décisions juridictionnelles rendues en excès de pouvoir (CE, 29 nov. 1912, Boussuge, requête numéro 45893, Rec., p. 1128, concl. L. Blum). La jurisprudence ultérieure a également consacré cette faculté en matière d'appréciation de légalité (CE, 8 nov. 1961, Commune de Sospel, requête numéro 46652, Rec., p. 633) et de référé (CE, Sect., 18 juin 1982, SA Bureau Veritas, requête numéro 28536, Rec., p. 240, concl. J. Biancarelli).

1187. Un recours formé par un tiers à l'instance initiale. La tierce opposition doit émaner d'une partie n'ayant été ni mise en cause ni régulièrement représentée dans l'instance initiale (CE, Ass., 21 janv. 1938, Cie des chemins de fer P.L.M., requête numéro 54723, Rec., p. 70, concl. P.-L. Josse) autant que la personne subrogée dans ses droits (par ex., CE, 26 janv. 2018, Fonds de garantie des victimes des actes de terrorisme et d'autres infractions, requête numéro 405654, Rec., T.). Il en résulte que le demandeur initial ne saurait devenir tiers opposant (CE, Sect., 23 févr. 1968, Perdereau, requêtes numéros 65466, 71207, 71208 et 72096, Rec., p. 136) sauf à ce qu'il n'ait pas été régulièrement représenté. C'est ainsi qu'un mari n'est pas représenté par son épouse (CE, Sect., 15 mai 1936, Epoux Reynard, requêtes numéros 34966 et 34967, Rec., p. 543), et réciproquement... La solution vaut également pour le défendeur. Deux débiteurs solidaires par exemple se représentent ainsi mutuellement (CE, 19 mars 1956, Jean, requête numéro 76745, Rec., p. 130). Un établissement public de l'Etat et son ministre de tutelle, dans un litige afférent à la légalité d'un arrêté fixant le taux d'une taxe affectée à cet établissement, ont des intérêts concordants. Dès lors que le ministre a présenté un mémoire en défense en première instance, la voie de la tierce opposition à l'encontre du jugement rendu est fermée à l'établissement public (CE, 6 juill. 2016, Agence nationale de sécurité sanitaire de l'alimentation, de l'environnement et du travail et a., requêtes numéros 398574 et 398608, Rec., T.). Par-delà, ne saurait être considérée comme tiers à l'instance la personne ayant adressé à la juridiction une défense ou des observations (CE, 5 déc. 2007, Winling, requête numéro 270717, Rec., T., p. 1049). Une partie mise en cause mais restée défaillante au cours de l'instance initiale ne peut former tierce opposition (CE, 11 mai 2001, Sté Télé Caraïbes International Guadeloupe et Sté Télé Caraïbes International Martinique, requête numéro 188219), ce qui explique le réflexe du juge de recourir à l'appel en déclaration de jugement commun, afin de fermer la voie de la tierce opposition.

1188. L'exigence d'un droit lésé. La tierce opposition ne peut être exercée qu'à l'encontre de décisions juridictionnelles préjudiciant aux droits du tiers. Pour dire les choses autrement, parce que la décision a préjudicié à ses droits, le tiers aurait dû être appelé dans la cause afin de pouvoir utilement faire valoir ses arguments. Il en résulte qu'une décision de rejet n'est en principe pas susceptible de faire l'objet d'une tierce opposition dès lors qu'elle n'est pas réputée préjudicier aux droits du tiers (CE, 5 janv. 1951, Dame Guiderdoni, requêtes numéros 367 et 2210, Rec., p. 5). En toute hypothèse, la lésion s'apprécie au regard du dispositif de la décision et non au regard des motifs retenus par la juridiction (CE, Ass., 29 nov. 1929, Baumann, requête numéro 83104, Rec., p. 1061), raison pour laquelle, notamment, il convient d'observer si les effets d'une décision d'annulation n'ont pas été modulés dans le temps, l'absence de lésion pouvant découler d'une telle modulation (CE, 5 févr. 2018, Fédération des établissements hospitaliers et d'aide à la personne, privés à but non lucratif, requête numéro 408487, Rec., T.). On le comprend aisément, la décision d'annulation d'un règlement est susceptible de tierce opposition par toute personne ayant un intérêt au maintien de celui-ci (par ex., CE, Sect., 8 juill. 1955, Ville de Vichy, requête numéro 4383, Rec., p. 396). L'annulation de la délibération habilitant l'exécutif d'une collectivité territoriale à acquérir une propriété privée, sans que le cédant n'ait été appelé à l'instance, fonde celui-ci à former tierce opposition contre le jugement (CE, 2 juill. 2014, M. Gérin et a., requête numéro 366150, Rec., T., pp. 820 et 832). En revanche, ne faisant pas naître un certificat d'urbanisme positif, l'annulation d'un certificat d'urbanisme négatif n'est pas susceptible de tierce opposition (CE, 5 avr. 2006, Dupont et a., requête numéro 275742, Rec., T., p. 1042).

1189. Tierce opposition ou intervention en appel ? Un jugement est rendu qui préjudicie aux droits d'un tiers, qui entend le contester. Deux cas de figure doivent être distingués. Soit aucun appel n'a été interjeté, la tierce opposition est alors recevable. Soit le jugement a déjà été frappé d'appel, la tierce opposition devient alors irrecevable. Le choix est laissé au tiers, qui peut intervenir en appel ou former tierce opposition contre l'arrêt qui sera rendu à l'issue de l'appel (CE, 2 juill. 2014, M. Gérin et a., requête numéro 366150, préc.), y compris s'il s'agit d'un arrêt de rejet pour irrecevabilité (CE, 11 oct. 2017, Mme D., requête numéro 414148, Rec., T.).

1190. Le délai de recours. L'article R. 832-2 du code de justice administrative dispose que la personne à qui la décision été régulièrement notifiée ou signifiée ne peut former tierce opposition que dans le délai de deux mois à compter de cette notification ou de cette signification. Les délais de distance sont par ailleurs opposables (CJA, art. R. 832-4). Par dérogation, la tierce opposition contre une ordonnance en matière de constat est de 15 jours (CJA, art. R. 531-1). Si la décision n'a pas été régulièrement divulguée, le délai ne court pas même si le tiers opposant a eu par ailleurs connaissance de cette décision (CE, 8 janv. 1958, Consorts de Batz de Tranquelléon, requête numéro 31224, Rec., p. 18). Il en résulte des situations parfois peu commodes : l'arrêt de 1911 qui a donné lieu à la décision Boussuge a fait l'objet d'une tierce opposition qui fut jugée par le Conseil d'Etat en 1953 (CE, Sect., 29 juill. 1953, Minart et Chambre syndicale des approvisionneurs cautionnés aux Halles, requête numéro 75997, Rec., p. 408) ! L'on comprend, dans ces conditions, et eu égard au souci de sécurité juridique qui l'anime, qu'il soit loisible au juge d'ordonner dans son jugement la mise en œuvre des mesures de publicité prévues, par exemple, par le I de l'article R. 512-39 du code de l'environnement lorsqu'il délivre une autorisation d'exploiter une installation classée (CE, avis, 29 mai 2015, Association Nonant Environnement, requête numéro 381560, Rec., p. 172, concl. S. Von Coester ; AJDA 2015, p. 1805, note T. Pouthier ; RFDA 2015, p. 741, note A. Perrin). Encore faut-il rappeler ici que le code de justice administrative ne s'applique qu'aux juridictions administratives générales. Dès lors, pour les autres juridictions, un texte doit organiser le délai. A défaut, la tierce opposition peut être formée à tout moment.

§ 2 - Les conséquences de l'admission de la tierce opposition

1191. La communication des pièces de la procédure initiale au demandeur. Pour assurer l'instruction contradictoire du recours en tierce opposition, la juridiction doit communiquer d'office au requérant les pièces de la procédure ayant donné lieu à la décision dont la rétractation est demandée (CE, 18 déc. 2017, Sté Serenis, requête numéro 402011, Rec., T.).

1192. Les moyens examinés. Parce que la tierce opposition ne remet en cause la décision juridictionnelle que dans la mesure des moyens développés par le tiers opposant, la juridiction saisie de ce recours n'examine que ces moyens (CE, Sect., 3 juill. 1959, Ministre des Travaux publics et SNCF c. Sté des Produits alimentaires et diététiques et Association nationale des propriétaires et usagers d'embranchements particuliers, requêtes numéros 16358 et 31455, Rec., p. 422 ; RDP 1960, p. 665, note M. Waline).

1193. La décision de la juridiction. Si la tierce opposition n'est pas fondée, elle est, comme on peut s'en douter, rejetée par le juge (CE, Ass., 5 févr. 1926, Boussuge et autres, requête numéro 45893, Rec., p. 127). En cas d'admission de la tierce opposition, le juge déclare non avenue en tout ou partie la décision litigieuse. Si la décision contre laquelle il a été formé tierce opposition a également été l'objet d'un recours en appel ou en cassation par l'une des parties initiales, l'admission de la tierce opposition conduit nécessairement au non-lieu de l'appel ou du pourvoi, celui-ci devenant sans objet (CE, 28 juill. 1999, Ministre de l'agriculture, de la pêche, et de l'alimentation, requête numéro 116353). La tierce opposition étant une voie de rétractation, le principe d'impartialité n'est pas méconnu lorsque la décision est rendue par les mêmes juges que ceux ayant rendu la décision initiale (CE, 10 déc. 2004, Sté Resotim, requête numéro 270267, Rec., p. 853 ; CE, 5 janv. 2005, Département de la Drôme, requête numéro 247005 ; CE, 7 mai 2014, Commune de Romagne, requête numéro 356813).

1194. Bibliographie indicative.

P. Dubouchet, « La tierce opposition en droit administratif. Contribution à une théorie normative de l'institution », RDP 1990, pp. 709 et s.

N. Foulquier, « L'arrêt Boussuge », JCP adm. 2012, 2309.

A. Heurté, « La tierce opposition en droit administratif », *D.* 1955, chron. 67.

Section 2 - Les voies de recours pour irrégularité de l'instance initiale

1195. Deux voies de recours. Deux voies de rétractation sont organisées afin de régler les difficultés nées de l'irrégularité de l'instance initiale. La première est le recours en révision (Sous-section 1), qui a vocation à permettre le rejugement de l'affaire dans certaines hypothèses qui, toutefois, restent limitées. La seconde est le recours en rectification d'erreur matérielle (Sous-section 2), qui permet d'obtenir de la juridiction qu'elle rectifie les erreurs qu'elle aurait commises lors de l'instance initiale et qui auraient exercé une influence sur l'issue du litige.

Sous-section 1 - Le recours en révision

1196. Définition. Connu du contentieux administratif depuis le décret du 22 juillet 1806, le recours en révision est une voie de rétractation permettant la remise en cause d'une décision contradictoire définitive, qui permet d'obtenir de la juridiction qu'elle instruise et qu'elle juge de nouveau l'affaire.

1197. Un recours à présent ouvert par défaut. A rebours des autres voies de réformation spéciales, le recours en révision n'était traditionnellement ouvert qu'à la condition d'être expressément prévu par un texte (CE, 20 oct. 1954, Bougeard, requête numéro 25196, Rec., p. 544), et son exercice, pour les avocats, en dehors des cas prévus était passible, jusqu'à la loi du 10 juillet 1991, de sanctions (sur ce point, B. Pacteau, « La suppression des sanctions envers les avocats pour avoir présenté d'injustifiés recours en révision devant le Conseil d'Etat », RFDA 1992, pp. 485 et s.). Tout ceci peut expliquer la parcimonie avec laquelle un tel recours a pu longtemps être exercé. Rares sont en contentieux administratif, en effet, les hypothèses pour lesquelles le recours en révision est organisé. Sont d'une part visées les décisions rendues par le Conseil d'Etat (CJA, art. R. 834-1) et celles rendues par le président de la section du contentieux (CE, 7 mars 1990, M. Robert, requête numéro 112296, Rec., p. 61). Sont d'autre part visées les décisions rendues par certaines juridictions dont la cour de discipline budgétaire et financière (CJF, art. L. 315-3), la Cour des comptes (CJF, art. R. 143-1), les chambres régionales des comptes (CJF, art. L. 243-2), la Cour nationale du droit d'asile (CESEDA, art. R. 733-6), et certaines décisions rendues par la chambre disciplinaire de première instance et par la chambre disciplinaire nationale compétente pour connaître de la discipline des médecins, des chirurgiens-dentistes ou des sages-femmes, qui interdisent à un praticien d'exercer ou le radient du tableau de l'ordre (CSP, art. R. 4126-53). Le principe a cependant vécu. Depuis une décision Serval du 16 mai 2012, un tel recours peut être exercé à l'encontre de toute décision rendue par une juridiction administrative spécialisée (CE, Sect., 16 mai 2012, Serval, requête numéro 331346, Rec., p. 225 ; AJDA 2012, p. 1397, chron. X. Domino et A. Bretonneau ; RFDA 2012, p. 730, concl. C. Roger-Lacan). Aux conclusions contraires sur ce point du rapporteur public Cyril Roger-Lacan, le Conseil d'Etat n'a pas été jusqu'à admettre le recours en révision devant toute les juridictions. Pour dire les choses autrement, il est loisible au pouvoir réglementaire d'écarter, devant certaines juridictions, la possibilité d'exercer un recours en révision, à l'instar des tribunaux administratifs et des cours administratives d'appel (CE, Sect., 5 déc. 1997, Ovet, requête numéro 159707, Rec., p. 459 ; AJDA 1998, p. 107, chron. T.-X. Girardot et F. Raynaud).

1198. Un encadrement nécessairement strict. Le recours en révision est volontiers présenté comme le moyen d'attenter à l'autorité de la chose jugée. On ne voit cependant pas en quoi il le serait davantage que les autres voies de réformation spéciales. Il n'en demeure pas moins que, eu égard à cette considération, les cas d'ouverture (§ 1) et les conditions de recevabilité (§ 2) du recours en révision ont pour effet de limiter la faculté de le mettre en œuvre.

§ 1 - Les cas d'ouverture

1199. L'énumération des cas d'ouverture. La liste des cas d'ouverture est exhaustive. L'article R. 834-1 du code de justice administrative dispose que le recours en révision peut être exercé dans trois cas : si la décision a été rendue sur pièce fausse ; si la partie a été condamnée faute d'avoir produit une pièce décisive qui était retenue par son adversaire ; si la décision est intervenue sans qu'aient été observées les dispositions du code de justice administrative relatives à la composition de la formation de jugement, à la tenue des audiences ainsi qu'à la forme et au prononcé de la décision. S'agissant des recours en révision exercés contre les décisions rendues par les juridictions spécialisées, seuls les deux premiers cas d'ouverture sont admis (CE, Sect., 16 mai 2012, Serval, requête numéro 331346, préc.), ce qui ne surprend guère dès lors que ces décisions sont susceptibles au moins de pourvoi en cassation et que le non respect des dispositions du code de justice administrative relatives à la composition de la formation de jugement, à la tenue des audiences ainsi qu'à la forme et au prononcé de la décision pourra, le cas échéant, être censuré dans ce cadre.

1200. Décision rendue sur pièce fausse. Le premier cas d'ouverture est celui de la décision rendue sur pièce fausse. Il s'agit, pour ainsi dire, d'une hypothèse d'école, le Conseil d'Etat n'ayant semble-t-il jamais révisé une de ces décisions sur ce fondement. Le faux doit être entendu au sens du droit pénal (CE, 17 juin 1921, Manrot c. Commune de Chantelle, requête numéro 52764, Rec., p. 607). L'article 441-1 du code pénal se contente de définir le faux comme « toute altération frauduleuse de la vérité, de nature à causer un préjudice et accomplie par quel que moyen que ce soit, dans un écrit ou tout autre support d'expression de la pensée qui a pour objet ou qui peut avoir pour effet d'établir la preuve d'un droit ou d'un fait ayant des conséquences juridiques ». Il peut ainsi s'agir, d'une part, d'un faux matériel, fruit par exemple d'une falsification de document (par ex., Cass. crim., 15 nov. 1982, Bull. crim. 252), de l'apposition d'une fausse signature (Cass. crim., 13 oct. 1999, numéro 99-81107, Bull. crim. 218) ou encore d'un écrit réalisé à main guidée (Toulouse, 20 mars 1973, D. 1974, somm. 79). Il peut s'agir, d'autre part, d'un faux intellectuel, consistant dans un défaut de véridicité (par ex., Cass. crim., 5 févr. 2008, numéro 07-84.724). Dans tous les cas, l'existence du faux doit être constatée, en révision, par le Conseil d'Etat, qui exige que le document ait été « délibérément falsifié » (CE, 17 déc. 2014, Serval, requête numéro 369035, Rec., T., p. 833), la simple inexactitude des mentions contenues dans l'acte ne pouvant par ailleurs suffire à justifier l'admission d'un recours en révision (CE, 11 janv. 1961, David, requête numéro 44104, Rec., p. 30 ; CE, 22 mars 1974, Grandvuillemin, requête numéro 86204, Rec., T., p. 1126). En outre, le faux doit avoir exercé une influence décisive sur l'issue du litige (CE, 30 déc. 1822, Corsaire de Brave c. Bacry, Rec., p. 305 ; CE, Sect., 23 juill. 1937, Roque, requête numéro 52055, Rec., p. 777), quand bien même son existence aurait été reconnue le juge pénal (CE 25 juin 2010, Jean-Claude A. c. Commune de Saint-Just-Malmont, requête numéro 334875).

1201. Pièce décisive retenue par la partie adverse. Le deuxième cas d'ouverture du recours en révision est celui d'une pièce retenue par l'autre partie. Cette rétention doit avoir été décisive, c'est-à-dire que le Conseil d'Etat aurait statué différemment s'il en avait eu initialement connaissance (CE, 20 mars 1953, Fillete, requêtes numéros 85092 et 85993, Rec., p. 145). L'élément intentionnel, ici, importe peu. Il n'est pas besoin que la rétention ait été opérée afin de l'emporter au contentieux. La simple circonstance que cette pièce, décisive, ait été distraite du débat alors qu'elle aurait influé sur son issue suffit à justifier l'admission du recours en révision. Encore faut-il que la partie qui demande la révision n'ait pas eu connaissance de cette pièce au cours de l'instance initiale (CE, 22 juin 1934, Guien, requête numéro 19027, Rec., p. 726) ou que, en ayant eu connaissance, ne se soit pas abstenue d'en demander la communication (CE, 4 mai 1835, Gilbert Lefort, Rec., p. 327 ; CE, 21 juill. 1972, Poujol, requête numéro 80722, Rec., p. 593) ou ne se soit pas rendue coupable d'une demande tardive (CE, 23 févr. 1949, Bertereau, requête numéro 86406, Rec., p. 90). Il n'y a là rien que de très logique, le recours en révision ne devant pas devenir une planche de salut pour les étourdis et les négligents qui n'ont pas conduit le juge à user de ses pouvoirs inquisitoriaux. Il convient cependant de rappeler que l'obligation pèse sur l'administration de produire spontanément toute pièce nécessaire au jugement de l'affaire, à peine de justifier le recours en révision (CE, Sect., 5 déc. 1975, Sieur Murawa, requête numéro 93814, Rec., p. 634), peu important ici que l'administration ait été dans l'impossibilité de produire une pièce qu'elle aurait dû détenir (CE, Sect., 5 avr. 1996, Treiber, requête numéro 093234, Rec., p. 122), mais encore qu'une disposition législative ou réglementaire lui ait fait obligation de la conserver (CE, 27 oct. 2004, M. Frédéric X., requête numéro 360995). Dans le droit fil logique de ce qui précède, la circonstance que la partie qui a succombé connaissait par ailleurs l'ensemble des éléments contenus dans la pièce retenue fait obstacle à l'admission du recours en révision (CE, 25 juin 1958, Sté des automobiles Berliet, requête numéro 6991, Rec., p. 386, concl. A. Bernard).

1202. Vices substantiels de procédure entachant la décision attaquée. Le troisième cas d'ouverture du recours en révision a été consacré plus tardivement puisque il est apparu avec la loi du 24 mai 1872. Il est paradoxalement celui appréhendé avec le plus de libéralisme par le juge, le Conseil d'Etat ayant de lui une lecture extensive. Tout manquement procédural mettant en cause la perfection de la décision rendue est de nature à justifier sa révision. Il serait à cet égard vain de tenter ici une recension de tous les vices de procédure fondant la révision.

A titre d'exemples, on peut citer :

- la composition irrégulière de la formation de jugement (CE, 7 janv. 2000, Sté Lady Jane, requête numéro 187042, Rec., T., p. 1203) ;

- le silence de la minute quant à la publicité de la séance de jugement de l'affaire, lequel fait présumer le défaut de publicité (CE, 10 mai 1995, Mme Paris, requête numéro 142984, Rec., T., p. 1110) ;

- le silence de la minute quant à la production d'une note en délibéré (CE, 7 avr. 2011, Amnesty International section française et Groupe d'information et de soutien des immigrés, requête numéro 343595, Rec., T., p. 1111) ;

- la méconnaissance de l'obligation de transmission du sens des conclusions du rapporteur public à la partie qui en formule la demande avant l'audience (CE, 10 juill. 2013, Sté Stanley International Betting Limited, requête numéro 357359, Rec., T., p. 809) ;

- la méconnaissance de l'obligation faite à la juridiction d'informer une partie de l'inscription de la requête au rôle de la séance (CE, 7 juill. 2004, Association de défense des intérêts du sport, requête numéro 241293, Rec., p. 324).

En revanche, parce que ces vices restent susceptibles d'être sanctionnés en appel ou en cassation, ils ne constituent pas un cas d'ouverture du recours en révision contre les décisions rendues par les juridictions administratives spécialisées (CE, Sect., 16 mai 2012, Serval, requête numéro 331346, préc.).

Par-delà, et y compris en ce qui concerne les décisions du Conseil d'Etat, ne sont pas susceptibles de prospérer les moyens tirés :

- du non respect du délai d'envoi de l'avis d'audience 7 jours au moins avant l'audience, l'article R. 711-2 du code de justice administrative n'étant pas applicable au Conseil d'Etat (CE, 11 sept. 2006, Serge A, requête numéro 286647) ;

- du défaut de motivation d'un refus d'admission d'un pourvoi en cassation (CE, 10 oct. 2011, François A, requête numéro 342764) ;

- de la mention, éventuellement erronée, sur la décision de la présence d'un avocat à l'audience (CE, 10 oct. 2011, Mme Burger, requête numéro 338719, Rec., T., p. 1111) ;

- de ce que l'état de santé du requérant l'avait privé de la possibilité de produire le mémoire complémentaire annoncé (CE, 9 févr. 2011, Serge A, requête numéro 343695) ;

- de ce qu'un mémoire n'a pas été analysé dans la décision de refus d'admission du pourvoi en cassation (CE, 18 nov. 2015, M. Vitse, requête numéro 373568, Rec., T., p. 844).

§ 2 - Les conditions de recevabilité

1203. L'existence d'une décision juridictionnelle faisant grief. L'auteur du recours en révision n'est recevable que pour autant que la décision juridictionnelle dont la révision est demandée ne lui a pas donné satisfaction (CE, 7 avr. 2011, Amnesty International section française et Groupe d'information et de soutien des immigrés, requête numéro 343595, préc.).

1204. Le délai de recours. Conformément à l'article R. 834-1 du code de justice administrative, le recours en révision est formé dans le même délai que l'opposition, soit deux mois à compter de la notification de la décision définitive. Cependant, dans les cas de décision rendue sur pièce fausse ou à la suite de la rétention d'une pièce décisive par l'adversaire, le délai ne commence à courir qu'à compter du jour où la partie a eu connaissance de la cause de révision qu'elle invoque.

1205. Le ministère d'avocat. Le recours en révision doit impérativement être présenté par un avocat au Conseil d'Etat (CJA, art. R. 834-3). La seule exception, qui ne surprendra d'ailleurs pas, concerne les recours en révision présentés au nom de l'Etat (CE, Sect., 12 mars 1976, Ministre des Finances c. Dame Bersoulle, requête numéro 99853, Rec., p. 156). Le cas échéant, l'irrecevabilité reste régularisable en cours d'instance (CE, 17 nov. 1965, Sieur Marne, requête numéro 58998, Rec., p. 620).

1206. Recours en révision sur recours en révision ne vaut. Il y a bien un moment où la discussion doit être définitivement achevée et il ne serait pas satisfaisant de permettre au requérant de remettre trop longtemps en cause, par voie de recours en révision successifs, la chose jugée. L'article R. 834-4 du code de justice administrative dispose ainsi que « lorsqu'il a été statué sur un premier recours en révision contre une décision contradictoire, un second recours contre la même décision n'est pas recevable ». Il en va ainsi alors même que le requérant découvrirait successivement l'existence de plusieurs faits entrant dans les différents cas d'ouverture prévus par les textes (par ex., CE, 10 nov. 1993, Maurice X., requête numéro 132252).

Sous-section 2 - Le recours en rectification d'erreur matérielle

1207. Définition. Le recours en rectification d'erreur matérielle est une création prétorienne du Conseil d'Etat, existant depuis les premières années au moins du XXe siècle (notamment, CE, 23 janv. 1918, Ministre des Travaux publics et des Transports c. Mohin et la-Meslée, requête numéro 53518, Rec., p. 58) aujourd'hui codifiée (CJA, art. R. 833-1) et qui permet d'obtenir du juge qu'il apporte les correctifs nécessaires à la décision rendue. L'appellation de cette voie de recours est trompeuse : là où cette dénomination laisse à penser qu'il s'agit d'une voie de recours destinée à apporter les correctifs nécessaires aux simples – mais déjà bien regrettables – maladresses de rédaction, lapsus, omission de mots dénaturant le sens de la décision juridictionnelle, le recours en rectification d'erreur matérielle vise en réalité un champ d'application bien plus important.

En cela, le recours en rectification d'erreur matérielle ne doit pas être confondu avec la demande tendant à ce que la décision entachée d'une erreur matérielle fasse l'objet, par voie d'ordonnance, des corrections que la raison commande (CJA, art. R. 741-11). Mais l'élargissement du champ, tel qu'il résulte de l'enrichissement progressif de la jurisprudence, ne doit pas laisser croire qu'il est sans limite. Celle-ci, précisément, existe et il importe de préciser que cette voie de recours ne doit pas avoir pour objet de permettre un examen nouveau de l'ensemble de l'affaire (F. Borella, « La rectification d'erreur matérielle devant les juridictions administratives », RDP 1962, p. 482). L'on comprend, dès lors, la teneur des conditions de recevabilité (§ 1) et de fond (§ 2) auxquelles ce recours est soumis, autant que les pouvoirs dont dispose le juge dans ce cadre (§ 3).

§ 1 - Les conditions de recevabilité

1208. Les décisions susceptibles de faire l'objet d'un recours en rectification d'erreur matérielle. Une décision d'une cour administrative d'appel ou du Conseil d'Etat, entachée d'une erreur matérielle susceptible d'avoir exercé une influence sur le jugement de l'affaire, peut faire l'objet d'un recours en rectification, par la partie intéressée, devant la juridiction qui a rendu la décision (CJA, art. R. 833-1). Il résulte bien du code de justice administrative que seules les décisions juridictionnelles sont susceptibles de recours en rectification d'erreur matérielle, ce qui exclut par exemple la décision par laquelle le président d'une juridiction statue sur un recours formé contre une décision du bureau d'aide juridictionnelle (CE, 23 déc. 2016, Réveilhac, requête numéro 404361, Rec., T.).

Par-delà l'énoncé du code de justice administrative, le recours en rectification d'erreur matérielle est ouvert même en l'absence de texte (CE, Ass., 4 mars 1955, Dame veuve Sticotti, requête numéro 32905, Rec., p. 131 ; RDP 1955, p. 733, concl. A. Jacomet). Cette voie de réformation est donc susceptible d'être exercée devant les juridictions spécialisées, et même devant le Tribunal des conflits (TC, 7 juin 1999, Bergas, requête numéro 3158), l'important étant que la juridiction statue alors en dernier ressort.

1209. Les délais de recours. Le recours doit être nécessairement exercé dans le délai de deux mois à compter de la notification ou de la signification de la décision litigieuse (CJA, art. R. 833-1). Le délai de recours est nécessairement de deux mois, quand bien même la décision litigieuse a pu être contestée dans un délai plus long (CE, 20 janv. 1965, Tricaud, requête numéro 64410, Rec., T., p. 1013). Les délais de distance sont cependant applicables. On soulignera qu'un mémoire en intervention présenté à l'appui d'un recours en rectification d'erreur matérielle par une personne qui avait été partie à l'instance ayant conduit à la décision contestée doit être requalifié en recours pour rectification d'erreur matérielle, lequel doit être présenté dans le délai de deux mois, à peine d'irrecevabilité (CE, 30 mars 2001, Cne de Montesquieu-Lauragais, requête numéro 214734, Rec., T., p. 1139).

1210. L'intérêt à former un recours en rectification. Toute partie à qui la décision litigieuse n'a pas donné satisfaction peut exercer un recours en rectification matérielle (par ex., CE, 3 juin 2005, Conroy, requête numéro 276957, Rec., T., p. 1073). Il en résulte qu'un intervenant en appel n'est pas recevable à former un recours en rectification d'erreur matérielle contre la décision rendue, s'il s'avère qu'il n'aurait justifié ni d'un intérêt lui donnant qualité pour agir en première instance contre la décision attaquée, ni d'un intérêt pour faire appel du jugement rendu (CE, Sect., 16 mai 1980, Comité de coordination professionnel des éclusiers, requête numéro 18741, Rec., p. 230).

1211. La représentation du requérant. Les formes présidant à l'exercice du recours en rectification d'erreur matérielle sont les mêmes que celles dans lesquelles la requête initiale devait être introduite. Il en résulte que si le recours ayant donné lieu à la décision litigieuse était dispensé de ministère d'avocat obligatoire, il en ira également ainsi du recours en rectification d'erreur matérielle (CE, 9 févr. 1968, Grandin, requête numéro 72343, Rec., T., p. 1081).

§ 2 - Les conditions de fond

1212. Une erreur matérielle. L'erreur doit être matérielle, ce qui exclut l'erreur juridique. Le principe est simple, son application parfois malaisée. C'est que, en effet, le Conseil d'Etat a de longue date renoncé à cette idée que le recours en rectification d'erreur matérielle ne devait prospérer qu'en présence d'erreurs véritablement matérielles (CE, 21 nov. 1930, Dame Benoît, requête numéro 17179, Rec., p. 969 ; S. 1931, 3, p. 36, concl. P.-L. Josse).

1213. Pour des hypothèses où il n'y a pas d'erreur matérielle. Sans doute faut-il continuer d'écarter les erreurs d'appréciation :

- des faits (CE, 4 juill. 1997, Association bananière camerounaise « ASSOBACAM » et SA Cie Fruitière Import, requête numéro 161025, Rec., p. 289) ;

- des pièces du dossier (CE, 22 févr. 1957, Casanova, requête numéro 32907, Rec., p. 124) ;

- d'un moyen (CE, 9 avr. 1993, Mme Beaudouin, requête numéro 142311, Rec., T., p. 991).

Ne doivent pas plus être vues comme des erreurs matérielles les erreurs d'analyse juridique, qu'il s'agisse d'une erreur :

- de qualification juridique (CE, 5 févr. 1954, Sieur Sarotte, requête numéro 98185, Rec., p. 81) ;

- sur le champ d'application ou sur l'interprétation d'un texte (CE, Sect., 3 nov. 1961, Communauté du Bon Pasteur, requête numéro 48648, Rec., p. 614) ;

- de raisonnement (CE, 25 mai 1954, Secrétaire d'Etat à la Guerre c. Dame Ambert, requête numéro 22543, Rec., T., p. 871).

1214. Pour des hypothèses où il peut y avoir erreur matérielle. Entrent au nombre des erreurs matérielles susceptibles de faire l'objet d'un recours :

- l'erreur sur l'identité d'une partie (CE, 26 juin 1929, Ministre du Travail, de l'Hygiène, de l'Assistance et de la Prévoyance sociales, requête numéro 7600, Rec., p. 631) ;

- l'erreur sur la date d'introduction d'un recours (CE, 23 févr. 2001, de Bragelongne, requête numéro 222524, Rec., p. 82) ou sur la date d'une notification (CE, 17 févr. 1965, Picard, requête numéro 57396, Rec., p. 113) ;

- l'absence de prise en compte d'un mémoire pourtant dûment enregistré pendant l'instruction (CE, 29 avr. 1988, Mme Grounin, requêtes numéros 47294 et 65942, Rec., p. 175) ;

- l'omission de donner acte d'un désistement (CE, 17 juill. 1936, Trocmé, requête numéro 49747, Rec., p. 790) comme le fait d'en donner acte à tort (CE, 19 mars 1986, Mme Roberge, requête numéro 60115, Rec., T., p. 681) ;

- l'omission de répondre à un moyen (CE, Sect., 29 mars 2000, GIE Groupe Victoire, requête numéro 210988, Rec., p. 144) pour peu que celui-ci ne fût pas inopérant (CE 27 mars 2015, Cts Mutaner, requête numéro 386887, Rec., T., p. 844) ;

- l'omission de répondre à des conclusions du demandeur (CE, 11 juill. 1952, Sté des vins Achille Hauser et Sté des laiteries parisiennes et a., requêtes numéros 18248 et 18251, Rec., p. 372) ;

- l'erreur sur le calcul d'une indemnité (CE, 5 janv. 1948, Ministre des Finances, requête numéro 87983, Rec., p. 1).

Symptomatique de la propension du juge à recevoir un nombre important d'hypothèses d'erreur matérielle, le Conseil d'Etat a encore jugé que le recours en rectification d'erreur matérielle pouvait être exercé pour méconnaissance du principe d'impartialité qui s'impose à toute juridiction (CE, 22 juin 2005, M. et Mme Hespel, requête numéro 261847, Rec., p. 248 ; RFDA 2006, p. 58, concl. E. Glaser et p. 64, note D. Pouyaud).

1215. Une erreur ayant exercé une influence sur l'issue du litige. Il n'y aurait aucun intérêt à rectifier ici des erreurs n'ayant pas exercé une influence sur l'issue du litige et il ne serait pas souhaitable que cela soit possible. La rectification doit donc être nécessaire. C'est le cas, évidemment, lorsque l'erreur porte sur le dispositif de la décision, mais elle peut également porter sur les motifs, pour peu, et c'est classique en contentieux administratif, qu'ils aient été le soutien nécessaire du dispositif (CE, 20 juill. 1988, Huntziger, requête numéro 95155, Rec., T., p. 965).

1216. Une erreur commise par le juge. Le recours en rectification n'est pas une voie de réformation ouverte aux parties qui auraient fait montre d'une certaine légèreté au cours de l'instance initiale. Ainsi, les erreurs affectant la décision qui leurs sont imputables ne sont pas susceptibles d'être rectifiées, alors même qu'elles auraient exercé une influence sur le sens de cette décision (Par ex., CE, Sect., 1er juill. 1977, Ministre du Travail c. Montet et Caussel, requête numéro 03162, Rec., p. 304, concl. J. Morisot). Ainsi encore, les oublis initiaux des parties ne pourront être corrigés à la faveur d'un recours en rectification d'erreur matérielle, que ces oublis portent sur les pièces ou autres éléments de preuve (CE, 29 juill. 1983, Bert, requête numéro 48192, Rec., T., p. 841), mais également, sur certaines conclusions (CE, 10 janv. 1992, Commune de Mareil-sur-Mauldre c. Baurin et a., requête numéro 124260, Rec., T., p. 1265).

§ 3 - Les pouvoirs du juge

1217. Rectification si besoin, rejugement le cas échéant. De degré certes variable, les conséquences de la rectification n'en sont pas moins importantes. Si l'erreur matérielle est reconnue, le juge modifie la partie de sa décision qu'affecte cette erreur (CE, 2 juill. 2001, Mme Portelli et a., requête numéro 217632, Rec., T., p. 1164) sans revenir sur les éléments de la décision initiale non viciés par l'erreur. Il ne peut, à ce titre, revenir sur le montant de l'indemnité principale quand l'erreur a affecté le montant d'une indemnité accessoire réclamée par le requérant (CE, 30 juin 2003, Mme de Cadaran, requête numéro 250650, Rec., T., p. 965). Il peut cependant arriver que la rectification emporte des conséquences plus importantes, en affectant l'ensemble de la décision, laquelle doit alors être déclarée nulle et non avenue (CE, Sect., 28 sept. 1958, Titeca-Beauport, requête numéro 24349, Rec., p. 502). A charge alors pour la juridiction de trancher de nouveau le litige, dans la limite toutefois du dossier tel qu'il était constitué lors de l'instance initiale, les conclusions nouvelles devant être jugées irrecevables (CE, 30 juin 2003, Mme de Cadaran, requête numéro 250650, préc.).

1218. Bibliographie indicative.

B. Apollis, « La persistance du recours dans l'intérêt de la loi en matière administrative », RDP 2010, pp. 1209 et s.

F. Borella, « La rectification d'erreur matérielle devant les juridictions administratives », RDP 1962, pp. 463 et s.

N. Chifflot, « Evolutions et contradictions récentes du recours en rectification d'erreur matérielle », AJDA 2009, pp. 212 et s.

A. Claeys, « Le recours en révision contre les décisions rendues par les juridictions administratives spéciales », AJDA 2015, pp. 1427 et s.

X. Domino et **A. Bretonneau**, « Récusation et révision : travaux pratiques de rénovation jurisprudentielle », AJDA 2012, pp. 1397 et s.

C. Michaut et **P. Sitbon**, « Les voies de rétractation devant la CDBF », AJDA 2012, pp. 484 et s.

B. Pacteau, « La suppression des sanctions envers les avocats pour avoir présenté d'injustifiés recours en révision devant le Conseil d'Etat », RFDA 1992, pp. 485 et s.

D. Pouyaud, « Le recours en rectification d'erreur matérielle devant les juridictions administratives », RFDA 1993, pp. 721 et s.

L. Touzeau, « De la révision… du recours en révision », Dr. adm. 2011, n° 7, étude 13.

INDEX

Les numéros renvoient aux pages

B

C

D

O

P

Q

R

T

U

V

TABLE DES MATIERES

Kolibri 360 GmbH
Ferdinand-Jühlke-Straße 7
99095 Erfurt, Deutschland
produktsicherheit@kolibri360.de

Druck:
CPI Druckdienstleistungen GmbH
im Auftrag der
Kolibri 360 GmbH
Ferdinand-Jühlke-Str. 7
99095 Erfurt